Studien zur
Internationalen Schulbuchforschung
Bd. 55

STUDIEN ZUR
INTERNATIONALEN SCHULBUCHFORSCHUNG

Schriftenreihe des Georg-Eckert-Instituts

Herausgegeben von
Prof. Dr. Ernst Hinrichs
Direktor des Georg-Eckert-Instituts
für internationale Schulbuchforschung
in Braunschweig

Band 55

Jörg Stadelbauer/Elfriede Hillers (Hrsg.)

Die Bundesrepublik Deutschland und die Sowjetunion

Fachdidaktik und Fachwissenschaft
bei Schulbuchgesprächen
in Geographie
1983—1986

Frankfurt 1988

Redaktion: Bibiana Bubel
Übersetzung: Oswald Bratzel

Verlag Moritz Diesterweg Frankfurt 1988
Postfach 11 06 51 · D-6000 Frankfurt 1
Telefon (0 69) 1 30 10 · Telex 413234 md d

© 1988 Georg-Eckert-Institut für internationale Schulbuchforschung
Celler Straße 3, 3300 Braunschweig, Telefon (05 31) 5 51 03

Herstellung: poppdruck, 3012 Langenhagen

ISBN 3-88 304-255-2

Inhaltsverzeichnis

	Seite
Vorwort	9

I. Deutsch-sowjetische Schulbuchgespräche — Rahmenbedingungen und Aufgabenstellung

Elfriede Hillers, Jörg Stadelbauer
Einführung 11

Jörg Stadelbauer
Die Bundesrepublik Deutschland und die Sowjetunion in ihren Geographieschulbüchern — Eine Zwischenbilanz der bisherigen deutsch-sowjetischen Schulbuchgespräche 14

II. Schulbuchanalysen, Curriculumanalysen, Schulbuchverbesserung

Vladimir Pavlovič Maksakovskij
Sowjetisches Gesamtgutachten zur Darstellung der Sowjetunion in den Schulbüchern der Bundesrepublik Deutschland (1985) 27

Georgij Michailovič Lappo, Sergej Nikolaevič Rakovskij, Vitold Jakovlevič Rom
Einzelgutachten zu deutschen Geographielehrbüchern (1986) 37

Dieter Richter
Vorstellung und Beschreibung der seit 1980 erschienenen Geographielehrbücher unter besonderer Berücksichtigung ihrer Inhalte über die Sowjetunion (1985) 51

Joachim Barth
Die Behandlung der Bundesrepublik Deutschland in sowjetischen Geographielehrbüchern (1983) 59

Jörg Stadelbauer
Die Bundesrepublik Deutschland im Curriculum des sowjetischen Geographieschulunterrichts. Analyse des Lehrplans (1983) 73

Joachim Barth
Die Bemühungen unserer Geographiedidaktik um eine Verbesserung der Darstellung der Sowjetunion im Geographieunterricht (1985) ... 83

Elfriede Hillers
Die Bemühungen des Georg-Eckert-Instituts um eine Verbesserung der Darstellung der Sowjetunion in den Geographielehrbüchern der Bundesrepublik Deutschland (1985) 93

III. Beiträge zur Geographiedidaktik und zum Geographieunterricht

Elfriede Hillers
Das System der Schulbildung in der Bundesrepublik Deutschland (1983) 99

Walter Sperling
Wissenschaftliche Grundlagen, didaktische Zielsetzungen und pädagogische Aufgaben des Geographieunterrichts in der Bundesrepublik Deutschland (1983) 113

Vladimir Pavlovič Maksakovskij
Schulreform in der Sowjetunion und Änderung des Geographieunterrichts (1985) 129

Vladimir Pavlovič Maksakovskij
Die neue wissenschaftlich-methodische Konzeption der sowjetischen Schulgeographie (1986) 137

Walter Sperling
Probleme der Länderkunde in der Schule — dargelegt an der Behandlung Rußlands und der Sowjetunion von den Anfängen bis 1970 (1984) 147

Walter Sperling
Physische Geographie und topographischer Merkstoff bei der Behandlung der Bundesrepublik Deutschland im Geographieunterricht der sowjetischen Schule (1986) 163

Walter Sperling
Das Lernfeld „Wirtschaft" im Bildungssystem und im Geographieunterricht der Bundesrepublik Deutschland (1985) 171

Helmut Kistler
Umwelterziehung im Rahmen des Erdkundeunterrichts an den Schulen in der Bundesrepublik Deutschland (1986) 191

Robert Roseeu
Computeranwendung im Geographieunterricht in der Bundesrepublik Deutschland anhand von Beispielen (1986) 223

IV. Fachwissenschaftliche Beiträge

Sergej Borisovič Lavrov
Die sowjetische Geographieliteratur über die Bundesrepublik Deutschland (1983) 229

Jörg Stadelbauer
Geographische Literatur über die Sowjetunion in der Bundesrepublik Deutschland (1983) 231

Jörg Stadelbauer
Die Rezeption sowjetischer wissenschaftlich-geographischer Forschungsansätze und -ergebnisse in der deutschen Fachliteratur (1985) ... 251

Vladimir Sergeevič Preobraženskij
Die Entwicklung eines konstruktiven Ansatzes in der Geographie (1985) 267

Jörg Stadelbauer
Zur Behandlung wirtschafts- und sozialwissenschaftlicher Probleme in der heutigen Geographie (1984) 277

Walter Sperling
Dimensionen räumlicher Erfahrung. Ein Beitrag zum Prinzip des Maßstabswechsels (1986) 307

Georgij Michailovič Lappo
Veränderungen und Perspektiven der räumlichen Struktur der sowjetischen Volkswirtschaft (1985) 315

Jörg Stadelbauer
Umweltforschung und geographische Wissenschaft in der Bundesrepublik Deutschland (1986) 323

V. Themenvorschläge

Vladimir Pavlovič Maksakovskij, Vitold Jakovlevič Rom
Das Thema „Sowjetunion". Sowjetische Vorschläge für den Geographieunterricht an Schulen der Bundesrepublik Deutschland 341

Joachim Barth, Jörg Stadelbauer, Wilfried Dege
Vorschläge für die Behandlung der Bundesrepublik Deutschland in sowjetischen Lehrbüchern 355

VI. Programme, Teilnehmerlisten, Konferenzprotokolle

Konferenzen:

Moskau 1983, Braunschweig 1984 375

Moskau 1985, Braunschweig 1986 386

Verzeichnis der Autoren 399

Vorwort

Seit langem gehören Schulbuchgespräche mit Expertengruppen aus sozialistischen Ländern zu den besonderen Aufgaben des Georg-Eckert-Instituts. Die ursprüngliche Zielsetzung der Schulbuchrevision — die Überprüfung vorliegender Schulbuchtexte durch bilaterale Gespräche im Interesse einer Versachlichung ihres Aussagegehalts über das jeweils andere Volk — wird hier in besonders auffälliger Weise erfüllt. Denn die deutsche Aggression und Ostexpansion in der letzten Phase des Nationalsozialismus, die Katastrophe von 1945, der Kalte Krieg und der West-Ost-Konflikt, nicht zuletzt der Aufbau gegensätzlicher gesellschaftlich-politischer Systeme in Ost und West hatten ein derartiges Maß an Verfremdung und auch Haß zwischen den westlichen und östlichen Staaten Europas entstehen lassen, daß die Schulbücher davon nicht unbeeinflußt geblieben waren und daher mannigfachen Anlaß für eine fruchtbare und tiefdringende Revision boten. Und selbst heute noch, da zum Glück kaum jemand mehr bereit ist, nach den Worten „Entfremdung" und „Haß" zu greifen, wenn er das Ost-West-Verhältnis charakterisieren will, gibt es in den Schulbüchern der sog. „Meinungsfächer" noch zahllose Mißverständnisse und Einseitigkeiten, Verzerrungen, Informationslücken und veraltete Kenntnisstände, gibt es natürlich auch die immer noch hohe Hürde der unterschiedlichen didaktischen Ansätze und der weltanschaulich begründeten Differenzen in der Beschreibung der Aufgaben des Geschichts-, Geographie- und Sozialkundeunterrichts.

Mit einer ganzen Reihe von sozialistischen Ländern hat das Georg-Eckert-Institut, zum Teil in Wiederaufnahme älterer Ansätze des Internationalen Schulbuchinstituts, inzwischen intensive Kontakte gewonnen. Mit Polen gibt es seit 1972 ununterbrochen Gespräche in den Fächern Geschichte und Geographie; mit Ungarn wurden 1982 Kontakte aufgenommen, die inzwischen in Schulbuchgespräche zur Geographie und Geschichte eingemündet sind; die ČSSR, nach 1965 schon einmal Partner des Internationalen Schulbuchinstituts, wird noch im Jahre 1988 Gastgeber eines ersten Expertengesprächs zu Fragen der deutsch-tschechoslowakischen Beziehungen im 19. und 20. Jahrhundert sein; mit Rumänien schließlich bestehen seit 1975 Beziehungen, die, nach einer Unterbrechung im Jahre 1981, im vergangenen Jahr wieder aufgenommen wurden.

Auch zur Sowjetunion reichen die Kontakte weiter zurück, als der Außenstehende anzunehmen bereit ist. Schon seit 1978 gibt es einen, wenn auch nicht regelmäßigen, Schulbuchaustausch, der bald darauf um den Austausch von Gutachten und Stellungnahmen beider Seiten ergänzt wurde. Im Januar 1982 folgte dann ein Vorgespräch über Möglichkeiten und Themen deutsch-sowjetischer Schulbuchkonferenzen im Georg-Eckert-Institut in Braunschweig. Ziel dieses Vorgesprächs war es u. a., eine Verständigung über gemeinsame Beratungen für das Fach Geschichte herbeizuführen. Das Ziel wurde nicht erreicht, da die Auffassungen beider Seiten über das Tempo und die genauen Themenfelder solcher Gespräche, wie sich zeigte, zu weit auseinander lagen. Da, wie so oft, in der Geographie vergleichbare Schwierigkeiten nicht auszumachen waren, da zudem auch außerhalb des Instituts verhältnismäßig enge Kontakte zwischen sowjetischen und deutschen Fachgeographen und Geographiedidaktikern seit 1978 geknüpft waren, stand der Aufnahme von deutsch-sowjetischen Schulbuchgesprächen im Fach Geographie nichts im Wege.

Das Georg-Eckert-Institut präsentiert heute einen umfangreichen Sammelband, der Materialien aller deutsch-sowjetischen Gespräche für das Fach Geographie zwischen 1983 und 1987 enthält. Dies ist ein wichtiges Ereignis, denn wer wollte leugnen, daß die Sowjetunion in den Geographiebüchern der Bundesrepublik Deutschland eine bedeutende Rolle spielt und daß es sich lohnt, sich von sowjetischen Experten über die Korrektheit und Tragfähigkeit unseres Bildes von der Sowjetunion belehren zu lassen. Und unstrittig ist auch, daß wir uns bemühen sollten, der sowjetischen Seite möglichst viele Materialien über die gegenwärtigen wirtschaftsgeographischen Strukturen und Wandlungen der Bundesrepublik Deutschland, über unser Schulsystem und unsere Geographiedidaktik zukommen zu lassen. Der vorliegende Sammelband bietet dazu noch kein abschließendes Bild, aber er ist eine notwendige und sicher auch geeignete Voraussetzung, um diesen Informationsprozeß auf beiden Seiten voranzubringen. Er dokumentiert darüber hinaus eine kontinuierliche Diskussion zwischen beiden Seiten, die nicht abgeschlossen ist, sondern weitergehen wird und die hilfreich sein könnte für ein wachsendes Verständnis, ja, fachwissenschaftliches und fachdidaktisches Aufeinanderzugehen über ideologische Grenzen und Gräben hinweg. Er macht vor allem für Schulbuchautoren und Geographielehrer in der Bundesrepublik Informationen aus der Sowjetunion zugänglich, an die sie sonst nicht ohne Schwierigkeiten herangekommen wären.

Es ist zu wünschen, daß sich für das Georg-Eckert-Institut auch im Fach Geschichte demnächst eine Perspektive für deutsch-sowjetische Schulbuchgespräche eröffnet.

Braunschweig, im Februar 1988   Ernst Hinrichs

I. Deutsch-sowjetische Schulbuchgespräche — Rahmenbedingungen und Aufgabenstellung

Elfriede Hillers, Jörg Stadelbauer

Einführung

Dieser Band dokumentiert die Arbeit deutscher und sowjetischer Wissenschaftler, Pädagogen und Autoren im Rahmen der deutsch-sowjetischen Schulbuchgespräche im Fach *Geographie* von 1983—1986.

Die Träger der im Oktober 1983 in Moskau begonnenen Zusammenarbeit sind auf deutscher Seite das Georg-Eckert-Institut für Internationale Schulbuchforschung, auf sowjetischer Seite die Moskauer Staatliche Pädagogische Hochschule W. I. Lenin.

Die Zusammenarbeit erfolgt im Rahmen der internationalen Schulbuchforschung, wie sie im Georg-Eckert-Institut unter Mitwirkung vieler Fachleute von deutschen und ausländischen Universitäten betrieben wird. Es ist die Aufgabe der internationalen Schulbuchforschung, das Bild über andere Länder und Völker sowie die Darstellung ihrer gegenseitigen Beziehungen in den Schulbüchern zu untersuchen, Wahrnehmungsmuster, Perspektiven, Urteile und Wertungen aufzudecken, Falschdarstellungen und Fehlbeurteilungen zu korrigieren und tendenziöse Inhalte zu objektivieren. Dies geschieht mit dem Ziel, durch verbesserte Schulbuchdarstellungen die angemessene Kenntnis und das Verständnis der anderen Nationen zu fördern und durch den Abbau von Vorurteilen und Feindbildern das Konfliktpotential zwischen den Nationen zu mindern und somit dem Frieden zu dienen. Das pädagogische Ziel ist es, das Verständnis der Heranwachsenden für die eigene und die fremde Umwelt zu entwickeln und ihre Fähigkeit zur kritischen Urteilsbildung durch vielseitige und geprüfte Wahrnehmung zu schulen.

Die Zusammenarbeit zwischen den sowjetischen und deutschen Geographen wurde in einem breiten Rahmen fachwissenschaftlicher, pädagogischer und didaktischer Problemstellungen angesiedelt. Die bei den 1983—1986 abgehaltenen Konferenzen behandelten Themen können wie folgt klassifiziert werden:

— Bestandsaufnahme der jetzigen Schulbücher und Kommentierung der Inhalte;
— Informationen zum Bildungssystem und zum Geographieunterricht beider Länder;
— fachwissenschaftliche Themen;
— Themenvorschläge für eine Verbesserung der Inhalte in den Schulbüchern beider Länder.

Die vorliegende Publikation ist in Entsprechung zu diesen Themenfeldern gegliedert. Die in den Klammern angegebenen Jahreszahlen beziehen sich auf das Jahr, in dem die Konferenz stattfand. Eine Zwischenbilanz der bisherigen Arbeit wurde von Jörg Stadelbauer 1986 vorgenommen. Der Aufsatz wurde hier aufgenommen, da er die bisherige Entwicklung und den Diskussionsgang des deutsch-sowjetischen Schulbuchprojekts detailliert beleuchtet, den Rahmen für die Einzelbeiträge dieses Bandes absteckt und das Gesamtverständnis der Arbeit fördert.

Die *Schulbuchanalysen* bringen die Stellungnahme der Experten zu den Inhalten über das eigene Land in den Schulbüchern des jeweils anderen Landes. Neben den Hauptgutachten wurde insbesondere von sowjetischer Seite eine größere Anzahl von Einzelgutachten zu unseren Schulbüchern erarbeitet. Es wurden hier — beispielhaft — einige Einzelanalysen aufgenommen, die neuere Schulbücher begutachten. Ein Teil der zu Beginn der Arbeit vorgelegten und analysierten deutschen Lehrbücher ist bereits nicht mehr in Benutzung. Diese Einzelgutachten werden dennoch gebracht, da die Ergebnisse in das Gesamtgutachten eingeflossen sind.

Die *didaktischen Themen* informieren über Schulsystem, Lehrpläne, Lernziele und didaktische Konzeptionen im Geographieunterricht beider Staaten. Diese gegenseitige Information war für die Beurteilung der Schulbücher des anderen Landes insofern von großer Bedeutung, als Lehrbuchkonzeptionen und Lernziele des Geographieunterrichts in beiden Ländern sehr unterschiedlich sind. So steht dem Konzept des exemplarischen und problemorientierten Lehrbuchs in der Bundesrepublik Deutschland der Wunsch nach Vollständigkeit der Darstellung auf sowjetischer Seite gegenüber. Ebenso erfordert die Frage der Themenselektion und Themengewichtung eine gründliche Kenntnis der didaktischen Prinzipien. Diese sind nicht nur von didaktischer Relevanz. Stereotypenbildung aufgrund einseitiger Themenselektion stellt ein neues Problem der Schulbuchrevision in Geographie dar.

Wie werden wir nun in der internationalen Schulbucharbeit mit dem Prinzip des Exemplarischen und der Themenselektion in unseren Schulbüchern fertig? Das Ziel der Zusammenarbeit kann nicht mehr wie bisher nur die Korrektur des Bestehenden sein, sondern es muß darüber hinaus eine Erarbeitung geeigneter Themenvorschläge für ein ausgewogeneres Gesamtbild erfolgen. Die Behandlung fachwissenschaftlicher Themen stellte deshalb eine spezifische Aufgabe der Konferenz dar.

Die *fachwissenschaftliche Diskussion* ging von einer Analyse der wissenschaftlichen Literatur aus. Indem die Referenten den Stand der Forschung über das jeweils andere Land vorstellten, sollten die Probleme verdeutlicht werden, die einer fundierten Darstellung der Geographie des Landes insgesamt oder einzelner Aspekte entgegenstehen. Es zeigt sich, daß die Akzentsetzung unterschiedlich ist, daß Detailprobleme der wissenschaftlichen Arbeit in den beiden Staaten einander nicht immer entsprechen. Dies trägt — zusätzlich zu der sprachlichen Barriere — dazu bei, daß die wissenschaftliche Literatur des jeweils anderen Landes unzureichend rezipiert wird. Aber auch unterschiedliche methodische Ansätze werden deutlich.

Ein zweiter Block fachwissenschaftlicher Beiträge widmet sich daher diesen methodischen Grundlagen, vor allem im wirtschafts- und sozialgeographischen Bereich. Eine allgemeine Einführung soll bei den Konferenzen jeweils in die Denkweise einführen, Konkretisierungen sollen die Umsetzung der methodischen Ansätze verdeutlichen. In beiden Fällen wird die Bedeutung der unterschiedlichen Wirtschafts- und Gesellschaftsordungen für die Raumstruktur herausgearbeitet. Diese Unterschiede zu akzeptieren und daraus konkrete Fragestellungen an den Raum zu formulieren, war ein Anliegen der Diskussionen. Aus dem wissenschaftlichen Rüstzeug ist die Umsetzung in konkrete Planungsvorstellungen zu verstehen, wobei der in der Sowjetunion — im Gegensatz zur Bundesrepublik Deutschland — wohl höhere Stellenwert der geographischen Wissenschaft zu Recht hervorgehoben wurde.

Zu den aktuellen Fragestellungen einer gesellschaftsorientierten Geographie gehört in beiden Staaten außer der Praxis der Raumordnung die Umweltproblematik. Die Ansätze einer ökologisch ausgerichteten Angewandten Geographie (in der UdSSR: Konstruktiven Geographie) miteinander zu vergleichen bietet sich an. Für den Schulbereich geht es dabei um die Frage, wie die Bemühungen der Geographie, Umweltwissenschaft mit Gesellschaftsrelevanz zu sein, aus dem Bereich wissenschaftlicher Forschung auf die Ebene methodisch-dikaktischer Umsetzung übertragen werden können.

Der gesamte Block fachwissenschaftlicher Vorträge, Statements und Diskussionen hat die doppelte Funktion, dem Austausch der Fachwissenschaftler (in Ergänzung zu internationalen Konferenzen und anderen Gelegenheiten) zu dienen und zugleich dem Fachdidaktiker Anregungen für eine Umsetzung in die Unterrichtspraxis zu liefern. Die Teilnehmer an den Konferenzen erhoffen sich daraus, daß wissenschaftliche Trends und Neuentwicklungen von der Fachdidaktik rezipiert, für die Schulgeographie fruchtbar gemacht werden und schließlich Eingang in die Curricula beider Staaten finden. Dem gleichen Zweck soll ein für die Zukunft geplanter Austausch über ökonomische Fragestellungen dienen.

Diskrepanzen traten sicher nicht bei der Anerkennung der prinzipiellen Wichtigkeit ökonomischer und ökologischer Fragesstellungen auf. Bei der Interpretation von Forschungsansätzen und -ergebnissen zeigten sich indes unterschiedliche Tendenzen. Sie könnten jedoch im Zeichen der heute in der Sowjetunion von politischer Seite geforderten Transparenz und bei wohlwollender Berücksichtigung unterschiedlicher Ausgangsbasen auf beiden Seiten überwunden werden. Der gesellschaftliche und ökonomische Umbau in der UdSSR eröffnet hier zweifellos zusätzliche Diskussionsfelder, die etwa am Gegensatz von sich frei entwickelndem und geplantem Strukturwandel ansetzen könnten.

Insgesamt erwiesen sich die fachwissenschaftlichen Beiträge als ein wesentlicher Baustein für die Entwicklung gegenseitigen Vertrauens, das die Basis für jede internationale oder bilaterale Konferenz zu sein hat; im Fall der Schulbuchkonferenzen erwächst daraus die zusätzliche Aufgabe, diese Basis des Vertrauens auch auf alle nachgelagerten Bereiche des allgemeinen Bildungswesens und speziell der geographischen Wissensvermittlung zu übertragen.

Jörg Stadelbauer

Die Bundesrepublik Deutschland und die Sowjetunion in ihren Geographieschulbüchern — Eine Zwischenbilanz der bisherigen deutsch-sowjetischen Schulbuchgespräche*

1. Einführung

Im Oktober 1985 trafen in Moskau zum dritten Mal Fachdidaktiker und Fachwissenschaftler aus der Bundesrepublik Deutschland und aus der Sowjetunion zu bilateralen Schulbuchgesprächen zusammen. Im Gegensatz zu der seit anderthalb Jahrzehnten tätigen deutsch-polnischen Schulbuchkonferenz fand das deutsch-sowjetische Unternehmen bisher nur wenig Aufmerksamkeit in Medien und Öffentlichkeit. Wie schon die beiden vorangegangenen deutsch-sowjetischen Gesprächsrunden zeigte aber auch das dritte Treffen im Herbst 1985, daß auf beiden Seiten eine Bereitschaft zum Dialog besteht.

Im folgenden soll über Vorgeschichte, bisherige Konferenzen und Perspektiven der deutsch-sowjetischen Schulbucharbeit berichtet werden. Dabei wird auch auf die Probleme eingegangen, die bisher aufgetreten sind und die in Zukunft — unabhängig von Oszillationen in der „Hohen Politik" — noch deutlicher hervortreten werden. Dieser Bericht greift einem geplanten Sammelband des Georg-Eckert-Instituts vor, der die bisher erarbeiteten Materialien vorstellen wird.

Wenn kurz auf die Grundlagen für diesen Bericht eingegangen werden darf, dann sieht sich der Berichterstatter in mehreren durchaus widersprüchlichen Rollen:

(1) als individueller Teilnehmer und Beobachter der Konferenzen mit einem vielleicht bisweilen subjektiven Stimmungsbild,

(2) als offizieller Teilnehmer mit einer Berichterstattung, der die Auswertung der verschiedenen Konferenzmaterialien (d. h. Gutachten, Referate und Protokolle) zugrundeliegt,

(3) als Fachwissenschaftler mit einer nicht unbedingt auf die Schule bezogenen Interpretation der sowjetischen Wirtschaftsentwicklung,

(4) und in einer Nebenrolle, die aus einer mehr zufälligen Beobachtung der sowjetischen Geographiedidaktik erwachsen ist, mit einer Interpretation der Verhältnisse in der sowjetischen Schule und speziell im Geographieunterricht aus einer wiederum etwas anderen Sicht.

Ich kann diese Rollen nicht immer sauber voneinander trennen, will es auch nicht unbedingt, aber es dürfte klar sein, daß sie sich nicht ganz decken.

---

* Veröffentlicht in: Internationale Schulbuchforschung, 2/1986, 165—177.

2. Entstehung und Arbeit der deutsch-sowjetischen Schulbuchgespräche

2.1. Der organisatorische Rahmen

Träger der Gespräche ist auf deutscher Seite das Braunschweiger *Georg-Eckert-Institut.* Die Schulbuchforschung im Institut ist aus bilateralen *Schulbuchgesprächen* erwachsen, die auf die Notwendigkeit einer vorbereitenden Forschungsarbeit verwiesen hatten. Das Institut möchte heute in den Gesprächen die aus den Schulbuchanalysen gewonnenen Kriterien in die Praxis umsetzen, um zu einem besseren gegenseitigen Verständnis beizutragen, um überkommene Klischees und Vorurteile zu überwinden und um ein objektives Bild vom jeweils anderen Staat auf beiden Seiten entstehen zu lassen. Als freies Forschungsinstitut ist das Georg-Eckert-Institut gegenüber den Verlagen, die die Schulbücher erarbeiten, oder gegenüber den Behörden, die sie zu genehmigen haben, nicht weisungsbefugt. Das hat Vor- und Nachteile, die sich auch bei den Gesprächen mit der Sowjetunion zeigen. Ein Vorteil ist sicher die Freiheit der Forschungsmöglichkeit oder die Freiheit bei der Auswahl von Staaten, in denen Gesprächspartner gesucht werden. Es handelt sich dabei jeweils um wissenschaftliche Einzelprojekte. Besondere politische oder unternehmerische Rücksichten brauchen dabei nicht genommen zu werden. Nachteilig wirkt sich aus, daß das Institut nur *Empfehlungen* erarbeiten, „ausgehandelte" Verbesserungen aber nicht von den Verlagen und Schulbehörden einfordern kann. Die politische Unabhängigkeit äußert sich darin, daß das Institut auch nicht weisungsgebunden ist. Als öffentlich-rechtliche Anstalt hält es sich aber in völkerrechtlichen Fragen an die für die Bundesrepublik gültigen, durch Gesetzgebung und Rechtsprechung festgelegten Normen. Dies ist gerade bei den Gesprächen mit den sozialistischen Staaten wichtig, wenn man zum Beispiel an die Frage der Ostgrenzen Deutschlands (nach Ostverträgen, Urteil des Bundesverfassungsgerichts und Politikeräußerungen sehr unterschiedlicher Couleur) oder an die Berlin-Frage denkt. Hier fühlt sich das Institut natürlich nicht zuständig — und das kann im Einzelfall zur Entkrampfung der Gespräche beitragen.

Es kann kein Zweifel bestehen, daß die Sowjetunion unter den sozialistischen Staaten in besonderer Weise zu den „Problemländern" gehört, bei denen eine mühsame Kleinarbeit auf dem Weg zur gegenseitigen Verständigung erforderlich ist. Die Hinwendung der Institutsarbeit gerade zu diesen „Problemländern" versteht sich aber auch als aktive Friedensarbeit, und diese wird daher gerade in Problemfällen mit großem Engagement betrieben.

Die Bemühungen des Georg-Eckert-Instituts gehören also in denselben Umkreis wie die mit der *Denkschrift der Evangelischen Kirche* von 1965 (Die Lage der Vertriebenen . . ., 1966) eingeleitete Umorientierung unseres Verhältnisses zu den Staaten Ostmittel- und Osteuropas, wenn man vor allem an die 1972 aufgenommenen deutsch-polnischen Gespräche denkt.

Hier hatte der Vertrag zwischen der Bundesrepublik Deutschland und der Volksrepublik Polen vom 7. 12. 1970 überhaupt erst konkrete Gespräche möglich gemacht, zu deren Ergebnissen die bekannten und vieldiskutierten deutsch-polnischen Empfehlungen gehören.

2.2. Die Vorgeschichte der deutsch-sowjetischen Gespräche

Die politische Voraussetzung dafür, daß Schulbuchgespräche mit der Sowjetunion stattfinden können, ist das deutsch-sowjetische *Kulturabkommen,* das den Rahmen für Regierungsvereinbarungen über die kulturelle Zusammenarbeit bildet. Für die tatsächliche Aufnahme der Gespräche reicht dies aber nicht aus, sondern es muß auch eine gewisse gegenseitige Übereinstimmung über Sinn und Nutzen bestehen, und es müssen Kontakte zu den sowjetischen Kollegen vorhanden sein.

Solche Kontakte zur sowjetischen Schulbuchgeographie bestehen — von individueller gegenseitiger Bekanntschaft einzelner Fachvertreter einmal abgesehen — seit knapp zehn Jahren. Einen wesentlichen Beitrag hierzu leistete das in Köln beheimatete *Ostkolleg* der Bundeszentrale für politische Bildung, das es sich zur Aufgabe gesetzt hatte, bei Tagungen, die in Zusammenarbeit mit den Fachverbänden der Schulgeographen und der Geographiedidaktiker zu Problemen der sozialistischen Staaten durchgeführt wurden, sowohl die westliche wie die östliche Seite zu Wort kommen zu lassen. In diesem Zusammenhang hielt 1978 Professor *Vladimir P. Maksakovskij,* Inhaber des Lehrstuhls für Ökonomische Geographie an der Moskauer Pädagogischen Hochschule und Korrespondierendes Mitglied der ebenfalls in Moskau beheimateten Akademie der Pädagogischen Wissenschaften, einen Vortrag in Köln. Im folgenden Jahr organisierte das Ostkolleg eine Exkursion nach Moskau und Kiev — nicht die erste Exkursion des Ostkollegs in die Sowjetunion! —, in deren Verlauf dieser Kontakt vertieft werden konnte.

Darauf aufbauend wurden 1981 in einem Sowjetunion-Heft der „Praxis Geographie" Vorschläge von *V. Maksakovskij* und *V. Rom* veröffentlicht, wie die Sowjetunion sich selbst (aus der Sicht der Fachdidaktik) dargestellt sehen möchte (*V. Maksakovskij* u. *V. Rom,* 1981).

Ein zweites Gleis für die Vorbereitung von deutsch-sowjetischen Schulbuchgesprächen konnte im Rahmen der Internationalen Geographen-Union, der Dachorganisation der nationalen Geographenverbände, gelegt werden. Auf den letzten Internationalen Geographenkongressen fanden jeweils *geographiedidaktische Symposien* statt (zuletzt 1984 in Freiburg i. Br.), in deren Verlauf ein Meinungsaustausch zwischen unterschiedlichen Lehrmeinungen und Unterrichtspraktiken möglich wurde. Aus diesem Gedankenaustausch ist ein gewisses fachdidaktisch-wissenschaftliches Interesse erwachsen, das seinen Niederschlag in einer Publikation fand, die einen Überblick über die Schulsysteme und den Geographieunterricht in zahlreichen Staaten der Erde gibt (*H. Haubrich,* Hrsg., 1982). In diesem Rahmen wurde vor einigen Jahren auch eine Übersetzung der sowjetischen Geographie-Lehrpläne mit einem kurzen Kommentar vorgelegt (*J. Stadelbauer* 1980). Die Entwicklung persönlicher Bekanntschaft zwischen sowjetischen und deutschen Geographen war eine wesentliche atmosphärische Erleichterung bei der Durchführung der deutsch-sowjetischen Schulbuchgespräche.

2.3. Bisherige Aktivitäten

Die praktische Arbeit der Schulbuchkonferenz setzte mit dem gegenseitigen Austausch der Schulbücher und der Aufforderung zu einer wechselseitigen *Begutachtung* ein. Dabei war die Mühe zweifellos sehr ungleich verteilt: Während die Sowjetunion nur ein einheitliches Schulbuch für jede Klassenstufe kennt, das unionsweit verwendet wird, mußten die sowjetischen Kollegen eine große Anzahl deutscher Bücher begutachten, in denen die Sowjetunion oder einzelne Themen zur Geographie des Landes behandelt werden.

Hier muß eingeflochten werden, daß die großen Unterschiede zwischen dem deutschen und dem sowjetischen Schulwesen, speziell im Geographieunterricht, die Gespräche beeinflußten. Dazu nur wenige Stichworte:

— Der in der Bundesrepublik Deutschland (mit Berlin(West)) bekannten Vielfalt an Schultypen und an Schulbüchern steht in der Sowjetunion ein einheitliches System mit nur einem Regelschultyp und einem Schulbuch je Fach und Klassenstufe gegenüber.

— Der sowjetische Geographieunterricht geht überwiegend systematisierend nach allgemein-geographischen und länderkundlichen Kriterien vor, in der Bundesrepublik Deutschland herrscht das exemplarische Prinzip vor.

— Bei uns wurde über Jahre hinweg im Erdkundeunterricht der länderkundliche Ansatz vernachlässigt, während in der Sowjetunion erst mit den Schulreformen des Jahres 1984 auch im Geographieunterricht eine stärkere Problemorientierung hervortrat, nachdem bisher das enzyklopädische Prinzip dominiert hatte.

Auf der Grundlage der ausgetauschten Gutachten entstanden die Programme für die *Gespräche:* Zu den ersten, vorsichtig und eher abtastend als „Vorgespräche" deklariert, luden die sowjetischen Kollegen ein, wobei sich an den Konferenzteil in Moskau eine Exkursion in die Moldauische SSR anschloß (1983). Im folgenden Jahr traf man sich zu einer Konferenz im Georg-Eckert-Institut in Braunschweig mit einer anschließenden Exkursion in den Mittleren Neckarraum; im Herbst 1985 schließlich fand eine dritte Konferenz — von den sowjetischen Kollegen als „Seminar" bezeichnet — in Moskau statt, verbunden mit einer kurzen Exkursion nach Tbilisi, der Hauptstadt Georgiens. Für 1986 ist eine Folgekonferenz in Braunschweig mit Exkursion ins Ruhrgebiet vorgesehen.

Die Auswahl der *Exkursionsgebiete* war nicht zufällig: In der Sowjetunion wurden selbstverständlich Gebiete mit ausreichender touristischer Infrastruktur ausgewählt, außerdem wegen der Jahreszeit der bisherigen Konferenzen (im Spätherbst) wärmere Südgebiete in nichtrussischen Republiken. In der Bundesrepublik haben wir bei der Konferenz 1984 mit dem Mittleren Neckarraum ein Gebiet mit moderner Industrialisierung vorgeführt, nachdem wir gesehen hatten, daß in der sowjetischen Schulbuchdarstellung das Ruhrgebiet in seiner traditionellen Orientierung auf Kohle und Metallurgie sehr ausführlich behandelt wird, während der gesamte konjunkturelle und strukturelle Wandel, die industrielle Anpassung und die technologische Modernisierung zu kurz kommen.

Um zu zeigen, daß die bisherige Darstellung des Ruhrgebiets in den sowjetischen Geographie-Schulbüchern nicht mehr aktuell ist und um Vorschläge für eine angemessenere Darstellung anzubieten, soll die nächste Exkursion mit den sowjetischen Gästen ins Ruhrgebiet führen. Selbstverständlich sehen wir die Notwendigkeit ein, in den Schulbüchern zu vereinfachen; keiner würde erwarten, daß die ganze Komplexität der Wirtschaftsstruktur in den Exkursionsgebieten dargestellt wird. Immer war mit den Konferenzen das Ziel verbunden, auf den Exkursionen einen Beitrag zur Verbesserung der landeskundlichen Kenntnisse der Konferenzteilnehmer zu liefern.

Auch bei der Zusammenstellung der *Teilnehmer* ist die sowjetische Seite im Vorteil: Während Schulbuchartikel über die Sowjetunion bei uns von zahlreichen Autoren verfaßt werden, konzentrieren sich in der Sowjetunion Fachdidaktik und Autorenschaft auf einen sehr engen Kreis, der zudem weitgehend auf Moskau beschränkt ist — auch die Gegensätzlichkeit von Pluralismus und Zentralismus ist sicher nicht zufällig. Es wäre wünschenswert, zu der für 1986 geplanten Konferenz weitere deutsche Schulbuchautoren hinzuzuziehen.

Betrachtet man die *Themenbereiche* der Gesprächsrunden, dann lassen sich die Diskussionen und Referate vier verschiedenen Kategorien zuordnen:

(1) Diskussion über die Gutachten und Änderungswünsche.
   Hier liegen die früher ausgetauschten Gutachten vor, dazu berichten beide Seiten über die jeweils durchgeführten Änderungen in den Schulbüchern.
(2) Vorstellen der Schulsysteme.
   Da ein Teil der Mißverständnisse zwischen den beteiligten Staaten auf Unkenntnis des Schulsystems und der Stellung des Faches Geographie beruhen, werden Aufbau des Bildungswesens, Struktur der Lehrpläne usw. gegenübergestellt. Das Erstaunen der sowjetischen Kollegen über den Pluralismus in der Bundesrepublik, über das Fehlen einheitlicher Lehrpläne und auch über unsere eigene Unkenntnis hinsichtlich anderer Bundesländer ist begreiflicherweise groß.
(3) Behandlung fachdidaktischer Probleme.
   Die Fachdidaktik schließt unmittelbar an die Frage der Lehrpläne an. So ist die Diskussion über Vor- und Nachteile des Vollständigkeitswunsches auf sowjetischer und des exemplarischen Prinzips auf deutscher Seite bisher zu keinem Ergebnis gekommen.
(4) Fachwissenschaftliche Fragen.
   In diesen Block fallen sowohl gegenseitige Informationen über das jeweils andere Land als Hintergrund für gezielte Änderungwünsche wie kurze Abrisse fachinterner Entwicklungen, so daß auch kleinere Forschungsberichte gegeben werden.

3. Zur konkreten Arbeit auf den Konferenzen

Es ist müßig, die einzelnen Themen der auf den Konferenzen gehaltenen und ausgetauschten Vorträge aufzulisten und vorzulesen. Sie werden in dem geplanten Sammelband in der Schriftenreihe des Georg-Eckert-Instituts zu finden sein; interessanter mögen Beispiele der Kleinarbeit sein, die unmittelbar in die Tätigkeit der Konferenzteilnehmer führen, die die gegenseitigen Kritikpunkte aufzeigen und aus denen sich Folgerungen für jeden einzelnen ableiten lassen, der Themen zur Geographie der Sowjetunion unterrichtet.

3.1. Die sowjetische Kritik an den Geographieschulbüchern aus der Bundesrepublik Deutschland

3.1.1. Ein Beispiel

Als erstes Beispiel sei ein kurzer Abschnitt über die Erschließung Sibiriens aus List Geographie (Band 7/8, Schülerband, Erstauflage 1977) herausgegriffen, der im Rahmen der sowjetischen Gutachten von *V. Rom*, einem engen Mitarbeiter von *V. P. Maksakovskij*, kritisiert wurde.

Aus diesem Schulbuchartikel zwei kurze Textpassagen:

„*Die Komsomolzen*
Viele „Neue", etwa 20 bis 26 Jahre alt, sind Mitglied des Komsomol, der „Kommunistischen Union der Jugend". Diese jungen Leute sind leicht für Unternehmungen zu gewinnen, deren Durchführung Strapazen und Entbehrungen, aber auch die Freiheiten eines Pioniers im Neuland mit sich bringt. Dennoch vollzieht sich das Leben in dieser Organisation nach festen Regeln. Jedes Mitglied des Komsomol ist zunächst Teil einer Gruppe, nie Einzelpersönlichkeit. In gleichförmigen Zelt- und Barackenlagern finden sie Unterkunft. Sie treffen sich zu geselligen Veranstaltungen oder Diskussionen, sie arbeiten gemeinsam. Aber kann dabei die Zwanglosigkeit aufkommen, die das Leben vieler Gleichaltriger im Westen bestimmt?"

(zu Komsomol'sk am Amur)
„Die Ähnlichkeit mit anderen Städten der Sowjetunion ist unverkennbar:
Die Auswahl an unterschiedlichen Bautypen ist beschränkt; die Gestaltungsfreude der Architekten hält sich in Grenzen: aber Grünanlagen werden betont;
„Kultur- und Erholungsparks" finden sich hier wie in allen größeren Städten . . .
Die Stadtbewohner verbringen dort ihre Freizeit, da es andere Ausflugsmöglichkeiten, wie wir sie gewohnt sind, in Sibirien kaum gibt. Eine Fahrt ins Grüne scheitert schon, weil nur wenige Familien einen PKW besitzen, weil das Straßennetz in den entlegeneren Vierteln kaum ausgebaut ist, aber auch, weil Ausflugsziele fehlen. Geblieben ist im Namen Komsomolsk die Erinnerung daran, daß Komsomolzen zu den Pionieren gehörten, die am Bau der Stadt maßgebend beteiligt waren."

(List Geographie 7/8. Schülerband. Mensch und Erde. München 1977. S. 120 f.).

Die Kritikpunkte im einzelnen waren:
— Bemerkungen zum Leben der Jugendlichen im sowjetischen Jugendverband Komsomol;
— einige mißverständliche Passagen, die auf die Darstellung einer Kontinuität zwischen Zarenzeit und Sowjetzeit hinauslaufen,
— einige Äußerungen zu Stadtbild und Umgebung der fernöstlichen Großstadt

Komsomol'sk am Amur und zu den daraus sich ergebenden Lebensbedingungen der Arbeiterbevölkerung im Fernen Osten,
— die kartographische Darstellung der Eroberung und Erschließung Sibiriens.

3.1.2. Interpretation
Die Interpretation des Beispiels hat mehrere Ebenen zu berücksichtigen:
 (1) die Ansatzpunkte der sowjetischen Kritik,
 (2) die Hintergründe dieser Kritik (als ergänzende Erläuterung, im Einzelfall auch zur Rechtfertigung der sowjetischen Kritik, aus westlicher Sicht),
 (3) die fachwissenschaftliche Auseinandersetzung mit dem bisherigen Text und der sowjetischen Kritik.

Sollte die kritisierte Passage nicht zu rechtfertigen, die sowjetische Auffassung zu akzeptieren sein, muß die Passage geändert werden,
 (4) die Änderung des Textes in Anlehnung an die sowjetische Kritik.

3.1.3. Korrigierte Fassung
Als Ergebnis möchte ich festhalten, daß einige Passagen so mißverständlich abgefaßt waren, daß sie korrigiert wurden; in anderen Fällen stellt die „Korrektur" einen Kompromiß zwischen der von sowjetischer Seite gewünschten positiven Darstellung und der vom Fachwissenschaftler eher gerechtfertigten kritischen Äußerung dar; wiederum andere Passagen blieben unverändert.

In einer neuen Ausgabe wurden die beiden oben zitierten Passagen abgewandelt; sie lauten nunmehr:

„Die Komsomolzen
Viele „Neue", etwa 20 bis 26 Jahre alt, sind Mitglied des Komsomol, der „Kommunistischen Union der Jugend". Diese jungen Leute sind leicht für Unternehmungen zu gewinnen, deren Durchführung Strapazen und Entbehrungen, aber auch die Freiheiten eines Pioniers im Neuland mit sich bringt. Dennoch vollzieht sich das Leben in dieser Organisation nach strengen Regeln. Jedes Mitglied des Komsomol ist zunächst Teil einer Gruppe, dann erst Einzelpersönlichkeit. In gleichförmigen Zelt- und Barackenlagern finden sie Unterkunft. Sie treffen sich zu geselligen Veranstaltungen und Diskussionen, sie arbeiten gemeinsam. Nicht immer kommt dabei die Zwanglosigkeit auf, die das Leben vieler Gleichaltriger im Westen bestimmt."

„Die Ähnlichkeit mit anderen Städten der Sowjetunion ist unverkennbar:
die Auswahl an unterschiedlichen Bautypen ist beschränkt; die Gestaltungsfreude der Architekten hält sich in Grenzen; aber die Grünanlagen werden betont;
„Kultur- und Erholungsparks" finden sich hier wie in allen größeren Städten . . .
Die Stadtbewohner verbringen dort einen Teil ihrer Freizeit. Die Vielfalt an Ausflugsmöglichkeiten, wie wir sie kennen, gibt es in Sibirien kaum. Doch lockt die nahezu unberührte Natur.
Geblieben ist im Namen Komsomolsk die Erinnerung daran, daß Komsomolzen zu den Pionieren gehörten, die am Bau der Stadt maßgebend beteiligt waren."

 (List Geographie 3. Schülerband. Mensch und Erde. München o. J. (1985), S. 139 f.).

Ebenso wurde die kartographische Darstellung der Erschließung Sibiriens in Überschrift und Legende korrigiert. Ein in der Karte noch verbliebener, in seiner räumlichen Zuordnung mißverständlicher Hinweis auf die nicht dargestellte Inselgruppe des Franz-Josephs-Landes konnte aus technischen Gründen noch nicht getilgt werden.

3.2. Zusammenfassende Kategorisierung der sowjetischen Kritik an unseren Geographieschulbüchern

Wie jede Kritik, so heben auch die sowjetischen Gutachten positive und negative Aspekte hervor.

(1) Positiv wird immer wieder die gute Druckqualität vermerkt und gelobt. Zwar werden in der Sowjetunion Bücher und vor allem Karten auch im Mehrfarbendruck angefertigt, doch bestehen immer noch sehr deutliche Qualitätsunterschiede.

(2) Positiv hervorgehoben wird auch die Tatsache, daß die Geographiebücher abwechslungsreich und lebendig geschrieben sind. Sie heben sich hierin sicher von den sowjetischen Schulbüchern deutlich ab.

(3) Der einfachste Vorwurf ist der Nachweis sachlicher Fehler. Natürlich findet man nicht immer die neuesten Wirtschaftsdaten oder jeden einzelnen Bergbau- oder Industriestandort. Allerdings ist das Problem nicht immer leicht zu beheben, weil die verfügbaren statistischen Angaben nicht durchweg gleiche Werte nennen, weil statistische Angaben über die Sowjetunion — vor allem wenn es regional aufgeschlüsselte Daten und nicht aussagearme, hochaggregierte Angaben sein sollen — schwer zu finden sind, und weil die westliche Wissenschaft der sowjetischen Statistik auch offenkundige Fehlerhaftigkeit nachweisen konnte. Dennoch gilt sicher, daß mit der Aktualisierung von Zahlenangaben schon ein Beitrag zur Verbesserung der Schulbücher geleistet werden könnte.

(4) Schwerer trifft der Vorwurf, tendenziös zu sein und das Negative der Entwicklung in der Sowjetunion hervorzuheben. Vor allem der bei uns übliche Vergleich zwischen den USA und der UdSSR wird angegriffen, weil dabei — zumindest was die wirtschaftliche Leistungsfähigkeit betrifft — die USA in der Regel besser abschneiden. Bilder von Käuferschlangen vor Moskauer Ladengeschäften, Darstellungen ineffizienter Technik etwa beim Straßenbau, Karikaturen zu Mängeln im täglichen Wirtschaftsleben werden von den sowjetischen Kollegen ungern gesehen. Tatsächlich könnten diese Darstellungen dazu beitragen, daß weitverbreitete Klischees von einer angeblichen Unfähigkeit des Wirtschaftssystems sich festigen. Andererseits stellen derartige Karikaturen und Bilder nur eine Seite der Wirtschaftswirklichkeit dar. Sie könnten damit — auch indem die andere, besser funktionierende Seite der Wirtschaft oder indem die unbezweifelbaren Entwicklungsleistungen kontrastiv gegenübergestellt werden — zu einer ausgewogeneren Beurteilung beitragen. Hier hängt die Bewertung des Materials durch den Schüler also eng mit der Fähigkeit des Lehrers zusammen, differenziert abwägend darzustellen. Wenn allerdings ein Vergleich der Autoproduktion in den USA und in der UdSSR mit dem Hinweis auf die Umweltschädlichkeit des Autos abgelehnt wird, scheint die Argumentation eher an den Haaren herbeigezogen zu sein.

Eine derartige Kritik steht wohl auch im Zusammenhang mit der sowjetisch-amerikanischen Konfrontation, wobei die Bundesrepublik bisweilen als „Stellvertreterfront" herhalten muß, was auch bei der neuerdings erwähnten Aufstellung amerikanischer Waffensysteme der Fall ist. (Leider ist die entsprechend revidierte Fassung des Textes über die USA noch nicht bekannt; es ist anzunehmen, daß dort die Konfrontation besonders betont wird.) Der Wunsch, nur Positives vermerkt zu sehen, ist sicher übertrieben. Andererseits sollten wir die gegenwärtige Tendenz bei uns nicht vergessen, negative Erscheinungen stärker als Positives zu schildern — vielleicht, weil uns wichtige Wertmaßstäbe für die eigene Lebensumwelt verloren gegangen sind. Dann könnte die sowjetische Kritik, selbst wenn sie überzogen und nicht unbedingt gerechtfertigt erscheint, uns zu stärkerer Selbstkritik veranlassen. Man sollte auch nicht übersehen, daß in unserer Schulpraxis negative Erscheinungen in der Sowjetunion häufig zur Rechtfertigung des eigenen Wirtschafts- und Gesellschaftssystems herhalten müssen.

(5) Schwerer verständlich ist der auf einer anderen Ebene liegende Vorwurf der Unwissenschaftlichkeit. Jeder wird zugeben, daß die heutigen Geographiebücher keine wissenschaftliche Fachliteratur sind — aber ist das denn überhaupt ihr Sinn? Kritisiert wird zum Beispiel die Tatsache, daß der fortlaufende Text öfters einmal durch Zitate aus Journalistenberichten und anderes aktuelles Material ergänzt wird. Die sowjetische Schulgeographie hält dagegen an der Bedeutung von Schulbüchern als einfachen Nachschlagewerken fest.

(6) Dieser Vorwurf der Unwissenschaftlichkeit hängt eng mit der Kritik am didaktischen Prinzip des exemplarischen Vorgehens zusammen, die den gesamten Geographieunterricht trifft. Hier ist allerdings festzustellen, daß auch in der Sowjetunion Diskussionsfronten bestehen. So setzte sich das Geographische Institut der Akademie der Wissenschaften der UdSSR, vornehmlich vertreten durch seinen im vergangenen Jahr verstorbenen Direktor *I. P. Gerasimov,* dafür ein, „moderne" Themen wie Ressourcenbewirtschaftung, Umweltfragen, Naturschutz usw. stärker als bisher in den Geographie-Unterricht in der Schule einzubeziehen (vgl. dazu die Hinweise bei *J. Stadelbauer* 1980, S. 44). Die tatsächlich im Zug der Schulreformen durchgeführte Revision der sowjetischen Lehrpläne hat dies nur halbherzig aufgegriffen, ist aber bei der Auswahl der Staaten, die behandelt werden, in höherem Maße als bisher zum exemplarischen Prinzip übergegangen. Es ist anzunehmen, daß im Zug dieser Neuerung die bisher zweistündige Behandlung der Bundesrepublik Deutschland wegfällt. Der in der schulgeographischen Zeitschrift „Geografija v Škole" („Geographie in der Schule") veröffentlichte Lehrplan, der ab dem Schuljahr 1986/87 gültig sein wird, sieht vor, daß die westlichen Staaten gemeinsam und vergleichend behandelt werden und nur die USA und Japan gesondert herausgegriffen werden. (Programma po geografii . . ., 1986, S. 41).

3.3. Die deutsche Kritik an der sowjetischen Darstellung der Bundesrepublik Deutschland

3.3.1 Kritikpunkte

Unsere Kritik an der Darstellung der Bundesrepublik Deutschland entspricht in vielem der sowjetischen Kritik. Allerdings ist einschränkend zu sagen, daß die sowjetische Darstellung von vornherein — wie es sich aus der Charakterisierung des sowjetischen Geographieunterrichts schon ergibt — weniger problemorientiert ist und vor allem die Probleme nicht in den Schulbüchern anspricht. Diese sind in weitaus höherem Maße als bei uns reine Materialsammlungen.

Zu einzelnen Kritikpunkten:

(1) Natürlich entsprechen einige Daten nicht mehr dem augenblicklichen Stand — aber eine Korrektur ist kein entscheidendes Problem. So konnte z. B. erreicht werden, daß neben landwirtschaftlicher und gewerblich-industrieller Beschäftigung auch der tertiäre Sektor erwähnt wird — wenn auch mit der weniger schmeichelhaften, aber aus der marxistische-leninistischen Wirtschaftslehre abgeleiteten Bezeichnung als „nichtproduktive Sphäre".

(2) Beim ersten regionalen Durchgang „Geographie der Erdteile" in der sechsten Klasse kann man eine gewisse einseitige Behandlung von Umweltproblemen darin sehen, daß etwa der Rhein als „Beispiel" für die besonders starke Gewässerverschmutzung herausgegriffen wird, für die Elbe oder Weichsel derartige Probleme übergangen werden. Auch bei der Darstellung des Ruhrgebietes wird speziell auf die Verschmutzung von Ruhr und Rhein (mit Nebenflüssen) verwiesen (wobei noch eine Unschärfe darin zu sehen ist, daß eigentlich die Emscher als „Kloake des Ruhrgebietes" erwähnt werden müßte, während für die anderen Flüsse eher ein Rückgang des Verschmutzungsgrades anzuführen wäre). Tendenziöse Darstellung, die Negatives betont, ist also auch im sowjetischen Schulbuch zu finden.

(3) Die Behandlung von Berlin (West) kann unseren Standpunkt nicht befriedigen: Berlin wird auf einer Wirtschaftskarte der DDR abgebildet, der Westen der Stadt bleibt weiß, d. h. ohne Signatur, und eine kurze Anmerkung hebt ausschließlich auf den besonderen politischen Status der Stadt ab, ohne die engen politischen, wirtschaftlichen und kulturellen Bindungen an die BR Deutschland zu erwähnen, wie sie im Vier-Mächte-Abkommen fixiert sind.

(4) Einige Formulierungen im sowjetischen Text entsprechen nicht mehr der in der Sowjetunion üblichen Terminologie: So ist bei der Darstellung der Bevölkerungsstruktur noch von „Klassen" die Rede, obwohl in der offiziellen sowjetischen Statistik schon lange von „Sozialstruktur" gesprochen wird (wobei allerdings hinzuzufügen ist, daß die Anwendung dieses Begriffes auch keine entscheidende Veränderung der Bedeutung herbeiführte).

3.3.2. Ein Beispiel

Wir haben inzwischen auch für diesen Bereich ein Textbeispiel, denn die Passage über die Bundesrepublik wurde inzwischen überarbeitet.

Alte Fassung	*Geänderte Fassung*
Die Beschäftigungsstruktur ist dadurch gekennzeichnet, daß die Hälfte der erwerbstätigen Bevölkerung der BRD in der Industrie, im Gewerbe und	Die Beschäftigungsstruktur ist gekennzeichnet: Erstens durch einen hohen Anteil von Arbeitern in der Industrie, im Gewer-

im Bauwesen arbeitet, d. h. fünfmal mehr als in der Landwirtschaft.

be und im Bauwesen (über $^2/_5$ der wirtschaftlich aktiven Bevölkerung oder acht Mal mehr als in der Landwirtschaft), und zweitens durch eine vor allem nach dem Krieg gewachsene nichtproduktive Sphäre [tertiärer Sektor] (etwa $^1/_3$ der Beschäftigten), insbesondere im Dienstleistungsbereich.

Die wichtigste Region der chemischen Industrie ist das Ruhrgebiet, wo dieser Produktionszweig eng mit der Steinkohleverarbeitung und mit der Nutzung von Abfallstoffen der Schwermetallurgie verknüpft ist. Dort entstand auch die Erdölchemie, die die Kohlechemie verdrängt. Die Herstellung von Anilinfarben ist in Städten am Rhein und seinen Nebenflüssen entwickelt.

Ein bedeutendes Gebiet mit chemischer Industrie ist das Ruhrgebiet, wo dieser Zweig seit langem eng mit der Steinkohleverarbeitung und mit der Nutzung von Abfallstoffen der Schwermetallurgie verknüpft ist. Dort entstanden auch Betriebe der Erdölchemie, die die Kohlechemie verdrängt. Eine noch wichtigere, viele Zweige umfassende Produktion gibt es jetzt in den Städten am Rhein und seinen Nebenflüssen im Südwesten.

Trotz ihrer bedeutenden Entwicklung befriedigt die Landwirtschaft der BRD den Bedarf des Landes nicht vollständig. Ein Teil des benötigten Weizens und der Fette, der größte Teil an Wolle und anderen Rohstoffen müssen importiert werden.

Die Landwirtschaft befriedigt im großen und ganzen den Bedarf in der BRD bei den Hauptproduktionsarten, aber trotzdem wird ein Teil des Getreides und Fettes importiert, ebenso viele Genußmittel und vor allem viel Wolle, Baumwolle und andere Rohstoffe.

(Ėkonomičeskaja geografija ... 9. Aufl. 1982, S. 185 ff.).

(*S. N. Rakovskij* 1985)

Es zeigt sich — ähnlich wie beim genannten Gegenbeispiel —, daß ein Teil der Anregungen aufgegriffen wurde, einige Änderungen eingefügt sind, andere Kritikpunkte (Betonung der Klassenstruktur, Hervorhebung des Militarismus) jedoch unberücksichtigt blieben. Sicher ist die Arbeit bei den deutsch-sowjetischen Schulbuchgesprächen nicht von raschen Erfolgen gekrönt, sondern auf kleine und kleinste Schritte angewiesen!

4. Bewertung der Konferenzen und Schlußfolgerungen

4.1. Die weitere Entwicklung

Die bisherigen Konferenzen lassen verschiedene Möglichkeiten für die Zukunft offen:

(1) Da die Gesprächsatmosphäre immer gut und freundlich war, besteht kein Anlaß, einen abrupten Abbruch zu befürchten; die Bereitschaft zu Kontakten und weiteren Gesprächen ist auf beiden Seiten vorhanden. Die sowjetische Seite hat bereits signalisiert, daß sie an Gesprächen auch nach Abschluß der „ersten Runde" (1986) interessiert ist. Es könnte jedoch sein, daß wir über kleine Schritte nicht wesentlich hinauskommen. Eine Fortsetzung der Gespräche über einen mittleren Zeitraum von einigen Jahren scheint mir derzeit das wahrscheinlichste Szenario.

(2) Die schrittweise Annäherung könnte über das bisherige Maß hinausgehen und sich auch zu den Themen und Themenvorschlägen vortasten, die bisher in den Diskussionen ausgespart und auf einen gegenseitigen Austausch von Gutachten beschränkt blieben. Ich meine damit die Diskussion über Gegenstände und Termini, die unterschiedliche Bedeutung für die Sowjetunion und für die Bundesrepublik haben. Hier wäre eine Intensivierung der konkreten Arbeit möglich.

(3) Das Ziel bleibt die Erarbeitung von Empfehlungen bzw. Themenvorschlägen, die in diesem Fall wohl getrennt für beide Seiten formuliert werden müßten, um der Unterschiedlichkeit der Schulsysteme und speziell des Geographielehrplans gerecht zu werden.

4.2. Bewertung der Konferenzen

Es ist, und das soll nachdrücklich hervorgehoben werden, positiv, daß Gespräche stattfinden. Die Erfolge sind zwar bisher klein, aber sie sind wahrnehmbar. Andererseits ist die Aufgabe, Spannungen abzubauen, zu schwierig, als daß sie schnell und mühelos gelöst werden könnte. Ich bleibe also bei einer gedämpft optimistischen Einschätzung, die vor allem daraus abzuleiten ist, daß beide Seiten die Chance des Gesprächs wahrnehmen und daß wir versuchen, das gute Einverständnis innerhalb der Gesprächsgruppe auch nach außen weiterzugeben. Gespräche ohne sofortige Einigung, aber mit der Offenheit für die Fortsetzung des Dialogs, sind allemal besser als ein gegenseitiges Schweigen.

4.3. Folgerungen

Wenn man das Ziel der Objektivität und Ausgewogenheit anerkennt, ergeben sich für jede Gruppe, die direkt oder indirekt an den Gesprächen beteiligt ist, Wünsche hinsichtlich der Verhaltensdisposition:
— Vom Fachwissenschaftler erwarte ich, daß er immer wieder bemüht ist, aus den leider kärglichen sowjetischen Quellen aktuelles Material darzustellen, damit nicht die Funktionsweise eines sowjetischen Kolchos an einem Beispiel aus den 30er Jahren erklärt wird.
— Dies setzt natürlich voraus, daß von sowjetischer Seite ausreichend qualifiziertes Material verfügbar ist. Da die sowjetische Geographie nun verständlicherweise nicht Handreichungen für den deutschen Geographielehrer erarbeiten kann, zielt eine wesentliche Erwartung darauf ab, daß wenigstens der wissen-

schaftliche Standard angeglichen wird. Dies gilt z. B. für die Darstellung von einzelnen Raumbeispielen oder für die Dokumentation mit Karten und Daten.
- Der Lehrer wiederum hat die Aufgabe, sich auch selbst um neues Material zu bemühen, sich nicht zu scheuen, in einer Universitätsstadt die entsprechenden Fachbibliotheken aufzusuchen und sich so gut wie möglich auf dem Stand zu halten. Und er hat die Aufgabe, das verfügbare Material kritisch zu sichten, was vor allem dann gilt, wenn aktuelle Reportagen zur Auflockerung des Unterrichts einbezogen werden.

Literatur

Die Lage der Vertriebenen und das Verhältnis des deutschen Volkes zu seinen östlichen Nachbarn. In Deutschland und die östlichen Nachbarn. Berlin 1966, S. 176–217.

Ėkonomičeskaja geografija zarubežnych stran. Učebnik dlja 7 klassa srednej školy. Pod redakciej *V. P. Maksakovskogo* (et al.). Moskva 1979 (6. A.), 1982 (9. A.).

Empfehlungen für Schulbücher der Geschichte und Geographie in der Bundesrepublik Deutschland und in der Volksrepublik Polen. Braunschweig 1977. = Schriftenreihe des Georg-Eckert-Instituts für internationale Schulbuchforschung, 22.

Haubrich, H., Hrsg.: Geographische Erziehung im internationalen Blickfeld. Ziele, Inhalte und aktuelle Entwicklungen des Geographieunterrichts in 30 Ländern von 5 Kontinenten. Braunschweig 1982. = Studien zur Internationalen Schulbuchforschung, 32.

List Geographie 3. Schülerband. Mensch und Erde. Herausgeber: *H. du Bois, G. Jahn.* München o. J. (1985).

List Geographie 7./8. Schülerband. Mensch und Erde. Herausgeber: *H. du Bois, G. Jahn.* München 1977.

Maksakovskij, V. P., Rom, V.: Das Thema „Sowjetunion". Sowjetische Vorschläge für den Geographieunterricht an den Schulen der Bundesrepublik Deutschland. In: Praxis Geographie 11, 1981, S. 86–91.

Maksakowskij, V. P.: Schulreform in der Sowjetunion und Änderung des Geographieunterrichts. Unveröffentlichter Vortrag, Moskva 1985.

Programma po geografii dlja srednej obščeobrazovatel'noj školy. In: Geografija v škole 1986, H. 1, S. 24–48.

Rakovskij, S. N.: Federativnaja Respublika Germanii. Manuskript, Moskva 1985.

Stadelbauer, J.: Der sowjetische Lehrplan „Geographie". Einführung und Übersetzung mit einem kommentierten Bericht von *Joachim Barth* „Besuch in einer Moskauer Schule". Braunschweig 1980. = Geographiedidaktische Forschungen, 7.

II. Schulbuchanalysen, Curriculumanalysen, Schulbuchverbesserung

Vladimir Pavlovič Maksakovskij

Sowjetisches Gesamtgutachten zur Darstellung der Sowjetunion in den Schulbüchern der Bundesrepublik Deutschland (1985)

1. Einleitung

Die sowjetische Seite erhielt aus der Bundesrepublik Deutschland zur Durchsicht und Analyse eine große Anzahl von Lehrbüchern, Arbeitsheften, Atlanten u. ä., die sowohl für Schüler als auch für Lehrer bestimmt sind und in den verschiedenen Ländern der Bundesrepublik Deutschland herausgebracht werden. Insgesamt gibt diese Analyse eine relativ vollständige Vorstellung von dem System, dem wissenschaftlichen Niveau, von Inhalt, Aufmachung und methodischem Vorgehen der gegenwärtigen Schulgeographie in der Bundesrepublik Deutschland.

Das Hauptmerkmal des Unterrichtssystems, durch das es sich von dem in der Sowjetunion gebräuchlichen System unterscheidet, ist das Fehlen einer einheitlichen Schulbuchliteratur, die für das ganze Land gilt. In der Regel hat jedes Bundesland seine eigenen Geographielehrbücher und -mittel.

Die sowjetische Seite bekam die Gelegenheit, sich mit folgenden zehn Reihen bekannt zu machen:
1. Welt und Umwelt, Braunschweig: Westermann
2. Der Mensch gestaltet die Erde, Frankfurt a. M.: Hirschgraben
3. Geographie (Terra), Stuttgart: Klett
4. Geographie, München: BSV
5. Unser Planet, Braunschweig: Westermann
6. Blickpunkt Welt, Kiel: Hirt
7. Dreimal um die Erde, Berlin: CVK und Schroedel
8. Neue Geographie, München: BSV
9. Mensch und Erde, München: List
10. Räume, Menschen, Probleme, München: List

Im weiteren Text beziehen sich die Quellenangaben zu den einzelnen Reihen auf die hier durchgeführte Numerierung.

Außerdem gehören zwei Erdkundeatlanten zu den uns zugesandten Materialien.

Alle Unterrichtsmaterialien sind ihrem Erscheinungsjahr nach neu — herausgegeben von 1978–1981. Es versteht sich, daß dies unter vielen Gesichtspunkten wichtig ist.

In der Sowjetunion wird bekanntlich die physische und die Wirtschaftsgeographie der Welt, ihrer einzelnen Regionen und Länder der Reihe nach behandelt. Der Erdkundeunterricht in den Schulen der Bundesrepublik Deutschland beruht auf einem völlig anderen Prinzip. Ein systematischer Unterricht des Faches fehlt hier unserer Ansicht nach. Er wird ersetzt durch eine exemplarische Behandlung, indem geographische Fragen an Beispielen einzelner geographischer Prozesse und Objekte untersucht werden. Augenscheinlich hat ein solches Vorgehen Vorteile, aber auch Unzulänglichkeiten, die man bei einem Treffen diskutieren könnte. Bei dieser Gelegenheit kommen wir nur deshalb auf diese Methode zu sprechen, weil sie von vornherein keine einheitliche und vollständige Vorstellung von der Geographie der UdSSR vermitteln kann. Was den exemplarischen Unterricht der einzelnen Fragen zur Geographie der UdSSR betrifft, so ist er in den verschiedenen Lehrbuchreihen nicht einheitlich. Das betrifft sowohl die Gesamtheit der Angaben, die Repräsentativität der ausgewählten Fragen als auch deren politische und wissenschaftliche Interpretation. Der Gesamteindruck ist der, daß das „spezifische Gewicht" der Sowjetunion in den Schulbüchern der Bundesrepublik Deutschland unzureichend ist und nicht der Rolle entspricht, die unser Land in der Politik und Wirtschaft der Welt spielt. In einigen Reihen wird die Sowjetunion nur in ein oder zwei Beispielen behandelt. Auch in dem Fall, daß die Themen angemessen ausgewählt und korrekt dargestellt sind, können sie den Schülern der Bundesrepublik Deutschland keine einheitliche und einigermaßen vollständige Vorstellung von unserem Land vermitteln. Wenn man berücksichtigt, daß die Darstellung der UdSSR keineswegs immer sachlich richtig ist, so erscheint das Gesamtbild noch alarmierender. Dies ist der Gesamteindruck der sowjetischen Seite. Im folgenden bemühen wir uns, ihn zu konkretisieren.

2. Die positiven Seiten der geographischen Darstellungen der UdSSR in den Schulbüchern der Bundesrepublik Deutschland

Viele Gesamt- und Einzelfragen zur Geographie der UdSSR werden in den Lehrbüchern der Bundesrepublik Deutschland sachlich richtig behandelt. Dies erscheint vollkommen natürlich, wenn man das allgemeine Niveau der geographischen Wissenschaft in der Bundesrepublik Deutschland, die seit langem bestehenden Beziehungen zwischen unseren beiden Ländern und die Möglichkeit der Benutzung entsprechender Fachliteratur berücksichtigt.

Im ganzen richtig behandelt werden in den Lehrbüchern Probleme der physischen Geographie der UdSSR. Das gilt sowohl für den darstellenden Text als auch für den kartographischen Teil. Diese Themen werden jedoch nur in den Lehrbüchern der unteren Klassen ausführlicher behandelt, die in der uns zugeschickten Buchkollektion nur eine relativ kleine Zahl ausmachen.

Eine mehr oder weniger richtige Darstellung erfuhren in den Schulbüchern auch einige Fragen zur Wirtschaftsgeographie der UdSSR. In einigen Reihen finden wir Darstellungen der ökonomischen Rayonierung der Sowjetunion und der Prinzipien der Verteilung der Produktionskräfte in unserem Land (1) und der wichtigsten Industriegebiete mit Erklärungen ihrer Spezialisierung (7).

Einige Reihen sind bestrebt, lebendige Beschreibungen der größten Städte und Rayone der UdSSR zu geben, z. B. Moskaus mit seinen Sehenswürdigkeiten wie dem Kreml, dem Roten Platz, der Metro, dem Bolschoi Theater, der Universität u. a. (6).

Die Hauptaufmerksamkeit der Autoren gilt den östlichen Gebieten der UdSSR, besonders Sibirien und dem Fernen Osten. Es ist kennzeichnend, daß im überwiegenden Teil der Lehrbücher als Beispiel für die großräumige Erschließung Sibiriens der Industrieknotenpunkt Bratsk gewählt wird (2, 3, 4, 7). Dabei wird korrekt von der Rolle Sibiriens und dieses Knotenpunktes in der Wirtschaft des Landes, von den Produktionsmaßstäben (im Vergleich zur Produktion von elektrischer Energie in der Bundesrepublik Deutschland) und manchmal auch vom Arbeitsheroismus der sowjetischen Jugend, die die Bezirke Sibiriens erschließt, gesprochen. Das gleiche gilt für den Bau der Baikal-Amur-Magistrale, die in einigen Schulbuchreihen richtig als „Jahrhundertbau" und als Objekt anstrengender Arbeit Zehntausender von Bauarbeitern charakterisiert wird (3, 5). Es finden sich auch Beispiele anderer großer neuer Bauprojekte: Komsomolsk am Amur, der Karakumkanal, die Beschreibung des Kuznezbeckens (7). In fast allen Schulbüchern ist die Transsibirische Eisenbahnmagistrale — die längste in der Welt — Gegenstand besonderer Aufmerksamkeit.

Es ist erfreulich festzustellen, daß in einer Reihe von Schulbüchern der Versuch unternommen wird, relativ objektiv an die Diskussion von Fragen der Sozialgeographie und der Wirtschaft der Sowjetunion heranzugehen.

Als Beispiel kann man einzelne Beschreibungen der sozialistischen Industrialisierung heranziehen. Die Erfolge der Industrialisierungspolitik werden in vielen Lehrbüchern sowohl im Text als auch mit Hilfe von Tabellen und Graphiken behandelt. Es wird z. B. davon gesprochen, daß in den zwanzig Vorkriegsjahren die Sowjetunion die gleiche Entwicklung durchschritten hat wie England in 200 und die USA in ungefähr 100 Jahren (2). Es wird die Aussage Lenins zitiert, daß Kommunismus „Sowjetmacht plus Elektrifizierung des ganzen Landes" sei (7).

Noch größere Aufmerksamkeit ziehen in der Mehrzahl der Schulbücher Fragen der sozialistischen Umgestaltung der Landwirtschaft in unserem Lande auf sich. Die Autoren bemühen sich, die Unterschiede zwischen Kolchosen und Sowchosen zu erklären (auch in den Schlagwortverzeichnissen im Anhang der Schulbücher), in einer Reihe von Fällen finden sich lebendige, im ganzen korrekte Beschreibungen einzelner Kolchosen und Sowchosen, z. B. des Kolchos „Kuban" (2) und des Sowchos „Tschutowo" (3).

Viele Lehrbücher gehen auch nicht an den einschneidenden sozialen Veränderungen vorbei, die sich in unserem Land in den Jahren der Sowjetmacht vollzogen. Richtig wird auch über die Beseitigung des Analphabetentums (7) geschrieben und — unter Hinzuziehung der entsprechenden Artikel der Verfassung der UdSSR — über das sowjetische Gesellschaftssystem (7). Das Ausmaß des Wohnungsbaus und das Fehlen von Arbeitslosen — im Unterschied zu den USA — werden erwähnt (5).

In einigen Lehrbüchern werden mehr oder weniger objektiv Fragen erörtert, die die internationale Stellung und die Wirtschaftsbeziehungen der UdSSR betreffen. So wird z. B. die Rolle der UdSSR im Rat für gegenseitige Wirtschaftshilfe bei der Lösung des Brennstoffenergieproblems der Mitgliedsländer des RGW beschrieben (6, 10). Es wird von der Zusammenarbeit der UdSSR und der Bundesrepublik Deutschland auf Kompensationsbasis beim Aufbau großer Industrieobjekte auf dem Territorium der UdSSR gesprochen (7); in Tabellen wird die Stelle der UdSSR in der Weltwirtschafts- und Landwirtschaftsproduktion aufgezeigt.

Von großem Interesse für die sowjetische Seite war das Studium des methodischen Aufbaus der Lehrbücher der Bundesrepublik Deutschland: das System der Fragen, Aufgaben, Übungen und Texte, die Arbeit mit Umrißkarten und farbigen Karten in den Lehrbüchern und Atlanten, die Aufgaben zur Durchführung von Berechnungen u. ä. Hier findet sich viel Positives. Das bezieht sich insbesondere auf die häufige Anwendung von Vergleichen im Geographieunterricht über die UdSSR. So werden z. B. Moskau und Paris, das Kusnezkbecken und das Ruhrgebiet, der Angarastaudamm und das Tennessee-System in den USA, die Transsibirische und die Transamazonasmagistrale, der RGW und die EG und die UdSSR und die USA miteinander verglichen.

Hohe Würdigung verdient das polygraphische Niveau der Lehrbücher der Bundesrepublik Deutschland, der häufige Einsatz von Karten und Fotografien in Kombination mit dem Text. Eine Reihe physisch-geographischer und ökonomischer Karten und Skizzen zur UdSSR finden sich in den Unterrichtsatlanten, wobei diese im Vergleich mit den Lehrbuchtexten in den meisten Fällen auf dem neueren Stand sind.

Schließlich ist auch das Auswahlsystem der Autorenteams für die sowjetische Seite interessant. In den meisten Fällen wird jede Schulbuchreihe von einem Autorenteam geschrieben, was natürlich die Koordinierung und Kontinuität der Behandlung des Lehrstoffes erleichtert — damit werden Fragen angeschnitten, die jetzt auch für die sowjetische Schulgeographie aktuell sind.

3. Mängel der geographischen Darstellungen

Es entsteht der Gesamteindruck, daß das wissenschaftliche Niveau der Erdkundebücher der Bundesrepublik Deutschland bedeutend niedriger ist als das der Lehrbücher der UdSSR, obwohl einige von ihnen für Schüler bestimmt sind, die älter als die sowjetischen Schüler sind, deren Erdkundeunterricht in der neunten Klasse seinen Abschluß findet. Die Mehrzahl der Lehrbücher enthält ziemlich einfaches beschreibendes Material ohne Anspruch auf Problematisierung, auf die Wiedergabe geographischer Gesetzmäßigkeiten der Natur und Wirtschaft, um deren vorrangige Aufdeckung sich die sowjetische Schulgeographie bemühte und bemüht.

Nehmen wir als Beispiel die Fragen der ökonomischen Rayonierung. Obwohl sie, wie oben erwähnt, in einigen Schulbüchern der Bundesrepublik Deutschland berührt werden, bleibt der Gesamtzugang dieses Problems sehr vereinfacht. Das große Wirtschaftsgebiet UdSSR wird meist als autarke Wirtschaftseinheit dargestellt, die zur Einschränkung des Transports gezwungen ist, alle notwendigen Waren auf eigenem Territorium zu produzieren.

Dies ist eine falsche Vorstellung von der komplexen Entwicklung der Wirtschaftsgebiete. Der zweite Aspekt dieser Frage, die Spezialisierung jedes Rayons in Form geographisch überregionaler Arbeitsteilung, wird ganz weggelassen. Bekannt ist die Konzeption der territorialen Produktionskomplexe (TPK), die sich in den letzten Fünfjahresplänen der UdSSR deutlich widerspiegelt und die zugleich bei den Geographen der westlichen Länder großes Interesse findet. Aber dieser wichtige Gedanke, der für das Verständnis der gegenwärtigen Probleme bei der Verteilung der Produktionskräfte und bei der Territorialplanung eine wichtige Rolle spielt, fehlt in den Schulbüchern der Bundesrepublik Deutschland.

Viele wirtschaftsgeographische Informationen in den Schulbüchern der Bundesrepublik Deutschland sind stark veraltet. Es ist allgemein bekannt, daß die Wirtschaft der UdSSR sich dynamisch entwickelt, jeder neue Fünfjahresplan fügt wichtige Komponenten zum allgemeinen geographischen Wirtschaftsbild der Sowjetunion hinzu. Einige dieser Punkte, die in erster Linie die östlichen Gebiete der UdSSR betreffen, fanden — wie bereits erwähnt — in den Schulbüchern der Bundesrepublik Deutschland ihren Niederschlag (Bratsk, BAM u. a.). Insgesamt jedoch behandeln die Schulbücher hauptsächlich geographische Objekte der Vorkriegsfünfjahrespläne (das Dnjeprkraftwerk, Magnitogorsk, das Ural-Kusnezk-Kombinat, Komsomolsk am Amur). Ergänzend sei bemerkt, daß sich auch viele Zahlenangaben zur UdSSR in den gegenwärtigen Schulbüchern der Bundesrepublik Deutschland auf die 50er—60er Jahre beziehen.

Das Ergebnis sind veraltete Darstellungen und unrichtige Bewertungen. Als Beispiel sei die Behauptung angeführt, daß Öl und Gas hauptsächlich aus dem europäischen in den asiatischen Teil des Landes geliefert werden (7). Um diesen Fehler zu vermeiden, müßte man eine aktuelle Beschreibung der Rolle Westsibiriens bei der Öl- und Gasversorgung der UdSSR geben, ohne die man heute die gesamte Wirtschaftsgeographie unseres Landes nicht richtig verstehen kann. Zudem betreffen die Bodenschätze dieses Gebietes, die eine große internationale Bedeutung haben, bekannterweise auch die Bundesrepublik Deutschland selbst und können folglich Gegenstand eines erhöhten Interesses der jungen Generation der Bundesrepublik Deutschland sein. Die Zahl ähnlicher Beispiele ließe sich vergrößern. Ebenso sei die Aufmerksamkeit auf die häufige Anwendung des geographischen Determinismus gelenkt, d. h. auf die Überbetonung der Rolle der geographischen Umwelt bei der Entwicklung der Gesellschaft. Das betrifft insbesondere die Abschnitte, die die schreckliche Kälte (besonders in Sibirien), den Dauerfrostboden, Dürren u. ä. hervorheben, obwohl sich die Autoren auch bemühen, einige ökonomische Schwierigkeiten der

UdSSR (Mißernten, das dünne Transportnetz in den östlichen Gebieten) durch diese Naturbedingungen zu „rechtfertigen". Eine solche Akzentverteilung schafft ungenaue, manchmal auch einfach falsche Vorstellungen von den Naturbedingungen und Bodenschätzen der UdSSR, auf denen die verschiedenen wirtschaftlichen Tätigkeiten basieren. Dies um so mehr, als Anstrengungen zur Nutzung der Bodenschätze und Veränderung dieser Bedingungen meist nicht vollständig beschrieben werden. Das Projekt der Verlegung der Petschora in das Wolgagebiet (3) z. B. gehört eher zu den Ausnahmen als zur Regel.

4. Mängel der politischen und sozialen Darstellungen

Politische und soziale Beurteilungen gehen immer mit der Beschreibung der geographischen und insbesondere der wirtschaftsgeographischen Prozesse und Erscheinungen einher. Besonders von ihnen hängen in bedeutendem Maße die Interpretationen und folglich auch das Verständnis dieser Prozesse und Erscheinungen ab. Man muß mit Bedauern feststellen, daß in den Geographielehrbüchern der Bundesrepublik Deutschland gerade solche Beschreibungen und Bewertungen besonders große Ungenauigkeiten, Fehler und Verfälschungen der Realität enthalten.

Sie berühren erstens die Geschichte des Sowjetstaates. Die Große Sozialistische Oktoberrevolution in Rußland wird meist in den Lehrbüchern als „Machtergreifung" durch die Sowjets (5) oder durch die Kommunisten (1) — kurzum als Aktion einer kleinen Gruppe von Menschen, aber nicht als Resultat einer breiten Bewegung der Volksmassen dargestellt.

Zweitens betreffen diese Ungenauigkeiten den Gesellschafts- und Staatsaufbau sowie die Wirtschaftspolitik des sowjetischen Staates, wobei besonders in dieser Frage in den Schulbüchern eine Verfälschung des wahren Sachverhaltes erfolgt. Alle Schulbücher bemühen sich, die Sowjetunion als nichtdemokratischen Staat mit totalitärem Regime darzustellen, der sich auf die widerspruchslose Unterordnung der großen Mehrheit unter die „herrschende Spitze" gründet. So etwas gibt es jedoch nicht!

Die Kollektivierung der Landwirtschaft in der UdSSR in den 30er Jahren wird als „entschädigungslose Zwangsenteignung aller Landbesitzer" dargestellt (1, 2, 6). Die sozialistische Planwirtschaft wird als ausschließlich zentralisierte und als jegliche Eigeninitiative unterdrückende Wirtschaftsform bezeichnet (1, 2). Dabei wird behauptet, daß das ZK Gesetze vorlegt, der Oberste Sowjet sie verabschiedet und die Partei ihre Ausführung überwacht (7). Die Politik der Industrialisierung hatte nach Meinung der Lehrbuchautoren eine Senkung des Lebensstandards des sowjetischen Volkes zur Folge, eine beinahe beabsichtigte Produktionsverringerung unbedingt notwendiger Waren (1, 6, 7). Die Arbeitsbrigaden in den sowjetischen Werken und Fabriken werden mit einer militärischen Arbeitsorganisation verglichen (7). Die Verfassung der UdSSR garantiere formal die Freiheit des Wortes, in Wirklichkeit aber könne man für freie Willensbekundung ins Gefängnis kommen (7); insgesamt bilde die Sowjetunion ein besonders „kultiviertes Regime", dem das „demokratische" Westeuropa gegenüberstehe (1). Jede dieser Behauptungen kann man mühelos durch eine Reihe von Fakten und Argumenten widerlegen, die die sowjetische Seite in den Einzeldarstellungen zu den Lehrbüchern anführt.

Drittens betrifft die Verfälschung der Realität die Beschreibungen der Nationalpolitik der UdSSR, der in allen Schulbüchern große Aufmerksamkeit geschenkt wird. Die Grundidee, die in diesen Schulbüchern beharrlich angeführt wird, ist die Fortsetzung der Politik der gewaltsamen Russifizierung des Landes, die bereits mit den russischen Zaren begonnen habe und angeblich unter der Sowjetmacht fortgeführt werde (1, 3, 7). Als Beweis für die Russifizierung werden sogar Beispiele angeführt wie der Gebrauch der Moskauer Zeit auf allen Bahnhöfen und Flughäfen des Landes (7)! Lehrmaterial dieser Art zeugt nur davon, daß seinen Autoren Fragen und Wesen ethnischer Prozesse, die sich in der UdSSR vollziehen, völlig unbekannt und unverständlich sind.

Viertens betreffen diese „Schiefheiten" die Beschreibung der internationalen Politik der UdSSR. So wird eine Reihe von Behauptungen, die der historischen Wahrheit widersprechen, zu Fragen der Entstehung der Nachkriegsgrenzen in Europa (1), und zur Rolle der Sowjetunion im Rat der gegenseitigen Wirtschaftshilfe aufgestellt (3). „Rußland — das ist eine Jacke mit zugenähten Ärmeln", so „bildlich" charakterisieren die Autoren einer Schulbuchreihe unser Land (1). Dabei wird von den Schülern gefordert, über diese mehr als schreckliche These, die allem Anschein nach eine Anspielung auf die Existenz des berüchtigten „eisernen Vorhangs" ist, nachzudenken und sie zu beweisen.

5. Tendenziöse Aspekte bei der Darstellung der Geographie der UdSSR

Nach Meinung der sowjetischen Seite kann man als Hauptmerkmal der Inhalte der Mehrzahl der Erdkundebücher der Bundesrepublik Deutschland die Voreingenommenheit bezeichnen. Die charakteristischste Methode dieser Schulbücher ist die, daß „objektiv" einige Erfolge und Errungenschaften der UdSSR genannt werden, sie aber mit solchen Erklärungen und Vorbehalten ergänzt werden, daß im Bewußtsein der Schüler Zweifel daran entstehen und der positive Eindruck dieses oder jenes Faktums herabgesetzt wird. Hierfür wollen wir einige Beispiele anführen.

Man kann sagen, daß das Lieblingsthema der Autoren der Vergleich der UdSSR mit den USA, aber auch der Mitgliedsstaaten des RGW mit den Ländern der EG ist. Dieses Konzept läßt sich im Text, in den Tabellen und auch in den Diagrammen verfolgen. Das Tendenziöse manifestiert sich vor allem in der Auswahl der Vergleichsmerkmale. Gewöhnlich richtet sich die Aufmerksamkeit auf den Rückstand der UdSSR hinter den USA in der Autoproduktion, obwohl genau bekannt ist, daß die UdSSR es sich nicht zum Ziel machte oder macht, die USA in der Autoproduktion zu erreichen oder zu überholen. Ein anderes Beispiel: Es wird gesagt, daß die Bundesrepublik Deutschland aus den USA Autos und Computertechnik importiert, aus der UdSSR jedoch Wodka und Kaviar! Verglichen wird der mittlere Ernteertrag der Getreidekulturen in der UdSSR und der Bundesrepublik Deutschland, obwohl jedem klar ist, daß diese Merkmale unter Berücksichtigung der Ausmaße und Besonderheiten des Territoriums schwer miteinander zu vergleichen sind und in jedem Fall einiger Erläuterungen bedürfen.

Oben wurde bereits von der erhöhten Aufmerksamkeit gesprochen, die die Lehrbuchautoren den nördlichen und östlichen Gebieten der UdSSR schenken. Gewöhnlich werden vollkommen richtige Aussagen und Fakten mit solchen politischen Kommentaren versehen, die sie entweder abwerten oder ganz zunichte machen. Die Hauptthese ist, daß im Norden und Osten der UdSSR alles durch Zwangsarbeit geschaffen werde. Dies wird allen Ernstes in bezug auf die Polarstadt Workuta (1), auf ganz Sibirien (3, 7), auf Neulandgewinnung u. a. behauptet. Infolgedessen muß der Absicht der Autoren entsprechend der Eindruck von Sibirien als eines riesigen „Konzentrationslagers" entstehen. Dabei sind Aussagen dieser Art häufiger als Beispiele für den Arbeitsheroismus der sowjetischen Menschen, in erster Linie der Jugend, bei der Erschließung dieses rauhen Gebietes. Auch hier werden tendenziöse Sichtweisen deutlich.

Eine Voreingenommenheit spiegeln auch Hinweise auf einige Äußerungen Stalins, z. B. über den Zerfall eines einheitlichen Weltmarktes (2), Äußerungen, die sich, wie bekannt, in der Realität nicht bewahrheiten und die keinen Eingang in die sowjetische Literatur gefunden haben. Insgesamt wird über Stalin bisweilen so geschrieben, als ob den Autoren die Beschlüsse des 20. Parteitages der KPdSU überhaupt nicht bekannt seien.

Eine weitere Spielart tendenziöser Betrachtungsweisen ist das Verschweigen allgemein bekannter Fakten. Die Autoren stellen die Sache so dar, als ob die ganze Industrie, das ganze Transportwesen im vorrevolutionären Rußland durch ausländisches Kapital (2) geschaffen worden sei, was natürlich die Rolle des russischen Volkes, seiner Wissenschaftler, Ingenieure, der Intelligenz und der Arbeiterklasse, schmälert.

Bei der Behandlung der Erforschung des Nordpols werden die sowjetischen Wissenschaftler nicht erwähnt, was ganz und gar absurd erscheint. Bei der Beschreibung der Industrie in der UdSSR richtet sich die ganze Aufmerksamkeit auf die extraktiven Zweige und auf die Brennstoff- und Rohstoffzweige, während von der Entwicklung der Atomenergie, des heutigen Maschinenbaus, der organischen Chemie, d. h. der führenden Zweige der wissenschaftlich-technischen Revolution, entweder nicht oder nur flüchtig gesprochen wird, was eine vollkommen falsche Vorstellung von der Struktur und dem Niveau der Entwicklung der sowjetischen Wirtschaft vermittelt. Bei der ausführlichen Schilderung des Assuanstaudamms in Ägypten wird verschwiegen, daß er mit Hilfe der UdSSR gebaut wurde (4). In den gesamteuropäischen Tabellen der Lehrbücher fehlen nicht selten Angaben zur Sowjetunion, die jedoch auch nicht einzeln aufgeführt werden.

6. Kurze Schlußfolgerungen und Empfehlungen

Als kurze Schlußfolgerung läßt sich folgendes sagen:

1. Die von der deutschen Seite vorgestellten Schulbücher erlauben eine ziemlich vollständige Vorstellung über Umfang und Sichtweise der Behandlung der Sowjetunion.

2. Diesen Umfang kann man, ausgehend von der Rolle der Sowjetunion in der Weltwirtschaft und -politik und vom Standpunkt der Entwicklung der politischen, wirtschaftlichen und kulturellen Beziehungen zwischen unseren beiden Ländern als im ganzen nicht ausreichend betrachten.

3. Neben gewissenhaften und sachlich richtigen Erläuterungen vieler Fragen enthalten die Schulbücher in ziemlich großer Anzahl veraltete und auch wissenschaftlich falsche Fakten und Behauptungen, die in einer Reihe von Fällen deutlich tendenziöse Einstellungen der Autoren zu der angesprochenen Problematik spiegeln.

Wenn die deutsche Seite mit Aufmerksamkeit die aufgeführten Bemerkungen und Verbesserungswünsche der sowjetischen Seite prüft, könnte man ihr vor allem empfehlen, in größerem Maße die zugänglichen sowjetischen kartographischen Materialien zu benutzen wie z. B.:

— das statistische Handbuch „Die Volkswirtschaft der UdSSR", das jährlich erscheint und alle nötigen statistischen Angaben über Bevölkerung und Wirtschaftsentwicklung der UdSSR enthält,

— Lehrbücher der physischen Geographie der UdSSR für die 7. Klasse und für Wirtschaftsgeographie der 8. Klasse, die ausführliches und neues Textmaterial und kartographisches Material enthalten,

— geographische Unterrichtsatlanten für die 7. und 8. Klasse der Mittelschule, die jährlich erscheinen,

— den Geographieatlas für Lehrer der Mittelschule von 1980.

Auf Wunsch der deutschen Seite könnten alle diese Quellen als Grundlage für eine genauere Interpretation geographischer Sachverhalte über die UdSSR dienen. Wir möchten unserer Hoffnung Ausdruck geben, daß die bevorstehende Aufnahme direkter Kontakte zwischen den Schulbuchautoren der UdSSR und der Bundesrepublik Deutschland dabei hilft.

Die sowjetische Seite ist bereit, bei der Überarbeitung alter und bei der Beschaffung neuer Schulbücher, Unterrichtshilfen und Atlanten die notwendige Beratung zu geben.

Georgij Michailovič Lappo, Sergej Nikolaevič Rakovskij,
Vitold Jakovlevič Rom

Einzelgutachten
zu den deutschen Geographielehrbüchern (1986)

Räume und Strukturen, Stuttgart: Klett, 1984 (Fundamente)

Das 552 Seiten umfassende, dichtbedruckte Buch enthält Schemata, Diagramme und Bilder. Am Ende der Abschnitte sind Fragen, die das Denken der Schüler entwickeln sollen. In der Einleitung werden Lernziele und Aufgaben des Buches festgelegt. Am Ende des Buches ist die Liste der empfohlenen Literatur angegeben, die die Schüler für ihre Weiterbildung und für die Vorbereitung der Referate benutzen können.

Das Buch macht einen soliden Eindruck. Es wäre sehr verlockend, nicht nur die Abschnitte zu studieren, die der Sowjetunion gewidmet sind, sondern das ganze Buch, was aber zu viel Zeit in Anspruch nehmen würde.

Der Sowjetunion sind vier Kapitel gewidmet:
2.5 Das Wolga-Projekt und seine wirtschaftlichen und ökologischen Folgen (S. 136–147)
3.2 Die Entwicklung der sowjetischen Landwirtschaft. Neulanderschließung in Kasachstan (S. 172–191)
4.5 Die Entwicklung der sowjetischen Wirtschaftsräume: Das Ural-Kusnezk-Kombinat und der TPK Bratsk-Ust-Ilim (S. 289–303)
6.4 Die Entwicklung und Planung der Städte in der Sowjetunion am Beispiel Leningrads (S. 411–421)

Der Sowjetunion sind also insgesamt 57 Seiten gewidmet (der USA in ebenfalls vier Kapiteln 35 Seiten). In der Regel folgen die Kapitel über die USA und UdSSR aufeinander.

Die sowjetischen Quellen wurden bei der Charakteristik der UdSSR nicht benutzt, dagegen wurden die amerikanischen bei der Darstellung der USA oft herangezogen, z. B. im Abschnitt über Chicago und seine Umgebung.

Bemerkungen zu den einzelnen Kapiteln

2.5 Das Wolga-Projekt und seine wirtschaftlichen und ökologischen Folgen

Die Wahl des Untersuchungsobjekts, das System von Wasserkraftwerken im Raum Wolga–Kama, ist sehr treffend. Die Charakteristik dieses Systems könnte die Möglichkeit geben, die geographische Komplexität zu zeigen, die sich bei der Ausnutzung von Wasser- und Wasserenergieressourcen, der Ausbildung einer Kette von Industrieräumen und der Entwicklung des bewässerten Ackerbaus in den Gebieten mit Wassermangel darstellt. Parallel könnte man die dabei entstehenden Probleme und die negativen Folgen beleuchten, die zusätzliche Maßnahmen erfordern.

Im Text findet sich die Beschreibung sowohl der Vor- als auch der Nachteile des Projekts. Die Vorteile sind aber nicht vollständig und nur unklar wiedergegeben, die ökologischen Nachteile sind dagegen übertrieben akzentuiert. Das Positive ist irgendwie im Text verstreut, das Negative ist im Gegensatz dazu präzise Punkt für Punkt aufgezählt. Durch die verschiedenartige Wiedergabe des Lehrstoffes erzielt man so unterschiedliche Eindrücke.

Bei den Bewässerungsmaßnahmen entsteht das Problem der Bodenversalzung, jedoch nur im Falle der Verletzung von Bewässerungsvorschriften. Deswegen ist es nicht korrekt, die Versalzung mit dem Bau von Stauseen zu verbinden. Dabei verschweigt man die rapide Steigerung der Hektarerträge, die Schaffung von Gebieten mit stabil hohen Erträgen. Die Effektivität der Ausnutzung von Wasserenergie durch das System von Wasserkraftwerken wird beiläufig erwähnt. Man nennt die neuen Städte, die als Folge der wirtschaftlichen Erschließung des Wolga-Raumes entstanden, darunter auch die recht kleine Stadt Sawolshje, jedoch ohne jegliche Angaben über diese Stadt, geschweige über Toljatti und Breshnew, wo große Maschinenbau-Werke entstanden sind.

Die Bodenerosion sollte man nicht mit dem Wasserbauwesen verknüpfen. Man sollte vielleicht sagen, daß einige negative Folgen beim Wasserbau unausbleiblich sind: die Überflutung von Flußniederungen, die Verkürzung der Schiffahrtszeiten durch die Verzögerung der Eisperiode auf den Stauseen, die Verschlechterung der Laichbedingungen der Fische usw. Aber der Mensch tut dies ganz bewußt, weil er die Vorteile sieht, die er erreichen wird durch Energiegewinnung, durch die Verbesserung der Schiffahrtsbedingungen aufgrund der Vergrößerung der Tiefen, durch die Erweiterung des bewässerten Ackerbaus und die Verbesserung der Wasserversorgung von Städten und Industriebetrieben.

Der Sachlichkeit wegen müßte man auch die Maßnahmen erwähnen, die zur Reduzierung der negativen Folgen getroffen werden: die Wallabriegelung der fruchtbaren Äcker (wie z. B. im Kostroma-Gebiet, dort sind auf solche Weise landwirtschaftliche Flächen geschützt, wo eine hochentwickelte Milchviehzucht betrieben wird), die Schaffung der speziellen Durchlässe für Fische in den Staudämmen, die Verwendung der Eisbrecher auf den Stauseen. Der Beschluß über den Verunreinigungsschutz der Wolga- und Ural-Gewässer wird in die Praxis umgesetzt.

Im Text gibt es einige Ungenauigkeiten. Seit 1977 steigt der Wasserstand im Kaspischen Meer (zur Zeit ist er um einen Meter gestiegen). In Kara-Bugas-Gol gewinnt man Mirabilit (der Leser kann aber denken, daß es um Kochsalz geht). Eisenerze der KMA sind meistenteils außerhalb des Wolgabeckens konzentriert. Die angeführten Projekte zur Stabilisierung des Wasserstandes im Kaspischen Meer entstanden nicht gleichzeitig. Unlogisch ist es, den Kanal im Süden von Tobolsk „die künstliche Wolga" zu nennen.

3.2 Die Entwicklung der sowjetischen Landwirtschaft. Die Neulanderschließung in Kasachstan

Dies ist das größte und am wenigsten gelungene Kapitel. Der Hauptfehler besteht darin, daß in diesem Kapitel fast keine Fragen der Agrargeographie beleuchtet werden. Es gibt keine Spezialisierungszonen, keine Natur- und Wirtschaftscharakteristiken der Landwirtschaft in verschiedenen Gebieten des Landes, keine Spezialisierung, die die Besonderheiten der Umgebung nutzt. Die geographischen Probleme ersetzt man durch historische Abschweifungen, deren Ziel es ist, dem Schüler eine feindselige Gesinnung gegenüber der Sowjetunion beizubringen, ihm auch zu zeigen, daß in der Sowjetunion Wort und Tat nicht eins sind („Pläne und ihre Erfüllung"), ihn zu überzeugen, daß die Schwierigkeiten in der Landwirtschaft durch das sozialistische System verursacht werden.

Die historischen Exkurse sind mit böswilligen Angriffen gegen die Sowjetunion und gegen die sowjetische Ordnung angefüllt. Man spricht über die „Zwangskollektivierung", „Verbannung nach Sibirien", „Zwangsarbeiten an den Feldern unter Gewehren". Die MTS sehen wie die staatlichen Aufsichtsorgane über die Kolchosen aus. Nicht gezeigt werden die Rolle und die Bedeutung der Sowchosen als Musterwirtschaften, die nach modernen Wirtschaftsmethoden arbeiten, die Versorgung der Bevölkerung mit Lebensmitteln sichern und die Steigerung der Produktion der Nutzpflanzen zum Ziel haben. Der Vergleich der Kolchosen mit den Sowchosen vermittelt keine richtige Vorstellung über das Wesen dieser Wirtschaftsformen, besonders nicht über das der Kolchosen.

Bei der Darstellung der Landwirtschaft der ersten Nachkriegsjahre hielten es die Autoren nicht für erforderlich, über den großen Schaden zu sprechen, der der Landwirtschaft und den ländlichen Gebieten der UdSSR zugefügt wurde. Der größte Teil der 20 Mio. Gefallenen entfällt auf die Landgebiete. Es entsteht der Eindruck, daß die Autoren nicht bestrebt waren, die Agrargeographie der Sowjetunion zu zeigen, sondern daß sie danach trachteten, die Aufmerksamkeit der Schüler besonders auf Fehler zu richten und die Sowjetunion und ihre Landwirtschaft negativ darzustellen.

Eine besondere Bemerkung gilt der Deutung der Stolypin-Reform: Sie führte nicht zur Linderung der Armut im russischen Dorf, sondern zur Verschärfung der Klassenschichtung der Bauernschaft.

4.5 Die Entwicklung der sowjetischen Wirtschaftsräume: Das Ural-Kusnezk-Kombinat und der TPK Bratsk-Ust-Ilim

Lobenswert ist der Wunsch, zwei TPK's, die zu unterschiedlichen Zeiten entstanden sind, einander gegenüberzustellen, in geographischer Hinsicht wurde ein solcher Vergleich jedoch nicht durchgeführt.

Außer acht gelassen ist die Rolle und Bedeutung des „Ural-Kusnezk-Kombinats", dessen Teilbereiche Tausende Kilometer weit voneinander entfernt sind. Diese Konzeption hat nicht ihresgleichen in der Welt. Genauer und richtiger wäre es, über die Transformation und nicht über den Zerfall des UKK zu sprechen.

Befremdend klingen die Bemerkungen, daß die Verwirklichung des GOELRO-Planes und die Arbeit des Gosplanes zur Erschließung des „praktisch unberührten Sibiriens" parallel zum Aufbau der stark zerstörten Wirtschaft durchgeführt worden sei. Die Durchführung des GOELRO-Planes war eben ein Mittel für den Aufbau der Volkswirtschaft auf einer modernen Grundlage. Das Augenmerk des Gosplanes wurde nicht nur auf die wirtschaftliche Erschließung Sibiriens gerichtet.

Die Aufgabe des historischen Exkurses in diesem Kapitel ist es, eine Feindseligkeit gegenüber der Sowjetunion zu wecken. Dafür nutzt man alle möglichen Mittel. Als typisches Merkmal der Industrialisierung nennen die Autoren die Zwangsarbeit. Sie schreiben, daß der größte Teil der Magnitogorsk-Erbauer „Häftlinge aus den Verbannungslagern" waren. Das für den Bau benötigte Geld wurde durch die Erntezwangsenteignung gewonnen. Wiederholt erwähnt man die Zwangskollektivierung. In den Schlußabschnitten erinnert man die Schüler wieder an die Stalinmethoden der Industrialisierung, dabei meinen die Autoren die Zwangsarbeiter an den Baustellen der fünfziger Jahre.

Zum Ural-Kusnezk-Kombinat muß man sagen, daß es eine große Bedeutung für die Entwicklung der Arbeitskräfte des ganzen Landes gehabt hat, insbesondere für die der östlichen Regionen; es war jedoch nicht der einzige Schwerpunkt in der Entwicklung der Schwerindustrie.

Im Abschnitt, der Bratsk-Ust-Ilim-TPK heißt, spricht man nur über die Entwicklung von Bratsk, Ust-Ilim wird nicht thematisiert.

Hervorgehoben werden die Planungsfehler, dieser Frage ist ein eigener Abschnitt gewidmet. Als einen Fehler nennt man die Überschwemmung von Akkerland, dies war aber die unausbleibliche Folge der Dammerrichtung. Als ein Fehler der Planung wird auch die Tatsache angesehen, daß kein Beschluß über den Bau eines Hüttenwerkes in diesem Raum vorlag. Der Wiederaufbau der vorhandenen Hüttenwerke ist im großen und ganzen viel wirksamer für das Land, da in der UdSSR schon ein breites Netz von Hüttenwerken vorhanden ist. Es wurde auch zu einseitig über die Entwicklungsprobleme der Stadt Bratsk gesprochen. Diese Frage wurde in der sowjetischen Presse ausgiebig diskutiert. Die Schwierigkeit der geographischen Situation besteht darin, daß die Meinungen zur Frage, welche Struktur die Stadt haben soll, ob ein Zentrum oder mehrere, geteilt sind. Die Eisenbahn im Stauseeraum mußte wirklich verschoben werden, dies war jedoch nicht der größte Teil der Arbeit, wie im Buch dargestellt.

Es ist unklar, warum man den Raum Irkutsk—Sima als Baikal-Komplex bezeichnet. Es ist nur zu bedauern, daß die umfangreiche geographische und wirtschaftsgeographische Literatur, die in der Sowjetunion über die Frage der Produktionskräfteentwicklung vorhanden ist, nicht benutzt wurde.

Selbst die Tatsache der Gründung großer moderner Städte mit großen Wasserkraftwerken und riesigen Industriebetrieben, die weitab von Erschließungsstützpunkten liegen, ist außer acht gelassen.

6.4 Die Entwicklung und Planung der Städte in der Sowjetunion am Beispiel Leningrads

Sehr gut ist der Gedanke, die allgemeine Verstädterung der Sowjetunion mit einem konkreten Beispiel zu verbinden, obwohl die Stadt Leningrad in diesem Sinne als „Schlüssel" nicht ausreichend ausgenutzt wurde. Dazu muß man sagen, daß Leningrad eine Besonderheit darstellt. Am Anfang dieses Kapitels stellen die Autoren eine Reihe von Fragen, die jedoch nicht beantwortet werden: Ob die Stadt so eingerichtet ist, wie es von Theoretikern geplant wurde, ob die Stadt imstande ist, die sozialistische Lebensweise zu organisieren und zu stärken, ob die Stadt ihre Funktion als Erzieherin erfüllt, ob sich seit der Oktoberrevolution eine neue, der sozialistischen Gesellschaft entsprechende Territorialstruktur herausgebildet hat und anderes mehr. Auch hier werden die ungelösten Probleme hervorgehoben.

Alle theoretischen Probleme im sowjetischen Städtebau werden auf dem Kenntnisstand des Streits der Urbanisten und Desurbanisten abgefaßt, was nicht als Geschichte, sondern als Urgeschichte im sowjetischen Städtebau angesehen werden darf. Die einzelnen Tatsachen sind so, daß es keine einheitliche Charakteristik der Städteentwicklung in der Sowjetunion gibt. Man bekommt kein echtes Bild über die riesige Herausbildung der neuen Städte und die Erneuerung der alten Städte. Das typologische Verfahren wird von den Autoren nicht verwendet, mit seiner Hilfe könnte man aber die Besonderheiten in der Entwicklung der sowjetischen Städte gut erklären. Man müßte den wichtigen Prozeß der Herausbildung von nationalen Hauptstädten ad oculos demonstrieren, was sehr wichtig für die Wiedergeburt und die Vereinigung der früher unterdrückten Nationen ist, statt dessen spricht man unklar über eine Reorganisation und Erweiterung von Führungszentren der oberen Stufe. Auch hier pflegen die Autoren die Erfolge zu verschweigen und die Fehler hervorzuheben.

Unklar stellt man die Tatsache der administrativen Unterstellung der Vororte Leningrads unter den Stadtrat dar. Diese erleichtert aber die ausgewogene Entwicklung der Stadt und ihrer Umgebung. Es werden Angaben über die U-Bahnlänge, Stand 1970, angeführt (im Buch, das 1984 erschien), und auf dieser Grundlage die öffentlichen Verkehrsmittel als unzureichend beurteilt. Die Wirtschaft Leningrads ist eng mit den Rohstoff- und Energiequellen des Nordens verbunden, aber dieses große Industriezentrum, das viele Industriezweige hat, wird von vielen Räumen des Landes beliefert. Als den ersten Schritt, der die Verbindung Leningrads mit den wichtigsten Belieferungsrevieren verbesserte, lange vor der Erschließung des Petschora-Beckens und der Eisenerze auf der Halbinsel Kola, muß man die Umgestaltung der Eisenbahnlinie nennen, die die Stadt mit Donbass verbindet.

Falsch klingen die Angaben, daß „in der Sowjetperiode Leningrad seine Bedeutung verloren hat". Die Stadt hat die Funktion der politischen Hauptstadt eingebüßt, bewahrte aber die Rolle des führenden industriellen, wissenschaftlichen und kulturellen Zentrums. In den Erläuterungen über die Satellitenstädte von Leningrad müßte man darüber sprechen, daß in der sowjetischen Zeit neben den alten Residenz-Vororten, die jetzt als Erholungsgebiete dienen, und

„Schlafvororten" sich auch industrielle Schwerpunkte entwickelt haben. Das hat das Siedlungssystem von Leningrad stark verändert und die Verbindung der Stadt mit ihrer unmittelbaren Umgebung wirtschaftlich gestärkt. Die ständige Verbesserung der wirtschaftsgeographischen Lage Leningrads ist geographisch sehr wichtig. Es entsteht der Eindruck, daß diese geographisch wichtigen Momente die Autoren gar nicht interessierten. In geographischer Hinsicht ist die Charakteristik Leningrads (wie auch die Frage der Verstädterung der UdSSR) nicht überzeugend und ungenau.

Man führt ein Textzitat aus dem Artikel des Chefarchitekten Leningrads, G. N. Buldakow, an, in dem die Hauptaufgaben des Stadt-Generalplanes von 1966 kurz genannt werden. Unter anderem spricht man da über die Verwandlung der Stadt in eine richtige Seestadt am Finnischen Meerbusen, die Autoren erwähnen aber mit keinem Wort, wie dieses prinzipiell wichtige Städtebauprojekt verwirklicht wird, obwohl die Frage „Wie geht es mit der Realisierung des Projekts?" doch gestellt wird. Nicht genannt wird auch der Bau des Schutzdammes, der die Stadt vor Überschwemmungen sichern soll.

Man muß nochmals betonen, daß die geographischen Angaben über Leningrad im Buch sehr spärlich sind. Dieser Mangel ist auch den anderen der Sowjetunion gewidmeten Kapitel eigen.

Georgij Michailovič Lappo

List-Geographie: Mensch und Erde, Hrsg.: Holger du Bois ... Ausg. Nordrhein-Westfalen. München: List, 1984

Die Lehrbücher dieser Reihe sind den anderen Geographielehrbüchern der Bundesrepublik Deutschland ähnlich. Mit demselben Konzept — ausgewählte Beispiele aus verschiedenen klimatischen Zonen und wirtschaftlichen Systemen — verfolgen die Autoren das gleiche Ziel, den Schülern ein Gesamtbild der Welt, das Verständnis der modernen sozialen und wirtschaftlichen Vorgänge zu vermitteln.

In den Lehrbüchern der „List-Geographie"-Reihe werden der Sowjetunion mehrere Kapitel gewidmet: der nördliche Seeweg, Bratsk als Beispiel der Erschließung Sibiriens, Baumwolle am Karakumkanal, Kolchosen in den Steppen der Ukraine, Transsibirische Bahn und Baikal-Amur-Magistrale, der südliche Hüttenbezirk, die Wirtschaftsregion Ural. Die Informationen sind umfangreich, der Text ist gut illustriert. Interessant sind die didaktischen Verfahren, insbesondere das Aufgabensystem.

Im Vergleich zu den Geographielehrbüchern anderer Reihen, die von der sowjetischen Seite begutachtet wurden, macht die „List-Geographie"-Reihe einen guten Eindruck. Sie ist weniger tendenziös, sie hat weniger faktische Ungenauigkeiten, es gibt keine böswilligen politischen Ausfälle. Trotz der guten allgemeinen Einschätzung der Lehrbücher muß man doch noch einige einschränkende Bemerkungen machen.

Vor allem muß man sagen, daß die Themenauswahl zum Studium der Sowjetunion besser sein könnte. Verständlich ist der Wunsch der Autoren, den Effekt der Gegenüberstellung von konträren Erscheinungen auszunutzen (an und für sich ist das Verfahren interessant): Arktis/Mittelasien, Ostsibirien/Bratsk, BAM/und die Steppen der Ukraine, zwei Räume der Schwerindustrie: Südukraine/Ural. Aber für solch ein großes und mannigfaltiges Land wie die UdSSR ist es eine zu enge Auswahl. Ohne den Umfang des Lehrstoffs zu erweitern, könnte man die Thematik bedeutend bereichern.

Wir verstehen auch das andere Prinzip bei der Darstellung der Sowjetunion, das auch anderen Geographielehrbuch-Reihen zu eigen ist: die Schwerpunktverlagerung auf die Räume der Neuerschließung (Sibirien, Kasachstan, Arktis usw.) mit exotischen Naturerscheinungen, die für Westeuropa, darunter auch für die Bundesrepublik Deutschland, nicht typisch sind. Einige Abschnitte befassen sich mit Einzelheiten, die für die Gegenwart unseres Landes nicht charakteristisch sind. Es läßt sich fragen, ob das Ausgewählte das Wichtigste für die Wirtschafts- und Sozialgeographie ist.

Die Hauptaufgabe unserer gemeinsamen Kommission berücksichtigend — die Verbesserung des gegenseitigen Verständnisses auch auf dem Wege der Vervollkommnung der Geographielehrbücher — haben wir noch auf folgende Aspekte hinzuweisen.

Dieses Lehrbuch, wie auch die anderen, verfügt über Lehrstoff, der die Grenzen der Geographie weit überschreitet. Die Erläuterungen zur Kolchose zum Beispiel, die $\frac{1}{6}$ des Gesamtumfanges in den Sowjetunion-Kapiteln ausmachen, enthalten viele Einzelangaben, die nicht immer richtig sind, über die Kollektivierung in der UdSSR, über die Prinzipien des Kolchoswesens, über die Preise der landwirtschaftlichen Produktion, über Arbeit, Lohn, Planung usw., aber es gibt fast nichts über die Geographie der sowjetischen Landwirtschaft. Was für einen Eindruck können die bundesrepublikanischen Schüler von der Landwirtschaft in der Sowjetunion bekommen? Einen ganz falschen! Anders könnte es auch nicht sein, denn im Lehrbuch der 80er Jahre werden die Angaben von 1917, 1929, 1953, 1969 und als letztes 1970 angeführt. Das moderne Lehrbuch behandelt den Stand der Landwirtschaft von vor 30—40 Jahren, und mit keinem Wort wird der moderne Stand der sowjetischen Landwirtschaft erwähnt (darunter auch die Kolchose). Die Lage der sowjetischen Landwirtschaft hat sich stark verändert, besonders in den 70er und 80er Jahren, und unterscheidet sich sehr von der der 40er und 50er Jahre.

Für eine objektive Charakteristik der modernen sowjetischen Landwirtschaft müßte man die umfangreichen sowjetischen Quellen benutzen, das statistische Nachschlagewerk „Die Volkswirtschaft der UdSSR" und andere politische und pädagogische Publikationen. Für die Autoren wäre es kein großes Problem, solche Unterlagen zu bekommen, denn die Bundesrepublik bezieht Informationen solcher Art aus aller Welt.

Leider kam es auch in diesem Lehrbuch zu groben Verfälschungen. So behauptet man auf Seite 47: „Zu den Kulaken zählte man dabei nicht nur die reichen Großbauern der vorrevolutionären Zeit (also vor 1917), sondern auch Bauern, die sich durch besondere Tüchtigkeit erst nach der Revolution hochgearbeitet hatten. Sie wurden angeklagt, nach Sibirien verbannt oder gar getötet." Es ist zu fragen, weswegen alle diese fleißigen Bauern so brutal behandelt wurden. Wegen der guten Arbeit und Leistung? Ob man solche absurden Behauptungen der Lehrbuchautoren erläutern muß? Das ist jedoch der Text, den die Schüler sich einprägen sollen. Was für ein Bild der Sowjetunion können sie bekommen? Auf Seite 38 hat der Text den Titel „Harte Arbeit — karges Leben". Unter den Bedingungen Sibiriens ist es wirklich schwer zu arbeiten, aber warum — „karges Leben"? Solch eine Behauptung ist eher eine negative Einschätzung, ohne daß Beweise dafür gegeben werden.

In allen Texten über die Sowjetunion nehmen die klimatischen und historischen Beschreibungen sehr viel Platz ein. Besonders viel spricht man über die Schwierigkeiten der Erschließung Sibiriens, des Nördlichen Seeweges, der Wüsten in Mittelasien, über die wirtschaftlichen und sozialen Maßnahmen, die diese Räume für die Arbeiter attraktiver machen sollen. Aus der Gesamtheit der Lehrmittel (Text, Bilder, Schemata usw.) erfahren die Schüler sehr viel Neues und Interessantes, sehr vieles auch zum ersten Mal: über den Baumwollanbau, über die Bedeutung des Wassers in den Wüstengebieten, über die Rolle und die Bedeutung des Nördlichen Seeweges, über die Transsibirische Eisenbahn und die BAM, über das Ural-Kusnezk-Kombinat. Lehrreich sind auch die Problemfragen und die Vergleiche (z. B. Personen- und Güterverkehr auf der Transsibirischen Eisenbahn und der BAM im Vergleich zu dem Verkehr auf der Strecke Hamburg—München). Nicht alle ausländischen Lehrbücher enthalten Informationen über die BAM.

Ein Mangel des Lehrbuches ist jedoch schwer zu erklären. Sehr viele Texte behandeln Ereignisse und Probleme, die vor 20—40 Jahren aktuell waren. Für die Charakteristik Sibiriens verwendet man die Rede Chruschtschows aus dem Jahre 1956, die Memoiren eines namenlosen Ingenieurs, die ungenauen Auszüge aus den Beschlüssen des 27. Parteitages der KPdSU usw. Den gegenwärtigen Zustand des südlichen Hüttenbezirkes findet man nur im Titel und in einem Satz: „Heute ist die Schwerindustrie längst nicht mehr das einzige Wirtschaftselement an Donez und Dnjepr." Man kann viele andere Beispiele dieser Art anführen (apropos, auf einen PKW muß man seit langem keine 10 Jahre mehr warten).

Die sowjetische Wirtschaft entwickelt sich sehr rasch und dynamisch, in der letzten Zeit hat sich vieles radikal verändert, darunter auch die Strategie der Erschließung Sibiriens. Die Autoren der bundesrepublikanischen Geographielehrbücher wollen diese Tatsache nicht bemerkt haben. Uns wundert auch die Tatsache, daß im Text über den Nördlichen Seeweg kein russischer oder sowjetischer Polarforscher genannt wird. Die Sowjetunion hat sehr viel für die Erschließung der Arktis und des Nördlichen Seeweges getan.

Und noch einige Ungenauigkeiten:
— Maxim Gorki ist kein Dichter, sondern ein Schriftsteller,
— das Werk „Asowstahl" befindet sich nicht in Rostow, sondern in der Stadt Shdanow am Asowschen Meer, 195 km westlicher.

List-Geographie: Mensch und Erde, Hrsg.: Holger du Bois . . . Bd. 3, Ausg. Nordhrein-Westfalen, München: List, 1984

Das Buch macht einen guten Eindruck, methodisch und polygraphisch, dies zeugt von der hohen geographischen Kultur der Ausgabe.

Wie auch in anderen Lehrbüchern sind hier die innerdeutschen Grenzen nicht korrekt angegeben.

Sehr interessant ist der Abschnitt über die Rohstoff- und Energie-Beziehungen der RGW-Staaten (S. 58—59). Vollständiger und objektiver als in anderen Büchern werden hier die energetischen und Rohstoff-Probleme der RGW-Staaten, ihre Zusammenarbeit, wirtschaftliche Integration und Arbeitsteilung dargestellt.

Ein umfangreiches Kapitel (S. 138—141) ist dem sowjetischen Sibirien gewidmet. Hauptsächlich behandelt man die Frage der Erschließungsgeschichte dieses Landes vom 16. Jahrhundert bis zur Gegenwart. Die Schüler finden hier einen breiten interessanten, in hohem Maße auch objektiven Lehrstoff. Die Autoren blieben auch hier den traditionellen Stereotypen treu. Man spricht über die Zwangsarbeiten der Komsomolzen, über ihr Leben nach strengen Vorschriften, über wenig Möglichkeiten der Erholung im Vergleich zum Westen usw. Für die Zukunft wünschen wir den Autoren, sich unter Berücksichtigung der Beschlüsse des 27. Parteitages der KPdSU mit den modernen Problemen der wirtschaftlichen und sozialen Erschließung Sibiriens zu befassen.

Sergej Nikolaevič Rakovskij

Lehrbücher der Reihe Seydlitz. Mensch und Raum. Berlin: CVK und Schroedel, 1984/85

Es wurden die Sowjetunion-Abschnitte folgender Ausgaben analysiert:
— für Realschulen, Klasse 9—10,
— für Gymnasien, Klasse 9—10 und 11.

Die inhaltliche und polygraphische Ausführung der Geographielehrbücher dieser Reihe sind die am positivsten bewerteten unter den von der sowjetischen Seite analysierten Lehrbüchern.

Den „Mensch und Raum"-Lehrbüchern ist das historische Konzept zu eigen. Das kann als Vorteil angesehen werden. Die Autoren verwenden ein Verfahren, bei dem sie den Lehrstoff auszugsweise anbieten und die Aufmerksamkeit der Schüler darauf zu lenken versuchen, was sie am wichtigsten finden. Der Text des Lehrbuches ähnelt dem Text eines Lehrbuches, das in der sowjetischen Schule als Hilfslehrstoff dient, dessen bildliche Erzählungen den konkreten, unemphatischen Text des Lehrbuches veranschaulichen sollen. Gleichzeitig wirken einige Texte wie Reportagen. Manchmal ist es berechtigt, denn es macht die Wiedergabe überzeugender. In anderen Fällen ist das Ziel dieser Konzeption unklar. Die Schwerpunktverteilung ist manchmal recht eigenartig.

Als Beispiel kann die Verknüpfung von den der USA und der Sowjetunion gewidmeten Kapiteln im Lehrbuch für Gymnasien, Klasse 9—10, dienen. Diesen Kapiteln gehen die Staatskarten voran (eine Karte bringt außer den USA auch Kanada). Den Abschluß dieses Themenumrisses bildet eine Tabelle, in der die Bevölkerungszahlen und die Produktionsmengen verglichen werden. Die Einleitung zum USA-Kapitel ist dabei berechtigt, denn hier wird dem Schüler die „Visitenkarte" des Staates gegeben, indem kurz über Kolonisationsbesonderheiten Amerikas, über die Besiedlung und weitere Entwicklung des Landes berichtet wird. Der der Sowjetunion gewidmete Abschnitt ist — eine typische Zeitungsmitteilung — ein Bericht über das Abkommen der USA und der UdSSR über die Lieferung von Getreide in die Sowjetunion. Ob es eine gerechte und sinnvolle Einleitung zum Kapitel über eine Weltmacht ist? Es scheint kaum.

Die Lehrbücher der „Mensch und Raum"-Reihe haben eine sehr hohe polygraphische Qualität. Gut ist die Auswahl des anschaulichen Materials, das methodisch gut durchdacht ist, z. B. in den Lehrbüchern für Gymnasien, Klasse 9—10. Wahl und Aufgliederung des Lehrstoffes in den Lehrbüchern für verschiedene Lehranstalten scheinen berechtigt.

Im Lehrbuch für Realschulen befaßt man sich hauptsächlich mit den Fragen der wirtschaftlichen Entwicklung, der Raumgliederung, der TPK-Bildung und der Erschließung Sibiriens durch Verkehrswege.

Im Lehrbuch für Gymnasien, Klasse 9—10, ist das Themenfeld etwas breiter. Es werden zusätzlich die Naturzonen in der Sowjetunion und die Hauptstädte behandelt. Ausführlich erörtert man die landwirtschaftlichen Fragen (besonders die charakteristischen Merkmale der Kolchose und der Sowchose, Beurteilung der Landwirtschaftsentwicklung in Kasachstan und in Mittelasien).

Im Lehrbuch für Gymnasien, Klasse 11, beschreibt man die kontrastreichen Natur- und Wirtschaftsbedingungen in der Sowjetunion, die wirtschaftliche Erschließung des fernen Nordens (Norilsk, Taimyr) und die landwirtschaftliche Entwicklung der Nichtschwarzerdegebiete.

Es sollen nun einige Hinweise gegeben werden, die den Autoren bei der Verbesserung der Lehrbücher behilflich sein können.

Das Augenmerk wird darauf gelegt, inwieweit unser Land objektiv beleuchtet wird, welche Sachverhalte nicht korrekt sind, wo Entwicklungen und Veränderungen nicht berücksichtigt werden, wo sachliche Ungenauigkeiten vorhanden sind.

In den Stellungnahmen zu den anderen Lehrbüchern wurde schon mehrfach darauf hingewiesen, daß die verschiedenen Fragen der Wirtschaftlichkeit von Planungsaufgaben und Fragen der Raumplanung in der Sowjetunion nicht richtig eingeschätzt werden. Darauf muß nochmals hingewiesen werden, denn in den Lehrbüchern der „Mensch und Raum"-Reihe zitiert man wiederum die Planer, die unrentable Projekte geplant und verwirklicht haben. Diese Einschätzungen werden aufgrund der Weber-Theorie gemacht, vom Standpunkt eines einzelnen Unternehmers aus, der nichts mit der Regionalpolitik, nichts mit der Strategie der wirtschaftlichen Erschließung von neuen Räumen zu tun hat, den die Lösung von Interbranchen-Problemen wenig kümmert. Als Beispiele werden in der Regel die Projekte und Entscheidungen der 30er—50er Jahre angeführt. Oft werden Äußerungen von Staatsführern der Sowjetunion zitiert, insbesondere die von Stalin (der 1953 gestorben ist).

Am deutlichsten tritt das Gesagte in der Einschätzung des Ural-Kusnezk-Kombinates hervor. Es wird als besonders unwirtschaftlich bezeichnet. Hier werden in erster Linie die großen Entfernungen zwischen den Ural-Erzen und der Kusnezk-Kohle und die sehr hohen Transportkosten angeführt. Aber auch im Rahmen eines Industriezweiges darf man die Transportkosten nicht überschätzen und die Produktionskosten dabei übersehen. Die Kohle aus Kusbas ist billiger als die aus dem Donezbecken und aus den örtlichen Lagern des Urals. Das Eisenerz bei Magnitogorsk wird im Tagebau gewonnen. All das macht die Selbstkosten von Roheisen im Ural sehr niedrig, sogar bei den erheblichen Transportkosten. So kostet z. B. eine Tonne Roheisen im Ural (Magnitogorsk) 31 Rbl., dagegen in der modernsten Hütte in Kriwoi Rog in der Ukraine 35—36 Rbl. Solche Leistungen wurden erzielt, obwohl die Kohle von den Hütten in Kriwoi Rog 400 km und von Magnitogorsk mehr als 2000 km entfernt ist. Das Hauptaugenmerk der bundesrepublikanischen Schüler müßte man darauf lenken, daß das UKK nicht als ein Zweighüttenkomplex geplant wurde, sondern als ein intensives, reichgegliedertes Kombinat mit vielen Produktionsnebenzweigen. Außer den 15 Eisenhütten wurden noch 14 Buntmetallhütten, Kohlegruben in 17 Kohlelagern, 5 Werke der Koks- und Grundchemie, 12 Maschinenbauwerke, 27 Kraftwerke geplant. Zum UKK gehören nicht nur die Räume des Ural und Westsibiriens, sondern auch die Räume von Kasachstan. Hierher strömt $1/4$ aller Investitionen des Landes. Schon 1937 wurden hier 28 % des Roheisens und 24 % der Kohle gewonnen und 8,5 % der Maschinenbauproduktion der Sowjetunion hergestellt.

Es ist wichtig hervorzuheben, daß in der volkswirtschaftlichen Bedeutung der UKK-Gründung nicht nur ökonomische, sondern auch politische, soziale und defensive Aspekte miteinberechnet worden sind. Erstens wurde das schnelle Wachstum des Produktionspotentials gewährleistet, die neue Produktionsbasis wurde dabei mitten im Lande geschaffen. Zweitens wurden die riesigen und gewinnreiche Naturschätze der östlichen Regionen zur Ausnutzung herangezogen. Drittens beseitigte man die Rückständigkeit vieler Agrargebiete und nationaler Minderheiten. Viertens wurde eine gute Ausgangsbasis für die weitere aktive Erschließung der östlichen Gebiete geschaffen. Fünftens war trotz der großen Entfernungen die Produktion des UKK billiger. Diese Vorteile steigerten die Arbeitsproduktivität und verbilligten die Endproduktion von anderen Industrieräumen, die mit Metall, Kohle und Energie vom Ural und Kusbas beliefert wurden. Das sind die Vorteile dieses Projekts, die während des zweiten Weltkrieges besonders deutlich zum Vorschein kamen.

Nun noch einige Bemerkungen zu den Planungsfragen. Im Lehrbuch für Realschulen (S. 82) wird gesagt, daß das Planungssystem von Stalin im Jahre 1928 eingeführt wurde. Das ist falsch. Die Verwirklichung begann 1918 mit der Erarbeitung und Durchführung des für seine Zeit großartigen Planes der Elektrifizierung Rußlands (GOELRO), danach folgten der allgemeine Plan 1923/24 und 1927/28. Der erste Fünfjahresplan begann 1928 und dauerte bis 1932.

Unter den Hauptpunkten für die Bestimmung der Wirtschaftsräume nennt man die Autarkie. Das ist falsch. Die Ausnutzung der örtlichen Bodenschätze ist keine Autarkie.

Gegenwärtig entscheidet man über die Organe der territorialen Planung. In einigen Räumen existieren sie schon.

Zu den Voraussetzungen für die TPK-Bildung zählen die Autoren des Lehrbuches auch die günstigen Naturbedingungen für das Leben der Menschen und für die Entwicklung der Landwirtschaft. Das ist so nicht ganz richtig. Eine ganze Reihe der TPK's sind in Räumen mit rauhem Klima entstanden (Westsibirien, Timan-Petschora, einige in der BAM-Zone).

Die Lehrbücher der besprochenen Reihe enthalten darüber hinaus tendenziöse Anspielungen, wie sie auch in den anderen bundesrepublikanischen Lehrbüchern zu finden sind, wie z. B. die Bemerkung, daß für die Gründung aller neuen Städte Zwangsarbeiter herangezogen werden.

Einige faktische Präzisierungen

Lehrbuch für Realschulen:

S. 85: In der Stadt Shdanow gibt es zwei Hüttenwerke namens „Iljitscha", die Eisenerz (nicht Kohle) aus Kriwoi Rog bekommen, und das Werk „Asowstahl", das Eisenerz aus der Krim bekommt.

S. 90: Das USA-Eisenbahnnetz beträgt nach unseren Angaben 270 000 km und nicht 320 000 km. In der UdSSR gibt es außer den Haupteisenbahnen

(144 000 km) noch etwa 100 000 km Eisenbahnen, die den Betrieben gehören, darunter auch den Holzbeschaffungsbetrieben.

Lehrbuch für Gymnasien, Klasse 9—10:

S. 124—125: Bei der Aufzählung der Naturzonen werden keine Industriezweige genannt, außer der Holzindustrie.

In der Wüstenzone der UdSSR gibt es heute kein Nomadenhirtentum mehr, bei dem die Bevölkerung mit den Herden umherzieht. Die Nomaden sind schon längst seßhaft und wohnen in ortsbeständigen Siedlungen. Die Herden wandern nur mit den Hirten auf bestimmten Ruten, an denen Brunnen und Futterzentralen geschaffen wurden.

S. 126: Moskau wurde nicht im Oktober 1917, sondern im Jahre 1918 die Hauptstadt der UdSSR, als die sowjetische Regierung aus Petersburg hierher umsiedelte.

Die Bevölkerung der UdSSR beträgt jetzt 280 Mio. In der Bevölkerungszahl der RGW-Staaten ist die Bevölkerung Vietnams nicht einberechnet (58 Mio.).

S. 127: Die Ausdehnung der U-Bahnstrecken in Moskau beträgt nicht 500 km, sondern etwa 200 km. Die Fläche Moskaus innerhalb des Autobahnringes beträgt 897 km^2. Vor kurzem überschritt Moskau diese Grenze und seine Fläche beträgt jetzt mehr als 1000 km^2.

S. 130—131: Bei der extensiven Vergrößerung der Ackerfläche in Kasachstan wurden die Getreidemengen um das Zehnfache gesteigert. Das macht 20 % des Getreides in der Sowjetunion aus. Wenn man die in Westsibirien und im Ural-Gebiet neuerschlossenen Gebiete mitrechnet, so ergibt das schon $\frac{1}{4}$ des sowjetischen Getreides. Das ist der Grund, diesen Raum als die zweite Kornkammer zu bezeichnen.

S. 131: Mittelasien kommen 3 % Ackerland der Sowjetunion zu, von hier stammen 13 % der landwirtschaftlichen Bruttoproduktion, bis zu 90 % Baumwolle, 17 % des Schafbestandes (25 Mio. Schafe, darunter 8 Mio. hochwertige Persianerschafe).

S. 132: Die Karaganda-Kohle wurde nicht nach 1950 entdeckt, sondern noch im 19. Jahrhundert. Die Gewinnung begann in den 30er Jahren (1940 wurden schon 6 Mio. t gewonnen, zur Zeit sind es etwa 35—40 Mio. t.).

S. 132: Die Versorgung der Ural-Hütten mit Workuta-Kohle wurde in der Sowjetunion 1950 diskutiert. Alle in den Lehrbüchern dargestellten Fragen der Hüttenproduktion beziehen sich auf die 50er Jahre.

Laut Statistik wurde 1981 34 % der Bevölkerung und nicht 45 % in der Produktion beschäftigt.

In der Sowjetunion sind zur Zeit 19 und nicht 18 Wirtschaftsräume vorhanden. 1982 wurde der Nord-West-Raum in zwei Räume geteilt.

S. 134: Ziemlich freie Behandlung der Geschichte:
1890 erließ Zar Alexander III. eine Verordnung über Vermessung und Bau der Transsib als Kriegsvorbereitung mit Japan. Der Durchgangsverkehr auf der

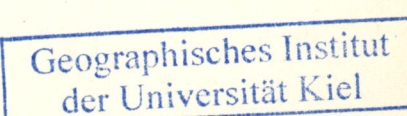

Transsib reichte schon 1905 bis nach Wladiwostok (über Mandschurien, wo die Russen die Ostchinesische Eisenbahn gebaut haben), und 1916 durch das Territorium Rußlands.

S. 135: Die BAM begann man schon in den 30er Jahren zu planen. 1940 wurde mit dem Bau einiger Strecken begonnen.

Lehrbuch für Gymnasien, Klasse 11:

S. 21: Die Bevölkerungszahl Surguts beträgt zur Zeit 210 000.

Zusammenfassend kann man die Lehrbücher der „Mensch und Raum"-Reihe als positiv einschätzen. Die von uns geäußerten Bemerkungen mögen den Autoren bei der weiteren Arbeit behilflich sein. Man muß die großen Veränderungen berücksichtigen, die seit dem 27. Parteitag der KPdSU vor sich gegangen sind.

Vitold Jakovlevič Rom

Dieter Richter

Vorstellung und Beschreibung neuer Geographielehrbücher, die seit 1980 erschienen sind, unter besonderer Berücksichtigung ihrer Inhalte über die Sowjetunion (1985)

Einleitung

Der Geographieunterricht an den allgemeinbildenden Schulen in der Bundesrepublik Deutschland hat in den 1970er Jahren einen grundlegenden Wandel in der didaktischen Grobstruktur erfahren: die Abkehr vom Konzept des länderkundlichen Durchgangs der konzentrischen Kreise, verbunden mit der Hinwendung zum thematisch-länderkundlichen Konzept nach dem Simplex-Komplex-Prinzip (Tab. 1). Die Situation der frühen 80er Jahre ist die, daß trotz der Bemühungen des Verbandes Deutscher Schulgeographen und des Zentralverbandes der Deutschen Geographen eine zufriedenstellende Vereinheitlichung der Lehrpläne in den Ländern der Bundesrepublik Deutschland einschließlich Berlin (West) noch nicht erreicht werden konnte.

Deshalb möchte ich
1. kurz auf die Lehrplansituation eingehen,
2. vor dem Hintergrund der Lehrpläne neue Geographielehrbücher vorstellen und
3. den Stellenwert des Lerngegenstandes UdSSR im Geographieunterricht der gymnasialen Oberstufe (Klasse 11—13) beleuchten.

1. Die Lehrplansituation in der Bundesrepublik Deutschland einschließlich Berlin (West)

Die Situation in den 11 Ländern ist unterschiedlich und selbst für den deutschen Beobachter in der Bundesrepublik Deutschland nicht immer leicht zu überblicken. Nach der Abkehr vom länderkundlichen Durchgang in den 1970er Jahren haben alle Länder neue Lehrpläne verabschiedet. In einigen Ländern ist inzwischen eine Revision mit dem Ziel vorgenommen worden, die geschlossene Behandlung von Staatsräumen in den Abschlußklassen der Mittelstufe (Klassen 9 und 10) festzuschreiben (Tab. 2). Der Lehrplan für Nordrhein-Westfalen gibt unter dem Thema „Inwertsetzung und Wertwandel von Räumen" in der Klasse 8 zur Auswahl 6 Raumbeispiele aus der Sowjetunion an. Auf eine geschlossene Behandlung der Geographie des Staatsraumes der UdSSR muß verzichtet werden, da in diesem Land in der Klasse 10 kein Geographieunterricht erteilt wird. Die Unterrichtszeit in der Klasse 9 muß der Behandlung der Geographie der beiden Staaten in Deutschland vorbehalten bleiben. Anders ist die Stundenverteilung in Baden-Württemberg. Hier wurde 1983/84 der Geographieunterricht sowohl für die 9. als auch für die 10. Klasse gestrichen. Deshalb wird die Geographie der UdSSR umfassend bereits in der Klasse 8 bearbeitet. Da in Niedersachsen in der 9. und 10. Klasse Geographie unterrichtet wird, steht die Behandlung der UdSSR unter dem Thema „Strukturmerkmale von Staaten" in der 10. Klasse an.

2. Neue Geographielehrbücher unter Berücksichtigung ihrer Inhalte über die Sowjetunion (Tab. 3)

Seit 1980 sind den revidierten bzw. neuen Lehrplänen entsprechend in Nordrhein-Westfalen und Niedersachsen von den Verlagen Klett in Stuttgart und CVK-Schroedel in Berlin neue Geographiebücher erschienen. Für Baden-Württemberg bereiten beide Verlage und der Verlag Westermann in Braunschweig Regionalausgaben vor.

Das Lehrbuch Seydlitz, 7/8 des Verlages CVK und Schroedel, Berlin, setzt den Lehrplan Nordrhein-Westfalen (Tab. 2) in zwei Unterrichtseinheiten um. Die Themen dieser Unterrichtseinheiten und deren Inhalte sind:

Eine Steppe in der gemäßigten Zone: Kasachstan
– Die Sowjetunion – größter Staat der Erde
– Anbaumöglichkeiten in der Sowjetunion
– Neulandgewinnung in Kasachstan
– Landwirtschaftliche Betriebsformen
– Lebensweise in den Kolchosen und Sowchosen
– Probleme und Rückschläge
– Künstliche Bewässerung – ein Heilmittel?

Energie und Rohstoffe für den Aufbau von Industrieräumen: Mittelsibirien
– Kraftwerke an der Angara
– Staustufen und Kraftwerke an der Angara
– Die Industriegiganten von Bratsk
– Energieproduktion und Energieverbund
– Das Aluminiumwerk
– Der Holzindustriekomplex
– Das neue Bratsk
– Neue Wege in der Erschließung Sibiriens
– Das Industriedreieck an der Angara
– Die BAM.

Hier werden an zwei Raumbeispielen dem Schüler umfassend Einblicke gegeben in moderne Methoden der Raumerschließung in der Sowjetunion.

Als Beispiel einer Ausformung der im niedersächsischen Lehrplan geforderten Behandlung der UdSSR wähle ich das Geographiebuch Seydlitz, Mensch und Raum 9/10 vom Verlag CVK und Schroedel in Berlin. Die Geographie der Sowjetunion wird in dem Schulbuch auf 12 Seiten (S. 124–135) dargestellt.

Das Kapitel enthält 13 Farbbilder von Landschaften sowie aus den Bereichen Siedlung, Landwirtschaft und Verkehr. Hinzu kommen 8 thematische Karten, 5 Diagramme und 4 Tabellen. Der Text ist nach Quellen- und Autorentext zu unterscheiden, wobei der Autorentext in aller Regel der Kategorie des informierenden Lerntextes zugeordnet werden kann. Außerdem wird das Material durch 12 Arbeitsaufgaben erschlossen. Im einzelnen enthält das Kapitel Sowjetunion folgende inhaltliche Aspekte:
– Landschaftszonale Gliederung
– Moskau – Hauptstadt eines zentralgelenkten Staates
– Die kollektivierte Landwirtschaft
– Neulanderschließung im Trockenraum
– Die Wirtschaftsregion Ural
– Transsibirische Bahn und Baikal-Amur-Magistrale.

Um die Bedeutung der Sowjetunion für die Bundesrepublik Deutschland zu unterstreichen und zugleich die Notwendigkeit, Schüler in der Bundesrepublik Deutschland etwa im gleichen Umfang über die beiden Weltmächte UdSSR und USA zu informieren, wurde in dem Schulbuch ein formaler Rahmen eingehalten. Beide Staaten werden auf 12 Buchseiten nacheinander behandelt. Sowohl der erste (S. 110/111) als auch der letzte Aufschlag (S. 136/137) ermöglichen den direkten Vergleich nach geographischer Lage, Oberflächengliederung, Größe, Bevölkerung, Wirtschaft und Handel.

3. Der Stellenwert des Lerngegenstandes UdSSR im Geographieunterricht der gymnasialen Oberstufe

Im Geographieunterricht der gymnasialen Oberstufe sind sechs Themenbereiche von grundlegender Bedeutung:
1. Deutschland in der Mitte Europas
2. Weltmächte – Industrieländer (USA, UdSSR, Japan u. a.)
3. Entwicklungsländer – Entwicklungspolitik
4. Landschaftsökologie und Umweltschutz
5. Rohstoff- und Energieversorgung
6. Verstädterung und Raumplanung.

Unter diesen Themenbereichen zählt der geographische Vergleich der Weltmächte UdSSR und USA zum obligatorischen Unterrichtsprogramm der gymnasialen Oberstufe. Dazu ist anzufügen, daß die Schüler im Grundkurs Erdkunde 3 und im Leistungskurs 5 Wochenstunden im Halbjahr unterrichtet werden. Deshalb stehen für die Behandlung der Sowjetunion im Grundkurs rund 40 und im Leistungskurs etwa 70 Unterrichtsstunden zur Verfügung. Über die inhaltliche Füllung des Themenbereichs soll beispielsweise auf den Rahmenplan Erdkunde für die gymnasiale Oberstufe im Land Hessen vom 1. 8. 1984 verwiesen werden (Tab. 4).

Für die Umsetzung der Inhalte im Unterricht stehen Schülern und Lehrern eine Reihe von Kursheften zur Verfügung, zwischen denen sie auswählen können. Ich nenne hier ohne vollständig zu sein:
Adolf Karger: Die Sowjetunion als Wirtschaftsmacht. Frankfurt am Main 1983 (167 Seiten)
Günter Kirchberg: USA — Sowjetunion. Braunschweig 1985 (104 Seiten)
Eduard Müller-Temme: Die Sowjetunion. Staat und Wirtschaft. Frankfurt am Main 1979 (80 Seiten)

4. Schluß

Schulbücher müssen sich in ihrem inhaltlichen Angebot an Richtlinien der Kultusverwaltungen orientieren. Diese hier offengelegte Bilanz zu Inhalten über die Sowjetunion in neueren Geographiebüchern der Bundesrepublik Deutschland gibt insgesamt ein positives Bild. Das Ergebnis kann aber noch nicht als zufriedenstellend angesehen werden. Der Verband Deutscher Schulgeographen setzt sich weiterhin mit Nachdruck dafür ein, in allen Ländern der Bundesrepublik Deutschland Voraussetzungen zu schaffen, die eine noch breitere Behandlung der Geographie der UdSSR ermöglichen, weil die Sowjetunion eine der beiden Weltmächte und als Nachbar in Europa für Deutschland von Bedeutung ist.

Anhang

Tab. 1: Lehrplankonzepte unter besonderer Berücksichtigung ihrer Inhalte über die UdSSR
Tab. 2: Inhalte über die UdSSR in den Geographielehrplänen für die Gymnasien einiger Länder der Bundesrepublik Deutschland
Tab. 3: Neue Geographielehrbücher seit 1980 mit Inhalten über die UdSSR (nur Gymnasialausgaben)

Tab. 1:
Lehrplankonzepte unter besonderer Berücksichtigung ihrer Inhalte über die UdSSR

	Konzept des länderkundlichen Durchgangs der konzentrischen Kreise Leitlinie: Vom Nahen zum Fernen	Thematisch-länderkundliches Konzept nach dem Simplex-Komplex-Prinzip			
Kl.		Leitlinien: Stufenschwerpunkte	Themenbereiche	vorherrschende Betrachtungsweisen	Räume/Orientierung
5	Deutschland	Grundlegende Einsichten in Mensch-Raum-Beziehungen	Grunddaseinsfunktionen in der Raumwirksamkeit	exemplarisch-nomothetisch	Heimatraum Deutschland Erde
6	Europa UdSSR „europäischer Teil"				
7	Afrika Australien	Analyse von raumwirksamen Faktoren Gliederung der Erde	Gestaltung von Räumen: durch die Natur, durch den Menschen	exemplarisch-nomothetisch und idiographisch	Europa Afrika Klimazonen Großrelief Südamerika Süd-Asien Wirtschaftsformen Kulturerdteile
8	Asien UdSSR „asiatischer Teil" Amerika				
9	Deutschland in	Gegenwartsfragen und -aufgaben	Landschaftshaushalt und Umweltschutz Raumordnung Staaten UdSSR globale Disparitäten	idiographisch-länderkundlich problemorientiert	Heimatraum Deutschland Industrieländer Entwicklungsländer Erde
10	Europa				

Tab. 2:
Inhalte über die UdSSR in den Geographielehrplänen für die Gymnasien einiger Länder der Bundesrepublik Deutschland

Kl.	Bundesländer (Erscheinungsjahr) Baden-Württemberg (1983/84)	Nordrhein-Westfalen (1979)	Niedersachsen (1982)
8	**Die Sowjetunion** Naturausstattung der SU Großlandschaften Klima- und Vegetationszonen Bevölkerung, Besiedlung und Verkehrserschließung in der SU: Der Vielvölkerstaat Die Erschließung des Landes Agrarräume der SU: Die Anbauzonen Die zentralgeplante Agrarwirtschaft Industrieräume der SU: Alte und neue Industriegebiete Vergleich USA – Sowjetunion	Thema: Inwertsetzung und Wertwandel von Räumen Raumbeispiele aus der UdSSR: Die industrielle Erschließung Sibiriens Die Transsibirische Eisenbahn und Baikal-Amur-Magistrale Der südliche Hüttenbezirk der UdSSR Die Wirtschaftsregion Ural Bratsk als Beispiel für die Erschließung Sibiriens Neulandgewinnung in Kasachstan	
10			Thema: Strukturmerkmale von Staaten UdSSR

56

Tab. 3:
Neue Geographielehrbücher seit 1980 mit Inhalten über die UdSSR (nur Gymnasialausgaben)

Regionalausgabe	Verlage und Titel Klett/Terra	CVK-Schroedel/ Seydlitz	Westermann/ Diercke
Baden-Württemberg	8. Schuljahr in Vorbereitung	8. Schuljahr in Vorbereitung	8. Schuljahr in Vorbereitung
Nordrhein-Westfalen	7. und 8. Schuljahr	7. und 8. Schuljahr	7. und 8. Schuljahr in Vorber.
Niedersachsen	9. und 10. Schuljahr	9. und 10. Schuljahr	–

Schematische Struktur eines fächerübergreifenden Unterrichtsprojekts

Kenntnisse aus den Fächern → Umweltprojekt → Klärung und Vertiefung von Einzelfragen in den Fächern

Beispiel:

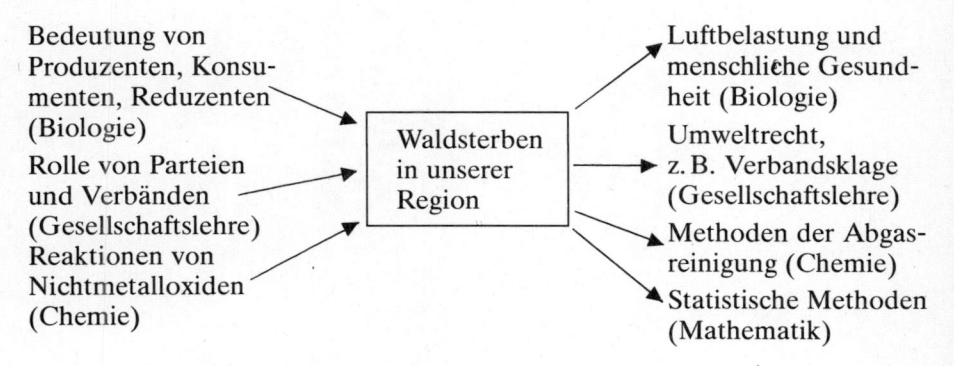

Bedeutung von Produzenten, Konsumenten, Reduzenten (Biologie)
Rolle von Parteien und Verbänden (Gesellschaftslehre)
Reaktionen von Nichtmetalloxiden (Chemie)
→ Waldsterben in unserer Region →
Luftbelastung und menschliche Gesundheit (Biologie)
Umweltrecht, z.B. Verbandsklage (Gesellschaftslehre)
Methoden der Abgasreinigung (Chemie)
Statistische Methoden (Mathematik)

Joachim Barth

Die Behandlung der Bundesrepublik Deutschland in sowjetischen Geographieschulbüchern (1983)

1. Vorwort

Das Anliegen eines UNESCO-Projekts mit dem Arbeitstitel „Project for multilateral consultations on school history, geography and social science textbooks, 1971–1974" wird von der UNESCO so zusammengefaßt: "The purpose of the project was to ensure that the textbooks used at the school levels in different countries of the world are used to promote better understanding of the culture and civilization of each country in the minds of the children and thereby to promote better human and international relations" (UNESCO-Report 1974, S. 3; zitiert nach E. Hillers, in: Internationales Jahrbuch für Geschichts- und Geographieunterricht, Bd. XVI, S. 372, Braunschweig 1975).

Der deutsche Gutachter der sowjetischen Geographieschulbücher fühlt sich voll diesen Zielen der UNESCO verpflichtet, d. h. dem Bemühen, bessere Beziehungen zwischen unseren beiden Staaten und Völkern zu fördern. Er geht auch davon aus, daß bei allen Mitgliedern der deutsch-sowjetischen Geographieschulbuch-Kommission der gute Wille zur Zusammenarbeit und Verständigung vorhanden ist, daß man sich auf beiden Seiten bemüht, die jeweils andere zu verstehen, und zwar sowohl die Darstellung in den Lehrbüchern als auch die Aussagen in den Gutachten über diese Lehrbücher.

Der Gutachter ist sich aber auch der Tatsache bewußt, daß 1) die Objekte selbst, die Union der Sozialistischen Sowjetrepubliken (im folgenden abgekürzt: UdSSR) und die Bundesrepublik Deutschland (im folgenden abgekürzt: BR Dtld.), durch ihre andersartige, zum Teil nur schwer vergleichbare Natur- und Kulturlandschaft Auswirkungen auf die Darstellung in Lehrbüchern und Gutachten haben; 2) die Ausgangspositionen auf beiden Seiten gesellschaftspolitisch, fachwissenschaftlich und fachdidaktisch recht unterschiedlich sind; 3) in der Arbeit einer internationalen Schulbuch-Kommission trotz allen Bemühens das Problem der Subjektivität besteht. Deshalb bittet der Gutachter darum, daß seine Aussagen stets im Sinne der obigen UNESCO-Ziele verstanden werden mögen.

2. Aufgabe und Gegenstand der Untersuchung

Entsprechend den eingangs genannten Zielen besteht die Aufgabe des Gutachters darin, die Behandlung der BR Dtld. in sowjetischen Geographieschulbüchern zu analysieren und durch das Gutachten der sowjetischen Seite Hinweise auf mögliche bzw. notwendige Korrekturen zu geben, die zu einem besseren Verständnis unseres Landes und seiner Menschen bei sowjetischen Schülern führen und damit eine Verbesserung der Beziehungen zwischen unseren beiden Staaten und Völkern fördern können. Hierzu sind vor allem zwei Lehrbücher untersucht worden: 1) das Lehrbuch für die 6. Klasse „Geographie der Erdteile", 13., überarbeitete Auflage, Moskau 1981 (im folgenden abgekürzt zitiert als „GE")[1]; 2) das Lehrbuch für die 9. Klasse „Ökonomische Geographie des Auslandes", 9., überarbeitete Auflage, Moskau 1982 (im folgenden abgekürzt zitiert als „ÖGA")[2].

Das Schwergewicht der Analyse gilt dem Kapitel, das speziell unserem Land gewidmet ist, „Die Bundesrepublik Deutschland", in „ÖGA" S. 183—193. Ferner sind diejenigen Stellen des Abschnitts „Westeuropa" in „GE" S. 179—189 analysiert worden, die sich auf das Territorium unseres Landes beziehen. Berücksichtigt worden sind auch Stellen in beiden Lehrbüchern, die im Text, in Karten oder Statistiken im Rahmen eines größeren Zusammenhanges die BR Dtld. betreffen, u. a. im Lehrbuch der 6. Klasse die physisch-geographischen Karten im Anhang, im Lehrbuch der 9. Klasse die allgemeinen Aussagen über die kapitalistischen Länder auf den Seiten 3—13, 236—238, 298—301, im Anhang die umfangreichen statistischen Angaben zu den Ländern der Erde S. 302—329, ein Glossar S. 330—334 und die Karten zur Ökonomischen Geographie. Nicht berücksichtigt worden sind Atlanten und andere Medien, die an sich auch wesentlich für die Darstellung unseres Landes in der sowjetischen Schule sind. Sie würden aber den Auftrag dieser Schulbuchanalyse übersteigen.

3. Methodologische Vorbemerkungen zum Gutachten

Die Begriffe „Methodologie" und „Methodik" überschneiden sich oft in ihrer Verwendung. Entsprechend dem in der sowjetischen Pädagogik und in der deutschen Erziehungswissenschaft wohl überwiegenden Gebrauch wird in diesem Gutachten „Methodologie" als Lehre von den wissenschaftlichen Verfahren, „Methodik" als Gesamtheit der Methoden in einem Bereich, z. B. Methodik des Geographieunterrichts (im folgenden abgekürzt: GU), verwendet. „Didaktik" ist nach unserem Verständnis die Wissenschaft vom Lehren und Lernen, insbesondere im Rahmen des schulischen Unterrichts, „Fachdidaktik" die Didaktik eines Unterrichtsfaches, in unserem Falle des GU.

Es sind verschiedene Verfahren zur Untersuchung der Lehrbücher und zur Darstellung der Ergebnisse im Gutachten möglich. Lehrbücher können allgemein auf dem Hintergrund des Systems ihres Landes gesehen und speziell an den Vorgaben ihres Lehrplans gemessen werden. Dies wäre eine „systemimmanente" Analyse. Hierbei ginge es vor allem um die Frage, inwieweit die Lehrbücher den vorgegebenen Leitlinien entsprechen. Sie ist sicher interessant

---

[1] V. A. *Korinskaja*, L. D. *Prozorov*, V. A. *Ščenev:* Geografija materikov. Učebnik dlja VI klassa. Pod redakciej V. A. Korinskoj. Moskva „Prosveščenie" 1981.

[2] Ėkonomičeskaja geografija zarubežnych stran. Učebnik dlja 9 klassa srednej školy. Pod redakciej V. P. Maksakovskogo. Moskva „Prosveščenie" 1982.

und untersuchungswert, dürfte aber nur wenig den Aufgaben unserer Kommission entsprechen; sie wird daher im Gutachten nur gelegentlich gestreift.

Umgekehrt würde eine rein „exogene" Analyse verfahren: die sowjetischen Geographieschulbücher nur anhand der Inhalte und Methoden westlicher Fachwissenschaften und Fachdidaktiken zu untersuchen. Auch darin könnte eine wissenschaftliche Aufgabe liegen. Hierbei ist aber die Gefahr einer einseitigen Beurteilung, wie sie in dieser Kommissionsarbeit nicht erstrebenswert ist, besonders groß.

Der Gutachter hat ein vermittelndes Verfahren gesucht, eine Art „internationale" Analyse, die soweit wie möglich unter internationalen Aspekten dem sowjetischen und dem deutschen Standpunkt gerecht zu werden und Brücken der Verständigung zu bauen versucht. Die Kriterien der Analyse lehnen sich deshalb eng an Vorschläge der UNESCO an (s. Kap. 5). Die anschließende Analyse einzelner geographischer Bereiche folgt im Aufbau den Abschnitten der sowjetischen Lehrbücher, wobei sowohl Kategorien sowjetischer wie deutscher Fachwissenschaft und Fachdidaktik einbezogen werden (s. Kap. 6).

Während die vorstehenden Verfahren sich vorwiegend auf Blickwinkel und Blickrichtung des Gutachters beziehen, geht es bei den beiden folgenden mehr um die Wege zur Erkenntnis. International vorherrschend bei parallelen Kommissionsarbeiten ist das „deskriptiv-analytische" Verfahren. Hierbei geht es darum, durch Analyse das von den Autoren Gemeinte richtig zu verstehen und zu beschreiben. Das Problem dieses Verfahrens liegt in der möglichen Subjektivität der Interpretation und Darstellung, z. B. daß nur Textbelege gesehen oder herausgesucht werden, die einem Vorurteil des Gutachters entsprechen. Da der Gutachter dieses Problem deutlich sieht, hat er sich bemüht, solche Mängel möglichst weitgehend auszuschalten.

Um die Möglichkeiten intersubjektiver Überprüfung zu erhöhen, ist die „quantitative Inhaltsanalyse" entwickelt worden. Hierbei geht es um eine möglichst objektive und systematische quantitative Erfassung der manifesten Inhalte. In einer Raumanalyse kann gemessen werden, wieviel Raum (Seiten, Zeilen) einem Sachverhalt zur Verfügung gestellt werden; in der Frequenzanalyse kann durch Zählung aus der Häufigkeit, wie oft bestimmte Städte, Industriezweige, Länder genannt werden, auf die ihnen vermutlich zugemessene Bedeutung geschlossen werden. Diese Verfahren haben etliche Schwächen, z. B.: Viele Sachverhalte sind nicht quantifizierbar; es ergeben sich Probleme bei der Messung und Zählung; die Relevanz mancher Ergebnisse wird dem teilweise großen Arbeitsaufwand nicht gerecht. Sie sind aber für das vorliegende Gutachten bei der Untersuchung und Darstellung benutzt worden.

4. Allgemeine Bemerkungen zu den Lehrbüchern

Der sowjetische Lehrplan für Geographie und die entsprechenden Geographieschulbücher sind schon seit Jahrzehnten „stabil", d. h. in ihren Grundzügen unverändert. Nach einem Jahrzehnt voller Experimente in den 20er Jahren ist Anfang der 30er Jahre ein Geographiecurriculum entwickelt worden, das in den folgenden Jahrzehnten zwar mehrfach modifiziert, aber nie vollständig umgestaltet worden ist. Bereits vor 30 Jahren gab es — wie heute — für die 5. Klasse eine „Physische Geographie", für die 6. eine vorwiegend physische „Geographie der Erdteile", für die 7. eine vorwiegend physische „Geographie der UdSSR" (heute auch im Titel „Physische Geographie der UdSSR"), für die 8. eine „Ökonomische Geographie der UdSSR", für die 9. eine „Ökonomische Geographie des Auslandes". Diese lange Tradition mit Evolution, aber ohne Revolution hat sicher Lehrbuchverfassern wie Lehrern die Arbeit erleichtert. Sie erleichtert auch dem ausländischen Beobachter das Verständnis für den sowjetischen GU und die sowjetischen Geographieschulbücher.

Natürlich hat es entsprechend der politischen, geographischen und pädagogischen Entwicklung in der UdSSR auch Veränderungen in den Büchern gegeben. So ist Deutschland 1952 noch als Einheit behandelt worden. So hat man sich bemüht, die außerordentlich große Stoffülle zu reduzieren, sich auf aus sowjetischer Sicht wesentliche Sachverhalte zu konzentrieren. Zum Beispiel werden in der „Ökonomischen Geographie des Auslandes" von 1952 innerhalb Europas ohne Deutschland 16 kapitalistische Länder in eigenen Kapiteln behandelt, in „ÖGA" 1982, einschließlich der BR Dtld. nur vier „entwickelte" kapitalistische Länder, die „kleinen kapitalistischen Länder Europas" dagegen nur in einem kurzen gemeinsamen Kapitel von vier Seiten. Die typographische Darstellung hat sich im Vergleich zu früher verbessert; so kommen z. B. auf der Karte des Ruhrgebiets 1982 (S. 191) die wesentlichen geographischen Sachverhalte deutlicher und klarer zum Ausdruck als 1952 (S. 88). Das Lehrbuch von 1982 enthält weit mehr statistische Angaben im laufenden Text und vor allem auf zusätzlich 28 Seiten im Anhang, was einem Arbeitsunterricht dienen kann. Gleiches trifft auf das neue „Wörterbuch der Begriffe" (S. 330—334) und den wesentlich erweiterten Kartenanhang zu.

Da der Unterricht in der ganzen UdSSR auf einheitlichen Lehrplänen beruht, ist auch die Schulbuchliteratur weitgehend „unifiziert". Diese Vereinheitlichung und die lange „Stabilität" der Lehrbücher dürfte es der UdSSR erheblich erleichtern, ein geeignetes Autorenteam für ein einziges Lehrbuch zu finden, in dem die BR Dtld. in einem eigenen Kapitel behandelt wird, während in unserem Lande Autoren zur Behandlung der UdSSR in mehr als einem Dutzend Lehrbüchern benötigt werden. Die Lehrpläne sind, im Gegensatz zu den Verhältnissen bei uns, für den GU bindend. Sie machen viele detaillierte Vorgaben, für die BR Dtld. etwa eine Seite lang, lassen aber den Verfassern in Einzelheiten etwas Spielraum, vor allem zu Ergänzungen. Daß die Lehrpläne und Lehrbücher voll den marxistisch-leninistischen Prinzipien und damit den gesellschaftspolitischen Erfordernissen der UdSSR entsprechen, steht außer Zweifel. Dies wird durch zweimalige staatliche Auszeichnungen („ÖGA", S. 2) noch unterstrichen. Es wird in der regionalen Großgliederung in „sozialistische" und „kapitalistische" Staaten ebenso deutlich wie an vielen einzelnen Stellen innerhalb der Kapitel.

Auch unser Land wird gemäß den sowjetischen gesellschaftspolitischen Leitlinien und den darauf basierenden Lehrplänen behandelt. Es wird abweichend von unserem amtlichen Namen als „Bundesrepublik Deutschlands" bezeichnet (russisch: „Federativnaja Respublika Germanii"); der Genitiv wird hier auch abweichend von den sonstigen russischen Sprachgepflogenheiten verwendet: „Sozialistische Republik Rumänien", „Volksrepublik Bulgarien", „Sozialistische Bundesrepublik Jugoslawien" u. a. („ÖGA" S. 335 u. a.). Der BR Dtld. wird im Rahmen der kapitalistischen Länder ein hervorragender Rang eingeräumt: an erster Stelle in Europa. Vom Umfang her gesehen schneidet sie mit 10 Seiten im Vergleich zu sozialistischen Ländern (z. B. DDR 11, Bulgarien 5) relativ ungünstig ab; im Vergleich zu anderen kapitalistischen Ländern (z. B. Großbritannien 10) erscheint sie gebührend berücksichtigt. Freilich fragt man sich, wie viel davon in den wenigen im Lehrplan für die BR Dtld. vorgesehenen Stunden (2) behandelt werden kann. Der UdSSR werden dagegen bei uns von vielen Lehrern bereits in der Mittelstufe (Klasse 7–10) ein bis zwei Dutzend Stunden gewidmet, in der Oberstufe (Klassen 11–13) zum Teil noch mehr. An mehreren Stellen wird der hohe Stand der wirtschaftlichen Entwicklung in der BR Dtld. hervorgehoben (z. B. S. 186, 188, 189, 190). In den einzelnen Kapiteln werden alle Hauptbereiche der sowjetischen Geographie abgedeckt; die dargestellten Fakten sind modernisiert und weitgehend richtig. Aber aus deutscher Sicht erscheint ihre Auswahl und Interpretation zu einseitig parteilich, wird damit der Gesamtheit der Verhältnisse in unserem Lande zu wenig gerecht und dürfte bei sowjetischen Schülern manche unnötigen falschen Vorstellungen hervorrufen.

5. Analyse der Darstellung der Bundesrepublik Deutschland nach allgemeinen Kriterien

Zur Analyse und Beurteilung der Darstellung der BR Dtld. in sowjetischen Lehrbüchern werden im folgenden Kriterien benutzt, die sich weitgehend an Vorschläge der UNESCO anlehnen und damit Vergleiche in einem unsere beiden Länder übergreifenden Rahmen ermöglichen. Ohne daß es eine klare Abgrenzung gibt, werden die Kriterien unter vier Rubriken zusammengefaßt: sachliche Richtigkeit und Genauigkeit (accuracy); Ausgewogenheit in der Auswahl (balance); Angemessenheit (adequacy); Aufgeschlossenheit (world-mindedness).

Zunächst einmal müssen Aussagen sachlich richtig und genau sein. Dank der geographiewissenschaftlichen Qualitäten der Autoren sind Fehler folgender Art selten: Laut „GE" S. 182 war die letzte katastrophale Überschwemmung im Nordseeküstenbereich 1953; leider kam eine weitere katastrophale danach: 1962. Der Name „Rhein" bedeutet laut „GE" S. 184 „rein"; aber die beiden Wörter haben etymologisch und semantisch nichts miteinander zu tun. Im Braunkohlengebiet (der Ville) bei Köln sind laut „ÖGA" S. 188 „große Flächen langfristig in Mondlandschaften umgewandelt worden"; aber gerade hier erfolgt schon seit langem eine umfangreiche Rekultivierung. Da natürlich kein

Lehrbuch auf dem neuesten Stand sein kann, finden sich auch in den sowjetischen Büchern einige veraltete Angaben. So wird Rheydt auf der Karte in „ÖGA" S. 191 noch als selbständige Stadt dargestellt, ist aber seit 1975 nach Mönchengladbach eingemeindet (das auf dieser Karte fehlt). Laut „ÖGA" S. 313 hat Hamburg 1,8 Mio. Einwohner; aber bereits 1970 sank die Einwohnerzahl unter 1,8; unter Berücksichtigung von Auf- bzw. Abrundungen lag sie 1974 bei 1,7 Mio., ab 1980 bei 1,6 Mio.

Probleme gibt es offensichtlich auf beiden Seiten mit einer konsequenten Transkription von Namen. So wird in „ÖGA" „ei" in „Rhein", „Mannheim" mit „ej" im Russischen wiedergegeben, in „Rheinhausen" und „Rheinfelden" mit „aj"; auch die Wiedergabe des deutschen „l" und „nn" erfolgt nicht einheitlich; vgl. Karlsruhe mit Köln, Düsseldorf, Marl u. a. (Karten S. 186, 187, 191). Gelegentlich finden sich auch terminologische Widersprüche. Nach der räumlichen Gliederung in „GE" (z. B. Karte S. 178) gehören die Territorien Polens und der ČSSR zu „Westeuropa"; nach „ÖGA" S. 184 sind 7,5 Mio. Umsiedler aus Ländern „Osteuropas" zu uns gekommen.

Ebenso finden sich unklare oder zumindest für Schüler mißverständliche Stellen. Wenn es z. B. in „GE" S. 183 zu den klimatischen Bedingungen der norddeutschen Tiefebene heißt, daß dort im Winter und Sommer „viele" Niederschläge fallen, so könnte ein Schüler in Moskau vermuten, daß es in Berlin wesentlich mehr regnet — was nicht zutrifft. Zu welcher Signatur gehören Wolfsburg und Hannover in „ÖGA" auf der Karte S. 186?

Da weder in einer wissenschaftlichen Abhandlung, noch gar in einem Geographieschulbuch Vollständigkeit erwartet werden kann, geht es in der zweiten Rubrik um die Frage, ob und inwieweit die erforderliche Auswahl der Sachverhalte in einem repräsentativen, ausgewogenen Maße erfolgt. Hier fällt die Parteilichkeit bei der Behandlung der sozialistischen und kapitalistischen Länder sofort ins Auge. In „GE" S. 184 werden negativ bei der Gewässerverschmutzung die norddeutsche (nicht die polnische) Tiefebene und der Rhein besonders vermerkt, obwohl man natürlich auch markante Beispiele aus Polen und der DDR bringen könnte. Umgekehrt werden auf der gleichen Seite positiv bei der Aufforstung nur Polen und die DDR genannt, obwohl es große Bemühungen in dieser Hinsicht bei uns und in anderen westlichen Ländern gibt. Eine derartig einseitige Sicht ist wissenschaftlich wie didaktisch bedenklich.

In „ÖGA" S. 12 werden der UdSSR und ihren Verbündeten nur positive Eigenschaften in der Weltpolitik, den USA und ihren Verbündeten nur negative zugeschrieben. Für die BR Dtld. wird hier bis zum Ende der 60er Jahre sogar eine „feindliche Politik" der „regierenden Kreise" konstatiert (S. 184). Neueste „Kriegstechnik" (S. 189) und „Kriegsindustrie" (S. 191) findet man laut „ÖGA" nur in der BR Dtld., nicht aber in der DDR. Der Begriff „Besatzungszone" fällt nur im Zusammenhang mit der BR Dtld. (S. 183), nicht bei der DDR; 1952 wurde im entsprechenden Lehrbuch die sowjetische Besatzungszone noch ausdrücklich genannt (S. 65).

Über historische Hintergründe und den heutigen politischen Status von West-Berlin werden in „ÖGA" S. 73 immerhin acht Zeilen gebracht; aber die für die geographische Wissenschaft und erst recht im GU ebenfalls höchst bedeutsamen Tatsachen der engen Beziehungen West-Berlins zur BR Dtld. in demographischer, wirtschaftlicher, wissenschaftlich-technischer und kultureller Hinsicht werden völlig weggelassen; über den hohen Grad der Verbundenheit West-Berlins mit dem Wirtschafts- und Sozialraum BR Dtld. erfahren die sowjetischen Schüler im Lehrbuch nichts.

Dort, wo nicht polit-ökonomische Aussagen die geographischen verdrängen, erscheint die Darstellung ausgewogener (vgl. Kap. 6).

In der dritten Rubrik, „Angemessenheit", geht es um die Frage: Trifft die Darstellung die tatsächlichen Verhältnisse, zumindest im wesentlichen? Werden zum Beispiel dem Gegenstand adäquate Begriffe verwendet? Ruft die Art der Darstellung beim Schüler dem Sachverhalt entsprechende Vorstellungen hervor? Stimmen kausale Erklärungen und beschriebene Interdependenzen?

Begriffe wie „scharfe Differenzierung der Klassenstruktur", „krasse (wörtlich: Tiefe der) Widersprüche der kapitalistischen Gesellschaft", „Ausbeuter" (alle in „ÖGA" S. 185) mögen exakt marxistischer Terminologie entsprechen und den von Marx beschriebenen Zuständen im vorigen Jahrhundert; sie sind aber den heutigen Wirtschafts- und Sozialverhältnissen in unserem Lande nicht angemessen und dürften bei sowjetischen Schülern falsche Vorstellungen hervorrufen. Die Aussagen im Lehrbuch geben weder zu erkennen, daß es bei uns Millionen „Arbeiter, Angestellte, kleine Beamte, Bauern und Handwerker" gibt, die Aktien besitzen, noch daß sich viele große Unternehmen in staatlichem, gewerkschaftlichem oder anderem gesellschaftlichen Besitz befinden. Außerdem sind für unsere heutigen Realitäten nicht nur Besitzverhältnisse an Produktionsmitteln, sondern auch Einkünfte, Haus- und Grundbesitz, soziale Leistungen und andere Faktoren charakteristisch. Und wie auch in der UdSSR bekannt ist, verdient die große Masse unserer Arbeitnehmer 2000—3000 DM im Monat, in der UdSSR nicht einmal 200 Rubel (selbst Arbeitslose bekommen bei uns im Durchschnitt mehr). Da sollte man auf beiden Seiten lieber nicht von „Ausbeutern" sprechen, wenn man die Verhältnisse angemessen darstellen will.

In der Darstellung der „allgemeinen wirtschaftlichen Entwicklung" der BR Dtld. (S. 186, 187) werden die „Monopole" in einer Weise herausgestellt, die nicht den Interdependenzen der wirtschaftlichen Entwicklung nach dem Kriege angemessen ist und viel zu wenig die übrigen beteiligten Kräfte berücksichtigt, z. B. Leistungsbereitschaft und -fähigkeit der Menschen in unserem Lande, die vielfältigen geographischen Beziehungen und die Wirtschafts- und Sozialpolitik, die „soziale Marktwirtschaft".

Glücklicherweise gibt es auch Gegenbeispiele angemessener Darstellung, in „ÖGA" etwa der erste Abschnitt zur Landwirtschaft (S. 189), die Beschreibung Kölns (S. 192), die Stellung der BR Dtld. innerhalb der kapitalistischen Länder (S. 183—193, 235—238) und auch etliche Passagen in „GE".

Mit dem 4. Kriterium, „Aufgeschlossenheit", soll vor allem das Bemühen um gegenseitiges Verstehen erfaßt werden, wie es in der Betonung von Gemeinsamkeiten oder zumindest Verbindendem zwischen zwei bzw. mehreren Völkern zum Ausdruck kommt. Hierzu gehört auch die Bereitschaft zur Anerkennung von Leistungen des anderen Volkes. An sich nicht ungewöhnlich, aber doch beachtenswert ist das Fehlen von Grenzen vom Westen Frankreichs bis zum Osten Polens, vor allem zwischen der BR Dtld. und der DDR, auf der Karte der Naturgebiete des nichtsowjetischen Europas in „GE" S. 178. Daß die wirtschaftlichen Leistungen unseres Landes an mehreren Stellen anerkannt werden, ist schon ausgeführt worden. Quantitativ wird in „ÖGA" im Schlußkapitel den Wirtschaftsbeziehungen zwischen den sozialistischen und den entwickelten kapitalistischen Ländern fast doppelt so viel Raum gewidmet (50 Zeilen) wie dem Wettstreit zwischen den beiden Systemen (28 Zeilen) (S. 300, 301). Dabei werden u. a. der Vertrag zwischen der UdSSR und der BR Dtld. über den Bau des Elektrohüttenkombinats in Oskol (zwischen Kursk und Woronesch) und langfristige Verträge zwischen beiden Ländern bis zum Jahre 2003 erwähnt (S. 300). Aber dann folgt am Schluß der qualitativ so bedeutsame Satz: „Der ökonomische Wettstreit zwischen den beiden sozialökonomischen Systemen wird unausweichlich zum Sieg des Sozialismus über den Kapitalismus führen" (S. 301).

6. Analyse einzelner geographischer Bereiche

In enger Anlehnung an die geographische Wissenschaft werden in der UdSSR auch im GU Physische und Ökonomische Geographie deutlich voneinander getrennt. Die Physische Geographie unseres Raumes mit den einzelnen Naturfaktoren Oberflächenformen bzw. Relief, Bodenschätze, Klima, Gewässernetz und Vegetationszonen wird in „GE" im Rahmen des Kapitels „Westeuropa" S. 179—189 im wesentlichen zutreffend behandelt. Hinzugefügt werden lediglich ein paar sehr kurze Angaben (ca. 15—20 % des Textes) zur Bevölkerung und ihrer Beschäftigung, zur Umgestaltung der Natur, zur Ökologie und zu einigen Städten, wobei allerdings die wenigen Namen und speziellen Aussagen sich meistens auf die anderen Länder Westeuropas beziehen. Über die psychologische Problematik und didaktische Zweckmäßigkeit dieser Organisation des Stoffes ist schon oft in der UdSSR diskutiert worden; aber obwohl man in fast allen Ländern der Erde andere Wege geht, ist man in der UdSSR dabei geblieben. Wenn es in „GE" auf S. 3 heißt, daß die Schüler (der 6. Klasse) lernen werden, „wie die Menschen in verschiedenen Ländern der Erde leben", so trifft dies sicher nicht auf unser Land zu.

Für die Darstellung von Ländern im Rahmen der Ökonomischen Geographie ist ein Schema entwickelt worden, das mit nur geringen Abweichungen auf die meisten Länder Anwendung gefunden hat, darunter auf geographisch so unterschiedlich strukturierte wie BR Dtld., Cuba und Japan. Solch ein Verfahren erhöht sicher die Vergleichbarkeit; es mag auch die Stoffeinordnung erleichtern; daß es die Motivation zum Lernen erhöht, wird in der modernen westlichen Erziehungswissenschaft weitgehend bestritten. Auch dürfte es oft sachlich nicht den unterschiedlichen Strukturen angemessen sein. Um aber dem sowjetischen Lehrbuch möglichst gerecht zu werden, hält sich der Gutachter in der folgenden Analyse der einzelnen Bereiche (Abschnitte) daran.

Das Lehrbuch „ÖGA" besteht aus drei Hauptteilen, 1) einem allgemeinen ökonomisch-geographischen Überblick über die Welt (ca. 50 S.), 2) einem regionalen Überblick über sozialistische Länder, ohne die UdSSR (ca. 90 S.), kapitalistische Länder (ca. 90 S.) und Entwicklungsländer (ca. 60 S.), 3) einem sehr kurzen Text (3 S.) über ökonomische Beziehungen der drei eben genannten Staatengruppen, dazu ein Anhang (vgl. Kap. 2). Bei der Aufteilung der Welt werden leider an keiner Stelle andere Gliederungsmöglichkeiten erörtert, wie z. B. in Kulturräume (Lateinamerika, Angloamerika, UdSSR, Ostasien usw.); solche Fragen der Gliederung gehören doch zu den Grundproblemen der geographischen Wissenschaft und auch didaktisch in den GU. Obendrein entspräche eine solche Betrachtung nach Kulturräumen dem UNESCO-Ziel einer besseren Verständigung mit fremden Kulturen und Zivilisationen.

Die folgenden Ausführungen konzentrieren sich auf das speziell der BR Dtld. gewidmete Kapitel (S. 183—193). Im einleitenden Abschnitt „Zusammensetzung des Territoriums und wirtschaftsgeographische Lage" (S. 183, 184), dem Angaben über Fläche, Einwohnerzahl und Hauptstadt vorangehen, wird unser Land zunächst zutreffend als Bundesrepublik und in seiner zentralen Lage beschrieben. Hier bedient sich der Autor einer geographischen Darstellung, die unserer Wirklichkeit ziemlich angemessen und ausgewogen erscheint. Im folgenden Abschnitt „Politisch-geographische Lage" sollten Begriffe wie „feindliche ... Politik" und „revanchistische Kräfte" (S. 184), die der Lehrplan wohl nicht fordert, gestrichen werden.

Im Abschnitt „Bevölkerung" (S. 184, 185) werden wichtige bevölkerungsgeographische Sachverhalte, wie z. B. hohe Bevölkerungsdichte, Verstädterung, besondere Konzentration im Ruhrgebiet, treffend herausgehoben. Eine zusätzliche Karte der Bevölkerungsdichte (S. 185) ermöglicht eine Vertiefung im Arbeitsunterricht. Es fehlen aber hier, wie an anderen möglichen Stellen viele Sachverhalte und Probleme moderner geographischer Stadtforschung und Darstellung im GU (z. B. funktionale Stadtgliederung, Stadt und Umland).

Im Abschnitt „Beschäftigungsstruktur" wird nur auf die Landwirtschaft und den sekundären Sektor eingegangen; der tertiäre, in dem rund 50 % beschäftigt sind, fehlt völlig. Dafür werden einschließlich der zusätzlichen Fragen und Aufgaben etwa 12 Zeilen der klassenmäßigen Zusammensetzung gewidmet (S. 185). Wird eine relativ so umfangreiche Behandlung vom Lehrplan gefordert? Wenn statt dessen eine Darstellung der Sozialgruppen, wie sie auch der sowjetischen Soziologie bekannt ist, erfolgen würde, könnte man unsere Verhältnisse treffender und für Schüler wohl auch interessanter bringen.

Im Abschnitt „Allgemeine Charakteristik der Wirtschaft" (S. 186—188) wird auf den ersten sieben Zeilen unser Land treffend als „ein hochentwickelter Industriestaat" charakterisiert und der hohe Rang seiner Industrieproduktion (allerdings nur) innerhalb der kapitalistischen Länder hervorgehoben. In den folgenden ca. 20 Zeilen steht „die entscheidende Rolle" der „Großmonopole" in der Industrieproduktion im Mittelpunkt. Dabei treten die geographischen Natur-Mensch-Beziehungen (man-land-relations), die Leistungen der Menschen bei der Gestaltung der Kulturlandschaft, die wirtschaftliche Dynamik und der hohe Lebensstandard (auch in den anderen Ländern der EG) völlig zurück hinter der Rolle der „USA-Monopole", der Ausnutzung der Arbeitskraft und Rohstoffe durch die „Kapitalisten", der Stimulierung des Industriewachstums durch „Militarisierung" und der Ausnutzung des Gemeinsamen Marktes durch die „Monopole" (S. 187). Immerhin ermöglichen drei Karten mit wirtschaftsgeographischem Inhalt auch besser ausgewogene Aussagen.

Der Abschnitt „Industrie" ist weit stärker geographisch-ökonomisch orientiert. Die Bedeutung der natürlichen Ressourcen, besonders der Kohle, wird eingangs und im laufenden Text hervorgehoben. Die Industrie wird im Rahmen von vier Zweigen behandelt: Energetik, Schwarz- und Buntmetallurgie, Maschinenbau und chemische Industrie. Da Elektrotechnik und Straßenfahrzeugbau zu unseren vier führenden Industriezweigen gehören, sollten sie nicht einfach subsumiert oder gar weggelassen werden. Im übrigen könnten hier (wie natürlich auch an anderen Stellen) viele Einzelheiten diskutiert werden, etwa das Ruhrgebiet als „wichtigstes Gebiet der chemischen Industrie" (S. 189); Leverkusen, Frankfurt/Höchst und Ludwigshafen, also Standorte am bzw. nahe dem Rhein, sind bedeutender.

Die Abschnitte „Landwirtschaft" (S. 189, 190) und „Verkehr" (S. 190, 191) sind kürzer (zusammen gut eine Seite Text und eine Karte zur Landwirtschaft). Sie behandeln die natürlichen Voraussetzungen für die Landwirtschaft, die recht treffend dargestellt werden; die Agrarstruktur, bei der ideologisch bestimmte Aussagen wie „Die großen und mittleren kapitalistischen Betriebe ruinieren (zerstören, richten zugrunde) erbarmungslos die kleinen bäuerlichen Betriebe" (S. 189), weder dem Sachverhalt angemessen sind, noch gar bei sowjetischen Schülern ein auch nur annähernd zutreffendes Bild von der enormen Verbesserung der sozialen Verhältnisse in unserer Landwirtschaft in den letzten 30 Jahren hervorrufen können; die bedeutende Rolle der Viehzucht; die regionale Verteilung von Pflanzenbau und Viehzucht; das Gewicht von Schiene, Straße, Fluß- und Seeverkehr innerhalb unseres Landes und zum Teil im Vergleich mit einigen Nachbarländern. Als Verkehrsknoten ist Frankfurt mindestens ebenso wichtig wie Hamburg, München und Köln (S. 191), fehlt aber.

Im Abschnitt „Ökonomisch-geographische Gliederung" (S. 191, 192) wird die BR Dtld. in drei Teile gegliedert: den „Westen" (= Nordrhein-Westfalen), den „Norden und Osten" (= Nordwestdeutschland) und den „Süden" (= die übrigen Gebiete in der Mitte und im Süden). Der „Süden" wird auf den drei wirtschafts-geographischen Karten S. 186 und 187 noch unterteilt in Bayern und die übrigen Gebiete des „Südens". Der Begriff „Osten" wird nicht näher definiert; angesichts der Tatsache, daß alle Gebiete östlich des 12. Längenkreises in Bayern liegen (aber nicht gemeint sind), sollte man auf ihn schon aus didaktischen Gründen verzichten. Im übrigen könnte man über diese Gliederung diskutieren. Es ist aber anzuerkennen, daß überhaupt eine regionale Betrachtung erfolgt und dabei nicht nur das Ruhrgebiet behandelt wird. Inhaltlich wird viel Charakteristisches gebracht, vor allem unter Einbeziehung der Karten

S. 185, 186, 187, 190, 191; daß man auf zwei Seiten nicht alles Wesentliche darstellen kann, versteht sich. Der Gutachter würde z. B. empfehlen, bei einer Überarbeitung auf die Bemühungen in der Raumordnung einzugehen.

Der letzte, kurze Abschnitt (S. 193) behandelt „Die außenwirtschaftlichen Beziehungen", den Handel mit fast allen Ländern, besonders mit denen des „Gemeinsamen Marktes" und den USA (Kanada, das auch genannt wird, spielt nur eine ganz geringe Rolle). Auch die Erweiterung der Außenhandelsbeziehungen mit der UdSSR und anderen sozialistischen Ländern wird gebührend berücksichtigt. Daß ein Land, das so eng mit dem Wohlergehen der ganzen Welt verbunden ist, selbstverständlich mit allen Völkern der Welt in Frieden zu leben wünscht, könnte gern in einem Schlußsatz über die BR Dtld. stehen. Aussagen solchen Tenors finden sich ja auch bei sozialistischen Staaten. Sie wären den Zielen unserer Regierungen und den Wünschen unseres Volkes angemessen.

7. Spezielle didaktisch-methodische Aspekte

In einer Schulbuchanalyse verdienen spezielle didaktisch-methodische Aspekte ein eigenes Kapitel. Eine starke Abhängigkeit des GU von der geographischen Wissenschaft ist in unseren beiden Ländern eindeutig und zu Recht gegeben. In der UdSSR bestehen besonders enge Beziehungen zwischen beiden, was ganz deutlich wird, wenn man Inhalte und Methoden der Geographieschulbücher mit entsprechenden der geographischen Wissenschaft vergleicht. Aber im GU allgemein und in einer Analyse von Schulbüchern speziell müssen auch die erziehungswissenschaftlichen Grundlagen gebührend berücksichtigt werden. Diese werden in beiden Lehrbüchern weniger sichtbar als die fachwissenschaftlichen.

Im Lehrbuch „GE" dient die ganze Seite 2 der Frage „Wie man mit dem Lehrbuch arbeitet"; jedoch werden anschließend der Frage „Was die Geographie der Erdteile lehrt (wörtlich: studiert)" fast drei Seiten gewidmet; ähnlich ist das Verhältnis zwischen geographischen und pädagogischen Erörterungen in „ÖGA" (S. 3—7). Ebenso nimmt in den folgenden Ausführungen der geographische Stoff im Vergleich zu den pädagogisch bestimmten Arbeitsweisen (z. B. Fragen und Aufgaben) den überwiegenden Raum in Anspruch. Natürlich stehen weitere pädagogische Überlegungen dahinter.

Die moderne Lernzielorientierung der westlichen Erziehungswissenschaften findet keine Parallele im sowjetischen GU. Dennoch sind gesellschaftspolitische, fachwissenschaftliche und pädagogische Ziele in den Lehrplan eingearbeitet und haben selbstverständlich auch Beachtung in den Lehrbüchern gefunden. Manche der kursiv gedruckten Leitsätze könnten bei uns auch als kognitive (= Einsichten erstrebende) Lernziele bezeichnet werden, z. B.: „Die Bevölkerungsverteilung, die Beschäftigungsstruktur und die Klassenzusammensetzung unterstreichen den Industriecharakter der BRD" (S. 184). Dies gilt auch für viele andere Aussagen. Affektive (= bestimmte Haltungen, Einstellungen erstrebende) Lernziele sind dort vom Standpunkt der internationalen Verständigung problematisch, wo sie einer einseitigen Parteilichkeit dienen (vgl. mehrere Beispiele in den vorangehenden Kapiteln).

Auf das Curriculum des GU und einige seiner Probleme ist bereits eingegangen worden. Es erscheint viel stärker an den Stoffen als an Lernzielen orientiert. Diese Stoff-Orientierung dürfte auch weitgehend die Methoden im Unterricht bestimmen. Insbesondere die Stoffülle fördert oder erfordert sogar einen lehrerzentrierten Unterricht. Aus Lehrplänen und Lehrbüchern sind wenig Hinweise auf einen Arbeitsunterricht zu entnehmen, obwohl es durchaus sowjetische fachdidaktische Literatur zu diesem Stil gibt. Die sowjetischen Geographieschulbücher sind in erster Linie Lehr- und Lernbücher, nicht Arbeitsbücher. In den die BR Dtld. betreffenden Abschnitten (und wohl auch in den anderen) nehmen Fragen und Aufgaben nur 5–10 % des Textes ein. Speziell für Gruppenunterricht oder Partnerarbeit vorgesehene sind nicht darunter. Durch zusätzliche Karten und statistische Angaben sind allerdings vom Lehrbuch aus mehr Möglichkeiten zu einem stärker schülerorientierten Arbeitsunterricht gegeben. Doch dieser erfordert viel Zeit, die kaum vorhanden sein dürfte, sofern man nicht den Stoff in Zukunft noch stärker rafft. Statt nur Fertiges zu übernehmen und Gelerntes zu reproduzieren, könnten die Schüler dann auch selbständig geographische Probleme erfassen (z. B. Gliederungsprobleme; vgl. Kap. 6) und zu eigenen Einsichten und Wertungen kommen. Eine moderne sowjetische Gesellschaft und Wirtschaft wird vermutlich derartig geschulte Bürger brauchen. Aus unserer Sicht wäre es natürlich besonders im Sinne eines besseren Verständnisses unseres Landes wünschenswert, wenn bei der Behandlung auch deutsche Quellen herangezogen würden, die unsere Wirklichkeit ausgewogen, angemessen und fair darstellen.

Beide Lehrbücher geben den Schülern (und natürlich auch den Lehrern) nützliche Hinweise auf sinnvolle Arbeit mit ihnen („GE" S. 2, „ÖGA" S. 6 und 7), auf die notwendige Verknüpfung mit früher im GU Gelerntem, in „ÖGA" auch auf Beziehungen zu Nachbarfächern, in „GE" auch auf die Möglichkeiten, aus geographischen Büchern, der Kinderenzyklopädie, dem Radio und Fernsehen über Land und Leute in aller Welt zu lernen.

Der Text wird in „GE" ausdrücklich als „grundlegender Teil des Lehrbuchs" (S. 2) bezeichnet. Gleiches dürfte auch, nach Umfang wie Gehalt, für „ÖGA" gelten. In beiden Lehrbüchern wird Wesentliches in Überschriften, am Beginn von Abschnitten und im laufenden Text durch besonderen Druck gut hervorgehoben. Dies erleichtert Lehrern und Schülern die Arbeit. Insgesamt kann der Gutachter den Text, vom Druck her gesehen, leichter in „ÖGA" lesen als in „GE".

Karten speziell zur BR Dtld. gibt es nur in „ÖGA" (insgesamt sechs); in „GE" ist unser Land nur auf Karten Europas oder der Welt vertreten. Die Karten im Anhang sind meistens sehr kleinmaßstabig, so daß von der BR Dtld. nicht viel zu erkennen ist oder die Sachverhalte zu stark generalisiert sind. Als ergänzendes Medium mit Karten in größerem Maßstab stehen wahrscheinlich in vielen Klassen auch Atlanten zur Verfügung.

Die Abbildungen bedürfen sowohl nach Zahl, Qualität der Darstellung und Gehalt weiterer Verbesserung — wenn man sie mit Lehrbüchern anderer hochentwickelter Länder vergleicht. Dies gilt besonders für Bilder in „ÖGA". Leider gibt es in beiden Büchern kein einziges Bild von der BR Dtld. Man vergleiche damit die Fülle von Abbildungen über die UdSSR in unseren deutschen Lehrbüchern. Gerade Bilder aus dem Leben in unserem Lande könnten bei richtiger Auswahl den sowjetischen Schülern eine unserer Wirklichkeit angemessene Vorstellung vermitteln.

Dies wäre natürlich auch mit ausgewählten Zahlen möglich, wenn auch vielleicht für viele Schüler nicht so interessant. Im allgemeinen stimmt das statistische Material in beiden Lehrbüchern; viele Zahlen sind nicht nur zutreffend, sondern auch treffend, vor allem in vorwiegend „wertneutralen" geographischen Bereichen (z. B. Größe, Einwohnerzahl, Erdölexport, Anbauflächen). Dagegen fehlen weithin Zahlen aus solchen Bereichen, in denen sozialistische Länder wenig günstig im Vergleich zur BR Dtld. abschneiden würden, z. B. Bruttosozialprodukt pro Kopf, Löhne, Wohnfläche, und die so gar nicht zu dem an einigen Stellen vermittelten Bild (mental image) von „Ausbeutern", „Ausnutzung" und „erbarmungslos Ruinierten" passen. Geht man von dem Lernziel aus, daß Schüler lernen sollen, statistische Werte richtig zu handhaben, so haben sowjetische Schüler hierzu durchaus die Möglichkeit; hierzu gehören auch einfache Kreisdiagramme (und weitere graphische Darstellungen in anderen Kapiteln des Lehrbuchs). Geht man von dem internationalen Ziel eines besseren Verständnisses für das Leben in einem anderen Lande aus, in diesem Falle in der BR Dtld., so könnten repräsentative Angaben aus der Sozialstatistik sehr dienlich sein.

In aller Welt sagt die Art eines Lehrbuchs noch nicht unbedingt etwas über die Art des tatsächlichen Unterrichts aus. Von wesentlicher Bedeutung ist, ob und wie es im Unterricht verwendet und verwertet wird. Wenn die bisher dem Gutachter bekannt gewordenen Eindrücke deutscher Beobachter sowjetischen Unterrichts und seine eigenen nicht täuschen, hat es insgesamt in der UdSSR ein größeres Gewicht als bei uns. Dies hängt eng mit der gesellschaftspolitischen Autorität der Lehrpläne und Lehrbücher zusammen; es ist aber gleichzeitig ein wertvoller Lohn für die Mühen der Verfasser.

8. Schluß

In den vorstehenden Ausführungen hat sich der Gutachter bemüht, die Darstellung unseres Landes in zwei sowjetischen Geographieschulbüchern verstehend zu analysieren, ihr gerecht zu werden und seine Aussagen mit Hilfe allgemeiner Kriterien und konkreter Beispiele zu erläutern. Die Arbeit ist im Bemühen durchgeführt worden, eine solide Basis für die gemeinsame Kommissionsarbeit zu schaffen, eine Verbesserung der Lehrbücher zu ermöglichen und der Verständigung zwischen unseren beiden Völkern zu dienen.

Jörg Stadelbauer

Die Bundesrepublik Deutschland im Curriculum des sowjetischen Geographie-Schulunterrichts. Analyse des Lehrplans (1983)

1. Einleitung

Dieses Gutachten setzt sich das Ziel, die Behandlung der Bundesrepublik Deutschland im Geographieunterricht der sowjetischen zehnklassigen, allgemeinbildenden Oberschule anhand der normativen Vorgaben zu analysieren, die durch den verbindlichen Lehrplan gegeben sind. Zu diesem Zweck wurde die Lehrplanausgabe von 1982[1] (im folgenden zitiert als „Lehrplan [1982]") herangezogen. Außerdem wurden zum Vergleich, um jüngere Entwicklungen ableiten zu können, die Lehrplanausgabe von 1977[2] (zit. als „Lehrplan [1977]"), die Lehrplanausgabe von 1979[3] (zit. als „Lehrplan [1979]") und ein Lehrplanentwurf, der 1978 in der schulgeographischen Zeitschrift „Geografija v škole" zur Diskussion gestellt wurde[4] (zit. als „Lehrplanentwurf [1978]"), in die Betrachtung einbezogen. Lehrplan (1977) und Auszüge aus dem Lehrplanentwurf (1978) sind an anderer Stelle übersetzt und mit einer Einleitung kommentiert worden.[5]

2. Curriculare Rahmenbedingungen für den Geographie-Unterricht

Das Schulwesen der Sowjetunion ist im gesamten Land einheitlich und beruht auf einem einheitlichen Lehrplan, der auch für nicht-russischsprachige

---

[1] Ministerstvo Prosveščenija SSSR: Programmy vos'miletnej i srednej školy. Geografija. Moskva 1982.
[2] Ministerstvo Prosveščenija SSSR: Programmy vos'miletnej i srednej školy. Geografija. Moskva 1977.
[3] Ministerstvo Prosveščenija SSSR: Programmy vos'miletnej i srednej školy. Geografija. Moskva 1979.
[4] O proekte tipovoj programmy po geografii dlja srednej obšče-obrazovatel'noj školy. In: Geografija v škole 1978, H.6, S. 27–69, 89.
[5] *J. Stadelbauer:* Der sowjetische Lehrplan „Geographie". Einführung und Übersetzung, mit einem kommentierten Bericht von J. Barth „Besuch in einer Moskauer Schule". Braunschweig 1980 (= Geographiedidaktische Forschungen, Bd. 7).

Schulen gültig ist. Regionale Unterschiede im Geographie-Unterricht bestehen, vom normativen Rahmen her gesehen, nur insofern, als dem engeren Heimatgebiet bei der Einführung der naturgeographischen Terminologie sowie bei der Behandlung der Physischen und der Kulturgeographie (Ökonomischen Geographie) der Sowjetunion eine prototypische Rolle zugeordnet wird.

Das Geographiecurriculum wurde in den 30er Jahren unter maßgeblichem Einfluß des sowjetischen Wirtschaftsgeographen *N. N. Baranskij* entwickelt und seither wohl mehrfach modifiziert, aber nie vollständig umgestaltet. Es sieht einen dreistufigen Aufbau bei einem Geographieunterricht in insgesamt fünf Schuljahren vor:

(a) Vermittlung einfacher allgemein-physiogeographischer Kenntnisse und Fertigkeiten im V. Schuljahr mit einem Grundkurs „Physische Geographie";

(b) einen die physisch-geographische Betrachtungsweise vertiefenden regionalen Durchgang globaler Art, der zunächst das Ausland, gegliedert nach einzelnen Kontinenten (VI. Schuljahr, 3 Wochenstunden), dann die Sowjetunion (VII. Schuljahr) behandelt; dabei werden dem physisch-geographischen Überblick jeweils kurze Abschnitte zur Bevölkerung, Erschließungsgeschichte und heutigen Wirtschaft angefügt;

(c) einen kulturgeographischen (nach sowjetischer Terminologie: ökonomisch-geographischen) Durchgang, der zunächst die Sowjetunion (VIII. Schuljahr), dann das Ausland (IX. Schuljahr) behandelt. Dieser Abschnitt des Geographiecurriculums geht von den marxistisch-leninistischen Prinzipien der Politischen Ökonomie aus und bemüht sich um interdisziplinäre Verknüpfungen, vor allem mit dem Geschichtsunterricht.

Der Regelabschluß erfolgt nach dem X. Schuljahr, doch ist ein vorzeitiger Abschluß, vergleichbar einer „mittleren Reife", nach dem VIII. Schuljahr möglich. Diesen Schulabgängern werden also keine vertieften kultur- und wirtschaftsgeographischen Kenntnisse über das außersowjetische Ausland mehr vermittelt.

Dieser grundlegende Aufbau des Curriculum wurde zwischen 1977 und 1982 nicht verändert; auch der Lehrplanentwurf (1978) hielt daran fest. In der Diskussion des Lehrplanentwurfs (1978) haben die Vertreter des Geographischen Institutes der Akademie der Wissenschaften der UdSSR ein neues dreistufiges Curriculum vorgeschlagen, das mit der Heimatkunde einsetzt, einen Gesamtüberblick über die Erde vermittelt und dann vertiefte Regionalkunde betreibt, die (mit zusätzlichem Geographie-Unterricht im X. Schuljahr!) das Mensch-Gesellschaft-Umwelt-System aufgreift.

Die wichtigsten jüngeren Neuerungen bei der Abfassung der Lehrpläne betreffen didaktische und methodische Abschnitte: Anleitungen zu praktischen Arbeiten, Hinweise auf interdisziplinäre Verknüpfungsansätze, eine Auflistung kognitiver und instrumentaler Lernziele sowie ein Überblick über die verfügbaren Unterrichtsmedien ergänzen daher die sachliche Auflistung der Lehrinhalte.

3. Die Stellung der Bundesrepublik Deutschland im Geographie-Curriculum

Die Bundesrepublik Deutschland wird in der IX. Klasse im Geographie-Kurs „Kulturgeographie (Ökonomische Geographie) des Auslandes" behandelt. Ob auch bei dem Überblick über die Erdteile (Schuljahr VI) explizit — über eine Grobnennung der hauptsächlichen Landschaftsräume Tiefland, Mittelgebirge und Hochgebirge hinaus — von der Bundesrepublik Deutschland die Rede ist, geht aus dem Lehrplan nicht hervor.

Exkursartig sei eingefügt, daß das Schulbuch für das VI. Schuljahr[6] das Norddeutsche Tiefland (als naturräumliche Großeinheit zusammen mit dem „Polnischen Tiefland"), Sturmfluten an der Nordsee mit ihren Auswirkungen auf das Küstenland, Rodungen als Ergebnis anthropogener Einwirkungen, die Flüsse, die Mittelgebirgsschwelle, die Alpen (ohne Erwähnung deutschen Anteils daran) behandelt. Die Bezeichnung „Bundesrepublik Deutschland (BRD)" erscheint nur in einer Aufzählung der Staaten, die auf der politischen Karte zu finden sind. In einer Schüleraufgabe wird nach den politischen Veränderungen gefragt, die sich in der Folge des Zweiten Weltkrieges ergaben.

In Anbetracht der Tatsache, daß diese knappe Erwähnung für einen Teil der Schulabgänger (im Schuljahr 1980/81 wurden 6,1 Mill. von insgesamt 39,5 Mill. Schülern, also 15,4 %, in unvollständigen [achtklassigen] Mittelschulen unterrichtet), die einzige Bekanntschaft mit der Bundesrepublik Deutschland im Geographieunterricht bleibt, scheint uns diese Erwähnung, die auch für andere Staaten gilt, ungenügend zu sein. Eine Veränderung ließe sich jedoch nur durch eine weitreichende Lehrplanrevision erzielen.

Daß auf die Nennung der westlichen Staaten im Unterricht nicht viel Zeit verwendet werden kann, ergibt sich auch aus der vorgeschlagenen Stundenverteilung, wie sie noch im Lehrplan (1977) und (1979) aufgeführt wurde: Die Behandlung der politischen Karte erfolgte als Einleitung zum regionalen Teil des Lehrabschnittes ‚Eurasien'; nach einem allgemeinen Überblick (16 Unterrichtsstunden) waren für diesen regionalen Teil 17 Unterrichtsstunden vorgesehen. Im Lehrplan (1982) ist die Behandlung Eurasiens auf 27 Unterrichtsstunden reduziert worden, so daß für eine auch nur kurze wirtschaftliche Charakterisierung der Bundesrepublik Deutschland noch weniger Zeit zur Verfügung steht.

Die inhaltliche Stellungnahme zu den Lehrplanrichtlinien hat daher von den Inhalten des Kurses „Kulturgeographie (Ökonomische Geographie) des Auslandes" auszugehen. Dort werden nach einem allgemeinen wirtschaftsgeographischen Überblick drei Ländergruppen behandelt, die sozialistischen Staaten, die entwickelten kapitalistischen Staaten und die Entwicklungsländer, ehe vergleichende Aspekte hervortreten. Da der Lehrplan (1982) wie der Lehrplan (1979) zur Behandlung der „entwickelten kapitalistischen Länder" 19 Unter-

---

[6] *V. A. Korinskaja, L. D. Prozorov, V. A. Sčenev:* Geografija materikov. Učebnik dlja VI klassa. Izd. 11—e, pererab. Moskva 1979.

richtsstunden vorsieht, ist anzunehmen, daß auch jetzt noch, ohne daß dies ausdrücklich vermerkt wird, zwei Unterrichtsstunden auf die Bundesrepublik Deutschland entfallen, wie es der Stundenverteilungsvorschlag des Lehrplans (1979) vorsah. Damit wird die Bundesrepublik Deutschland gleichgewichtig mit Großbritannien, Frankreich und Italien gesehen, während der USA vier, Japan drei Stunden gewidmet sind. Eine Umstellung erfolgte in der Reihenfolge der zu behandelnden Länder: Während die Lehrpläne (1977) und (1979) die Bundesrepublik Deutschland nach den USA, Japan und Großbritannien, aber vor Frankreich und Italien einführten, sieht der Lehrplan (1982) einen Platzwechsel zwischen Großbritannien und der Bundesrepublik Deutschland vor. Es bleibt offen, ob die räumliche Nachbarschaft zu den vorher behandelten sozialistischen Staaten oder Überlegungen über eine Rangfolge nach der Wichtigkeit dabei entscheidend waren. Der Lehrplantext läßt vermuten, daß die Bevölkerungszahl den Ausschlag gibt.

Fragwürdig erscheinen uns die Prämissen, unter denen die Bundesrepublik Deutschland im Geographieunterricht eingeführt wird, nämlich die Aufteilung der Welt in drei Klassen von Ländern. Akzeptiert man jedoch dieses Verfahren und berücksichtigt man, daß sich die Behandlung der Länder — trotz Auswahl bei den entwickelten kapitalistischen und bei den Entwicklungsländern! — an deskriptive länderkundliche Schemata anlehnt, dann erscheint die Bundesrepublik Deutschland in der Gruppe der westlichen Staaten angemessen vertreten zu sein. Der DDR und Polen kommt in der Gruppe der sozialistischen Länder gleiches Gewicht zu (jeweils zwei Stunden). Im Vergleich zu einigen anderen Ländern (Albanien, Mongolische Volksrepublik, Koreanische Volksdemokratische Republik, Vietnam, Laos), die jeweils mit einer vollen Unterrichtsstunde vertreten sind, entsteht jedoch eine Diskrepanz, wenn man die politische und weltwirtschaftliche Bedeutung der einzelnen Staaten als Bemessungsgrundlage ansetzt.

4. Die Behandlung der Bundesrepublik Deutschland im Kurs „Ökonomische Geographie [Kulturgeographie] des Auslandes" im IX. Schuljahr

Der Lehrplan geht bei der Behandlung der Bundesrepublik Deutschland von der Bevölkerungsstruktur aus, schließt die Stellung im Wirtschaftssystem an, betrachtet einzelne Wirtschaftszweige (zunächst Industrie, dann Landwirtschaft mit Bezug zu den natürlichen Grundlagen) und schließt mit einem Blick auf Umweltprobleme und Außenhandelsbeziehungen.

Die im Lehrplan (1982) aufgezählten Unterrichtsunterabschnitte sind größtenteils nach Art von Überschriften formalisiert und enthalten nur wenige inhaltliche Aussagen. Immerhin erlauben sie einen Rückschluß auf die Hauptakzente, die der Unterricht setzen soll: Sie lassen sich mit Bevölkerungsverschiebung, Ballungseffekten, hochentwickelter Wirtschaft und industrieller Konzentration im Ruhrgebiet umschreiben. Damit sind in der Tat wichtige Aspekte der Regionalgeographie angesprochen, denen in der Kürze der zur Verfügung stehenden Unterrichtszeit kaum weitere hinzugefügt werden können. Dennoch schlagen wir vor, die Betrachtung einzelner Regionen (die im Lehrplan [1977] noch detaillierter ausgeführt worden war) nicht auf das Ruhrgebiet zu beschränken, sondern auch die agrarischen Ergänzungsräume und vor allem die raumordnerischen Leitbilder zur Überwindung regionaler Disparitäten zu behandeln. Dies ist schon im Zusammenhang mit der Bevölkerung wichtig: Es genügt nicht, von einer hohen mittleren Bevölkerungsdichte zu sprechen, ohne auch die starken regionalen Unterschiede zu erwähnen (die vom Schüler anhand des Lehrbuchmaterials gut erarbeitet und mit natürlichen Grundlagen wie wirtschaftlicher Entwicklung in Verbindung gesetzt werden können).

Nicht mehr zutreffend ist der Lehrabschnitt „Industrieller Charakter der Beschäftigung"; nach den Daten von 1981 sind 5,8 % der Erwerbstätigen der Bundesrepublik Deutschland in der Land- und Forstwirtschaft (+ Fischerei), 44,2 % in Bergbau und produzierendem Gewerbe, jedoch 50,0 % im tertiären Sektor erwerbstätig. Darin ist ein über die Industrialisierung hinausgehender, auf dem hohen Niveau des Bildungswesens beruhender Entwicklungsstand zu sehen. Auch die „starke Differenzierung der klassenmäßigen Zusammensetzung der Bevölkerung" wirft Probleme auf, weil hier einseitig von der ideologischen Terminologie des Marxismus-Leninismus ausgegangen wird. Wir schlagen dagegen vor, die Differenzierung der Bevölkerung von der Sozialgruppenanalyse her zu sehen, wie sie von der empirischen Sozialforschung durchgeführt wird, die auch in der sowjetischen Soziologie an Bedeutung gewonnen hat (Akademija Nauk SSSR, Institut sociologičeskich issledovanij).

In gleicher Weise ideologisch belastet ist der Unterrichtsabschnitt „Rolle des staatsmonopolistischen Kapitals"; hier wird offensichtlich die wirtschaftlich außerordentlich große Rolle des freien Unternehmertums, privater Investitionstätigkeit und staatlicher Wohlfahrt verkannt. Die Wirtschaftsordnung der Bundesrepublik Deutschland ist eine soziale Marktwirtschaft, d. h. eine Wirtschaftsordnung, die vorsieht, daß der Staat regulierend dort eingreift, wo ein freies Spiel der Märkte zu unsozialen Diskrepanzen in den Lebensbedingungen der Bevölkerung führen würde (ein Beispiel: Es wäre unvollständig und daher irreführend, nur die derzeit hohe Zahl von Arbeitslosen zu nennen, ohne gleichzeitig auf das soziale Netz der Arbeitslosenunterstützung zu verweisen).

Die weitgehende Beschränkung bei der Industrie auf Schwarz- und Buntmetallurgie, Maschinenbau und chemische Industrie entspricht nicht der Vielseitigkeit in der Industriestruktur der Bundesrepublik Deutschland. Fahrzeugbau, Elektro- und Elektronikindustrie sowie Zweige einer weitverbreiteten Konsumgüterindustrie waren und sind Wachstumsbranchen von gebietsbildendem Charakter, während eine Beschränkung auf die genannten Zweige zu einem fehlerhaften Bild besonderer Krisenanfälligkeit führen würde. Dagegen ist gerade im Hinblick auf die historische Entwicklung die ständige Anpassungsbereitschaft der Industrie hervorzuheben.

Beim Verkehr ist nicht nur das dichte Netz von Binnenwasserstraßen zu nennen, sondern auch und besonders der Ausbau des Straßennetzes zu betonen, mit dem jeder Landesteil erreicht wird. Immerhin verfügt die Bundesrepublik Deutschland über 172 400 km klassifizierte, befestigte Straßen des überörtlichen Verkehrs, was einer mittleren Dichte von 69,3 km/100 km^2 entspricht (Sowjetunion: 32,7 km/100 km^2).

Es wird richtig hervorgehoben, daß das Ruhrgebiet das wichtigste Industriegebiet (besser: der wichtigste Ballungsraum) der Bundesrepublik Deutschland ist. Der Hinweis auf die regionale Differenzierung sollte sich jedoch nicht auf dieses eine Beispiel beschränken (das ohnehin im Zusammenhang mit dem unmittelbar anschließenden Rheingebiet als Rhein-Ruhr-Ballungsgebiet zu sehen ist). Dementsprechend erscheint auch die Aufzählung von nur fünf Städten sowie dem Ruhr-Kohlebecken als topographischer Merkstoff unbefriedigend. Die Bundesrepublik Deutschland verfügt nicht über eine Metropole, in der sich alle administrativen und wirtschaftlichen Funktionen zusammenballen, sondern hier sind diese Funktionen auf mehrere Großstädte verteilt. Wenigstens Hannover, Frankfurt, Stuttgart und Düsseldorf verdienen als weitere Konzentrationspunkte von Industrie, Großhandel und Wirtschaftsverwaltung, aber auch (außer Frankfurt am Main) als Hauptstädte von Bundesländern Erwähnung. In dieser Beziehung war der Lehrplan (1977) noch wesentlich reichhaltiger, da er die regionale Differenzierung mit einigen zusätzlichen Städten näher ausgeführt hatte.

Ein entscheidender Mangel des Lehrplanes ist, daß Berlin nicht erwähnt wird, dessen enge politische Bindung an die Bundesrepublik Deutschland durch die Verträge der frühen 70er Jahre bestätigt wurde und dessen Integration in den Wirtschaftsraum der Bundesrepublik Deutschland seit deren Bestehen kaum strittig war. Hier ist unbedingt nötig, daß (West-)Berlin die gleiche Beachtung wie (Ost-)Berlin, Hauptstadt der DDR, erfährt und in die Behandlung von Bevölkerungsproblematik, Industrieentwicklung, kulturellem Leben regionaler Differenzierung voll einbezogen wird.

Im abschließenden Unterrichtsabschnitt des IX. Schuljahres wurde nach der früheren Lehrplangestaltung (Lehrplan (1977) ein Vergleich der beiden Wirtschaftsordnungen vorgenommen. Es ist erfreulich zu sehen, daß die dort vertretenen einseitigen Thesen von der Vorzüglichkeit des sozialistischen Systems im Lehrplan (1982) nur kurz aufgegriffen werden und daß statt dessen — allerdings nur in einer Unterrichtsstunde — auf die internationalen Wirtschaftsbeziehungen eingegangen wird. Aus dem Lehrplan (1982) geht nicht hervor, in welchem Maße dabei auch nochmals die Bundesrepublik Deutschland mit ihren Außenhandelsverflechtungen erwähnt wird, die ja angesichts der Exportorientierung der Industrie außerordentlich wichtig sind.

Die vorstehende Analyse des Lehrplantextes konnte nur diejenigen Punkte herausgreifen, bei denen im Lehrplan inhaltliche Aussagen gemacht werden. Die inhaltlichen Vorstellungen, die den überschriftartig formalisierten Unterrichtsschritten entsprechen, müssen aus der separaten Analyse der Schulbücher überprüft werden.

5. Bewertung der Lehrplanaussagen

Würdigt man die Behandlung der Bundesrepublik Deutschland im Geographieunterricht der Sowjetunion, so lassen sich positive und negative Züge aufführen: Positiv ist zweifellos, daß die Bundesrepublik Deutschland als bedeutende westliche Industrienation einen hervorragenden Platz im entsprechenden Unterrichtsabschnitt einnimmt. Positiv ist auch das Bemühen, einen möglichst vielseitigen Einblick zu vermitteln. Zweifelhaft bleibt indes das wissenschaftliche Niveau. Die formalisierte Auflistung einzelner Themen läßt eine Problematisierung vermissen, die Voraussetzung für wissenschaftliche Fragestellungen ist. Die Tatsache, daß sehr viele verschiedenartige Aspekte der Landeskunde in relativ kurzer Zeit besprochen werden müssen, läßt darüber hinaus befürchten, daß eine inhaltliche und problemorientierte Vertiefung nicht möglich ist. Negativ ist ferner anzumerken, daß die Bundesrepublik Deutschland unter vorgegebenen, ideologisch beeinflußten Prämissen behandelt wird; es ist nicht auszuschließen, daß dadurch ein ungünstiges Bild von der Wirtschaft und Sozialordnung in der Bundesrepublik Deutschland entsteht, während Vorteile unserer Wirtschaftsordnung (rasche Marktanpassung, dezentrale Entscheidungsprozesse mit geringerem Reibungsverlust bei der Wirtschaftsverwaltung) vernachlässigt werden.

6. Medien

Ein eigenständiger Abschnitt des Lehrplans (1982) widmet sich den in der Sowjetunion verfügbaren Medien. Dabei ist die Bundesrepublik Deutschland mit einem Transparent und einem Kinofilm vertreten. Die Bezeichnung beider Medien („BRD") läßt im ersten Fall eine Übersichtskarte zur Wirtschaft des gesamten Landes, im zweiten Fall einen Filmbericht erwarten, bei dem wegen der vermutbaren Kürze nur einzelne Aspekte angesprochen und vorgeführt werden können, so daß das Gesamtbild unvollständig bleibt. Allerdings entziehen sich diese Medien – nach den im Lehrplan (1982) gemachten Angaben – einer Stellungnahme, da keine inhaltlichen Aussagen zu finden sind. Ob und inwieweit die Bundesrepublik Deutschland in anderem Zusammenhang (etwa den Diapositiven „Eurasien" und bei dem Diafilm „Physisch-geographische Gebiete des ausländischen Europa" im Rahmen der Medien für die VI. Klasse) ebenfalls angesprochen wird, kann nicht gesagt werden.

7. Zusammenfassung

Die Aussagen im Lehrplan Geographie erlauben die folgenden zusammenfassenden und bewertenden Schlüsse:
– Es ist positiv, daß die Bundesrepublik als wichtiger westlicher Staat relativ ausführlich behandelt wird. Zwar muß offen bleiben, ob die Tatsache, daß

die Bundesrepublik als erster nicht-sozialistischer europäischer Staat behandelt wird, auch eine Aussage über den Stellenwert macht, doch müßten auf jeden Fall bei der derzeitigen Reihenfolge die grundlegenden Züge der Wirtschaftsgeographie Westeuropas am Beispiel unseres Landes aufgezeigt werden.
- Positiv ist auch zu bewerten, daß nach den Lehrplanvorgaben ein umfassender Überblick angestrebt wird. Da sich die Gesamtstundenzahl für die Lehreinheit „Entwickelte kapitalistische Länder" nicht verändert hat, kann davon ausgegangen werden, daß — wie im Lehrplan (1977) aufgeführt — zwei Unterrichtsstunden auf die Behandlung der Bundesrepublik Deutschland entfallen. Ob in so kurzer Zeit ein Überblick ausgewogen hergestellt und vertieft werden kann, muß allerdings fraglich bleiben.
- Die Behandlung der Bundesrepublik Deutschland ist in die politische Prämisse einer Drei-Welten-Theorie eingefügt (sozialistische — entwickelte kapitalistische — Entwicklungsländer), die ideologisch befrachtet ist und deshalb als Grundlage für einen auf freiem Gedankenaustausch beruhenden Geographieunterricht abgelehnt werden muß.
- Die Tatsache, daß der Lehrplan (1977, 1982) größtenteils nur Überschriften einzelner Lehr- und Lernschritte nennt, läßt eine Problematisierung vermissen. Es ist zu befürchten, daß reine Faktenvermittlung (u. U. sogar eine auf die in (3) genannte Theorie bezogene Faktenauswahl) im Vordergrund steht und den Zugang zu neueren wissenschaftlichen Ansätzen der Regionalforschung erschwert oder verbaut.
- Die Tatsache, daß West-Berlin nicht in die Behandlung der Bundesrepublik Deutschland einbezogen ist, verkennt die tatsächliche politische und wirtschaftliche Situation in Mitteleuropa.

8. Nachtrag 1987

Im Zusammenhang mit den jüngsten Reformen im sowjetischen Schulwesen wurde auch der Lehrplan für das Fach Geographie einer grundlegenden Änderung unterzogen.[7] Durch die Vorschaltung eines weiteren Schuljahres verschiebt sich der „Grundkurs in Physischer Geographie" vom V. auf das VI. Schuljahr, der globale Überblick, erweitert zu einer „Geographie der Erdteile und Weltmeere", vom VI. auf das VII. Schuljahr. Die beiden folgenden Kurse zur Geographie der Sowjetunion wurden zu einem dem VIII. und IX. Schuljahr zugeordneten Gesamtkurs „Geographie der UdSSR" zusammengefaßt, der physisch-geographische sowie wirtschafts- und sozialgeographische Aspekte umfaßt. Den Abschluß der geographischen Ausbildung stellt ein neu konzipierter Kurs „Wirtschafts- und Sozialgeographie der Welt" im X. Schuljahr dar. Der

---

[7] Ministerstvo Prosveščenie SSSR: Programmy srednej obšče-obrazovatel'noj školy. Geografija. Moskva 1986.

früher vor allem vom Geographischen Institut der Akademie der Wissenschaften propagierte Vorschlag, im abschließenden XI. (früher: X.) Schuljahr einen umweltorientierten Kurs zu globalen Fragen in den Kanon aufzunehmen, wurde nicht verwirklicht, einzelne Themen des Vorschlags aber in den Kurs des X. Schuljahrs integriert.

Die Bundesrepublik Deutschland erscheint in diesem Curriculum sowohl im physisch-geographisch ausgerichteten Überblick im VII. Schuljahr wie im wirtschafts- und sozialgeographischen Kurs des X. Schuljahres. Im VII. Schuljahr wird sie im Zusammenhang mit der Behandlung Eurasiens beim Überblick über die Bevölkerung und über die politische Karte zusammen mit den Staaten Großbritannien, Frankreich und Japan unter den kapitalistischen Staaten Eurasiens erwähnt; außerdem gehören die Nordsee, die Alpen, Donau, Rhein und Elbe zum topographischen Merkstoff, an dem die Bundesrepublik Deutschland wenigstens partizipiert.

Die vollständige Neukonzeption des Kurses für das X. Schuljahr hat zur Folge, daß der Bundesrepublik Deutschland kein eigener Unterrichtsabschnitt mehr gewidmet ist. Der Lehrplan erwähnt sie jedoch im Zusammenhang mit dem Thema „Entwickelte kapitalistische Länder Nordamerikas, Westeuropas und Asiens", dem insgesamt sechs Unterrichtsstunden gewidmet werden sollen (bisher wurden dieser Staatengruppe 20 Unterrichtsstunden zugestanden). Während die USA und Japan eigenständige Unterrichtsabschnitte innerhalb dieses Themas füllen, werden die kapitalistischen Staaten Westeuropas (Bundesrepublik Deutschland, Großbritannien, Frankreich und Italien; für Teilthemen auch andere Beispielländer) im Block behandelt. Die Abhängigkeit von Rohstoffimporten, die starke Verstädterung und die bedeutende Zuwanderung ausländischer Arbeitskräfte werden thematisch betont, ehe einzelne Wirtschaftsbereiche im Überblick angesprochen werden. Während bei der Behandlung der sozialistischen Staaten Europas „Wege zur Lösung ökologischer Probleme" am Schluß des Unterrichtsblockes stehen, tritt bei den kapitalistischen Staaten die Formulierung „Zuspitzung der ökologischen Probleme" an diese Stelle. Am Ende des Unterrichtsabschnittes wird vom Schüler u. a. gefordert, einen Überblick über die geographischen Spezifika der Bundesrepublik Deutschland zu haben.

Bewertung:

Es ist bedauerlich, daß die zusammenhängende Behandlung der Bundesrepublik Deutschland der Lehrplanrevision zum Opfer gefallen ist; andererseits muß akzeptiert werden, daß ein thematisch nach Sachgruppen oder besser noch ein problemorientierter Unterricht eine Verbesserung gegenüber dem kursorischen Gesamtdurchgang darstellt. Der ausgedruckte Lehrplan läßt freilich nicht eindeutig erkennen, in welchem Maß das exemplarische Prinzip an Bedeutung gewonnen hat. Mit Verstädterung, Bevölkerungsmigration und ökologischen Problemen werden zweifellos wichtige, für ganz Westeuropa vergleichbare Themen angesprochen. Die Auflistung von Industriezweigen und Produktionsbereichen der Landwirtschaft läßt für den wirtschaftsgeographischen Teil eine stark faktenorientierte Behandlung vermuten. Sozialgeographische Aspekte werden mit der Verstädterung, der Bevölkerungswanderung sowie dem Freizeit- und Erholungsverhalten wenigstens partiell berücksichtigt. Wie die genannte Gegenüberstellung ökologischer Fragen in sozialistischen und kapitalistischen Staaten vermuten läßt, hat sich der neue Lehrplan nicht von Klischees befreien können: Umweltgefahren spitzen sich in den Bergbaugebieten der ČSSR und Polens nicht weniger zu als in der Bundesrepublik Deutschland, und auf der anderen Seite sind bei uns mit der Umweltgesetzgebung und der Tätigkeit von Bürgerinitiativen formelle und informelle Institutionen entstanden, die sich um sinnvolle Wege aus der Umweltbedrohung bemühen!

Aus der zusammenfassenden Beurteilung der früheren Lehrplanaussagen muß die positive Beurteilung, daß die Bundesrepublik Deutschland relativ ausführlich behandelt werde, leider durch den Wunsch ersetzt werden, daß die Bundesrepublik trotz geringerer Erwähnung im Lehrplan immer noch ein angemessenes Gewicht finden möge. Die Skepsis, ob innerhalb von sechs Unterrichtsstunden ein Überblick über die kapitalistischen Staaten gewonnen werden kann, wächst allerdings. Auch die neuen Lehrplanformulierungen lassen befürchten, daß der Unterricht nicht klischee- oder ideologiefrei durchgeführt wird. Die Problemorientierung hat dagegen gewonnen, und es ist zu hoffen, daß die inhaltliche Ausfüllung auch zum kritischen Bewußtsein der Schüler beiträgt.

Joachim Barth

Bemühungen unserer Geographiedidaktik um eine Vervollkommnung der Darstellung der Sowjetunion im Geographieunterricht (1985)

Einleitung

Gemäß den Ausführungen unserer sowjetischen Kollegen in den bisherigen Gesprächen und laut der sowjetischen geographiedidaktischen Literatur sowie nach meinen eigenen Unterrichtsbeobachtungen spielt das Geographielehrbuch im sowjetischen GU (= Geographieunterricht) eine sehr große Rolle. Es scheint mir, daß sie größer ist als die des deutschen Lehrbuchs in unserem Unterricht. Dies bedeutet sicher eine Anerkennung für die Mühen der sowjetischen Lehrbuchautoren.

Dies bedeutet andererseits, daß zum Verständnis unserer Unterrichtspraxis neben dem Lehrbuch die übrigen Medien stärker in Betracht gezogen werden müssen, weil sie das Lehrbuch in beträchtlichem Maße ergänzen, in nicht wenigen Fällen sogar ersetzen. Hierzu muß man auch wissen, daß bei uns ein linearer Weg Fachwissenschaft → Fachdidaktik → Lehrplan → Lehrbuch → Lehrer → Unterrichtspraxis weniger ausgeprägt ist als in der SU (= Sowjetunion) und daß andere Wege von der Geographiedidaktik zum Geographieunterricht stärker berücksichtigt werden müssen, wenn man unsere Unterrichtspraxis sowie die Stellung und Bedeutung des Lehrbuchs in ihr richtig verstehen will. In meinem Referat möchte ich mich darauf konzentrieren, wie sich unsere Fachdidaktik auf verschiedenen Wegen um eine Verbesserung der Darstellung der SU im GU bemüht und damit einen allgemeinen geographiedidaktischen Rahmen abgeben für die speziellen Referate von Frau Dr. Hillers und Herrn Dr. Richter über Lehrbücher.

Ohne Vollständigkeit anzustreben, möchte ich die Bemühungen unserer Geographiedidaktik um eine Vervollkommnung der Darstellung der SU im GU unter 4 Gesichtspunkten zusammenfassen. Wir bemühen uns

1. unsere Geographielehrer nicht nur mit den eigenen westlichen, sondern auch mit sowjetischen Ansichten zur SU bekannt zu machen;

2. zur Dissemination neuer, in bezug auf die SU besonders relevanter Ergebnisse der Fachwissenschaft beizutragen;

3. theoretische geographiedidaktische Grundlagen zur Darstellung der SU im GU zu vermitteln;

4. den Geographielehrern mit praktischen Vorschlägen bei der Behandlung der SU behilflich zu sein.

Ad 1.

Was haben wir getan, um unsere Geographielehrer auch mit sowjetischen Ansichten zur SU bekannt zu machen?

Im Rechtswesen gilt der Grundsatz „audiatur et altera pars" — es möge auch die andere Seite gehört werden. Er findet immer stärkeren Eingang auch in unsere Geographiedidaktik. Er dient dem besseren Erkennen und Verstehen eines fremden Landes und seiner Menschen und damit auch der internationalen Verständigung, eine der Hauptaufgaben der Geographiedidaktik.

Deswegen haben wir — schon vor Beginn der Gespräche in diesem Kreise — Herrn Prof. Maksakowski gebeten, Vorschläge zum Thema „Sowjetunion" für unseren GU zu unterbreiten, was er dankenswerterweise zusammen mit dem Kollegen Rom in der Zeitschrift „Praxis Geographie" 1981 in einem der beiden nur der SU gewidmeten Hefte, „Sowjetunion I", getan hat. Dieser Artikel hat sehr viel Anklang sowohl bei Geographiedidaktikern als auch bei Geographielehrern und seinen Niederschlag im GU gefunden, wie mir aus Gesprächen und Unterrichtsbeobachtungen bekannt ist. Über diesen Aufsatz hinaus haben wir uns seit Beginn der Gespräche in unserer deutsch-sowjetischen Geographielehrbuch-Kommission noch mehr bemüht, Anregungen, die wir hier von unseren sowjetischen Kollegen erhalten haben und für die wir ihnen dankbar sind, direkt weiterzuleiten an Didaktiker, Lehrbuchverfasser, Lehrer und Studenten der Geographie.

Schon seit längerer Zeit finden sich in unseren Geographielehrbüchern kurze Auszüge aus sowjetischen Quellen. Da aber Lehrbücher nicht laufend weitgehend überarbeitet werden, veralten, nach einer gewissen Zeit, ein Teil dieser Auszüge (soweit man sie nicht unter dem Gesichtspunkt einer historischen raumbezogenen Aussage sieht); manche werden den Fortschritten in der Entwicklung der SU auch nicht mehr gerecht. Deshalb hat *Rolf Löttgers* schon 1981 im genannten Heft „Sowjetunion I" „Deutschsprachige Publikationen aus der UdSSR und der DDR im Erdkundeunterricht der S II" vorgestellt (S II = Sekundarstufe II = Klassen 11—13). Sogar zu etlichen Einzelthemen gibt es Übersetzungen sowjetischer Quellen, vor allem in der allgemeinen wissenschaftlichen Zeitschrift „Osteuropa", aber auch schon in unserer geographiedidaktischen Literatur, z. B. den Artikel von *Jörg Stadelbauer* „Die Baikal-Amur-Magistrale (BAM). Textauszüge zur Behandlung eines sowjetischen Großprojekts in der S II" im Heft „Sowjetunion II" der Zeitschrift „Praxis Geographie", 1981. Beide Hefte zur SU sind bei den Geographielehrern auf so viel Interesse gestoßen, daß sie binnen kurzem vergriffen waren.

Angesichts der Bedeutung der Anschauung im GU ist es wichtig, wie sich die SU selbst im Bild darstellt und wie sie vom Ausland gesehen werden möchte. Unsere Lehrbücher bemühen sich um möglichst anschauliche Bilder der SU, wobei viele Aufnahmen sowjetischen Quellen entstammen. Darüber hinaus haben wir in der geographiedidaktischen Literatur Hinweise auf Bildbände mit sowjetischen Fotos, z. B. in Bibliographien und Rezensionen, gegeben und Zusammenstellungen von Dia-Serien und Filmen gebracht, die sehr viel sowjetisches Bildmaterial enthalten, z. B. *Marianne Reimers* und *Jürgen Schön* in der Zeitschrift „Geographie im Unterricht" in einem ebenfalls speziell der SU gewidmeten Heft „Die Sowjetunion im Geographieunterricht der Sekundarstufe I. Hilfen für die Arbeit mit Lehrbüchern und anderen Medien" (3/1981).

Zahlen können zu einer exakteren Vorstellung über ein fremdes Land beitragen. In unseren Geographielehrbüchern findet man in beträchtlichem Umfange charakteristische Zahlen, die im Falle der SU zum ganz überwiegenden Teil sowjetischen Ursprungs sind, so z. B. über die Steigerung der Industrieproduktion. Da, wie gesagt, kein Schullehrbuch auf dem neuesten Stand sein kann, haben wir uns in der geographiedidaktischen Literatur bemüht, die Lehrer und Lehrbuchverfasser mit möglichst neuen Daten zu versorgen bzw. sie auf spezielle Quellen in deutscher Sprache hinzuweisen, die sowjetisches Zahlenmaterial veröffentlichen, z. B. auf die „Länderberichte" des Statistischen Bundesamtes und die „Diercke Weltstatistik 84/85" des Westermann Verlages.

Ein besonders hoher Stellenwert im Erwerb von Einsichten über die SU und ihre Menschen aus erster Hand dürfte wohl persönlichen Aufenthalten in der SU zukommen, insbesondere dann, wenn sie durch fachkundige Erläuterungen sowjetischer Wissenschaftler bereichert werden. Deshalb haben Geographiedidaktiker mit Geographielehrern, Autoren, Verlagslektoren, Behördenvertretern und Geographiestudenten solche Exkursionen durchgeführt, z. B. der Referent bereits 1972 mit Hamburger Schulgeographen nach Moskau und Leningrad, unser Fachverband „Geographie und ihre Didaktik" in Zusammenarbeit mit dem „Ostkolleg" Köln 1979 nach Moskau und Kiew; Jörg Stadelbauer hat jüngst mehrere Exkursionen des „Verbandes deutscher Schulgeographen" in die SU geleitet, so 1983 nach Mittelasien, 1984 nach Transkaukasien, 1985 zu altrussischen Städten; in der Literatur haben wir zu solchen Reisen angeregt, z. B. *Johannes Baar* im obengenannten Heft „Sowjetunion I" in seinem Aufsatz „Menschliche Begegnungen in der Sowjetunion".

Ad 2.

Wie tragen wir zur Dissemination neuer, in bezug auf die SU besonders relevanter Forschungsergebnisse der Fachwissenschaft bei?

Die Erde ist groß, und nicht alle Geographielehrer fahren in die SU, und diejenigen, die hinfahren, erhalten nur einen regional und sachlich begrenzten Einblick, der wissenschaftlich systematisiert, erweitert und vertieft werden muß. Hierbei sind die neuen Forschungsergebnisse der geographischen Wissenschaft und ihrer Nachbarfächer besonders wertvoll. Natürlich können sie nicht in toto in den GU übernommen werden. Die Geographiedidaktik muß für den GU relevante Ergebnisse auswählen, d. h. die Fülle der Informationen reduzieren, diese für den GU didaktisch umsetzen und die Ergebnisse der Umsetzung den am GU Mitwirkenden vermitteln.

Deshalb sind die Geographiedidaktiker in enger Zusammenarbeit mit Vertretern der Fachwissenschaft bemüht, die Geographielehrer, Lehrbuchautoren, Verlagslektoren und Geographiestudenten in der SU gewidmeten Fachsitzungen auf Geographentagen, in speziellen Seminaren und Vorträgen mit neuen Ergebnissen der geographischen Fachwissenschaft (und ihrer Nachbarwissenschaften) bekannt zu machen. So werden z. B. vom „Ostkolleg" in Köln in Zusammenarbeit mit Geographiedidaktikern etliche spezielle Seminare über die

SU durchgeführt, z. B. über Bevölkerung, Wirtschaft und Bildungswesen in der SU; in vielen Lehrerfortbildungsveranstaltungen werden häufig Referate von Fachwissenschaftlern zu Themen über die SU gehalten. Der große Vorteil solcher direkten Begegnungen mit den Fachwissenschaftlern liegt natürlich einmal in der aktuellen Berichterstattung und Vermittlung jüngster Forschungsergebnisse, zweitens in den Möglichkeiten zur unmittelbaren fachlichen Klärung von Fragen und zur Diskussion von Meinungen, drittens in der Hilfestellung, die anwesende Geographiedidaktiker direkt bei der Umsetzung neuer fachwissenschaftlicher Erkenntnisse für den GU geben können.

Ein zweiter Weg der Verbreitung neuer fachwissenschaftlicher Erkenntnisse führt über die Literatur. Fachwissenschaftler veröffentlichen in geographiedidaktischen Zeitschriften und Reihen sowie in selbständigen Werken speziell für den GU geeignete Darstellungen zu Teilbereichen der SU oder zum gesamten Land. Um hierfür nur 3 Beispiele zu nennen: 1. Schon seit vielen Jahren hat im GU der S II der Band „Die Sowjetunion als Wirtschaftsmacht" (2. Auflage der Neubearbeitung, Frankfurt 1980) von *Adolf Karger* weite Verbreitung gefunden. 2. *Norbert Wein* hat in der geographiedidaktischen Reihe „Fragenkreise" „Die sowjetische Landwirtschaft seit 1950" (Paderborn 1980) für den GU aufbereitet und 1983 eine Gesamtdarstellung „Die Sowjetunion" in der Reihe „UTB" (= Universitätstaschenbücher) herausgebracht. 3. Die Zeitschrift „Geographische Rundschau" hat im November 1983 ein spezielles Heft über die SU mit fachwissenschaftlichen Beiträgen von *Ernst Giese, Hans Knübel, Albert Kolb* und *Peter Rostankowski* herausgegeben. Geographielehrer und Lehrbuchautoren, die sich umfassend über den neuesten Stand der deutschen Forschung über die SU — und andere sozialistische Länder — informieren wollen, können dies jetzt besonders gut in dem Band von *Jörg Stadelbauer* „Regionalforschung über sozialistische Länder" (Darmstadt 1984).

Da nun der Geographielehrer nicht nur die SU zum Unterrichtsgegenstand hat, helfen wir ihm durch geographiedidaktisch akzentuierte Rezensionen und kommentierte Literaturlisten, daß er ohne allzu großen Zeitaufwand das für seinen Unterricht passende Material findet.

Ad 3.

Inwiefern vermitteln wir theoretische geographiedidaktische Grundlagen für die Darstellung der SU im GU?

Wie weitgehend in aller Welt, so hat auch in Deutschland die Behandlung von Ländern über Jahrzehnte hinweg den Hauptteil des GU ausgemacht. Nach vorausgegangener Einzelkritik sind seit etwa anderthalb Jahrzehnten Inhalt, Form und Aufbau der Länderkunde bzw. Regionalen Geographie grundsätzlich diskutiert und zum Teil erheblich kritisiert worden. Mit dem Postulat „Allgemeine Geographie statt Länderkunde" hätten etliche Didaktiker am liebsten die Behandlung besonders von staatlichen Meso- und Makroregionen weitgehend aus dem GU verbannt. Dabei haben sich dann solche Vertreter damit begnügt, hinsichtlich der SU in der 6. Klasse lediglich das alte Ural-Kusbass-

Kombinat, in der 8. Klasse die Tundra und in der 9. Klasse die ganze SU in einem kurzen Vergleich mit den USA auf nur wenigen Seiten im Lehrbuch zu bringen. Ich habe mich schon 1973 gegen dieses Verfahren gewandt und in einem Artikel in der „Geographischen Rundschau" mich dafür eingesetzt, daß die UdSSR auch weiterhin in der Sekundarstufe I (und natürlich auch in der S II) den ihr gebührenden Platz behält.

Selbstverständlich kann man auch am Beispiel der SU Erkenntnisse der Allgemeinen Geographie vermitteln, z. B. über Vegetationszonen, Hochdruckgebiete, Standortfragen, Verkehrsströme. Wenn wir aber der SU in ihrer Individualität und Besonderheit sowie ihrer Bedeutung in der Welt gerecht werden wollen, dann müssen wir das Zusammenwirken geographischer Faktoren in diesem individuellen Raum betrachten. Wir können dabei darauf verweisen, daß die allgemeine wissenschaftstheoretische Diskussion klargemacht hat, daß nicht nur die Untersuchung allgemeiner Gesetzmäßigkeiten, sondern auch die des Individuellen zu den Aufgaben der Wissenschaften gehört. Insbesondere die Hermeneutiker haben auf die Bedeutung des Verstehens, etwa eines anderen Landes und seiner Menschen, verwiesen. Die Fragwürdigkeit von „Gesetzmäßigkeiten" in den Sozialwissenschaften, die Problematik wertfreier Forschung und Darstellung sowie die Gefahren der Vorurteile sind vor Augen geführt worden. Die Wahrnehmungsforschung in der Geographie und Erziehungswissenschaft hat zur Untersuchung von „mental images" im GU durch Geographiedidaktiker geführt.

Weitere Argumente der allgemeinen Wissenschaftstheorie, der Geographie und der Erziehungswissenschaft zugunsten der Regionalen Geographie im GU sind zunächst vereinzelt in den geographiedidaktischen Zeitschriften, dann auch in Sammelbänden vorgetragen worden, z. B. speziell in bezug auf die SU von *Christoph Stein* in den „Heften zur Fachdidaktik der Geographie" 4/1978 und allgemein in „Länderkunde – Regionale Geographie", herausgeben von *Josef Birkenhauer* und *Walter Sperling* (München 1980).

Indem wir wichtige Argumente aus dieser geographiedidaktischen Grundsatzdiskussion zugunsten der Behandlung von Regionen allgemein und der SU speziell den Lehrern liefern, helfen wir ihnen, mit größerer Sicherheit Länder wie die SU zu behandeln; denn angesichts der in unserer pluralistischen Gesellschaft vorhandenen verschiedenen Standpunkte sollen sie nicht einfach sklavisch die Lehrpläne oder Richtlinien der jeweiligen Kultusministerien übernehmen, sondern ihren Unterricht begründet und überzeugt durchführen können. Sie erhalten didaktische Kriterien für die Auswahl unter mehreren angebotenen Lehrbüchern und für ein Abweichen von dem in der betreffenden Schule benutzten Lehrbuch, falls dieses in bezug auf die SU qualitativ oder quantitativ nicht ihren Einsichten und Ansichten entspricht.

Ad 4.

Auf welche Weise können wir den Lehrern durch praktische Vorschläge zur Gestaltung des Unterrichts über die SU helfen?

Zunächst einmal benötigen Lehrer konkrete Vorschläge zur Planung und zum Aufbau der gesamten Unterrichtseinheit „Sowjetunion". Wie viele Stunden sollten sie der SU widmen? Unter welchem Generalthema kann die SU behandelt werden? Worin liegen die didaktisch-methodischen Möglichkeiten und Schwierigkeiten eines Vergleichs mit den USA bzw. Angloamerika? Welche Lernziele, Lerninhalte, Grundbegriffe, topographische Namen sollten im Rahmen der Unterrichtseinheit vermittelt werden? Solche Angaben finden sich in den Lehrplänen bzw. Richtlinien der einzelnen Bundesländer. Der Grad der Verbindlichkeit ist in den einzelnen Bundesländern unterschiedlich; im allgemeinen haben aber die Lehrer genügend Freiheiten, bei entsprechenden eigenen Vorkenntnissen dem Unterricht ihren persönlichen Stempel aufzudrücken. Sie können die genannten theoretischen Überlegungen und auch konkrete praktische Vorschläge aus der geographiedidaktischen Literatur bei der Gestaltung ihrer Unterrichtseinheit über die SU verwerten. So hat z. B. der Referent 1979 in den „Informationen zur politischen Bildung" im Heft 182 „Die Sowjetunion" mehrere Möglichkeiten der Gestaltung solcher Unterrichtseinheiten aufgezeigt.

Manche Lehrpläne der Bundesländer gehen weiter und bringen über die soeben genannten allgemeinen Angaben zur ganzen Unterrichtseinheit hinaus konkrete methodische Hinweise zu den Teilthemen bzw. einzelnen Unterrichtsstunden sowie Hinweise auf Arbeitsmittel. Häufig gehen Lehrbuchautoren ausführlich auf Teileinheiten bzw. Einzelstunden in den dazugehörigen Lehrerhandbüchern ein; ihre Erläuterungen können eine große Hilfe für die Arbeit derjenigen Lehrer bedeuten, die sich eng an das Lehrbuch in ihrem Unterricht anlehnen, insbesondere für diejenigen, die nicht Geographie als Hauptfach studiert haben. Speziell dem SU-Kapitel in Lehrbüchern haben sich mehrere Autoren in dem obengenannten Heft „Sowjetunion" der Zeitschrift „Geographie im Unterricht" gewidmet. Hier hat z. B. *Dieter Richter* für das Geographie-Arbeitsbuch „Welt und Umwelt" sehr detailliert den geplanten Unterrichtsverlauf für 12 Stunden dargestellt, und zwar nach Unterrichtsphasen, Lernzielen, Handlungsabfolge, Unterrichtsformen, geplanten Lehreraktivitäten, erwarteten Schüleraktivitäten, Lerninhalten und Medieneinsatz für den GU in Klasse 8, 9 oder 10. Im gleichen Heft haben *Roland Hahn* und *Helmut Schaal* in einem Aufsatz „Die Sowjetunion — Wahrnehmung und Wirklichkeit für Schüler einer 8. Hauptschulklasse" in 10 Lerneinheiten für das Lehrbuch „Unser Planet" aufgearbeitet. Zahlreiche weitere praktische Beispiele zu Teileinheiten bzw. Einzelstunden finden sich in der Literatur. Einige akzentuieren mehr gewisse Methoden und Medien, andere stärker bestimmte Inhalte, z. B. der Beitrag von *Henning Schöpke* im o. g. Heft „Sowjetunion II" die Verwendung von Satellitenbildern: „Vom Satellitenbild zur Raumanalyse. Kuibyschew und der Wolgaraum", der Beitrag von *Ludwig Bauer* im o. g. Heft „Sowjetunion I" „Grundbegriffe zur Sowjetunion".

Natürlich können derartige auf die Praxis ausgerichtete Hefte für den GU über die SU nicht jedes Jahr erscheinen. Aber Jörg Stadelbauer arbeitet bereits an der Herausgabe eines neuen, speziell der SU gewidmeten Heftes im Rahmen der Zeitschrift „geographie heute". Darüber hinaus muß auch auf die vielen didaktisch-methodischen Anregungen in weiteren Medien, z. B. in Handbüchern zu Atlanten und Begleitheften zu Dia-Reihen und Filmen, verwiesen werden. Der Geographielehrer kann also sehr viele Hilfen aus der geographiedidaktischen Literatur entnehmen.

Besonders wertvoll für die Unterrichtspraxis der Geographielehrer sind die Analysen von Unterrichtsstunden „vor Ort" im Rahmen der Ausbildung von Geographiestudenten. Wenn bei Hospitationen der Geographiedidaktiker — oder häufiger — der Geographielehrer bzw. der Geographiestudent eine Stunde erteilt, dann wird die Durchführung der Stunde und bei den Didaktikern und Studenten auch die schriftliche Vorbereitung (von etwa 5 Seiten) nach Kriterien analysiert, die etwa denen entsprechen, die im o. g. Unterrichtsverlauf von Dieter Richter angeführt sind. Hierbei kommen dann nicht nur didaktische und methodische Probleme der betreffenden Stunde zur Sprache, sondern auch Divergenzen zwischen didaktischer Theorie, Lehrplänen, Lehrbüchern und den Möglichkeiten der realen Unterrichtssituation. Diese Rückkopplung ist nicht zuletzt für die Geographiedidaktiker von besonderer Bedeutung, weil wir dabei Schwierigkeiten und Defizite des realen GU besonders gut erkennen können.

Schluß

Ich komme zum Schluß. Vor 2 Wochen fand der 45. Deutsche Geographentag statt. Thema der geographiedidaktischen Sitzung waren „Die sozialistischen Länder im Geographieunterricht". Sie fanden großes Interesse bei den Zuhörern, vorwiegend Geographielehrern. Daß die SU ihren gebührenden Platz in dieser Sitzung hatte, brauche ich wohl nicht näher auszuführen. Unsere Bemühungen um eine Vervollkommnung der Darstellung der SU im GU fallen also auf fruchtbaren Boden. Wir versprechen, daß wir weiter daran arbeiten wollen.

Literaturhinweise (ergänzt 1987)

Baar, J.: Menschliche Begegnungen in der Sowjetunion. In: PG (= Praxis Geographie. Beiheft Geographische Rundschau) 1981, H. 3, S. 91—93.

Barth, J.: Curriculare Probleme in der Sekundarstufe I am Beispiel der Weltmächte USA und Sowjetunion. In: GR (= Geographische Rundschau) 1973, H. 2, S. 55—61.

Barth, J.: Die Sowjetunion im Geographieunterricht der achtziger Jahre — insbesondere in der S II. In: PG 1981, H. 3, S. 82—86.

Barth, J.: Literatur zum Thema „Die Sowjetunion". In: PG 1981, H. 3, S. 116—118.

Barth, J.: Die Sowjetunion in Zahlen. In: PG 1981, H. 4, S. 154—157.

Barth, J.: Die Sowjetunion in Wissenschaft und Unterricht. In: GU (= Geographie im Unterricht) 1981, H. 3, S. 89—93.

Barth, J.: Topographisches Grundwissen von der Sowjetunion (ein Vorschlag). In: GU 1981, H. 3, S. 136—139.

Barth, J., Sperling, W. et al.: Sozialistische Länder im Geographieunterricht. In: 45. Deutscher Geographentag Berlin. Tagungsbericht und wissenschaftliche Abhandlungen. Stuttgart 1987.

Bauer, L.: Grundbegriffe zur Sowjetunion. In: PG 1981, H. 3, S. 110—114.

Bender, H.-U., Stadelbauer, J.: S II Länder und Regionen. Sowjetunion. Stuttgart 1987.

Birkenhauer, J., Sperling, W. (Hg.): Länderkunde — Regionale Geographie. München 1980.

Bütow, H. G. (Hg.): Länderbericht Sowjetunion. Bonn 1986.

dtv/Westermann (Hg.): Diercke-Weltstatistik 84/85. München/Braunschweig 1984.

Giese, E.: Nomaden in Kasachstan. In: GR 1983, H. 11, S. 554—564.

Hahn, R., Schaal, H.: Die Sowjetunion — Wahrnehmung und Wirklichkeit für Schüler einer 8. Hauptschulklasse. In: GU 1981, H. 3, S. 111—117.

Haseloff, W., Mitter, W.: Die Union der Sozialistischen Sowjetrepubliken. Frankfurt 1985.

Hilgemann, W., Kettermann, G., Hergt, M.: dtv-Perthes Weltatlas. Band 6: Sowjetunion. Darmstadt 1984.

Karger, A.: Die Sowjetunion als Wirtschaftsmacht. Diesterweg 1983.

Karger, A., Liebmann, C. C.: Sibirien. Köln 1986.

Karger, A., Stadelbauer, J.: Sowjetunion. Fischer Länderkunde Band 9. Frankfurt 1987.

Kirchberg, G.: USA — Sowjetunion. Braunschweig 1985.

Kistler, H.: Welt- und Großmächte im Vergleich: USA—UdSSR. Japan—China. München 1984.

Knübel, H.: Kernkraftwerke in der Sowjetunion. In: GR 1983, H. 11, S. 590—594.

Kolb, A.: Der fernöstliche Konfliktraum zwischen Sowjetunion, Volksrepublik China und Japan. In: GR 1983, H. 11, S. 544—552.

Lemberg, H., Karger, A., Barth, J.: Die Sowjetunion. Informationen zur politischen Bildung, H. 182. Bonn 1979 (Neudruck 1986).

Löttgers, R.: Deutschsprachige Publikationen aus der UdSSR und der DDR im Erdkundeunterricht der S II. In: PG 1981, H. 3, S. 102—105.

Maksakowski, W., Rom, W.: Das Thema „Sowjetunion". Sowjetische Vorschläge für den Geographieunterricht an Schulen der Bundesrepublik Deutschland. In: PG 1981, H. 3, S. 86—91.

Noll, E. (Hg.): Die Wirtschaft der UdSSR. geographie heute 1986, H. 45.

Reimers, M.: Zum Einsatz von Diapositiven im Unterricht über die Sowjetunion. In: GU 1981, H. 3, S. 124—132.

Richter, D.: Zur Behandlung des Themas „UdSSR" unter Verwendung des Geographie-Arbeitsbuches „Welt und Umwelt" in den Klassenstufen 8, 9 oder 10. In: GU 1981, H. 3, S. 117—124.

Rostankowski, P.: Zur Frage der Umgestaltung der Natur in der Sowjetunion. In: GR 1983, H. 11, S. 566—570.
Schön, J.: 16 mm Filme zum Thema „Sowjetunion". In: GU 1981, H. 3, S. 139—141.
Stadelbauer, J.: Die Baikal-Amur-Magistrale (BAM). In: PG 1981, H. 4, S. 145—149.
Stadelbauer, J.: Regionalforschung über sozialistische Länder. Darmstadt 1984.
Stadelbauer, J.: Der Fremdenverkehr in Sowjet-Kaukasien. In: Zeitschrift für Wirtschaftsgeographie 1986, H. 1, S. 1—21.
Stadelbauer, J.: Die Sowjetunion heute. Ressourcen und ihre Bewirtschaftung im Licht des 12. Fünfjahresplans. In: geographie heute 1986, H. 45, S. 2—6.
Stein, C.: Integrierte regional- und allgemeingeographische Betrachtungsweise in der lernzielorientierten Unterrichtspraxis, dargestellt am Unterrichtsbeispiel „Erschließung Sibiriens". In: Hefte zur Fachdidaktik der Geographie 1978, H. 4, S. 55—87.
Wein, N.: Die sowjetische Landwirtschaft seit 1950. Paderborn 1980.
Wein, N.: Die Sowjetunion. Paderborn 1985.

Elfriede Hillers

Die Bemühungen des Georg-Eckert-Instituts um eine Vervollkommnung der Darstellung der Sowjetunion in den Georgaphielehrbüchern der Bundesrepublik Deutschland (1985)

Gliederung

I. Die Aufgabenstellung und Arbeitsweise des Georg-Eckert-Insituts für internationale Schulbuchforschung
II. Das „Schulbuchumfeld" in der Bundesrepublik Deutschland:
    die Verlagsstruktur
    das Genehmigungsverfahren
    die Rolle des Schulbuchs im Unterricht
III. Zur Umsetzung der Verbesserungsvorschläge der sowjetischen Delegation in den Geographielehrbüchern der Bundesrepublik Deutschland
IV. Bilanz

I. Die Aufgabenstellung und Arbeitsweise des Georg-Eckert-Instituts für internationale Schulbuchforschung

Die Bestrebungen zur Verbesserung von Schulbüchern reichen weit zurück. Erste Bemühungen um den Abbau von Vorurteilen, Verzerrungen und Feindbildern in Schulbüchern, um eine Einschränkung von Darstellungen, die das eigene Volk verherrlichen und das andere herabsetzen, gingen schon im 19. Jahrhundert von den Friedensbewegungen und — parallel dazu — von den sozialistischen Arbeiterbewegungen aus. Später machten auch internationale Organisationen wie z. B. der Völkerbund sowie nationale und internationale Lehrergewerkschaften die Bereinigung von Schulbüchern zu einem ihrer Anliegen.

Wenn auch die zahlreichen Einzelbemühungen durchaus Erfolge zeigten — dies insbesondere in Frankreich und in den Nordischen Ländern — so erlangte die Schulbucharbeit erst nach dem II. Weltkrieg eine größere Breitenwirkung. Seit dieser Zeit ist sie in enger Verbindung mit der Arbeit internationaler Organisationen wie der UNESCO und dem EUROPARAT zu sehen.

Im Bereich des Grundanliegens einer Erziehung zur internationalen Verständigung, zur Vorurteilsfreiheit und zur Bereitschaft für friedliche Zusammenarbeit und damit zu einer Verminderung von Konfliktpotential zwischen den Nationen nahm die Verbesserung von Schulbüchern in der Arbeit der UNESCO von Anfang an einen bedeutenden Platz ein.

Neben der UNESCO bezog als weitere internationale Organisation der EUROPARAT die internationale Schulbucharbeit früh in seinen Aufgabenbereich mit ein. Ab 1953 fand eine Reihe von Symposien statt, die sich im wesentlichen mit Geschichtslehrbüchern befaßten. Ab 1961 wurden systematisch die Lehrbücher und der Unterricht für Geographie in die Arbeit mit einbezogen, um zu einer „Verständigung über eine sachliche, den nationalen wie übernationalen Belangen gerecht werdende, von Vorurteilen freie, den aktuellen Stand berücksichtigende Darstellung der geographischen Wirklichkeit zu gelangen."[1]

In Braunschweig wurde nach dem II. Weltkrieg von Prof. Dr. Georg Eckert das Internationale Schulbuchinstitut geschaffen.

Eckert organisierte Schulbuchüberprüfung und Schulbuchkonferenzen unter Beteiligung von Forschern und Lehrern der Fächer Geschichte und Geographie aus den verschiedensten Ländern. Seinen Aktivitäten waren weithin erfolgreiche Bemühungen um Versachlichung von Schulbüchern und deren Bereinigung von Fehlern, Vorurteilen und nationalen Klischees zu verdanken. Nach seinem Tode (1974) wurde das Internationale Schulbuchinstitut in „Georg-Eckert-Institut für internationale Schulbuchforschung" umbenannt und gleichzeitig auf eine breitere institutionelle Basis gestellt.

Nach dem Gründungsgesetz von 1975 hat das Georg-Eckert-Institut folgende festgelegte Aufgaben:
1. „Durch internationale Schulbuchforschung historisch, politisch und geographisch bedeutsame Darstellungen in den Schulbüchern der Bundesrepublik Deutschland und anderer Staaten miteinander zu vergleichen und Empfehlungen zu ihrer Versachlichung zu unterbreiten,
2. Tagungen mit Sachverständigen des In- und Auslandes zur Überprüfung und Revision von Schulbüchern zu veranstalten,
3. Autoren, Herausgeber und Verleger bei der Veröffentlichung von Schulbüchern zu beraten,
4. Gutachten zu erstellen und Forschungsarbeiten zu unterstützen,
5. seine wissenschaftlichen Erkenntnisse und praktischen Erfahrungen der Öffentlichkeit durch Veröffentlichung und Vorträge zu vermitteln."

Das Georg-Eckert-Institut beschäftigt sich auf breiter Basis über die ursprüngliche Aufgabe der Schulbuchrevision hinaus mit den Problemen wissenschaftlicher Schulbuchforschung. Durch Untersuchung von Fragen der Analysemethodik, der pädagogisch-politischen Bedeutung des Schulbuchs, durch Prüfung der Zusammenhänge zwischen geographisch-historischer Bildung und politischem Urteilsvermögen trägt es neueren pädagogischen, fachdidaktischen und fachwissenschaftlichen Entwicklungen Rechnung.

Schulbuchforschung ist Wissenschaft mit praktischem Bezug. Das Ziel dieser Arbeit ist ein praktisch politisches:

Auf dem Wege über die Verbesserung der Schulbücher die angemessene Kenntnis und das Verständnis für andere Nationen, Völker und Kulturen zu

---

[1] Heyn, E.: Die erste Konferenz des EUROPARATS zur Revision der Geographie-Schulbücher in Goslar, in: Geographische Rundschau 13 (1961).

fördern, zu Vorurteilsfreiheit und zur Bereitschaft für friedliche Zusammenarbeit zu erziehen und so das Konfliktpotential zwischen den Nationen zu vermindern.

Für die konkrete Umsetzung der Arbeit des Georg-Eckert-Instituts ist folgender Faktor, der sich von den Gegebenheiten in vielen anderen Ländern, so auch denen in der Sowjetunion, unterscheidet, von besonderer Bedeutung.

Das Georg-Eckert-Institut ist ein freies wissenschaftliches Forschungsinstitut. Es hat nicht die Möglichkeit, durch Weisungen an Verlage, Autoren, Ministerien und Lehrer die Umsetzung seiner Arbeit in die Schulbücher zu gewährleisten.

Eine der wichtigsten Grundforderungen, die an die Arbeitsergebnisse des Georg-Eckert-Instituts gestellt werden, ist die, daß sie wissenschaftlich überzeugen.

Die Überzeugungswirkung der Arbeit wird durch intensive Öffentlichkeitsarbeit unterstützt. Eine große Zahl von Schulbüchern wurde bisher aufgrund von Vorschlägen und Empfehlungen des Georg-Eckert-Instituts verändert. Beispiele hierfür (= Erfolgskontrollen) werden jeweils in unseren Publikationen abgedruckt.

Zur Veranschaulichung der Komplexität des Wirkungsgefüges „Umsetzung" in der Bundesrepublik Deutschland gehe ich kurz auf die wichtigsten dieser Komponenten ein: auf die Verlagsstruktur und das Genehmigungsverfahren.

II. Das „Schulbuchumfeld" in der Bundesrepublik Deutschland

Die Verlagsstruktur:

Gegenwärtig gibt es in der Bundesrepublik Deutschland ca. achtzig Schulbuchverlage. Die große Anzahl ist jedoch nicht Spiegel einer ebenso großen inhaltlichen, pädagogischen und preislichen Pluralität. Es gibt ca. zehn große Verlage, die sich z. T. nach Fächern spezialisiert haben. Für das Fach Geographie gibt es ca. fünf Verlage, die den Markt beherrschen.

Die Verlage arbeiten nach marktwirtschaftlichen Prinzipien. Die betriebswirtschaftliche Kalkulation orientiert sich an dem erwarteten Umsatz (Schülerzahlen). Da in den meisten Bundesländern Lehrmittelfreiheit herrscht, spielen auch die ministeriellen Kostenvorgaben eine Rolle, die sich auf Ausstattung und Umfang der Bücher auswirken. Die Lehrbücher erscheinen in Grundausgaben. Daneben gibt es wegen unterschiedlicher Lehrpläne Sonderausgaben für einzelne Bundesländer.

Das Schulbuch wird in der Regel in enger Zusammenarbeit zwischen dem Autor — bzw. heute üblicher — dem Autorenteam und den Verlagsexperten wie Lektoren, pädagogischen Beratern und Marktforschern konzipiert.

Konzeption und Entwicklung der neuen Lehrbücher erfolgt in enger Anlehnung an die vom jeweiligen Kultusministerium herausgegebenen Lehrpläne und Richtlinien.

Das Genehmigungsverfahren:

Einem 1951 gefaßten, zwischenzeitlich mehrfach bestätigten und nach wie vor gültigen Beschluß der Kultusministerkonferenz (KMK) zufolge ist die „Einführung eines Lehrbuchs in den Schulen ... durch das zuständige Kultusministerium (der Bundesländer) zu genehmigen".

Die Verlage haben die Zulassung zu beantragen und Prüfungsexemplare einzureichen. In der Regel wird nur das fertig gedruckte Lehrbuchexemplar zur Prüfung zugelassen. Die Prüfung erfolgt durch Gutachter, die vom Ministerium berufen werden.

Die wichtigsten Kriterien für die Zulassung sind:

1. Die Übereinstimmung mit dem Grundgesetz
2. Die Übereinstimmung mit den Lehrplanrichtlinien der jeweiligen Schulform und mit dem Stand der wissenschaftlichen Forschung
3. Die Berücksichtigung bewährter oder neuer didaktischer und methodischer Grundsätze
4. Die Angemessenheit des Preises im Verhältnis zu Inhalt und Ausstattung

Jeweils vor Beginn des neuen Schuljahres wird der amtliche Katalog der zugelassenen Lehrmittel veröffentlicht.

Die Ablehnung eines Schulbuchs durch die Kultusministerien bedeutet nicht, daß das Buch im Buchhandel nicht vertrieben und auch von Lehrern und Schülern nicht benutzt werden kann. Gegenüber dem zum offiziellen Gebrauch im Unterricht zugelassenen Buch wird es sich jedoch nicht durchsetzen können, da es nur zur privaten Ergänzung und auf eigene Kosten angeschafft werden kann.

Aus den soeben dargelegten Tatbeständen ergeben sich in der Bundesrepublik Deutschland für die Schulbucharbeit folgende Konsequenzen:

1. Änderungsvorschläge können nur in schon fertige Schulbücher eingebracht werden. Das in einigen Ländern (z. B. nordische Länder) praktizierte Prinzip der „control before publication" konnte bislang nur in Ausnahmefällen durchgesetzt werden. Für die Durchsetzung der Änderungsvorschläge müssen Neuauflagen abgewartet werden, in denen Änderungsmöglichkeiten in der Regel räumlich begrenzt sind.
2. Die Aufnahme von Vorschlägen in Erstauflagen ist über ständige Kontakte und laufende Information von Autoren, Lektoren, Verlagen möglich. Hierzu gehört auch die Teilnahme von Autoren an Schulbuchkonferenzen.
3. Kontakte zu den Lehrplan- und Richtlinienkommissionen sind wichtig, um die Berücksichtigung bestimmter Themen schon in den Lehrplänen zu sichern.

Die Rolle des Schulbuchs im Unterricht:

Wegen des unterschiedlichen Stellenwerts des Lehrbuchs im Unterricht der einzelnen Länder — so z. B. der Bundesrepublik Deutschland und der Sowjetunion — möchte ich kurz die Rolle des Schulbuchs im Unterricht aus dem Blickwinkel der internationalen Schulbuchforschung umreißen.

Die Wirkung von Schulbüchern ist heute ein zentrales Thema der internationalen Schulbuchforschung. Ihr ist nur auf die Spur zu kommen, wenn man das wirtschaftliche und politische Bedingungsgefüge einbezieht, in dem ein Schulbuch steht, und wenn man den Einsatz von Schulbüchern im Unterricht und ihre Bedeutung im Lernprozeß berücksichtigt. Ein schüler- und lernzielorientierter Unterricht stellt den Lehrbuchtext in einen anderen Zusammenhang als eine lehrer- und lehrbuchzentrierte Methode. Wenn nicht mehr gilt, daß ein Satz im Schulbuch für sich genommen Autorität beansprucht und das Denken der Schüler prägen soll, wenn es dagegen ein Unterrichtsprinzip ist, die kritische Untersuchung solcher Sätze, gar ihre Einschränkung oder Widerlegung zu lehren, dann müssen Verbesserungsvorschläge und Schulbuchempfehlungen dieser gewandelten Situation Rechnung tragen. Sie können sich nicht mehr darauf beschränken, bestimmte Sichtweisen nahezulegen; sie müssen mithelfen, die Fähigkeit zu entwickeln, unterschiedliche und gegensätzliche Wertungen oder Urteile mitsamt ihren Hintergründen zu begreifen, ihren Geltungsbereich zu umschreiben und beim Schüler ein sachlich fundiertes eigenes Urteil zu erzeugen.

III. Zur Umsetzung der Verbesserungsvorschläge der sowjetischen Delegation in den Schulbüchern der Bundesrepublik Deutschland

Zur Umsetzung der Verbesserungsvorschläge wurden vom Georg-Eckert-Institut folgende Schritte unternommen:

1. Das Gesamtgutachten der sowjetischen Delegation wurde an alle Schulbuchverlage, die Geographielehrbücher und -materialien veröffentlichen, verschickt.
2. Die Einzelgutachten zu den Geographielehrbüchern gingen an die betreffenden Verlage sowie an die für die Sowjetuniontexte verantwortlichen Autoren.
3. Alle Gutachten gingen an die Kultusministerkonfernz (KMK), an die Kultusministerien der einzelnen Bundesländer und deren Lehrplan- und Richtlinienkommissionen.
4. Ebenso erhielten das Gesamtgutachten
   - die Osteuropainstitute der Universitäten,
   - die Lehrstühle für die Didaktik der Geographie,
   - Fachinstitutionen im Bildungsbereich wie die Bundeszentrale für politische Bildung und das Ostkolleg.
5. Konferenzberichte wurden von Funk und Presse verbreitet.
6. Es erschienen Berichte in Fachzeitschriften wie
   - Internationale Schulbuchforschung, 1/85
   - Geographie und ihre Didaktik, 2/85
   - Geographische Rundschau.
7. Im Georg-Eckert-Institut ist eine Autorentagung geplant, auf der u. a. die Verbesserungsvorschläge unserer Konferenz präsentiert werden.

Auf konkrete Auswirkungen in den Schulbüchern wird Herr Dr. Richter in seinem Beitrag eingehen.

Herr Prof. Barth wird über bisherige Auswirkungen im Umfeld des Schulbuchs berichten.

IV. Bilanz

Abschließend sei mir eine allgemeine Bilanz gestattet:

Der Erfolg der internationalen Schulbucharbeit ist einmal konkret meßbar an den Umsetzungsergebnissen in den Schulbüchern und sonstigen Lehrmaterialien. Die Ergebnisse sind in einigen Fällen schnell nachweisbar, in anderen Fällen dauert die Umsetzung aufgrund der im vorhergehenden dargelegten Mechanismen länger.

Das Erreichen der Umsetzung stellt den Kern unserer Bemühungen dar. Daneben gibt es die schwerer meßbaren Erfolge in der Schulbucharbeit. Hierzu gehört die Möglichkeit des wissenschaftlichen Gedankenaustausches und der Diskussion von Fachkollegen aus verschiedenen Ländern. Diese Kontakte geben vielfach Anstoß zu Fachveranstaltungen, Seminaren, Aufsätzen in Fachzeitschriften usw. Sie haben eine Multiplikatorenwirkung im weitesten Sinn. Obwohl diese Wirkungen nicht das Primärziel unserer Arbeit darstellen, sind sie für eine Veränderung des Bewußtseins und von Einstellungen, für den Abbau von Vorurteilen und Stereotypen von großer Wichtigkeit. Sie bilden zudem eine wesentliche Voraussetzung für die Akzeptanz der konkreten Vorschläge in der Schulwirklichkeit.

Wie eine Rückschau auf die 35jährige Arbeit des Internationalen Schulbuchinstituts/Georg-Eckert-Instituts zeigt, bietet die internationale Schulbuchforschung eine realistische Chance, durch verbesserte fachwissenschaftliche Information, durch didaktischen Erfahrungsaustausch und die Formulierung konkreter Verbesserungsvorschläge eine Verbesserung von Schulbüchern zu bewirken. Dieses ist nicht nur aus fachwissenschaftlicher und didaktischer Sicht ein wichtiges Anliegen, sondern auch im Sinne der internationalen Völkerverständigung und Friedensförderung. In Würdigung dieser Arbeit wurde dem Georg-Eckert-Institut vor drei Wochen der Friedenspreis der UNESCO verliehen.

III. Beiträge zur Geographiedidaktik und zum Geographieunterricht

Elfriede Hillers

Das System der Schulbildung in der Bundesrepublik Deutschland (1983)

Geschichtlicher Überblick

Das deutsche Bildungswesen blickt auf eine lange Tradition zurück, die in engem Zusammenhang mit der gesamteuropäischen Bildungsgeschichte steht. Das heutige Bildungswesen ist das Ergebnis eines historischen Prozesses der letzten zwei Jahrhunderte und steht in engem Zusammenhang mit der Entstehung des modernen Staates, der postfeudalen Gesellschaftsordnung und mit der industriellen Revolution. Konfessionelle, weltanschauliche, politische, wissens-ökonomische, technische und soziale Entwicklungen prägten sich im Bildungswesen aus.

Wie in anderen europäischen Staaten, so entwickelte sich auch in Deutschland das Schulwesen aus kirchlichen Einrichtungen, zu denen im späteren Mittelalter die ersten städtischen Schulen traten. Im Zeitalter des Humanismus gab es eine Vielzahl von Lateinschulen (Gelehrtenschulen), so daß man von einer ersten Blütezeit des deutschen Schulwesens sprechen kann. Die Bildungsschicht war jedoch schmal und blieb es bis zum 18. Jahrhundert. Als im Zeitalter der Reformation in den evangelischen Ländern die Fürsten die Leitung der Kirche übernahmen, gerieten auch die Schulen in diesen Gebieten in zunehmendem Maße unter staatlichen Einfluß. Im 17. und 18. Jahrhundert wurde in den einzelnen Ländern nach und nach der Grundsatz der allgemeinen Schulpflicht eingeführt und verwirklicht (so 1619 für Weimar, 1642 für Gotha, 1763 für Preußen).

Im Zuge der preußischen Reformen zu Beginn des 19. Jahrhunderts leitete Wilhelm von Humboldt in Zusammenarbeit mit erfahrenen Schulpraktikern und Philosophen eine Umgestaltung der auf das Universitätsstudium vorbereitenden höheren Schulen in die Wege, aber auch des Volksschulwesens und vor allem der Universität. Diese Reform orientierte sich an der Idee einer allseitigen Bildung. Der Unterricht in den Alten Sprachen (Latein und Griechisch) bildete den geistigen Mittelpunkt und bestimmte lange Zeit den Gymnasialunterricht. Seit Mitte des 19. Jahrhunderts traten neue Typen der höheren Schulen, so das Realgymnasium und die Oberrealschule, später neusprachliches und mathematisch-naturwissenschaftliches Gymnasium genannt, neben das altsprachliche Gymnasium. Die Dreigliedrigkeit des allgemeinbildenden Schulwesens

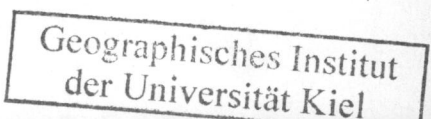

(Volksschulwesen, mittleres Schulwesen, höheres Schulwesen), die sich im Laufe des 19. Jahrhunderts herausbildete, wurde jedoch beibehalten und hat bis heute die Schulorganisation geprägt.

Die föderalistische Struktur des Bildungswesens

Die nationalsozialistische Herrschaft und der 2. Weltkrieg führten zu schweren Beeinträchtigungen und Rückschlägen im Bildungswesen. Beim Wiederaufbau des Bildungswesens 1949 wurde vornehmlich an Entwicklungen der Weimarer Republik angeknüpft. Es waren die *Länder*, die sich in Fortführung föderalistischer Traditionen verstärkt des Bildungswesens annahmen. Dem Bund wurde im Grundgesetz, der Bundesverfassung, keine Zuständigkeit auf dem Gebiete des Bildungswesens eingeräumt. Nur wenige Grundsatzfragen (z. B. staatliche Schulaufsicht, Religionsunterricht als ordentliches Lehrfach an öffentlichen Schulen, Garantie der Privatschulfreiheit usw.) wurden einheitlich für das gesamte Bundesgebiet geregelt. Zuständig für das Unterrichtswesen sind in der Bundesrepublik Deutschland die elf Länder. Obschon die Länder in der Gestaltung des Schulwesens autonom sind, arbeiten sie seit 1948 in der „Ständigen Konferenz der Kultusminister der Länder" eng zusammen. Auf der Grundlage von Vereinbarungen der Kultusministerkonferenz wurde von den Ministerpräsidenten der Länder zuerst 1955 ein Staatsabkommen zur Vereinheitlichung auf dem Gebiete des Schulwesens geschlossen (das sog. Düsseldorfer Abkommen), das durch die Neufassung vom 28. Oktober 1964 (das sog. Hamburger Abkommen) abgelöst wurde. Gegenstand dieses Abkommens sind der Schuljahresbeginn, die Dauer der Schulpflicht, die Ferienordnung, einheitliche Bezeichnungen im Schulwesen, die Organisationsformen der allgemeinbildenden Schulen, die Anerkennung von Prüfungen sowie die Bezeichnung der Notenstufen.

Ein für die gesamte Bundesrepublik geltendes Schulgesetz gibt es nicht. Maßgebend sind jeweils die Verfassungsbestimmungen und Schulgesetze der einzelnen Länder. Sie bestimmen das Ziel der Erziehung, regeln die Schulpflicht, die Errichtung und Unterhaltung von Schulen, die Ausbildung und Fortbildung der Lehrer, die Schulaufsicht, die Schulverwaltung, die Mitwirkung der Eltern an der Gestaltung des Lebens und der Arbeit der Schule, die Stellung der Schüler, die Schulgeld- und Lehrmittelfreiheit, die Erziehungsbeihilfen usw.

Sieht man von geringfügigen Unterschieden ab, so stimmt die Zielsetzung der Schulgesetze in den Ländern jedoch weithin überein. Fast alle Verfassungen stellen darüber hinaus das Erziehungsziel in den weiteren Zusammenhang einer weltbürgerlichen, freiheitlichen und demokratischen Erziehung.

Die Ziele der Erziehung

Die Schule ist in Deutschland stets nicht nur als Ausbildungsstätte, sondern vor allem als eine Stätte der Erziehung und Bildung angesehen worden. Die Erziehung vieler Generationen stand unter dem Anspruch von Leistung, Pflichtbewußtsein und Gewissenhaftigkeit. Dabei war die zeitgenössische Staatsgesinnung maßgebend, die sich auf Autorität und Gehorsam gründete. Die Entwicklung von Bildungszielen wurde von vielerlei Faktoren geprägt und spiegelt jeweils parteipolitische, weltanschauliche, konfessionelle und regionale Unterschiede wider. Im Zuge der bildungsgeschichtlichen Entwicklung kam es zur Ausformung verschiedener Schularten mit jeweils besonderen Bildungszielen.

Nach 1945 gelang es trotz unterschiedlicher bildungspolitischer Programme, einen Grundkonsens über die Ziele von Erziehung und Unterricht zu sichern. Wie weitgespannt ein solcher Konsens christlicher, liberaler und sozialistischer Grundüberzeugungen sein kann, verdeutlicht z. B. Artikel 7 der Verfassung des Landes Nordrhein-Westfalen vom 28. 7. 1950: „Ehrfurcht vor Gott, Achtung vor der Würde des Menschen und Bereitschaft zum sozialen Handeln zu wecken, ist vornehmstes Ziel der Erziehung. Die Jugend soll erzogen werden im Geiste der Menschlichkeit, der Demokratie und der Freiheit, zur Duldsamkeit und zur Achtung vor der Überzeugung des anderen, in Liebe zu Volk und Heimat, zur Völkergemeinschaft und Friedensgesinnung."

Typisch für die Bildungsstruktur in den 50er bis Anfang der 60er Jahre ist die *Dreigliedrigkeit* des Schulsystems oder das sog. *vertikale Schulsystem:*

Für alle Kinder begann im Alter von sechs Jahren die Schulpflicht. Nach der gemeinsamen vierjährigen Unterstufe der Volksschule (ab 1964 als Grundschule bezeichnet) wurden die Schüler im Alter von zehn bis elf Jahren auf drei vollständig voneinander getrennte Schulformen verteilt: Der größte Teil der Schüler verblieb in der Volksschule und besuchte deren Oberstufe bis zum Ende der Vollzeitschulpflicht nach acht Schuljahren. Ein relativ kleiner Teil der Schüler wechselte nach der Entscheidung der Eltern von der Grundschule auf das Gymnasium über, das nach sechs Jahren zur mittleren Reife und nach neun Jahren zum Abitur und damit zur Hochschulreife führte. Eine weitere kleine Schülergruppe ging mit etwa zehn Jahren auf die Mittelschule über (ab 1964 als Realschule bezeichnet), die nach sechs Jahren mit der mittleren Reife (später Realschulabschluß genannt) abschloß.

Die Merkmale dieses Systems zusammengefaßt:

— Die scharfe Abgrenzung der Schultypen mit begrenzten Übergangsmöglichkeiten;
— die damit verbundene frühe Weichenstellung für das Leben des einzelnen;
— große soziale, geschlechtsspezifische und regionale Ungleichheiten im Besuch der weiterführenden Schulen.

Der Reformplan des Deutschen Bildungsrates

Mitte der sechziger Jahre setzte eine breite Reformdiskussion ein, die 1970 vom Deutschen Bildungsrat in seinem Strukturplan für das Bildungswesen zusammengefaßt wurde. Darin wurde eine langfristige Perspektive für eine neue

Gliederung des Bildungswesens entworfen vom vorschulischen Bereich über das Schulsystem bis zur Weiterbildung.

Der Ruf nach einer durchgreifenden Reform des Bildungswesens fand in der öffentlichen Meinung ein so starkes Echo, daß alle politischen Kräfte ihn aufgriffen. Aufgrund internationaler Erfahrungen wurden folgende Ziele der Bildungsreform parteiübergreifend von der Kultusministerkonferenz formuliert:
- Verstärkung der Durchlässigkeit unter allen bestehenden Schulen (z. B. horizontal, nicht vertikal gegliederte Schulorganisation),
- Errichtung neuer, weiterführender Formen,
- Anhebung des gesamten Ausbildungsniveaus der Jugendlichen durch vermehrte und verbesserte Schulbildung aller Art,
- Erhöhung der Zahl der zu gehobenen Abschlüssen verschiedenster Art geführten Jugendlichen,
- Ausbildung jedes einzelnen bis zum höchsten Maß seiner Leistungsfähigkeit,
- Angebot von Ausbildungsmöglichkeiten, die stärker auf die Befähigung des einzelnen eingestellt sind; Maßnahmen, die Schüler in diese ihnen gemäßen Bildungsgänge zu bringen (z. B. Beobachtungsstufen, Orientierungsstufen).

Wie stellt sich nun nach der Reformdiskussion das heutige Schulsystem dar?

Überblick über die Struktur des Bildungswesens in der Bundesrepublik Deutschland

Das Bildungswesen der Bundesrepublik umfaßt — nach Stufen gegliedert
- die Kindergärten und vorschulischen Einrichtungen (Elementarbereich),
- die allgemeinbildenden Schulen im Primarbereich (Grundschulen) sowie im Sekundarbereich I
- Mittelstufe (Hauptschulen, Realschulen, Gymnasien, Gesamtschulen) und Sekundarbereich II
- Oberstufe (Gymnasien)
- die beruflichen Schulen sowie die Einrichtungen der beruflichen Ausbildung in Betrieben und überbetrieblichen Ausbildungsstätten (Sekundarbereich II),
- die Hochschulen,
- die Einrichtungen der Weiterbildung.

Einen stark vereinfachten Überblick über die Struktur des Bildungswesens gibt die Graphik auf Seite 103. Darin werden einzelne, zum Teil nur von einigen Ländern angebotene Sonderformen des Bildungswesens nicht dargestellt. Die Graphik enthält außerdem nicht die Darstellung der Einrichtungen des Sonderschulwesens.

Überblick über die Struktur des Bildungswesens in der Bundesrepublik Deutschland

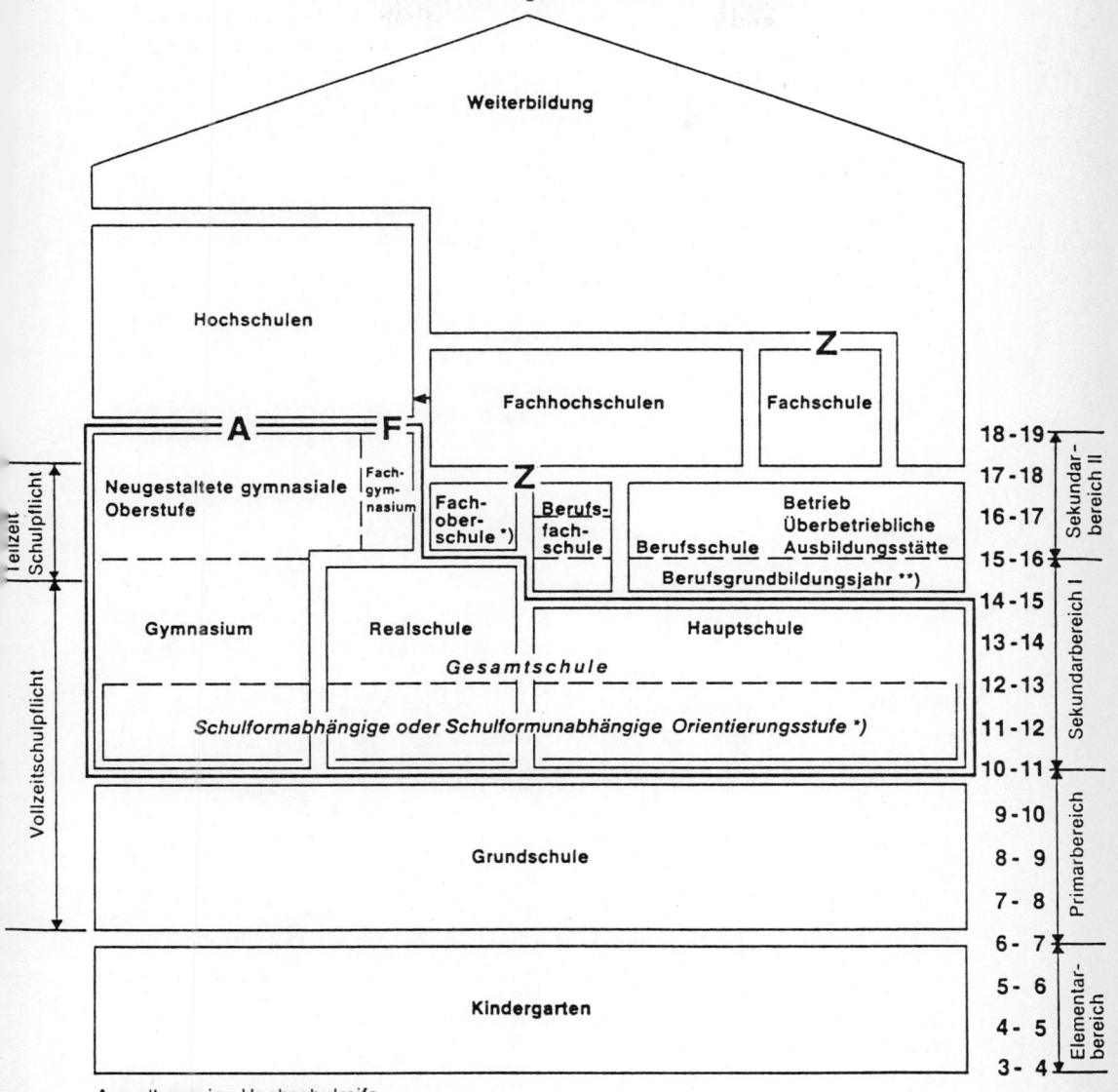

Weiterbildung	
Hochschulen	
A = allgemeine Hochschulreife / F = fachgebundene Hochschulreife	
Fachhochschulen	Fachschule (Z)
Neugestaltete gymnasiale Oberstufe	Fachgymnasium
Fachoberschule *)	Berufsfachschule (Z)
Berufsschule	Betrieb / Überbetriebliche Ausbildungsstätte
Berufsgrundbildungsjahr **)	
Gymnasium	Realschule	Hauptschule
Gesamtschule		
Schulformabhängige oder Schulformunabhängige Orientierungsstufe *)		
Grundschule		
Kindergarten		

Altersangaben (rechts): 3–4, 4–5, 5–6, 6–7, 7–8, 8–9, 9–10, 10–11, 11–12, 12–13, 13–14, 14–15, 15–16, 16–17, 17–18, 18–19

Bereiche: Elementarbereich, Primarbereich, Sekundarbereich I, Sekundarbereich II

Links: Vollzeitschulpflicht / Teilzeit Schulpflicht

A = allgemeine Hochschulreife
F = fachgebundene Hochschulreife
Z = Fachhochschulreife
*) nicht in allen Bundesländern; z.T. Schulversuche

(Entnommen aus: Bundesminister für Bildung und Wissenschaft: Bericht der Bundesregierung über die strukturellen Probleme des föderativen Bildungssystems, Verlag Gersbach u. Sohn, Bonn 1978, S. 7).

Die Einrichtungen des Bildungswesens
Elementarbereich:
Die vorschulische Erziehung

Zum Elementarbereich zählen alle Einrichtungen, die Kinder nach Vollendung des dritten Lebensjahres bis zum Schulbeginn aufnehmen. In Deutschland, dem Ursprungsland des Kindergartens, hat die Vorschulerziehung eine lange Tradition. Die Vorschulerziehung war jedoch, weil sie zeitlich vor Beginn der Schulpflicht liegt, nie in das öffentliche Schulsystem einbezogen. Die Kindergärten haben die Aufgabe familienergänzender Erziehung und Bildung. Vorschulische Erziehung beruht auf freiwilliger Basis. Rund 75 % der Kindergärten befinden sich in freier Trägerschaft (vornehmlich der Kirchen, zu geringerem Teil der Arbeiterwohlfahrt, Firmen und Privatpersonen). Etwa ein Viertel aller Kindergärten wird von öffentlicher Seite, vornehmlich den Gemeinden, getragen. Auch private Kindergärten unterstehen staatlicher Aufsicht und werden von Ländern und Gemeinden finanziell unterstützt. Trotz erheblicher Zuschüsse aus öffentlichen Mitteln müssen die Eltern der Kindergartenkinder Beiträge aufbringen, deren Höhe unterschiedlich, zum Teil auch nach ihrem Einkommen gestaffelt ist. Diese Beiträge, die mitunter zu erheblichen Belastungen der Eltern führen, variieren von Land zu Land und teilweise auch innerhalb eines Landes.

Seit einigen Jahren gibt es in einigen Bundesländern erprobungsweise einjährige Vorklassen, die in enger Verbindung zur Grundschule stehen und einen gleitenden Übergang von den Formen der frühkindlichen Erziehung zu denen des schulischen Lernens anstreben.

Eine Sonderform der vorschulischen Erziehung bilden die Schulkindergärten, in denen schulpflichtige, aber noch nicht schulreife Kinder auf den Schulbesuch vorbereitet werden. Die Schulkindergärten sind in der Regel einer Grundschule angegliedert und unterliegen der staatlichen Schulaufsicht. Sie sind kostenlos.

Angesichts der Erkenntnis von der Bedeutung der Vorschulerziehung für die Förderung individueller Begabungen und der Überwindung sozial bedingter Milieusperren hat die Vorschulerziehung in den letzten Jahren sowohl in der Öffentlichkeit wie in der Bildungspolitik wachsendes Interesse gefunden. Dieses zeigte sich u. a. in dem zügigen Ausbau der Vorschuleinrichtungen.

Primarbereich:

Zum Primarbereich gehören die Grundschule sowie Schulkindergärten und Eingangsstufen, soweit sie dem Schulbereich zugeordnet sind.

Die Grundschule

Die Grundschule ist die für alle Schüler gemeinsame Unterstufe des gesamten Bildungswesens. Sie umfaßt die Jahrgangsstufen 1 bis 4 (die sechs- bis zehnjährigen Schüler), in einigen Fällen die Jahrgangsstufen 1—6 (die sechs- bis zwölfjährigen Schüler). Ziel der Grundschule ist es, allen Schülern die Grundlagen für eine weiterführende Bildung in Sekundarschulen zu vermitteln. Dabei steht die Einführung in das Lesen und Schreiben der Muttersprache und in die Mathematik im Mittelpunkt des Unterrichts.

Die Arbeit in den Grundschulklassen erfolgt im allgemeinen ohne äußere Differenzierung. Der Grundschullehrer gibt den größten Teil des Unterrichts. Niveaukurse gibt es in der Grundschule nicht, höchstens Förderstunden für Schüler, die Nachhilfe brauchen. Manche Lehrer bilden im Lesen und Rechnen innerhalb ihrer Klassen Leistungsgruppen und versuchen, den Unterricht mit Hilfe von Selbstbestätigungsmitteln zu individualisieren. Der Förderung der Schüler, die aus einem dem Unterricht und der Erziehung nicht günstigen Milieu kommen, wird von den Unterrichtsverwaltungen besonderes Augenmerk zugewendet. Das ist wichtig, weil das Verfahren beim Übergang von der Grundschule zu den Realschulen und Gymnasien immer noch einen gewissen Druck auf die Arbeit im 3. und 4. Schuljahr ausübt. Dies führt zu einem Übergewicht der formalen Lernarbeit und verhindert, daß die bereits in den zwanziger Jahren als richtig erkannten aufgelockerten Arbeitsweisen voll zur Geltung kommen.

Auf der Grundschule bauen die Sekundarschulen des Sekundarbereichs I auf:
— die Hauptschule
— die Realschule
— das Gymnasium
— die Gesamtschule

Während der Übergang von der Grundschule zur Hauptschule ohne besonderes Aufnahmeverfahren im Wege der Versetzung erfolgt und grundsätzlich keinen Wechsel der Schulart bedeutet, ist der Übergang zu den Realschulen und Gymnasien durch Aufnahmeverfahren geregelt. Dieser Übergang erfolgt in der Regel nach dem 4. Schuljahr, in Ausnahmen nach dem 6. Schuljahr.

Die Orientierungsstufe

Seit 1970 laufen in fast allen Bundesländern Versuche mit einer Beobachtungs-, Förder- bzw. Orientierungsstufe, die das 5. und 6. Schuljahr umfaßt und die Entscheidung über die Schulaufbahn der Schüler bis zum Ende der 6. Klasse offenhält. Gemäß einer Vereinbarung der Kultusministerkonferenz von 1974 soll die Orientierungsstufe „schulformabhängig" oder „schulformunabhängig" durchgeführt werden, d. h. in enger Verbindung mit einer Schulform oder im Sinne einer alle Sekundarschulformen übergreifenden Brückenphase. Beabsichtigt wird eine individuelle Förderung der Schüler, eine gerechtere Auslese durch ein teilweise differenziertes Lernangebot und ein Ausgleich regional und sozial bedingter Bildungsunterschiede.

Knapp die Hälfte der Schüler wechselt nach der Grundschule bzw. Orientierungsstufe zur Hauptschule über.

Die Hauptschule

Die Hauptschule schließt als Oberstufe der Volksschule an die Grundschule an und ist *Pflichtschule* für alle Schüler, die nach dem Besuch der Grundschule nicht auf eine andere weiterführende Schule gehen. Sie endet mit der 9. Klasse. In den meisten Ländern wird ein freiwilliges 10. Hauptschuljahr angeboten.

Die Hauptschule ist die Bildungsstätte der vorwiegend dem praktischen Leben zugewandten Schüler und vermittelt diesen grundlegende Einsichten, Kenntnisse und Fertigkeiten, die sie zum Eintritt in das praktische Berufsleben und zur Weiterbildung in Berufs-, Berufsfach- und Berufsaufbauschulen befähigen.

Die in der Grundschule begonnene Erziehungs- und Unterrichtsarbeit wird in der Hauptschule fortgesetzt. Eine Fremdsprache, zumeist Englisch, soll angeboten werden. Die Hauptschule ist, wie schon der Name sagt, die Schule, die vom Hauptteil der Schüler zwischen 11 und 16 Jahren besucht wird. Am Ende der Hauptschule finden keine Abschlußprüfungen statt. Schüler, die das Ziel erreichen, erhalten das Abschlußzeugnis der Hauptschule, die anderen lediglich das Abgangszeugnis.

Befähigte Absolventen der Hauptschule können über die Berufsaufbauschule und über den anschließenden Besuch von Einrichtungen des zweiten Bildungswegs die Hochschulreife erlangen.

Besondere Probleme der Hauptschule:

Die Probleme ergeben sich einmal aus der geschichtlich bedingten Tatsache, daß die Volksschuloberstufe im Gesamtsystem des Schulwesens zunächst als eine Sackgasse angelegt war, von der man zwar in eine Berufsschule, aber nicht in weiterführende Schulen übergehen konnte. Da zunehmend mehr Kinder in die Realschulen und Gymnasien eintreten, entstand für die Hauptschule die Gefahr, „Restschule" zu werden und damit endgültig den Anspruch, eine gleichwertige, wenn auch andersartige Schule sein zu wollen, aufgeben zu müssen.

Nachdem nunmehr Übergangsmöglichkeiten vom 6., 7. und vom 8. Schuljahr in die weiterführenden allgemeinbildenden Schulen geschaffen worden sind, und andererseits über die Berufsaufbauschulen die Möglichkeit besteht, während der oder nach der Berufsausbildung noch den Anschluß an weiterführende berufliche und allgemeinbildende Schulen zu finden, ist dieses Problem kleiner geworden.

Die Realschule

Die Realschule steht innerhalb der Schulorganisation zwischen der Hauptschule und den Gymnasien. Sie umfaßt in den meisten Ländern, auf vierjährigem Grundschulbesuch aufbauend, 6 Jahre (die Klassen 5 bis 10) und endet mit der 10. Klasse.

Die Vereinbarung der Kultusminister vom 17. 12. 1953 umreißt das Ziel der Realschule folgendermaßen: „Sie bereitet ihre Schüler auf Aufgaben des praktischen Lebens mit erhöhter fachlicher, wirtschaftlicher und sozialer Verantwortung vor und vermittelt die dafür notwendige allgemeine Bildung. Sie soll hiernach eine geeignete Schulvorbildung für den Nachwuchs in den gehobenen und praktischen Berufen von Landwirtschaft, Handel, Handwerk, Industrie und Verwaltung sowie in pflegerischen, sozialen, technisch-künstlerischen und hauswirtschaftlichen Frauenberufen geben."

Das Angebot an Bildungsinhalten ist gegenüber der Hauptschule erweitert; eine Fremdsprache – zumeist Englisch – ist obligatorisch, eine zweite freiwillig.

Formen der Differenzierung:

In einigen Ländern weisen die Realschulen in den letzten Klassen Schwerpunkte nach sprachlicher, mathematisch-naturwissenschaftlicher, wirtschafts- und sozialkundlicher Richtung auf. Diese Tendenz zur Differenzierung verstärkt sich; sie ist besonders in den Städten zu beobachten. Fast alle neuen Lehrpläne sehen in den letzten Schuljahren Arbeitsgemeinschaften vor, um den Schülern die Möglichkeiten zu bieten, Kenntnisse und Fertigkeiten zu erwerben, die in dem für alle verbindlichen Lehrplan nicht vorgesehen sind (z. T. als Wahlfächer bezeichnet), oder aber auf einzelnen Gebieten vertieft zu arbeiten.

Abschluß und Berechtigungen:

Der Abschluß der Realschule ist unterschiedlich gestaltet; in einigen Ländern gibt es Abschlußprüfungen, in den meisten jedoch nur Abschlußbesichtigungen. Das Abschlußzeugnis der Realschule eröffnet den Zugang
– zur praktischen Ausbildung in Berufen der Wirtschaft und Verwaltung mit gleichzeitigem Berufsschulbesuch;
– zu den Berufsfachschulen (z. B. Höheren Handelsschulen);
– zu höheren Fachschulen und Ingenieurschulen, wobei zuvor jedoch ein $1\frac{1}{2}$- bis 2jähriges gelenktes Praktikum oder eine Berufslehre zu absolvieren ist.

Besonders befähigte Schüler können im Anschluß an die 9. oder 10. Klasse in gymnasiale Aufbauformen für Realschüler eintreten und so zur Hochschulreife gelangen.

Das Realschulwesen ist in den Ländern unterschiedlich entwickelt. Dies ist darauf zurückzuführen, daß einige Länder diese Schulart seit langem kennen – wie z. B. Schleswig-Holstein – und inzwischen über eine große Zahl von Realschulen verfügen, während andere Länder, wie z. B. Bayern und Rheinland-Pfalz, vornehmlich erst in der Nachkriegszeit mit dem Aufbau des Realschulwesens begonnen haben. Die Realschule hat vielfach eine Übergangsfunktion für solche Schüler, die aus einem Milieu kommen, in dem aus einer gewissen Distanz gegenüber den Gymnasien der Zugang zu letzteren nur schwer gefunden wird. So dient besonders die Realschule auf dem Lande zugleich zur Erschließung von Begabtenreserven.

Das Gymnasium

Das Gymnasium führt als in sich geschlossene Schulform über die Sekundarbereiche I und II von der 5. bis zur 13. Klasse (in einigen Ländern von der 7. bis zur 13. Klasse). Die Mittelstufe des Gymnasiums umfaßt die Klassen 5 bis 10 (Berlin und Bremen die Klassen 7 bis 10). Das nach Klasse 10 erteilte Versetzungszeugnis entspricht dem Realschulabschluß.

Schultypen und Ziele:

Das Gymnasium führt zur Hochschulreife und vermittelt die Grundbildung für wissenschaftliche Studien an Universitäten, Technischen, Pädagogischen und sonstigen Hochschulen. Zugleich schafft das Gymnasium auch die Voraussetzungen für eine Ausbildung in anderen Berufen, die zwar kein Studium erfordern, aber erhöhte geistige Anforderungen stellen. Im Unterschied zur Hauptschule und Realschule ist das Gymnasium in Schultypen gegliedert. Zu den drei traditionellen Schultypen zählen das altsprachliche, das neusprachliche und das mathematisch-naturwissenschaftliche Gymnasium. Diese genannten Schultypen führen zur allgemeinen Hochschulreife.

Daneben gibt es Fach-Gymnasien, die zur fachgebundenen Hochschulreife/Fachabitur führen:
— das Wirtschaftsgymnasium
— das Gymnasium für Frauenbildung
— das technische Gymnasium
sowie Aufbaustufen für Schüler der Haupt- und Realschulen — den sog. 2. Bildungsweg (Abendgymnasium und Kollegs).

Organisatorisch und didaktisch gliedert sich das Gymnasium in Unter- (Klasse 5 bis 6), Mittel- (Klasse 7 bis 10) und Oberstufe (Klasse 11 bis 13). In der Unterstufe beginnt der Unterricht in der ersten Fremdsprache (in der Regel Englisch oder Latein). Mit Beginn der Mittelstufe wird eine zweite Fremdsprache (Latein, Französisch, Englisch) obligatorisch. Frühestens von der 9. Klasse an kann eine dritte Fremdsprache (Griechisch o. a.) gelehrt werden. Die wichtigste Zäsur bildet der Übergang von der Mittel- zur Oberstufe. Mit der Versetzung in die 11. Klasse wird zugleich die „Mittlere Reife" (Obersekunda-Reife) erworben. Während in der Unter- und Mittelstufe der drei klassischen Gymnasialtypen (altsprachlich, neusprachlich, mathematisch-naturwissenschaftlich) nahezu gleiche Unterrichtsziele und Stundentafeln vorherrschen (z. T. Unterschiede in der Fremdsprachenfolge), beginnt die eigentliche Differenzierung erst mit der Oberstufe. Eine weitere Differenzierung wurde mit der Einführung von Wahl- und Pflichtfächern, mit der Strukturierung des Lernangebots im Pflichtbereich sowie mit der Unterscheidung von Grund- und Leistungskursen erreicht.

Besondere Merkmale der Gymnasien:

Das Gymnasium wird überwiegend als Vorbereitungsstätte auf die Universität angesehen. Deshalb haben die beiden letzten Jahre des Gymnasiums (12.

und 13. Schuljahr) weitgehend die Aufgaben eines *studium generale* zu erfüllen. Dieser Auftrag schränkt jedoch den Grad der Spezialisierung notwendigerweise ein, was die Oberstufe des deutschen Gymnasiums wesentlich von der Oberstufe entsprechender Schularten in einer Anzahl anderer Länder unterscheidet. Gleichzeitig mit einer quantitativen Ausweitung hat sich das Gymnasium von einer bürgerlich-elitären Standesschule zunehmend zu einer Aufstiegsschule auch für bisher bildungsferne Schichten gewandelt, wenngleich die unteren Sozialschichten immer noch unterrepräsentiert und bei den vorzeitigen Abgängen vom Gymnasium überrepräsentiert sind.

Die Gesamtschule

In einer Reihe von Ländern werden die drei Arten der Sekundarschule in Form von „Gesamtschulen oder Gesamtoberschulen" enger zusammengeführt. Sie stehen unter der Zielsetzung einer verstärkten Begabungsförderung, der Gewährung von Chancengleichheit sowie des sozialen Lernens und wurden z. T. nach englischem oder schwedischem Vorbild eingerichtet.

Von ihrem Anspruch her versteht sich die Gesamtschule allerdings nicht nur als Alternative zu den traditionellen Sekundarschultypen, sondern will diese eines Tages ablösen. Ein einheitliches Modell der Gesamtschule gibt es jedoch bis zur Gegenwart noch nicht. Vielmehr verbergen sich hinter dieser Sammelbezeichnung recht unterschiedliche Schulformen und pädagogische Konzeptionen, die von einer recht losen organisatorischen Verbindung von Hauptschule, Realschule und Gymnasium einerseits bis andererseits zu einer relativ umfassenden didaktischen Integration im Sinne einer differenzierten Einheitsschule reichen. Dementsprechend unterschiedlich sind auch Beginn, Umfang und Formen der Unterrichtsdifferenzierung sowie die Anzahl der Fächer, in denen Unterricht in verschiedenen Varianten oder Niveaus angeboten wird.

Ob die Gesamtschule in der einen oder anderen Form einmal die drei traditionellen Sekundarschulen ablösen wird, erscheint angesichts der bildungspolitischen Konstellation in der Bundesrepublik, der Vielzahl miteinander konkurrierender Modelle sowie der Resistenz der gymnasialen Bildungstradition in der breiten pädagogischen Öffentlichkeit ungewiß. Die Kultusminister der Länder haben 1979 beschlossen, die Gesamtschulabschlüsse sowohl gegenseitig wie auch als gleichwertig mit den entsprechenden Abschlüssen der traditionellen Sekundarschulen anzuerkennen.

Die Berufsausbildung und das berufsbildende Schulwesen

Die Berufsausbildung und das berufsbildende Schulwesen bilden bis zur Gegenwart innerhalb des Bildungswesens noch einen relativ selbständigen Bereich, der mit dem allgemeinbildenden Schulwesen und Hochschulwesen nur locker verbunden ist. Sie wurde bis in die jüngste Zeit weitgehend als Selbstverwaltungsaufgabe der Wirtschaft verstanden und orientierte sich häufig in Form und Inhalt einseitig an den Interessen und aktuellen Bedürfnissen der Wirtschaft. Erst in den letzten Jahren hat sich ein Wandel angebahnt: Die Berufsausbildung wird zunehmend als öffentliche Aufgabe anerkannt und in die Reformbestrebungen einbezogen.

Die Hauptform der Berufsausbildung für Abgänger und Absolventen der Haupt- und Realschule bzw. der Gesamtschule bildet die berufliche Lehre in der Industrie, dem Handel oder dem Handwerk. Sie dauert in der Regel zwei bis drei Jahre, wobei die berufspraktische Ausbildung im Betrieb, die berufstheoretische Ausbildung in der Berufsschule erfolgt (duales System). Die Notwendigkeit einer Abstimmung beider Ausbildungsformen wird zwar immer wieder betont, doch stehen dem häufig organisatorische Hindernisse entgegen.

Die theoretische Ausbildung in der Berufsschule konzentriert sich in der Regel auf die berufsbezogenen Fächer. Daneben wird zum Teil auch Unterricht in allgemeinbildenden Fächern wie Deutsch, Gemeinschaftskunde, Sport (in einigen Ländern auch Religion) angeboten.

Eine gewisse Alternative zum dualen System bilden *Berufsfachschulen* und *Fachoberschulen.* Unter der Bezeichnung Berufsfachschule werden Einrichtungen zusammengefaßt, die sich hinsichtlich der Zulassungsvoraussetzung, der Dauer der Ausbildung und der Höhe des Ausbildungsziels zum Teil beträchtlich unterscheiden. Ihnen sind zwei wesentliche Merkmale gemeinsam: Erstens sind sie im Unterschied zur Berufsschule Vollzeitschulen mit mindestens halbjähriger Schulzeit. Zweitens schließen sie direkt an die allgemeinbildende Schule an, d. h. sie setzen keine berufliche Praxis voraus.

Einen nicht minder großen und wohl kaum erwarteten Aufschwung haben die *Fachoberschulen* genommen, die nach dem Beschluß der Kultusministerkonferenz vom Februar 1969 inzwischen in allen Bundesländern errichtet wurden. Sie werden mehr und mehr als eine Alternative zum Gymnasium begriffen, da sie Realschulabsolventen nach zweijähriger Schulzeit zur Fachhochschulreife und über die Fachhochschule ebenfalls zur wissenschaftlichen Hochschule führen.

Kurz erwähnt seien hier noch die Sonderschulen. Lernbehinderte Kinder sowie physisch oder psychisch behinderte oder geschädigte Kinder besuchen, soweit sie nicht in den übrigen Schulformen unterrichtet werden, Sonderschulen verschiedener Art.

Neben den genannten Schulformen gibt es den *Zweiten Bildungsweg,* der die Möglichkeit eröffnet, auch neben Berufstätigkeit Schulabschlüsse nachzuholen. Zur Hochschulreife führen u. a. Abendgymnasien und Kollegs. Der Realschulabschluß kann z. B. in Abendrealschulen und Berufsaufbauschulen erlangt werden. Zu den Angeboten des Zweiten Bildungsweges sind auch eine Reihe von Veranstaltungen des Fernunterrichts und der Volkshochschulen zu rechnen.

Die Schulbücher/Lehrmittel

Es gibt in der Bundesrepublik keine zentrale Stelle, die die Herausgabe und Auswahl von Schulbüchern einheitlich für die gesamte Bundesrepublik regelt.

Wir begegnen einer Vielzahl von Verlagen, Schulbüchern und Arbeitsmitteln. Allerdings haben sich die Kultusministerien der Länder die Prüfung und die Genehmigung der Lehrbücher für den Schulgebrauch vorbehalten. Die Herausgabe der Schulbücher ist der freien Konkurrenz zahlreicher Schulbuchverlage überlassen. Die Schulbücher werden in der Regel von freien Autoren oder Arbeitsgemeinschaften in eigener Verantwortung in Verbindung mit Verlagen verfaßt. Da die Lehrplanrichtlinien, an die sich die Herausgeber von Schulbüchern halten müssen, größtenteils unter den Ländern abgestimmt sind, ist für eine gewisse Einheitlichkeit gesorgt.

In der Regel entscheidet die Schulleitung im Einvernehmen mit den Lehrern über die Auswahl der Schulbücher aufgrund des von dem zuständigen Kultusministerium herausgegebenen amtlichen Verzeichnisses der zugelassenen Schulbücher. Da für jedes Fach eine Reihe von Schulbüchern zur Auswahl stehen, können die Schwerpunkte der einzelnen Schule und die methodischen Wünsche der Lehrer berücksichtigt werden.

Aufgaben und Perspektiven

Neben der Weiterentwicklung und weiteren Diskussion innerdeutscher Bildungsprobleme wird mehr und mehr als Aufgabenfeld die international vergleichende Bildungsforschung anerkannt.

Die Überwindung einer national eingeschränkten Bildungsperspektive stellt sich als neuartige Aufgabe und dies nicht allein wegen der ausländischen Kinder im Lande. Sie ist auch erforderlich für die allgemeine Förderung einer internationalen Friedenspolitik. Es geht dabei darum, unter Wahrung staatlicher und kultureller Eigenständigkeit internationale Kooperation und damit Verständigung zu fördern.

Zusammenfassung

Zusammenfassend möchte ich nochmals die spezifischen Strukturmerkmale des Bildungswesens der Bundesrepublik Deutschland herausstellen:
- Das Bildungswesen ist föderalistisch strukturiert. Einige generelle Regelungen sind auf Bundesebene getroffen;
- allgemeinbildende Schulen und Hochschulen sind weitestgehend Sache des Staates und nicht privater Stellen. Finanziell ist damit eine weitgehende Übernahme der Bildungskosten durch den Staat verbunden (Schulgeld, Studiengebühren, Lehrmittelfreiheit, Individualförderung);
- die Grundschule ist die für alle Schulen gemeinsame Unterstufe des gesamten Bildungswesens, sie vermittelt die Grundlagen für die weiterführende Bildung in den Sekundarschulen;

- das Sekundarschulwesen ist in seiner Grundstruktur vertikal in drei selbständige und voneinander unabhängige Schultypen gegliedert;
- seit den 60er Jahren – dem Beginn der Bildungsreform in der Bundesrepublik Deutschland – ist eine größere Durchlässigkeit mit vermehrten Übergangsmöglichkeiten geschaffen worden. Die Gesamtschule ist das Modell der am weitesten gehenden Integration der drei Schultypen. Die vormals streng vertikale Gliederung wird mehr und mehr durch horizontale Stufung durchbrochen;
- das allgemeinbildende und berufsbildende Schulwesen sind wenig integriert. Letzteres ist dual konzipiert mit besonderem Schwergewicht auf der betrieblichen Ausbildung.

Literatur

Anweiler, O.: Bildungssysteme in Europa: Struktur- und Entwicklungsprobleme des Bildungswesens in der Bundesrepublik Deutschland und der Deutschen Demokratischen Republik, in England, Frankreich, Schweden und der Sowjetunion. 3. überarb. u. erw. Aufl., Weinheim/Basel 1980.

Arbeitsgruppe im Max-Planck-Institut für Bildungsforschung (Hrsg.): Das Bildungswesen in der Bundesrepublik Deutschland. Hamburg 1979.

Bundesminister für Bildung und Wissenschaft (Hrsg.): Bericht der Bundesregierung über die strukturellen Probleme des föderalistischen Bildungssystems. Schriftenreihe Bildung und Wissenschaft 13, Bonn 1975.

Führ, Ch.: Das Bildungswesen in der Bundesrepublik Deutschland. Studien und Dokumentation zur vergleichenden Bildungsforschung Bd. 12, Weinheim/Basel 1979.

Kultusministerkonferenz (Hrsg.): Das Bildungswesen in der Bundesrepublik Deutschland. Bonn 1977.

Schultze, W. u. *Führ, Ch.:* Das Schulwesen in der Bundesrepublik Deutschland. Dokumentationen zum in- und ausländischen Schulwesen Bd. 5, Weinheim/Basel 1966.

Walter Sperling

Wissenschaftliche Grundlagen, didaktische Zielsetzungen und pädagogische Aufgaben des Geographieunterrichts in der Bundesrepublik Deutschland (1983)

Die Darstellung des Schulsystems der Bundesrepublik Deutschland hat gezeigt, daß zwischen den Ländern große Unterschiede bestehen. Dazu kommt, daß Hauptschule, Realschule und Gymnasium differenzierte Bildungsziele vertreten, was durch eine lange Tradition bedingt ist. Deshalb weichen die Stundenanteile, die Inhalte und die Themen des geographischen Unterrichts voneinander ab. Nicht in allen Ländern und Klassenstufen werden zwei Stunden Geographie wöchentlich unterrichtet, da und dort ist der geographische Unterricht völlig weggefallen oder in andere Fächer integriert worden. Entsprechend sind auch verschiedene Lehrmaterialien entwickelt worden, zum Beispiel die geographischen Lehrbücher, die oft nur in einem bestimmten Land zugelassen und eingeführt sind.

Das zeigt sich sogar im Namen des Schulfaches. Wir finden meist die Fachbezeichnungen „Erdkunde" und „Geographie", die zwar im gleichen Sinne verwendet werden, aber dennoch auf ein mehr konservatives oder progressives Verständnis schließen lassen. Die Fachbezeichnung „Erdkundeunterricht" hat sich erst in den zwanziger Jahren dieses Jahrhunderts durchgesetzt, um das Fach volkstümlicher zu machen, um den Auftrag der Erziehung besser zu artikulieren und um damit das länderkundliche Prinzip zu betonen. Heute neigt man dazu, von „Geographieunterricht" zu sprechen, wodurch eine gewisse Professionalität zum Ausdruck gebracht werden soll.

In einigen Ländern und Stufen aber wurde das Fach Geographie/Erdkunde durch Fächerverbindungen ersetzt wie „Gemeinschaftskunde", „Weltkunde", „Welt- und Umweltkunde" oder „Gesellschaftslehre". Hier wird die Geographie in einem gemeinsamen Kurs mit Geschichte und Sozialkunde unterrichtet, was gerade hinsichtlich der Betrachtung der Sowjetunion besonders zu beachten ist.

Auch in der Primarstufe wird schon eine erste Einführung in die Geographie und ihre Arbeitsweisen gegeben. Früher hieß das Fach „Heimatkunde", heute wird es in den meisten Ländern „Sachunterricht" genannt. Der Sachunterricht besitzt einen naturwissenschaftlichen und einen sozialwissenschaftlichen Aspekt, unter beiden Aspekten werden geographische Themen gelehrt.

Ein kompetenter Autor wie *D. Richter* (1981) hat festgestellt, daß es in den Ländern der Bundesrepublik Deutschland 220 nicht übereinstimmende Klassenlehrpläne gibt. Trotz dieser Vielfalt, die sehr verwirrend zu sein scheint, lassen sich einige generalisierende Feststellungen bilanzieren. 1980 erschien, vom Zentralverband der deutschen Geographen ausgearbeitet, ein „Basislehrplan Geographie. Empfehlungen für die Sekundarstufe I". In einigen konkreten

Fällen werden wir uns auf die Richtlinien des Landes Rheinland-Pfalz beziehen.

Vom Lehrplan zum Curriculum

Noch in den sechziger Jahren galt das Prinzip des länderkundlichen Durchgangs „Vom Nahen zum Fernen", etwa in der Reihenfolge Heimat – Deutschland – Welt. Dieses Prinzip beruhte auf einer Tradition, die sich im 19. Jahrhundert herausgebildet hat. Die Curriculumreform nach 1968 setzte an die Stelle des länderkundlichen Erdkundeunterrichts einen lernzielorientierten Geographieunterricht, dessen Aufgabe es sein sollte, für Lebenssituationen zu qualifizieren. Diese „neue Schulgeographie" hat sich bis 1980 in allen Ländern der Bundesrepublik Deutschland durchgesetzt, das ist das wichtigste Ergebnis der geographischen Curriculumreform.

Dieser Wandel wird nur verständlich, wenn man die Veränderungen betrachtet, die sich in den vergangenen 20 Jahren nicht nur in der geographischen Wissenschaftstheorie, sondern auch in Politik, Gesellschaft und Technologie zugetragen haben. Die wissenschaftlich-technische Revolution, die zunehmende Demokratisierung, womit die Mündigkeit und Mitbestimmung aller Bürger gemeint ist, und das öffentliche Interesse haben das Verhältnis von Gesellschaft und Wissenschaft durchgreifend geändert. Ein Beispiel dafür ist der Paradigmenwechsel der Geographie. Die Geographie ist, wie es *I. P. Gerasimov* und *E. Neef* ausdrücken, eine moderne Umweltwissenschaft geworden.

Dieser Paradigmenwechsel kann durch eine Reihe von Schlagworten charakterisiert werden, die insgesamt einen allgemeinen Trend der Wissenschaften widerspiegeln:
– Mehr Allgemeine Geographie, weniger Regionale Geographie;
– starke Spezialisierung, weniger Komplexität;
– mehr „theoretische" Geographie, Anlehnung an die Systemtheorie;
– gleichzeitig mehr Bezug zur Praxis der Planung und Raumgestaltung;
– mehr Interdisziplinarität, Kritik am herkömmlichen Begriff der „Landschaft";
– Anwendung exakter Verfahrensweisen, zum Beispiel mathematischer und mathematisierender Methoden;
– Übernahme des Perzeptionskonzepts der Psychologie;
– die Nutzung aufwendiger Medien wie die der Kartographie, der Geofernerkundung, der elektronischen Datenverarbeitung usw.;
– anspruchsvolle Darstellungsformen;
– stärkere Verbindung mit Gesellschaft und Politik, Zunahme der Auftragsforschung (Drittmittel);
– deshalb „konstruktive" Geographie.

Nicht alle diese Forderungen konnten von den Hochschulgeographen in der Bundesrepublik Deutschland eingelöst werden. Aber schneller, als man dies erwarten konnte, hat sich der Wechsel vollzogen. Seit 1970 hat sich die Zahl der geographischen Institute wesentlich vergrößert, das wissenschaftliche Personal hat sich mehr als verdoppelt. Immer mehr Absolventen schließen ihr Studium mit dem Diplom und nicht mit dem Lehrerexamen ab. Die Flut der Publikationen wird immer größer.

Somit ist das Forschungsprofil der Geographen sehr vielseitig, aber auch uneinheitlich geworden. Noch gibt es „klassische" Forschungsvorhaben, etwa zur Physischen Geographie der Kontinente. Die Mehrzahl der jüngeren Geographen aber verfolgt Fragestellungen, wie sie 1960 noch nicht denkbar gewesen wären. Am größten ist die Spezialisierung in der Allgemeinen Geographie, wo die Zusammenarbeit mit Experten der Nachbarwissenschaften unvermeidlich geworden ist. Man muß sich oft fragen, wo die Geographie aufhört und wo die andere Disziplin anfängt.

Gibt es überhaupt noch Fragestellungen, die nur von Geographen gelöst werden können? Das trifft zu auf die Regionale Geographie, die aber — wie oben schon gesagt — für die gegenwärtig Schule keine große Bedeutung mehr besitzt. Die Landeskunde Deutschlands war schon immer interdisziplinär organisiert. Heute stehen hier anwendungsbezogene Aufgaben im Vordergrund. Ganz ähnlich ist es mit der Geographie des Auslandes. Hier wird die regionale Spezialisierung immer enger, die Arbeitsweise immer komplexer; das erfordert die Zusammenarbeit mit den Kollegen aus den betreffenden Ländern. Eine gleichmäßige Erforschung der Erde, ihrer Länder und Landschaften ist nicht mehr gewährleistet.

Der Paradigmenwechsel der Geographie als Forschungsdisziplin hat zweifellos den Begriff der „geographischen Bildung" beeinflußt. Dennoch machen wir eine paradoxe Beobachtung, denn schon vor dem Paradigmenwechsel wurde der Inhalt der geographischen Bildung und Erziehung neu formuliert. Die sozialgeographische Betrachtungsweise hat sich zuerst in der Schulgeographie, dann erst in der Wissenschaft durchgesetzt. Selbst geoökologische Aspekte bemerken wir sehr früh im Schulunterricht, danach aber erst verstärkt in der geowissenschaftlichen Forschung. Dieses Paradoxon bedarf einer Erklärung, die aber leicht gegeben werden kann.

Auch die Pädagogik hat, wahrscheinlich schon vor der Geographie, einen Paradigmenwechsel vollzogen. Die deutsche Pädagogik war bislang historisch-philologisch-philosophisch konzipiert und stand am Anfang dieses Jahrhunderts stark unter dem Einfluß der Deutschen Jugendbewegung. Mehr als in anderen Wissenschaften war hier nach 1945 ein Neuanfang notwendig. Aus der geisteswissenschaftlichen Pädagogik entstand, beeinflußt durch Entwicklungen in Amerika, eine neue, mit sozialwissenschaftlichen Methoden arbeitende Erziehungswissenschaft. Aus der politischen Grundordnung und den aktuellen Bedürfnissen der Gesellschaft wurden neue Erziehungsziele formuliert. So entstand eine pragmatische Handlungswissenschaft, die mit der früheren geisteswissenschaftlichen Pädagogik nicht mehr viel zu tun hat.

Immer mehr wurde die Didaktik in den Mittelpunkt der Erziehungswissenschaft gestellt. Allgemeine Didaktik wird als „Theorie der Bildung", als „Wissenschaft vom Unterricht", als „Lehre vom Lehren und Lernen" und als „pädagogische Informationstheorie" gepflegt. Neben der Allgemeinen Didaktik gibt es die Fachdidaktiken und die Didaktiken von Gegenstandsbereichen.

Die Didaktik der Geographie beschäftigt sich mit der Theorie und Praxis der geographischen Bildung und Erziehung, mit der Konstruktion, kritischen Überprüfung und Anwendung geographischer Curricula, mit fachspezifischen Vermittlungstechniken und Medien. Zunehmend werden auch außerschulische Sozialisationsprozesse in ihrer Bedeutung für die geographische Bildung erforscht.

Die Didaktik der Geographie schließt die Methodik des geographischen Unterrichts ein, die in Deutschland eine lange Tradition besitzt und zweifellos auch die sowjetische Geographiemethodik beeinflußt hat. Dennoch dürfen wir die Geographiedidaktik nicht als eine Fortführung und Erweiterung der „klassischen" Geographiemethodik verstehen, denn zu ihrer Ausbildung führten Entwicklungen, die sich im Bereich der Gesellschaft, der Politik und der Technologie vollzogen haben.

Die allgemein- und fachdidaktische Diskussion konzentriert sich immer mehr auf das „Curriculum". Curriculum und Lehrplan sind keineswegs identische Begriffe. Die alten Lehrpläne waren staatliche Dokumente, die die Ziele des Unterrichts nannten und die Unterrichtsinhalte aufzählten. Der Begriff „Curriculum" ist sehr viel weiter. „Als Curriculum wird in der pädagogischen Fachsprache das Gesamtsystem von Unterrichtsinhalten, -methoden sowie Unterrichtsmaterialien zu ihrer Aneignung und Einübung und Tests zu ihrer Kontrolle bezeichnet. Curricula unterscheiden sich von Lehr- und Bildungsplänen dadurch, daß sie von klar definierten und damit überprüfbaren Lernzielen ausgehen. Sie enthalten alles, was dem Erreichen des Lernzieles und seiner Kontrolle dient" (Bildungsbericht 70, S. 130).

Das Curriculum der Geographie hat demnach die Aufgabe, Ziele und Inhalte der geographischen Bildung und Erziehung zu begründen, Unterrichtsgegenstände zu benennen und die zu erreichenden Qualifikationen zu beschreiben.

In den vergangenen 20 Jahren haben sich die Ziele fast aller Schulfächer geändert, sind nahezu überall neue Curricula entwickelt worden. Man kann behaupten, daß das gesamte Schulwesen in der Bundesrepublik Deutschland ein neues Profil bekommen hat. Das war eine Folge des Wandels in allen Bereichen des Lebens. Die Fortschritte in den Wissenschaften allein hätten nicht ausgereicht, die Reform der Curricula herbeizuführen. Allerdings stehen wir auch, wie zugegeben werden muß, in der Situation einer großen Zersplitterung.

Die Reform der Curricula wurde in der entscheidenden Phase, also in den Jahren von 1968 bis 1973, nicht vom Staat, also von den Schulverwaltungen der Bundesländer, herbeigeführt. Es war vielmehr ein Prozeß, der von einem relativ kleinen Kreis von Geographiedidaktikern, Schulgeographen und Verlagsredakteuren betrieben und durchgesetzt wurde. Es wurde bereits nach neuen Lehrbüchern unterrichtet, als offiziell die alten Lehrpläne noch Gültigkeit hatten. Auch der „Verband Deutscher Schulgeographen" wirkte unter der Leitung von W. W. Puls in diesem Prozeß, den man geradezu als revolutionär bezeichnen kann, ganz entscheidend mit. Erst in der Mitte der siebziger Jahre setzten die Schulverwaltungen der Länder Fachdidaktische Kommissionen ein, um die neuen curricularen Richtlinien zu entwerfen und die vorläufigen Curricula zu erproben. Dieser Prozeß ist noch nicht abgeschlossen.

In der Tat kann man feststellen, daß in keinem Land, in keiner Schulart und keiner Klasse das Prinzip des länderkundlichen Durchgangs beibehalten wurde. Alle Pläne bekennen sich zur allgemeinen, thematischen, exemplarischen oder lernzielorientierten Geographie. Überall rückt man ab vom Individuellen, Isolierten und Zufälligen und sucht das Modellhafte und Typische. Doch zeigt der Vergleich, daß die Curricula sehr unterschiedlich aufgebaut sind; Mißverständnisse und Fehler konnten nicht vermieden werden. (NS 1988: Inzwischen sind in den meisten Ländern wieder Bestrebungen zu bemerken, der Länderkunde bzw. regionalgeographischen Schwerpunktbildungen wieder größeres Gewicht zu gewähren.)

Probleme, die noch nicht gelöst werden konnten, sind die der regionalen Ordnung und Anordnung, des topographischen Grundrasters und der fachlichen Grundbegriffe. Es ist kein Zufall, daß neuerdings eine Reihe von Regional- und Fachlexika auf dem Markt erschienen sind, wobei die Absicht erkennbar wird, dem Bedürfnis einer verbindlichen Orientierung entgegenzukommen.

Neue Zielsetzungen des geographischen Unterrichts

Wir können uns nun der zweiten Frage zuwenden: der didaktischen Zielsetzung des geographischen Unterrichts in den Ländern der Bundesrepublik Deutschland.

Wir haben schon im ersten Teil dieses Vortrages gesehen, daß das Curriculum durch die Lernziele bestimmt wird. Das geographische Curriculum ist ein Teilsystem eines Allgemeinen Curriculums, das von diesem nicht getrennt werden kann. Alle Veränderungen des geographischen Curriculums müssen deshalb im Gesamtsystem begründet sein, genauso, wie der Paradigmenwechsel in der Geographie nur einen Sinn hat, wenn sich dieser im gesamten System der Wissenschaften widerspiegelt. Innerhalb des Teilcurriculums der Geographie gibt es wiederum Elemente, die konkreten Gegenständen und Problemen entsprechen. Wir haben es somit mit einem System zu tun, in dem Allgemeines und Besonderes in einem dialektischen Wechselverhältnis stehen. Die mittlere Ebene ist die der Schulfächer und Wissensbereiche, hier werden die fachspezifischen Lernziele formuliert.

Lernziele beschreiben Verhaltensqualitäten, die in gelenkten Lernprozessen erzielt werden sollen. Gemeint ist das Wissen, Können, Erkennen und Werten, über das der Lernende am Ende eines erfolgreichen Lernprozesses verfügen soll. Damit werden Lerninhalte und angestrebtes Verhalten in eine Beziehung zueinander gesetzt.

Lernziele müssen verfassungskonform sein und den geltenden Richtlinien entsprechen, sie müssen moralisch redlich sein und die Prinzipien des Humanismus repräsentieren, sie müssen fachwissenschaftlich richtig sein und das Curriculum fachdidaktisch interpretieren, sie müssen den Bedürfnissen und Neigungen des Schülers entsprechen und lebensnah formuliert sein, sie müssen auch das Begleitmaterial und die gegebenen Medien berücksichtigen, um praktisch anwendbar zu sein.

Die Verfassungskonformität hat einen hohen Rang und bezieht sich nicht nur auf die Buchstaben des Grundgesetzes der Bundesrepublik Deutschland, sondern in gleicher Weise auf die Verfassungswirklichkeit und die politische Kultur unserer Gesellschaft. Das schließt alle Verträge und Vereinbarungen ein, die der Staat, also die Regierung der Bundesrepublik Deutschland, mit anderen Staaten geschlossen hat, darunter auch Kulturabkommen oder die Schlußakte der KSZE in Helsinki (1975). Der Grundsatz „Bundesrecht bricht Landesrecht" steht über der Kulturhoheit der Länder.

Die moralische Redlichkeit und die humanistische Dignität sind selbstverständlich. Das betrifft beispielsweise das Diffamierungsverbot, den Respekt vor fremden Kulturen, die Achtung vor den Lebensweisen anderer Sozialgruppen, die Ausgewogenheit bei der Darstellung von Problemen in der Welt und das Gebot, andere Meinungen zu respektieren.

Der Grundsatz der fachwissenschaftlichen Richtigkeit wird reduziert durch das Gebot der pädagogischen Generalisierung, der stufengemäßen Faßlichkeit und des möglichen Zugriffs. Daten sollten exakt, aktuell und vergleichbar sein. Manipulationen durch unangemessene Gegenüberstellungen sind zu vermeiden.

Eine entscheidende Bedeutung für die Steuerung des Unterrichtsprozesses hat das Begleitmaterial einschließlich der Schulbücher. Bei der großen Zahl der geltenden Richtlinien kann nicht für jedes Curriculum ein eigenes Begleitmaterial konzipiert und produziert werden. Auch ältere Materialien (oder auch ganz neue) werden angewendet, ohne daß das Curriculum Bezug darauf nimmt. Alle Materialien sind curricular zu interpretieren, dennoch ist gelegentlich auch die Interpretation des Curriculums vom vorhandenen und dargebotenen Material abhängig.

Die Lernzielebenen

Lernziele bezeichnen Verhaltensqualitäten, die in gelenkten Lernprozessen erworben werden sollen. In einem Lernziel wird das Wissen, Können, Erkennen mit Worten beschrieben, über das der Lernende am Ende eines gelungenen Lernprozesses verfügen soll. Somit setzt die Lernzielbeschreibung angestrebtes Verhalten und unter didaktischen, fachlichen und gesellschaftlichen Aspekten ausgewählte Themen miteinander in eine Beziehung. Wir kennen drei Lernzielebenen:

- Allgemeine Lernziele,
- Groblernziele und
- Feinlernziele.

Die allgemeinen Lernziele umfassen möglichst alle Fächer und sind am abstraktesten formuliert. Nur in sehr allgemeiner Form geben sie Hinweise auf die einzelnen Fächer.

Das Lernziel, die Wechselwirkungen zwischen der Natur und der menschlichen Gesellschaft zu ergründen, setzt einen Rahmen für die geographische Erziehung, geht aber weit über diese hinaus. Es zielt auf die Verhaltensdisposition, daß sich der Lernende für die Erhaltung und Pflege eines intakten Lebensraumes einsetzen soll, daß die Umwelt zum Wohle der Menschheit gestaltet werden muß und daß alle Menschen in Frieden zusammenarbeiten müssen, um Schaden von dem Planeten Erde abzuwenden. Auch wenn es keinen geographischen Unterricht gäbe, müßte dieses Lernziel realisiert werden.

Ein anderes allgemeines Lernziel, das in gleicher Weise auch weitere Fächer betrifft, ist das der Raumverhaltenskompetenz. Alles Leben ist erdraumgebunden, das darf aber nicht mit einem schädlichen Geodeterminismus verwechselt werden (*Köck* 1980). Raumverhalten bedeutet mehr als nur „Orientierung in dieser Welt". Es handelt sich vielmehr um die Analyse von Lebenssituationen, bei denen die Bewertung oder Inwertsetzung des Raumes eine Rolle spielt. Fundamental sind dabei die Erkenntnisse der Maßstabsgebundenheit räumlicher Prozesse, das Bewußtsein von Dimensionen und die Einschätzung von Reichweiten. Beim pädagogischen Akt ist auch die subjektive Raumwahrnehmung (mental maps) zu beachten.

Ein selbstverständliches Lernziel aller Schulfächer, besonders aber des geographischen Unterrichts, ist die Erziehung zum Frieden und zur Völkerverständigung. Schon die Philosophen Kant und Herder haben dies zur Begründung der geographischen Bildung dargelegt. Die Empfehlungen der UNESCO haben dies erneut deutlich gemacht. In einer Zeit der weltweiten Konflikte kann nicht deutlich genug darauf hingewiesen werden.

Die Grobziele werden aus dem Fach oder der Fächergruppe abgeleitet. Der Katalog der Groblernziele enthält diejenigen Stoffgebiete aus einer Wissenschaft oder einem Wissensbereich, von denen angenommen wird, daß sie dem Erwerb von Qualifikationen am ehesten dienen können. Allerdings ist — wie noch auszuführen sein wird — die Liste der Groblernziele nicht das Abbild einer Systematik der Fachwissenschaft.

Wenn wir die didaktischen Zielsetzungen und pädagogischen Aufgaben des geographischen Unterrichts beschreiben wollen, dann müssen wir zuerst die Groblernziele analysieren, da sie zugleich wichtige Stoffgebiete repräsentieren. In diesem Sinne „wichtig" sind nicht solche Themen und Fragestellungen, die in der Wissenschaft vielleicht systematisch oder aus aktuellem Interesse im Mittelpunkt stehen. Vielmehr muß die Aufnahme in den Lernzielkatalog pädagogisch begründet werden. Die Kriterien der Faßlichkeit, der Anschaulichkeit, der Lebensnähe, der Motivationsfunktion und der Praxisbezogenheit — kurz: der „praesentia" — sind ausschlaggebend. Das Schulfach ist nicht identisch mit der

Fachwissenschaft, die Fachsystematik ist nicht erkenntnisleitend für die pädagogische Inwertsetzung. Daß heißt allerdings auch nicht, daß fachspezifische Strukturen belanglos für den Lernprozeß wären; in manchen Fällen werden sie sogar durch die pädagogisch-didaktische Generalisierung deutlicher artikuliert als in der geographischen Wissenschaftstheorie.

Entsprechend dem kognitiven, dem psychomotorischen und dem affektiven Verhaltensbereich unterscheidet man verschiedenartige Lernziele:
– Kognitive Lernziele,
– instrumentale oder affirmative Lernziele und
– affektive oder soziale Lernziele.

Diese Gliederung läßt sich für die geographische Erziehung gut beschreiben. Wissen, Können und Verhalten sind die Komponenten der geographischen Bildung und dürfen nicht getrennt voneinander, aber auch nicht isoliert von den Lernzielen anderer Fächer gesehen werden.

Die kognitiven Lernziele sind immer auf die Inhalte bzw. Gegenstände des Lehrens und Lernens bezogen. Der Lernende erwirbt Wissen, intellektuelle Fähigkeiten und Einsichten in Begriffe, Strukturen und Prozesse. Der Schüler lernt Ursachen und Wirkungen zu unterscheiden. Er kommt zu der Einsicht, daß nicht die Natur allein das menschliche Handeln im Raum bestimmt. Er erfährt von evolutionären und revolutionären Bewegungen, die die Natur verändert haben.

Instrumentale oder affirmative Lernziele beziehen sich auf die Übung von Fertigkeiten und den Erwerb von Fähigkeiten, auf den Umgang mit Materialien und auf die Gestaltung und Darstellung von Sachverhalten. Die Fülle der geographischen Methoden ist geeignet, über das Fach hinaus zu wirken.

Affektive Lernziele beziehen sich auf soziale Prozesse in der Lerngruppe und in der menschlichen Gemeinschaft. Die Erziehung zur Handlungsfähigkeit wird entscheidend bestimmt durch die soziale und kommunikative Kompetenz, durch die „Ansicht von der Welt". In der heutigen Welt ist die Gefahr der Selbstentfremdung (Karl Marx) sehr groß. Heimatverbundenheit, Vaterlandsliebe, Völkerverständigung, soziales Mitgefühl, Umweltbewußtsein oder Friedenserziehung sind Lernziele, die überwiegend im affektiven (emotionalen) Bereich verankert sind.

Neue Aufgaben des geographischen Unterrichts

Zwei Schlagworte, die sich scheinbar widersprechen, kennzeichnen den Wandel in den Schulfächern, auch im geographischen Unterricht: Scientifizierung und Professionalisierung.

Der Unterricht wird in allen Fächern wissenschaftsnäher. Neue Ergebnisse der wissenschaftlichen Forschung gelangen rascher und umfassender in die Öffentlichkeit und damit auch in die Schule. Außerdem bemüht man sich, die Sichtweisen der Wissenschaften im pädagogischen Prozeß, wenn auch in elementarisierter Form, anzuwenden. Dazu verhelfen auch die Darstellungsmittel, etwa die Medien der Thematischen Kartographie, der Geofernerkundung und der Geostatistik. „Forschendes Lernen" geschieht nicht selten mit Quellen und Arbeitsweisen, die auch in der Wissenschaft angewendet werden.

Die Professionalisierung will eine größere Lebensnähe bewirken. Der Schüler lernt „für das Leben", er soll Qualifikationen zur Bewältigung zukünftiger Lebenssituationen erwerben. Das bedeutet, daß er verstehen soll, wie ein Geograph Probleme löst, er soll darüber hinaus einfache Fragestellungen selbst problematisieren können. Deshalb wurden Themen aus der Angewandten Geographie, zum Beispiel aus der Raumordnung, Stadtplanung und Umweltforschung, zunehmend in die geographischen bzw. raumwissenschaftlichen Curricula aufgenommen. Der Schüler soll die Folgen verschiedener Lösungsstrategien beurteilen lernen und die dabei auftretenden Zielkonflikte erfahren.

Die Aufgaben des geographischen Unterrichts — das ist die dritte Frage — haben sich mit den Zielsetzungen erweitert. Geographieunterricht hat die Aufgabe, die Erde als den Lebens- und Gesellschaftsraum vorzustellen, die geographische Umwelt in ihrer Bedeutung für das Leben der Menschen zu erklären und den Raum für die Aktivitäten der menschlichen Gesellschaft verfügbar zu machen.

Die pädagogischen Aufgaben des geographischen Unterrichts lassen sich von seiner didaktischen Zielsetzung und seiner methodischen Durchführung nicht trennen. Die Allgemeine Didaktik setzt — wie wir gesehen haben — die Leitziele, die Fachdidaktik die Grobziele; die Formulierung der Feinziele schließlich wird nach den Regeln der Methodik vorgenommen.

Allgemeine Prinzipien und Stufen der geographischen Bildung

Das allgemeine oder thematische Prinzip ist genauso wichtig wie das regionale, auch wenn dies heute anders erscheint. Wir meinen, daß die Abfolge „Vom Nahen zum Fernen" keinem wissenschaftstheoretisch abgesichertem Konzept folgt, daß es unpsychologisch ist, den Schüler nicht motiviert und daß es nicht dem steigenden Schwierigkeitsgrad entspricht. Fremde, zumeist exotische Länder motivieren den Schüler mehr als die komplizierte Umwelt, die er täglich selbst wahrnimmt. Die Massenmedien bringen Informationen aus allen Teilen der Welt ohne Unterschied auf Nähe und Ferne. Es sind vielmehr die Lebenssituationen, die das Interesse des Schülers erregen.

Der Gang „Vom Nahen zum Fernen" muß deshalb durch weitere Prinzipien ergänzt und korrigiert werden:
— vom Einfachen zum Komplizierten;
— vom Bekannten zum Unbekannten;
— vom Leichten zum Schwierigen;
— vom Elementaren zum Komplexen;
— vom Konkreten zum Abstrakten;
— vom Individuellen zum Typisierten und zur Generalisierung;
— vom Bild zum Modell;
— von der Realität zum Fundamentalen.

Dies sind Prinzipien, die auch die sozialistische Pädagogik als richtig erkannt hat. Sie folgen dem Grundsatz der didaktischen Vereinfachung. Die geographische Realität ist komplizierter als das Modell davon, das erst in einem langen Prozeß der Generalisierung und Systematisierung gewonnen wird.

Wenn wir die curricularen Lehrpläne der Klassen 5 bis 10 betrachten, dann können wir eine deutliche Stufung im Sinne eines aufsteigenden Anspruches feststellen. Jeweils zwei Jahrgänge werden unter einem didaktischen Prinzip zusammengefaßt. Die erste Stufe für die 5. und 6. Klasse ist für alle Schularten gemeinsam.

Zuerst hat W. Grotelüschen in seinem Aufsatz „Die Stufen des Heimat- und Erdkundeunterrichts in der Volksschule" (1965) eine solche Stufung vorgeschlagen, die ab 1968 im Lehrwerk „Dreimal um die Erde" verwirklicht wurde:
— Erdkundliche Einzelbilder,
— Länderkundliche Überblicke,
— Globale Zusammenhänge.

Der „Basislehrplan Geographie" (1980) des Zentralverbandes der deutschen Geographen, der allerdings nur Empfehlungscharakter besitzt, nennt folgende Stufenschwerpunkte:
— Stufe 1: Grundlegende Einsichten in Mensch-Raum-Beziehungen;
— Stufe 2: Analyse von raumprägenden und raumverändernden Faktoren;
— Stufe 3: Auseinandersetzungen mit Gegenwartsfragen und -aufgaben.

Inhalte für die Formulierung der Lernziele sind die Daseinsgrundfunktionen, die physisch-geographischen und anthropo-geographischen Komponenten und schließlich die Raumwirksamkeit der Gesellschafts- und Wirtschaftsordnungen. Zunächst erscheint der Raum in Einzelbildern als Beobachtungs- und Orientierungsfeld, dann als Gefüge mit unterschiedlicher Ausstattung und endlich als Prozeßgefüge von Staaten, Großräumen und globalen Beziehungen.

Raumbezug der Themen

Die topographische, chorographische und planetarische Orientierung ist durchgängiges Prinzip aller drei Stufen. Der Heimatraum, Deutschland und die Welt sind nicht an eine bestimmte Stufe gebunden. Weitere Orientierungskategorien bieten das Großrelief der Erde, die klima- und vegetationsgeographischen Zonen der Erde, die Wirtschafts- und Kulturräume der Erde, schließlich die Industrie- und Entwicklungsländer.

Bei diesem Durchgang bleiben Lücken offen, ebenso werden Wiederholungen in Kauf genommen. Man spricht von „Lehrplanplattformen", von einem „Spiralcurriculum", das wiederholend vertieft. Die didaktische Frage ist die, an welchem Raumbeispiel welches Thema am besten demonstriert und exemplifiziert werden kann. Die Möglichkeit, ein anderes Raumbeispiel auszuwählen, steht in der Verantwortung des Lehrers und hängt nicht selten von seinen Vorkenntnissen, von der Quellenlage und von aktuellen Ereignissen und Bezügen ab.

Einige Präferenzen können durch die Frequenzanalyse festgestellt werden:
- heimatliche Umgebung, Heimatland,
- Deutschland, Mitteleuropa, die Nachbarländer Deutschlands,
- die Weltmächte, besonders USA und Sowjetunion, diese oft im Vergleich,
- China und Japan,
- ausgewählte Entwicklungsländer.

Diese Gewichtung und Verteilung entspricht nicht dem Forschungsprofil der Regionalen Geographie an den Hochschulen der Bundesrepublik Deutschland. Über Afrika wird beispielsweise viel mehr geforscht als über europäische Länder. Die Verhältnisse in China werden vergleichsweise aufmerksamer beobachtet als die in den Vereinigten Staaten und in der Sowjetunion. Unter den Entwicklungsländern scheint Ostafrika eine bevorzugte Stellung einzunehmen.

Die Behandlung der Sowjetunion

Bis 1970 wurde die Sowjetunion am Ende der 6. Klasse geschlossen als länderkundliche Einheit behandelt. In den Oberklassen der Realschulen und Gymnasien erfolgte dann noch eine Vertiefung unter wirtschaftsgeographischen Gesichtspunkten. Heute wird die Sowjetunion in keiner Klasse mehr geschlossen behandelt, auch sie wurde aus dem Kontinuum herausgelöst. Sie kommt aber unter verschiedenen Themenstellungen vor:
- Einzelbilder, die Geozonen;
- Raumerschließung und Industrialisierung;
- Zusammenleben von Völkern verschiedener Nationalität;
- Die Raumwirksamkeit unterschiedlicher Wirtschaftssysteme, die Hauptstädte;
- Landwirtschaft und Industrie (im Vergleich mit USA);
- Energiewirtschaft, Nutzung der Wasserkraft;
- Lebensweise und Lebensqualität.

Einige regionale Schwerpunkte werden dabei deutlich: der Moskauer Raum, das Schwarzerdegebiet in der Ukraine, die Taiga in Sibirien, Kasachstan und einige weitere Industriegebiete. Der wichtigste Teil der Behandlung liegt überwiegend in der 7. und 8. Klasse sowie in der Sekundarstufe II.

Betrachten wir die curricularen Lehrpläne, die wichtigsten Lehrbücher, die unterrichtspraktische Literatur oder die Medien, besonders die Schulatlanten, dann dürfen wir feststellen, daß die Landeskunde der Sowjetunion in der Schule stärker repräsentiert ist als in der Hochschulforschung (vgl. *Stadelbauer* in diesem Band), wo es nur wenige Spezialisten gibt. Oft sind es die Vertreter anderer Disziplinen, die sich mit der Sowjetunion beschäftigen, z. B. Historiker und Ökonomen. Die Schulbuchautoren müssen sich ihre Quellen selbst aussuchen und sie bewerten – doch das ist keine Entschuldigung dafür, daß die Proportionen nicht immer angemessen sind. Immerhin: Im Vergleich zu Brasilien, Indien, Indonesien oder Kanada darf sich die Sowjetunion einer großen Aufmerksamkeit erfreuen. Unsere Aufgabe wird darin bestehen, dies zu verbessern, zu aktualisieren, zu modifizieren, vielleicht auch darin, Themen und Räume auszuwechseln. Das setzt Wissen und Verständnis voraus.

Wir sind jetzt in einer Phase der Curriculumentwicklung, in der man versucht, die Komponenten der Regionalen Geographie zu präzisieren. Die Fachdidaktischen Kommissionen haben die Aufgabe bekommen, gewisse Regionen und Erdteile als „Leitmotiv" stärker hervorzuheben: in der 5. u. 6. Klasse die Welt und Deutschland (Mitteleuropa), in der 7. Klasse Europa und Afrika, in der 8. Klasse Amerika und Asien, in der 9. und 10. Klasse die Welt als Ganzes und ausgewählte kleinere Einzelräume. Das soll heißen, daß die Hälfte des Jahresstoffes an einer Region oder einem Erdteil demonstriert wird, andere Regionen und Erdteile werden durch Vergleich oder Gegenüberstellung herangeführt. Der „Basislehrplan Geographie" gibt wichtige Empfehlungen dazu.

Die Diskussion um die sogenannten „didaktischen Strukturgitter" ist möglicherweise geeignet, dem regionalen Prinzip eine neue Gewichtung zu geben. Solche Strukturgitter gehen aus von gesellschaftstheoretischen Annahmen, von fachwissenschaftlich aufgeklärten Realitätssektoren, von vorauszusetzenden und anzustrebenden kognitiven Strukturen bei dem Lernenden und schließlich auch von unterrichtsmethodischen Gesichtspunkten. Regionale Strukturen und ihre Disparitäten sind sehr wichtig dabei. Gemeint ist die unterschiedliche natürliche Ausstattung und die ungleichmäßige gesellschaftliche Inwertsetzung. Dies ist ein sehr hoher Anspruch bei der Heterogenität der Forschungsansätze und Aufgabenfelder, auch bei der pluralistischen Situation einer gesellschaftstheoretischen Bewertung.

Problemgeleiteter Geographieunterricht

Noch ein letztes Wort zum „problemhaften" Geographieunterricht. Die ganze Welt besteht aus Problemen; die Geographie ist eine problemlösende Wissenschaft. Wir können das Leben in der Welt nicht angenehmer machen, wenn wir die Probleme nicht kennen und nicht nennen.

Da ist das gestörte Verhältnis zur Natur. Wir haben viele Beispiele in Mitteleuropa, doch sie genügen nicht. Wenn wir die schädlichen Folgen einer spekulativen Agrarwirtschaft zeigen wollen, dann nehmen wir das Beispiel der Bodenerosion in den Vereinigten Staaten, weil wir es gut kennen. Gibt es auch solche Beispiele in der Sowjetunion?

Da ist das gestörte Zusammenleben der Menschen. Wir nehmen das Beispiel der Rassenkonflikte in Südafrika. Der „Weiße Mann" hat in vielen Teilen der Welt die Eingeborenen unterdrückt, die ihnen angestammte Umwelt beschädigt und ihre Identität zerstört. Wir nehmen das Beispiel der Indianer in Nordamerika. Wo in der Welt gibt es noch „Indianer"?

Ein weiteres Beispiel wäre das Elend in den Millionenstädten. Wir betrachten die Favelas in Rio, die uns im Geographieunterricht bemerkenswerter erscheinen als der Karneval. Gibt es in unseren Ländern auch Favelas? Wir hören immer wieder, daß das Leben in unseren Großstädten unerträglich wird, weil die von Karl Marx erkannte Selbstentfremdung der Menschen die Menschlichkeit zerstört. Vielleicht gibt es geographische Gründe für die Aggressivität mancher sozialer Gruppen.

Das sind viele Fragen, die offen diskutiert werden müssen. Das ist die Aufgabe der Internationalen Schulbuchrevision. Wir hoffen, daß das Kennenlernen und die korrekte Information dem gegenseitigen Verständnis und letzten Endes der geographischen Erziehung dienen wird.

Zusammenfassung

Der geographische Unterricht hat in Deutschland eine gute und lange Tradition. Im 19. Jahrhundert setzte sich das Prinzip der Länderkunde durch, der Gang „Vom Nahen zum Fernen". Um 1970 haben in den Ländern der Bundesrepublik Deutschland große Veränderungen stattgefunden. An die Stelle der staatlichen Lehrpläne sind lernzielorientierte Curricula getreten. Der Unterricht wird durch Lernziele bestimmt, die Qualifikationen für das zukünftige Leben beschreiben.

Die neuen Curricula verzichten auf das länderkundliche Prinzip und damit auf die regionalgeographische Vollständigkeit. Der Begriff der geographischen Bildung wird definiert als „Raumverhaltenskompetenz". Orientierung in der Welt, das Wechselverhältnis von Natur und Gesellschaft, die Beurteilung von Raumstrukturen, das Erkennen des Raumes als Prozeßfeld gehören zu einer solchen geographischen Bildung.

Die fachspezifischen Lernziele müssen von den allgemeinen Lernzielen abgeleitet werden und mit diesen in Einklang stehen. Man unterscheidet kognitive, instrumentale (affirmative) und affektive (soziale) Lernziele. Entscheidend sind nicht die Inhalte, sondern die Qualifikationen und Verhaltensqualitäten, die durch das Lernen erreicht werden sollen. Der geographische Unterricht hat damit die Aufgabe, die Erde als den Lebens- und Gesellschaftsraum der Menschen vorzustellen, die geographische Umwelt in ihrer Bedeutung für die menschliche Gesellschaft zu erklären und für die Aktivitäten der Gesellschaft verfügbar zu machen.

Der geographische Unterricht ist themen- und problembezogen. Die regionalen Beispiele können ausgewechselt werden. Wir bemerken eine Stufung in verschiedene „Lernplattformen" mit zunehmender Komplexität und Generalisierung im Sinne eines Spiralcurriculums. Am Beispiel der Behandlung der Sowjetunion können wir gut erkennen, wie bestimmte Themen und Probleme in einen größeren curricularen Zusammenhang gestellt werden.

Große Schwierigkeiten bereitet uns noch die Anwendung eines wissenschaftstheoretisch und didaktisch abgeklärten regionalgeographischen Prinzips. Wir hoffen, daß die Maßstabstheorie wichtige Hinweise geben wird. Somit wird eine Auswahl fundamentaler Raumtypen, von Räumen unterschiedlicher Größe und Komplexität getroffen werden. Dabei wird es nützlich sein, eine gewisse Ordnung in die Reihenfolge der Räume zu bringen. Die neuen curricularen Lehrpläne, die in den nächsten Jahren erscheinen sollen, werden das regionalgeographische Prinzip wieder stärker betonen, aber keineswegs im Sinne der alten Länderkunde.

Literatur

Bildungsbericht '70. Die bildungspolitische Konzeption der Bundesregierung. − Bonn 1970.
Birkenhauer, J.: Erdkunde. Eine Didaktik für die Sekundarstufe. 2 Teile. − 4. Aufl. Düsseldorf 1975.
Blankertz, H.: Theorien und Modelle der Didaktik. − München 1969.
Ernst E. u. *Hoffmann, G.* (Hrsg.): Geographie für die Schule. Ein Lernbereich in der Diskussion. Festschrift für Willi Walter Puls. − Braunschweig 1978.
Grotelüschen, W.: Die Stufen des Heimat- und Erdkundeunterrichts in der Volksschule. − Die Deutsche Schule 57, 1965, S. 366−370.
Haubrich, H. u. a.: Konkrete Didaktik der Geographie. Neubearbeitung. − Braunschweig, München 1982.
Jander, L. (Hrsg.): Metzler Handbuch für den Geographieunterricht. Ein Leitfaden für Praxis und Ausbildung. − Stuttgart 1982.
Kirchberg, G.: Rampenstruktur und Spiralcurriculum der Geographie in der Sekundarstufe I. Ein Beitrag zur Lehrplansituation in den Bundesländern. − In: Geographische Rundschau 32, 1980, S. 256−264.
Knab, D.: Curriculumreform zwischen theoretischem Anspruch und Realisierungsproblemen. Versuch einer Zwischenbilanz für die Bundesrepublik Deutschland. − Aus: Curriculumforschung im internationalen Vergleich, Weinheim, Basel 1981, S. 177−217.
Köck, H.: Theorie des zielorientierten Geographieunterrichts. − Köln 1980.
Kreuzer, G. (Hrsg.): Didaktik des Geographieunterrichts. − Hannover (usw.) 1980.
Leser, H.: Geographie. − Braunschweig 1980 (= Das Geographische Seminar).
Meckelein, W.: Über Wert und Unwert geographischer Bildung heute. − In: Die höhere Schule 35, 1982, S. 254−258.
Richter, D.: Zur Situation des Geographieunterrichts in der Bundesrepublik Deutschland. − Aus: Deutschland und der Norden in Schulbuch und Unterricht, Braunschweig 1981, S. 21−25.
Schramke, W.: Unterrichtseinheiten und Unterrichtsmaterialien im Fach Geographie. Quellenkunde, Bibliographie, Bezugshinweise, Annotationen. − Oldenburg 1983.
Schrand, H.: Neuorientierung in der Geographiedidaktik? Zur Diskussion der geographischen Strukturgitter. − In: Geographische Rundschau 30, 1978, S. 336−342.

Schrand, H.: Geographie in Gemeinschaftskunde und Gesellschaftslehre. — Braunschweig 1978.
Schreiber, Th.: Kompendium Didaktik der Geographie. — München 1981.
Schrettenbrunner, H. u. a.: Geographieunterricht 5—10. Methodische Anregungen für Planung, Durchführung und Auswertung. — München (usw.) 1981 (= U & S Pädagogik: Theorie und Praxis des Unterrichtens).
Schultze, A. (Hrsg.): Dreißig Texte zur Didaktik der Geographie. Neubearbeitung. — Braunschweig 1976.
Sperling, W.: Fachwissenschaft und Fachdidaktik. — Aus: Fachdidaktisches Studium in der Lehrerbildung, München 1976, S. 77—95.
Sperling, W.: Geographieunterricht und Landschaftslehre. Sachstandsbericht und Bibliographisches Handbuch. 5 Bde. — Duisburg 1981—1984 (= Beiheft zum BIB-report).
Zentralverband der deutschen Geographen (Hrsg.): Basislehrplan „Geographie". Empfehlungen für die Sekundarstufe I. — Würzburg 1980.

Vladimir Pavlovič Maksakovskij

Schulreform in der Sowjetunion und Änderung des Geographieunterrichts (1985)

Das System des allgemeinen und des Fachschulwesens der UdSSR hat riesige Ausmaße: 145 000 Schulen und Fachschulen, 2,8 Mio. Lehrer, etwa 50 Mio. Schüler.

Qualitative Änderungen der Arbeitskräfte, die steigenden intellektuellen Anforderungen der Arbeit, die Integration von Wissenschaft und Praxis, die dieser Etappe der Entwicklung des Sozialismus zu eigen sind, stellen neue Forderungen an jedes Mitglied der Gesellschaft. In den „Hauptrichtlinien der Reform von allgemeinbildender und Fachschule", die 1984 aufgestellt wurden, ist die wissenschaftlich begründete Konzeption der Bildung und Erziehung der Jugend unter den modernen Verhältnissen erarbeitet worden, deren Verwirklichung die ganze Arbeit der sowjetischen Schule auf eine qualitativ neue Stufe stellt. Die für zwei Jahrfünfte bestimmte Reform sieht durchgreifende Änderungen in Struktur, Inhalt und Lehrmethodik vor. Die Schlüsselaufgabe des entwickelten Sozialismus — Steigerung der Arbeitsproduktivität auf der Grundlage der Produktionsintensivierung, die Verknüpfung der Vorteile des Sozialismus mit den Errungenschaften der wissenschaftlich-technischen Revolution — erstreckt sich auch auf die Volksbildung. Vor allem geht es um die Steigerung der Qualität des ganzen Lehr- und Bildungsprozesses, einschließlich seiner Effektivität. Selbstverständlich betrifft das auch den Geographieunterricht.

Im neuen Lehrprogramm entfallen auf die Geographie 357 Lehrstunden im 6.—10. Schuljahr. Im Vergleich mit dem alten Programm ist der Inhalt des Kursus stark verändert. Die Änderungen spiegeln vor allem Hauptanforderungen der Schulreform wider und sind auf die Formung des vielseitig gebildeten Menschen, die Erhöhung des erzieherischen, wissenschaftlichen und methodischen Bildungsniveaus, die Verstärkung der Praxisausrichtung von Lehr- und Bildungsprozessen in Verbindung mit dem Weglassen von überflüssigem und zu kompliziertem Material gerichtet. Sie ermöglichen es, das erhöhte Niveau der geographischen Wissenschaft darzustellen, ihren Typologie- und Komplexstandpunkt sowie die verstärkte Praxisausrichtung ihrer Forschungen.

Im geographischen Schulunterricht werden folgende Aufgaben gelöst:

1. Die Bekanntschaft mit den Hauptrichtungen der modernen Weltentwicklung, Erziehung zur Heimatliebe und zur internationalen Solidarität mit den Völkern der Welt, Ausarbeitung einer aktiven Lebensposition, besonders in den gegenwärtigen Verhältnissen des scharfen ideologischen Kampfes.

2. Die Bildung des geographischen Denkens, der dialektisch-materialistischen Auffassung der geographischen Hülle der Erde als der Umwelt des Menschen, der Bevölkerung als der Hauptproduktionskraft der Gesellschaft, der Probleme des Zusammenwirkens von Gesellschaft und Natur, der Wege des so-

zialen und wissenschaftlich-technischen Fortschritts und der prinzipiellen Unterschiede von kapitalistischen und sozialistischen Systemen.

3. Die Beherrschung der Grundlagen der geographischen Wissenschaft und einiger benachbarter Wissenschaften über die Beschaffenheit der Erde und der Gesellschaft, die Beherrschung der wissenschaftlichen Erklärung der darin erfolgenden Prozesse, die Vermittlung von Kenntnissen über Weltbevölkerung und Weltwirtschaft, über die wissenschaftlich-technische Revolution, über globale Probleme der Menschheit, über die wirtschaftliche Raumgliederung, über einzelne Länder und Regionen, über wirtschaftliche und soziale Objekte und — auf dieser Grundlage — über die Formung eines geographischen Gesamtbildes der Welt und ihrer Teile und in erster Linie der Heimat — der UdSSR.

4. Die Gewährleistung der wirtschaftlichen und ökologischen Bildung und Erziehung, Bildung des modernen wirtschaftlichen und ökologischen Denkens, wirtschaftlicher Fähigkeiten und Fertigkeiten, Anfänge der vernünftigen Naturausnutzung, Wirtschafts- und Naturschutzpolitik der KPdSU und des Sowjetstaates, Erziehung zur verantwortungsbewußten Behandlung von Boden- und Naturschätzen der Sowjetunion.

5. Die Bildung der Fähigkeit, die angeeigneten Kenntnisse in der Lehr- und Produktionstätigkeit anzuwenden, einschließlich der Regeln der Naturbehandlung, der Fähigkeit, die Forschungsliteratur und die Nachschlagewerke zu benutzen, ebenso wie Karten, Pläne, Luft- und Weltraumaufnahmen, Rechentechnik für Arbeit und Alltag, Verständnis für die Beobachtungen und Einschätzung der Verhältnisse in der Natur und in der Wirtschaft in seiner näheren Umgebung, das Erlernen der wichtigsten Arbeiterberufe.

6. Die Bildung der Fertigkeiten und Fähigkeiten von Lehrarbeit, Entwicklung des Gedächtnisses, des logischen Denkens, der Einbildungskraft, der ästhetischen Umweltauffassung, letztlich also die Bildung der schöpferischen Lebensauffassung und des Strebens nach der ständigen Selbstbildung und Entwicklung.

Gemäß diesen Aufgaben wurde 1984—1985 das neue Geographieprogramm für allgemeinbildende Schulen erarbeitet, in dem das Prinzip der Wissenschaftlichkeit weiterentwickelt wurde. Es geht um die bessere Veranschaulichung der Forschungsmethoden der modernen Geographie, ihrer wissenschaftlichen Konzeptionen und Lehren, weiter auch der Hypothesen der künftigen Entwicklung der geographischen Synthese, der Schnittpunkte, der komplexen geographischen Standpunkte, der Lehre von Raumkomplexen.

Das neue Programm betont die Schulgeographie als ein wichtiges Mittel der polytechnischen Bildung der Jugend. Eben dieses Fach gibt dem Schüler die Vorstellung über die wissenschaftlich-technische Revolution, erklärt solche Begriffe wie Arbeitsproduktivität, Effektivität, Selbstkosten, Energie- und Rohstoffvermögen, Spezialisierung und Kooperation, Rohstoff- und Arbeitskraftressourcen, macht den Schüler mit den Wachstumsraten, mit Ausmaßen und Gliederung der Gesellschaftsproduktion, mit Gesetzmäßigkeiten und Prinzipien der Raumgliederung bekannt. Der Geographieunterricht beinhaltet auch viele allgemeintechnische Informationen, darunter auch über die Arten der industriellen Produktion, über Arbeitstechnik und Verfahren. Laut den Anforderungen der Reform schenkt das neue Programm der gegenwärtigen Etappe der wissenschaftlich-technischen Revolution, die durch die Entwicklung der Mikroelektronik, der Robotertechnik und der modernen Arbeitsverfahren gekennzeichnet ist, mehr Aufmerksamkeit. Solche Ansätze ermöglichen es, die Fachorientierung des Unterrichts zu steigern, einschließlich der wichtigsten Massenberufe für die materielle Produktion.

Das neue Programm geht davon aus, daß das Problem der Wechselwirkung von Mensch und Natur bestimmend in der geographischen Wissenschaft wurde und die dementsprechende Rolle in der Schulgeographie einnehmen soll. Gleichzeitig sind einige Akzente verschoben: vom Naturschutz im engen Sinne des Wortes zum Problem der Ressourcenbeschaffenheit und besonders zu ökologischen Problemen der Menschheit. Der schrittweise gebildete Begriff der Naturnutzung soll zum modernen ökologischen Denken beitragen.

Im neuen Programm ist die soziologische Komponente bedeutend stärker ausgeprägt. Sie spiegelt die tatsächliche Humanisierung des ganzen Bildungsprozesses wider, die gesteigerte Aufmerksamkeit für die Persönlichkeit, für den menschlichen Faktor, für die sozialen Entwicklungsaspekte. Das Programm berücksichtigt auch die Tatsache, daß die Schulgeographie an der Geologie, Ozeanologie, Ökonomik, Statistik, Demographie, Ethnographie und Soziologie Anteil hat. Gemäß dem verbesserten Inhalt wird auch die Struktur des Lehrfachs Geographie geändert. Sie sieht folgendermaßen aus:

6. Schuljahr:	Anfangskursus der physischen Geographie	68 Stunden
7. Schuljahr:	Geographie der Kontinente und der Ozeane	102 Stunden
8. Schuljahr:	Geographie der UdSSR	68 Stunden
9. Schuljahr:	Geographie der UdSSR	68 Stunden
10. Schuljahr:	Wirtschafts- und Sozialgeographie der Welt	51 Stunden

Im 6. Schuljahr wird der „Anfangskurs der physischen Geographie" durchgeführt, dessen Aufgabe es ist, den logischen Übergang von der Naturkunde in den unteren Schuljahren zu den systematischen Kursen der Geographie zu gewährleisten und gleichzeitig die Grundlage dafür zu bilden. Den Hauptstoff für diesen Kurs bilden Kenntnisse über den Ortsplan und die Landkarte, über die geographischen Zonen der Erde und ihre Besonderheiten, allgemeine Angaben über die Bevölkerung, landeskundliche Kenntnisse über die Natur der Umgebung, die als ein Teil der geographischen Hülle der Erde betrachtet wird, und über ihre Bevölkerung.

Die Struktur des Kurses:
Einführung
Teil I: Plan und Karte
      Thema 1: Plan des Ortes
      Thema 2: Die Karte
Teil II: Die Erdhülle
      Thema 1: Die Lithosphäre
      Thema 2: Die Hydrosphäre

      Thema 3:   Die Atmosphäre
      Thema 4:   Die Biosphäre
      Thema 5:   Das Zusammenwirken von Naturkomponenten
Teil III: Der Mensch auf der Erde
      Thema 1:   Die Bevölkerung der Erde
      Thema 2:   Die Staaten und die politische Weltkarte
Teil IV: Die Natur und die Bevölkerung in der näheren Umgebung

Im 7. Schuljahr wird der Kurs „Geographie der Kontinente und Ozeane" durchgenommen. Er unterscheidet sich vom vorhergehenden durch die systematischere Spiegelung der Integrierung und der Differenzierung der Natur der Erde auf einem zugänglichen Niveau. In diesem Kursus werden die wichtigsten wissenschaftlichen Kenntnisse über die Erdhülle vermittelt sowie über die wissenschaftlichen Hypothesen der Entstehung von Kontinenten und Ozeanen, über die Abhängigkeit des Klimas auf der Erde vom Einfall der Sonnenenergie usw.

An konkreten Schilderungen der Natur in verschiedenen Gebieten werden beim Schüler bildliche Vorstellungen über die Abfolge der Naturkomplexe vom Pol bis zum Äquator gebildet, dann wird die wissenschaftliche Erklärung dieser Naturphänomene gegeben. Der Schüler soll eine Vorstellung über die Erdhülle bekommen, über die Verschiedenartigkeit und den Zusammenhang ihrer Komponenten.

Der Hauptteil des Kurses ist der komplexen Landeskunde gewidmet. Beim Kennenlernen jedes Kontinents und der Ozeane wird die Naturcharakteristik, eine Beschreibung der Bevölkerung und der Wirtschaft gegeben. Viel Aufmerksamkeit wird der politischen Gliederung der Weltkarte und der kurzen Schilderung einzelner fremder Länder geschenkt. Einige Angaben über die Sowjetunion werden schon beim Kennenlernen Europas und Asiens vermittelt. Gleichzeitig werden die Kenntnisse über die geographische Hülle der Erde erweitert.

Die Struktur des Kurses:
Einführung
Teil I: Hauptmerkmale der Natur
      Thema 1:   Lithosphäre und Geländegestaltung
      Thema 2:   Weltozeane — Hauptteil der Hydrosphäre
      Thema 3:   Atmosphäre und Klima der Erde
Teil II: Verschiedenartigkeit und Verbreitung der Naturkomplexe der Erde
      Thema 1:   Verschiedenartigkeit der Komplexe
      Thema 2:   Naturzonengliederung
Teil III: Bevölkerung und politische Gliederung
      Thema 1:   Erschließung der Erde durch den Menschen
Teil IV: Kontinente und Ozeane
      Thema 1:   Afrika
      Thema 2:   Australien und Ozeanien

Thema 3: Antarktis
Thema 4: Indischer Ozean
Thema 5: Südamerika
Thema 6: Nordamerika
Thema 7: Atlantischer Ozean
Thema 8: Europa—Asien
Thema 9: Nordpolarmeer
Thema 10: Pazifischer Ozean
Thema 11: Vergleich der Naturkomplexe der Kontinente und der Ozeane

Teil V: Geographische Hülle und Naturkomplexe
Thema 1: Eigenschaften der geographischen Hülle und ihre Gliederung
Thema 2: Gegenwärtige Etappen der Entwicklung der geographischen Hülle

Im 8. und 9. Schuljahr wird der praktisch neue Kurs „Geographie der UdSSR" (physische, wirtschaftliche, soziale Geographie der UdSSR) unterrichtet, der eine komplexe und einheitliche Vorstellung über die Natur, Bevölkerung und Wirtschaft der UdSSR vermitteln soll. Besonders betont werden die wirtschaftliche Einschätzung von Naturbedingungen, Ressourcen, die demographische Charakteristik der Bevölkerung, soziale Fragen, die Analyse von Interbranchenkomplexen und wirtschaftlichen Raumkomplexen und des ganzen volkswirtschaftlichen Komplexes der UdSSR. In den regionalen Abschnitten schildert man große Wirtschafts- und Naturzonen und ihren Einfluß auf die wirtschaftliche Spezialisierung im Rahmen der Sowjetrepubliken und der großen Wirtschaftsräume. Mehr Aufmerksamkeit wird den wirtschaftlichen und ökologischen Problemen der Sowjetrepubliken und ihren Regionen gewidmet. Abschließend erforscht man den Natur-, Bevölkerungs- und Wirtschaftskomplex der Republik, des Gebietes der näheren Umgebung. In diesem Kurs wird die Bildung der Kenntnisse der physischen Geographie sowie der Fertigkeiten und Fähigkeiten auf dem Gebiet der Wirtschaftsgeographie abgeschlossen. Unter wirtschaftlichen und ökologischen Aspekten hat dieser Kurs eine besonders große Bedeutung.

Die Struktur des Kurses:
8. Schuljahr
Einführung: Geographische Lage der UdSSR
Teil I: Physische Geographie der UdSSR
Abschnitt 1: Allgemeine Charakteristik der Natur
Thema 1: Geländegestaltung, geologische Struktur und Bodenschätze
Thema 2: Das Klima
Thema 3: Binnengewässer und Wasserressourcen
Thema 4: Boden und Grundressourcen

Thema 5: Pflanzen- und Tierwelt
Abschnitt 2: Verschiedenartigkeit der Naturkomplexe der UdSSR
Thema 1: Naturrayonierung
Thema 2: Naturzonen
Thema 3: Hauptnaturzonen
Thema 4: Meere
Abschnitt 3: Wirksame Ausnutzung der Naturressourcen und Naturschutz
Thema 1: Die Rolle der Natur für die menschliche Versorgung
Thema 2: Grundlagen der Naturausnutzung und des Naturschutzes

Teil II: Wirtschaftliche und soziale Geographie der UdSSR
Abschnitt 4: Bevölkerung der UdSSR
Thema 1: Die UdSSR — ein einheitlicher Staat vieler Nationen
Thema 2: Einwohnerzahl der UdSSR
Thema 3: Bevölkerungsverteilung und Siedlungstypen
Thema 4: Bevölkerungsdichte

9. Schuljahr
Abschnitt 5: Allgemeine Charakteristik der Volkswirtschaft der UdSSR
Thema 1: Arbeitskräftepotential
Thema 2: Volkswirtschaft
Thema 3: Geographie der wichtigsten Interbrachenkomplexe und Industriezweige
Thema 4: Allgemeine Fragen der Geographie der Interbranchenkomplexe
Abschnitt 6: Wirtschaftliche und soziale Geographie der Sowjetrepubliken und der großen Regionen
Thema 1: Raumgliederung der Volkswirtschaft und wirtschaftliche Rayonierung in der UdSSR
Thema 2: Wirtschaftszonen der UdSSR
Thema 3: Westliche Wirtschaftszone (Mittelrußland, europäischer Norden, europäischer Westen, europäischer Süden, Wolga-Ural-Raum). Wichtigste Merkmale und Probleme.
Thema 4: Östliche Wirtschaftszone
Thema 5: Südöstliche Wirtschaftszone
Thema 6: Die Wirtschaft der UdSSR — ein einheitlicher volkswirtschaftlicher Komplex
Thema 7: Entwicklung der Volkswirtschaft und sozialer Fortschritt der sowjetischen Gesellschaft
Abschnitt 7: Geographie der Einzelrepubliken

Im 10. Schuljahr wird der praktisch neue Kurs „Wirtschaftliche und soziale Geographie der Welt" durchgenommen. Hauptrichtung im Vergleich zum alten Kurs der „Wirtschaftlichen Geographie des Auslandes" ist die erhebliche Straffung der Information über einzelne Länder, die jetzt hauptsächlich in Form der regionalen Übersichten erlernt werden, einhergehend mit der gesteigerten Aufmerksamkeit für die mikrowirtschaftlichen und globalen Problemen der Menschheit; akzentuiert wird auch die Rolle der UdSSR in der Weltpolitik und Weltwirtschaft. Dank solcher Veränderungen ist der Kurs nicht mehr so landeskundlich geprägt, und die wirtschaftliche Landeskunde wird mit der gesamten wirtschaftlichen Geographie verbunden.

Die Struktur des Kurses:
Einführung
Teil I: Die umfassende Charakteristik der Wirtschaftsgeographie der Welt
    Thema 1:   Die gegenwärtige politische Gliederung der Weltkarte
    Thema 2:   Geographie der Naturressourcen der Welt. Ökologische Probleme
    Thema 3:   Bevölkerungsgeographie
    Thema 4:   Weltwirtschaftsgeographie
    Thema 5:   Globale Probleme der Menscheit
Teil II: Das sozialistische Wirtschaftssystem der Welt. Sozialistische Länder
    Thema 1:   Allgemeine Charakteristik
    Thema 2:   Die sozialistischen Länder Europas
    Thema 3:   Die sozialistischen Länder Asiens und Kuba
    Thema 4:   Die internationale sozialistische Arbeitsteilung. Die sozialistische wirtschaftliche Integration
Teil III: Das kapitalistische Wirtschaftssystem. Die entwickelten kapitalistischen Länder
    Thema 1:   Allgemeine Charakteristik
    Thema 2:   Die entwickelten kapitalistischen Länder Nordamerikas, Westeuropas und Asiens
    Thema 3:   Die internationale kapitalistische Arbeitsteilung. Die kapitalistische wirtschaftliche Integration
Teil IV: Entwicklungsländer
    Thema 1:   Allgemeine Charakteristik
    Thema 2:   Entwicklungsländer Asiens, Afrikas und Lateinamerikas
Teil V: Globale Wirtschaftsbeziehungen

Laut Reform müssen auch bestimmte Veränderungen in der Methodik vorgenommen werden. Das Wichtigste soll besser hervorgehoben werden. Die Anforderungen an die Kenntnisse sind im Programm nach jedem Thema angegeben. Hier werden die Anforderungen an die geographische Nomenklatur gestellt. Die Liste der praktischen Ausbildungsverfahren findet sich im Anhang. Sie umfaßt Exkursionen, Praxis in der Natur. Im Anschluß an den Hauptteil des Programms findet man Anregungen für interdisziplinäre Zusammenarbeit, Bewertungsanleitungen, eine Liste der Lehrmittel und ein Literaturverzeichnis.

Im neuen Programm ist auch das System der Vermittlung von Grundkenntnissen verbessert, einschließlich der Lehrarbeit und dem selbständigen Erwerb von Kenntnissen. Die typologischen Ansätze werden verstärkt, das soll das Verstehen von Ländertypen und anderen geographischen Begriffen erleichtern und den Lehrstoff verringern. Die physische und wirtschaftliche Rayonierung wurde vergrößert, die Charakteristik der einzelnen Länder ist durch die Beschreibung ganzer Regionen ersetzt worden. Das induktive und das deduktive Verfahren werden miteinander verbunden. Für das erste gelten die Unterrichtsstunden der Verallgemeinerung der Kenntnisse nach großen Abschnitten des Programms. Vorgesehen ist solch ein Verfahren wie „Maßstäbe im Spiel" von raffiniertem geographischem Geist: vom Globalen zum Regionalen mit ständiger Abstufung.

Alles oben Angeführte macht deutlich, daß in der Sowjetunion mit der Schulreform eine neue Konzeption des Schulfachs Geographie geschaffen wurde, die den modernen Stand der Wissenschaft berücksichtigt, die große Erfahrung der sowjetischen Schule und verschiedene Tendenzen des Geographieunterrichts im Ausland einbezieht. In der nächsten Zukunft wird diese Konzeption in den neuen Lehrbüchern und Lehrmaterialien zu finden sein.

Vladimir Pavlovič Maksakovskij

Die neue wissenschaftlich-methodische Konzeption der sowjetischen Schulgeographie (1986)

In den „Hauptrichtlinien der Reform der allgemeinbildenden und Fachschulen" ist eine wissenschaftlich ausgewogene Bildungs- und Erziehungskonzeption der Jugend unter den modernen Verhältnissen erarbeitet worden. In der Konzeption sind prinzipielle Veränderungen im Inhalt, in der Struktur und in den Methoden des Bildungswesens vorgesehen. Dabei betreffen die Schlüsselprobleme der modernen Entwicklung — Steigerung der Arbeitsproduktivität aufgrund der Produktionsintensivierung, Nutzung der Vorteile des Sozialismus in Verbindung mit den Errungenschaften der wissenschaftlich-technischen Revolution — auch das Bildungswesen. Es geht um die Steigerung der Qualität und der Effektivität von Bildungs- und Erziehungsprozessen in der Schule. All das bezieht sich auch auf den Geographieunterricht.

In den Jahren 1960—70 ging die Geographie, so wie die anderen Schulfächer, zu neuen Lehrplänen und Lehrbüchern über, die vor einigen Jahren verbessert worden waren. Dabei wurde das wissenschaftliche und methodische Niveau gesteigert. In jedem Schulzyklus sowie im ganzen Schulgeographiesystem war eine deutliche wissenschaftlich-methodische Konzeption zu erkennen. Dennoch wurde diese Konzeption scharf kritisiert. Die Lehrpläne und die Lehrbücher wurden wegen der Schülerüberlastung und der Rückständigkeit hinter dem modernen Stand der Wissenschaft kritisiert.

Die Struktur unseres Lehrfachs hat sich vor einigen Jahrzehnten herausgebildet. Charakteristisch dafür war eine scharfe Abgrenzung der physischen Geographie von der Wirtschaftsgeographie, die regional-landeskundlichen Durchgänge überwogen deutlich die Durchgänge in der allgemeinen Geographie, das erschwerte die komplexe Behandlung der Räume und die Herausbildung eines ganzen Raumbildes. Der Lehrfachinhalt wurde auch moralisch erheblich ausgenutzt. Dasselbe gilt für die Methodik und die Struktur der Unterrichtsstunde. Es entstanden drei große Widersprüche: zwischen dem Lehrinhalt und dem Lebensbedarf, zwischen der Wissenschaftlichkeit und der Zugänglichkeit, zwischen dem Umfang des Lehrstoffes und der Lehrzeit.

Alle diese Aspekte wurden bei der Erarbeitung eines neuen Lehrplanes für Geographie berücksichtigt. Die Lösung dieser verantwortungsvollen Aufgabe wurde von der Akademie der Pädagogischen Wissenschaften geleitet, an der Arbeit nahmen das Geographische Institut der Akademie der Wissenschaften der UdSSR, die Fakultäten für Geographie an der Moskauer Staatlichen Pädagogischen Hochschule und an der Moskauer Lomonossow-Universität sowie praktizierende Lehrer teil. Die Grundlage dieses Lehrplanes bildet eine neue wissenschaftlich-methodische Konzeption der Schulgeographie. Die Verfasser des Lehrplanes gingen von der strategischen Aufgabe der Reform aus: der Herausbildung einer allseitig entwickelten Persönlichkeit.

Die Geographie ist ein unentbehrlicher Teil der allgemeinen Kultur. Sie erklärt viele Prozesse und Erscheinungen, die in der Natur und in der Gesellschaft vor sich gehen, macht mit den naturgemäßen und wirtschaftlichen wie sozialen Grundlagen der Produktion bekannt. Der Begriff der geographischen Kultur beinhaltet auch das geographische Denken, dessen klassische Deutung von *N. N. Baransky* stammt. Dazu zählt auch die geographische Sprache, deren Eigenart die geographischen Fachausdrücke und geographischen Namen bestimmen. Aus der Gesamtheit der geographischen Kultur, die sich im Laufe von Jahrhunderten herausgebildet hat, muß man für den Schullehrplan nur das Wichtigste wählen, denn in der Schule werden keine Berufsgeographen (keine Berufsmathematiker, keine Berufsbiologen usw.) ausgebildet, sondern Menschen, die sich in den Grundlagen aller Fächer zurechtfinden, die die in der Schule erworbenen Kenntnisse im Leben und in der Arbeit anzuwenden verstehen. Dies ist bei der Analyse und bei der Bewertung des Lehrplanes in erster Linie zu berücksichtigen.

Der wissenschaftliche Inhalt des Planes wurde radikal verändert. Das Prinzip der Wissenschaftlichkeit war und bleibt immer der wichtigste Grundsatz der sowjetischen Pädagogik. Die wichtigste Aufgabe der sowjetischen Schule ist es, der heranwachsenden Generation tiefe und dauerhafte Kenntnisse in den Grundlagen der Wissenschaften zu vermitteln, weiterhin die Herausbildung von Fertigkeiten und Fähigkeiten, diese Kenntnisse in der Praxis zu nutzen, sowie die Bildung der materialistischen Weltanschauung.

Bei der Erarbeitung des Lehrplanes entstand in diesem Zusammenhang die Frage, was als Grundlage der Wissenschaft für die Schule zu verstehen ist. Eng verbunden damit ist die Frage nach der Didaktik — wie man aus der Wissenschaft ein Lehrfach machen soll. Die Verfasser des Planes waren vor allem bestrebt, die Grenze zu bestimmen, die die allgemeine geographische Bildung, die alle 50 Mio. sowjetischen Schüler unabhängig von ihren künftigen Berufen brauchen, und die die Grundlage der geographischen Kultur ausmacht, von den geographischen Fachkenntnissen absondert. Mit anderen Worten mußte man solche Kenntnisse herauslösen, die das moderne geographische Bild der Welt als einen Teil des gesamten wissenschaftlichen Weltbildes zeigen.

Das wissenschaftliche Niveau des Planes wurde bedeutend gesteigert. Es wird darin über den Gegenstand und über die Rolle der geographischen Wissenschaft informiert, über die Quellen der geographischen Kenntnisse, über ihre Forschungsmethoden und über die geographischen Prognosen. Die Gesetzmäßigkeiten der Entwicklung und der Gliederung der Erdhülle, der Bildung der Naturkomplexe sind genauer bestimmt. Dasselbe gilt auch für die Theorien der wirtschaftlichen Raumgliederung, für die geographische Arbeitsteilung und für die Auffassung der territorialen Produktionskomplexe (TPK). Diese Theorien, Gesetzmäßigkeiten, Konzeptionen spiegeln sich im System der allgemeinen Begriffe und Fachausdrücke wider.

Die Vergrößerung des Anteils der Grundlagenkenntnisse ist die allgemeine Tendenz sowohl in der Mittel- als auch in der Oberschule. Man befürchtet manchmal, daß dies zur Überlastung der Schüler führen wird. Das ist ein Irrtum! Die Überlastung ergibt sich aus der Vielfalt von Fakten, aus der Anhäufung von Fachausdrücken und der unnötigen Detaillierung. Die Grundlagenkenntnisse spielen dagegen die Rolle eines Wegweisers, der die Hauptrichtungen im Lehr- und Bildungsprozeß bestimmt.

Neben der Festigung des wissenschaftlichen Plankernes verfolgten die Autoren auch die bessere Ausgliederung der Schwerpunktrichtungen, die die geographische Wissenschaft gegenwärtig durchdringen.

Die erste Schwerpunktrichtung ist die „Verwirtschaftlichung". Die Schulgeographie war und bleibt das wichtigste Lehrfach in der wirtschaftlichen Bildung der heranwachsenden Generation. Einige Elemente wirtschaftlicher Kenntnisse sind schon in den Durchgängen der 6.–8. Klasse vorhanden. Die Hauptrolle in diesem Sinne spielen wie vorher die Klassen 9 und 10. In der 9. Klasse werden Ausdrücke wie Spezialisierung, Kooperation, Konzentration, Arbeitsressourcen, Volkswirtschaftszweig, Wachstumstempo, Maßstäbe und Struktur der Gesellschaftsproduktion in unserem Lande, Gesetzmäßigkeiten und Prinzipien ihrer territorialen Gliederung vermittelt. In der 10. Klasse erfahren die Schüler etwas über die Hauptrichtungen der wissenschaftlich-technischen Revolution, wie sie sich in den sozialistischen und kapitalistischen Ländern entwickelte. Im neuen Lehrplan wird die moderne Situation betont, die durch die Entwicklung der Mikroelektronik, Robotertechnik, flexible Technologien, Biotechnik usw. gekennzeichnet ist. Neu beleuchtet werden die demographische Situation und die Arbeitsressourcen. Die Gliederung der sowjetischen Volkswirtschaft wird anhand der Interbranchenkomplexe erörtert. All das soll zum besseren Verständnis der wissenschaftlichen Grundlagen der modernen Produktion und der wichtigsten Richtungen ihrer Steigerung sowie letzten Endes auch zur besseren Beherrschung der Geographie und der geographischen Denkweise beitragen.

Die zweite Schwerpunktrichtung ist die Ökologisierung. Es ist allgemein bekannt, daß das Problem der Wechselwirkung von Mensch und Natur tonangebend in der geographischen Wissenschaft wurde. Die Schulgeographie behandelt traditionell nur das Problem des Naturschutzes und zwar begrenzt auf Land-, Flora- und Faunaschutz. Eine gewisse Entwicklung erfährt auch das Problem der Ressourcen, indem man die Bodenschätze ausführlicher behandelt. Der rein ökologische Teil war im vorhergehenden Lehrplan nur schwach vertreten.

Die oberflächliche Bekanntschaft mit dem neuen Lehrplan zeigt schon, daß das „Gesellschaft-Natur"-Problem alle fünf Zyklen durchdringt. In der 6. Klasse sind es vor allem die Themen „Die Wechselwirkung der Naturkomponenten" und „Die Natur und die Bevölkerung deines Wohnortes". In der 7. Klasse ist es der abschließende Abschnitt „Die geographische Erdhülle und die Naturkomplexe", in der 8. Klasse „Die rationelle Ausnutzung von Bodenschätzen und der Naturschutz". In der 9. Klasse behandelt man die ökologische Thematik sowohl im Rahmen der allgemeinen Charakteristik der sowjetischen Volkswirtschaft als auch der Sowjetrepubliken und der großen Wirtschaftsräume (Republik, Gebiet, Bezirk). In der 10. Klasse gibt es ein spezielles Thema „Die Geographie der Weltnaturressourcen. Ökologische Probleme". Außerdem sind die Ressourcen- und Ökologieprobleme in der Charakteristik der sozialistischen, der entwickelten kapitalistischen und der Entwicklungsländer vorhanden. Der Umweltschutz wird als ein globales Problem der Menschheit angesehen.

Diese Art der wiederholten Behandlung von Problemen ermöglicht die Herausbildung der wichtigsten Allgemeinbegriffe, darunter die anthropogene Landschaft und die Naturnutzung. Sie sollen dem Schüler helfen, geographische Aspekte der Wechselbeziehung von Gesellschaft und Natur zu verstehen, die Wege ihrer Optimierung, das Wesen der Naturnutzung im Sozialismus und die Naturschutz- und Ökologieprobleme. Der neue Lehrplan soll die Schüler zur Beherrschung der modernen ökologischen Denkweise bringen.

Die dritte Schwerpunktrichtung ist die Soziologisierung. Sie spiegelt die humanitäre Orientierung des Bildungsprozesses und des gesamten Gesellschaftslebens wider. Sie betont den persönlichen und sozialen Faktor. Es geht um die steigende Bedeutung eines Menschen im wirtschaftlichen und sozialen Leben, um die bessere Begriffserschließung der werktätigen Bevölkerung als der wichtigsten Arbeitskraft, um die wachsende Rolle des Nichtproduktionsbereiches, um die Veranschaulichung der sozialen Entwicklung unseres Landes anhand der Raumgliederung.

Daraus ergibt sich die konsequente Behandlung des Bevölkerungsproblems in allen fünf Zyklen. Ende der 6. Klasse werden die Schüler mit dem Begriff der Bevölkerung und der Rassengliederung bekanntgemacht. Diese Frage wird auch beim Durchnehmen der einzelnen Erdteile erörtert. In der 8. Klasse gibt es ein spezielles Kapitel „Die Bevölkerung der UdSSR". In der 9. Klasse werden die Arbeitsressourcen der UdSSR gesondert behandelt. Die Bevölkerungsproblematik wird beim Erlernen der Wirtschaftsräume erwähnt. Das Thema „Die Weltbevölkerung" ist in der 10. Klasse vorgesehen. Es gibt eine Einführung zu allen anderen Abschnitten dieses Zyklus.

Schrittweise lernen die Schüler Begriffe wie die Bevölkerungsdichte, die Stadtagglomeration, Verstädterung. Besonders betont werden dabei soziale Aspekte: Klassengliederung, Rassen-, National- und Glaubensprobleme, Bildungsfragen, Beschäftigung und Arbeitslosigkeit, Produktionsqualität und Lebensstandard.

Die anderen Bestandteile der Sozialproblematik werden hauptsächlich in den Durchgängen der 9. und 10. Klasse behandelt. In erster Linie sind es Dienstleistung, Forschungstätigkeit (mit dem Begriff der Wissenschaftsintensität), Freizeit- und Erholungsbereich, Reiseverkehr. Die Veränderung der Inhalte der Wirtschaftsgeographie, deren Soziologisierung führt zu ihrer Umbenennung in Wirtschafts- und Sozialgeographie.

Die vierte Schwerpunktrichtung ist die Politisierung. Sie bezweckt die bessere Einprägung der politischen Weltkarte, der wichtigsten Globalprobleme der Menschheit (Verhütung eines neuen Weltkrieges) und der Rolle der Sowjetunion und der Staaten der sozialistischen Gemeinschaft im politischen Weltgeschehen. Aus diesem Grunde wird die politische Weltkarte in allen Durchgängen behandelt. Besonders intensiv befaßt man sich mit der politischen Karte in der 7. Klasse beim Durchnehmen der einzelnen Erdteile. Die politische Karte der einzelnen Erdteile wurde auch früher durchgenommen, jetzt wird sie aber durch die Beschreibung einiger Staaten erweitert. Das ist sehr wichtig und gerechtfertigt, denn schon in diesem Alter müssen sich die Schüler in der politischen Karte der Welt orientieren. Außer den Großmächten hören sie fast jeden Tag etwas über Afghanistan, Libanon, Nicaragua, Namibia usw. Andererseits war es schwierig, die zu beschreibenden Länder auszuwählen. Zuerst waren es 40 Länder, jetzt blieben 30, was auch noch zu viel ist.

Die fünfte Schwerpunktrichtung ist die größere Praxisorientierung des Bildungsprozesses. Die Verfasser des Lehrplanes waren bemüht, die konstruktiven und angewandten Ansätze der Geographie besser zu zeigen, die die moderne geographische Wissenschaft charakterisieren. Das bezieht sich auf alle Kenntnisse, die im Lehrplan vorhanden sind und die mit der rationellen Bodenschätzenutzung und der Raumgliederung der Bevölkerung und der Produktion verbunden sind. Dies ist für das künftige Verhalten der Schüler in Natur und Produktion besonders wichtig. So müssen die Schüler der 6. Klasse verstehen, sich im Gelände zu orientieren, die verschiedenen Kartentypen zu lesen und die einfachsten Naturschutzmaßnahmen zu treffen. In der 9. Klasse sollen die Schüler mit den statistischen Kennziffern umgehen, wirtschaftsgeographische Charakterisierungen geben, in der 10. Klasse Produktionsbeziehungsdiagramme zusammenstellen, Referate vorbereiten und verschiedene Nachschlagewerke benutzen.

Diese neuen Elemente des Lehrplanes sollen zur weiteren Entwicklung von Fähigkeiten und Fertigkeiten, zur Verbesserung der Kontakte mit der Berufsausbildung und der Berufsorientierung beitragen. Der Lehrplan soll weiterhin dazu beitragen, bei den Schülern die dialektisch-materialistische Anschauung der Natur, Bevölkerung und Wirtschaft sowie ihrer Wechselwirkung, sowie die Überzeugung von der materiellen Realität der Welt und die Erkenntnismöglichkeit der Naturgesetze herauszubilden. Der neue Lehrplan spiegelt die wichtigsten Weltanschauungen der Schulgeographie deutlicher und konsequenter als der bisherige wider.

Machen wir jetzt einige Bemerkungen zu den Veränderungen in der Fachstruktur. Die wichtigsten Strukturveränderungen im neuen Lehrplan sollten der Verwirklichung von zwei Zielen dienen. Das erste Ziel bestand im komplexen, synthetischen Verfahren, das auch das Integrationspotenzial der geographischen Wissenschaft und des Schulfachs auszunutzen ermöglichte. Das fand seinen Ausdruck in der Bildung eines einheitlichen Zyklus „Die Geographie der UdSSR" in der 8. und 9. Klasse. Der neue Zyklus „Die Geographie der UdSSR" erfaßt voll und konsequent die drei Komplexe Natur, Bevölkerung und Wirtschaft. Am Ende des Zyklus ist die komplexe Behandlung einer Republik (eines Bezirks, Gebiets) vorgesehen, was im alten Lehrplan in einen physisch-geographischen und einen wirtschaftlich-geographischen Teil getrennt erfolgte. Das komplexe Verfahren ist auch in einzelnen Zyklusabschnitten und Zyklusthemen zu verfolgen. In der 8. Klasse sind das die Naturkomplexe der UdSSR, Probleme einer rationellen Nutzung, des Schutzes und der Umwandlung der Natur in der Nichtschwarzerdezone, in Westsibirien, in der BAM-Zone und anderen Gebieten. In der 9. Klasse sind es die Interbranchenkomplexe, der einheitliche Wirtschaftskomplex der UdSSR, die Wirtschaftszonen. Im alten Lehrplan erfaßte der Zyklus der Erdteilegeographie nur die Fragen der physisch-geographischen Landeskunde. Der integralen Landeskunde steht inhaltlich der Zyklus „Geographie der Erdteile und Ozeane" in der 7. Klasse näher, in dem bei der Charakterisierung der Erdteile auch die Bevölkerungsfragen und politischen Karten behandelt werden, kurze Beschreibung einzelner Länder gegeben werden und der menschlichen Wirtschaftätigkeit und ihrer Wirkung auf die Natur mehr Aufmerksamkeit geschenkt wird.

Das zweite Ziel bestand in der Erweiterung der sogenannten allgemeinen Geographie, d. h. nicht der regional-landeskundlichen Zyklen, sondern solcher, die der allgemeinen Problematik der physischen und sozial-ökonomischen Geographie gewidmet sind. Die allgemeine physische Geographie ist bei uns unter Berücksichtigung des Alters der Schüler nur als Anfangszyklus der physischen Geographie vertreten. Was die allgemeine Wirtschaftsgeographie betrifft, wird sie auch als wirtschaftlich-geographischer Überblick in der 9. Klasse dargeboten. Selbstverständlich kann uns ein solcher Sachverhalt nicht erfreuen. Von I. P. Gerassimow und anderen Wissenschaftlern wurden viele Vorschläge zur Erweiterung der allgemeinen Geographie in der Oberstufe ausgearbeitet.

Leider gelang es nicht, sie alle in vollem Maße im neuen Lehrplan aufzunehmen. Man sollte sich auf Kompromisse beschränken, besonders was die physische Geographie angeht, wo solche Themen besser beleuchtet wurden wie die geographische Erdhülle, Wechselwirkung von Natur und Mensch (7. Klasse), Zusammenhang von Naturressourcen und Produktion, Naturnutzung und Naturschutz (8. Klasse). Im Zyklus der 9. Klasse sind zusätzliche Elemente der allgemeinen Wirtschaftsgeographie eingeschlossen, die die Charakteristik der Volkswirtschaft im ganzen und ihrer territorialen Organisation, allgemeine Fragen der Wirtschaftsgeographie und andere betreffen. Besonders große Bedeutung beim allgemeinökonomisch-geographischen Herangehen an diese Themen soll jedoch dem prinzipiell neuen Zyklus der Wirtschafts- und Sozialgeographie der Welt in der 10. Klasse zugemessen werden.

Die wesentliche Verbesserung dieses Zyklus (im Vergleich zu dem alten Zyklus der Weltwirtschaftsgeographie) besteht im Abbau des Materials über einzelne Länder und in der tiefergehenden Behandlung der Globalprobleme der Menschheit, der allgemeinen Charakteristik beider sozial-ökonomischen Weltsysteme, der Fragen der internationalen geographischen Arbeitsteilung und der wirtschaftlichen Beziehungen auf internationaler Ebene. Dank dieser Struktur wird dieser Zyklus aus einem landeskundlichen zu einem Zyklus, der die ökonomisch-geographische Landeskunde mit der allgemeinen Wirtschaftsgeographie verbindet. Jetzt wird in der 10. Klasse nicht nur das Ausland, sondern die ganze Welt behandelt, mit Betonung der Rolle und Position der UdSSR in der Weltpolitik und -wirtschaft.

Bei der Besprechung der Fachstruktur sollen auch die Fakultativzyklen erwähnt werden. Die Akademie der Pädagogischen Wissenschaften der UdSSR hat ein ganzes System solcher Fakultativzyklen ausgearbeitet, die in fachliche und interdisziplinäre geteilt sind. Die Fach-Fakultativzyklen werden weiter in die Fortschrittszyklen gegliedert, wo der Inhalt des Hauptzyklus gründlicher behandelt wird, sowie in die angewandten Fakultativzyklen, deren Ziel darin besteht, die Schüler mit der praktischen Anwendung der wissenschaftlichen Kenntnisse bekanntzumachen, und schließlich in fakultative Spezialzyklen mit der tiefergehenden Behandlung einzelner Lehrplanabschnitte.

Das System solcher Fakultativzyklen ist auch für das Lehrfach Geographie entwickelt worden. Es ist folgendes dabei vorgesehen: Eine eingehende Behandlung der primären Zyklen, das Fortbestehen der vorhandenen angewandten Fakultativzyklen in Kartographie, Geologie, Wirtschaftsgrundlagen, wo einige neue Fakultativzyklen dazukommen; weiterhin die Bildung einer ganzen Reihe von fakultativen Spezialzyklen, z. B. über Weltbevölkerung, Geographie der Weltmeere, Städte der UdSSR, Globalprobleme der Menschheit usw. Eine große Bedeutung wird für die Schulgeographie auch die Gründung der Schulen (Klassen) mit dem erweiterten Geographieunterricht haben, die heute praktisch nicht existieren. Für diese Schulen (Klassen) werden die erweiterten Lehrpläne einiger Zyklen vorbereitet.

Bedeutend verbessert wurden auch die didaktischen Prinzipien, die methodische Gliederung und der Inhalt des Lehrplans. Die Reform unterstreicht eindeutig die Notwendigkeit der Präzisierung von Inhalt und Umfang des Lehrstoffs, des Weglassens von kompliziertem und überflüssigem Lehrstoff, der bildlichen und treffenden Wiedergabe von Grundbegriffen und den Hauptrichtlinien des Lehrfaches, der Bestimmung des optimalen Umfangs von Fähigkeiten und Fertigkeiten in jeder Klasse und in jedem Fächer, die für die Schüler obligatorisch sind.

Soweit die Gliederung des neuen Geographielehrplans. Im Vergleich zum alten Lehrplan wurden im neuen Punkte ausgelassen wie die Überlastung durch die mathematische Kartographie, historische Geologie, einige Klimaklassifikationen und anderes. Die Konzeption der Energieproduktionszyklen wird hier nur noch kurz erwähnt. Noch kritischer wurden nebensächlicher Stoff sowie Zahlen- und Datenangaben behandelt. Den Grund dafür bildete die Tatsache, daß die Schulgeographie mehr vom nebensächlichen Stoff als vom Kernstoff überlastet war.

Diese Vorgehensweise wollen wir an einem Beispiel, nämlich an der Auswahl der allgemeinen Fachbegriffe veranschaulichen. Im alten Lehrplan wurden etwa hundert Begriffe herausgestellt, im neuen etwa 65. Als weniger wichtig werden solche Begriffe angesehen wie das Zwischenschichtengewässer, der Kanal, der See, das Hochland, die Savanne, die Tundra, die Taiga, die Steppe, der Feuchtigkeitsgrad, das Energiesystem und viele andere. Ihrer Bedeutung nach können sie nicht mit wichtigen Allgemeinbegriffen verglichen werden wie die geographische Karte, die Lithosphäre, die Atmosphäre, die geographische Breite und Länge, die Naturressourcen, die Arbeitsressourcen, die geographische Arbeitsteilung, die Verstädterung, das sozialistische Weltwirtschaftssystem usw., die notwendig für die Herausbildung der geographischen Kultur sind. Diese Begriffe wurden in größerem Maße systematisiert.

Etwa in ähnlicher Weise wurden die obligatorischen Fähigkeiten und Fertigkeiten festgelegt. Die Anforderungen an Kenntnisse, Fähigkeiten und Fertigkeiten wurden im Lehrplan im Zusammenhang mit den entsprechenden Themen formuliert, was die Lehrerarbeit sicher erleichtern wird. Aber das Wichtigste besteht nicht in der Form, sondern im Wesen, d. h. darin, daß diese Anforderungen einige Ideen des entwickelnden Lernens widerspiegeln, einschließlich der Herausbildung der notwendigen Lernarbeitsfertigkeiten, sowie der Fertigkeiten des Kenntniserwerbs in drei Stufen.

Zu der ersten Stufe der Informationsaneignung gehört das Vermögen der Schüler, Meere, Inseln, Meeresstraßen oder Länder auf der Karte zu finden. Wenn aber die Schüler auf der Karte die physisch-geographische Lage und Maßstäbe der Erdteile bestimmen oder anhand der Karten die Zusammenhänge von Bevölkerung, Wirtschaft und territorialen Naturbedingungen der UdSSR erkennen sollen, so spricht man schon von der zweiten Stufe, die die Anwendung der Kenntnisse in einer bekannten Situation, nach dem Modell verlangt. Und wenn schließlich die Schüler Komponenten und Naturkomplexe der Erdteile zu vergleichen oder Probleme der Wechselwirkung von Produktion und Natur in verschiedenen Regionen der UdSSR zu bestimmen haben, so geht es um die dritte Stufe der selbständigen Erkenntnistätigkeit, die die schöpferische Anwenwendung von Kenntnissen und Fähigkeiten in einer neuen Lehrsituation vorsieht.

Besonders sollten auch die Themen (Stunden) für Zusammenfassungen erwähnt werden, die in jedem Zyklus eine wichtige didaktische Erkenntnisfunktion erfüllen, weil der durchgenommene Stoff durchdacht und wissenschaftlich und praktisch systematisiert werden soll. In der 6. Klasse gilt als solches Thema der Zusammenhang von Naturkomponenten; in der 7. Klasse der Vergleich der Naturkomplexe der Erdteile und Ozeane; in der 8. Klasse die Naturnutzung und der Naturschutz; in der 9. Klasse die allgemeinen Züge und Probleme der westlichen Wirtschaftszone, sowie die Wirtschaft der UdSSR als ein einheitlicher Volkswirtschaftskomplex. In der 10. Klasse faßt das Thema „Die Globalprobleme der Menschheit" den ganzen Inhalt des 1. Lehrplanabschnitts zusammen; das Thema „Die internationale sozialistische Arbeitsteilung und die sozialistische Integration" schließt den 2. Abschnitt ab; das Thema „Die internationale kapitalistische Arbeitsteilung und kapitalistische Integration" den Abschnitt 3. Und der Abschnitt „Die Weltwirtschaftsbeziehungen" faßt den Inhalt des ganzen Zyklus zusammen. So wird ein ganz anderes Verhältnis zwischen dem deduktiven und induktiven Verfahren erreicht, was sich auch positiv auf die Aneignung des Lehrstoffes auswirkt.

Vom Standpunkt der Generalisierung des Lehrstoffes, der Betonung des Wesentlichen ist auch das typologische Verfahren wichtig, das die Typologie der geographischen Prozesse und Objekte einschließt. Seinen Ausdruck findet dieses Verfahren in der sogenannten „Verallgemeinerung der Kenntnisse". Am besten kann man das am Beispiel der Wirtschafts- und Sozialgeographie der UdSSR zeigen.

Bekanntlich sieht der ehemalige Lehrplan die Behandlung von 16 Wirtschaftsräumen und Unionsrepubliken der UdSSR vor. Trotz aller Bemühungen, das jeweils Spezifische zu betonen, überwog im II. Teil des Zyklus eben der beschriebene Stoff nach einem Standardschema. Die Analyse des neuen Lehrplans zeugt von einer grundlegenden Veränderung dieses Zugangs. Es wurde die „Verallgemeinerung der Kenntnisse" durchgeführt. Als Grundlage der Zusammenfassung des ganzen Stoffes gelten drei Wirtschaftszonen, was es ermöglicht, wichtige typologische Verallgemeinerungen zu machen, allgemeine Züge, Tendenzen und Entwicklungsprobleme im einzelnen zu charakterisieren. Schon auf dieser typologischen Grundlage werden solche großen Räume unseres Landes charakterisiert wie Zentralrußland, der europäische Norden, der europäische Süden, der Ural-Wolga-Raum und andere. In allen diesen Räumen werden weitere Wirtschaftsbezirke und Unionsrepubliken ausgegliedert.

Die Schwerpunktbestimmung des Lehrplans erstrebt in erster Linie die Aneignung der allgemeinen, typologischen Merkmale. Die Wirtschaftsräume und Unionsrepubliken werden jetzt nicht mehr so umfangreich behandelt wie früher. Es geht nur um die wesentlichen Züge, die den Raum (die Unionsrepublik) charakterisieren und deren Einbindung in die Zone bestimmen.

Das typologische Verfahren, die „Verallgemeinerung der Kenntnisse" ist auch für die 10. Klasse charakteristisch. Hier werden anstatt 23 Länder nur 4 behandelt, und alle anderen gehören zu den regional-typologischen Überblicken der sozialistischen Länder Europas, Asiens und Amerikas, der entwickelten kapitalistischen Länder Nordamerikas, Westeuropas und Asiens, der Entwicklungsländer Asiens, Afrikas und Lateinamerikas. Solche Überblicke werden nur die Eigenart, das „Gesicht" jedes Landes wiedergeben, im Vergleich zu dem vollen Schema ihrer Beschreibung im alten Lehrplan. Im Zyklus der 10. Klasse fand auch das „Maßstabsspiel" seinen Ausdruck: Geographische Prozesse und Erscheinungen werden global, regional, subregional und auch auf dem Niveau eines Landes, Bezirks und einer Stadt analysiert.

Abschließend soll die 11. Klasse erwähnt werden. 1984 wurde eine Variante des Lehrplanes ausgearbeitet, in der es vorgesehen war, in der 11. Klasse einen kleinen (35 Stunden), aber wichtigen Zyklus „Die Grundlagen der konstruktiven Geographie" einzuführen. Die Aufgabe dieses Zyklus besteht in der Zusammenfassung der geographischen Kenntnisse der Schüler, die sozial und altersmäßig reif sind, und in der Orientierung der Schüler auf ihre künftige Arbeitstätigkeit. Anders gesagt sollte dieser Zyklus als „Dach" für den ganzen Bau der Schulgeographie gelten, wie es mit dem Zyklus der allgemeinen Biologie oder dem neuen Zyklus der allgemeinen Chemie der Fall ist. Aber leider gelang es nicht, das Lehrfach Geographie in der 11. Klasse einzuführen. Es wurde nur der fakultative Zyklus in den Grundlagen der konstruktiven Geographie bestätigt, dessen Vorbereitung in hohem Maße durch das gleichnamige Lehrerbuch erleichtert wird.

Aus dem Gesagten wird ersichtlich, daß der neue Lehrplan in Geographie eine feste Grundlage für die Schaffung von Lehrbüchern bietet, die in inhaltlicher, methodischer und struktureller Hinsicht prinzipiell neu sind.

Walter Sperling

Probleme der Länderkunde in der Schule — dargelegt an der Behandlung Rußlands und der Sowjetunion von den Anfängen bis 1970 (1984)

Einführung

Wenn wir über „Länderkunde" und ihre Probleme sprechen, dann müssen wir sorgfältig unterscheiden zwischen dem „länderkundlichen Schema" der Hochschulgeographie und dem „länderkundlichen Durchgang" in der Schulgeographie. Alfred Hettner ordnete in dem von ihm vertretenen Schema den Stoff in einer bestimmten Reihenfolge an, die sich bei jedem Land wiederholte, und gab dafür eine wissenschaftstheoretische und methodologische Begründung. In der Schulgeographie aber herrschte ein „Durchgang" (curriculum), der von der Nähe zur Ferne angeordnet war; man nannte das die synthetischkonzentrische Methode. Das „Schema" wurde dabei aber nicht angewendet; vielmehr sollten dabei die Charakteristika der Raumindividuen anschaulich hervorgehoben werden.

Die Anfänge der Länderkunde liegen in der Antike und wurden in der Zeit der Renaissance und des Humanismus erneuert, in der Zeit der Aufklärung mit immer konkreteren Inhalten ausgefüllt und schließlich im 19. Jahrhundert didaktisch und methodisch präzisiert. Wir wollen nun am Beispiel der Behandlung Rußlands, Sowjetrußlands und der Sowjetunion versuchen, eine Erklärung dafür zu finden, daß die moderne, systemorientierte Geographie den Weg der Länderkunde nicht mehr beschreitet.

Rußland hat im „geographischen Weltbild" der Deutschen immer eine bedeutende Stellung eingenommen. Peter Simon Pallas (1741—1811), Alexander von Humboldt (1769—1859) und Alfred Hettner (1859—1941) haben mit ihren Reisen und Werken dazu beigetragen, die Bedeutung Rußlands zu würdigen und für das Verständnis der Russen und der anderen Völker, die in der heutigen Sowjetunion leben, zu werben. Auch heute noch ist das Interesse der deutschen Geographen, worauf J. Stadelbauer kürzlich hinwies, für die geographischen Probleme der Sowjetunion groß.

Die deutsche Schulgeographie hat stets versucht, das von der Wissenschaft gewonnene Rußland-Bild zu rezipieren, was aber mit einer gewissen Verzögerung geschah. Dieses Bild war aber nicht frei von Stereotypen und Vorurteilen, wie wir noch sehen werden. Zunächst war es der Staat als Ganzes, der das Interesse erweckte. Mit der Anwendung des regionalen Prinzips, das die Erdteile

---

* Der Vortrag war von zahlreichen Illustrationen begleitet, von denen hier nur eine knappe Auswahl wiedergegeben werden kann.

trennte, kam es aber zu einer Trennung der europäischen und der asiatischen Landschaften Rußlands in den Lehrplänen und Unterrichtswerken. Nach dem Zweiten Weltkrieg erkannte man die Notwendigkeit, die Sowjetunion als Ganzes zu behandeln. Ein gutes Beispiel dafür bieten die Lehrpläne des Landes Rheinland-Pfalz aus dem Jahre 1950, wo in der 6. Klasse Nordasien zusammen mit Europa behandelt werden soll.[1]

Der geographische Unterricht im deutschen Sprachraum entwickelte sich seit dem 17. Jahrhundert kontinuierlich und erreichte im „Vormärz", also um 1830, einen ersten Höhepunkt. Nach der bürgerlichen Revolution 1848 kam es zu einem deutlichen Rückschlag. 1871 bzw. 1881 wurde der geographische Unterricht an den peußischen Volksschulen und Hochschulen obligatorisch, an den Hochschulen wurden Lehrstühle für Geographie errichtet. Schon zu dieser Zeit war das Prinzip der Länderkunde zum Dogma erstarrt, doch bald nach 1900 kam es zu den ersten Versuchen, den Unterricht im Sinne einer neuer Pädagogik lebensnäher zu gestalten. Die Kulturgeographie und die Landschaftskunde führten zu einer mehr dynamischen Behandlung der Länder. Themen der Allgemeinen Geographie wurden nur in der Oberstufe der Gymnasien und in der letzten Klasse der Realschule gelehrt.

Die länderkundliche Periode von 1870 bis 1970, um die es hier geht, zeigt in sich ein differenziertes Bild, bedingt durch die politischen Verhältnisse in Deutschland, durch pädagogische Erneuerungsbewegungen und durch zeitspezifische Modeströmungen. Die Nationalpädagogik und die Kolonialpolitik, die Jugendbewegung und die Kulturkunde, die Kriegsgeographie und die völkische Ideologie, die staatsbürgerliche Erziehung und die Arbeitsschule, die Geopolitik und Rassendoktrin, Ideen des Weltbürgertums und der internationalen Verständigung, Zivilisationskritik und emanzipatorische Erziehung wirkten sich nacheinander aus. Die Länderkunde, der ein wissenschaftstheoretisch abgesichertes Konzept stets gefehlt hat, war leicht empfänglich für die Versuchungen des Zeitgeistes und hat sich deshalb zur Dienerin vieler Systeme erniedrigt. Diese Fehlentwicklungen machen es uns sehr schwer, ein klares und überzeugendes Konzept der Regionalgeographie für die Zukunft zu finden.

Belege für das große Interesse an Rußland und später der Sowjetunion bietet auch die Atlaskartographie. Die Entwicklung der kartographischen Darstellung Rußlands und derjenigen Gebiete Asiens, die heute zur Sowjetunion gehören, wäre ein Thema für einen eigenen Vortrag. Ich darf hier nur die Namen Heinrich Berghaus, Hermann Haack, August Petermann, Adolf Stieler und Emil von Sydow erwähnen. In den Schulatlanten erschien bis in die Mitte dieses Jahrhunderts die obligate Karte über das Europäische Rußland, während der größere Teil auf der Asien- und Nordasienkarte erschien. Heute heißt die erste Karte sinngemäß „Osteuropa", die gesamte Sowjetunion wird aber in komplexen Karten gewürdigt, z. B. in der Neuausgabe des Diercke Weltatlas (1974), im Alexander Weltatlas (1976) und neuerdings auch im Seydlitz-Weltatlas (1986).

---

[1] Lehrpläne für die höheren Schulen in Rheinland-Pfalz, Koblenz 1950, S. 34 f.

Kehren wir nun zurück zur Geschichte der Schulgeographie und der Länderkunde in der Schule, die zugleich ein Paradigma für die georgraphische Ideengeschichte im deutschen Sprachraum ist. Wir können hier verschiedene Perioden unterscheiden:
— die Kosmographien,
— die Geographie nach der Karte,
— die Kompendiengeographie,
— die Staaten-Geographie und die „reine" Geographie,
— die Schulgeographie nach dem länderkundlichen Durchgang,
— die „vaterländische" Erdkunde
— die exemplarische, thematische und lernzielorientierte Geographie in der Bundesrepublik Deutschland, in Österreich und in der Schweiz sowie die regionalökonomisch orientierte Betrachtung im Geographieunterricht der Deutschen Demokratischen Republik.

Die Kosmographien

Kosmographien sind Weltbeschreibungen; bis in das 17. Jahrhundert war der Begriff „Kosmographie" gleichbedeutend mit Geographie. Sie arbeiteten das Erbe der Antike im Geiste des Humanismus und der Reformation wieder auf. In der Alten Geographie dominierte noch immer der Mittelmeerraum, in der Mittleren Geographie wurde das Heilige Römische Reich Deutscher Nation herausgestellt, und in der Neuen Geographie gewannen auch der Norden und Rußland an Bedeutung. Erst nach dem 17. Jahrhundert wird Osteuropa als selbständige Einheit betrachtet.

Der wohl bekannteste Vertreter der Kosmographie war Sebastian Münster (1489—1552), der eigentlich Theologe und Hebraist war, heute aber als einer der besten Geographen und Kartographen seiner Zeit gilt. Seine „Cosmographia universalis" erschien 1544 in Basel auf 649 Folioseiten und erlebte bis 1628 21 Auflagen sowie mehrere Übersetzungen in andere Sprachen, darunter mehrere lateinische und auch eine tschechische Ausgabe. Außerdem kennen wir von Münster mehrere Landkarten von Europa, darunter eine didaktisch konzipierte Darstellung, in der Europa die Gestalt einer Jungfrau zeigt, deren Körperteile die Namen der Länder tragen.

Das erste speziell für den Schulunterricht ausgerichtete Geographielehrbuch in Deutschland schrieb der Ilfelder Rektor Michael Neander (1525—1597). Er war ein Schüler des Reformators Melanchthon und setzt anstelle der Cosmographie die moderne Chorographie durch. Das Werk bestand aus zwei Teilen, der Explicatio, die wohl mehr für den Gebrauch des Lehrers gedacht war, und die kürzere Divisio für den Gebrauch des Schülers. Die vollständigen Titel des Lehrwerkes lauten: „Orbis terrae partium succincta Explicatio" (Eisleben 1583) und „Orbis terrae Divisio compendiaria" (Leipzig 1586). Einer allgemeinen Einleitung folgt der chorographische Teil, der jeweils mit dem „Lob des Landes" beginnt. Es handelt sich also um die erste bekannte Darlegung der Chorographie für den Schulgebrauch. Er läßt dabei offen, ob er der Alten oder

1416 Das sechste Buch
Moscowiterlandt. Cap. lxxxii.

Moscow Hauptstatt.

Oscowiterlandt/ oder Moscovia endet sich gegen Mitternacht an dem gefrornen Meer. Von Auffgang vnnd Mittag her rühret es die Tartarn an: besser gegen Mittag stosset es an die Littaw. Gegen Nidergang hat es Eissland/ vnd Finland. Diß Land hat seinen Nammen von einem Wasser das Moscus heist/ das da für fleusset/ vnd lauffet in das Mitnächtige Meer.

An diesem Wasser ligt die Statt Moscha oder Moßka/ vñ ist der Moscowiter Hauptstatt/ vnnd vbertrifft alle andere Stätt dieses Lands in der Grösse/ Gezierd/ Stercke/ gelegenheit der Wässer/ vnd auch der mechtigen Fürstlichen Schlösser halben so darinn sein. Sonsten sein die Häuser/ wie auch die gemeinen Kirchen nur von Holtz gemawen/ vnnd ist schier kein Hauß/ es ligt daran ein Garten/ darin man Kräuter zeucht/ seind gantz schlecht gebawen/ wie die Bawren Häuser in vnsern Landen. Es ist da nichts herrlichs zu sehen/ als die beyden Fürstlichen Schlösser/ so Basilius/ des grossen Johannis Basilides Sohn auß angeben eines Meylándischen Bawmeisters gantz Prächtig vnd herrlich von Stein erbawen lassen. Sie stehen neben einander. In dem einen ist des Großfürsten Palast auff Italiänische manier gebawen/ vnd viel steinerne Kirchen. In dem andern seind etliche Gassen voller Läden vnd Werckstätten/ darinnen allerley Handtwercker zu sehen/ in gestalt des Arsenals oder Zeughauses zu Venedig. Diese Statt ist vor diesem mechtig vnd in grossen ansehen gewesen. Hat in jhrem vmbkreiß bey

„Moscowiterlandt" aus Kosmographie Sebastian Münsters, nach dem Original von 1628, S. 1416.

der Neuen Geographie folgt, jedenfalls ist die Behandlung der Alten Welt ausführlicher. Die religiöse Komponente tritt stark hervor, indem er alles der Kirchengeschichte unterordnet. Die Muse der Mathematischen Geographie schwebt über Europa, vorausschauend, wie sich die Namen der Reiche ändern.

Während Neander u. a. ihre Lehrbücher in lateinischer Sprache verfaßten, kam nach der Reformation auch die deutsche Sprache in Gebrauch. Ein Beispiel dafür bietet Maximilian Dufrène, ein Jesuit, der dem lateinischen Text immer den deutschen Text gegenüberstellt: „Geographischer Anfang oder kurze und leichte Weise, die katholische Jugend in der Historie zu unterrichten" (Augsburg 1726/36).

Geographie nach der Landkarte

Wie wir gesehen haben, legte schon Neander Wert auf die Benutzung von Karten im geographischen Unterricht. Bekannt ist auch Johann Cochläus (1479–1572), der eigentlich Dobneck hieß und 1510 Rektor des St.-Lorenz-Gymnasiums in Nürnberg wurde. Auch er arbeitete mit Landkarten im Unterricht.

Der bekannteste Vertreter der katechetischen, ganz auf die Topographie ausgerichteten Lehrmethode war Johann Hübner (1668–1731). Sein geographisches Schulbuch „Kurtze Fragen aus der alten und neuen Geographie" (Leipzig 1695) erlebte 36 Auflagen und wurde sogar in die russische Sprache übersetzt. Es handelte sich bei diesem Buch also um einen Geographie-Katechismus mit Fragen und Antworten zum Auswendiglernen. 1754 folgte Hübners „Bequemer Schulatlas aus 18 Homannischen Landkarten".

Wesentlich an Hübners Methode ist der Kommentar zur Landkarte in Form von Frage und Antwort. Hübner trat mit Johann Baptist Homann in Nürnberg, dem Inhaber der berühmten Landkartenoffizin, in Verbindung und beriet diesen bei der Herstellung eines Schulatlasses, des „Atlas methodicus explorandis juvenum profectibus in studio geographico ad methodum Hübnerianam accomodatus. Methodischer Atlas, das ist, Art und Weise, wie die Jugend in Erlernung der Geographie examiniert werden kann, nach Hübnerischer Lehr-Art eingerichtet" (Nürnberg 1719).

Die Kompendien-Geographie

Der Begriff „Kompendien-Geographie", den wir heute als abwertend empfinden, bedeutete damals eine neue wissenschaftliche Qualität. Großen Einfluß übte der französische Enzyklopädismus aus, und es ist deshalb nicht verwunderbar, daß diese Kompendien, in denen der Stoff nach einem immer wiederkehrenden Schema angehäuft wird, auf uns heute den Eindruck von Nachschlagewerken machen. Die Erde wird nach Staaten regionalisiert, und Staat für Staat wird behandelt, zum Beispiel nach dem Rang der Herrscher am Anfang

> **Das XIII. Capitel.**
> **Zur Land-Charte.**
> **Von Moscau oder Rußland.**
> **I.**
> **Wo liegt Moscau?**
>
> Moscau oder Rußland/ Lat. MOSCOVIA, welches sonst auch Groß-Reussen/ Lat. RUSSIA MAGNA, oder Schwartz-Reussen/ Lat. RUSSIA NIGRA, genennet wird, ist das äusserste Land in Europa, an den Asiatischen Gräntzen.
> Nn 4 Wenn

Geographie nach der Landkarte, hier nach Johann Hübners „Kurze Fragen Aus der Neuen und Alten Geographie..." (Ausg. 1746), S. 853.

die Kaiserreiche, zuletzt die Republiken. Neben der Lage, der Topographie und den politischen Verhältnissen werden erstmals auch die physischen Verhältnisse und die Schätze der Natur behandelt.

Wichtige Vertreter der Kompendien-Geographie sind Philipp Clüver (1580–1622), Philipp Brietius (1601–1668), Christian Cellarius (1638–1707) oder, schon auf die Staatengeographie weisend, Anton Friedrich Büsching (1724–1793). Clüver beispielsweise gilt als der Begründer der historischen Länderkunde.

Brietius nennt Rußland (Sarmatia) ausdrücklich in seinem Lehrbuch „Parallela Geographiae veteris et novae" (Paris 1648): „Haec autem erit methodi nostrae summa. In tria corpora seu tomos opus istud totum distribuetur. Primi tomi pars una continuebit institutiones geographicas, seu praenotiones huius artis. Altera partem occidentalém Europae enarravit, hoc est insulas Britannicas, Hispaniam et Galliam. Secundi corporis pars prima borealem eiusdem Europae partem percurret, arctoa regna, quo nomine continentur Dania, Norwegia, Suecia et Sarmatia, quae Poloniae regnum cum magna parte Moscoviae ditionis complectitut...".[2]

---

[2] *Ph. Brietius*, a. a. O., Bd. II, 1. Teil, zit. nach *M. Hasl*, Zur Geschichte des geographischen Schulbuches, Würzburg 1903, S. 28.

Der pädagogische Zweck der Kompendien ist unverkennbar, deshalb wurden sie auch im Schulunterricht benutzt. Zugleich aber waren die Kompendien für die Anwendung der Geographie in der Politik, Verwaltung, Ökonomie und im Militärwesen eingerichtet, sie sind damit auch Vorläufer der Angewandten Geographie.

Große Bedeutung für die Entwicklung der Geographiemethodik hatte auch Johann Christoph Friedrich GutsMuths (1759-1839), der Lehrer Carl Ritter. GutsMuths vertrat die analytische Methode, d. h. zuerst wurde das Erdganze vorgestellt, dann folgten die Teile. Sein „Kurzer Abriß der Erdbeschreibung" (Leipzig 1819), der mehrere Auflagen erlebte, steht noch ganz im Geiste der Kompendien-Geographie und war Vorbild für den „Leitfaden der Geographie" von Ernst von Seydlitz.

Staatengeographie und „reine Geographie"

Es folgte nun die Periode der Staatengeographie und der „reinen" Geographie, die beide zwei Seiten eines Prinzips sind. Die Staatenbeschreibung, auch „Statistik" genannt, hat ihre Wurzeln und ihre Basis in der barocken Staatsverwaltungswissenschaft und kam aus der Juristischen Fakultät. Die „reine" Geographie dagegen folgte dem Bedürfnis nach Stabilität und naturwissenschaftlicher Exaktheit, denn die Grenzen änderten sich sehr häufig. Man suchte nach einem „Erdgerüst", nach dem man die Erde für alle Zeiten eindeutig gliedern könne und erkannte die Gebirge, die Küsten, die Flüsse und die Wasserscheiden. Philippe Buache (1700—1773) hat als erster die Bedeutung des Reliefs für die Gliederung der Erde erkannt, die Gebirge sind das „Erdzimmer" (charpente du globe). Der Abbé Jean-Louis Giraud-Soulavie (1752—1813) entdeckte die Verbreitung der Pflanzen als Gliederungsprinzip, ein Gedanke, den dann Alexander von Humboldt (1769—1859) vollendete.

Allen diesen Versuchen war gemeinsam, daß man nun die Geographie oder Erdkunde als Wissenschaft begründen wollte. Im 18. Jahrhundert bildete sich eine neue Gliederung der Geographie heraus:
— Mathematische Geographie,
— Physische Geographie,
— Politische Geographie.

Die Physische Geographie repräsentierte, etwa bei Immanuel Kant (1724—1804), die Allgemeine Geographie einschließlich der ökonomischen Geographie und Völkerkunde. Die Politische Geographie dagegen entsprach der Staatenkunde, also der späteren Länderkunde.

Eine Sonderstellung nimmt Anton Friedrich Büsching (1724—1763) mit seinem Hauptwerk „Neue Erdbeschreibung" (Hamburg 1770—73) ein. Er wollte die Staatsbeschreibungen fortsetzen, bediente sich dabei empirischer sozialwissenschaftlicher Methoden, indem er Fragebögen verschickte.

Die „reine" Geographie entstand aus dem Bedürfnis, der Erdkunde ein stabiles Gliederungsprinzip zu vermitteln. Im Zeitalter der absolutistischen Kabinettspolitik verschoben sich die Staatsgrenzen allzu häufig, und nicht jedesmal konnte man die Geographie danach neu schreiben. Auch neue Termini setzten sich durch, beispielsweise für Spanien und Portugal „Iberische Halbinsel" usw.

Repräsentative Werke sind: Johann Christian Gatterer „Abriß der Geographie" (Göttingen 1775), Johann Ernst Fabri „Handbuch der neuesten Geographie für Akademien und Gymnasien" (Halle 1784), Adam Christian Gaspari „Lehrbuch der Erdbeschreibung zur Erläuterung des neuen methodischen Schul-Atlasses" (Weimar 1792) und August Zeune „Ged. Versuch, die Erdrinde sowohl im Land als im Seeboden mit Bezug auf Natur- und Völkerleben zu schildern" (1808).

Die Schulgeographie nach dem länderkundlichen Durchgang

Die Periode der Länderkunde hat also, genau genommen, mit der Konzeption der Staatengeographie begonnen. Alfred Hettner, dem man das „länderkundliche Schema" zuschreibt, hat nur die Erfahrungen früherer Generationen zusammengefaßt, als er dieses konkret formulierte. Selbst Carl Ritter (1779–1859) kann als Begründer der Länderkunde nicht in Betracht kommen, denn einerseits hing er noch der topographisch-statistischen Kompendiengeographie an, andererseits verfolgte er eine pädagogische Idee, die ihm durch die „Methode" von Johann Heinrich Pestalozzi (1746–1827) nahegelegt worden war. Sein Hauptwerk „Die Erdkunde im Verhältnis zur Natur und zur Geschichte des Menschen, oder allgemeine vergleichende Geographie, als sichere Grundlage des Studiums und Unterrichts in physicalischen und historischen Wissenschaften" (Berlin 1817 ff.), 19 Bände in 22 Teilen, blieb unvollendet. Aber seine Vorstellung von den geographischen Räumen als „Individuen" hatte große Wirkungen.

Es gab aber auch Versuche, die Geographie zusammen mit der Geschichte und der Naturkunde zu unterrichten. Wilhelm Harnisch (1787–1864) veröffentlichte eine „Weltkunde" (1817), bei der er angenehme, nützliche und notwendige Kenntnisse miteinander verbinden wollte. „Die Weltkunde geht aus von der Heimatkunde in ihrem engeren und weiteren Kreise . . . . und geht über in einen verknüpften oder Weltverein, wie der europäische Staatenbund, zuletzt in die ganze Erde. Der Schüler soll im ersten Kreise ein tüchtiger Bürgersmann, im zweiten ein tüchtiger Staatsmann, im dritten ein tüchtiger Weltmann werden".[3]

Das „länderkundliche Schema", wie es Hettner schließlich formulierte, darf nicht gleichgesetzt werden mit irgendeinem didaktischen Prinzip. Es war ein reines Ordnungsschema ohne den Ehrgeiz, eine Wissenschaftstheorie vertreten zu wollen. Pädagogisch wirksam war vielmehr das Prinzip des „länderkundlichen Durchgangs" vom Nahen zum Fernen, denn man meinte, ferne Räume

---

[3] 3. Aufl. 1820, Einleitung, Vgl. auch *K. Heilmann*, Handbuch der Pädagogik, Bd. 3, Leipzig 1912, S. 247 ff.

wären für den Schüler schwieriger zu erfahren als die heimatliche Umgebung oder das Vaterland. In der Tat war es die Schulgeographie, die im 19. Jahrhundert der Hochschulgeographie die Länderkunde nahelegte.

Aus der großen Zahl der geographischen Unterrichtswerke, die nach 1815 entstanden sind, kann hier nur eine knappe Auswahl genannt werden: Ernst von Seydlitz „Leitfaden für den Unterricht in der Geographie" (Breslau 1824), Albrecht von Roon „Anfangsgründe der Erd-, Völker- und Staatenkunde. Ein Leitfaden für Schüler an Gymnasien, Militär- und höheren Bürgerschulen" (Berlin 1832), Wilhelm Pütz „Grundriß der Geographie und Geschichte der Staaten des Altertums" (Köln 1833) und „Lehrbuch der vergleichenden Erdbeschreibung" (Freiburg i. Br. 1854), Theodor Schacht „Kleine Geographie" (Mainz 1838), Hermann Adalbert Daniel „Lehrbuch der Geographie für höhere Lehranstalten" (Halle 1845), Alfred Kirchhoff „Schulgeographie" (Halle 1882).

Die vaterländische Erdkunde

Den größten Erfolg hatte das Werk des schlesischen Schulinspektors Ernst von Seydlitz (1784–1849). Sein „Leitfaden der Geographie" erschien zuerst 1824 und war aus dem „Abriß der Geographie" (1819) von GuthsMuths weiterentwickelt worden. Im Laufe der Generationen wurde der Seydlitz immer weitergeführt; noch heute erscheinen Geographielehrbücher unter diesem Namen, der mit seinem ursprünglichen Träger gar nichts mehr zu tun hat.

Nach 1871 wurde im Geschichts- und Geographieunterricht das Prinzip der Nationalpädagogik wirksam. An die Stelle der Heimatkunde und des Kleinstaates trat Deutschland, oder besser: das Deutsche Reich, das nun eine territoriale Gestalt angenommen hatte. Die Vaterlandskunde wurde zum Anfang und Mittelpunkt des geographischen Curriculums, eine Entwicklung, die man auch im Geographieunterricht in anderen Staaten beobachten kann. Auch der Kolonialbesitz wurde in diesem Sinne betrachtet.

Wichtige Impulse für den Volksschulunterricht hat Heinrich Harms (1861–1933) mit seiner „Vaterländischen Erdkunde" gegeben. Harms' „Fünf Thesen zur Reform des geographischen Unterrichts" (Leipzig/Braunschweig 1895) stellen Deutschland in den Mittelpunkt, womit nicht nur der Staat gemeint war, sondern alle Landschaften, in denen deutsche Menschen lebten und deutsche Kultur gepflegt wurde. Harms nimmt Bezug auf die sog. Ritter'sche Methode und fordert einen „entwickelten" (genetischen) Unterricht. Das Bild soll gleichberechtigt neben die Karte treten, deshalb legt er großen Wert auf die Auswahl typischer Landschaftsbilder. 1897 erschien Harms' „Vaterländische Erdkunde in entwickelnder, anschaulicher Darstellung" (Braunschweig 1897) und bald darauf der „Vaterländische Reformschulatlas" (Braunschweig 1901). Außerdem schrieb Harms ein länderkundliches Lehrhandbuch, das in vielen Auflagen erschien und noch heute weitergeführt wird.

Schon seit dem 17. Jahrhundert bemerken wir im geographischen Unterricht das Bestreben, das geschriebene und gesprochene Wort durch die Wandkarte zu unterstützen. Im 19. Jahrhundert treten weitere Medien dazu. In der Pädagogik wird der realen Anschauung eine immer größere Bedeutung beigemessen. In den Lehrbüchern der Erdkunde erscheinen Bilder und Landschaftsschilderungen.

Von August Wilhelm Grube (1816—1884), einem Schüler des genannten Harnisch, eigentlich einem Rechenmethodiker, stammen jene „Charakterbilder", die damals viel gelesen wurden: „Bilder und Scenen aus dem Natur- und Menschenleben" (4 Bde., Stuttgart 1852) und „Geographische Charakterbilder in abgerundeten Gemälden aus der Länder- und Völkerkunde" (3 Bde., Leipzig 1850).

Der Unterricht nach der synthetisch-konzentrischen Methode verläuft in drei Stufen: Heimat — Vaterland — Europa/Welt. Für Deutschland werden so viele Stunden verwendet wie für ganz Europa, für die Länder Europas so viele, wie für die ganze Welt. Daraus ergibt sich nicht nur ein Generalisierungsproblem, sondern auch eine Gliederungsfrage, z. B. bei der Behandlung von Ländern, die sich über zwei Erdteile erstrecken wie die Türkei und Rußland. In der Tat wurden Rußland und später die Sowjetunion so behandelt, daß der europäische Teil mit Europa und der asiatische Teil mit Asien behandelt wurde.

Da das Deutsche Reich nach 1871 und nach 1919 wie die heutige Bundesrepublik Deutschland ein Bundesstaat war, galten in den einzelnen Ländern unterschiedliche Lehrpläne, die sich auch nach Schularten wie Volksschulen, Realschulen, Realgymnasien, Gymnasien usw. unterschieden. Dennoch waren die Lehrpläne einander sehr ähnlich und zeigten nahezu den gleichen Aufbau. Im höheren Schulwesen bildete sich eine Zweigliederung heraus. In der Mittelstufe, beginnend mit der 5. Klasse (Sexta), überwog nach einem Vorkurs der länderkundliche Lehrgang, in der Oberstufe die Allgemeine Geographie oder eine vertiefte Behandlung ausgewählter länderkundlicher Einheiten. Diese Einheitlichkeit wurde noch betont durch die erdkundlichen Unterrichtswerke, für die es damals in der Regel noch keine Länder-Ausgaben gab. Nicht in allen Jahrgängen war der Erdkundeunterricht mit zwei Wochenstunden vertreten. Mindestens in den höheren Schulen sollte die Geographie durch Fachlehrer unterrichtet werden, dieser Forderung wurde aber häufig nicht Rechnung getragen.

1913 stellte Albrecht Penck, damals wohl die größte Autorität für die Hochschulgeographie, vor dem Deutschen Ausschuß für den mathematischen und naturwissenschaftlichen Unterricht fest: „1. Der Geographie-Unterricht pflegt die Geographie als chronologische Wissenschaft von der Erdoberfläche und stellt dabei die länderkundliche Betrachtung in den Vordergrund ... 5. Für eine eingehendere Behandlung im länderkundlichen Unterricht der oberen Klassen empfehlen sich das Deutsche Reich und seine europäischen Nachbarstaaten sowie der deutsche Kolonialbesitz, einzelne historisch wichtige Gebiete, wie z. B. die Mittelmeergebiete und Vorderasien, Gebiete, welche für die Weltwirtschaft wichtig sind, wie beispielsweise die Vereinigten Staaten von Nordameri-

c) Kaiserreich Rußland[1].

Europäischer Besitz 5,4 Mill. qkm, 120 Mill. E. 20% der Volksdichte des Deutschen Reiches. **Größer als halb Europa, halb so dicht bevölkert.**

§ 202. Lage. Die Parallelkreise der Pomündung, von Memel, von Kristiania, 30° O und 60° O, kennzeichnen die Lage des Landes.

Grenzen. S. die Karte! Das Europäische Rußland ist gleichbedeutend mit dem riesenhaften Osteuropäischen Flachland. Es ist durch den sanft ansteigenden Urál[2] in Wirklichkeit von Asien nicht geschieden, darum ein **halbasiatisches Land und von durchaus kontinentalem Gepräge, ohne bequeme Verbindung mit dem Ozean.** Bei ungeheurer Ausdehnung hat es **geringe Gliederung.** Moskau, der Mittelpunkt der russischen Kultur, ist vom nächsten Meere 650 km entfernt. Die ozeanische Küste gehört dem Nördlichen Eismeer an, die übrigen Küsten Binnenmeeren. **Darum steht Rußland nicht unter der Einwirkung des belebenden Meeres und entwickelt sich nur langsam.**

---

[1] Das ganze Russische Reich ist nächst dem Britischen Reiche das größte und dabei zusammenhängende Staatsgebiet der Erde. Es umfaßt 22,3 Mill. qkm und 130 Mill. E. (Zählung 1897, Schätzung 1905: 145 Mill.), also nur etwa ein Drittel so viel Bewohner wie das Britische Reich. — Zur Aussprache russischer Namen. Die Vokale sind sämtlich kurz. Das deutsche e wird durch vier verschiedene Laute wiedergegeben, nach den meisten Konsonanten mit einem Beiklang von j, also Newa ungefähr wie njewa, zuweilen auch wie jo, z. B. Orél = arjól (das á mit kurzem dumpfen Laute). s entweder weich wie im Deutschen, z. B. Kasán, oder hart gleich dem deutschen ß, namentlich am Anfange der Wörter, z. B. Sjamára, Borissow. — [2] D. i. Gebirge.

Textprobe aus „Seydlitz B: Kleines Lehrbuch" (1908), S. 240.

ka, Indien und der Indische Archipel, China und Japan, endlich Gebiete, welche vom Standpunkt der allgemeinen Geographie besonders interessant sind, wie die Länder des Wüstengürtels und die Polargebiete...".[4] Die Bedeutung Rußlands ergibt sich aus seiner Lage als Nachbarland Deutschlands und vielleicht auch wegen einiger Themen der Allgemeinen Geographie.

In der Zeit zwischen den beiden Weltkriegen änderte sich an den geographischen Lehrplänen nur wenig. Aber die gewandelten politischen und pädagogischen Rahmenbedingungen gaben manchem Inhalt neue Akzente. Die Verfassung der Weimarer Republik forderte die Pflege der staatsbürgerlichen Erziehung, des deutschen Volkstums und der Völkerversöhnung. Im Erdkundeunterricht wurden besonders die Lebensverhältnisse der Deutschen im Ausland betrachtet, beispielsweise der Wolga-Deutschen.

Sehr stark wird der Gedanke der Reformpädagogik und der Arbeitsschule betont. Gleichzeitig bemühen sich die Schulbuchautoren, mehr Aktualität in ihre Texte zu bringen und auch den politischen Wandel zu schildern. Das wird

---

4 Zs. d. Ges. f. Erdkunde zu Berlin 1913, S. 53 f.

I. Räte=Republik (Sowjet=) Rußland.

1. Größe. Fertige nach der Staatenkarte von Europa eine Pause von Deutschland an; schneide sie aus, und lege sie auf Teile von Rußland! Wievielmal so groß wie Deutschland ist Rußland?

2. Trage in eine Umrißskizze von Rußland und Ukraine ein: a) Ge= birge: Ural, Waldaihöhe; b) Flüsse: Wolga, Don, Dnjepr, Düna-Ladogasee. c) Städte: Tula, Archangelsk, Leningrad, Moskau, Nischni; Now= gorod, Kasan, Astrachan, Charkow, Odessa.

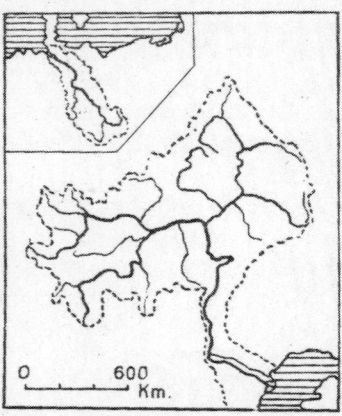

20.

21. Das Flußgebiet der Wolga im Ver= gleich mit dem der Elbe.

3. Wirtschaft. Hauptreichtum ist die Landwirtschaft; Zucht von Schafen, Rindern, Pferden, Geflügel; Fischfang in Flüssen und Seen. Die Wälder liefern Holz und Pelz= tiere. Im Ural werden Gold, Platin, Eisen (Bild 6) und Kupfer gewonnen. Südlich von Moskau finden sich Kohlen= und Eisenlager: Metallindustrie (in Tula), Weberei.

Lesestück: Das russische Dorf.

4. Besiedlung. Die Russen wohnen meist in kleinen Dorfsiedlungen[1]. Im Waldgebiet sind die Häuser vorwiegend aus Holz, in der Steppe aus Lehm gebaut.

[2] Lesestück: Archangelsk.
[3] Lesestück: Moskau.
[4] Lesestück: Fischwirtschaft bei Astrachan.

Archangelsk[2], Holz= und Fischereihafen; er ist einen sehr großen Teil des Jahres zugefroren. **Leningrad** (Petersburg), die Hauptstadt des früheren Kaiser= reiches; an welchem Fluß? Jetzige Hauptstadt **Moskau**[3] mit dem befestigten Stadt= teil Kreml, zahlreiche kuppelgekrönte Kirchen und prächtige Paläste. **Kasan**, Hauptverkehrsplatz mit Asien. **Astrachan**[4], Störfang und Kaviarbereitung. **Tula**, Metallindustrie.

Textprobe aus Paul Kurspe „Ferdinand Hirt's Tatsachen- und Arbeitshefte. Zweite Gruppe: Erdkunde" (1932), S. 10. Hier wird der Wandel zum „Arbeits- unterricht" deutlich.

sehr deutlich bei der Darstellung der Sowjetmacht, die eine ausführliche Darstellung erfährt.[5]

Bemerkenswert ist die Tatsache, daß sich nach 1933, als die Nationalsozialisten in Deutschland die Herrschaft an sich rissen, zunächst an den Lehrplänen und Lehrbüchern nur wenig geändert hat. Das mag verschiedene Gründe gehabt haben, die mit den beiderseitigen politischen Beziehungen zusammenhängen. Das Leitmotiv bei der Betrachtung der Sowjetunion ist weiterhin der große Raum. Nach 1941 erschienen keine neueren Erdkundebücher mehr, nur ältere wurden nachgedruckt.

Das geopolitische Gedankengut, das wir in den Erdkundebüchern bis 1945 vorfinden, wurde nach dem Zweiten Weltkrieg erst allmählich ausgeschaltet. Es brauchte Zeit, bis eine neue Generation von Schulgeographen und Schulbuchautoren erkannte, wie schädlich die geopolitische Doktrin für die geographische Erziehung war.

Betrachten wir den geographischen und länderkundlichen Unterricht von 1870 bis 1970, dann kann man leicht feststellen, daß verschiedene politische, pädagogische und zeitspezifische Strömungen einen nicht zu unterschätzenden Einfluß ausübten:
- in der Zeit bis 1900 die imperialistische Kolonialpolitik und die offensive Handelspolitik des Deutschen Reiches;
- als Gegengewicht dazu bis zum Beginn des Ersten Weltkrieges eine Betonung naturwissenschaftlicher Komponenten, aber auch die pädagogischen Ideen der Kulturkunde-Bewegung und der Reformpädagogik;
- in der Zeit des Ersten Weltkrieges die sog. Kriegsgeographie;
- in der Zeit der Weimarer Republik die staatsbürgerliche Erziehung, die Pflege des Gedankens der völkischen und kulturellen Einheit der Deutschen, die Anwendung der Reformpädagogik in der Arbeitsschule;
- in der Zeit der nationalsozialistischen Herrschaft die Geopolitik, der Rassengedanke und eine pervertierte Nationalpädagogik;
- in der Zeit seit dem Zweiten Weltkrieg der Gedanke der internationalen Verständigung des Weltbürgertums, der sozialen Gerechtigkeit und der erneuten Suche nach einer nationalen Identität.

Die Zeit nach 1945

Im Jahre 1949 wurde in Jugenheim an der Bergstraße durch Julius Wagner der Verband Deutscher Schulgeographen wiedergegründet. Bei dieser Gelegenheit wurde eine Resolution beschlossen, die besagte, daß in den Klassen 5

---

[5] Siehe dazu *Th. Franke*, Erdkunde. Vorbereitung für den Unterricht nach den Grundsätzen der neueren Lehrkunst, Langensalza [4]1928, Teil 2, S. 149 ff.; *K. Olbricht*, Der erdkundliche Lehrstoff in neuzeitlicher Auffassung, unter besonderer Berücksichtigung der Konzentration, der kausalen Zusammenhänge und des Arbeitsunterrichts, Breslau [2]1925, S. 114; *S. Schwarz* u. a., Erdkundebuch, Frankfurt a. M. 1930, Teil 2, S. 70 ff.; *P. Knospe* (Bearb.), Ferdinand Hirt's Tatsachen- und Arbeitshefte. Zweite Gruppe: Erdkunde, Ausgabe A, Breslau 1932, S. 10.

bis 8 aller Schulen die Länderkunde in der Reihenfolge Deutschland — europäische Länder — Erdteile betrieben werden sollte. Julius Wagner schrieb 1955: „Darum muß auch für die Schulerdkunde gelten, daß die Länderkunde die tragende Säule des erdkundlichen Lehrganges auf allen Klassenstufen ist".[6] Alle anderen Methodiker und Didaktiker äußern sich im gleichen Sinne.

Bei der Behandlung der Sowjetunion vollzogen sich einige Änderungen, die das Bemühen zeigen, mehr und aktuellere Informationen zu bringen. Die Erfahrungen des Krieges, die Anwesenheit der Roten Armee auf deutschem Boden, die wachsenden Handelsbeziehungen, aber auch internationale Spannungen hatten das Interesse und das Bedürfnis nach Landeskenntnis geweckt. Dabei stellte sich eine wichtige Neuerung ein, nämlich die Aufhebung der Trennung des europäischen und des asiatischen Teiles der UdSSR und die gemeinsame Behandlung am Ende der 6. oder am Anfang der 7. Klasse, und die vertiefte Behandlung der Wirtschaftsgeographie der Sowjetunion in der Oberstufe, oft im Vergleich mit den Vereinigten Staaten. Auch die thematischen Schwerpunkte werden spezieller: Moskau als Hauptstadt — die Geozonen — Erschließung Sibiriens — Industrialisierung — die Landwirtschaft, Kolchos und Sowchos — die Völker der Sowjetunion.[7] Wenn auch viele Informationen weder aktuell noch korrekt waren, so darf doch bei den meisten Autoren das Bemühen unterstellt werden, ein lebendiges und interessantes Bild von Menschen und Räumen zu geben, wobei nicht selten Einzelbeobachtungen leichtfertig verallgemeinert worden sind.

Schon bald wurde erkannt, daß der herkömmliche länderkundliche Unterricht in dieser Weise nicht mehr praktikabel war, weil die neuen Medien eine so große Flut von Informationen herbeibrachten, daß die geordnete und abgewogene Behandlung eines Landes dann zu ersticken drohte. Deshalb hieß es schon 1956 im sog. Durach-Plan: „Zur Stoffauflockerung und stofflichen Entlastung soll, namentlich in der Länderkunde, Betrachtung am kennzeichnenden Einzelbeispiel an die Stelle des Trugbildes stofflicher Lückenlosigkeit treten . . . Der Mut zur Lücke darf aber nicht die Gefahr der Zusammenhanglosigkeit herbeiführen . . ."[8]. Dies führte zum Prinzip des exemplarischen Lehrens und Lernens, worunter man nach dem Prinzip der stellvertretenden Repräsentation die vertiefte Behandlung typischer Beispiele verstand. Auf die Diskussion dieses Prinzips kann hier nicht eingegangen werden. Das war der Beginn der „thematischen Geographie", leider aber auch die Legitimierung der Lücken, die um so größer wurden, je mehr Fallbeispiele in der topologischen Dimension den Unterricht ausfüllten.

---

[6] *J. Wagner,* Der erdkundliche Unterricht, Berlin 1955, S. 41 f.
[7] Siehe dazu Harms Erdkundebuch, Teil 2, Europa mit Sowjetunion, München o. J., S. 86 f.; *E. Boehm* (Bearb.), Länder und Völker. Erdkundliches Unterrichtswerk 2: Europa, Länder und Völker um uns, Stuttgart o. J., S. 125 ff.; *K. Heck* (Bearb.), Länder und Völker. Erdkundliches Unterrichtswerk 3: Die Ostfeste, mit Ozeanien und dem Großen Ozean, Stuttgart o. J., S. 144 ff.
[8] Geogr. Rundschau 8, 1956, S. 167.

Aber bald wurde auch das Prinzip der länderkundlichen Abfolge in Frage gestellt. M. F. Wocke forderte 1965 den „Blick auf die ganze Welt statt konzentrischer Kreise"[9]. Die Arbeitsstufen sollen sich nicht nach dem Schwierigkeitsgrad, nicht nach Nähe und Ferne richten und das Interesse und den Entwicklungsstand der Schüler berücksichtigen. Ebenfalls 1965 forderte W. Grotelüschen einen Kurs „Dreimal um die Erde": Erdkundliche Einzelbilder — Länder und Erdteile — Die Welt im Überblick. Damit wurde die „neue Schulgeographie" eingeleitet, die sich in den siebziger Jahren voll durchsetzte.

Der 37. Deutsche Geographentag in Kiel 1969 bestätigte diese Wende auch für die Hochschulgeographie und leitete eine Entwicklung ein, die bis heute noch nicht abgeschlossen ist. In der vergangenen Konferenz habe ich die Leitlinien der neuen Schulgeographie vorgetragen und dargelegt, daß der Behandlung ausgewählter Probleme aus der Landeskunde der Sowjetunion große Bedeutung zukommt. Inzwischen zeigen sich neue Perspektiven einer Theorie der Regionalgeographie, die auf der Lehre von den Maßstabsdimensionen beruht. Darüber soll bei der nächsten Sitzung berichtet werden.

---

[9] *M. Wocke*, Sieben Thesen zur Didaktik und Methodik des Erdkundeunterrichts, in: Unsere Volksschule 1965, S. 286 ff.

Walter Sperling

Physische Geographie und topographischer Merkstoff bei der Behandlung der Bundesrepublik Deutschland im Geographieunterricht der sowjetischen Schule (1986)

Mir ist die Aufgabe übertragen worden, zu Fragen der Behandlung der Physischen Geographie der Bundesrepublik Deutschland und des topographischen Merkwissens im Geographieunterricht der sowjetischen Schule Stellung zu nehmen. Da mir weder das Lehrbuch der Physischen Geographie noch die Übersetzung eines Lehrplans vorliegt, müssen meine Ausführungen zunächst hypothetischer Natur bleiben. Ich lege meinen Gedanken einige theoretische Erwägungen zugrunde, die auf der geographischen Maßstabstheorie und ihren didaktischen Folgerungen beruhen.

Die Lage der Sowjetunion im Raumkontinuum der nördlichen Erdhalbkugel und damit ihr Blick auf Mittel- und Westeuropa sowie auf die übrigen Kontinente legen einen anderen regionalen Gang des topographischen Lehrkurses nahe als den, der bei uns eine lange Tradition besitzt und heute wieder an Bedeutung gewinnt. Bei uns könnte man von einer mehrstufigen, ineinander verschachtelten Anordnung sprechen: Heimat — Vaterland — Europa und die Sowjetunion — Kontinente — Welt. Wie ich an anderer Stelle ausgeführt habe (s. S. 117 in diesem Band), wurde dieser Durchgang in den siebziger Jahren aufgegeben und durch thematische Beispiele auf unterschiedlichen Maßstabsstufen ersetzt. Jetzt versucht man wieder, ein fundamentales geographisches Kontinuum zu gewinnen.

Im Geographieunterricht der sowjetischen Schule lassen sich zunächst nur zwei Stufen erkennen, die sich aber weiter untergliedern lassen: die Sowjetunion und der Rest der Welt. Damit sind die Kategorien Heimat und Land (Republik der SFR) in die Betrachtung der Sowjetunion eingeschlossen. Bei der zweiten Kategorie „Rest der Welt" wird unterschieden zwischen solchen Ländern und Staaten, die der Sowjetunion politisch, ideologisch und ökonomisch enger verbunden sind und eine sozialistische Gesellschaftsordnung eingeführt haben, und anderen, die man aus der Sicht der Sowjetunion als „kapitalistisch" bezeichnet. Die Auswahl der Kenntnisse, die über die einen oder über die anderen Länder vermittelt werden sollen, wird von diesem politisch-psychologischen Prinzip der „Nähe" oder der „Distanz" geleitet, wobei dieses Prinzip keineswegs geographisch gerechtfertigt ist. Die Grenze zwischen den psychologisch-nahen sozialistischen Ländern und den eher fernen „kapitalistischen" Ländern verläuft aber mitten durch Europa und nicht zuletzt durch Deutschland, was dazu führen muß, daß eine gleichmäßige Aufmerksamkeit nicht gewährleistet ist. Diese Feststellung will keineswegs als Kritik am Prinzip verstanden werden, sondern nur als Erklärung dafür, daß einzelne Länder und Territorien, die außerhalb der Sowjetunion liegen, intensiver und andere weniger stark beachtet werden. Dieses exemplarische Prinzip ermöglicht es, gewisse Länder als besonders typisch für ein System herauszuarbeiten. Wir haben mit Zustimmung zur Kenntnis genommen, daß der Bundesrepublik Deutschland eine solche exemplarische, im Vergleich mit anderen westeuropäischen Staaten recht intensive Aufmerksamkeit zugewendet wird.

Im Unterricht der Physischen Geographie gibt es drei Kurse: Einführung in die Grundbegriffe der Physischen Geographie, Physische Geographie der Sowjetunion und Physische Geographie der Kontinente. Den Schülern wird dabei ein solides Grundwissen vermittelt. Der Anteil der Fläche der Bundesrepublik Deutschland (249 000 km^2) an der Gesamtfläche der Kontinente, abzüglich der Fläche der Sowjetunion, beträgt weniger als 0,22 %. Es dürfte also im Bundesgebiet kaum physisch-geographische Erscheinungen geben, die nicht auch in exemplarischer Form im großen und mannigfaltigen Territorium der Sowjetunion zu beobachten sind. Es besteht daher kein besonderer Anlaß, ganz bestimmte physisch-geographische Eigenarten der Bundesrepublik Deutschland mitzuteilen, es sei denn, daß sie wichtige Grundlagen für die ökonomisch-geographische Behandlung beinhalten.

Pädagogisch lohnend und in einem angemessenen Verhältnis zum Zeitaufwand stehend dürfte deshalb nur die Betrachtung von Mitteleuropa als Ganzes sein. Mitteleuropa als physisch-geographische Gestalt erstreckt sich, wie wir gesehen haben, über Staaten mit sozialistischer und mit „kapitalistischer" Wirtschafts- und Gesellschaftsordnung. Deshalb muß verhindert werden, daß der Blick auf Mitteleuropa als Ganzes verloren geht.

Bei Mitteleuropa handelt es sich um einen regionischen Komplex, der durch zwei Eigenschaften charakterisiert wird: die zonale Anordnung des Reliefs und das Übergangsklima. Von Norden nach Süden folgen Tiefland, Mittelgebirge und Hochgebirge in der Weise, daß die atlantischen Luftmassen ungehindert Eintritt bis tief in das Binnenland haben. In Abhängigkeit von den Zirkulationsgürteln greift der maritime Einfluß weit in den Kontinent ein, bis sich in Osteuropa mehr die kontinentalen Eigenschaften durchsetzen. Die natürlichen Vegetationszonen Mitteleuropas und, damit verbunden, die vorherrschende Landnutzung folgen diesem gesetzmäßigen Muster. Im Hinblick auf das Vorkommen von Bodenschätzen ist auch der geologische Bau Mitteleuropas von Interesse.

Im Geographieunterricht der sowjetischen Schule wird eine Liste von topographischen Merkbegriffen aufgeführt, die zum obligatorischen Lehrstoff gehören. Leider sind mir der Lehrplan selbst und die Liste jetzt noch nicht bekannt, doch möchte ich eine solche Liste konstruieren, die wahrscheinlich der real existierenden sehr nahe kommt. Dabei werde ich unterscheiden zwischen topographischen und raumkundlichen (chorographischen) Merkbegriffen. Topographische Merkbegriffe sind Orte (meist Städte), Berge und kleinere Gewässer, raumkundliche sind Landschaften (meist Gebirge), große Ströme und Territorien.

Die Anzahl der Städte in der Bundesrepublik Deutschland, die sich ein Schüler in der Sowjetunion merken sollte, dürfte kaum über zehn liegen. Diese Auswahl sollte in einer angemessenen Relation zu den zu merkenden Städten in anderen Staaten Mitteleuropas stehen. Neben den Namen dieser Städte wird auch deren Lage und Größe von Interesse sein, freilich auch ihre Entfernung zu anderen Städten. Beispielsweise wird die Kenntnis der Entfernung von Hamburg nach München, von Köln nach Paris, von Frankfurt am Main nach Leipzig oder von Wolfsburg nach Magdeburg eine gewisse Aufmerksamkeit beanspruchen. Es dürfte für den Schüler in der Sowjetunion überraschend sein, daß alle diese Städte, wenn keine hemmenden Grenzen wären, in wenigen Stunden mit der Eisenbahn oder mit dem Auto erreicht werden können.

Im vorliegenden Text des Lehrbuches für die 9. Klasse kommen (in alphabetischer Anordnung) folgende Städte vor: Bonn, Dortmund, Düsseldorf, Essen, Hamburg, Köln, München und Wolfsburg. Es sind also überwiegend Städte, die im Norden des Bundesgebietes liegen. Nicht genannt werden Frankfurt am Main, Nürnberg und Stuttgart, die mindestens ebenso wichtig sind und deren Bedeutung zukünftig sogar noch steigen wird. Am Rande zu erwähnen wäre auch die Stadt Trier, welche die Schüler im Geschichtsunterricht kennenlernen nicht nur als die älteste Stadt Deutschlands, sondern auch als den Geburtsort von Karl Marx.

Dabei ist es wichtig, daß die genannten Orte auch im Schulatlas aufgefunden und lokalisiert werden können. Die richtige Aussprache ist ein Problem der gegenseitigen Höflichkeit und der „geographischen Kultur". Dabei liegen die Probleme allerdings mehr auf unserer als auf der sowjetischen Seite, denn es gibt in der Sowjetunion einen hohen Anteil an Schülern, der Deutsch als Fremdsprache lernt und sich sogar in einem deutschen Schulatlas zurechtfinden könnte, was umgekehrt nicht der Fall ist.

Ich erlaube mir noch eine Bemerkung, die zwar nicht zu meinem Thema „Die Behandlung der Bundesrepublik Deutschland" gehört, die aber dennoch eine gewisse Bedeutung für die gesamteuropäische Kultur hat. Das Prinzip, Namen von Städten in der jeweils national vorgeschriebenen Form darzubieten, ist korrekt. Nur in seltenen Fällen sind historische Namen oder Exonyme von Bedeutung. Ein solcher Fall ist die sowjetische Stadt Kaliningrad mit ihrem früheren Namen „Königsberg". Der alte Name Königsberg ist nämlich eng verbunden mit dem Leben und Werk des Philosophen Immanuel Kant, der auch in der Sowjetunion eine hohe Wertschätzung genießt und, wie wir wissen, am Ort seines Wirkens geehrt wird. Gewiß werden die sowjetischen Schüler, namentlich im Deutschunterricht, auch den vergangenen Namen dieser Stadt erfahren, der übrigens nicht nach einem deutschen, sondern nach einem böhmischen König gegeben worden ist.

Namen von anderen Örtlichkeiten, beispielsweise von den höchsten Bergen, scheinen mir im Kontext mit der länderkundlichen Behandlung der Bundesrepublik Deutschland nicht merk-würdig zu sein. Daß die Zugspitze (2963 m) der höchste Berg im Bundesgebiet ist, hat nur statistischen Belang. Wichtiger sind die Namen der zwei oder drei höchsten Berge der Alpen im Rahmen der physisch-geographischen Behandlung Mitteleuropas. Größeres Interesse beanspruchen die höchsten Berge der Mittelgebirge, beispielsweise des Feldbergs im Schwarzwald (1493 m) oder des Brockens im Harz (1142 m), der allerdings schon im Territorium der DDR liegt, weil hier gezeigt werden kann, wo die theoretische Waldgrenze im Bereich der Mittelgebirgsschwelle verläuft.

Damit kommen wir zu den chorographischen, den raumkundlichen Namen. Es handelt sich um die Namen von Landschaften, von Siedlungsräumen und von Territorien. Wenn bei solchen Namen ein beschreibender Inhalt vorherrscht, dann ist bei der Übersetzung in die russische Sprache darauf zu achten, daß richtige Vorstellungen geweckt werden. Tiefland, Hügelland, Hochland, Waldland, Gebirge und Hochgebirge sind feste, klar definierte Begriffe in der russischen geographischen Terminologie und sollten auch in diesem Sinne angewendet werden, damit eindeutige Anschauungen entstehen. Als Beispiel nenne ich die bei uns eingeführte Landschaftsbezeichnung „Rheinisches Schiefergebirge". Es handelt sich dabei keineswegs um ein Gebirge, sondern im Sinne der Terminologie um ein Bergland mit Hochflächen, was in manchen Übersetzungen und Übertragungen besser zum Ausdruck kommt als in unserer eigenen Sprache (z. B. englisch: Rhenish Uplands).

Die Großlandschaften, an denen das Bundesgebiet Anteil hat, stehen im Zusammenhang mit der Großgliederung Mitteleuropas und erstrecken sich meist über die Territorien mehrerer mitteleuropäischer Staaten. Es handelt sich dabei um das Nordmitteleuropäische Tiefland, die Mitteleuropäische Mittelgebirgsschwelle, das Alpenvorland und die Alpen.

Die im Geographieunterricht der DDR geübte Anwendung des Territorialprinzips, z. B. „Tiefland der BRD", halten wir nicht für angemessen.

Das Mittelgebirgsland ist reich an Einzellandschaften, die entweder zum Bereich der eingerumpften Bruchschollengebirge gehören oder zu den Deckgebirgen mit ausgeprägten Schichtstufen. Ich möchte dabei nur fünf Einzellandschaften nennen: den Harz (gemeinsam mit der DDR), das Rheinische Schiefergebirge, die Schwäbisch-Fränkische Alb, den Schwarzwald und das Oberrheinische Tiefland. Der Harz ist wörtlich zu nennen, beim Schwarzwald ist eine wörtliche Übersetzung vorzuziehen, die anderen Namen sind sinngemäß zu übertragen. Im Zusammenhang mit der Bodennutzung findet auch die Verbreitung des Lösses Erwähnung. Er ist besonders landschaftsbildend in den Tieflandsbuchten am nördlichen Rand der Mittelgebirgsschwelle. Dort befinden sich ausgeprägte Agrargebiete mit einer spezialisierten landwirtschaftlichen Produktion.

Zu den raumkundlichen Namen gehören auch die Hydronyma, also die Namen der Randmeere, der Binnenseen und der großen Flüsse und Ströme. Nordsee und Ostsee gehören wieder in den Kontext von Gesamt- bzw. Mitteleuropa. Auch der größte Binnensee, der Bodensee, raint an drei Staaten an: die Bundesrepublik Deutschland, die Schweiz und Österreich. Die meisten größeren Flüsse wie Rhein, Elbe und Donau fließen durch das Territorium mehrerer Staaten. Ihre nationalen Namen wechseln von Staat zu Staat, deshalb müssen hier die russischen Bezeichnungen gelten. Die Namen dieser drei Flüsse sollten zum verbindlichen Merkstoff gehören. Andere Flüsse wie die Ruhr, die Mosel, der Main oder die Weser brauchen nur in konkreten Situationen erwähnt zu werden.

Die Namen bestimmter Siedlungsräume sind nur bei ganz konkreten Themen von größerem Belang. Als Beispiel nenne ich das Ruhrgebiet, das im sowjetischen Lehrbuch auch als „Ruhrstadt" bezeichnet wird. Der korrekte Name ist: „Rheinisch-Westfälisches Industriegebiet"; in der Alltags- und Journalistensprache allerdings ist „Ruhrgebiet" üblich. Die Bezeichnung „Ruhrstadt" wird insofern der Wirklichkeit nicht ganz gerecht, als es sich nicht um ein völlig geschlossenes Siedlungsgebiet handelt, vielmehr ist der Anteil der Freiräume doch noch beträchtlich. Dieser falsche Eindruck wird jedoch verstärkt durch die Darstellungen in Atlas- und Wandkarten, die eine übertriebene Generalisierung vornehmen.

Sehr schwierig ist es, Empfehlungen zu den Bezeichnungen der Territorien abzugeben. Die Gedanken, die ich dazu vortrage, sind meine persönliche Meinung; ich habe dazu keinerlei Weisungen von offiziellen Stellen entgegengenommen.

Im vorliegenden Text des Lehrbuchs für die 9. Klasse steht als Überschrift und im zweiten Abschnitt die korrekte Bezeichnung „Bundesrepublik Deutschland", die durch das Grundgesetz vom 23. Mai 1949 festgelegt ist und sowohl im internationalen Verkehr als auch bei der UNO angewendet wird. Wir können hier nur über die deutschsprachige Form verfügen, beispielsweise auf die korrekte Wiedergabe in den Lehrbüchern für den Deutschunterricht.

Allerdings haben wir festgestellt, daß in einigen Sprachen das Wort „Deutschland" nicht im Nominativ, sondern im Genetiv steht, z. B. „Federal Republic of Germany" oder tschechisch „Spolková Republiká Německá" also Bundesrepublik Deutschlands bzw. Bundesrepublik von Deutschland. Dies würde in der deutschen Sprache einen anderen Sinn ergeben, entspricht aber grammatisch den Regeln in den betreffenden Sprachen. Hier muß nur darauf geachtet werden, daß bei der Rückübersetzung nicht der Genetiv verwendet wird.

Im allgemeinen Sprachgebrauch hat „Deutschland" mehrere Bedeutungen:
— Deutschland als Territorium der Bundesrepublik Deutschland und der Deutschen Demokratischen Republik einschließlich Berlins.
— Deutschland als Territorium des früheren Deutschen Reiches mit dem Stand vom 31. 12. 1937 unter Berücksichtigung des Fortbestehens der Viermächteverantwortung für Deutschland als Ganzes und der Rechtsprechung des Bundesverfassungsgerichtes zum Grundlagenvertrag zu den Ostverträgen. Diese Festlegung ist das Ergebnis des Wirkens politischer Kräfte, für das „geographische" Deutschland aber ohne Belang.
— Deutschland als Bezeichnung für alle Gebiete, in denen die deutsche Sprache und Kultur verbreitet ist oder war, das heißt: Deutschland als Kulturraum.
— Deutschland und das Adjektiv „deutsch" nur bezogen auf die Bundesrepublik Deutschland und das Bundesgebiet.

Diese Nomenklatur ist zweifellos verwirrend, ein Ergebnis der historischen und politischen Konfusion in Mitteleuropa.

Eine sinnvolle Ordnung ist nur möglich bei gründlichen historischen Kenntnissen, die aber im Geographieunterricht nicht vermittelt werden können. Sie sollen deshalb auch nicht Gegenstand unserer Verhandlungen sein. Ich erlaube mir dazu nur die Anmerkung, daß sich deutsche Geographen schon um 1900 gegen die Gleichsetzung der Begriffe „Deutsches Reich" und „Deutschland" gewendet haben.

Eine weitere Bemerkung gilt der Abkürzung BRD, die im vorliegenden Text dann weiterhin gebraucht wird. In der Alltagssprache vieler Staaten ist diese Abkürzung zur gewohnten Regel geworden, bei uns jedoch wird sie vermieden, obwohl sie in den fünfziger Jahren auch von offiziellen Stellen gebraucht wurde. Hier wird das Recht des Namensträgers berührt, der darüber bestimmen darf, wie er genannt werden will. Ein Mann, der auf den Namen Friedrich getauft ist, kann den Wunsch äußern, nicht Fritz genannt zu werden, aber er kann sich dennoch nicht dagegen wehren, wenn man ihn doch Fritz ruft. Ich überlasse es dem Taktgefühl der ausländischen Autoren, neben der Abkürzung auch den vollen Namen unseres Staates in das Gedächtnis der Schüler einzuprägen.

Die Gliedstaaten der Bundesrepublik Deutschland werden im vorliegenden Text korrekt als „Länder" bezeichnet. Das ist richtig, etwa im Unterschied zu Österreich, wo von „Bundesländern" die Rede ist. Die Staaten der Bundesrepublik Deutschland müssen schon deshalb „Länder" heißen, weil sie sich selbst so nennen (Land Niedersachsen, Land Rheinland-Pfalz) und weil sie schon vor der Gründung der Bundesrepublik Deutschland Bestand hatten, also schon allein deshalb nicht „Bundesländer" heißen können. Dabei gibt es einige Ausnahmen wie die Stadtstaaten, Freie und Hansestadt Hamburg und den Freistaat Bayern (wörtlich und inhaltlich: Republik Bayern). Nur das Saarland kehrte erst im Jahr 1957 nach einer Volksabstimmung in die Föderation der Bundesrepublik Deutschland zurück; die offizielle Bezeichnung „Saarland" bringt den Länderstatus sinnvoll zum Ausdruck.

Das Territorium der Bundesrepublik Deutschland, also das Bundesgebiet, setzt sich aus den Territorien der Länder zusammen. Es hat deshalb eine doppelte Qualität: einmal ist es im Hinblick auf die föderativen Rechte der Länder eine Addition von gleichberechtigten Territorien, andererseits ist es aus der Sicht der Rechtsprechung des Bundes als Ganzes zu sehen.

Eine letzte Bemerkung gilt der Bezeichnung von Berlin (West), das in den sowjetischen Texten durchgängig „Westberlin" genannt wird. Die drei westlichen Sektoren der früheren Reichshauptstadt gehören staatsrechtlich nicht zum Bundesgebiet; alle Gesetze, die für das Bundesgebiet erlassen werden, müssen für Berlin (West) getrennt beschlossen werden. Allerdings gehört Berlin (West) zum Geltungsbereich des Grundgesetzes und zum Wirtschaftsterritorium der Bundesrepublik Deutschland und spielt hier sogar eine recht bedeutende Rolle. Die korrekte Bezeichnung lautet „Land Berlin". Sie ist durch die Verfassung vom 1. September 1950 so festgelegt worden; allerdings haben die vier Mächte diese Verfassung ganz oder teilweise außer Kraft gesetzt, so daß diese wenn auch eindeutige Willenskundgebung des Volkes von Berlin (West) hypothetischer Natur ist. Ich schlage deshalb vor, die Stadt „Berlin (West)" zu nennen.

Ich habe mich sehr darüber gefreut, daß der verehrte Herr Kollege Maksakovskij den schönen Begriff „geographische Kultur" geprägt und ihm einen Inhalt gegeben hat. Ein kulturbewußter Umgang mit den geographischen Namen soll ein wichtiges Ziel der geographischen Erziehung sein. Sachliche Korrektheit, eine angemessene sprachliche Behandlung und geographischer Takt sind Teil solcher Bemühungen. Trotz unterschiedlicher Ansichten, die sich aus verschiedenen politischen Standpunkten ergeben, habe ich mich bemüht, einige Anregungen zu geben, die im Geiste gegenseitiger Verständigung und Achtung diskutiert werden können.

Walter Sperling

Das Lernfeld „Wirtschaft" im Bildungssystem und im geographischen Unterricht der Bundesrepublik Deutschland (1985)

Einleitung

Wirtschafts- und sozialgeographische Erörterungen nehmen in den Lehrplänen, Lehrbüchern und Medien des geographischen Unterrichts der Länder der Bundesrepublik Deutschland einen breiten Raum ein. Wirtschaftsgeographische Fragestellungen entstanden im 19. Jahrhundert im Rahmen der Länderkunde, während die Allgemeine Wirtschaftsgeographie erst spät, etwa seit den zwanziger Jahren dieses Jahrhunderts, in die Lehrpläne und Lehrbücher der Geographie Eingang fand. Die Neue Schulgeographie, die sich seit 1970 in den Ländern der Bundesrepublik Deutschland durchgesetzt hat, entdeckte neue, eng thematisierte raumwirtschaftliche Sachverhalte und komplexe Befunde, die nicht selten in Form von „Fallbeispielen" didaktisch gestaltet werden. Die Bemühungen, wirtschaftliche Themen im geographischen Unterricht zu behandeln, werden sehr ernst genommen, haben aber auch zu kritischen Stellungnahmen geführt und sichtbare Defizite aufgezeigt.

Der Lernbereich „Wirtschaft" ist in den Bildungsplänen der Länder der Bundesrepublik Deutschland nicht nur Gegenstand des geographischen Unterrichts, sondern auch anderer Schulfächer wie Sozialkunde, Gesellschaftslehre, Arbeits- und Wirtschaftslehre. Zweifellos hat die Einführung des Polytechnischen Unterrichts in den sozialistischen Ländern, besonders im Bildungswesen der Deutschen Demokratischen Republik, dazu beigetragen, die Sensibilität für den Bildungswert der Arbeit, des Produktionsprozesses, der Verteilung der Güter und aller ökonomischen Betätigungen zu erhöhen. Dies geschah wohl am stärksten in der Allgemeinen Pädagogik, der Pädagogik der Berufsbildung und der neuen wirtschaftskundlichen Fächer, dagegen weniger deutlich in der Didaktik der Geographie, wie noch zu zeigen sein wird. Auch wurde die Pädagogik der Hauptschule und der Realschule stärker von diesen Entwicklungen beeinflußt als die Gymnasialpädagogik, wo die philologisch-historische Ausrichtung nach wie vor eine dominierende Rolle spielt. Dies hat zum Teil historische Gründe, die nachfolgend skizziert werden sollen.

Die Anfänge der wirtschaftskundlichen Unterweisung

Die Anfänge des modernen geographischen Unterrichts im 18. Jahrhundert fallen in eine Zeit, in der sich der pädagogische Realismus durchsetzte, der die Arbeit als eine erzieherische Kategorie der Allgemeinbildung, nicht nur der beruflichen Bildung, erkannte. Bis dahin war die Arbeitserziehung allenfalls ein Prinzip der Armenerziehung, aber auch religiöse, christliche Motive trugen dazu bei, den Wert der menschlichen Arbeit für die Entwicklung der Persönlichkeit zu erkennen. Damals entstanden die philanthropischen Schulen, beispielsweise die Anstalten von August Hermann Francke (1663–1727) in Halle, die sich zur Aufgabe setzten, „gemeinnützige Kenntnisse" für die Lebenspraxis zu vermitteln. Die Pflege der Geographie an diesen Schulen diente nicht mehr, wie früher, nur der Muße und Erholung, sondern auch der Vorbereitung auf das spätere Leben der Schüler. Johann Christoph Friedrich GutsMuths (1759–1839), der Lehrer Carl Ritters (1779–1859), der am Philanthropin in Schnepfenthal außer Turnen auch Geographie unterrichtete, unternahm mit seinen Schülern Ausflüge zu Gewerbebetrieben, Bergwerken und anderen wirtschaftlichen Einrichtungen, denn er wußte, daß die Kenntnis der Produktion und die Begegnung mit den arbeitenden Menschen für die Bildung der Persönlichkeit der Schüler von großer Bedeutung ist.

Außerdem gab es die sogenannten Industrieschulen, die nicht nur der Berufsvorbereitung dienten, sondern auch selbst Produkte herstellten. Der Begriff „Industriepädagogik" bezog sich dabei nicht auf die maschinenbetriebene Fabrikatur, sondern auf alle handwerklichen und gewerblichen Tätigkeiten schlechthin. Johann Heinrich Pestalozzi (1746–1827), mit dem übrigens Carl Ritter enge Verbindungen pflegte, bekannte sich zur Idee der Volkserziehung; er wollte das Volk aus seiner Armut befreien. Pestalozzi war Dialektiker, Arbeit und Bildung bedeuteten für ihn eine dialektische Einheit: ohne Arbeit gab es für ihn keine Bildung.

Als der zwölfjährige Karl Marx im Jahre 1830 in die Quarta des Trierer Gymnasiums aufgenommen wurde, gab es hier schon verhältnismäßig moderne Lehrprogramme und progressive Lehrer (Groß 1981, S. 35f.). Der von ihm geschätzte Direktor und Geschichtslehrer Johann Hugo Wyttenbach, der ein ökonomisch gebildeter, freiheitsliebender Mann war und Carl Ritter persönlich kannte und sehr schätzte, legte großen Wert darauf, daß im Unterricht das Geographische „stets gehörig berücksichtigt" wurde. Marx' Geographielehrer war Johann Steininger, ein naturwissenschaftlich gebildeter Pädagoge, der die Geologie der Eifel erforschte und von dem gesagt wird, daß er seit seinem Studium in Frankreich ein Anhänger des Materialismus war. Wir können davon ausgehen, daß der junge Marx durch seine geographische Erziehung auf die wirtschaftlichen Probleme der Rheinlande hingewiesen wurde, denn schon in seinem frühen Aufsatz über die Not der Moselwinzer (1843) zeigt er eine gründliche Kenntnis der wirtschaftlichen Probleme seiner Heimat.

Die reaktionäre Schulpolitik in den Jahren nach 1848 machte diese vielversprechenden Anfänge der wirtschaftsgeographischen Erziehung in der Schule wieder zunichte. Die Schule der Restauration verzichtete zwar nicht ganz auf den Geographieunterricht, beschränkte ihn aber wieder auf das Lernen von Topographie und die „vaterländische Bildung", d.h. die Erziehung zur Liebe zum Fürstenhaus, wogegen die Industrie und die aufkommende Arbeiterschaft als bedenklich empfunden wurden.

Im Jahre 1872 wurde der Geographieunterricht an den preußischen Volksschulen, zehn Jahre später auch an den Gymnasien wieder ordentliches Lehrfach; gleichzeitig gewann die geographische Lehrerbildung an den Lehrerseminaren und an den philosophischen Fakultäten der Universitäten ein neues Profil. 1882, beim zweiten deutschen Geographentag in Halle, wurde die „Centralkommission für wissenschaftliche Landeskunde Deutschlands" gegründet, die schon bald darauf eine Anleitung für wirtschaftsgeographische Arbeiten herausgab.

Es ist kein Zufall, daß die Geographie im letzten Drittel des 19. Jahrhunderts wieder Bedeutung erlangte, denn die Industrielle Revolution hatte einen tiefgreifenden Wandel in der Gesellschaft bewirkt; die Verstädterung nahm bisher nicht gekannte Formen an, und die Nationalstaaten schickten sich an, durch die Gewinnung von Kolonien überseeische Rohstoffe und Märkte zu erschließen. Der Staat brauchte geographisch gebildete Beamte, Kaufleute, Techniker, Offiziere und Lehrer. Die Kenntnis der Verbreitung der Wirtschaftsgüter, der Handelsbeziehungen und der Verkehrsverhältnisse sollte die Macht des Staates festigen und seinen Einfluß in der Welt steigern — das war in allen europäischen Staaten ähnlich.

In der sich organisierenden Hochschulgeographie ging man eigene Wege. Zunächst waren es Historiker und Philologen, die den größten Einfluß auf das Studium und den Unterricht nahmen. Bald aber setzten sich naturwissenschaftlich interessierte Persönlichkeiten durch, die in einer möglichst exakten Naturbeschreibung das wichtigste Bildungsziel der Geographie sahen. Ferdinand von Richthofen (1833—1905), der noch spontan materialistische Ideen vertrat, entwickelte ein wirtschaftsgeographisch orientiertes Konzept der Siedlungs- und Verkehrsgeographie, das aber erst von der übernächsten Generation seiner Schüler recht verstanden wurde. Die Geographen nahmen wenig Kenntnis von der Entfaltung der Nationalökonomie als Wissenschaft und beschränkten sich auf eine rein beschreibende geographische Produktenkunde. Den größten Einfluß auf die Entwicklung der Geographie übte Friedrich Ratzel (1844—1904) aus, der seinen Entwurf der Anthropogeographie als Teilgebiet der Biogeographie verstand. Ratzel sah zwar die Bedeutung wirtschaftlicher Dinge in der Umwelt des Menschen, er erkannte aber nicht den Charakter der menschlichen Arbeit für die Entfaltung der Kultur. Er leitete seinen Kultur-Begriff aus der Ethnologie ab. So entstand eine Kulturgeographie, die nicht in der Lage war, den Bereich der wirtschaftlichen und politischen Kultur zu integrieren. Die Wirtschaftsgeographie führte daneben ein Schattendasein und übernahm, ebenfalls von der Völkerkunde, das Konzept der Wirtschaftsstufen.

Die „wirtschaftliche Erdkunde" entstand aus der alten Handelsgeographie, beschäftigte sich aber auch im weitesten Sinne mit der wirtschaftlichen Produktion, der Landwirtschaft, dem Bergbau, dem Verkehr und dem Konsum. Die bekanntesten Vertreter dieser älteren Wirtschaftsgeographie waren Carl Andree (1808—1875), dem wir ein wichtiges Lehrbuch verdanken, und Wilhelm Götz (1844—1911). Der bedeutendste Methodologe der deutschen Geographie war Alfred Hettner (1859—1941). Er wirkte in Heidelberg, bei ihm studierten auch einige russische Geographen, die die Mängel seiner Schematik erkannten und deren Kritik sehr schwer wiegt. Diese Kritik faßte Nicolai N. Baranskij zusammen und begründete die sowjetische Ökonomische Geographie.

Hettner schrieb zur Wirtschaftsgeographie: „Über die Zugehörigkeit der Wirtschaftsgeographie und ihre Stellung im System der Wissenschaften hat sich neuerdings ein gewisser Streit entsponnen. Trotz der ungebührlichen Vernachlässigung der geographischen Bedingtheit aller wirtschaftlichen Verhältnisse gerade durch die moderne Nationalökonomie im Unterschied von der älteren Generation . . . wollen einzelne Vertreter dieser Wissenschaft die Wirtschaftsgeographie ganz an sich reißen, die Geographie daraus verdrängen . . . Ähnlich wie zwischen Pflanzengeographie und Geobotanik, Tiergeographie und geographischer Zoologie müssen wir zwischen eigentlicher Wirtschaftsgeographie und geographischer Wirtschaftskunde unterscheiden, an welch letztere sich die geographische Produkten- und Warenkunde anschließt" (Hettner 1927, S. 149). Aber gerade die „eigentliche Wirtschaftsgeographie" blieb trotz ihrer Praxisnähe unsystematisch und lückenhaft und war, bei einer verständlichen Überbetonung der geographischen Bedingungen, dem Naturdeterminismus verhaftet.

Die länderkundliche Phase

In den geographischen Lehrplänen der Zeit bis 1914 dominierte das Prinzip der Länderkunde im Sinne der „konzentrischen Kreise". Das heißt keineswegs, daß wirtschaftliche Tatsachen vernachlässigt wurden; sie wurden vielmehr aufzählend mit den Ländern erwähnt, aber nicht klassifiziert oder systematisiert. Der Schüler wurde mit immer mehr Details konfrontiert, er mußte lange Listen von Produkten und ihrer Herkunft lernen, aber es wurde ihm kein „wirtschaftliches Weltbild" vermittelt.

Der Erste Weltkrieg hatte dem Deutschen Reich schwere wirtschaftliche Schäden zugefügt, es verlor bedeutende Agrargebiete, Bodenschätze und seine Kolonien. Unter dem Eindruck dieser Tatsachen, die unabänderlich waren, stellte sich ein neues Verhältnis zu den wirtschaftlichen Reichtümern Mitteleuropas und der Kontinente ein, das sich auch auf die Arbeit der damaligen Geographen und auf die Bildungsziele der Schulen auswirkte. Damals gab es lange Diskussionen über den Begriff der „Tragfähigkeit" eines Landes und die Sicherstellung der Ernährung der Völker. Es ist deshalb kein Zufall, wenn davon die erblühende Teildisziplin der Geographie der Landwirtschaft am meisten profitierte, während der Industriegeographie weit weniger Aufmerksamkeit geschenkt wurde.

Die Weimarer Republik, der erste republikanisch-demokratische Staat in Deutschland, wollte ein reformiertes Bildungs- und Schulwesen hervorbringen. In die Reichsverfassung von 1919 wurde deshalb der Satz aufgenommen: „Staatsbürgerkunde und Arbeitsunterricht sind Lehrfächer der Schulen" (Art.

148). Der Arbeitsunterricht war auch ein Hauptgegenstand bei der Reichsschulkonferenz von 1920, daraufhin wurde an den Volksschulen das Fach Werkunterricht eingeführt. Diese Arbeitsschulbewegung, die mit dem Namen des Pädagogen Georg Kerschensteiner (1854—1932) eng verbunden ist und die ihre Tradition auf die Industrieschulen des 18. und 19. Jahrhunderts zurückführt, veränderte zwar das Volks- und Berufsschulwesen, weniger aber das gymnasiale Schulwesen, wo im Sinne des neuhumanistischen Bildungsideals Arbeit und Bildung weiterhin als ein Gegensatz verstanden wurden.

Ende 1918 veranstaltete Albrecht Penck (1858—1945), der damals einflußreichste deutsche Geograph, im Berliner Zentralinstitut für Erziehung und Unterricht die „Geographischen Abende", die eine Reform und Neubesinnung des geographischen Unterrichts vorbereiten sollten. Penck selbst äußerte sich zur Wirtschaftsgeographie sehr vorsichtig: „Das, was in einem Lande produziert wird, interessiert den Geographen nicht vom Standpunkt der Wirtschaft, sondern er benötigt es zur Charakteristik des Landes" (Penck 1919, S. 94). Wesentlich weiter dagegen ging Kurt Hassert (1868—1947) in seinem Vortrag über den Bildungswert der Wirtschaftsgeographie.

Die Hochschulgeographie in Deutschland war weiterhin beherrscht von der Physischen Geographie und von einer Kulturgeographie, die der Ideologie des „Lebensraumes" huldigte. Erst vereinzelt widmeten sich Hochschulgeographen, die sich zunächst einen Namen durch physisch-geographische Forschungen gemacht hatten, den Problemen der Wirtschaft vom Standpunkt der Geographie. Dazu gehören Alfred Rühl (1882—1935) und Leo Waibel (1888—1951), die beide mit Nationalökonomen Verbindung aufgenommen hatten und von Penck sehr gefördert wurden. Es ist kein Zufall, daß beide nach 1933 in die Emigration gehen mußten und ihre Wirkung nur indirekt entfalten konnten. Rühl, der mit dem Begriff des „Wirtschaftsgeistes" einen interessanten geopsychologischen Ansatz fand, förderte eine konsequente Trennung der Physischen Geographie von der Wirtschaftsgeographie und wurde deshalb von der Mehrheit der deutschen Geographen nicht akzeptiert. Waibel jedoch, der große Anerkennung fand, entwickelte ein System der Landwirtschaftsgeographie, das wenigstens von seinen Schülern weiterentwickelt werden konnte.

In den dreißiger Jahren wurden einige neue raumwirtschaftliche Modelle entwickelt. Walter Christaller (1893—1969) stellte am Beispiel Süddeutschlands sein System der zentralen Orte vor. August Loesch (1906—1945) gab den Entwurf einer Standortlehre, in der die räumlichen Bezüge von Lage und Distanz und anderen Standortfaktoren herausgearbeitet wurden. Im Unterschied zu Rühl und Waibel waren Christaller und Loesch keine Geographen, sondern Ökonomen. Ihre Gedanken wurden von den deutschen Wirtschaftsgeographen erst nach dem Zweiten Weltkrieg ernsthaft diskutiert.

Im Geographieunterricht der Zwischenkriegszeit hielt man sich weiterhin an die länderkundliche Abfolge. Dabei sind jedoch einige Neuerungen zu bemerken, beispielsweise ein stärkeres Eingehen auf die wirtschaftlichen Verhältnisse im Rahmen der Landeskunde, wobei zweifellos wieder die Landwirtschaft vor der Industriewirtschaft betont worden ist. Diese Vorzugsstellung der Agrargeographie hat mehrere Gründe. Wir haben gesehen, daß auch in der Hochschulgeographie die größten Fortschritte in der Landwirtschaftsgeographie erzielt worden sind; die deutsche Geographie war hier international führend geworden. Die Industrie hingegen entzog sich der unmittelbaren Beobachtung und Kartierung und damit dem gewohnten Arbeitsstil der Geographen, der durch die Geländearbeit geprägt war, denn ihre Behandlung erforderte die Einarbeitung in die Statistik. Das weist Abgrenzungsprobleme zu den anderen wirtschaftswissenschaftlichen Disziplinen auf, die nach Ansicht der Geographen, wie wir bei Hettner gesehen haben, „ungeographisch" arbeiteten.

Neu in den Lehrplänen der Oberschulen war ein abschließender Kurs der Wirtschaftsgeographie Deutschlands in der 10. oder 11. Klasse. Am Beispiel der Behandlung des Ruhrgebiets könnte gezeigt werden, daß Grundsatzprobleme der Verteilung der Produktionsstätten und des Einflusses der Industriewirtschaft auf die Kulturlandschaft didaktisch schon gut bewältigt werden konnten. Außerdem wurden in den Oberklassen der Oberschulen Probleme der Weltwirtschaft behandelt. Die Schulatlanten dieser Periode zeigen einen starken Zuwachs an thematischen Karten der Weltwirtschaft, auch entsprechende Wandkarten wurden in großer Zahl geschaffen. Allerdings darf der Erfolg des damaligen Unterrichts nicht überschätzt werden, da die einseitige philologische Ausbildung der Erdkundelehrer noch kein wirtschaftspädagogisches Konzept beinhaltete. Auch der Arbeitsunterricht, der an den Volksschulen eingeführt worden war, wirkte sich wenig oder nicht auf den Unterrichtsstil und die Unterrichtsinhalte der höheren Schulen aus.

Immerhin kann konstatiert werden, daß an einigen Wirtschaftshochschulen und Wirtschaftswissenschaftlichen Fakultäten Professuren für Wirtschaftsgeographie eingerichtet worden waren, um die Diplom-Handelslehrer im Fach „Wirtschaftserdkunde" auszubilden. Von da gingen später wichtige Impulse für die Entwicklung der Wirtschaftsgeographie im Rahmen der Allgemeinen Geographie aus.

Recht bemerkenswert ist die Tatsache, daß nach 1919 in Österreich eine andere Entwicklung einsetzte als im Deutschen Reich, die mit den dortigen politischen Verhältnissen zusammenhängt und zu einer stärkeren Manifestierung sozialistischer Gedanken führte. Die Wiener Hochschule für Welthandel entwickelte sich zu einem Innovationszentrum der Wirtschaftsgeographie im deutschen Sprachraum. Die von Otto Neurath (1882—1945) entwickelte „Wiener Methode der Bildstatistik" trug viel dazu bei, einer breiten Öffentlichkeit wirtschaftskundliche und wirtschaftsgeographische Sachverhalte anschaulich und bewußt zu machen. Hugo Hassinger (1877—1952), ein führender österreichischer Geograph, konnte deshalb die Frage stellen: „Können Kapital, Volksvermögen und Volkseinkommen Gegenstände wirtschaftsgeographischer Betrachtung sein?" (Hassinger 1929). Diese Tradition wirkt bis in die Gegenwart weiter, denn dort heißt das Unterrichtsfach „Geographie und Wirtschaftskunde".

Wirtschaftsgeographie und Wirtschaftskunde

Damit komme ich zum zweiten Teil meiner Ausführungen, der Stellung der Wirtschaftskunde im Bildungssystem und der Wirtschaftsgeographie im geographischen Unterricht der Länder der Bundesrepublik Deutschland seit dem Zweiten Weltkrieg, besonders nach 1970. Die wirtschaftlichen Folgen des Krieges, der überraschend schnelle Wiederaufbau und die weltpolitische Polarisierung schärften die Sensibilität für wirtschaftspolitische Probleme in der Welt. Das mußte sich auch auf den Wissenschaftsbetrieb an den Hochschulen und den Unterricht an den Schulen auswirken.

Das Schulwesen der Bundesrepublik Deutschland knüpfte, mit kleinen Unterschieden innerhalb der Länder, an die Zeit vor 1933 an. Das bedeutete, daß grundsätzlich wenig geändert wurde, denn in der Zeit der Herrschaft des Nationalsozialismus war die Organisation weitgehend erhalten geblieben, nur die Inhalte des Unterrichts waren von der nationalsozialistischen Doktrin erfaßt worden. Die Kompetenz für das Bildungswesen und die Schule wurden nicht vom Bund, sondern von den Ländern übernommen. Es gibt also kein Bundesministerium für Volksbildung und Schulen, vielmehr übernahm die „Konferenz der Kultusminister", die praktisch nur Empfehlungen erarbeiten kann, die Aufgabe der Koordinierung.

Es blieb bei der Trennung der allgemeinbildenden und berufsbildenden Schulen. Die vierjährige, in Berlin (West) und Bremen sechsjährige Grundschule wurde als Teil der Volksschule beibehalten, daneben blieben die Realschulen und höheren Schulen (Gymnasien), die über das Abitur zur Hochschulreife führen, bestehen. Aus den Oberstufen der Volksschule entstanden die Hauptschulen. In einigen Ländern wie beispielsweise Hessen und Nordrhein-Westfalen entstanden neben den anderen weiterführenden Schulen Gesamtschulen mit differenziertem Lehrangebot. Stärker änderte sich, von Land zu Land unterschiedlich, das System und die Organisation der berufsbildenden Schulen, teils als Pflichtunterricht für die Lehrlinge, teils als eigenständige Schulen mit speziellen Bildungszielen.

In den pädagogischen Wissenschaften erfolgte ein starker Wandel, denn die Bedingungen der zweiten Industriellen Revolution, der urbaneren Lebensweise und der Erziehung zur Demokratie setzten neue Maßstäbe. Aus der geisteswissenschaftlichen, historisch-philologischen Pädagogik wurde eine sozialwissenschaftlich orientierte Erziehungswissenschaft, die mit empirischen Methoden arbeitet und ihr Ziel gesehen hat, das gesellschaftliche Bewußtsein und damit nicht zuletzt auch die Gesellschaft selbst zu verändern. Immer deutlicher wurde der Begriff der Arbeit, teilweise anknüpfend an die Tradition der Arbeitsschulbewegung, teilweise aber auch gefördert durch die gesellschaftlichen Mächte, als eine erziehungswirksame anthropologische Grundkategorie erkannt. Zu den ersten Philosophen und Pädagogen, die dies deutlich aussprachen, gehörten Theodor Litt (1880–1962) und Heinrich Weinstock (1889–1960). Litt, ein Dialektiker, arbeitete das gemeinsame Ziel von Berufsbildung und Allgemeinbildung heraus und untersuchte die Bedeutung des

„klassischen" Bildungsideals in der modernen Arbeitswelt. Weinstock kommt das Verdienst zu, in den Schriften des jungen Karl Marx die Bedeutung der Arbeit für die Menschwerdung und die Entfremdung des Industriearbeiters von seiner Arbeit mit ihren pädagogischen Konsequenzen erkannt zu haben. Weitere bedeutsame Überlegungen zu einem neuen Bildungsbegriff stellten Heinz-Joachim Heydorn (1916–1974), Herwig Blankertz (1917–1983) und andere Erziehungswissenschaftler an.

In der geographischen Forschung an den Hochschulen fanden wirtschaftsgeographische Fragestellungen zweifellos eine stärkere Beachtung als früher, beispielsweise im Rahmen der deutschen Landeskunde und der Regionalen Geographie der Entwicklungsländer. Daneben finden wir neue Ansätze und Konzepte für eine Allgemeine Wirtschaftsgeographie, etwa bei Erich Obst (1886–1984), Rudolf Lütgens (1881–1972), Theodor Kraus (1894–1973) und schließlich Erich Otremba (1910–1984). Dabei wurde der Begriff „Wirtschaftsraum" theoretisch und praktisch geklärt und in die allgemeine Kulturlandschaftsforschung eingefügt. Dietrich Bartels (1931–1983), ein Schüler von Otremba, gab wichtige Hinweise für eine theoretische Grundlegung der Wirtschafts- und Sozialgeographie, die nur gemeinsam mit den allgemeinen Wirtschafts- und Sozialwissenschaften betrieben werden kann. Stand und Aufgabe der Wirtschaftsgeographie wurden zuletzt von Ludwig Schätzl (1974) und Ernst Weigt (1981) zusammengefaßt. Schätzl sieht, ausgehend von einem raumwissenschaftlichen Ansatz der Geographie, folgende Aufgaben der Wirtschaftsgeographie: die theoretische Erklärung der räumlichen Ordnung der Wirtschaft, die empirische Erfassung, Beschreibung und Analyse der räumlichen Prozesse und die Lenkung des räumlichen Prozeßablaufes entlang eines Gleichgewichtsfadens. Weigt sieht das Ziel der wirtschaftsgeographischen Forschung darin, alle aus der Landschaft und den räumlichen Verhältnissen auf die Wirtschaft einwirkenden Faktoren herauszufinden und außerdem den Einfluß der Wirtschaft auf die Gestaltung der Landschaft und die der wirtschaftimanenten Raumstrukturen zu erforschen, um so zu begründeten Aussagen über das räumliche Wirtschaftsgeschehen zu gelangen (Weigt 1981, S. 162).

Die Fortschritte der Wirtschaftswissenschaften, der Wirtschaftsgeographie und das wachsende Interesse der Gesellschaft an wirtschaftlichen Erscheinungen wirkten sich allgemein und speziell auf den Schulunterricht aus. Die wirtschaftliche Erziehung unserer Schüler geschieht heute auf mehreren Ebenen und Stufen:
— im Sachunterricht der Primarstufe,
— im Unterricht der Arbeits- und Wirtschaftslehre und
— im Geographieunterricht.

Lernfeld „Wirtschaft" in der Primarstufe

Bis etwa 1970 gab es an den Grundschulen in den Ländern der Bundesrepublik Deutschland die „Heimatkunde". Heimatkunde war Unterrichtsprinzip und Unterrichtsfach zugleich. Das heimatkundliche Unterrichtsprinzip vertrat den Grundsatz, die „Nähe", also die heimatliche Umgebung, im gesamten Unterrichtsprozeß pädagogisch wirksam werden zu lassen. Das Fach Heimatkunde war ein Sammelfach, das erste Voraussetzungen für die späteren Fächer Geschichte, Erdkunde, Naturgeschichte, Sozialkunde und weitere schaffen sollte und im engen methodischen Zusammenhang mit der muttersprachlichen Erziehung betrieben wurde.

In den Jahren nach 1970, nachdem die Konferenz der Kultusminister ihre „Empfehlungen zur Arbeit in der Grundschule" verabschiedet hatte, wurde das Fach, unterschiedlich in den Ländern, in Sachunterricht, Sachkunde, Heimat- und Sachunterricht, Heimat- und Sachkunde und heimatkundlichen Sachunterricht umbenannt. Der Sachunterricht in der Primarstufe hat ebenfalls die Aufgabe, auf den Fachunterricht in den Sekundarstufen vorzubereiten. Dieser neue Sachunterricht ist nicht in Teilfächer, sondern in Lernbereiche wie „Natur", „Gesellschaft", „Wirtschaft", „Technik" usw. gegliedert. Im Vergleich zum früheren Heimatkundeunterricht erhebt der Sachunterricht einen stärkeren wissenschaftlichen Anspruch und wurde deshalb in den vergangenen Jahren, besonders aus Kreisen der Elternschaft, stark kritisiert.

Das Lernfeld „Wirtschaft" im Sachunterricht der Primarstufe darf nicht als Propädeutik der Fächer Wirtschaftslehre und Wirtschaftsgeographie verstanden werden; es vermittelt vielmehr grundlegende Elemente der Allgemeinbildung und bereitet auf die Berufsfindung und Berufserziehung vor.

In einem Lehrerkommentar zum Sachunterricht heißt es: „Ausgangspunkt aller konkreten erzieherischen und unterrichtspraktischen Maßnahmen ist, die kindlichen Erfahrungen mit den didaktisch reduzierten Forschungsergebnissen der Wirtschaftswissenschaften in Beziehung zu bringen. Sobald die Kinder das Beziehungsgeflecht zwischen ihren Erfahrungen und wirtschaftlichen Abläufen erfassen, haben sie begonnen, in einfacher Form die Gesetzmäßigkeiten und Regeln der Wirtschaft zu verstehen. Damit beginnt eine elementare wirtschaftliche Bildung bei Grundschülern, die mit einer kritischen Einstellung gegenüber Wirtschaftserscheinungen und der Fähigkeit zu eigenem verantwortungsvollem Handeln verbunden werden muß" (Aust u. a. 1976, S. 158).

Es ist zwar leicht, Kinder im Alter bis zu zehn Jahren für wirtschaftliche Fragen zu interessieren, doch besteht die didaktische Schwierigkeit, dabei elementare und faßliche Begriffe zu verwenden. Eine zweite Schwierigkeit, die noch einige Konsequenzen erfordert, besteht in der mangelnden fachlichen Vorbildung der Grundschullehrer im Hinblick auf wirtschaftliche Fragen. Dennoch hat man mit Erfolg versucht, die Wirtschaftserziehung vom ersten Schuljahr an einzuführen, da sich herausstellte, daß das Aufnahmevermögen für einfache wirtschaftliche Begriffe und das Verstehen für den Ablauf gewisser wirtschaftlicher Prozesse bereits im Grundschulalter vorausgesetzt werden kann. Dabei bleiben auch Problemsituationen nicht ganz unbeachtet, beispielsweise die Frage, daß in unseren Ländern der Wohlstand, in anderen Teilen der Welt aber der Hunger herrscht.

Die Kinder erfahren, daß es eine große Menge von Waren gibt, die irgendwo erzeugt, verteilt und verbraucht werden, daß das wirtschaftliche Verhalten im

Raum sich geändert hat und daß die Wirtschaftslandschaft einem Wandel unterliegt.

Sehr einfache Themen wie „Der Haushalt", „Einkaufen", „Der Handwerksbetrieb", „Die Fabrik", „Die Eisenbahn", „Der Flughafen" und andere Einzelbilder führen zu einem ersten Verständnis wirtschaftlicher Probleme, wobei der Lehrer freilich die Gefahr erkennen muß, daß solche Erkenntnisse nicht beliebig übertragbar sind, denn das Bild eines Haushalts kann nicht vergrößert werden auf das Modell eines Staatshaushalts.

Wie leicht zu erkennen ist, kommen geographisch relevante Themen in fast allen Lernfeldern vor, besonders bei „Natur" und „Gesellschaft", da und dort auch im Hinblick auf ökonomische Nutzungen und Prozesse. Im Zusammenhang mit dem geschichtlichen Aspekt wird der Wandel der Kulturlandschaft herausgearbeitet: „Der alte Bauernhof und der moderne landwirtschaftliche Betrieb", „Der alte Kramladen und der moderne Supermarkt", „Die alte und die neue Straße", „Ferien und Urlaub früher und heute" und weitere.

Je nach Lehrplan und Unterrichtswerk ist der Lernbereich „Wirtschaft" mehr auf den späteren Wirtschaftskunde- oder mehr auf den künftigen Geographieunterricht bezogen. Doch in jedem Falle sind die methodischen Vorkehrungen sehr ähnlich und heben besonders auf die „originale Begegnung", d. h. den Besuch und die Besichtigung von Bauernhöfen, Betrieben, Postämtern und sonstigen Einrichtungen, ab.

Wirtschaftsgeographie und Wirtschaftskunde in der Sekundarstufe

Sehr viel wichtiger ist die Tatsache, daß im Sekundarstufenunterricht — von Land zu Land mit unterschiedlicher Zielsetzung und Intensität — neue Fächer eingeführt worden sind: Arbeitslehre, Wirtschaftslehre, Arbeits- und Wirtschaftslehre, Sozialkunde, Politische Bildung, Gesellschaftslehre und weitere. Allen diesen neuen Fächern ist gemeinsam, daß sie einen Beitrag zur wirtschaftlichen Allgemeinbildung und zur wirtschaftspolitischen Erziehung leisten wollen. Damit hat eine Entwicklung eingesetzt, die in den Bildungssystemen aller Industriestaaten beobachtet werden kann. In Deutschland aber müssen darüber hinaus besondere Bedingungen eingeschätzt werden, nämlich das System der sozialen Marktwirtschaft in der Bundesrepublik Deutschland und das System der sozialistischen Planwirtschaft in der DDR, die natürlich zu einem Vergleich herausfordern. Das allgemeine Bildungsziel der wirtschaftlichen Erziehung muß darin erblickt werden, die Schüler von der größeren Effektivität und Menschlichkeit der sozialen Marktwirtschaft zu überzeugen und damit in positiver Weise auf das Wirtschaftsleben vorzubereiten.

In der Tat gab es hier eine längere Zeit der Vorbereitung und der theoretischen Klärung, besonders auch im Hinblick auf die spezifische Zielstellung der allgemeinbildenden und der berufsbildenden Schulen. Zweifellos hat auch die Tradition der Arbeitsschulbewegung dazu beigetragen, den in der Zeit der Weimarer Republik gemachten Anfang nunmehr fortzusetzen. Dabei lassen sich zwei Zielrichtungen feststellen, einerseits die Aufnahme berufspraktischer Tätigkeiten in die allgemeinbildende Schule, andererseits die Artikulierung einer wirtschaftlichen Kultur im pädagogischen Prozeß. Im Jahre 1964 verabschiedete der Deutsche Ausschuß für das Erziehungs- und Bildungswesen, eine unabhängige Kommission aus Vertretern verschiedenster Bereiche, seine „Empfehlungen zum Ausbau der Hauptschule", die eine ausführliche Konzeption einer Arbeitslehre enthielten. Diese Empfehlungen waren zwar von Anfang an heftig umstritten, stellten aber insofern einen Fortschritt dar, daß nunmehr Arbeit, Beruf, Wirtschaft und Technik als didaktisch relevanter Teilbereich des Schulwesens anerkannt wurden. Alle Beteiligten waren sich darin einig, daß der Schüler frühzeitig mit den Grundzügen des Arbeitens in der modernen Produktion und Dienstleistung vertraut gemacht werden soll, ohne daß damit die gesamte Erziehung in eine utilitaristische Bildung einmünde. Die Wirtschaftsverbände, Gewerkschaften, die Kirchen, die Elternvereinigungen, die verschiedenen Lehrerverbände und auch die politischen Parteien begrüßten dieses Vorhaben, setzten aber recht unterschiedliche Akzente.

Inzwischen hat die Arbeitslehre in die Lehrpläne der Hauptschulen der meisten Länder Eingang gefunden: 1967 in Niedersachsen, 1968 in Nordrhein-Westfalen, 1970 in Bayern und Berlin (West) und 1972 in Bremen. In Rheinland-Pfalz befindet sich seit 1978 ein Lehrplanentwurf in der Erprobung. Dabei kann auch festgestellt werden, daß die Arbeits- und Wirtschaftslehre in den neuen Gesamtschulen besonders aufmerksam gepflegt wird und dort in den weiterführenden Zügen alternativ zu einer Fremdsprache als Wahlfach belegt werden kann.

In diesem neuen Fach sollen die Schüler die Fähigkeit erwerben, sich „im wirtschaftlichen Bereich orientieren zu können". Sie sollen in die Lage versetzt werden, auch ihren persönlichen Lebensbereich kritisch zu prüfen und danach bewußter zu handeln. Ein wesentliches Merkmal des wirtschaftskundlichen Unterrichts ist der Hinweis, daß auch Konfliktsituationen darzustellen sind. Der Unterricht bereitet den Schüler nicht auf einen Beruf, sondern auf seine spätere Rolle als Arbeitnehmer und Verbraucher vor.

Arbeits- und Wirtschaftslehre wurden nicht nur Unterrichtsfach, sondern auch Unterrichtsprinzip. Nach der sozio-ökonomischen Grundbildung im Sachunterricht kann es in ein selbständiges Fach oder in eine sozio-ökonomische Unterweisung in mehreren Fächern einmünden.

Die Diskussion ist noch nicht abgeschlossen. Es wurde beklagt, daß das neue Unterrichtsfach nicht mit der gleichen Konsequenz in den Realschulen und Gymnasien der Länder eingeführt worden ist. Dort allerdings wurde der Lernbereich „Wirtschaft" besonders stark im neueren Unterrichtsfach Sozialkunde betont. Auch andere Fächer sind davon beeinflußt worden, beispielsweise der Deutschunterricht, wo der Lebensbereich des Arbeitens und Wirtschaftens in der Auswahl der Lektüre seinen Niederschlag findet, oder im Geschichtsunterricht, wo wirtschaftsgeschichtliche Tatbestände eine sehr viel stärkere Würdigung finden als in der traditionellen geschichtlichen Unterweisung. Aus diesem

Grunde ist es erstaunlich, daß die allgemeine Diskussion um die Bedeutung der wirtschaftlichen Bildung im Erziehungsprozeß die geographiedidaktische Diskussion nicht stärker beeinflußt hat.

Im geographischen Unterricht herrschte bis 1968 unumstritten das Prinzip der Länderkunde in den bekannten konzentrischen Kreisen, allerdings mit einem immer stärkeren Anteil wirtschaftsgeographischer Informationen. Die Lehrpläne, Lehrbücher und Unterrichtsmittel dieser Zeit zeigen dies sehr deutlich, namentlich in den Schulatlanten werden immer mehr wirtschaftsgeographische Karten aufgenommen. Besonders deutlich wird die steigende Bedeutung der Wirtschaft in der Gegenüberstellung physischer und komplexer wirtschaftsgeographischer Karten im jeweils gleichen Maßstab in einigen Schulatlanten.

Julius Wagner (1886–1970), der Gründer der „Geographischen Rundschau" und Wiederbegründer des Verbandes Deutscher Schulgeographen, führte schon 1948 beim ersten deutschen Nachkriegsgeographentag in München aus: „Der Wirtschafts- und politischen Erdkunde und der Kulturgeographie sind besondere Beachtung zu schenken" (Wagner 1950, S. 59). 1956 verabschiedete der Verband Deutscher Schulgeographen die „Empfehlungen für den Erdkundeunterricht an den allgemeinbildenden Schulen" (Durach-Plan), die ebenfalls der Wirtschaftsgeographie eine bedeutende Stellung in den Lehrplänen einräumen. Im 12. Schuljahr, also in der Oberstufe des Gymnasiums, sollen die Wirtschaftsräume und Wirtschaftsreiche der Erde eingehend betrachtet werden. Aber auch in den Realschulen und Volksschulen sollen wirtschaftsgeographische Sachverhalte stärker gewichtet werden. Erstmals wird auch für die Abschlußklasse der Volksschule ein wirtschaftsgeographischer Überblick über Deutschland, Europa und die Welt gefordert.

Das Prinzip des „exemplarischen Lehrens und Lernens", das Ende der fünfziger Jahre aufkam und eine stringente Auswahl sowie eine stoffliche und methodische Konzentration des Stoffes intendierte, trug ebenfalls dazu bei, sorgfältig ausgewählte wirtschaftsgeographische Sachverhalte zu akzentuieren. Damit war der Weg geöffnet für eine neue Schulgeographie, die nicht mehr der Länderkunde folgte, sondern die räumlichen Auswirkungen der Daseinsgrundfunktionen des Arbeitens, Versorgens, Wohnens, der Bildung, der Erholung und des Gemeinschaftslebens in den Mittelpunkt stellte.

In den meisten Gesamtdarstellungen der Didaktik und Methodik des Geographieunterrichts findet man mehr oder weniger ausführliche Hinweise zur Bedeutung und Behandlung der Wirtschaftsgeographie im Geographieunterricht. Einige recht bedeutende Beiträge kamen von L. Sroka (1958), H. Bartels (1962), H. W. Friese (1963, 1974), G. Kreuzer (1970), E. Otremba (1974) und zuletzt von K. E. Fick (1970, 1975). Doch es gab auch Gegenstimmen. Rudolf Völkel (1892–1985) warnte 1961 vor einer zu starken Betonung der Wirtschaftsgeographie im Erdkundeunterricht, weil dies zu einer „Verwirtschaftlichung" des Denkens der Schüler führe und einem individuellen und kollektiven Egoismus Vorschub leiste. Es ist erstaunlich, daß diesem Einwand nicht stärker widersprochen wurde.

Besonders deutlich sind die Hinweise von H. W. Friese, dem heutigen Vorsitzenden des Verbandes Deutscher Schulgeographen. Friese forderte die Berücksichtigung wirtschaftsgeographischer Fragen bei der Behandlung der Landschaftsgürtel der Erde. Er betonte die unterschiedlichen Bedingungen der Industrie- und Entwicklungsländer und machte auf die Bedeutung des Standortproblems aufmerksam. Damit wurde erstmals auf die gleichberechtigte Bedeutung der Industriewirtschaft im Rahmen der Wirtschaftsgeographie hingewiesen. Allerdings bezogen sich Frieses Ausführungen nur auf den Gymnasialunterricht, die didaktischen und methodischen Probleme der Wirtschaftsgeographie in der Haupt- und Realschule wurden von ihm nicht angesprochen. G. Kreuzer dagegen bezeichnet seine Ausführungen als einen Beitrag zur Reform des geographischen Unterrichts in der Hauptschule und weist darauf hin, daß im 9. Schuljahr der Volksschulen des Freistaates Bayern ein Kurs „Wirtschaftsgeographie" eingeführt worden ist, den er kritisch erläutert. Kreuzer unterscheidet strukturell und funktional akzentuierte, historisch-genetische und zukunftsrelevante Problemkreise und fordert eine kategoriale Stoffauswahl, die mit einer Liste von Grundbegriffen abschließt, die sich der Schüler vom 5. bis zum 9. Schuljahr aneignen soll. Die Ausführungen von K. E. Fick enthalten Hinweise auf die Verbindung mit dem neuen Schulfach Wirtschafts- und Arbeitslehre und beziehen sich auf den curricularen Wandel im Geographieunterricht. Er fordert eine stärkere Betonung warenkundlicher Fragestellungen, weil er meint, daß die Produkte der unmittelbaren Anschauung des Schülers am ehesten zugänglich sind. Er erkennt auch die Bedeutung der Betriebsbesichtigung, womit er sagen will, daß hier der Geographieunterricht bereits richtungweisende Vorleistungen erbracht hat. Den Zusammenhang mit dem neuen Schulfach sieht auch Robert Geipel in seinem 1969 in erster Auflage erschienenen Buch „Industriegeographie als Einführung in die Arbeitswelt". Bemerkenswert sind die Vorschläge zur Behandlung der Industriegeographie in der Sekundarstufe I von Eberhard Kroß (1979), der zu dem Ergebnis kommt, daß die neuen Forschungsperspektiven der Wirtschaftsgeographie zwar für die Neuorientierung der Fachdidaktik interessant sind, daß jedoch die fachwissenschaftliche Systematik nicht auf die didaktische Strukturierung übertragen werden kann. Die Diskussion geht weiter: Günther Beck (1982) und Egbert Daum (1983) versuchen deutlich zu machen, daß hinsichtlich der didaktischen Umsetzung der Wirtschaftsgeographie im Unterricht immer noch bedenkliche Defizite bestehen, da die Grundbegriffe und -formen des wirtschaftlichen (nicht wirtschaftsgeographischen) Denkens noch zu wenig berücksichtigt werden.

Neue Vorschläge: Basislehrplan Geographie

Der 1980 erschienene „Basislehrplan Geographie" des Zentralverbandes der deutschen Geographen, der Empfehlungen für die Sekundarstufe I enthält, ist zwar in dieser Form kein offizieller Lehrplan, doch generalisiert er in bester

Weise die Zielsetzungen und Themenstellungen, die sich als Fazit einer zehnjährigen geographischen Lehrplanrevision herausgebildet haben. Unter den Zielen des geographischen Unterrichts werden gleich eingangs solche hervorgehoben, die mit der Beanspruchung der Erde durch die Bedürfnisse des Menschen zu tun haben. Diese Empfehlungen gehen von drei Lernstufen aus, die vom Einfacheren zum Komplexeren fortschreiten: Klassenstufe 5/6, Klassenstufe 7/8, Klassenstufe 9/10. Diese Empfehlungen gelten grundsätzlich für alle Schularten wie das Gymnasium, die Realschulen und die Hauptschulen, wobei in der letzten Klasse der neunjährigen Hauptschule eine entsprechende Straffung vorgenommen werden muß.

In der ersten Lernstufe sollen grundlegende Einsichten in die Mensch-Raum-Beziehung erworben werden, wobei die Daseinsgrundfunktionen in ihrer Raumwirksamkeit im Mittelpunkt stehen. Nach einer allgemeinen Orientierung folgen die Unterrichtseinheiten „Arbeiten und Versorgen in Agrarräumen", „Arbeiten und Versorgen in Industrieräumen", „Wohnen und Siedlungsräume", „Freizeit- und Erholungsräume" sowie „Verkehrsteilnahme und Verkehrsströme". Die Raumbeispiele wurden überwiegend aus der Bundesrepublik Deutschland und der DDR ausgewählt. Dazu kommen weitere aus der ganzen Welt wie beispielsweise bei der Behandlung des Verkehrs die Erschließung Sibiriens.

In der zweiten Lernstufe folgt die Analyse von raumprägenden und raumverändernden Faktoren, wobei in der 7. Klasse naturgeographische und in der 8. Klasse wirtschafts- und sozialgeographische Faktoren behandelt werden. In der 8. Klasse werden folgende Themenbereiche empfohlen: „Die Entwicklung eines Agrarraumes zu einem Industrieraum", „Strukturwandel unter dem Einfluß moderner Technik und industrieller Produktionsweisen" und „Weltweite wirtschafts- und sozialräumliche Gliederung". Die Raumbeispiele stammen wieder aus der Bundesrepublik Deutschland, Europa, Afrika, Lateinamerika und Asien. Beispielsweise erfolgt hier ein Vergleich der Industriegebiete an Rhein und Ruhr und Mittelenglands oder eine vergleichende Betrachtung der Industrie- und Entwicklungsländer.

Die dritte Lernstufe schließt mit der Auseinandersetzung mit Gegenwartsfragen und -aufgaben ab, wobei die Wirtschaftsordnungen und Gesellschaftssysteme in ihrer Raumwirksamkeit betrachtet werden. Folgende Themenbereiche werden genannt: „Strukturen von Staaten unterschiedlicher Raumprägung", „Globale Beziehungen und Abhängigkeiten", „Raumanalysen", „Planungen in verschieden strukturierten Räumen", „Natürliche Grenzen des Wirtschaftens" und „Eine globale Orientierung über die Weltmächte, Wirtschaftsblöcke, Industrie- und Entwicklungsländer sowie die Heimatregion". Auch hier wurden die Raumbeispiele weltweit formuliert, beispielsweise werden die wirtschaftlichen Bedingungen der USA und der Sowjetunion miteinander verglichen. Die abschließende Raumanalyse der Heimatregion oder des heimatlichen Bundeslandes zeigt eine gewisse Ähnlichkeit mit der abschließenden Betrachtung des Heimatbezirkes der 10. Klasse der Oberschule der DDR.

Räumliche Dimensionsstufen der Wirtschaft

Wir können feststellen, daß wirtschaftsgeographische Themen in der Sekundarstufe I mit aufsteigender Komplexität und auf unterschiedliche Distanz- und Maßstabsebenen abgehandelt werden: als Fallbeispiele in der topologischen Dimension, als Länderbeispiele in der chorologischen Dimension und als globale Übersichten in der planetarischen Dimension. Die wirtschaftsgeographischen Karten in den Schulatlanten geben eine gute Anschauung über die für den Unterrichtsprozeß ausgewählten Regionen und die jeweils spezifische Thematik.

In der topologischen Dimension sehen wir Fallbeispiele aus der Landwirtschaft, der Industrie, dem Verkehr und dem tertiären Sektor, besonders der Geographie des Fremdenverkehrs. Am vielseitigsten sind die Beispiele aus der Landwirtschaft und Bodennutzung. Der Bauernhof in der Bundesrepublik Deutschland (Ackerbaubetrieb, Grünlandbetrieb, Spezialbetrieb des Weinbaus oder des Gartenbaus), die Farm, die Plantage, die Estancia, die „shifting cultivation" der Eingeborenen, kollektive Formen der Landbewirtschaftung wie landwirtschaftliche Produktionsgenossenschaften in der DDR, Kolchos und Sowchos in der Sowjetunion, Bewässerungsgenossenschaften in Spanien, Kibbuz in Israel und weitere. Weniger vielfältig sind die Fallbeispiele aus der Industriewirtschaft. Meist handelt es sich um Beispiele aus der Bundesrepublik Deutschland, etwa aus der Automobilindustrie (Mercedes, Opel, Volkswagen) oder aus der Mineralölwirtschaft (Erdölraffinerie Ingolstadt), der chemischen Industrie (BASF Ludwigshafen) oder der Energiewirtschaft (Braunkohle in der Niederrheinischen Bucht). Fallbeispiele aus sozialistischen Ländern kommen, wohl aus Mangel an exakten Informationen, seltener vor. Am häufigsten werden hier die Stahlwerke Eisenhüttenstadt in der DDR und der Staudamm Bratsk in der Sowjetunion behandelt. In der Geographie des Verkehrs finden wir Fallbeispiele (am häufigsten der Hamburger Hafen), Flugplätze, Bahnhöfe, gelegentlich auch Probleme des innerstädtischen Verkehrs. Hin und wieder werden die früheren und heutigen Verhältnisse in Kartenpaaren miteinander verglichen und damit der Wandel der Kulturlandschaft anschaulich gemacht.

In der chorologischen Dimension hat man sich vom länderkundlichen Zusammenhang befreit, vielmehr werden „Wirtschaftsräume" komplex betrachtet, nicht selten im Vergleich miteinander. Hervorragende Karten der Industrie- und Ballungsgebiete aus allen Ländern, die in den curricularen Vorgaben besonders hervorgehoben worden sind, gibt es in fast allen Schulatlanten, entsprechende Kapitel in zahlreichen Schulbüchern. Während bei den einfachen Fallbeispielen Thematiken aus der Landwirtschaft überwiegen, finden wir hier die Industriewirtschaft stärker repräsentiert. Auch einzelne Bereiche der Wirtschaft werden herausgearbeitet wie etwa die Energiewirtschaft, besonders die Mineralölwirtschaft, der Bergbau, Industriegruppen und Verkehrssysteme. Es geht auch um räumliche Vergleiche unterschiedlicher Wirtschaftskraft, Entwicklung und entstehende räumliche Disparitäten.

Die globale Dimension des Wirtschaftens, die schon im älteren Geographieunterricht eine gewisse Bedeutung hatte, will versuchen, die Inwertsetzung der Geozonen und die großen Wirtschaftsblöcke miteinander zu vergleichen, Industrie- und Entwicklungsländer, die wirtschaftsräumliche Gliederung der Erde nach Produktion und Lebensstandard. Der Welthandel, der Weltverkehr können in solchen globalen Übersichten betrachtet werden, wobei stets auf die Fallbeispiele und die entsprechenden Sonderkarten zurückgegriffen werden kann, wodurch auch eine vernetzende Orientierung entsteht.

Sehr viel schwieriger ist es, die Stellung der Geographie und besonders der Wirtschaftsgeographie in der Sekundarstufe II, als der Oberstufe der Gymnasien und der berufsbildenden Schulen, zu beschreiben, weil hier die Regelungen in den Ländern der Bundesrepublik Deutschland sehr unterschiedlich sind. In der Kollegstufe bzw. Studienstufe, also den drei oberen Klassen der Gymnasien, gibt es in einigen Ländern Geographie als selbständiges Fach, in anderen Ländern als Schwerpunkt im Fach Gemeinschaftskunde (Rheinland-Pfalz), Politische Weltkunde (Niedersachsen) und Gesellschaftslehre (Hessen, Nordrhein-Westfalen). In der Kollegstufe sind Grund- und Leistungskurse eingerichtet worden, die sich nicht im Inhalt, sondern nur graduell unterscheiden. Verallgemeinernd kann man feststellen, daß Themenkreise, die die Wirtschaft berühren, sehr stark vertreten sind. Bei einer Koordinierung des Sozialkunde-, Geschichts- und Geographieunterrichts wird dann beispielsweise das Thema aus wirtschaftskundlicher, historischer und geographischer Sicht behandelt. Dabei werden Themenkreise wie „Energie- und Rohstoffversorgung", „Umweltsicherung und Umweltgestaltung", „Agrarstruktur und Agrarpolitik", „Räumliche Disparitäten", „Dritte Welt", „Raumordnung und Regionalpolitik" und „Weltmächte — Deutschland" bevorzugt behandelt. In einigen Ländern wie Baden Württemberg wird angestrebt, den Geographieunterricht in der Studienstufe mit einer ausführlichen wirtschaftsgeographischen Behandlung Deutschlands abzuschließen.

Im Unterschied zur Sekundarstufe I wurden für die Kollegstufe andere Formen des Lehrbuches entwickelt, beispielsweise Sachbücher und Themenhefte, die dem Lehrer eine individuelle Verwendung als Studienmaterial erlauben und die auch teilweise für den Hochschulunterricht geeignet sind. In der Kollegstufe zielt man darauf ab, den Schüler zum selbständigen Motivieren, zur Kommunikationsfähigkeit, zur Wertung von Normen und zum wissenschaftspropädeutischen Arbeiten zu motivieren.

Überblicken wir die wirtschaftskundlichen und wirtschaftsgeographischen Fragestellungen in der Primarstufe und den beiden Sekundarstufen, dann dürfen wir feststellen, daß das Angebot der Themen sehr vielseitig ist und daß eine große Zahl von Lehrbüchern und sonstigen Unterrichtsmaterialien entwickelt worden ist. Das Beispiel der Behandlung der Wirtschaft der Sowjetunion auf mehreren Klassenstufen dürfte diese Vermutung leicht bestätigen. Außerdem sind viele unterrichtsmethodischen Neuerungen durchgesetzt worden, so etwa die gründliche und vielseitige Auswertung von Wirtschaftskarten, die Erkundung und die Betriebsbesichtigung, die Arbeit mit Originaldaten wie etwa der amtlichen Statistik, das Planspiel, das Projekt und weitere Verfahren, die das Verständnis für die Wirtschaftsprozesse in der Praxis und die spätere Teilnahme am Wirtschaftsleben vorbereiten sollen.

Die Defizite, die mit Recht kritisiert worden sind, liegen überwiegend im Bereich der Lehrerausbildung, der Lehrerfortbildung und der Koordination der Aspekte der Fächer, die sich mit Wirtschaft beschäftigen. Deshalb müssen die Studienpläne der Lehramtsstudenten weiter verbessert werden, was nicht schwierig sein dürfte, wo gleichzeitig Diplom-Geographen ausgebildet werden, für die ein wirtschaftswissenschaftliches Grundstudium obligatorisch ist. Es kommt darauf an, einen Katalog von mikro- und makroökonomischen Grundbegriffen aufzubauen, deren Beherrschung im Studium und für den Unterricht notwendig erscheint.

Zusammenfassung

Die Vermittlung wirtschaftsgeographischer Sachverhalte im geographischen Unterricht hat in Deutschland eine alte Tradition. Die ältere, beschreibende Geographie enthielt viele Möglichkeiten, die Wirtschaft, namentlich die Produktion und ihre Grundlagen, sowie den Handel, in den Geographieunterricht einzubeziehen. Auch die Tradition der Industrieschulen und die Arbeitsschulbewegung wirkten sich hier stimulierend aus.

Seit der Mitte des 19. Jahrhunderts überwog der länderkundliche Unterricht, der wirtschaftliche Sachverhalte im regionalen Kontinuum betrachtete. Die Allgemeine Wirtschaftsgeographie, die sich in der Hochschulgeographie erst sehr spät artikuliert hat, fand deshalb auch mit Verspätung in die geographischen Lehrpläne Eingang. Das Zeitalter der Weltkriege hat bei den Geographen die Sensibilität für wirtschaftliche Sachverhalte gesteigert.

Seit der Einführung neuer Curricula in den siebziger Jahren hat sich die Aufmerksamkeit für wirtschaftliche Dinge im Rahmen des Geographieunterrichts noch wesentlich verstärkt. Wirtschaftskundliche und wirtschaftsgeographische Sachverhalte werden auf mehreren Stufen und Ebenen vermittelt: im Sachunterricht der Primarstufe, im Fach Arbeits- und Wirtschaftslehre, vornehmlich den Haupt- und Realschulen, im Geographieunterricht der Sekundarstufen und in den berufsbildenden Schulzweigen.

Die Untersuchung der Schulbücher und Unterrichtsmaterialien wird zeigen, daß die Themenstellung und Materialaufbereitung sehr vielseitig und informativ sind. Die Spannweite der Erwartungen wird am ehesten repräsentiert durch die zahlreichen wirtschaftsgeographischen Karten in den verschiedenen Schulatlanten. Dazu kommen auch neue Unterrichtsformen wie Erkundung, die Betriebsbesichtigung, die Arbeit mit Originalmaterialien, das Planspiel und das Projekt.

Verbesserungen sind notwendig bei der Ausbildung und der Fortbildung der Geographielehrer, dem Aufbau eines Katalogs wirtschaftswissenschaftlicher Grundbegriffe und der umfassenden Bewertung der Rolle der Wirtschaft für das Leben der menschlichen Gesellschaft und das Auskommen der Staaten in einer friedlichen Welt.

Literatur

Aust, S. u. a.: Fragen und Versuchen. Sachunterricht in der Schule. Lehrerband 4. — Hannover 1976.
Bartels, D.: Zur wissenschaftstheoretischen Grundlegung einer Geographie des Menschen. — Wiesbaden 1968 (= Erdkundliches Wissen. 19).
Bartels, H.: Wirtschaftsgeographie in der Oberstufe. — In: Grundlagen und Wandlungen der Weltwirtschaft. München 1962, S. 11—14.
Beck, G.: Wirtschaftsgeographische Probleme im Unterricht. — In: Metzler Handbuch für den Geographieunterricht. Stuttgart 1982, S. 540—548.
Blankertz, H.: Die Geschichte der Pädagogik. Von der Aufklärung bis zur Gegenwart. — Wetzlar 1982.
Casper, B.: Einfache wirtschaftsgeographische Lehrinhalte im Sachunterricht der Grundschule. — In: Blätter für Lehrerfortbildung 26, 1974, S. 177—186.
Dauenhauer, E.: Einführung in die Arbeitslehre. — München 1974 (Uni-Taschenbücher. 471).
Daum, E.: Wirtschaftsgeographie im Unterricht. Zur Kritik eines traditionellen Themenbereiches. — In: Geographie — Theorie und Erfahrung. Paderborn 1983, S. 36—55.
Empfehlungen für den Erdkundeunterricht an den allgemeinbildenden Schulen. — In: Geographische Rundschau 8, 1956, S. 166—172.
Fick, K. E.: Versäumnisse in der Wirtschaftsgeographie? Anmerkungen aus der Sicht des neuen Bildungsbereichs Arbeitslehre. — In: Geographische Rundschau 22, 1970, S. 316—324.
Fick, K. E.: Wirtschaftsgeographie und Arbeitslehre. Tendenzen und Probleme gegenwärtiger curricularer Entwicklung. — In: Pädagogische Welt 28, 1974, S. 88—97.
Fick, K. E.: Aufgabe und Funktion der Wirtschaftsgeographie im Zuge wirklichkeitsnäherer Schularbeit beim Einsatz berufsbezogener Arbeitsmittel. — In: Die Deutsche Schule 67, 1975, S. 202—219.
Friese, H. W.: Wirtschaftsgeographie im Unterricht. — Stuttgart 1963 (= Der Erdkundeunterricht. 2).
Friese, H. W.: Aspekte zum wirtschaftsgeographischen Unterricht. — In: Beihefte Geographische Rundschau 4, 1974, H. 3, S. 12—14.
Geipel, R.: Industriegeographie als Einführung in die Arbeitswelt. — Braunschweig 1969.

Götz, W.: Wirtschaftsgeographie. — In: Anleitung zur deutschen Landes- und Volksforschung. Stuttgart 1889, S. 573—627.

Groß, G.: Geographie in Universität, Schule und Gesellschaft. Ansätze im 18. und frühen 19. Jahrhundert in Trier. — Trier 1981 (= Trierer Geographische Studien. 6).

Hassert, K.: Wesen und Bildungswert der Wirtschaftsgeographie. — Berlin 1919 (= Geographische Abende. 8).

Hassinger, H.: Können Kapital, Volksvermögen und Volkseinkommen Gegenstände wirtschaftsgeographischer Betrachtungen sein? — In: Geographischer Jahresbericht aus Österreich 15. 1929, S. 58—76.

Hettner, A.: Die Geographie. Ihre Geschichte, ihr Wesen und ihre Methoden. — Breslau 1927.

Heydorn, H.-J.: Zur Neufassung des Bildungsbegriffs. — Frankfurt a. M. 1972.

Heyn, E.: Die Betriebsbesichtigung. — In: Geographische Rundschau 6, 1954, S. 477—479.

Kaiser, F.-J.: Arbeits- und Wirtschaftslehre. — In: Handlexikon zur Didaktik der Schulfächer. München 1980, S. 96—105.

Kirchberg, G. u. a.: Geographie in der Kollegstufe. — Braunschweig 1982.

Koneffke, G.: Menschenbildung und Kinderarbeit bei Pestalozzi und Owen. — Diss. Heidelberg 1961.

Kreuzer, G.: Wirtschaftsgeographie in der Hauptschule. Ein Beitrag zur Reform des Erdkundeunterrichts. — In: Moderne Geographie in Forschung und Unterricht. Hannover 1970, S. 103—128.

Kroß, E.: Industriegeographie in der S I. Ein Strukturierungsvorschlag. — In: Geographiedidaktische Sturkturgitter. Braunschweig 1979, S. 161—173.

Litt, Th.: Berufsbildung, Fachbildung, Menschenbildung. 2. Aufl. — Bonn 1960 (= Schriftenreihe der Bundeszentrale für politische Bildung. 35).

Otremba, E.: Die Wirtschaftsgeographie an den Hochschulen. — In: Beihefte Geographische Rundschau 4, 1974, H. 3, S. 2—6.

Penck, A.: Ziele des geographischen Unterrichts. — In: Beiträge zum erdkundlichen Unterricht, Bd. 2. Leipzig 1919, S. 81—97.

Polytechnik in der Bundesrepublik Deutschland? Beiträge zur Kritik der Arbeitslehre. — Frankfurt a. M. 1972 (= Edition Suhrkamp. 573).

Prillinger, F.: Geographie und Wirtschaftskunde. — In: Österreichische Pädagogische Warte 53, 1965, S. 143—149.

Rauch, Th.: Wirtschaftswissenschaftliche Grundbegriffe. — In: Metzler Handbuch für den Geographieunterricht. Stuttgart 1982, S. 549—569.

Rühl, A.: Aufgaben und Stellung der Wirtschaftsgeographie. — Zeitschrift der Gesellschaft für Erdkunde zu Berlin 1918, S. 292—303.

Sattler, W.: Wirtschaftsgesinnung und Wirtschaftsgeographie. — In: Moderne Geographie in Forschung und Unterricht. Hannover 1970, S. 171—189.

Schätzl, L.: Zur Konzeption der Wirtschaftsgeographie. — In: Die Erde 105, 1974, S. 124—134.

Schätzl, L.: Wirtschaftsgeographie 1. — Paderborn 1978 (= Uni-Taschenbücher. 782).

Schönbach, R.: Wirtschaftsgeographie im 9. Schuljahr, Anspruch und Wirklichkeit. — In: Pädagogische Welt 28, 1974, S. 98—106.

Schule und Arbeitswelt. — Bonn 1976 (= Schriftenreihe der Bundeszentrale für politische Bildung. 111).

Sperling, W.: Trendbericht Geographieunterricht 1968—1979. — In: Geographieunterricht und Landschaftslehre, Bd. 1. Duisburg 1981, S. 5—28.

Sroka, L.: Zeitgemäßer und wirtschaftsgeographische Unterricht. — In: Geographische Rundschau 10, 1958, S. 343—347.

Sroka, L.: Wirtschaftsgeographie im Unterricht der Berufs- und Berufsfachschulen. — In: Deutscher Geographentag Würzburg 1957. Wiesbaden 1958.

Völkel, R.: Erdkunde heute. — Frankfurt a. M. 1961.

Wagner, H.-G.: Wirtschaftsgeographie. — Braunschweig 1981 (= Das Geographische Seminar).

Wagner, J.: Stellungnahme des Verbandes Deutscher Schulgeographen zur Lage des geographischen Unterrichts. — In: Geographische Rundschau 2, 1950, S. 245—247.

Waibel, L.: Zum Studium der Wirtschaftsgeographie. — In: Zur Lehrerfortbildung 14, 1933, S. 35—39.

Weigt, E.: Der Forschungsgegenstand der Wirtschaftsgeographie. — In: Zeitschrift für Wirtschaftsgeographie 25, 1981, S. 161—163.

Weinstock, H.: Arbeit und Bildung. — Heidelberg 1954.

Winkler, E.: Stand und Aufgaben der Industriegeographie. — In: Zeitschrift für Erdkunde 9, 1941, S. 585—600.

Zentralverband der deutschen Geographen: Basislehrplan „Geographie". Empfehlungen für die Sekundarstufe I. — Würzburg 1980.

Helmut Kistler

Umwelterziehung im Rahmen des Erdkundeunterrichts an den Schulen in der Bundesrepublik Deutschland (unter besonderer Berücksichtigung der bayerischen Lehrpläne) (1986)

Vorbemerkung

Die folgenden Ausführungen basieren auf einem Kurzreferat, das anläßlich der 4. deutsch-sowjetischen Schulbuchkonferenz vom 24. bis 28. November 1986 im Georg-Eckert-Institut für internationale Schulbuchforschung in Braunschweig gehalten wurde.

1. Der Organisationsrahmen und die gedanklichen Prämissen der Umwelterziehung an den deutschen Schulen

1.1 Bekanntlich gehört der Bereich Schule aufgrund der föderalistischen Struktur der Bundesrepublik Deutschland zur Kulturhoheit der Länder; auf Länderebene entfalten deshalb die jeweiligen Kultusverwaltungen für den Bereich Umwelterziehung eigene Initiativen.

Im wesentlichen sind es folgende:
- Sie erlassen im Rahmen von Richtlinien und Lehrplänen für die verschiedenen Schularten, Unterrichtsfächer und Jahrgangsstufen verpflichtende Regelungen, in welchem Umfang und in welcher Weise Umwelterziehung zu leisten ist;
- sie bestimmen, in welchem Maß und in welchen Formen das Thema Umwelterziehung bei der Ausbildung und bei der Fortbildung der Lehrer zu beachten ist;
- sie regen die Erarbeitung und Veröffentlichung von Unterrichtsmaterialien an, die über die eingeführten Schulbücher hinaus der Vertiefung und Veranschaulichung der Probleme dienen;
- sie unterbreiten Vorschläge für verschiedene außerschulische Aktivitäten, die alle die Absicht verfolgen, den Schülern die allgemeine Bedeutung des Umweltschutzes bewußt zu machen, indem sie Kontakte zwischen Schule und öffentlichen Institutionen herstellen.

1.2 Die Ständige Konferenz der Kultusminister der Länder in der Bundesrepublik Deutschland trägt dafür Sorge, daß im gesamten Land in etwa gleichgerichtete Anstrengungen unternommen werden. Die Kultusministerkonferenz faßt Beschlüsse und trifft Absprachen, die sicherstellen, daß in allen Ländern des

Bundes der Umwelterziehung an den Schulen eine vergleichbar große Aufmerksamkeit gewidmet wird und parallele Ziele verfolgt werden.

Derzeit maßgeblich ist der Beschluß vom 17. Oktober 1980 zum Thema „Umwelt und Unterricht", der folgenden Zielrahmen festlegt:

„... Der Schüler soll insbesondere
- die durch Verfassung und Gesetz gegebenen Rechte und Pflichten des Bürgers kennenlernen und dadurch bereit werden, an den Aufgaben der Sorge für die Umwelt und des Umweltschutzes mitwirken;
- zu einer gezielten Beobachtung und Untersuchung seiner Umwelt bewegt werden;
- Einblick in ökologische Zusammenhänge gewinnen und die Wirkung von Störungen kennenlernen;
- Ursachen von Umweltbelastungen und teilweise nicht wieder rückgängig zu machende Umweltveränderungen kennenlernen;
- die Verflechtung ökologischer, ökonomischer und gesellschaftlicher Einflüsse erkennen, die zum gegenwärtigen Zustand unserer Umwelt geführt haben;
- erkennen, daß Umweltbelastung ein internationales Problem und eine Aufgabe für die gesamte Menschheit ist und daß die Sorge für die Umwelt somit eine internationale Aufgabe darstellt, bei der den hochentwickelten Industriestaaten eine besondere Verantwortung zukommt;
- zur Einsicht gelangen, daß verantwortungsbewußtes Handeln des einzelnen und der Gesellschaft notwendig ist, um dem Menschen die Umwelt zu sichern, die er für ein gesundes und menschenwürdiges Dasein braucht;
- erkennen, daß Sorge für die Umwelt die Auseinandersetzung mit Interessengegensätzen einschließt und deshalb ein sorgfältiges Abwägen von ökonomischen und ökologischen Gesichtspunkten notwendig ist ..."[1]

Übereinstimmung hinsichtlich dieser übergeordneten Ziele für die Umwelterziehung herzustellen, war zu diesem Zeitpunkt aus mehreren Gründen leicht.
- Die enorme Bedeutung des Umwelt- und Naturschutzes war allgemein erkannt und anerkannt;
- in aller Öffentlichkeit war ein sehr hoher Grad von Sensibilität für alle die Schonung der Umwelt betreffenden Belange erreicht;
- die Sachverhalte sind bis zu einem hohen wissenschaftlichen Niveau geklärt, so daß Divergenzen bei vorurteilsfreier Betrachtung nicht möglich sind;
- es gehört zum allgemein-öffentlichen Bewußtseinsstand, daß im Engeraum Bundesrepublik Deutschland mit seiner relativ hohen Bevölkerungs- und Siedlungsdichte ein sorgfältig geplanter und breit praktizierter pfleglicher Umgang mit der Natur in noch höherem Maße als anderswo erzwungen ist;
- internationale und nationale Institutionen – als Beispiele seien an dieser Stelle nur die zwischenstaatlichen UNESCO-Konferenzen über Umwelterziehung und das Umweltbundesamt genannt – haben sowohl grundlegende als auch detaillierte Vorarbeiten geleistet, auf die Bezug genommen werden konnte und kann.

---

1 Zit. nach Umwelterziehung in der Schule. Veröffentlichungen der Ständigen Konferenz der Kultusminister der Länder in der Bundesrepublik Deutschland. Dokumentationsdienst Bildungswesen. Sonderheft, Luchterhand Verlag Neuwied, o. J., S. 3f.

1.3 Der Konsens über die Intentionen der Umwelterziehung läßt sich bundesweit aber auch deshalb relativ leicht erreichen, weil der Schutz der Natur heute in der Bundesrepublik Deutschland auf Bundes- und Landesebene Verfassungsrang besitzt und somit zum Beispiel gleichrangig neben den Prinzipien steht, die das politische System dieses Staates prägen.

Als Beleg kann der Artikel 141 der Verfassung des Freistaates Bayern dienen:

„Der Schutz der natürlichen Lebensgrundlagen ist, auch eingedenk der Verantwortung für die kommenden Generationen, der besonderen Fürsorge jedes einzelnen und der staatlichen Gemeinschaft anvertraut. Mit Naturgütern ist schonend und sparsam umzugehen. Es gehört auch zu den vorrangigen Aufgaben von Staat, Gemeinden und Körperschaften des öffentlichen Rechts, Boden, Wasser und Luft als natürliche Lebensgrundlagen zu schützen, eingetretene Schäden möglichst zu beheben oder auszugleichen und auf möglichst sparsamen Umgang mit Energie zu achten,
die Leistungsfähigkeit des Naturhaushalts zu erhalten und dauerhaft zu verbessern, den Wald wegen seiner besonderen Bedeutung für den Naturhaushalt zu schützen und eingetretene Schäden möglichst zu beheben oder auszugleichen,
die heimischen Tier- und Pflanzenarten und ihre notwendigen Lebensräume sowie kennzeichnende Orts- und Landschaftsbilder zu schonen und zu erhalten."[2]

Geistig-ethische Grundlage für diese Festschreibung des Naturschutzes auf Verfassungsebene ist die christliche Überzeugung, daß die jeweils lebende Generation diese Welt lediglich zur Nutzung anvertraut bekommen hat, daß die Natur dabei keinen Schaden nehmen darf, der das Leben der folgenden Generationen beeinträchtigen oder gar unmöglich machen könnte.

Diese verfassungsrechtlichen Maximen sind seit vielen Jahren in Gesetzen und Rechtsvorschriften auf Bundes- und Landesebene konkretisiert worden. In der Bundesregierung und in den Länderregierungen gibt es eigene Ressortministerien, die – zum Teil bereits seit den frühen 70er Jahren – konstruktive Umweltpolitik betreiben. Es sei daran erinnert, daß die Bundesrepublik Deutschland schon 1971 in einem offiziellen Umweltprogramm als eines der ersten Länder in Europa den Umweltschutz zur eigenständigen öffentlichen Aufgabe erklärt hat und damit dem Schutz der Naturgrundlagen den gleichen Rang zuerkannte wie den anderen öffentlichen Aufgaben der Daseinsvorsorge, z. B. der Sozial- und Bildungspolitik, der inneren und äußeren Sicherheit.[3] In Kürze soll der Umweltschutz als Staatszielbestimmung im Grundgesetz verankert werden.

---

[2] Zit. nach Verfassung der Freistaates Bayern, Bayerische Landeszentrale für politische Bildungsarbeit (Hrsg.), München, 1985, S. 75.
[3] Siehe Umweltschutz. Das Umweltprogramm der Bundesregierung. Mit einer Einführung von Hans-Dietrich Genscher, Kohlhammer-Verlag Stuttgart und: Umweltbundesamt. Damit Umweltschutz Wirklichkeit wird, Umweltbundesamt (Hrsg.), Bonn 1983, S. 3, 3. Auflage 1973.

2. Tragende Grundsätze für die Umwelterziehung an den Schulen

2.1 Umwelterziehung ist ein Unterrichtsprinzip, kein Unterrichtsfach

In den Grundsätzen zur Umwelterziehung an den Schulen der Hansestadt Hamburg, die als Beispiel dienen können, heißt es:

> „Umweltprobleme sind aus der Sicht einer einzelnen Fachwissenschaft oder nur eines Unterrichtsfaches nicht angemessen zu verstehen. Ihre Behandlung erfordert die Mitwirkung verschiedener Fächer, fächerübergreifender Formen des Unterrichts und eine Koordinierung der Fachlehrpläne."[4]

Es handelt sich also um ein interdisziplinäres Unterrichtsvorhaben, zu dem viele Fächer einen Beitrag zur Vermittlung von Kenntnissen und zur Weckung von Bewußtsein im Sinne der übergeordneten Leitziele zu leisten haben. Diese Beiträge sind selbstverständlich unterschiedlich umfangreich und verschiedenartig akzentuiert. Es gibt der Sache entsprechend Fächer mit sehr großer Affinität zum Thema Umwelterziehung — das sind Biologie, Chemie, Erdkunde, Physik; auch eine Reihe anderer Fächer trägt Wesentliches dazu bei, die gestellte Aufgabe zu bewältigen, z. B. Gemeinschaftskunde, Arbeitslehre, Wirtschafts- und Rechtslehre, Religion und Ethik, ferner Deutsch, wo den Schülern in Diskussionen und Aufsätzen problembezogene Überlegungen abverlangt werden, ebenso Kunsterziehung — hier kann in bildnerischen Arbeiten sichtbar werden, in welcher Weise Kinder und Jugendliche die Umweltproblematik erleben; selbstverständlich auch Sport, wo der pflegliche Umgang mit der Natur, mit dem Gelände zum direkten Auftrag und zum unmittelbaren Erlebnis wird.

Daß Umwelterziehung nicht in einem eigenen Fach vermittelt wird, hat also nichts mit der pragmatischen Überlegung zu tun, der Fächerkanon dürfe nicht noch weiter vermehrt werden. Zugrunde liegt vielmehr die Einsicht, daß bei diesem pädagogisch höchst aktuellen Anliegen sehr verschiedene Teilaspekte bewußt zu machen sind. Das zentrale erzieherische Anliegen ist es, den Schülern durch das Aufgreifen der Thematik unter vielen Fragestellungen zu signalisieren, daß einerseits die relevanten Sachverhalte sehr unterschiedliche wissenschaftliche Grundlagen und Zusammenhänge aufweisen, daß andererseits eine ethisch-moralische Dimension zu berücksichtigen ist und schließlich die Durchsetzung als notwendig erkannter Schutz- und Vorsorgemaßnahmen auf politischer Ebene erfolgen muß und dementsprechend die dort gegebenen Grundsatzprogramme von Bedeutung sind. Dieser Komplexität des Problems ist nur in der Gestalt des Unterrichtsprinzips Rechnung zu tragen.

---

[4] Zit. nach Grundsätze zur Umwelterziehung an den Schulen. Freie und Hansestadt Hamburg. Behörde für Schule und Berufsbildung. Amt für Schule (Hrsg.), Informationen Nr. 3/86, S. 4.

2.2 Umwelterziehung kann nur erfolgreich sein, wenn sie verschiedene Lernbereiche beachtet

Eulefeld formulierte dieses Prinzip in seinen bereits 1978 veröffentlichten didaktischen Leitlinien zur Umwelterziehung dementsprechend:

„Die Umwelterziehung muß kognitive und affektive Aspekte berücksichtigen, denn das, was erhalten und wiederhergestellt werden soll, darf nicht nur intellektuell einsichtig, es muß auch empfindend und handelnd nachvollzogen werden."[5]

Diese Forderung ist kongruent mit den Leitzielen, die 1977 auf der zwischenstaatlichen UNESCO-Konferenz über Umwelterziehung in Tiflis als Empfehlung aufgestellt wurden. Sie lauten:

„Ziele der Umwelterziehung sind:
a) klares Bewußtsein und Interesse von und für wirtschaftliche, politische und ökologische Interdependenz im städtischen und ländlichen Bereich fördern;
b) jedermann die Möglichkeit verschaffen, sich das Wissen, die Wertvorstellungen, die Haltung, die Verpflichtung und die Fähigkeiten zu erwerben, die nötig sind, um die Umwelt zu schützen und zu verbessern;
c) neue Muster des Verhaltens von Individuen, Gruppen und der Gesellschaft insgesamt gegenüber der Umwelt zu entwickeln."[6]

Der frühere bayerische Kultusminister, Hans Maier, faßte diese Postulate in die knappe Formel: Bei der Umwelterziehung gehe es um die ineinander verflochtene Dreiheit „Wissen — Verstehen — Handeln".[7]

2.3 Umwelterziehung muß situations- und handlungsorientiert sein

In den Ausweisungen für die Schulen in Rheinland-Pfalz ist dieser Grundsatz folgendermaßen formuliert:

„1. Situationsorientiertheit:
Schüler begegnen der Natur und ihren Belastungen unmittelbar (z. B. beim Aufsuchen eines stark verschmutzten Gewässers als ‚außerschulischem Lernort'). Hiermit soll Betroffenheit durch die ‚originale Begegnung' ausgelöst werden, das heißt durch die unmittelbare Konfrontation mit der Wirklichkeit, so daß ‚Lernen in und an der konkreten Erfahrungswelt der Schüler, die zur Situationsveränderung herausfordert', ermöglicht wird (Eulefeld u. a., 1979).

---

[5] Eulefeld, G., Didaktische Leitlinien zur Umwelterziehung in der Bundesrepublik Deutschland. Vortrag auf der Arbeitstagung über Aufgaben der Umwelterziehung in der Bundesrepublik Deutschland und ihren Nachbarländern, München 26. bis 28. 4. 1978, zit. nach Handreichung zur Umwelterziehung an den bayerischen Schulen, Teil 2: Lernziele, Lerninhalte und Unterrichtsbeispiele, Staatsinstitut für Schulpädagogik (Hrsg.), Auer Verlag Donauwörth, 1979, S. 5.
[6] Zit. nach Handreichung zur Umwelterziehung, a. a. O., S. 6.
[7] Zit. nach Schule und Umwelt, Themenheft der Zeitschrift Schulreport, Bayerisches Staatsministerium für Unterricht und Kultus (Hrsg.), Heft 5/November 1983, S. 5.

2. Handlungsorientiertheit:
a) Schüler führen Untersuchungen und Befragungen ‚vor Ort' durch (‚Handelndes Entdecken'; ‚Lernen mit Kopf und Hand'), weil Eigenaktivität den Lernprozeß unterstützt (‚Handlung' als Methode).
b) Änderung von eigenen, die Umwelt negativ beeinflussenden Gewohnheiten zugunsten von Handlungsweisen, die ökologische Gesetzmäßigkeiten berücksichtigen. Das schließt auch politisch verantwortliches Handeln ein (‚Handlung' als Ziel) ..."[8]

Die diesem Grundsatz entsprechende Praxisnähe der Umwelterziehung wird außer auf Exkursionen etwa im Erdkunde- oder Biologieunterricht oder bei fächerübergreifenden Unterrichtsprojekten vor allem auch durch Partnerschaften mit jenen öffentlichen Institutionen angestrebt, die professionell mit der Umweltgestaltung und mit dem Umweltschutz befaßt sind, z. B. mit kommunalen Planungsämtern, mit städtischen Gärtnereien, mit dem nächstgelegenen Forstamt, mit einem regionalen Landwirtschaftsamt, mit Einrichtungen von Naturschutzverbänden usw.

Die persönliche Begegnung mit den Experten soll die Schüler zusätzlich auf die große Dringlichkeit des Handelns aufmerksam machen, indem ihnen klar wird, daß eine Vielzahl von Einrichtungen und Fachleuten bereits intensiv mit der kontinuierlichen Bewältigung der aktuellen Probleme beschäftigt ist.

2.4 Umwelterziehung muß auf antizipatorisches Handeln zielen

Dieses Prinzip besagt, es müsse den Schülern bewußt werden, daß in allen Umweltbelangen „vorwegnehmend" gehandelt werden muß, da in der gegebenen Situation jeder Handlungsaufschub unverantwortlich wäre.

In der didaktischen Konzeption für Umwelterziehung in der Sekundarstufe I des Hessischen Instituts für Bildungsplanung und Schulentwicklung heißt es hierzu zum Beispiel:

„Vielen Verhaltensweisen und zahlreichen Entscheidungen aus dem Umweltbereich mangelt es an einer antizipatorischen Betrachtungsweise. Solche Defizite zeigen sich beispielsweise dann, wenn bei dringend anstehenden Handlungsbeschlüssen Entscheidungen verschoben werden, da nicht alle wünschbaren Daten für die Entscheidung bekannt sind und versäumt wird, auch anhand einer vielleicht noch vorläufigen Datenbasis alternative Handlungsmöglichkeiten und Konsequenzen mit einzuplanen. Bewußt werden muß auch, daß Probleme oft durch nicht erkannte Vernetzungen und Aufschaukelungseffekte oder durch unvorhergesehene Fern- und Nebenwirkungen langfristig eine andere Qualität erhalten, die nicht eindeutig und im voraus berechenbar ist."[9]

---

[8] zit. nach Modellversuch Praxisnahe Umwelterziehung in Rheinland-Pfalz, Pädagogisches Zentrum des Landes Rheinland-Pfalz (Hrsg.), Bad Kreuznach 1985, S. 2.
[9] Zit. nach Didaktische Konzeption für Umwelterziehung in der Sekundarstufe I. Materialien zum Unterricht, Sekundarstufe I, Heft 60, Umwelterziehung I, Hessisches Institut für Bildungsplanung und Schulentwicklung (Hrsg.), Diesterweg Verlag Frankfurt, 1986, S. 5.

Gemeint ist also, daß die Umwelterziehung darauf zielen muß, Handlungsbereitschaft gegenüber jedem erkannten Schaden zu entwickeln und zu fördern, da bei der Komplexität der ökologischen Regelkreise zum einen eine Ermittlung aller Details des Gesamtzusammenhangs schwierig, wenn nicht gar unmöglich ist, und zum andern in der Phase langwieriger wissenschaftlicher Untersuchungen eines Schadens sich bereits weitere schädliche Folgen auf Nebenfeldern einstellen können.

3. Die Realisierung der Grundsätze in den Lehrplänen, dargestellt an Lehrplänen für die bayerischen Schulen

3.1 Das System der Leit- und Richtziele

Leit- und Richtziele für das Unterrichtsprinzip Umwelterziehung

Leitziele

1. Kenntnis der Einwirkungsweisen und Einwirkungsfolgen in den verschiedenen Aktivitätsbereichen auf die ökologischen Regelkreise, die Räume und die Menschen
2. Fähigkeit zu zielgerichteter Beobachtung und Untersuchung von Zuständen und Veränderungen in der Umwelt
3. Verständnis für die Notwendigkeit eines verantwortungsbewußten Handelns,
   – um dem Menschen eine Umwelt als natürliche Lebensgrundlage zu sichern, wie er sie für seine Gesundheit und für ein menschenwürdiges Dasein braucht,
   – um die Natur vor nachteiligen Wirkungen menschlicher Eingriffe zu schützen und
   – um Schäden und Nachteile aus menschlichen Eingriffen zu beseitigen.
4. Bereitschaft, bei der Verhinderung, zumindest bei der Minderung von Umweltbelastungen und bei der Beseitigung von Umweltschäden aktiv mitzuwirken und notfalls auch auf persönliche Vorteile zu verzichten
5. Überzeugung, daß umweltbewußtes Handeln nicht allein aus Wissen und Einsicht erwächst, sondern auch von Achtung vor der Natur getragen sein muß

Richtziele

Grundschule
Lernbereiche: 5. Kind und wirtschaftliche Umwelt
                6. Kind und Gesundheit
                7. Kind und heimatliche Natur

Hauptschule, Realschule und Gymnasiale Mittelstufe

Beteiligte Fächer: Biologie, Erdkunde, Sozialkunde, Chemie, Wirtschaftslehre, Ethik/Religionslehre, Deutsch

1. Der Schüler soll erkennen, daß Tier- und Pflanzenwelt, Boden, Wasser, Luft und nicht zuletzt auch der Mensch miteinander in vielschichtigen Umweltbeziehungen stehen und Ökosysteme bilden.
2. Er soll einsehen, daß Eingriffe in Einzelbereiche sich auf das Gesamtgefüge der Umwelt auswirken.
3. Er soll wesentliche Erscheinungen der Umweltbelastung als Folge der Aktivitäten in der Güterproduktion und in den Bereichen des privaten und öffentlichen Lebens kennenlernen.
4. Er soll an Beispielen Umweltschäden feststellen und mit geeigneten Verfahren untersuchen können.
5. Er soll wichtige Abhilfe- und Schutzmaßnahmen zur Sicherung der Grundgüter für die Erhaltung der menschlichen Lebensqualität kennen.
6. Er soll einen Überblick über die hierzu erforderlichen planerischen Maßnahmen gewinnen, Verständnis für ihre Notwendigkeit entwickeln und im Rahmen seines Erfahrungsbereiches zu einer kritischen Stellungnahme fähig sein.
7. Er soll die Einsicht gewinnen, daß ein Zusammenhang zwischen verschiedenen Lebenseinstellungen und dem Umweltverhalten besteht.
8. Er soll bereit sein, im privaten und später auch im beruflichen und öffentlichen Leben bei der Lösung von Problemen des Umweltschutzes und der Raumordnung mitzuwirken.
9. Er soll Umweltvorsorge als internationales Problem erkennen und als Voraussetzung für die Weiterexistenz des Lebens auf der Erde begreifen.

Berufliche Schulen

1. Einsicht in mögliche Zusammenhänge zwischen der jeweiligen Berufstätigkeit und der Umwelt
2. Kenntnis von betriebsbezogenen Ursachen der Umweltbelastung und von Möglichkeiten zur Beseitigung dieser Belastung
3. Fähigkeit, Umweltschädigungen bzw. -belastungen im jeweiligen Wirtschafts- bzw. Berufsbereich festzustellen, mit geeigneten Verfahren zu untersuchen und die Ursachen zu ermitteln
4. Kenntnis der rechtlichen Grundlagen zum Umweltschutz und Bereitschaft zu ihrer Beachtung
5. Einsicht in Probleme des Umweltschutzes aufgrund des möglichen Spannungsverhältnisses zwischen wirtschaftspolitischen Vorgaben, rechtlichen Vorschriften und betriebswirtschaftlichen Zielen
6. Überblick über die das jeweilige Berufsfeld betreffenden Maßnahmen bzw. Vorschläge zur Lösung von Umweltproblemen (z. B. verbesserte Technologie, Recycling)
7. Einsicht in den Zusammenhang zwischen Umweltproblemen und sozioökonomischen sowie technischen Entwicklungen

8. Fähigkeit, planerische Maßnahmen und rechtliche Regelungen bezüglich ihrer Effektivität im Rahmen des persönlichen Erfahrungsbereiches zu beurteilen

Gymnasiale Oberstufe (Kollegstufe)

Beteiligte Fächer: Erdkunde, Sozialkunde, Deutsch, Wirtschaft, Recht, Ethik/Religionslehre, Biologie, Chemie

1. Der Kollegiat soll ökologische Kenntnise erwerben, die ihn befähigen, Umweltschädigungen als Störungen der Ökosysteme zu erkennen.
2. Er soll befähigt sein, Umweltschädigungen mit geeigneten Verfahrensweisen zu untersuchen, die experimentellen Ergebnisse kritisch zu werten und Ursachen der Umweltschädigung zu ermitteln.
3. Er soll einen Überblick gewinnen über Art und Umfang der Umweltbelastungen durch die verschiedenen menschlichen Aktivitäten (z. B. sich versorgen, wohnen, produzieren, sich erholen, am Verkehr teilnehmen).
4. Er soll den Zusammenhang erfassen zwischen Lebenseinstellungen, ihren geistesgeschichtlichen Hintergründen und dem jeweiligen Verhalten gegenüber der Umwelt.
5. Er soll einen Überblick gewinnen über die verschiedenen diskutierten und praktizierten Maßnahmen zur Lösung von Umweltproblemen (Raumordnung, Landschaftspflege, Naturschutz, verbesserte Technologie, Herstellung und Verwendung umweltfreundlicher Produkte, Wachstumssteuerung, Recycling).
6. Er soll befähigt sein, Planungsvorhaben bzw. Planungsprozesse bezüglich ihrer Effektivität und ihrer Realisierungschancen auf dem Gebiet des Umweltschutzes und der Raumordnung zu beurteilen.
7. Er soll bereit sein, in erweiterter sozialer Verantwortung an der Lösung von Umwelt- und Planungsproblemen im privaten, beruflichen und öffentlichen Leben engagiert mitzuarbeiten.
8. Er soll Umweltvorsorge als internationales Problem erkennen und als Voraussetzung für die Weiterexistenz des Lebens auf der Erde begreifen.

Die Übersicht über die Leit- und Richtziele für das Unterrichtsprinzip Umwelterziehung an den bayerischen Schulen[10] belegt folgendes:
— Die Umwelterziehung wird in Bayern
    — auf allen Altersstufen,
    — in allen Schularten,
    — in zahlreichen Fächern
   angestrebt.
— Die Umwelterziehung erfolgt gemäß einer sehr differenzierten Zielsetzung, die sich gleichermaßen auf den kognitiven wie den affektiven Bereich bezieht.

---

[10] Zusammengestellt nach Schule und Umwelt, a. a. O., S. 8f.

- Umwelterziehung wird einerseits auf wissenschaftlich-fachlicher Grundlage, andererseits so praxisbezogen wie möglich betrieben.
Die Übersicht verdeutlicht ferner: Es geht
- um die Vermittlung von Sachkompetenz auf vielen einschlägigen Fachgebieten;
- um die Anbahnung von gründlichem Verständnis und tiefgreifendem Problembewußtsein;
- um die Weckung von Handlungsbereitschaft im eigenen und im öffentlichen Lebensbereich.

3.2 Die Lehrpläne

Umwelterziehung in der Grundschule (1.–4. Klasse)
Lernziele und Lerninhalte aus dem Lernbereich 7:
„Kind und Natur"

Luft

	Erfahrungen mit Luft ... - bewegte Luft (Wind) kann Gegenstände bewegen (z. B. Windrad, Segelboot) - Luft brauchen wir zum Leben	Untersuchen von Gegenständen aus der Umwelt des Kindes: Herausfinden von Eigenschaften der Luft. ... Berichte der Kinder: Zugluft im Haus – plötzlicher Windstoß – Folgen: Wirkung eines Sturms Versuch: Wind erzeugen mit Fächer, mit Ventilator ... Herausfinden, daß der Wind (bewegte Luft) für uns Menschen „Arbeit leistet" (z. B. Segelschiff – Windmühle) Überlegen, warum wir ohne Luft nicht leben können

Garten

7.4	... Verantwortungsvoller Umgang mit Haustieren	Berichten über Erfahrungen mit Haustieren Gründe nennen, warum Menschen Haustiere halten ... Herausfinden, daß verschiedene Haustiere unterschiedliche Ansprüche an Haltung, Ernährung und Pflege stellen Besprechen von Schwierigkeiten bei der Tierhaltung ...

7.3	Kennenlernen von Obstarten aus dem Erfahrungsbereich des Kindes – einige einheimische Obstarten, Südfrüchte – Einkauf und Verwendung	Unterrichtsgang: Obstgarten, Obstgeschäft, Obststand ... Berichten über Ernte, Einkauf, Verwendung ...

Wiese

7.1	Erfahren des vielfältigen Lebens auf der Wiese – Reichtum an Sinneseindrücken – verschiedene Pflanzen und Tiere (nach örtlichen Gegebenheiten) Für das Erleben der Natur offen werden	Unterrichtsgang zu einer Wiese nach gründlicher Vorbereitung (evtl. auch verbunden mit Lauschen, schweigendem Schauen) Gewinnen eines ersten Überblicks Mitbringen einiger nichtgeschützter Pflanzen der Wiese; Ausstellen im Klassenzimmer ... Beobachten von Tieren der Wiese (beim Unterrichtsgang oder im Film) Betrachten einiger Insekten evtl. mit Käfiglupen ...
7.2	Hinweis: Dieses Lernziel kann entsprechend auch in anderen Bereichen verwirklicht werden, z. B. Park, Feldrain, bewachsene Böschung	Gemeinschaftsarbeit: Tiere und Pflanzen der Wiese Hinweisen auf Tier- und Pflanzenschutz; Überlegen, warum man auch nichtgeschützte Pflanzen schonen soll Langzeitbeobachtung: Die Wiese im jahreszeitlichen Wechsel
7.4	Kennenlernen geschützter Pflanzen im Heimatbereich Bereitschaft zum Pflanzenschutz	Betrachten geschützter Pflanzen in der Natur und auf einer Bildtafel, Übungen im Wiedererkennen Aufstellen von Verhaltensregeln auf der Grundlage der Naturschutzbestimmungen Überlegen, warum man auch nichtgeschützte Pflanzen schonen soll

Feld

7.1	Einfache Kenntnisse über Getreide – heimische Getreidearten – Entwicklung von der Saat zur Ernte – Verwendung des Getreides Bewußtsein vom Hunger in der Welt; Bereitschaft, einen Beitrag zu seiner Überwindung zu leisten Mit Nahrungsmitteln verantwortlich umgehen	Unterscheiden der wichtigsten Getreidearten; Ausstellen von Ähren, Rispen und Körnern Keimversuche unter verschiedenen Bedingungen (Wärme, Wasser, Licht, Boden) Gespräch über die Verwendung von Getreide Befragen älterer Personen über Notzeiten An Beispielen den Hunger in der Dritten Welt aufzeigen; Hilfeleistungen z. B. der Kirchen („Misereor", „Brot für die Welt") darlegen; Erörtern, wie wir sie dabei unterstützen können Hinweis auf die symbolische Bedeutung des Brotes in der Religion

Wasser

7.7	Erfahrungen mit Wasser ... – Wasser brauchen wir zum Leben	Kinder berichten über ihre Erlebnisse ... Vergleich zwischen Wasser und Luft Überlegen, warum wir ohne Wasser nicht leben können ...
7.4	Kenntnis des natürlichen Wasserkreislaufs – Weg des Regenwassers – Entstehung der Niederschläge durch Verdunsten, Verdichten, Gefrieren – verschiedene Niederschlagsarten	Beobachten und Überlegen, woher Regenwasser kommt und wohin es fließt Einfache Versuche zum Versickern und Verdunsten des Wassers und Verdichten des Wasserdampfes Erkennen, daß sich Wasser in unsichtbaren Wasserdampf und umgekehrt verwandeln kann Darstellen des Wasserkreislaufs in einem Schaubild; Begründen, warum man von einem „Kreislauf" des Wassers spricht Beobachten verschiedener Niederschlagsarten, Vergleich und (soweit möglich) Erklären ihrer Entstehung
7.4	Einblick in das vielfältige Leben in und an einem Gewässer – einige Tiere und Pflanzen in und an einem Gewässer – Notwendigkeit des Gewässerschutzes	Unterrichtsgang: Beobachten von Tieren, Betrachten und Untersuchen einzelner Pflanzen Beschreiben und Unterscheiden einiger Wasserpflanzen und -tiere; Wiedererkennen in der Natur und auf Bildern Erörtern der Bedeutung des Gewässerschutzes an einem Beispiel

Wald

7.1	Grundkenntnisse über den Lebensraum Wald – einige heimische Nadel- und Laubbäume, Pilze, Beeren, heimische Tiere – Bedeutung des Waldes – richtiges Verhalten im Wald	Unterrichtsgang in den heimischen Wald bzw. zu einem Waldlehrpfad Gewinnen vielseitiger Sinneserfahrungen in bezug auf Rinde, Holz, Blätter, Früchte, Wuchs Unterscheiden und Benennen von Nadel- und Laubbäumen; Aufstellen gesammelter Zweige im Klassenzimmer Unterscheiden und Benennen der wichtigsten Pilze und Beeren Mitgebrachte, ungiftige Pilze und Beeren untersuchen; Sprechen über ihre Verwendung und Belehren über die Gefährlichkeit einer Pilzvergiftung (Knollenblätterpilz) Zusammenstellen von Tieren, die es im heimatlichen Wald gibt Begründen, warum der Wald ein wichtiger Erholungsraum für den Menschen ist; Beispiele für verantwortungsvolles Verhalten
...		

Tiere

7.3	Einblick in die Lebensweise eines einheimischen Vogels, z. B. Star, Amsel, Schwalbe, Sperling — Aussehen und wichtige Verhaltensweisen — natürliche Feinde; Gefährdung durch den Menschen	Beobachten und Erkennen von Vögeln Beobachten von Nestbau und Brutpflege in der Natur, ggf. im Film; Betrachten von Bildern Vorhaben: Sachgerechtes Bauen und Anbringen eines Nistkastens Gespräch über natürliche Feinde eines Vogels und Aufzeigen von Gefährdungen, die durch Menschen verursacht werden Erörtern der Bedeutung des Vogelschutzes
7.2	Einblick in einfache Beispiele der Anpassung vom Tieren an ihre Umwelt — Tiere, z. B. Maulwurf oder Eichhörnchen — Gefährdung durch den Menschen	Aufwerfen und Klären der Frage, wie z. B. der Maulwurf an seinen Lebensraum angepaßt ist (Körperbau, Fortbewegung) Darstellen eines Beispiels, wo Tiere, z. B. Tauben, überhandnehmen, weil sich die Umweltbedingungen verbessert haben, bzw. wo Tiere in ihrem Bestand bedroht sind Besprechen der Gefährdung durch Eingriffe in die Natur

Am Beispiel der Umwelterziehung in der Grundschule[11] wird folgendes deutlich:

Man weiß aufgrund psychologischer Forschungen, daß alle Außenbeziehungen des Menschen und auch das persönliche Selbstverständnis in der Kindheit grundgelegt werden, so eben auch das Verhältnis von Ich und Natur.

Darum ist dem Bereich „Kind und Natur" in allen vier Grundschulklassen eine wichtige Rolle zugewiesen.

Die Kinder sollen
— in direkter Anschauung und im unmittelbaren Erlebnis verschiedene Lebensbereiche kennenlernen bzw. erfahren;
— die Zusammenhänge innerhalb und zwischen diesen Lebensbereichen erfassen;
— erkennen, wie eindrucksvoll die Lebensvorgänge ineinandergreifen und aufeinander abgestimmt sind und wie empfindlich sie auf Eingriffe und Veränderungen reagieren.

Diese Begegnung geht prinzipiell von einer positiven Darbietung aus, weil man weiß, daß dann auch eine positive Prägung der kindlichen Naturauffassung erfolgt, die lebenslang vorhält.

Die Kinder sollen also vom Erleben zum Wissen und zum Empfinden und weiter zum behutsamen „Naturgebrauch" sowie zum pflegerischen Handeln geführt werden.

---

[11] Zusammengestellt aus Einführung des Lehrplans für die bayerischen Grundschulen. Bekanntmachung des Bayerischen Staatsministeriums für Unterricht und Kultus vom 22. Mai 1981, Amtsblatt Teil I, Sondernummer 20, 16. Juli 1981.

Die umwelterzieherischen Aspekte bei den verschiedenen Leitthemen der Erdkundelehrpläne für die 5. und 6. Jahrgangsstufe

5.4 Leitthema Verkehr

5.4.2 Bewußtsein für Auswirkungen des Verkehrsausbaus — z. B. Erhöhung der Mobilität, Zunahme der Verkehrsflächen, Verdichtung und Zersiedelung, Umweltbelastung

5.5 Leitthema Erholungsräume

5.5.3 Interesse für Auswirkungen des Fremdenverkehrs in Erholungsgebieten — Fremdenverkehr als Wirtschaftsfaktor: Gefahren einer Übererschließung — Beschreiben und Auswerten von Bildern höchsterschlossener Urlaubsregionen

5.6 Leitthema Bergbau

5.6.2 Bewußtsein für die Folgen, die sich beim Abbau bestimmter Bodenschätze ergeben — Folgen für
- die Landschaft (z. B. Gruben, Abraumhalden)
- die betroffene Bevölkerung (z. B. Umsiedlung)

Beschreiben von Blockbildern; Zeichnen einfacher Profile

5.6.3 Bereitschaft, Rekultivierungsmaßnahmen als notwendig anzusehen — Rekultivierung z. B. beim Abbau von Braunkohle, Kies oder anderen Bodenschätzen in der Nähe des Schulortes — Aufzeigen von Landschaftsveränderungen durch den Abbau von Bodenschätzen

6.1 Leitthema Energie

6.1.2 Überblick über wichtige Formen der Energieerzeugung und -verteilung in Mitteleuropa — Energieträger (Wasser, Kohle, Erdöl, Erdgas, Uran)

alternative Energien (z. B. Wind, Sonne)

Verteilungsnetze für Erdöl und Erdgas (Pipelines)

Kraftwerkstypen (Wasser- und Wärmekraftwerke) und deren Standortbedingungen, mit Beispielen aus Bayern

wichtige Kraftwerksstandorte in Mitteleuropa

Energieverbund

Beschreiben von Graphiken über den Energiebedarf zu verschiedenen Tages- und Jahreszeiten

Darstellung des Wandels der Energieformen und des Energieverbrauchs; aus dem Vergleich von Texten, Bildern und Karten Auswirkungen auf die wirtschaftliche Entwicklung feststellen

Sammeln von Zeitungsausschnitten, z. B. zum Thema Alternativenergie

Auswerten thematischer Karten zu Kraft-

6.2 Leitthema Industrie in Deutschland

6.2.4 Bewußtsein für Auswirkungen der Ansiedlung von Industriebetrieben

Mögliche Auswirkungen:
- Schaffung von Arbeitsplätzen
- Einflüsse auf die örtliche Wirtschaft
- Einflüsse auf Verkehrsverhältnisse
- Umweltprobleme und Maßnahmen zu ihrer Bewältigung,

aufzuzeigen an einem oder mehreren geeigneten Beispielen, möglichst aus dem Nahraum

Sammeln und Auswerten von Unterlagen über positive Auswirkungen der Industrialisierung, über Folgen für die Umwelt, über Umweltschutzmaßnahmen und über deren Kosten

6.3 Landwirtschaft in Deutschland

6.3.4 Interesse für Probleme der Landwirtschaft

z. B. Arbeitsbedingungen, Einkommensverhältnisse, Überschüsse, Eingriffe in den Naturhaushalt

Aus Zeitungsartikeln Informationen über Probleme moderner Landwirtschaft entnehmen

Gespräch über Möglichkeiten naturnaher Landwirtschaft

6.4 Leitthema Die deutsche Nord- und Ostseeküste als Lebensraum

6.4.2 Überblick über die vielfältige Nutzung und Veränderung der Nord- und Ostseeküste durch den Menschen

Küstenschutz, Landgewinnung, Landwirtschaft, Schiffahrt, Hafenstädte, Industrie, Fischerei, Seebäder

Anfertigen einfacher Zeichnungen (Küstenformen, Deichbau)

Aus Karten und Luftbildern Veränderungen entnehmen

6.4.3 Bewußtsein für die Folgen einer intensiven und vielfältigen Nutzung des Küstenraumes

Interessenkonflikte bei konkurrierender Nutzung durch Schiffahrt, Industrie, Siedlungen, Landwirtschaft, Erholung, Fischerei

Gefährdung des Watts

Belastung der Umwelt, unter besonderer Berücksichtigung der Meeresverschmutzung

Umweltbelastungen als Folge unterschiedlicher Wert- und Zielvorstellungen im Unterrichtsgespräch oder in einem Rollenspiel aufzeigen und beurteilen

Zusammenfassende Betrachtung des Küstenraumes anhand thematischer Karten und unter Bezug auf bisher besprochene Themen und Grundbegriffe (nach Möglichkeit in Gruppenarbeit)

Die Auflistung der umwelterzieherischen Bemühungen im Rahmen des Erdkundeunterrichts in der 5. und 6. Jahrgangsstufe[12] zeigt, in welcher Weise die Ziele in einen Fachlehrplan integriert sind, m. a. W. wie das Prinzip Umwelterziehung im Erdkundeunterricht der gymnasialen Unterstufe Berücksichtigung findet.

Bei der Behandlung der verschiedenen Leitthemen wird jeweils auch – eben wenn es sich anbietet – der umweltrelevante Sachverhalt einbezogen.

Auch hier gehören die angestrebten Ziele sowohl dem kognitiven als auch dem affektiven Bereich an.

Den Schülern soll gezeigt werden,
- daß alle Aktivitäten des Menschen im Rahmen der verschiedenen Daseinsfunktionen umweltbedeutsame Folgen haben;
- daß es unerläßlich ist, negativ wirkende Eingriffe zu vermeiden und bereits angerichtete Schäden zu mildern;
- daß sie selbst entscheidend dazu beitragen können, die Verhältnisse positiv mitzugestalten.

Ausgewählte Beispiele für die Umwelterziehung im Bereich der Beruflichen Schulen

Kraftfahrzeugmechaniker

Einblick in das Verhalten der Kraftstoffe beim Verbrennungsablauf	Abgasentgiftung
Fähigkeit, Wartungsarbeiten fachgerecht durchzuführen (LZ 4.3)	... Altölbeseitigung

Landwirtschaft: Fachpraxis

Fähigkeit, umweltschädliche Einflüsse auf die Landschaft zu erkennen	Exkursion: negative und positive Beispiele des Naturschutzes und der Landschaftspflege

Hauswirtschaft: Chemie

Richtziel 4: *Verständnis für die Probleme des Umweltschutzes*	...
Einsicht in die technische Bedeutung der Petro- und Kohlechemie und die dabei auftretenden Umweltprobleme (LZ 6)	Luft- und Wasserverschmutzung (LI 6.1) Wasserverschmutzung Detergentiengesetz
Einsicht in die Gefährdung der Umwelt durch Detergentien (LZ 7.5)	

---

[12] Zusammengestellt aus Lehrplan für Erdkunde in den Jahrgangsstufen 5 und 6, Lehrpläne für Gymnasien, Bekanntmachung des Bayerischen Staatsministeriums für Unterricht und Kultus vom 29. August 1984, Amtsblatt Teil I, Sondernummer 20/1984.
[13] Zusammengestellt nach Handreichung zur Umwelterziehung an den bayerischen Schulen, a. a. O., S. 140 ff.

Sozialpädagogik

LZ 1: Überblick über die Voraussetzungen, die zur Erhaltung gesunder Lebensverhältnisse unabdingbar sind

...
Abhängigkeitsverhältnis zwischen Mensch und Umwelt unter dem Einfluß von Technik und Zivilisation:
— ökologisch
— sozialökonomisch
— sozialhygienisch
— sozialpsychologisch

LZ 2: Überblick über gesundheitsgefährdende Einflüsse, deren mögliche wechselseitige Abhängigkeiten und deren situationsbedingte Auswirkungen

Das komplexe Gefüge gesundheitsgefährdender Einflüsse:
— biogenetischer Art
— infektiöser Art
— chemischer Art
— physikalischer Art
— sozialer Art

Hauswirtschafterin

Einblick in die Bedeutung des Wohn- und Nutzgartens (LZ 2.1)

Ernährungsphysiologische, wirtschaftliche und ökologische Bedeutung

Kenntnis der Gefahren beim Umgang mit chemischen Pflanzenschutz- und Unkrautvernichtungsmitteln (LZ 3.2)

Anwendung, Aufbewahrung, Dosierung, Wartezeiten, Rückstandsprobleme

Hauswirtschaft: Betriebshygiene

Überblick über die staatlichen Einrichtungen des Umwelt- und Gesundheitsschutzes sowie deren wichtigste Rechte und Pflichten (LZ 1.4)

Bundesamt für Umweltschutz
Staatsministerium für Landesentwicklung und Umweltfragen
...

Überblick über Ursachen, Entstehung und Verhütung von nicht mikrobiell verursachten Erkrankungen nach Lebensmittelgenuß (LZ 2.2)

...
Giftige chemische Verbindungen (z. B. Kupfer-, Zink-, Bleiverbindungen, Nitrit, Insektizide, Herbizide, Bleitetraaethyl)

Kenntnis der Vorsichtsmaßnahmen im Umgang mit Schädlingsbekämpfungsmitteln (LZ 3.2)

Anwendung von Schädlingsbekämpfungsmitteln

Kenntnis der sachgemäßen Beseitigung von Müll und Einsicht in die ökologische Bedeutung der Abfallbeseitigung

Abfallbeseitigung
Abwässer

Die Beispiele machen deutlich, daß bei jeder Berufsausbildung Lernziele und Lerninhalte vorgeschrieben sind, die den Schülern das Wissen und die Einsicht vermitteln sollen, daß die in dem von ihnen gewählten Beruf einen Beitrag für die Intakthaltung der Umwelt bzw. für die Vermeidung von Umweltbelastungen leisten können und müssen.

Umwelterziehung im Erdkundeunterricht der gymnasialen Mittel- und Oberstufe (7. bis 13 Jahrgangsstufe)
Verpflichtende Lernziele und Lerninhalte mit Bezug zum Umweltschutz

7. Jahrgangsstufe (Lehrplan KMBl I So.-Nr. 27/1978)
7.2 Die Landschaftsgürtel als Lebensräume des Menschen
7.2.1 Im tropischen Regenwald Afrikas

	Lernziele	Lerninhalte	Unterrichtsverfahren	Lernzielkontrolle
7.2.1.1	Überblick über die klimatischen Grundvorgänge und Besonderheiten der Vegetation	Hoher Sonnenstand und hohe Luftfeuchtigkeit, Zenitalregen, fehlende Jahreszeiten; immergrüner Regenwald: Artenreichtum und Stockwerksbau	Vereinfachte Darstellung des Passatkreislaufes; Erarbeiten der Merkmale des Regenwaldes mit Hilfe von Bildern und Texten	Entstehung von Zenitalregen erklären; Besonderheiten des tropischen Regenwaldes nennen und die Regenwaldzone topographisch einordnen
7.2.1.2	Einblick in die typischen Lebens- und Wirtschaftsformen und der Möglichkeiten und Grenzen der Inwertsetzung	Holzwirtschaftliche Nutzung; Brandrodung und Wanderhackbau; Plantagenwirtschaft; Bodenzerstörung durch Auswaschung und Nährstoffmangel	Unterrichtsgespräch über die Probleme der Brandrodung; Erarbeiten der Merkmale von Plantagenwirtschaft anhand von Bildern; Feststellung der Verwendungsmöglichkeiten tropischer Produkte in Partnerarbeit	Nutzungsformen im tropischen Regenwald beschreiben und die dadurch bedingten Änderungen des Naturhaushalts erklären
7.2.2	**In den Savannen Afrikas**			
7.2.2.2	Kenntnis der Ursachen von Dürrekatastrophen im Bereich der Randzonen der wechselfeuchten Tropen	Unbeständiger Niederschlag; Ausweitung des Feldbaus; Überweidung und relativ hohe Bevölkerungsdichte in der Sahelzone	Sammeln und Besprechen von Bild- und Textmaterial für eine Ausstellung; Diskussion über mögliche Gegenmaßnahmen	Ursachen und Auswirkungen von Dürrekatastrophen nennen

7.2.4	**In den subtropischen Winterregengebieten des Mittelmeerraumes**		
7.2.4.2	Bewußtsein, daß menschliche Raubbauwirtschaft charakteristische Folgeerscheinungen zeitigt	Großflächige Waldabholzung in historischer Zeit und gegenwärtige Überweidung als Ursachen für Verkarstungserscheinungen und Erosionsschäden in Jugoslawien oder Griechenland	Darstellung des einfachen Regelkreises Pflanze/Boden/Wasserhaushalt; Bild- und Blockbildauswertung zu Erosions- und Karsterscheinungen	Beweggründe der Eingriffe nennen und Auswirkungen auf den Naturhaushalt beschreiben
7.3	**Höhenstufen im Hochgebirge in verschiedenen Klimazonen**		
7.3.3	Einblick in die Anpassung der Lebens- und Nutzungsformen an die natürlichen Bedingungen in den Höhenstufen verschiedener Hochgebirge	Nutzungs- und Siedlungsunterschiede in verschiedenen Höhenstufen	Erstellen von zwei unterschiedlichen Nutzungsprofilen mit Hilfe von Bildern und thematischen Karten	Schwierigkeiten der wirtschaftlichen Betätigung in Gebirgsregionen aufzeigen; die Bedeutung der Landwirtschaft für die Erhaltung der Kulturlandschaft im Hochgebirge begründen
7.3.4	Kenntnis der Gefahren und Katastrophenbedrohungen im Hochgebirge	Lawinengefahren; Überschwemmungen; Muren und Bergstürze; Wetterstürze in den Alpen	Erarbeiten von Entstehungsursachen, Auswirkungen und Schutzmaßnahmen anhand von Bildern und Zeitungsberichten; Auswertung von eigenen Beobachtungen	Ursachen von Naturkatastrophen nennen und Schutzmaßnahmen beurteilen; Gründe für das Verbleiben der Menschen in gefährdeten Gebieten nennen

8. Jahrgangsstufe (Lehrplan KMBl I So.-Nr. 1/1979)
Entwicklungsländer in ihrer wirtschafts- und kulturräumlichen Differenzierung

	Lernziele	Lerninhalte	Unterrichtsverfahren	Lernzielkontrolle
8.3.2.2.2	Kenntnis eines Bewässerungsprojekts und seiner Auswirkungen	Grundlagen, Durchführung und Folgen eines Projektes: Assuan-Staudamm oder Bewässerungsprojekte im Negev oder im iranischen Hochland oder ein anderes Projekt	Analyse von Spezialkarten, Statistiken sowie Bildmaterial und Zeitungsartikeln	Notwendigkeit und Durchführung von Maßnahmen zur Erweiterung der landwirtschaftlichen Nutzfläche erläutern; die Folgen des Bewässerungsprojekts (Wirtschaft, Ökologie) nennen
8.3.3.2.1	Einblick in die Raumwirksamkeit europäischer Einflüsse	Problematik kolonialer Grenzziehung; Zerstörung der ursprünglichen Wirtschaftssysteme durch Plantagenwirtschaft; Rohstoffausbeutung; einseitig küstenorientierte Infrastruktur	Auswerten von Wirtschaftskarten; Arbeit mit Bildern, Skizzen, Grafiken und Tabellen	Shifting cultivation und Plantagenwirtschaft als unterschiedliche Wirtschaftssysteme gegenüberstellen; Auswirkungen europäischer Erschließungsmaßnahmen darlegen
8.3.3.2.3	Interesse für die Problematik eines Entwicklungsprojektes	Auswahl eines Beispiels: Tansam-Bahn oder ein touristisches Erschließungsprogramm oder ein anderes Projekt	Auswerten von Materialien für eine Ausstellung; Entwicklungsmöglichkeiten diskutieren	Ein Entwicklungsprojekt in Schwarzafrika beschreiben und seine Bedeutung erfassen
8.3.4.2.3	Einsicht in die Problematik einer Maßnahme zur Behebung des Entwicklungsrückstandes	Auswahl eines Beispiels: Verkehrserschließung durch die Transamazonica oder ein Industrieprojekt	Vorstellen einer konkreten Maßnahme durch Text, Bild, Film und Karte; Diskussion der positiven und negativen Folgen, der ökologischen Auswirkungen einer Erschließungsmaßnahme	Positive und negative Auswirkungen der betreffenden Maßnahme begründen

9. Jahrgangsstufe (Lehrplan KMBl I So.-Nr. 4/1980)

Raumtypische Erscheinungen und Strukturprobleme in Industriestaaten: Hochentwickelte Industrieländer in West und Ost in ihrer natur-, kultur- und wirtschaftsräumlichen Differenzierung

	Lernziele	Lerninhalte	Unterrichtsverfahren	Lernzielkontrolle
9.1	**Zusammentreffen und Wechselwirkung verschiedener Geofaktoren in ihrer Bedeutung für den Ablauf der Industrialisierung in einem bestimmten Raum**			
9.1.4	Einblick in die Ausprägung einer Industrielandschaft (Großbritannien)	Kennzeichen des „black country": – Industrie- und Bevölkerungskonzentration, – starke Durchmischung von Wohn- und Arbeitsstätten, – hochentwickelte Infrastruktur (z. B. Verkehr, Energie), – Luftverschmutzung	Auswerten von thematischen Karten, Bildern und Quellentexten; Einsatz von Unterrichtsfilmen	Kennzeichen einer typischen Industrielandschaft nennen; Belastungen dieses Raumes durch die Industrialisierung aufzeigen
9.2.1.4	Einblick in die besondere Situation der Landwirtschaft in einem hochentwickelten Industrieland (USA)	industrial farming im Mittleren Westen: große und gleichmäßige Betriebsflächen, starke Mechanisierung, hoher Kapitalbedarf; großflächige Sonderkulturen in Kalifornien bzw. im Süden der USA; Bodenzerstörung und Gegenmaßnahmen	Arbeit mit Bodennutzungskarten, Texten und Bildern; Einsatz eines Unterrichtsprogramms	Unterschiedliche Wirtschaftsformen in verschiedenen Gebieten der USA gegenüberstellen; Folgen der Bodenzerstörung und Maßnahmen zu ihrer Beseitigung darstellen
9.2.3.3	Überblick über die Auswirkungen der forcierten Industrialisierung (Japan)	Zusammenarbeit von Klein- und Großbetrieb; Entstehung von Ballungszonen; Umweltbelastung; extreme Abhängigkeit vom Weltmarkt (Import und Export)	Auswerten von thematischen Karten, Bildern (u. U. Satellitenaufnahmen), Quellentexten und Statistiken	Die Bevölkerungs- und Industriekonzentration auf der pazifischen Küstenseite begründen; Formen der Umweltbelastung nennen und Gegenmaßnahmen aufzeigen

11. Jahrgangsstufe (Lehrplan KMBl I So.-Nr. 7/1977)

2.1 Teilthema 11.1
Erarbeitung der Strukturanalyse eines Raumes

	Lernziele	Lerninhalte	Unterrichtsverfahren	Lernzielkontrolle
11.1.2	Kenntnis der naturräumlichen Gegebenheiten im UG; Einblick in die ökologischen Regelkreise	Bestimmung der geologisch-morphologischen Gegebenheiten sowie Behandlung der sich hieraus ergebenden bodenkundlichen Fakten und der eventuell vorhandenen Bodenschätze; Bestimmung der klimatologisch-wetterkundlichen Gegebenheiten – Einordnung in größere Zusammenhänge – und Behandlung der sich hier aus für Menschen und Wirtschaft ergebenden Folgen; Bearbeitung der Zusammenhänge zwischen Klima, Boden, Vegetation und Wasserhaushalt (Regelkreis)	Eigenbeobachtung der Schüler im UG in den verschiedenen Bereichen; Kartenarbeiten (z. B. Auswertung geologischer, bodenkundlicher, klimatologischer u. ä. Karten); Literaturarbeit	Definition des Begriffs „ökologischer Regelkreis" (Erläuterung an einem Beispiel aus dem UG); zeichnerische Darstellung eines wichtigen ökologischen Regelkreises aus dem UG
11.1.3	Überblick über die im UG raumwirksamen menschlichen Aktivitäten; Kenntnis von Störungen der ökologischen Regelkreise infolge menschlicher Eingriffe	Bestimmung und Behandlung der Raumwirksamkeit der einzelnen Daseinsgrundfunktionen im UG; Bestimmung und Behandlung ausgewählter Beispiele für die sich aus der Raumwirksamkeit der menschlichen Aktivitäten ergebenden Eingriffe in die natürlichen Regelkreise und deren Folgen	Beschaffung und Auswertung von statistischem Material, z. B. über die Zahl der Arbeitskräfte in den verschiedenen Wirtschaftssektoren, über die verschiedenen Flächenansprüche, über die unterschiedliche Flächenbewertung, über Bevölkerungsbewegungen usw.; Einübung in die Aufstellung von Meßwerten für die raumwirksamen Prozesse	Ordnen der raumwirksamen menschlichen Tätigkeiten im UG nach ihrem Stellenwert; Vergleichen dieser Liste mit örtlichen Planungsunterlagen (z. B. Flächennutzungsplan); Definition des Begriffs „Pendler"; Klassifizierung der im UG auftretenden Pendlertypen; Begründung des Funktionswandels von Teilgebieten im UG; zeigen, an welchen Stellen ein ökologischer Regelkreis durch menschliche Eingriffe verändert wird und wel-

2.2 **Teilthema 11.2**
Behandlung eines ausgewählten geographischen Forschungsprojektes

11.2.3 Verständnis der Bedeutung des Projektes für die gegenwärtige geographische Forschung | Mögliches Beispiel: Einführung in die Ozeanographie, ihre Fragestellungen und Forschungstechniken (Behandlung der biologischen Aktivität der Meere, deren Nutzung und die Bedeutung dieser Nahrungsreserven für die Versorgung der Weltbevölkerung; Behandlung der Meeresböden bzw. der Ablagerungen und ihrer Bedeutung als Rohstofflagerstätte. Bisherige Ausbeutung und wirtschaftliche Nutzung) | Literatur- und Kartenarbeiten

12./13. Jahrgangsstufe (Lehrplan KMBl I So.-Nr. 1/1986) Leistungskurs

Ausbildungsabschnitt 12/1: Die Erschließung und Nutzung von Großräumen (USA/Kanada, Sowjetunion und China)

	Lernziele	Lerninhalte	Hinweise zum Unterricht
1.4	Verständnis von ökologischen Problemen, die bei der Nutzung von Großräumen auftreten (in Zusammenhang mit den Lernzielen 1.2 und 1.3)	Störung des labilen ökologischen Gleichgewichts; vorbeugende und wiederherstellende Maßnahmen – im Permafrostbereich (z. B. Verkehrserschließung, Bergbau) – im ariden und semiariden Bereich (z. B. Landwirtschaft an der Trockengrenze) – großraumübergreifend (z. B. Wasserüberleitung, Flußumkehr, grenzüberschreitende Schadstoffemissionen)	Klein- und großräumige Auswirkungen von Erschließungsmaßnahmen und Nutzungsansprüchen auf den Naturhaushalt vernetzt darstellen; Diskussion über die Wirksamkeit staatlicher und privater Maßnahmen zum Schutz von Ressourcen (u. a. Boden, Wasser, Luft)

Ausbildungsabschnitt 12/2: Landwirtschaft und Industrie in dichtbesiedelten, entwickelten Ländern: Deutschland und Japan

	Lernziele	Lerninhalte	Hinweise zum Unterricht
2.5	Bewußtsein von der Begrenztheit der Ressourcen und von wesentlichen landschaftsökologischen Zusammenhängen	Begrenztheit der Ressourcen Folgewirkung konkurrierender Nutzungsansprüche an Rohstoffe, Boden, Wasser und Luft: z. B. Einschränkung der Verfügbarkeit des Produktionsfaktors Boden bei steigenden Flächenansprüchen, Verbrauch von Boden, Wasser und Luft, Verunreinigung, Schadstoffbelastung, Veränderungen der Bodenfruchtbarkeit und der Bodenstruktur, Umgestaltung der Erdoberfläche Eigenschaften und Wechselbeziehungen von Boden, Wasser und Luft Labiles Gleichgewicht des landschaftsökologischen Systems	Mit Hilfe von statistischen Veröffentlichungen die Veränderung der Flächennutzung in der Bundesrepublik Deutschland analysieren; Karten- und Bildmaterial zur Gewässer- und Luftbelastung interpretieren (z. B. aus Raumordnungsberichten); Erstellen einer Diaserie oder eines Videofilms, z. B. zur Funktionsweise einer Kläranlage; Informationen über Bodenanalysen des Amts für Landwirtschaft und Bodenkultur einholen; Auf Exkursionen Boden- und Wasserproben entnehmen und in Zusammenarbeit mit den Fächern Biologie und Chemie analysieren; Ausgewählte Regelkreise darstellen und diskutieren
2.6	Verständnis von der Notwendigkeit eines landschaftsökologischen Gleichgewichts	Schaffen eines dynamischen Gleichgewichts zwischen ökonomischer Nutzung und ökologischer Belastbarkeit Maßnahmen zur Bewahrung, Sanierung und Wiederherstellung des Landschafts-	In Gruppenarbeit verschiedene Maßnahmen zur Erhaltung eines landschaftsökologischen Gleichgewichts zusammenstellen, z. B. Vergleich verschiedener Produk-

	nerische Maßnahme dargestellt an Beispielen aus Japan und der Bundesrepublik Deutschland	schutzmaßnahme im Naturraum (evtl. in Zusammenarbeit mit den Fächern Biologie und Chemie); Staatliche Raumplanungs- und Umweltschutzmaßnahmen der Bundesrepublik Deutschland und Japans gegenüberstellen

Ausbildungsabschnitt 13/1: Entwicklungsprobleme: Dritte Welt

3.3	Kenntnis des Entwicklungspotentials und der Entwicklungsgrenzen eines Naturraums	Beispiel: Naturraum Tropen Abgrenzung und innere Differenzierung der Tropen – Klima (atmosphärische Zirkulation, Temperatur, Feuchtigkeitshaushalt) – Böden (Nährstoffhaushalt) – Vegetationszonen Entwicklungsmöglichkeiten und -hemmnisse in den Ökosystemen – tropischer Regenwald/Savanne: Eingriffe in die Primärvegetation (shifting cultivation, Monokultur, Bodenerosion, Bodenregeneration, Nährstoffverlust, Klimaänderung) – Wüste: Eingriffe in den Wasserhaushalt (Bewässerung, Drainage, Versumpfung, Versalzung, Austrocknung)	Beschaffen von Material über die naturgeographischen Bedingungen; Auswerten von Atlanten, Klimadiagrammen usw.; Kreisläufe entwickeln, z. B. atmosphärische Zirkulation, Nährstoffhaushalt; Kurzreferate über ökologisch angepaßte bzw. belastende Nutzungsformen, unter Verwendung graphischer Darstellungen; Analyse einschlägiger Texte (Berichte, Aufsätze) und aktueller Beiträge aus Funk und Fernsehen

Ausbildungsabschnitt 13/2: Bevölkerungsbewegungen, Verstädterung und Raumordnung: Europa

4.6	Verständnis von der gezielten Einflußnahme auf die räumliche Ordnung und Entwicklung, z. B. zum Abbau räumlicher Disparitäten	Aufgaben der Raumplanung Ausgewählte Beispiele aus dem Bereich der Landesplanung und der kommunalen Bauleitplanung – Landesentwicklungsprogramm (z. B. zentralörtliche Gliederung, Entwicklungsachsen, Alpenplan) – Regionalplan (z. B. Ausweisung von Bannwäldern, Sicherung von Kiesabbaugebieten) – Bauleitplan (Flächennutzungsplan, Bebauungsplan) Abstimmung raumbedeutsamer Einzelplanungen und -maßnahmen mit diesen Konzepten, z.B. mit Hilfe eines Raumordnungsverfahrens	Grundsätze der Raumordnung aus dem Raumordnungsgesetz herausgreifen; Kurzreferate zu raumordnerischen Konzepten (zentrale Orte, Entwicklungsachsen, Vorranggebiete); Besuch einer Planungsabteilung und Information über aktuelle Planungsvorhaben; Ein ausgewähltes Raumordnungsverfahren verfolgen, z. B. Trassen von Fernstraßen, Standort eines Flughafens, Standorte einer Abfallbeseitigungsanlage, Kraftwerksstandorte

Der Überblick[14] macht deutlich,
- daß auf allen Jahrgangsstufen,
- bei jeder möglichen Thematik,
- mit differenzierter Zielsetzung

die Schüler auf die die Umwelt betreffenden Sachverhalte aufmerksam gemacht werden und daß ihnen bei der Betrachtung aller regionalen und thematischen Sachverhalte folgendes bewußt gemacht wird:
- Weltweit können Eingriffe des Menschen in den Naturhaushalt negative Folgen haben.
- Anstrengungen zur Vermeidung von Umweltbelastungen bedürfen deshalb einer internationalen Absicherung und Kooperation.
- Es geht stets um das Erfassen von Fakten, um das Verstehen der Zusammenhänge und um aktives schützendes Handeln.

Einen besonderen Hinweis verdient die Tatsache, daß auf der gymnasialen Oberstufe der Erdkundeunterricht geradezu von der Umweltthematik dominiert wird — beginnend in der 11. Klasse im Rahmen eigener Beobachtungen im Heimatraum, fortgesetzt bei der Bearbeitung der Themen der vier Kurshalbjahre —
- Groß- und Weltmächte im Vergleich (USA, Sowjetunion, China, Japan)
- Entwicklungsprobleme in der Dritten Welt
- Wirtschaftsgeographische Fragen und Umweltschutz
- Sozialgeographische Probleme (Stadt, Mobilität, Grenzen)

Die Übersicht demonstriert insgesamt wohl überzeugend, daß das Fach Erdkunde einen unverzichtbaren Beitrag für die Umwelterziehung leistet, daß dem Fach heute gerade auch unter diesem Aspekt eine erhöhte Bedeutung zukommt.

4. Schematische Darstellung eines Unterrichtsprojekts zur Umwelterziehung

Die schematische Darstellung eines Projektunterrichts[15] veranschaulicht das Miteinander und Ineinander der verschiedenen Fachbeiträge bei einem derartigen fächerübergreifenden Vorhaben.

Bei der praktischen Verwirklichung von so anspruchsvollen Projekten bieten sich Studientage oder Aufenthalte im Landschulheim an.

Im Schulalltag allerdings wird es so sein, daß die einzelnen Fächer ihren Beitrag leisten und die Schüler dann in ihrem eigenen Bewußtsein diese fachlichen Einzelaspekte zu einem Verständnis für die vernetzten Zusammenhänge verbinden.

---

[14] Zit nach Handreichung zur Umwelterziehung an den bayerischen Schulen, a. a. O., S. 128 ff. und Amtsblätter des Bayerischen Staatsministeriums für Unterricht und Kultus München.
[15] Übernommen aus Didaktische Konzeption für Umwelterziehung in der Sekundarstufe I, a. a. O., S. 13.

Die bayerische Lehrplansituation, anhand deren die Verwirklichung des Unterrichtsprinzips Umwelterziehung dargestellt wurde, kann grundsätzlich als paradigmatisch angesehen werden. Man kann feststellen, daß auch in allen anderen Ländern der Bundesrepublik Deutschland die Umwelterziehung eine ebenso bedeutsame Rolle spielt.[16] Die Lehrpläne der verschiedenen Fächer weisen aus, daß die Umwelterziehung heute überall
— als Unterrichtsprinzip einen festen Platz einnimmt;
— in allen Schularten, auf allen Jahrgangsstufen und unter Beteiligung vieler Fächer realisiert wird;
— durchweg praktisch, d. h. auf Exkursionen, bei Projekten, im Kontakt mit außerschulischen Institutionen, durchgeführt wird;
— in der Lehreraus- und -fortbildung berücksichtigt wird;
— mit einer großen und sehr guten medialen Ausstattung betrieben werden kann.

Schematische Struktur eines fächerübergreifenden Unterrichtsprojekts

Kenntnisse aus den Fächern → Umweltprojekt → Klärung und Vertiefung von Einzelfragen in den Fächern

Beispiel:

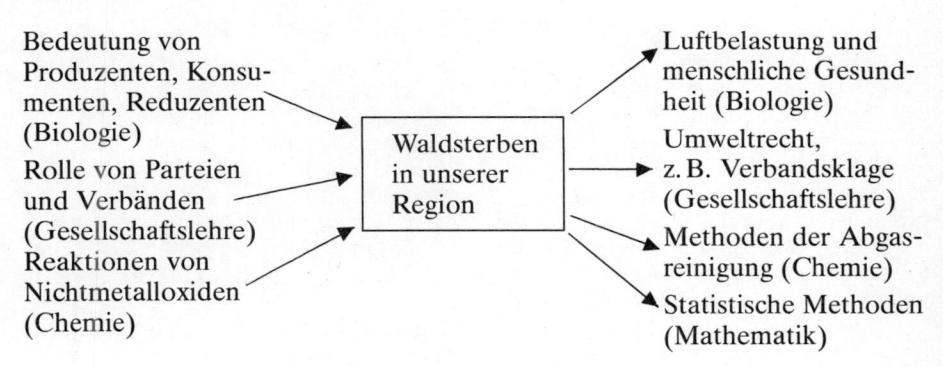

Bedeutung von Produzenten, Konsumenten, Reduzenten (Biologie)
Rolle von Parteien und Verbänden (Gesellschaftslehre)
Reaktionen von Nichtmetalloxiden (Chemie)
→ Waldsterben in unserer Region →
Luftbelastung und menschliche Gesundheit (Biologie)
Umweltrecht, z. B. Verbandsklage (Gesellschaftslehre)
Methoden der Abgasreinigung (Chemie)
Statistische Methoden (Mathematik)

---

[16] Siehe hierzu vor allem:
— Umwelterziehung in der Schule, Veröffentlichungen der KMK, Sonderheft, a. a. O., S. 5 ff.: Bericht der Kultusministerkonferenz vom 25. 5. 1982 über den aktuellen Stand der Umwelterziehung in den Ländern
— Bericht über Aktivitäten der Umwelterziehung in Bund, Ländern und überregionalen Institutionen, UNESCO-Verbindungsstelle für Umwelterziehung, Umweltbundesamt (Hrsg.), Berlin 1984

4. Was wurde erreicht?

Zuletzt soll der Frage nachgegangen werden, was alle theoretischen und praktischen Anstrengungen bewirkt haben. Nun sind Lernfortschritte schon in jenen Bereichen nicht einfach zu ermitteln, in denen die Schülerleistungen durch relativ exakte Prüfungsmethoden kontrolliert und durch Noten und Punkte ausgedrückt werden können. Welcher Lehrer leidet nicht unter der frustrierenden Erkenntnis, daß auch Schüler, die bei einer Prüfung ein sehr gutes Ergebnis erzielt haben, wenig oder nichts von dem Gelernten in ihrem Langzeitgedächtnis gespeichert haben?! Aber hier gibt es immerhin noch Methoden, mehr oder weniger wirksame Abhilfe zu schaffen.

Ungleich schwieriger ist die Feststellung des Lernfortschritts in jenen Bereichen, die affektive Ziele anstreben und die, weil sie Unterrichtsprinzipien sind, nicht unmittelbar von einem Fachlehrer überprüft werden. Lernerfolg kann hier wohl nur in der Weise festgestellt werden, daß man beobachtet, ob überhaupt und wenn ja, in welchem Umfang Schüler ihr Verhalten in dem betreffenden Lernbereich langfristig ändern. Das heißt im konkreten Fall: In welchem Maße wurde durch alle die geschilderten Bemühungen erreicht, daß junge Menschen heute Umweltbewußtsein besitzen, daß sie mit deutlich erkennbarem Verantwortungsgefühl ihre Umwelt in Anspruch nehmen, daß sie andere bei dieser Inanspruchnahme kritisch beobachten, daß sie sich aktiv dafür engagieren, daß der sorgsame Umgang mit der Umwelt allgemein beachtet wird?

Diese Frage soll exemplarisch anhand einer Zeitungsmeldung untersucht werden.

800 Jugendliche besetzen Alpengipfel

BAD TÖLZ (Eigener Bericht) — Mit der symbolischen Besetzung von etwa 50 Berggipfeln im bayerischen Alpenraum machten am Wochenende 750 Mitglieder von Jugendorganisationen auf das dramatische Bergwaldsterben aufmerksam. Mit ihrer spektakulären Aktion von Wank bei Garmisch-Partenkirchen bis zum Jenner bei Berchtesgaden wollten die Jugendlichen gegen die „völlig unzureichenden Maßnahmen von Bund und Land zur Verringerung der Luftschadstoffe im Alpen- und Voralpenraum" protestieren. Mit Müllsäcken ausgerüstet, machten sich die einzelnen Gruppen auf den Weg zu „ihrem Gipfel". Unterwegs wurde als Beitrag zum Umweltwochenende Unrat gesammelt, der am Abend mit in die Täler genommen wurde. An dieser Aktion beteiligten sich auch viele Wanderer und Bergsteiger.

Auf dem Blomberg bei Bad Tölz, den etwa 100 Münchner Pfadfinderinnen und Pfadfinder der Deutschen Pfadfinderschaft St. Georg „besetzt" hielten, nahmen etwa 150 Menschen an einer Exkursion in den dort besonders stark geschädigten Bergwald teil. Forstwirt Manfred Fleischer und Martin Primbs, Sprecher der Landesjugend des Bundes Naturschutz, machten dabei deutlich, daß im Zuge der dramatischen Zunahme des Waldsterbens im Alpenraum die Schadenszahlen bei den älteren, über 60jährigen Bäumen jetzt die 100-Prozent-Marke erreicht hätten. Davon sei ein Großteil bereits mittel- bis schwergeschädigt. Waren 1985, so die Sprecher weiter, 78 Prozent aller Bestände krank, so setze sich 1986 diese besorgniserregende Entwicklung vor allem bei Laubbäumen und in den höheren Bergregionen fort.

Wolfgang Damm[17]

---

[17] Süddeutsche Zeitung, Nr. 223 vom 29. September 1986, S. 19

Statt dieses Berichts hätte aus einer großen Zahl möglicher anderer ein vergleichbarer ausgewählt werden können z. B. aus den Arbeiten, die 1986 bei den mit starker Beteiligung durchgeführten Schülerwettbewerb um den Preis des Bundespräsidenten mit dem Thema „Umwelt hat Geschichte" eingesandt und pämiert wurden.. In allen Fällen hätte sich so etwas wie eine Bilanz der derzeit erreichten Situation ablesen lassen. Sie könnte etwa lauten:
— Die jungen Menschen sind sachlich informiert;
— sie erkennen die Mehrschichtigkeit des Problems;
— sie wissen, daß positive Umweltgestaltung bei der Beseitigung von Müll beginnt;
— sie gehen dabei selbst mit gutem Beispiel voran, räumen den Unrat, den andere hinterlassen haben, weg und schleppen ihn zu Tale;
— sie bringen ihre Sorge um das Waldsterben zum Ausdruck, weil sie wissen, daß dies eine Gefahr ist, die, wenn es nicht gelingt, sie zu meistern, eine mehrtausendjährige Siedlungslandschaft der Wüstung anheimfallen läßt;
— sie führen spektakuläre Aktionen durch, um die Verantwortlichen zu drängen, das Notwendige jetzt und sofort zu tun;
— sie wirken als Vorbild für viele andere.

Das Beispiel lehrt also, daß die jungen Menschen in der Bundesrepublik Deutschland heute über ein umfangreiches Informationswissen über alle Umweltprobleme verfügen, daß sie durchweg ein hohes Maß an Problembewußtsein und an Aktionsbereitschaft zeigen, daß sie ganz sicher einen tiefgreifenden Umdenkprozeß vollzogen haben, der sie von einem nachlässigen oder gar achtlosen Umgang mit der natürlichen Umwelt und von einem unkritisch hingenommenen wirtschaftlichen Wachstumsdenken weggeführt hat.

Viele Aktivitäten und Demonstrationen der letzten Jahre beweisen, daß das erwähnte Beispiel als symptomatisch angesehen werden kann.

Natürlich verlaufen nicht alle Aktionen so besonnen, konstruktiv und appellativ. Zuweilen brechen Aggressionen durch, gelegentlich gesteuert und gelenkt durch politische Extremisten und Akteure, die chaotische Situationen absichtlich provozieren wollen. Mit ihnen will ganz sicher der allergrößte Teil der Jugendlichen nichts zu tun haben, und sie akzeptieren ganz gewiß das entschiedene Vorgehen des Staates gegen diejenigen, die eine gute Sache vorsätzlich diskriminieren.

Ernst genommen werden sollten aber die Ängste junger Menschen, die sich intensiv mit den denkbaren negativen Perspektiven auseinandergesetzt haben. Von Kritikern wird gelegentlich gesagt, diese Jugendlichen seien hysterisch, oder sie seien einer übertrieben und einseitig manipulierten Darstellung des Problems zum Opfer gefallen. Eher sollte man wohl zunächst von der Annahme ausgehen, es handle sich um eine Sorge, die Sensibilität verrät, und man sollte diese Ängste verstehen. Es ist ja sicher ein grundlegender Unterschied, ob ein 20jähriger oder ein 60- oder 70jähriger von einem Umweltschaden oder einer Umweltkatastrophe betroffen wird — seien es radioaktive Strahlen, sei es die Vergiftung eines Flusses, sei es das Waldsterben. Es ist nichts anderes als Einsicht, wenn ein 20jähriger im Hinblick auf eine noch erhoffte Lebensspanne von

50 oder 60 Jahren seine Umwelt sofort und entschieden geschützt wissen will, wenn er auf eine seine Lebenslaufbahn empfindlich beeinträchtigende Umweltbelastung mit Angst und mit Erregtheit reagiert. Deshalb ist es leicht verständlich, daß die Sorge um den Lebensraum bei den jungen Menschen ein weitverbreitetes Gefühl ist.

Selbstverständlich ist es pädagogische Aufgabe der Schule, ihnen in ihrer Angst beizustehen, sie ernst zu nehmen, aber auch, wo und wie immer möglich, sie davon zu befreien. Natürlich wird man dabei das konstruktiv Geschehende mit Nachdruck darstellen, auf Gesetze und Vorschriften verweisen, die zahlreichen öffentlichen und privaten Maßnahmen ins Bewußtsein rücken, die sämtlich beweisen, daß Umweltschutz heute weithin als unabdingbare Verpflichtung empfunden wird. Trotz aller beinahe täglich den Medien zu entnehmenden „Sündenfälle" sollten Lehrer den Elan derer unterstützen, die sich für die Abstellung bzw. Vermeidung dieser Störungen einsetzen. Ziel müßte sein, bei den Jugendlichen doch letztlich Hoffnung zu wecken, daß bei weiterer Steigerung der Anstrengungen die Probleme, so groß sie auch sein mögen, gemeistert werden können und auch ihnen in Zukunft eine Umwelt zur Verfügung steht, die ihr Leben lebenswert macht.

Als Ergebnis der bisherigen Umwelterziehung kann man wohl feststellen, daß bei der jungen Generation in der Bundesrepublik Deutschland ein sehr ausgeprägtes Bewußtsein für alle Umweltprobleme vorhanden ist; daß die jungen Menschen handlungsbereit und engagiert sind, sich für den Umweltschutz konstruktiv einzusetzen.

Natürlich wäre es vermessen zu behaupten, dies sei allein ein Ergebnis der in den letzten Jahren in allen Schulen betriebenen Umwelterziehung. Richtig ist vielmehr, daß in der Bundesrepublik Deutschland bei allen Menschen das Bewußtsein für Umweltbelange außerordentlich geschärft wurde. Die Schule hat ihren Beitrag dazu geleistet, und zwar — so hoffen wir Lehrer — in einer Weise, die einerseits eine weitere Versachlichung aller einschlägigen Diskussionen bewirkt und andererseits eine Stabilisierung und sogar Steigerung des jetzt schon beobachtbaren positiven Engagements bringt.

Es ist heute wohl allen Menschen — vom Grundschulkind bis zum Erwachsenen — bewußt, daß die Erhaltung der Natur in ihrem ökologischen Gleichgewicht — neben der Friedenssicherung — die zentrale Kulturaufgabe unserer Zeit ist und bleibt. Es ist allen klar: Kulturvolk bleiben wir nur, wenn wir die natürliche Umwelt schützen, erhalten, regenerieren.

Literaturhinweise

Anstelle einer Literaturauswahl, die sich bei dieser Thematik fast notwendigerweise noch mehr als bei anderen Wissensbereichen den Vorwurf der Subjektivität zuziehen müßte, erscheint es zweckmäßig, zuverlässige Bibliographien zu nennen. Sie erlauben dem Interessierten eine gezielte Zusammenstellung, die seinem Auswahlprinzip bzw. seinen Intentionen entspricht.

1. Umweltbundesamt: UNESCO-Verbindungsstelle für Umwelterziehung (Hrsg.): Bibliographie Umwelterziehung, Berlin, 3. Auflage 1984
2. Handreichung zur Umwelterziehung an bayerischen Schulen. Teil 1: Bibliographie und Umweltglossar, Staatsinstitut für Schulpädagogik München (Hrsg.), Auer Verlag Donauwörth, 1979
3. Umwelterziehung. Verzeichnis von audiovisuellen Hilfsmitteln, Institut für Film und Bild in Wissenschaft und Unterricht (Hrsg.) Auswahl 1984, München, 2. Auflage 1985

Robert Roseeu

Computeranwendungen im Geographieunterricht in der Bundesrepublik Deutschland anhand von Beispielen (1986)

Die Geographie beschäftigt sich seit ihrem Bestehen mit Informationsverarbeitung, man sagt heute dazu Datenverarbeitung.

Informationen über Teilbereiche der Erdoberfläche wurden und werden sprachlich, statistisch oder graphisch erfaßt, analysiert, aufbereitet und an Interessierte weitergegeben. Der hohe Stand der Datenverarbeitung erlaubt es seit einigen Jahren, daß Hochschulinstitute und auch Ministerien, die sich mit geographisch-planerischen Aufgaben befassen, den Computer hierzu intensiv nutzen.

An den Schulen in der Bundesrepublik werden diese Methoden im Geographieunterricht noch wenig genutzt, da bisher die technischen Voraussetzungen noch nicht gegeben waren.

Die Situation ändert sich aber derzeit entscheidend.

Seit Herbst 1984 wird an allen Schulen die informationstechnische Grundbildung (=ITG) eingeführt. Hierbei sollen alle Schüler aller Schularten eine Grundausbildung in den Informationstechniken erhalten. Computer- und Kommunikationstechniken sind hierbei gleichermaßen gemeint.

Die einzelnen Bundesländer gehen verschiedene Wege. Soweit die informationstechnische Grundbildung als eigenständiges Fach Informatik in den Lehrplänen erscheint, hat die Geographie noch keine Möglichkeit, ihre eigenen Ideen einzubringen. Anders ist dies in Ländern wie Bayern, in denen die ITG in möglichst vielen Fächern praktiziert werden soll.

1. Innovationsprobleme für die Schulerdkunde

Für die Schulerdkunde bringt der Computereinsatz einige große Vorteile:
— Aufwendige Arbeitstechniken lassen sich auch im Unterricht praktizieren.
— Der Zugriff auf aktuelle Daten von Datenbanken des In- und Auslandes erleichtern dem Lehrer die Unterrichtsarbeit.
— Über den Computereinsatz wird es möglich, den Schüler intensiver im Erkennen funktionaler Abhängigkeiten zu schulen.

Da die informationstechnische Grundbildung zunehmend anwendungsorientiert gestaltet wird, um Flexibilität und Kreativität im Umgang mit den neuen Techniken zu fördern, ergibt sich nun zwangsläufig für die Schulerdkunde eine große Verpflichtung:

Kein Schulfach kann ein so breites Aufgabenfeld für Anwendungen bereitstellen, wie gerade die Geographie.

Der Computereinsatz im Unterricht erfordert aber zur Erfüllung der Zielvorstellungen der informationstechnischen Bildung ein neues Lernumfeld in der Schule. Die neuen Techniken (Computer, Video, Datenfernübertragung, Datenbanksysteme) bedingen eine neue Didaktik. Hier liegt ein großes Problem.

Geographen haben im allgemeinen keine Informatikausbildung, die neuen technischen Möglichkeiten sind ihnen deshalb weitgehend unbekannt. Dadurch werden viele Aufgabenfelder für den Computereinsatz nicht erschlossen.

Erarbeitet sich ein Geograph ein Aufgabenfeld, so gibt es hierzu keine Computer-Fachprogramme. Er ist also gezwungen, selbst ein Programm zu entwickeln. Dies hat zur Folge, daß es meist laienhaft gestaltet ist. Das größere Problem steckt aber darin, daß in einem derartigen Fachprogramm zumeist veraltete didaktische Denkmuster fixiert werden. Dies behindert die Entwicklung einer neuen informationstechnischen Didaktik. Zahlreiche Beispiele aus England und auch aus Bayern können dies belegen.

Das Dilemma besteht darin, daß Geographen ohne Erfahrung mit der Technik keine informationstechnische Didaktik entwickeln können, und Geographen mit Computererfahrung zumeist keinen Freiraum zur Entwicklung einer eigenen Didaktik haben.

Wandel: Mediendidaktik
   → informationstechnischen Didaktik

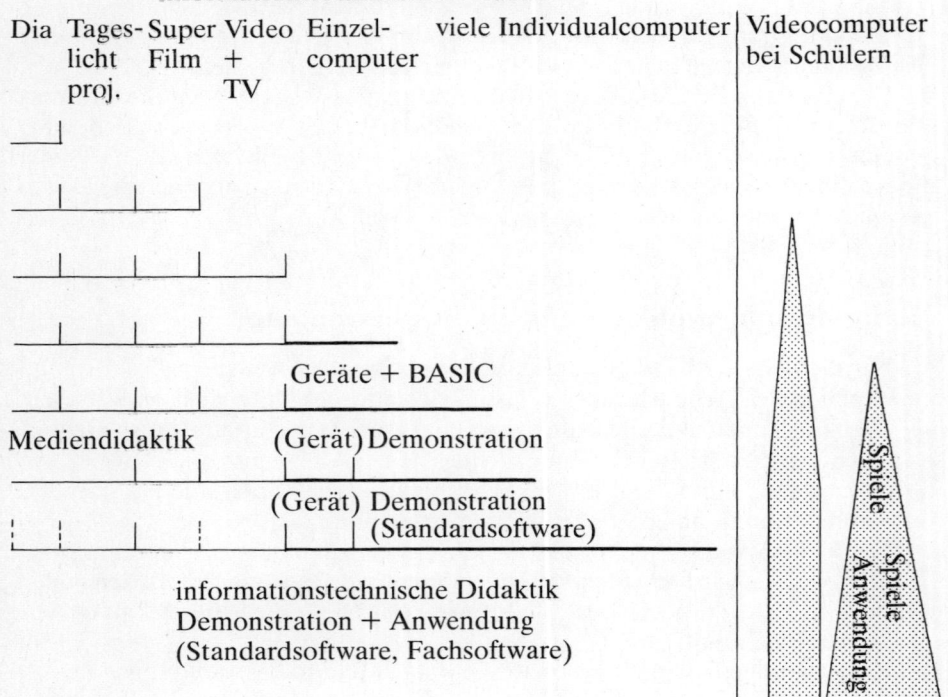

Zwei Ziele müssen wir vorrangig verfolgen:

a) Entwicklung von didaktisch „offenen" Fachprogrammen, die so bedienerfreundlich sind, daß sie auch ein unerfahrener Geograph problemlos benutzen kann.

b) Entwicklung einer überzeugenden informationstechnischen (Geographie-)Didaktik, die es Lehrern und Schülern erlaubt, geographische Inhalte vertieft, vernetzt und arbeitssparend zu bearbeiten. An verschiedenen Hochschulen wird daran bereits gearbeitet.

2. Die Entwicklung in der Bundesrepublik im Laufe der letzten 10 Jahre

Anfänglich wurde der Computer im Fach Mathematik benutzt. Mit verbesserter Geräteausstattung der Schulen wurde in den verschiedenen Schularten das Schulfach **Informatik** geschaffen.

Gerätekunde und Erlernen einer Programmiersprache (BASIC/PASCAL) standen und stehen im Mittelpunkt des Unterrichts. Schüler arbeiten in Kleingruppen mit jeweils einem Gerät in einem eigenen Computerraum. Es zeigte sich, daß der Informatikunterricht zu wenig Transfermöglichkeiten bietet, und daß das Gelernte so rasch überholt ist, daß der Schulabgänger davon zu wenig profitiert. Die starke Mathematisierung im Fach Informatik verschließt zudem vielen Schülern den Zugang zu den Informationstechniken.

Die Nutzung des Computers im Fachunterricht der Fächer Mathematik, Physik, Geographie, Chemie, Biologie und Wirtschaftskunde verbesserte die Situation etwas. Im Rahmen des herkömmlichen Unterrichts wird der Computer gelegentlich zu Demonstrationszwecken eingesetzt. Der Lehrer bedient und führt vor, der Schüler erkennt, was ein Computer leisten kann. Inhalte des Lehrplans werden in neuer Form dargeboten.

In der Geographie ergaben sich einige interessante Möglichkeiten:

Simulationen z. B. von Ökosystemen (Bossel), Umsetzung verschiedener Statistiken in Diagramme (Zentralstelle für Programmierten Unterricht und Computer im Unterricht, Augsburg).

Eine andersartige Nutzung des Computers begleitend zum Fachunterricht bieten Trainingsprogramme. Diese Art von Programmen wurde insbesondere in England intensiv entwickelt. Zumeist handelt es sich um Topographie-, Maßstabs- und einfache Simulationsprogramme zu Fachbegriffen.

3. Neueste Entwicklungen in Bayern

Seit nunmehr einem Jahr beschreiten wir in Bayern neue Wege.

Informationstechnische Grundbildung beinhaltet die persönliche Auseinandersetzung aller Schüler mit dem Computer. Der Umgang mit Standardsoftware (Textverarbeitung, Tabellenkalkulation, Datenbank, Geschäftsgraphik) tritt in den Vordergrund, wenn der Computer eingesetzt wird. Die Anwenderorientierung verspricht bessere Transfermöglichkeiten, die Mädchen sind besser motivierbar, die berufliche Nutzbarkeit liegt auf der Hand. Die ITG soll nun in möglichst vielen Unterrichtsfächern ihren Niederschlag finden. Arbeitskreise liefern Hilfen für den Lehrer. Geräte- und Softwareausstattungen sind Inhalt derzeitiger Überlegungen. Die Entwicklung einer informationstechnischen Didaktik ist aber noch nicht im Mittelpunkt der schulischen Erneuerung.

Für die Geographie sind die neuen Geräte mit hochauflösender Graphik, mit der großen Bedienerfreundlichkeit und mit dem Angebot an leistungsfähiger Standardsoftware Impuls für eigenständige Entwicklungen.

Der Verband Deutscher Schulgeographen möchte möglichst viele Lehrer zum persönlichen Engagement im Bereich der Computeranwendung in der Erdkunde anregen. Die Erstellung von Prototypen von Fachsoftware und die Entwicklung von Grundüberlegungen zu einer informationstechnischen Geographiedidaktik sind derzeit wichtige Aufgabenfelder.

4. Aufgabenfelder für geographische Datenverarbeitung im Rahmen der informationstechnischen Ausbildung

In der Sekundarstufe I liegt der traditionelle Schwerpunkt bei Beschreibung und kausaler Erklärung vorhandener Strukturen der Erdoberfläche. Der Vergleich durchzieht den Unterricht als didaktischer roter Faden. Bild, Text und Diagramm sind wesentliche Vergleichsobjekte. Rascher Zugriff über den Computer eröffnet eine andere, d. h. eine dynamische Gestaltung des Unterrichtsablaufs. Die individuelle Schülerfrage läßt sich damit auch individuell beantworten.

Medienerziehung unter Einbeziehung von Videofilm und Computerinformation (am gleichen Bildschirm) verspricht einen wirkungsvollen Unterricht.

In der Sekundarstufe II konzentriert sich der Erdkundeunterricht stark auf die Analyse geographischer Räume und auf die Darstellung von raumbezogenen Modellen (Zentralität, Verflechtungen, Mobilität, Disparitäten). Geographische Arbeitstechniken zur Analyse der Raumelemente stehen im Mittelpunkt des Unterrichtsgeschehens.

Die individuelle Auseinandersetzung des Schülers mit dem Computer hat hier ihren optimalen Standort.

Jedem Schüler und jedem Lehrer seinen eigenen Computer als individuelles Arbeitsgerät!

Dies ist die Voraussetzung für die nachfolgenden Überlegungen.

Ziele eines Oberstufenunterrichts mit Computereinbindung:
— Schneller zum Kern eines Themas vorstoßen.
— Mehr Eigentätigkeit beim Lernen.
— Bessere Allgemeinbildung.
— Schulung im vernetzten Denken.

Die Aufgabenpalette ist äußerst vielseitig.

Informationsbeschaffung auf neuer Grundlage:
- Datenbanken (Statistische Landesämter, UN-Datenbank Genf, ...)
- Datenfernübertragung
- Aufbau einer schuleigenen Datenbank
- Meßreihen aus eigenen Felduntersuchungen

Didaktische und inhaltliche Aufgabe:
Bereitstellung von Methoden zur Datenauswahl,
von Methoden zur Bewältigung der Datenfülle, Datenschutz.

Informationsverdichtung:

Die Entwicklung neuer Arbeitstechniken und Methoden zur Prüfung von Informationen auf ihre Aussagekraft wird notwendig. Auch Testverfahren müssen hier eingebracht werden. Auswahlkriterien für Texte, Statistiken, Bilder, Karten und Meßreihen müssen entwickelt und gelehrt werden.

Über Fachsoftware ist dieses Problem für den Lehrer vor der Klasse lösbar.

Verarbeitung von Informationen:

Hier müssen vermutlich ganz neue Wege des Unterrichtens beschritten werden. Computer und andere neue Medien entziehen dem lernenden Schüler die Wirklichkeit. Dieser Verlust der „Realität" muß didaktisch-unterrichtlich abgefangen werden. Die Schulerdkunde gibt hier vielfältige Möglichkeiten.

Die Produkte der Medien und die des Computers müssen mit der Realität in der Landschaft konfrontiert werden. Die eigenen Arbeitsergebnisse müssen ständig auf ihren realen Bezug getestet werden. Das Verkümmern sprachlicher und mitmenschlicher Fähigkeiten zur Kommunikation muß abgefangen werden.

Darstellung der eigenen Arbeitsergebnisse:

Die Benutzung von Standardsoftware (Textverarbeitung und Graphikprogramme) kann hier ausgezeichnet eingeübt werden.

Insbesondere die gestalterische Komponente ist hier von Bedeutung.

Zur Vertiefung oder zur Auflockerung:

Simulationsprogramme erlauben dem Schüler bei individueller Benutzung Einblicke in komplexe Strukturen. Nur die persönliche Auseinandersetzung des Schülers mit einem Problem erlaubt ihm den tiefen Einstieg.

Die Vernetzung von Geräten im Klassenzimmer gestattet insbesondere Planspiele. Jüngere Entwicklungen (RCFP) in dieser Richtung könnten über den Computer in die Schule vordringen und somit den Schulalltag bereichern.

Zur Demonstration von Programmentwicklungen wurde den Konferenzteilnehmern im weiteren ein Programm zum Thema Klimadaten vorgestellt und im einzelnen erläutert.

IV. Fachwissenschaftliche Beiträge

Sergej Borisovič Lavrov

Die sowjetische Geographieliteratur über die Bundesrepublik Deutschland (1983)

Eine große Beachtung wurde der Literatur über die Bundesrepublik Deutschland schon seit den fünfziger Jahren geschenkt. Im Jahre 1959 erschien die sehr umfangreiche Arbeit des Instituts für Geographie der Akademie der Wissenschaften der UdSSR, die der ökonomischen Geographie der DDR und der Bundesrepublik Deutschland gewidmet worden ist (*M. M. Sirmunskij* u. a.: Deutschland. Die Wirtschaftsgeographie der DDR und der Bundesrepublik Deutschland.) Fragen der Geographie der Bundesrepublik Deutschland wurden in allen Schul- und Universitätslehrbüchern ausführlich behandelt. Insbesondere im Unterrichtsmaterial der Moskauer Staatsuniversität (MGU) findet das Thema breite Berücksichtigung, wobei nicht nur die geographischen Bedingungen, Fragen der Bevölkerung und die Geographie der einzelnen Zweige der Wirtschaft betrachtet werden, sondern auch überaus genau eine Charakteristik der Gebiete und Regionen der Bundesrepublik Deutschland gegeben wird. (*I. I. Maergojz* (Red.): Die Wirtschaftsgeographie der kapitalistischen Länder Europas, Moskau, MGU, 1966).

Eine solche Beachtung der Bundesrepublik Deutschland gab es natürlich auch in den Jahren, als unter den Bedingungen des „kalten Krieges" das wirtschaftliche Potential Westdeutschlands, die Möglichkeit der Ausweitung der sowjetisch-westdeutschen wirtschaftlichen, wissenschaftlich-technischen und kulturellen Beziehungen nicht unterschätzt werden durften.

Ein noch größeres Interesse gegenüber der Bundesrepublik Deutschland zeigt sich seit dem Jahre 1970 — seit dem Abschluß des Moskauer Vertrages, der Normalisierung der sowjetisch-westdeutschen Beziehungen und der Aufnahme unterschiedlicher Verbindungen zwischen der UdSSR und der Bundesrepublik Deutschland. In Leningrad erschien 1973 das Buch „Die Bundesrepublik Deutschland heute", das eine komplexe Analyse der Natur, der Bevölkerung und der Wirtschaft des Landes sowie des politischen Aufbaus gibt (*A. A. Demin, S. B. Lavrov:* Die Bundesrepublik Deutschland heute, Lenizdat).

Moskauer Autoren brachten das Buch „Bundesrepublik Deutschland (eine wirtschaftlich-geographische Beschreibung)" heraus, in dem neben einer Einteilung nach „Zweigen" auch ein Überblick über die Regionen gegeben wird, der 80 Seiten umfaßt (*I. A. Baeva, N. A. Bacanova, B. N. Zimin, N. P. Štucer:* Bundesrepublik Deutschland (eine wirtschaftlich-geographische Beschreibung), Moskau, Mysl', 1975, Auflage 14 000).

Im Jahre 1982 erschien schließlich das Buch von *A. A. Demin* und *S. B. Lavrov* „Die Bundesrepublik Deutschland: Geographie, Bevölkerung, Wirtschaft" (Moskau, Mysl', Auflage 20 000). Es unterscheidet sich von den vorangegangenen dadurch, daß es nicht nach dem traditionellen Konzept aufgebaut ist (Natur—Bevölkerung—Branchen—Regionen) und in einem publizistischen Stil geschrieben wurde. Die Unterschiede zu den vorangegangenen Arbeiten: ein spezieller Abschnitt über die Problematik der Ökologie („Die angegriffene Natur"), ein Abschnitt über den sozialökonomischen Aufbau der größten Städte („Porträt der Städte"), über die Problematik der Demographie („Demographische Widersprüche"), über staatsmonopolistische Komplexe (Militärindustrielle, Brennstoff—Energie, Agrarindustrielle und andere) und auch Abschnitte über regionale Disproportionen und das wissenschaftlich-technische Potential der Bundesrepublik Deutschland.

Das Buch fand ein starkes Echo in der Bundesrepublik Deutschland (Rezension in „IPU-Berichte") und im Institut für marxistische Forschungen in Frankfurt am Main. Die Autoren benutzten eine Menge statistisches Material, die geographische und ökonomische Literatur der Bundesrepublik Deutschland und Angaben in periodischen Druckerzeugnissen (Zeitungen und Zeitschriften).

Wir stellen uns vor, daß die Darstellung der Geographie der Bundesrepublik Deutschland in der sowjetischen Wissenschafts-, Populär- und Lehrbuchliteratur einem Ziel untergeordnet ist — nämlich den sowjetischen Leser mit den gegenwärtigen Gegebenheiten und der aktuellen Problematik des Landes bekannt zu machen und eine vollkommen objektive Erläuterung der Situation zu geben. Dabei ist es natürlich, daß wir uns auf die marxistisch-leninistische Theorie vom Imperialismus stützen, die auch der Behandlung der Bundesrepublik Deutschland zugrunde liegt. Besonders große Aufmerksamkeit wird in den letztgenannten Arbeiten der Richtigkeit der Angaben dadurch geschenkt, daß nicht ein überholtes, sondern ein aktuelles Bild des Landes vermittelt wird. Es ist bezeichnend, daß in allen umfangreichen jüngeren geographischen Arbeiten über die Bundesrepublik Deutschland besonders die sowjetisch-westdeutschen wirtschaftlichen, wissenschaftlich-technischen und kulturellen Beziehungen behandelt werden (in „Die Bundesrepublik Deutschland: Geographie, Bevölkerung, Wirtschaft" heißt dieser Abschnitt „Vom Gegensatz zur Zusammenarbeit").

Wir stellen uns vor, daß eine solche Einstellung (Objektivität, Aktualität, Hervorhebung der vielfältigen Zusammenarbeit und der diesbezüglichen großen Möglichkeiten) der wichtigsten politischen Aufgabe hilft: nämlich der Verstärkung des gegenseitigen Verständnisses, das ohne die genaue Kenntnis des anderen Landes und des anderen Volkes, seines Lebens und seiner Probleme nicht möglich ist. Eine objektive Behandlung des anderen Landes ist unter den gegenwärtigen Bedingungen der internationalen Spannungen besonders wichtig und richtet sich auf die Lösung des wichtigsten der globalen Probleme: auf die Erhaltung des Friedens in der Welt. Die Möglichkeiten der Geographiewissenschaft, ihr allgemeinbildendes und kulturelles Potential sind hier besonders groß.

Jörg Stadelbauer

Geographische Literatur über die Sowjetunion in der Bundesrepublik Deutschland (1983)

Vorbemerkung

Ein kurzer Überblick über die wissenschaftlichen Veröffentlichungen, welche in der Bundesrepublik zu geographischen Problemen der Sowjetunion erschienen sind, kann keine Vollständigkeit beanspruchen und muß sich darauf beschränken, einige Grundtendenzen aufzuzeigen. Er muß aber auch die Schwierigkeiten geographischer Arbeit ansprechen, weil sich daraus Folgerungen für die didaktische Umsetzung bis hin zum Geographieunterricht ergeben.

Das Thema schränkt den Überblick auf die geographischen Veröffentlichungen von Fachkollegen aus der Bundesrepublik Deutschland ein. Es sei aber betont, daß für die schulgeographische Arbeit darüber hinaus weiteres wertvolles deutschsprachiges Material bereitsteht, welches durch die fachwissenschaftlichen Veröffentlichungen aus der DDR zu uns kommt; außerdem werden englisch- und französischsprachige Veröffentlichungen regelmäßig mitberücksichtigt. Auch sind die Fachgrenzen nicht zu eng gezogen: Publikationen von Wirtschafts-, Agrar- und Sozialwissenschaftlern, von Historikern und Naturwissenschaftlern werden ebenfalls herangezogen. Und schließlich geben die Berichte der in Moskau akkreditierten Rundfunk-, Fernseh- und Zeitungsjournalisten Hinweise auf das Alltagsleben des Sowjetbürgers. Schließlich seien die deutschsprachigen Veröffentlichungen sowjetischer Verlage (Novosti Press) und die Informationszeitschrift „Sowjetunion heute" nicht übergangen. Insgesamt steht dem Geographielehrer also ein reichhaltiges Informationsangebot zur Verfügung. Das folgende Referat greift daraus nur die in der Bundesrepublik verfaßte und erschienene geographische Fachliteratur heraus.

Themenbereiche geographischer Forschung über die Sowjetunion

Obwohl die Geographen in der Bundesrepublik Deutschland sich bemühen, möglichst umfassende Informationen aufzuarbeiten, lassen sich doch einige thematische Schwerpunkte feststellen, während andere Themenkomplexe, die in der heutigen geographischen Forschung eine hohe Priorität genießen, aus unterschiedlichen Gründen deutlich unterrepräsentiert sind; auch diese Defizite der Forschung sollen noch angesprochen werden. Zunächst aber zu den Schwerpunkten; sie lassen sich mit folgenden Schlagworten zusammenfassen:
- räumliche Erscheinungsformen des Agrarsystems,
- Entwicklung und Gestaltung sowjetischer Städte,

- Rohstofferschließung und industrielle Nutzung,
- Verkehrserschließung in peripheren Räumen,
- Umweltprobleme und die Überwindung natürlicher Nutzungseinschränkungen.

Bereits diese Liste macht deutlich, daß zwei Hauptkomplexe aktueller geographischer Forschung fehlen: die Sozialgeographie und die physische Geographie – nicht weil diese Themenbereiche in der deutschen Forschung keine Rolle spielen würden, sondern weil die Voraussetzungen, sich wissenschaftlich mit ihnen in der Sowjetunion auseinanderzusetzen, für deutsche Geographen in der Regel nicht gegeben sind. Doch zunächst zu den aufgeführten Schwerpunkten.

(1) Räumliche Erscheinungsformen des Agrarsystems

Für agrargeographische Studien, die im Rahmen einer Geographie des ländlichen Raumes betrieben werden, stehen drei Aspekte im Vordergrund:
- ökologische Fragestellungen, bei denen es um den Agrarraum in seinen natürlichen Grenzen, um die Anstrengungen, diese Grenzen zu überwinden, und um eine naturwissenschaftliche Begründung geht;
- betriebliche Untersuchungen, die sich mit den Auswirkungen von Kollektivierung und Sovchozierung, von Kooperation und agrar-industrieller Integration befassen und auch standorttheoretische Aspekte berücksichtigen;
- Untersuchungen zu den ländlichen Siedlungen, die bei den durch die Kollektivierung eingeleiteten Strukturwandlungen im ländlichen Raum einsetzen, zum Teil aber auch – im Rahmen der historisch-genetischen Siedlungsforschung – weit in die Geschichte zurückgehen und die Entstehung einzelner Siedlungsformen im Zusammenhang mit der Wirtschaftsweise analysieren.

Die Untersuchungen zum **Agrarraum** hatten – betrachtet man die vergangenen anderthalb Jahrzehnte – auch regionale Schwerpunkte. Für das traditionelle „Agrardreieck" wurde die räumliche Verlagerung des dominanten Getreideanbaus in die risikoreicheren Steppengebiete in eine Abfolge verschiedener agrarpolitischer Maßnahmen eingeordnet, die durchweg räumlich wirksam wurden: nämlich die Einführung von Feld-Grünland-Fruchtfolgen (travopol'-naja sistema) in den 30er Jahren, die Ausweitung des Agrarraumes durch die Agro-Waldmelioration nach 1948 und die Neulandaktion der Jahre 1954–1959 (*Rostankowski* 1979, 1980; *Wein* 1980, 1980a). Durch diese Maßnahmen wurde die Agrarfläche des Agrardreiecks zwar ausgeweitet, doch auch das Risiko der Erträge erhöht. Erst die Melioration in der Nichtschwarzerdezone (seit 1974) stellt wieder die traditionellen Agrargebiete in den Vordergrund – eine Ausweitung nach Norden erscheint kaum möglich (*Rostankowski* 1981, 1983). Ein zweiter regionaler Schwerpunkt liegt im S der Sowjetunion, in Mittelasien und Transkaukasien. Dort haben die flächenhafte Ausweitung von Bewässerungsland für den Baumwollanbau (*Giese* 1973, *Stadelbauer* 1973, 1976a) und die Förderung subtropischer Kulturen (*Stadelbauer* 1983a) besonderes Interesse geweckt, doch wurden in diesem Zusammenhang auch weitere Fragen aufgeworfen. So muß die Ausweitung des subtropischen Anbaus von den Ansprüchen dieser Kulturpflanzen an die klimatischen, hydrologischen und pedologischen Gegebenheiten her interpretiert werden; die Ausweitung des Bewässerungsfeldbaus verweist auf die Probleme von Bodenversalzung, Bodenerosion und drohender Desertifikation.

Wenn die Förderung des Baumwollanbaus zugleich den Getreideanbau in Mittelasien stark zurückgehen ließ (von dem seit Anfang der 60er Jahre erneut geförderten Reisanbau abgesehen; vgl. *Stadelbauer* 1975), so ist damit auf großräumige Verflechtungen im **Agrarsystem** verwiesen, die erst mit der Entwicklung des modernen Verkehrswesens möglich wurden. Aber auch kleinräumige Verflechtungsmuster wurden untersucht, die sich im Gefolge der Kollektivierung und weiterer betrieblicher Sturkturveränderungen ergeben hatten. Es ist bekannt, daß die sowjetischen Agrarbetriebe seit der Kollektivierung Ende der 20er Jahre einen vielfachen Wandel erlebten, daß Kolchoze zusammengeschlossen (zu große Betriebe teilweise auch wieder aufgeteilt), einige zu Sovchozen umgewandelt wurden (*Hahn* 1970, *Giese* 1974) und daß sich die ökonomischen Unterschiede zwischen Kolchozen und Sovchozen verringert haben, wenn auch die eigentums- und besitzrechtlichen Unterschiede weitgehend fortbestehen. Die Grundformen der sozialisierten Landwirtschaft (Sovchoz, Kolchoz und persönliche Nebenerwerbswirtschaft) sind mehrfach gegeneinander abgehoben und anhand regionaler Beispiele untersucht worden, wobei die deutschen Geographen auf zahlreiche Analysen von Agrarwissenschaftlern zurückgreifen konnten (*Giese* 1968, 1970, 1973, 1983, *Stadelbauer* 1983). Auch die mit Kooperation und Integration geschaffenen neuen Betriebsformen wurden anhand regionaler Beispiele aus der RSFSR und auch Transkaukasien untersucht (*Stadelbauer* 1979, 1983). Damit ist zugleich angedeutet, daß die heutige sowjetische Agrarwirtschaft auch unter dem Aspekt der über- und innerbetrieblichen Modernisierung und der ernährungswirtschaftlichen Bedeutung (*Wein* 1983) gesehen wird. Für die Interpretation steht die Effizienz solcher strukturverändernden Maßnahmen im Vordergrund, und sie läßt sich oft aus dem Vergleich am besten ermitteln. So werden Fragen der Arbeitskräfteauslastung, der Mechanisierung, der Chemisierung und schließlich der Produktivität aufgegriffen; aus unserer Sicht erscheint die Überlegenheit des sozialistischen Großbetriebes nicht bewiesen.

Der **siedlungsgenetische Aspekt** läßt sich eng mit dem betrieblichen verknüpfen. Zwar betrafen die ersten Veränderungen nach der Kollektivierung nur die Flur, weniger das Dorf, doch zeigt auch der historische Rückblick auf einzelne Siedlungsformen (*Rostankowski* 1969 zu den Ländern der Kosakenheere, 1982 zu den Chutor-Siedlungen), daß im Bereich der heutigen Sowjetunion immer ein enger Zusammenhang zwischen ländlichen Siedlungsformen, Agrarbetriebsstruktur und Bodennutzungsformen bestand und auch weiterbesteht. Allerdings wird die aktuelle Siedlungspolitik auf dem Land auch von Überlegungen zu einer sozialen — nicht unbedingt architektonischen — Urbanisierung gesteuert (*Meckelein* 1964, *Hahn* 1970, *Giese* 1973, 1974, *Stadelbauer*

1979, *Jähnig* 1983). Gerade der Zusammenhang zwischen Agrarwirtschaft und ländlicher Siedlung macht deutlich, daß eine „Geographie des ländlichen Raumes" zu den wissenschaftlichen Hauptanliegen deutscher Geographen gehört. Dies gilt übrigens auch für Gebiete mit vorherrschender Wanderweidewirtschaft. Vor allem die Verflechtungen, die durch regelmäßiges Aufsuchen von Sommer-, Winter- und Übergangsweiden in den mittelasiatischen Gebirgen und ihrem Vorland entstanden sind, die auf dem Seßhaftwerden einer ursprünglichen nomadischen Bevölkerung und auf der betrieblichen Integration im Kolchoz- und Sovchoz-System beruhen, sind in diesem Zusammenhang untersucht worden (*Giese* 1968, 1973, 1976, 1982; vgl. auch analog zu Kaukasien *Stadelbauer* 1983a, zu Kazachstan *Karger* 1965a).

Es sei jedoch nicht verkannt, daß deutliche **Forschungsdefizite** bestehen, die sich vor allem aus den praktischen Arbeitsmöglichkeiten ergeben. Es ist schon mit einigem Verwaltungsaufwand verbunden, einen sowjetischen Betrieb aufzusuchen; es ist offensichtlich nicht möglich, einen beliebigen Betrieb zu besichtigen, um dadurch regionale, ökonomische, vielleicht auch ethnische und ökologische Unterschiede herauszuarbeiten. Und man muß noch weitergehen: Es existiert m. W. keine Darstellung, in der ein heutiger sowjetischer Großbetrieb, ein Kolchoz oder Sovchoz, in seiner historischen Entwicklung seit vorrevolutionärer Zeit (d. h. mit Flurplan- und Ortsgrundrißbelegen aus der Zeit der Umteilungsgemeinde, der Stolypinschen Agrarreform, der Bodenbesitzreform nach der Oktoberrevolution, der Kollektivierungszeit und der folgenden Veränderungen bis zur gegenwärtigen Situation), ferner in seiner heutigen Betriebsorganisation (mit Verwaltung, Arbeitsorganisation, räumlichen Binnen- und Außenverflechtungen, Kapital- und Güterströmen) sowie in seiner Flächennutzung (Bodennutzungssysteme der einzelnen Fruchtfolgebereiche, Funktionalkartierung der Haupt- und Nebensiedlungen), seiner Bevölkerungsstruktur (demographische Entwicklung, ggf. ethnische Zusammensetzung, Bildungsniveau, Sozialstruktur und Sozialeinrichtungen) und ökonomischen Ertragsdaten umfassend dokumentiert wäre. Schon die für die Arbeitsweise des westlichen Geographen unverständliche Unzugänglichkeit von großmaßstäblichen Karten verhindert eine solche Erfassung. Allerdings sei eingestanden, daß das Bemühen um eine kleinräumige Mikroanalyse gerade für die deutsche Geographie kennzeichnend ist, während der sowjetische Geograph — nicht zuletzt wegen der Weite des Landes — vermutlich in räumlich größeren Dimensionen denkt. Und noch ein Defizitbereich muß genannt werden: Nicht alle Teile der Sowjetunion sind gleich gut bekannt. Dies hängt mit den Reisemöglichkeiten zusammen, die den Zugang zu einzelnen Regionen erschweren und die vor allem die Städte zu Hauptzielen werden lassen, was von der Infrastruktur her gesehen (Hotels, wissenschaftliche Einrichtungen, Verkehrserreichbarkeit) auch verständlich ist. Alternative Forschungstechniken wie das remote sensing, also die Arbeit mit Satellitenbildern — wie sie auch in der sowjetischen Geographie betrieben wird —, bieten nur einen dürftigen Ersatz (vgl. bspw. Wein 1981), weil die Erhebung von Bodenkontrolldaten zu einer sinnvollen Satellitenbildauswertung dazugehört.

(2) Entwicklung und Gestaltung sowjetischer Städte

Wie bei der Geographie des ländlichen Raumes war auch bei der Stadtgeographie der Vergleich mit Formen und Entwicklungen in westlichen Ländern ein wesentlicher Ansatzpunkt. Dies zeigt sich vor allem bei der Frage, ob es einen eigenständigen Typ der sozialistischen Stadt gibt. Und wie bei der Geographie des ländlichen Raumes läßt sich auch für die Stadtgeographie eine Reihe eigenständiger Ansätze ausmachen:

– der typologische Ansatz, der von der Physiognomie und der Funktion einzelner architektonischer Elemente ausgeht,
– der genetische Ansatz, der nach der Entstehung und Entwicklung sowjetischer Städte fragt,
– der funktionale Aspekt, der einzelne Stadtbereiche oder innerstädtische Aktivitäten in den Vordergrund stellt,
– der demographische Aspekt, der das Phänomen der Verstädterung anhand statistischer Daten verfolgt.

Es zeigt sich, daß Grundtendenzen der sowjetischen Stadtentwicklung wohl auf einen eigenständigen **Stadttyp** hindeuten; die städtebaulichen Leitbilder unterlagen jedoch seit den anfänglichen Versuchen, eine „sozialistische Stadt" zu begründen („Socgorod" der 20er Jahre, ansatzweise in Magnitogorsk verwirklicht) mehrfachen Wandlungen. Dennoch blieben Einzelelemente wie städtebauliche Dominanten (häufig Regierungs- und Parteigebäude, Kultureinrichtungen), Aufmarschplätze, Magistralen und geometrische Grundrißanlagen bis in die Gegenwart bestimmend (*Karger* u. *Werner* 1982). Jüngere Stadterweiterungen wurden vor allem im Hinblick auf das Konzept von Mikrorajonen untersucht. Indessen blieb die Zahl veröffentlichter Arbeiten auf Fallstudien zu den größten Städten beschränkt (Moskau: *Karger* 1965a; Leningrad: *Barth* 1966, *Luber* u. *Rostankowski* 1978; Novosibirsk: *Barth* 1978 zu den Städten Mittelasiens: *Fick* 1971, *Giese* 1979).

Mit dieser typologisch-klassifizierenden Fragestellung hatte man auf einen Ansatz zurückgegriffen, der bereits in der Zwischenkriegszeit eine Rolle gespielt hatte; damals war auch die „russische Stadt" als regionaler Stadttyp und Vertreter eines Kulturkreises dargestellt worden (*Schultz* 1930). Nun ist Rußland nicht die Sowjetunion, und gerade der genetische Ansatz trägt den unterschiedlichen **historisch-kulturellen Gestaltungskräften** bei der Entwicklung der einzelnen Städte in der Sowjetunion Rechnung. Während Moskau die Baugeschichte von Siedlungen im Waldland der osteuropäischen Ebene dokumentiert (*Karger* 1980) – wenn auch mit den „Zutaten", die sich aus dem politischen Aufstieg Moskaus ergaben –, überlagern sich in Mittelasien die heutigen sowjetischen Umformungen mit einem vielfältigen orientalischen, zum Teil islamischen und wohl auch südasiatischen Einfluß (*Fick* 1971, *Giese* 1979, 1980; vgl. auch *Müller-Wille* 1978). Die Städte der Baltischen Republiken sind im Zusammenhang des Ostseeraumes zu interpretieren, in Kaukausien spielen vorderasiatische Strömungen eine Rolle. Die Ausbreitung russischer Herrschaft in die Steppen- und Wüstengebiete brachte den Typ der Kolonialstadt hervor; in sowjetischer Zeit beginnt eine Vereinheitlichung, die von Kaliningrad bis Vladivostok reicht. Gerade die historischen Wurzeln und ihre bis in die Gegenwart sichtbaren, unter dem planerischen Gesichtspunkten der Stadtsanierung auch erhaltenswerten Strukturen sind jedoch noch viel zuwenig bekannt und berücksichtigt.

Einzelne **Stadtteile** oder städtische **Funktionen** zu untersuchen und damit die innere Differenzierung sowjetischer Städte zu erfassen, stößt auf ähnliche Probleme der Mikroanalyse, wie sie für den ländlichen Raum aufgezeigt wurden. Statistische Daten sind für kleinräumige Bereiche nicht erhältlich, exakte Stadtpläne sind unzugänglich, sozialräumliche Erhebungen ausgeschlossen. So ist der Themenkreis sehr eingeschränkt. Einige kleinere Arbeiten widmen sich dem Einzelhandel und dabei auch der privaten Vermarktung von Agrargütern auf Kolchozmärkten (*Gormsen* u. *Harriss* 1976, *Stadelbauer* 1976), andere im Zusammenhang mit der Stadtplanung der Entwicklung von Wohnvierteln (*Luber* u. *Rostankowski* 1978) oder eigenständigen Stadtteilen wie dem Novosibirsker Akademgorodok (*Barth* 1978).

Um die **Verstädterung** zu erfassen, die in der Sowjetunion wie in anderen Industrieländern vor allem als Merkmal der sozioökonomischen Entwicklung interpretiert wird, ist man in erster Linie auf die veröffentlichten demographischen Daten der Statistik angewiesen. Hier lassen sich unterschiedliche Wachstumsprozesse und Wanderungsbewegungen verfolgen, die in den vergangenen Jahrzehnten die Verstädterung beschleunigten (*Giese* 1971, *Vogelsang* 1976). Sie bewirkten nicht nur ein rapides Wachstum der größten Städte bis hin zur „Metropolisierung" bei den Hauptstädten einzelner Unionsrepubliken, sondern auch einen Ballungs- und Verdichtungseffekt, der die Umlandgebiete mit erfaßt (*Meckelein* 1960, *Hahn* 1979).

Die wissenschaftlichen **Defizite** sind implizit bereits angedeutet worden; sie beruhen vor allem darauf, daß der Zugang zu den Städten beschränkt ist, daß die Vielzahl von Klein-, Mittel- und Großstädten, die die Masse des sowjetischen Städtesystems ausmachen, nicht besucht und erst recht nicht untersucht werden dürfen (Moskau als Hauptstadt der Sowjetunion ist eben nicht eine „durchschnittliche" Stadt!), ferner wieder auf dem Fehlen großmaßstäblicher Karten (im Westen sind Detailkartierungen im Maßstab 1 : 2000 keine Seltenheit!) und dann vor allem auf dem Fehlen sozialgeographischer Arbeitstechniken. Zwar ist, vermutlich eingeleitet durch die Rezipierung westlicher Forschungsansätze während des 23. Internationalen Geographenkongresses in Moskau 1976, der Terminus „Sozialgeographie" auch in den sowjetischen Sprachgebrauch aufgenommen worden, doch sind bis heute viele Strömungen sozialgeographischer Analyse nicht aufgegriffen worden. Dies mag mit der verspäteten Entwicklung der empirischen Sozialforschung in der Sowjetunion zusammenhängen, die erst seit etwa anderthalb Jahrzehnten eine voll anerkannte akademische Disziplin ist, aber auch wieder auf das Denken in großräumigen Dimensionen verweisen. Kritische Überlegungen zur Zukunft der Stadtgeographie, wie sie von der österreichischen Geographin *E. Lichtenberger* (1980) angestellt wurden, zeigen aber, daß eine moderne Stadtforschung nur unter

Anwendung der in den regional sciences üblichen Methoden und Arbeitstechniken der empirischen Sozial- und Wirtschaftsforschung möglich ist. Dazu gehört auch die Rolle der Städte in ihrer Region, wie sie durch meßbare Stadt-Umland-Verflechtungen zu fassen ist; die bisherigen Hinweise auf Einzugs- und Versorgungsbereiche sind mehr als dürftig, und dies, obwohl die sowjetische Stadtplanung sich bemüht, Metropolisierungseffekte bei den größten Städten zu unterbinden und die Entwicklung von Pendlergebieten zu fördern, innerhalb derer die moderne Verkehrsentwicklung dazu beitragen kann, unerwünschte Landflucht selbst dort zu unterbinden, wo die Mechanisierung der Landwirtschaft zusätzliche Arbeitskräfte freisetzt.

(3) Erschließung von Rohstoffen und ihre industrielle Nutzung

Mehr noch, als es in westlichen Staaten der Fall ist, laufen in der Sowjetunion Stadtentwicklung und Industrieaufbau prallel. Damit knüpft ein Aspekt der Industrialisierung unmittelbar an das soeben Gesagte an; ein anderer ließe sich aus der Fortentwicklung landwirtschaftlicher Betriebsformen zur agrar-industriellen Integration gewinnen. Als dritter Gesichtspunkt ist die Ressourcenfrage anzufügen, die einige Standortprobleme und -entwicklungen in der Sowjetunion besonders hervortreten läßt.

Nach diesem Aspekt lassen sich wenigstens drei Grundtypen von **Industriestandorten** unterscheiden, die zugleich historische Abläufe widerspiegeln und einen engen Bezug zu branchenspezifischen Vorgängen aufweisen. So beruht die bis heute starke Ballung der Textilindustrie im industriellen Zentrum vor allem auf der langen Tradition der Verarbeitung pflanzlicher Fasern, die bis in die Leinenweberei zurückführt, in der Zeit großer Baumwollimporte beibehalten wurde und auch heute bei Binnentransporten von Baumwolle in der Sowjetunion bedeutend blieb (*Stadelbauer* 1973, *Giese* 1973a). Die Entwicklung der Schwer- und Grundstoffindustrie dagegen beruht auf planmäßigen, wenn auch oft spontan eingeleiteten Prospektionen. Hierbei wurde Sibirien mit Nordkazachstan zum Schwerpunktgebiet innerhalb der Sowjetunion (*Liebmann* 1981), und die allmähliche Verlagerung von industriellen Aktivitäten in diesen Raum wird auch in Zukunft geographisches Interesse verdienen. Zwei kleinere Studien, der Entwicklung des Gebietes um Bratsk und der westsibirischen Erdöl- und Erdgaswirtschaft gewidmet (*Karger* 1966, 1974, vgl. *Pluhar* 1977), erhielten größere Bedeutung durch entsprechende Aufbereitungen für den Erdkundeunterricht, denn die Zahl industriegeographischer Arbeiten über die Sowjetunion ist gering.

Damit müssen in diesem Abschnitt eher **Defizite** als Ergebnisse angesprochen werden. Die Restriktionen beim Zugang zu Industrie- und Energiegewinnungsanlagen und -gebieten sowie der völlig unzureichende statistische Nachweis machen originäre industriegeographische Arbeit nahezu unmöglich. Gerade die Betriebsstruktur (Kombinate, geringere Zulieferverflechtungen) und die Standortverteilung (Konzentrationseffekte) lassen aber erhebliche Unterschiede zu westlichen Entwicklungen erwarten, die zu erfassen für eine sachgerechte Würdigung der sowjetischen Industrialisierung unabdingbar ist. Dies ist auch im Hinblick auf die Territorialen Produktionskomplexe von großer Bedeutung; sie sind zwar als Phänomen und als Steuerungsinstrument regionaler Entwicklungen bekannt (vgl. *Liebmann* 1978, 1981, *Wein* 1983a), doch scheitert ein Vergleich mit anderen Typen industriewirtschaftlicher Verbundsysteme an der Datenverfügbarkeit.

(4) Verkehrserschließung in peripheren Räumen

Die Prospektion von Bodenschätzen, die in Sibirien wohl bis heute noch nicht als abgeschlossen anzusehen ist, kann nur eine Seite von Studien zur Raumerschließung sein; der Zugang zu den Rohstoffen, der durch Verkehrsbauten möglich wird, muß die Kenntnis von Lagerstätten ergänzen. Entsprechend spielt auch bei der wirtschaftsgeographischen Interpretation der Sowjetunion das Verkehrswesen eine besondere Rolle. Die relative Kontinentalität mit ihren klimatischen Extremen und die Orientierung der Sowjetunion auf das Landesinnere läßt das **Eisenbahnwesen** besonders hervortreten. Der Bau der Baikal-Amur-Magistrale ist bereits in mehreren Arbeiten im Hinblick auf seine historische Bedeutung gewürdigt worden (*Liebmann* 1978, *Karger* 1980a, vgl. *Wein* 1981a), aber auch weniger wichtig erscheinende Bahnlinien zeigen das Phänomen räumlicher Integration, wie am Beispiel der Transkaspisch-Mittelasiatischen Eisenbahn in Turkmenien und der Turanischen Bahn in Mittelasien verdeutlicht wurde (*Stadelbauer* 1973, 1974).

Sicher würde das sowjetische Verkehrssystem mit den Netzen von Eisenbahn, Fluglinien, Fernstraßen und Pipelines, mit Binnen- und Seeschiffahrtslinien, mit großräumigen Distanzüberbrückungen und kleinräumigen Netzverdichtungen auch zahlreiche Ansätze für moderne verkehrsgeographische Interpretationen bieten, doch würde man bspw. für die sinnvolle Anwendung graphentheoretischer Ansätze Daten aus den Bereichen Verkehrsmengen, Belastungs- und Durchlaßfähigkeit, Transportmengen (je Streckenabschnitt), Zentralität und industrielle Bedeutung der Knotenpunkte u. ä. benötigen, die leider nicht zur Verfügung stehen. So bleibt auch hier ein deutlicher **Defizitbereich** bestehen. Hinzu kommt wieder das Problem mangelnder Zugänglichkeit, durch das manche sachgerechtere Deutung erschwert wird.

(5) Umweltprobleme und die Überwindung natürlicher Nutzungseinschränkungen

Der Blick auf Industrieentwicklung und Verkehrserschließung hat bereits verdeutlicht, daß Rohstoffgewinnung, Nutzung natürlicher Ressourcen, physiogeographische Restriktionen, Bewahrung der **Umwelt als Lebensraum** und Erweiterung des knappen Wirtschaftsraumes eng zusammenhängende Komplexe sind. Die Frage, ob und inwieweit in den von der Natur gezogenen Grenzen eine wirtschaftliche Nutzung des sowjetischen Raumes möglich sei, wurde erstmals in breiterem Umfang zu Beginn der 50er Jahre in der geographischen Literatur der Bundesrepublik diskutiert, nachdem die sowjetischen Pläne zur „Umgestaltung der Natur" aufgestellt und teilweise (Anlage von Waldschutzstreifen) verwirklicht worden waren (*Schlenger* 1951, 1953, 1963). Diese Problematik ist bis heute bestehen geblieben; Diskussionen über eine Ausweitung des Agrarraumes (*Rostankowski* 1979, 1980, 1981, *Wein* 1980a), über eine partielle Umleitung nordrussischer und sibirischer Flüsse zur Wasserversorgung arider Gebiete im Süden der Sowjetunion (*Rostankowski* 1977, 1982), über die verstärkte Erdöl- und Erdgasförderung im Rahmen der Rohstofferschließung in Sibirien (*Karger* 1974, *Pluhar* 1977) lenken immer wieder das Augenmerk darauf. Dagegen werden Fragen einer denkbaren Beeinträchtigung des Lebensraumes durch die Gesellschaft selbst erst seit wenigen Jahren erörtert, und in der geographischen Fachliteratur der Bundesrepublik Deutschland finden sich auch entsprechend wenige Hinweise — am ehesten noch zur Frage der Bodenerosion mit dem Exkursions- und Erfahrungsbericht einer Trierer Studiengruppe (Probleme der Bodenerosion in Mittelasien, 1980). Unzureichend dokumentiert sind dagegen wasserwissenschaftliche Maßnahmen, die eine Optimierung der Wassernutzung bewirken sollen (vgl. zur Wolga *Weigt* 1978; zum Überschwemmungsschutz für Leningrad *Luber u. Rostankowski* 1980).

Auch hier bleibt also ein deutliches **Defizit.** Die Erfassung von Umwelt- und Landschaftsschäden setzt exakte Messungen vor Ort voraus, die nicht möglich sind; die Analyse von Gegenmaßnahmen erfordert intensive Kontakte mit den entsprechenden Behörden. Wieder wäre es unter dem Aspekt des Systemvergleichs außerordentlich wichtig, zu wissen, in welchem Maße eine zentralverwaltende Wirtschaftsorganisation, in der Reibungsverluste durch privatwirtschaftliche Interessen überwindbar erscheinen, besser in der Lage ist, Umweltgefahren zu begegnen, als es ein kapitalistisches System vermag.

(6) Physische Geographie

Die vorangegangenen Ausführungen bezogen sich durchweg auf wirtschafts- und sozialgeographische Fragestellungen; die physiogeographische Beschäftigung westdeutscher Geographen mit der Sowjetunion erscheint demgegenüber wesentlich schwächer ausgebildet. Dies hängt ursächlich mit dem eben angesprochenen Mangel an Möglichkeiten zusammen, Geländearbeit mit Messungen vor Ort durchzuführen. Vor allem von Geomorphologen wird dies außerordentlich bedauert, wie die knappen Berichte über wissenschaftliche Kongresse zeigen, welche in der Sowjetunion abgehalten wurden (*Böse* 1982 zum XI. *INQUA*-Kongreß). Auch vegetationsgeographische Publikationen müssen sich auf eine Rezeption sowjetischer Fachliteratur beschränken (*Henning* 1972, 1972a). Klimatologische Studien sind insofern eher möglich, als mit internationalen Meßdaten allgemein zugängliches Grundlagenmaterial vorliegt; so sind einige klimatologische Studien veröffentlicht worden, die meist vor dem Hintergrund einer naturwissenschaftlichen Begründung agrarischer Nutzungsmöglichkeiten und -einschränkungen entstanden (*Buller* 1982, *Giese* 1969, 1973, 1981).

(7) Länderkundliche Gesamtdarstellungen

Für die deutsche Geographie spielt neben der Einzelanalyse von Geofaktoren seit jeher die zusammenfassende Darstellung eine besondere Rolle. Daher sind mehrere Ansätze aufzuführen, in denen versucht wurde, der Größe des Landes und seiner inneren Differenzierung gerecht zu werden. Die wichtigsten Ansätze sind:
- die aus der Wirtschaftsverwaltung resultierende Raumgliederung (*Barth* 1980),
- die aus dem Wirtschaftssystem sich ergebende Interpretation von Raum, Bevölkerung und Wirtschaft (*Wein* 1983),
- die von der Raumerschließung und Inwertsetzung natürlicher Ressourcen ausgehende dynamische Deutung des Kulturlandschaftswandels in der Sowjetunion (*Karger* 1979, 1981),
- die historisch vertiefte Begründung der räumlichen Strukturen, die aus einem in der Zeit wandelbaren Zusammenspiel von Natur, Herrschaft, Kultureinflüssen und Wirtschaftszielen resultieren (*Karger* 1978).

Teilräume der Sowjetunion wurden meist unter spezifischen Fragestellungen oder nach den Prinzipien einer dynamischen Länderkunde untersucht und dargestellt, so bspw. Turkmenien (*Stadelbauer* 1973, 1976a), das Bratsker Gebiet (*Karger* 1996) oder die BAM-Zone (*Liebmann* 1978, *Karger* 1980a). Nicht mit länderkundlichem, sondern mit regionalwissenschaftlichem Ansatz wurden außerdem regionale Unterschiede bei der sozialen und wirtschaftlichen Entwicklung analysiert, wobei verschiedene Daten der Volkswirtschaftsstatistik mit mathematischen Verfahren ausgewertet wurden (*Giese* u. *Hecht* 1983, *Klüter* 1983).

Sicher ist auch im Bereich der länderkundlichen Darstellung ein gewaltiges Defizit zu registrieren: Nach unserer Auffassung setzt das Verständnis für ein Land die gründliche Kenntnis der geographischen Strukturen voraus; die bei den Einzelthemen aufgelisteten Defizite addieren sich schließlich bei einer umfassenden Länderkunde. Dann kann eine solche Gesamtdarstellung des ganzen Landes oder einzelner Teilräume heute sicher nicht mehr ausschließlich auf eigenständiger Forschungsarbeit beruhen, sondern sie muß Fremdleistungen aufgreifen und mitverarbeiten. Daher ist für alle länderkundliche Arbeit die Auswertung von sowjetischer Fachliteratur unabdingbar (dies gilt natürlich auch für die Behandlung eines jeden Einzelthemas!). Ohne wenigstens bescheidene Kenntnisse der russischen Sprache, in der die meisten Fachveröffentlichungen in der Sowjetunion erscheinen, ist eine solche Arbeit nicht zu leisten. Es ist müßig, die mehrschichtige Problematik von Übersetzung/Übertragung/Umsetzung fremder Begriffszusammenhänge hier zu erörtern, doch liegt in diesem Bereich sicher auch eine wichtige Aufgabe interpretierender Geographie.

Zusammenfassung

Der knappe Überblick hat m. E. gezeigt, daß die Geographen in der Bundesrepublik Deutschland sich bemühen, räumliche Strukturen der Sowjetunion gründlich zu erfassen — allerdings mit erheblichen Einschränkungen gegenüber einem optimalen Forschungsablauf:
- Die Zahl der schwerpunktmäßig mit der Sowjetunion befaßten Geographen ist gering und geht kaum über ein halbes Dutzend hinaus;
- Auswahl und Behandlung von Teilthemen entsprechen nicht unbedingt der Erwartungshaltung, die vom theoretischen und methodischen Fortschritt der geographischen Wissenschaft bestimmt wird; daraus ergeben sich auch bedenkliche quantitative Gewichtsverschiebungen, die bspw. die Agrarwirtschaft der Sowjetunion gegenüber der Industrie deutlich hervortreten lassen;
- Die methodischen und arbeitstechnischen Zugänge erlauben keine Anwendung moderner Verfahren der empirischen Sozial- und Wirtschaftsforschung oder naturwissenschaftliche Messungen;
- dieses Defizit kann nur teilweise durch andere Veröffentlichungen kompensiert werden.

Auf der anderen Seite ist ein wachsendes Interesse im wissenschaftlichen Sektor, im schulischen Bereich und bei einer breiten Öffentlichkeit festzustellen, so daß die geographische Auseinandersetzung mit Problemen der Sowjetunion sinnvoll erscheint.

Postscriptum Juli 1987

Weder die thematische Vielfalt noch der methodische Ansatz hat sich in den nach 1983 erschienenen Arbeiten zur Geographie der Sowjetunion grundlegend verändert. Auch die früheren Ausführungen über Forschungsdefizite und arbeitstechnische Probleme bei der Übertragung neuerer Forschungsansätze auf Fragen der regionalen Geographie der Sowjetunion haben insgesamt gesehen ihre Gültigkeit behalten. Eine ausführlichere Bestandsaufnahme regionalgeographischer Arbeiten wurde 1984 vorgelegt; sie bezieht Arbeiten über andere sozialistische Staaten in Osteuropa und in Ostasien ein, berücksichtigt aber auch den nicht-geographischen Beitrag zur Regionalforschung, der von den Geschichts-, Wirtschafts- und Sozialwissenschaften geleistet wird (*J. Stadelbauer* 1984). Auch in jüngerer Zeit wurden zusätzliche regionalwissenschaftliche Untersuchungen aus den verschiedensten Bereichen (vgl. die von *G. Leptin*, 1986, und *J. F. Tismer, J. Ambler* u. *L. Symons*, 1987, herausgegebenen Sammelbände) in Zusammenarbeit mit Geographen durchgeführt.

Das Interesse an einer Behandlung sowjetischer Themen ist also ungebrochen, wie eine im Sommer 1987 zusammengestellte Ergänzung der Literaturübersicht zeigt. Zu den wichtigsten „Konsumenten" gehören Lehrer und Schüler, so daß unter den neueren Arbeiten auch einige Materialsammlungen genannt werden, die als Handreichungen für den Unterricht gedacht sind (*A. Fischer* u. *A. Karger* 1985; *G. Kirchberg* 1985; *H.-U. Bender* u. *J. Stadelbauer* 1987). Gemeinsam mit Themenheften schulgeographischer Fachzeitschriften (Geographische Rundschau 1983/11; geographie heute 1986/45; ein weiteres Sowjetunion-Heft der Geographischen Rundschau ist 1988 vorgesehen) verdeutlichen sie den Transfer geographischer Untersuchungen in dem Unterricht der Sekundarstufen I und II. Aber auch hier wird die relative Begrenztheit bei der Anwendung moderner Forschungsansätze sichtbar.

Literaturverzeichnis

Barth, J.: Einführung in die Stadtgeographie von Leningrad. — Geographische Rundschau 18. 1966, S. 18—27.
Barth, J.: Nowosibirsk mit Akademogorodok — „Hauptstadt" Sibiriens. — Geographische Rundschau 30, 1978, S. 350—357.
Barth, J.: Die Wirtschaftsbezirke („Ökonomische Rajone") der UdSSR. — Festschrift Helmut Winz. Berlin 1980, S. 87—125.
Böse, M.: Bericht über den XI. Inqua-Kongreß in Moskau. — Die Erde 113, 1982, S. 313—316.
Buller, H.-G.: Duerre- und Frostperioden als oekologische Limitierungsfaktoren in den kontinentalen Weizenbaugebieten der nordhemisphaerischen Aussertropen. Diss. Geowiss. Fak. Freiburg i. Br. 1982 (bisher unveröff.).
Fick, K. E.: Die Großstädte in Mittelasien. — Wirtschafts- und Kulturräume der außereuropäischen Welt, Festschrift für Albert Kolb. Hamburg 1971 (Hamburger Geographische Studien, 24), S. 159—197.
Fischer, D.: Siedlungsgeographie in der Sowjetunion. — Erdkunde 20, 1966, S. 211, 227.
Fischer, D.: Nature Reserves of the Soviet Union: An Inventory. — Soviet Geographie: Review and Translation 22, 1981, S. 500—522.
Giese, E.: Agrare Betriebsformen im Vorland des Tien-Schan. — Erdkunde 22, 1968, S. 51—63.
Giese, E.: Die Klimaklassifikation von Budyko und Grigor'ev. — Erdkunde 23, 1969, S. 317—325.
Giese, E.: Hoflandwirtschaften in den Kolchosen und Sovchosen Sowjet-Mittelasiens. — Geographische Zeitschrift 59, 1970, S. 175—197.
Giese, E.: Die Agrarwirtschaft des Siebenstromlandes in Südkazachstan. Agroklimatische Ausstattung, Entwicklung und Stand. — Die Erde 101, 1970, S. 92—122 (1970a).

Giese, E.: Wachstum und Verteilung der Bevölkerung in der Sowjetunion. — Geographische Zeitschrift 59, 1971, S. 241—276.

Giese, E.: Sovchoz, Kolchoz und persönliche Nebenerwerbswirtschaft in Sowjet-Mittalasien. Eine Analyse der räumlichen Verteilungs- und Verflechtungssysteme. Münster/Westf. 1973 = Westfälische Geographische Studien, 27.

Giese, E.: Die ökonomische Bereichsgliederung im mittelasiatisch-kazachstanischen Raum der Sowjetunion. — Erdkunde 27, 1973. S. 265—279 (1973a).

Giese, E.: Landwirtschaftliche Betriebskonzentration und Betriebsvergrößerung in der Sowjetunion. — Geographische Rundschau 26, 1974, S. 473—483.

Giese, E.: Zuverlässigkeit von Indizes bei Ariditätsbestimmungen. — Geographische Zeitschrift 62, 1974, S. 179—203 (1974a).

Giese, E.: Seßhaftwerden der Nomaden in Kazachstan und ihre Einordnung in das Kolchoz- und Sowchozsystem. — Landerschließung und Kulturlandschaftswandel an den Siedlungsgrenzen der Erde. Symposium ... Göttingen 1976 (Göttinger Geographische Abhandlungen, 66), S. 193—209.

Giese, E.: Transformation of Islamic Cities in Soviet Middle Asi into Socialist Cities. — French, R. A., Hamilton, F. E. I., eds.: The Socialist City. Spatial Structure and Urban Policy. Chichester etc. 1979, S. 145—165.

Giese, E.: Aufbau, Entwicklung und Genese der islamisch-orientalischen Stadt in Sowjet-Mittelasien. — Erdkunde 34, 1980, S. 46—60 (1980a).

Giese, E.: Wetterwirksamkeit atmosphärischer Zustände und Prozesse in Sowjet-Mittelasien. — Westfalen — Nordwestdeutschland — Nordseesektor. Wilhelm Müller-Wille zum 75. Geburtstag von seinen Schülern. Münster/Westf. 1981 (Westfälische Geographische Studien, 37), S. 395—410.

Giese, E.: Seßhaftmachung der Nomaden in der Sowjetunion. — Scholz, F., J. Janzen, Hrsg.: Nomadismus — ein Entwicklungsproblem? Berlin 1982 (Abhandlungen des Geographischen Instituts — Anthropogeographie, 33), S. 219—231.

Giese, E.: Der private Produktionssektor in der Landwirtschaft der Sowjetunion. — Geographische Rundschau 35, 1983, S. 554—562, 564.

Giese, E., Hecht, A.: Regional variation in the standards of living in the Soviet Union. — *Hecht, A.,* ed.: Regional Developments in the peripheries of Canada and Europa. Winnipeg 1983 (Manitoba Geographical Studies, 8), S. 205—244.

Gormsen, E., Harriss, B.: Kolkhoz Markets in Moscow. — *Gormsen, E.,* ed.: Market Distribution Systems. Mainz 1976 (Mainzer Geographische Studien, 10), S. 91—100.

Hahn, R.: Jüngere Veränderungen der ländlichen Siedlungen im europäischen Teil der Sowjetunion. Stuttgart 1970 = Stuttgarter Geographische Studien, 79.

Hahn, R.: Der Verdichtungsraum Moskau. Entwicklungstendenzen einer kommunistischen Weltstadt. — Festschrift für W. Meckelein. Stuttgart 1979 (Stuttgarter Geographische Studien, 93), S. 267—278.

Henning, I.: Horizontale und vertikale Vegetationsanordnung im Ural-System. — *Troll, C.,* Hrsg.: Geoecology of the High-Mountain Regions of Eurasia. Wiesbaden 1972 (Erdwissenschaftliche Forschung, IV), S. 17—35.
Henning, I.: Die dreidimensionale Vegetationsanordnung in Kaukasien. — *Troll, C.,* Hrsg.: Geoecology of the High-Mountain Regions of Eurasia. Wiesbaden 1972 (Erdwissenschaftliche Forschung, IV, S. 182—204 (1972a).
Karger, A.: Historisch-geographische Wandlungen der Weidewirtschaft in den Trockengebieten der Sowjetunion am Beispiel Kazachstans. — Weide-Wirtschaft in Trockengebieten. Stuttgart 1965 (Gießener Beiträge zur Entwicklungsforschung, Schriftenreihe des Tropen-Instituts der Universität Gießen, 1), S. 37—49.
Karger, A.: Moskau. — Geographische Rundschau 17, 1965, S. 479—498 (1965a).
Karger, A.: Bratsk als Modell für die moderne Erschließung Sibiriens. — Geographische Rundschau 18, 1966, S. 287—298.
Karger, A.: Probleme der sowjetischen Erdöl- und Erdgaserzeugung. — Geographische Rundschau 26, 1974, S. 274—281.
Karger, A.: Probleme der sowjetischen Getreideerzeugung. — Geographische Rundschau 28, 1976, S. 265—269.
Karger, A. unter Mitarbeit von *J. Stadelbauer*: Sowjetunion. Frankfurt/M. 1978; neubearb. Aufl. 1987 = Fischer Länderkunde, 9 (1978a).
Karger, A.: Die Sowjetunion als Wirtschaftsmacht. Neubearb. Frankfurt/M. usw. 1979 = Studienbücher der Geographie.
Karger, A.: Das alte Moskau. Zur Stadtentwicklung in Osteuropa. — Geographische Rundschau 32, 1980, S. 314—322.
Karger, A.: BAM — die Bajkal-Amur-Magistrale. Das „Jahrhundertwerk" im sowjetischen Osten. — Geographische Rundschau 32, 1980, S. 16—31 (1980a).
Karger, A.: Naturpotential Sowjetunion. Der Raum, seine Möglichkeiten und die Probleme seiner Nutzung. — Der Bürger im Staat 31, 1981, S. 87—94.
Karger, A., Werner, F.: Die sozialistische Stadt. — Geographische Rundschau 34, 1982, S. 519—528.
Klüter, H.: Regionale Disparitäten im Freizeitsektor der Sowjetunion. — Garmisch 80. Zweiter Weltkongreß für Sowjet- und Osteuropastudien. Kurzfassung der Beiträge. o. O. 1980, S. 371.
Klüter, H.: Zur regionalen Verteilung der Bruttoanlageinvestitionen in der Sowjetunion. — Geographische Zeitschrift 71, 1983, S. 2—28.
Lichtenberger, E.: Perspektiven der Stadtgeographie. — 42. Deutscher Geographentag in Göttingen 1979. Tagungsbericht und wissenschaftliche Abhandlungen. Wiesbaden 1980, S. 103—128.
Liebmann, C. Chr.: Die Baikal-Amur-Eisenbahnmagistrale (BAM). Trassenverlauf und wirtschaftliche Erschließung entlang einer sowjetischen Bahnlinie. — Die Erde 109, 1978, S. 206—228.

Liebmann, C. Chr.: Rohstofforientierte Raumerschließungsplanung in den östlichen Landesteilen der Sowjetunion (1925—1940). Tübingen 1981 = Tübinger Geographische Studien, 83.

Luber, S., Rostankowski, P.: Die Agglomeration Leningrad — Gegenwärtige und zukünftige Entwicklung. Hannover 1978 = Akademie für Raumforschung und Landesplanung, Beiträge, 25.

Luber, S., Rostankowski, P.: Überschwemmungsschutz für Leningrad — Osteuropa 30, 1980, S. 58—63.

Meckelein, W.: Gruppengroßstadt und Großstadtballung in der Sowjetunion. — Deutscher Geographentag Berlin 1959. Tagungsbericht und wissenschaftliche Abhandlungen. Wiesbaden 1960, S. 168—185.

Meckelein, W.: Jüngere siedlungsgeographische Wandlungen in der Sowjetunion. — Geographische Zeitschrift 52, 1964, S. 242—270.

Müller-Wille, W.: Stadt und Umland im südlichen Sowjet-Mittelasien. Wiesbaden 1978 = Geographische Zeitschrift, Beihefte. Erdkundliches Wissen, 49.

Pluhar, E.: Potential und Perspektiven der Erdölförderung in der UdSSR unter besonderer Berücksichtigung Westsibiriens — Die Erde 108, 1977, S. 256—266.

Probleme der Bodenerosion in Mittelasien. Bericht über eine Studienreise in die südliche Sowjetunion vom 20. August bis 9. September 1979. Hrsg. v. *G. Richter.* Trier 1980 = Forschungsstelle Bodenerosion der Universität Trier, Mertesdorf (Ruwertal), 7

Rostankowski, P.: Siedlungsentwicklung und Siedlungsformen in den Ländern der russischen Kosakenheere. Berlin 1969 = Berliner Geographische Abhandlungen, 6.

Rostankowski, P.: Wird es ein „Sibirisches Meer" geben? — Geographische Rundschau 29, 1977, S. 402—408, Nachtrag ibid 30, 1978, S. 66—67.

Rostankowski, P.: Die Etymologie von russisch ‚chutor' aus ungarisch ‚hatar' und die Genese der ‚chutor'-Siedlung in der Dneprukraine. — Südostforschungen 36, 1977, S. 187—210 (1977a).

Rostankowski, P.: Agrarraum und Getreideanbau in der Sowjetunion 1948—1985. Eine agrargeographische Studie. Berlin 1979 = Osteuropastudien der Hochschulen des Landes Hessen, Reihe I. Gießener Abhandlungen zur Agrar- und Wirtschaftsforschung des europäischen Ostens, 98.

Rostankowski, P.: The Nonchernozem Development Program and Prospective Spatial Shifts in Grain Production in the Agricultural Triangle of the Soviet Union. — Soviet Geography 21, 1980, S. 409—419.

Rostankowski, P.: Getreideerzeugung nördlich 60° N. — Geographische Rundschau 33, 1981, S. 147—152.

Rostankowski, P.: Transformation of Nature in the Soviet Union: Proposals, Plans and Reality. — Soviet Geography 23, 1982, S. 381—390.

Rostankowski, P.: Die Entwicklung osteuropäischer ländlicher Siedlungen und speziell der Chutor-Siedlungen. Berlin 1982 = Osteuropa-Studien der Hochschulen des Landes Hessen, Reihe I. Gießener Abhandlungen zur Agrar- und Wirtschaftsforschung des europäischen Ostens, 117.

Rostankowski, P.: Zum Rückgang der Landwirtschaft im Norden der UdSSR. — Osteuropa 33, 1983, S. 623—628.
Schlenger, H.: Geographische Schranken im Wirtschaftsaufbau der Sowjetunion. — Erdkunde 5, 1951, 204—220.
Schlenger, H.: Strukturwandlungen Kasachstans in russischer, insbesondere sowjetischer Zeit. — Die Erde V, 1953, S. 250—264.
Schlenger, H.: Die Sowjetunion. Geographische Probleme ihrer inneren Gliederung. Kiel 1963 = Veröffentlichungen der Schleswig-Holsteinischen Universitätsgesellschaft, N. F. 33.
Schultz, A.: Russische Stadtlandschaften — *Passarge, S.*, Hrsg.: Stadtlandschaften der Erde. Hamburg 1930, S. 41—70.
Stadelbauer, J.: Bahnbau und kulturgeographischer Wandel in Turkmenien. Einflüsse der Eisenbahn auf Raumstruktur, Wirtschaftsentwicklung und Verkehrsintegration in einem Grenzgebiet des russischen Machtbereichs. Berlin 1973 = Osteuropa-Institut an der Freien Universität Berlin, Wirtschaftswissenschaftliche Veröffentlichungen, 34.
Stadelbauer, J.: Die wirtschaftliche Regionalentwicklung zwischen dem Amudarja-Delta und Westkazachstan unter dem Einfluß des Eisenbahnbaus. — Erdkunde 28, 1974, S. 282—295.
Stadelbauer, J.: Zur jüngeren Entwicklung des Reisanbaus in der Sowjetunion. — Zeitschrift für ausländische Landwirtschaft 14, 1975, S. 249—266.
Stadelbauer, J.: Zum Einzelhandel in einer sowjetischen Stadt. Beobachtungen und Überlegungen am Beispiel von Erevan (Armenische SSR). Erdkunde 30, 1976, S. 266—276.
Stadelbauer, J.: Naturräume und wirtschaftliche Nutzungsmöglichkeiten in einem Trockengebiet. Beispiel: Die Turkmenische Sowjetrepublik. — Geographische Rundschau 28, 1976, S. 349—356 (1976a).
Stadelbauer, J.: Siedlungsgeographische Implikationen von landwirtschaftlicher Kooperation und Integration in der Sowjetunion. — Siedlungsgeographische Studien. Festschrift für Gabriele Schwarz. Berlin, New York 1979, S. 239—271.
Stadelbauer, J.: Horizontale und vertikale Kooperation in der sowjetischen Landwirtschaft. Entwicklungsprobleme des nahrungswirtschaftlichen Agrarkomplexes, aufgezeigt an drei Beispielen aus der RSFSR. — Geographische Zeitschrift 67, 1979, S. 211—239 (1979a).
Stadelbauer, J.: Landwirtschaftliche Integration in den Subtropen der Sowjetunion. Überbetriebliche Zusammenarbeit im transkaukasischen Agrarraum. Berlin 1983 = Osteuropastudien der Hochschulen des Landes Hessen, Reihe I. Gießener Abhandlungen zur Agrar- und Wirtschaftsforschung des europäischen Ostens, 120.
Stadelbauer, J.: Studien zur Agrargeographie Transkaukasiens. Stubtropische Landwirtschaft im gesamtsowjetischen Rahmen. Berlin 1983 = Osteuropastudien der Hochschulen des Landes Hessen, Reihe I. Gießener Abhandlungen zur Agrar- und Wirtschaftsforschung des europäischen Ostens, 121 (1983a).

Stadelbauer, J.: Hochgebirgstourismus in der Sowjetunion. Entwicklung, Formen und Probleme am Beispiel des Großen Kaukasus. – Erdkunde 37, 1983, S. 199–212 (1983b).
Vogelsang, R.: Regionale Mobilität in der Sowjetunion. – Erdkunde 30, 1976, S. 186–197.
Weigt, E.: Die Wolga: Vom Strom zur Stauseetreppe. – Geographische Rundschau 30, 1978, S. 436–440.
Wein, N.: Die sowjetische Landwirtschaft seit 1950. Paderborn 1980 = Fragenkreise.
Wein, N.: Fünfundzwanzig Jahre Neuland. – Geographische Rundschau 32, 1980, S. 32–38 (1980a).
Wein, N.: Die ostsibirische Steppenlandwirtschaft – Neulandgewinnung und ihre ökologische Problematik. – Erdkunde 35, 1981, S. 263–273.
Wein, N.: Die wirtschaftliche Erschließung Sowjetasiens. Paderborn 1981 = Fragenkreise (1981a).
Wein, N.: Die Zukunft der sowjetischen Energiewirtschaft. – Zeitschrift für Wirtschaftsgeographie 25, 1981, S. 242–249 (1981b).
Wein, N.: Das sowjetische Agrarprogramm vom Mai 1982. – Zeitschrift für Agrargeographie 1, 1983, H. 1, S. 67–90.
Wein, N.: Die Sowjetunion. Paderborn usw. 1983 = UTB 1244 (1983a).

Nachtrag zum Literaturverzeichnis, Juli 1987

Barth, J.: Bevölkerungsprobleme im Fernen Osten der Sowjetunion. – Beiträge zur Geographie der Kulturerdteile. Festschrift zum 80. Geburtstag von A. Kolb. Berlin 1986 (Berliner Geographische Studien, 20), S. 187–205.
Bender, H.-U., Stadelbauer, J.: Sowjetunion. Stuttgart 1987 = S II Länder und Regionen.
Breburda, J.: Bodengeographie der borealen und kontinentalen Gebiete Eurasiens. Berlin 1987 = Osteuropastudien der Hochschulen des Landes Hessen, Reihe I. Gießener Abhandlungen zur Agrar- und Wirtschaftsforschung des europäischen Ostens, 148.
Fischer, A., Karger, A.: Die Sowjetunion. Stuttgart 1985 = Politische Weltkunde II. Themen zur Geschichte, Geographie und Politik.
Giese, E.: Nomaden in Kasachstan. Ihre Seßhaftwerdung und Einordnung in das Kolchos- und Sowchossystem. – Geographische Rundschau 35, 1983, S. 575–584, 586–588.
Giese, E., Klüter, H.: Entwicklung und Erschließung des hohen Nordens in der Sowjetunion. – *Leptin, G.* (Hrsg.): Sibirien: Ein russisches und sowjetisches Entwicklungsproblem. Berlin 1986, S. 65–71.
Jähnig, W.: Die Siedlungsplanung im ländlichen Raum der Sowjetunion mit besonderer Berücksichtigung des Konzepts der „Agrostadt". Berlin 1983 = Osteuropastudien der Hochschulen des Landes Hessen, Reihe I. Gießener Abhandlungen zur Agrar- und Wirtschaftsforschung des europäischen Ostens, 123.

Karger, A.: Die Sowjetunion. — Länder, Völker, Kontinente. Band 3, Gütersloh 1985, S. 10—45..

Karger, A.: Die Baikal-Amur-Magistrale: Eine Eisenbahn erschließt Sibirien. — bild der wissenschaft 1985/7, S. 38—48.

Karger, A., Liebmann, C. C.: Sibirien. Strukturen und Funktionen ressourcenorientierter Industrieentwicklung. Köln 1986 = Problemräume der Welt, Band 6.

Karger, A. unter Mitarbeit von *Stadelbauer, J.:* Sowjetunion. Frankfurt a. M. 1987 (überarb. Aufl.) = Fischer Länderkunde, 9.

Kirchberg, G.: USA — Sowjetunion. Braunschweig 1985 = Westermann-Colleg Geographie.

Klüter, H.: Zur regionalen Verteilung der Bruttoanlageinvestitionen in der Sowjetunion. — Geographische Zeitschrift 71, 1983, S. 2—28.

Knübel, H.: Kernkraftwerke in der Sowjetunion. Ein Bericht. — Geographische Rundschau 35, 1983, S. 590—592, 594.

Kolb, A.: Der fernöstliche Konfliktraum zwischen Sowjetunion, Volksrepublik China und Japan. — Geographische Rundschau 35, 1983, S. 544—552.

Leptin, G. (Hrsg.): Sibirien: Ein russisches und sibirisches Entwicklungsproblem. Berlin 1986 = Osteuropaforschung, 17.

Liebmann, C. C.: Rohstofforientierte Raumerschließungsmodelle und -planung in der wirtschaftsräumlichen Entwicklung Sibiriens. — *Leptin, G.* (Hrsg.): Sibirien: Ein russisches und sowjetisches Entwicklungsproblem. Berlin 1986, S. 72—74.

Rostankowski, P.: Zur Frage der Umgestaltung der Natur in der Sowjetunion. Wünsche, Pläne, Wirklichkeit. — Geographische Rundschau 35, 1983, S. 566—570.

Rostankowski, P.: Flußumleitung in der Sowjetunion. — Aus dreißig Jahren Osteuropaforschung. Gedenkschrift für G. Kennert (1919—1984). Berlin 1984, S. 209—215.

Rostankowski, P.: Steppen der Sowjetunion. — Praxis Geographie 14, 1984, H. 11, S. 32—36.

Stadelbauer, J.: Regionalforschung über sozialistische Länder. Wege, Möglichkeiten und Grenzen — Eine Bestandsaufnahme westlicher, meist deutschsprachiger Untersuchungen aus den 70er Jahren. Darmstadt 1984 = Erträge der Forschung, 211.

Stadelbauer, J.: Bergnomaden und Yaylabauern in Kaukasien. Zur demographischen Entwicklung und zum sozioökonomischen Wandel bei ethnischen Gruppen mit nicht-stationärer Tierhaltung. — Wirtschaftsethnologische Studien. Wiesbaden 1984 (Paideuma 30), S. 201—229.

Stadelbauer, J.: Kooperation und Integration der Landwirtschaft in der Sowjetunion. — Zeitschrift für Agrargeographie 3, 1985, S. 297—324.

Stadelbauer, J.: Der Fremdenverkehr in Sowjet-Kaukasien. Gesamtstaatliche Bedeutung, räumliche Strukturen und Entwicklungsprobleme. — Zeitschrift für Wirtschaftsgeographie 30, 1986, S. 1—21.

Stadelbauer, J.: Die Erschließung Sibiriens. Räumliche Gefügemuster eines historischen Prozesses. — *Leptin, G.* (Hrsg.): Sibirien: Ein russisches und sowjetisches Entwicklungsproblem. Berlin 1986, S. 11—33.

Stadelbauer, J.: Die Bundesrepublik Deutschland und die Sowjetunion in ihren Geographieschulbüchern — Eine Zwischenbilanz der bisherigen deutsch-sowjetischen Schulbuchgespräche. — Internationale Schulbuchforschung 8, 1986, S. 165—178.

Stadelbauer, J.: Agricultural cooperation and agribusiness in Soviet Transcaucasia. — Soviet Geography 27, 1986, S. 553—566.

Stadelbauer, J.: Die Sowjetunion heute. Ressourcen und ihre Bewirtschaftung im Licht des 12. Fünfjahresplans, 1986—1990. — Geographie heute 7, 1986, H. 45, S. 2—6.

Stadelbauer, J.: Kolchozmärkte in Großstädten der südlichen Sowjetunion. Vom Bauernmarkt der Privatproduzenten zum innerstädtischen Handelszentrum. — Erdkunde 41, 1987, S. 1—14.

Stadelbauer, J.: Transport and the Pattern of Settlement in Soviet Caucasia. — *Tismer, J. F., Ambler, J., Symons, L.* (eds.): Transport and Economic Development — Soviet Union and Eastern Europe. Berlin 1987, S. 218—269.

Stadelbauer, J.: Neuland und Getreideversorgung. Möglichkeiten und Grenzen agrarpolitisch motivierter Raumerschließung in den Städten der Sowjetunion, der VR China und der Mongolischen VR. — Freiburger Universitätsblätter H. 96, 1987, S. 129—145.

Stern, K.: Die Umleitung eines Teils des Abflusses nördlicher europäischer und sibirischer Flüsse in der Sowjetunion und mögliche Auswirkungen auf die Umwelt. Berlin 1986 = Osteuropastudien der Hochschulen des Landes Hessen, Reihe I. Gießener Abhandlungen zur Agrar- und Wirtschaftsforschung des europäischen Ostens, 145.

Tismer, J. F., Ambler, J., Symons L. (eds.): Transport and Economic Development — Soviet Union and Eastern Europe. Berlin 1987 = Osteuropa-Institut an der Freien Universität Berlin, Wirtschaftswissenschaftliche Veröffentlichungen, 42.

Wein, N.: Agriculture in the pioneering regions of Siberia and the Far East. — Soviet Geography 25, 1984, S. 592—625.

Wein, N.: Die Sowjetunion. Paderborn usw. 2. erw. Aufl. 1985 (Uni-Taschenbuch 1244).

Wein, N.: Die Landwirtschaft in den jungen Erschließungsgebieten Sibiriens (Stand, Probleme, Perspektiven). — *Leptin, G.* (Hrsg.): Sibirien: Ein russisches und sowjetisches Entwicklungsproblem. Berlin 1986, S. 34—64.

Wein, N.: Das Erosionsschutz-Anbausystem in Kasachstan. — *Köhler, E., N. Wein* (Hrsg.): Natur- und Kulturräume. Ludwig Hempel zum 65. Geburtstag. Paderborn 1987 (Münstersche Geographische Arbeiten, 27), S. 419—430.

Wein, N.: Bratsk — pioneering city in the taiga. — Soviet Geography 28, 1987, S. 171—194.

Jörg Stadelbauer

Die Rezeption sowjetischer wissenschaftlich-geographischer Forschungsansätze und -ergebnisse in der deutschen Fachliteratur (1985)

Bei den früheren Diskussionen über die fachwissenschaftliche Behandlung der Sowjetunion in westlichen Publikationen und über neuere Tendenzen der Sozial- und Wirtschaftsgeographie klang an, daß die theoretischen Überlegungen und Forschungsergebnisse sowjetischer Geographen im Westen, speziell in der Bundesrepublik Deutschland, zu wenig aufgegriffen und rezipiert würden. Ein kurzer Blick in unsere führenden Fachzeitschriften zeigt, daß tatsächlich sowjetische Fachliteratur vor allem dann zitiert wird, wenn regionalgeographisch über die Sowjetunion publiziert wird. Es ist Aufgabe des folgenden Referates, dieses Faktum etwas näher zu beleuchten und den Fragen nachzugehen, über welche Kanäle die sowjetische Forschung dem westlichen Ausland zur Verfügung gestellt wird, welche Arbeiten aufgegriffen werden, warum aber die Gesamtrezeption so dürftig bleibt.

1. Die Verbreitung sowjetischer fachwissenschaftlicher Publikationen durch den Buchhandel

Prinzipiell besteht kein Unterschied zwischen den äußeren Formen, in denen westliche und östliche Autoren — erlauben Sie mir diese Kurzformel — ihre theoretischen Überlegungen und konkreten Forschungsergebnisse publizieren: Fachzeitschriften, Institutsschriften, umfangreiche Monographien und populärwissenschaftliche Darstellungen sind die wichtigsten Gattungen. Prinzipiell ist es auch jeder Bibliothek und sogar jeder Privatperson im Westen möglich, diese Publikationen zu erwerben, da die Handelsorganisation „Meždunarodnaja kniga" als Vertragspartner westlicher Handelsfirmen Bestellungen entgegennimmt und auszuführen versucht.

Allerdings gibt es bereits hier erste Einschränkungen:

1. Im Gegensatz zur westlichen Buchhandelspraxis beruht der Buchhandel in der Sowjetunion wesentlich auf dem Vorankündigungs- und Subskriptionssystem. Monographien werden in der Regel ein bis anderthalb, bisweilen auch über zwei Jahre vor ihrem Erscheinen angekündigt und müssen vorbestellt werden, doch Vorbestellungen können nur berücksichtigt werden, bis die im vornherein limitierte Auflagenhöhe erreicht wird. Nachdrucke und Zweitauflage spezieller Werke sind sehr selten und nur bei gängigen Lehrbüchern die Regel. Während in der Bundesrepublik und anderen westlichen Ländern ein wissenschaftliches Werk in der Regel auch noch nach mehreren Jahren mühelos beim Verlag beschafft werden kann, ist eine sowjetische Neuausgabe meist beim Er-

scheinen bereits vollständig in das Subskriptions- und Verteilungssystem aufgenommen und vom Verlag nicht mehr lieferbar. Eine antiquarische Beschaffung kann versucht werden, doch sind die Erfolgschancen gering, da natürlich nicht das weitverzweigte Buchhandelssystem des Einzelsortiments abgefragt werden kann; außerdem liegt der Preis meist um ein Mehrfaches über dem Editionspreis.
2. Dies gilt in verstärktem Maße für Institutsschriften, die oft nur über den Antiquariatsweg in die Bundesrepublik gelangen und daher vergleichsweise teuer sind. Da andererseits jede Bibliothek bei knappen Finanzmitteln sich auch die Benutzungshäufigkeit einer Anschaffung überlegen muß und die russische Sprache immer noch — leider — zu den Exotica unter den Weltsprachen gehört, verringern sich die Anschaffungschancen.
3. Auch Fachzeitschriften können subskribiert und regelmäßig bezogen oder aber über Antiquariate nachbestellt werden. Die Erschwernisse sind analog jenen, die für Monographien und Institutsreihen genannt wurden; eine nachträgliche Auffüllung von Lücken ist nahezu unmöglich.
4. Einen Ausweg bietet die Fernleihe. Über den internationalen Fernleihverkehr können bspw. Bücher aus der Moskauer Leninbibliothek oder anderen Zentralbibliotheken bestellt und ausgeliehen werden, wenn sie im nationalen Leihverkehr nicht beschaffbar sind. Dieses Verfahren ist jedoch aufwendig, da es oft mehrere Monate beansprucht und den Leser außerdem mit Versand- und Versicherungskosten belastet, die häufig den ursprünglichen Kaufpreis des Buches weit übersteigen.
Es bleibt festzuhalten, daß die Rezeption über den Anschaffungsweg auf Stolpersteine stößt und daher nie umfassend sein kann, sondern vom Risiko einer Zufallsauswahl belastet ist.

2. Die Verbreitung auf dem Übersetzungswege

Natürlich sind die soeben angesprochenen Hemmnisse auch in der Sowjetunion erkannt worden. Daher wird seit geraumer Zeit versucht, die Sprachbarriere durch die Übersetzungen wichtiger Arbeiten zu überwinden. Die meisten übersetzten wissenschaftlichen Werke erscheinen wohl in englischer Sprache. Auch die Interessentenländer stehen mit Übersetzungen nicht zurück: Ausschnitte aus sowjetischen Monographien und vor allem ausgewählte Zeitschriftenbeiträge werden in der von *Th. Shabad* seit über zweieinhalb Jahrzehnten herausgegebenen Zeitschrift „Soviet Geography: Review and Translation" vorgelegt und durch eine umfangreiche laufende Zeitschriftenbibliographie ergänzt. Der deutsche Leser hat überdies den Vorteil, daß sowjetische Originalarbeiten in der DDR ins Deutsche übersetzt bzw. in deutscher Sprache in Fachzeitschriften wie „Petermanns Geographische Mitteilungen" veröffentlicht werden.
Der Hauptmangel dürfte auf diesem Rezeptionsweg wohl sein, daß verständlicherweise nicht die gesamte Fachliteratur übersetzt werden kann, oft aber sehr

spezielle Ergebnisse gesucht werden. Außerdem muß bei den Übersetzungen oft der Text-, Tabellen- und Abbildungsumfang reduziert werden.
Ein Beispiel dafür: 1980 erschien unter der verantwortlichen Redaktorentätigkeit von *V. S. Preobraženskij* und *V. M. Krivošer* eine umfassende fremdenverkehrsgeographische Analyse der Sowjetunion im Verlag „Nauka", der die Arbeiten der Institute der Akademie der Wissenschaften der UdSSR publiziert (Geografija rekreacionnych sistem SSSR, M. 1980); 1982 gab der Übersetzungsverlag „Progress" eine englische Ausgabe dieses Buches unter dem Titel „Recreational Geography of the USSR" heraus. Beide Bücher haben mit 219 bzw. 228 Seiten etwa den gleichen Umfang. Während aber beim Großformat der russischen Ausgabe eine Druckseite etwa 3500 Schriftzeichen enthält, sind es bei der englischen Fassung nur knapp 2500. Zwar ist die englische Sprache wohl etwas ärmer als die russische und begnügt sich mit zahlreichen kurzen Worten, doch wird dadurch allein nicht die Umfangreduktion auf reichlich zwei Drittel des Originals erzielt. Vielmehr muß auf einige Textpassagen, Literaturhinweise und Tabellen mit aufschlußreichem Zahlenmaterial verzichtet werden.

Es zeigt sich, daß Übersetzungen trotz aller Bemühungen nicht in der Lage sind, den Zugang zu den Originalarbeiten vollständig zu ersetzen. Es steht aber außer Zweifel, daß über die Übersetzungen die Rezeption wesentlich erleichtert wird. Dies geht auch aus einer Analyse der Zitierhäufigkeit hervor, wenn man beispielsweise auszählt, wie häufig sowjetische Arbeiten in Fachzeitschriften im russischen Original und wie häufig sie in den englischen Übersetzungen der „Soviet Geography" zitiert werden.

Eine besondere Gattung von Übersetzungswerken sind Sammelwerke, die aus Anlaß internationaler Kongresse und Tagungen erscheinen und die darauf ausgerichtet sind, einen möglichst umfassenden Eindruck von der sowjetischen Forschungs- und Publikationspraxis zu vermitteln. Sie werden in der Regel in den jeweiligen Kongreßsprachen, also meist englisch und französisch, veröffentlicht. Die Hauptprobleme dieser wissenschaftlichen Literaturgattung bestehen wohl darin, daß entweder die internationale Verflechtung der sowjetischen Geographie hervorgehoben wird oder daß knappe Überblicke über einzelne Forschungsrichtungen mit einigen Hinweisen auf die grundlegenden sowjetischen Arbeiten gegeben werden. Beide Typen haben natürlich ihre volle Berechtigung, aber während die erstgenannte Gruppe (vgl. z. B. Géographie: Coopération Internationale, 1980) weniger darauf ausgerichtet ist, Forschungsansätze exemplarisch zu verdeutlichen als die Mitarbeit sowjetischer Geographen in internationalen und bilateralen Forschungsprojekten darzustellen, stehen die Beiträge in der anderen Gruppe von Sammelbänden unter dem Druck, kurze Zusammenfassungen auf wenigen Seiten geben zu müssen. Immerhin bieten sich solche Sammelbände für einen Einblick in die sowjetische Forschung an (vgl. z. B. Study and Control ..., 1980; Sovetskaja geografija: Sbornik naučnych trudov..., 1984; Reports of the Institute..., 1976).

Die Rezeptionsfrage ist aber auch hier eng mit dem Distributionsproblem verknüpft: Die Auflagenhöhen sind meist niedrig (bei den zuletzt genannten

„Reports" nur 700 Exemplare), und im Verlauf der Kongresse werden solche Sammelbände zunächst und vor allem an die Delegationsleiter aus aller Welt verteilt, von deren individuellem Verhalten es abhängt, ob ein Multiplikationseffekt erzielt wird.

3. Die Bedeutung internationaler Kongresse

Es war eben bereits angeklungen, daß für die Verbreitung geographischer Ideen und Forschungsansätze internationale Kongresse eine hervorragende Rolle spielen. Dies läßt sich ohne weiteres auch für die letzten Internationalen Geographenkongresse zeigen: In Montreal (1972), Tokyo (1980) und Paris (1984) war die Sowjetunion jeweils mit unterschiedlich umfangreichen Wissenschaftlergruppen vertreten, die am Hauptkongreß und an verschiedenen Symposia teilnahmen, in Moskau (1976) stellte die Sowjetunion natürlich die größte Teilnehmergruppe. Es war aber gerade bei dem Moskauer Kongreß für die westlichen Teilnehmer etwas schwer verständlich, daß die Durchführung der Kongreßexkursionen — bei denen „vor Ort" ein Meinungsaustausch über methodische und thematische Probleme möglich gewesen wäre — nicht nur organisatorisch, sondern großenteils auch inhaltlich in den Händen des Touristikunternehmens „Intourist" lag. Der Internationale Bodenkundekongreß (1974) und der INQUA-Kongreß (1982) zeigten zudem, daß ein Defizit bei Exkursionen vor allem im Bereich der Siedlungs-, Wirtschafts- und Sozialgeographie, weniger in jenem der Physischen Geographie und der anderen naturwissenschaftlichen Zweige unseres Faches auftrat. Aus der sowjetischen Theorie- und Methodologiediskussion heraus ist dies nicht zu erklären, denn die gesellschaftliche Relevanz des Gesamtfaches und seiner Teilbereiche wird ja immer wieder, gerade in den Arbeiten aus dem Geographischen Institut der Akademie der Wissenschaften der UdSSR, hervorgehoben!
Wie problematisch das Vermitteln konkreter Forschungsansätze und -ergebnisse während internationaler Kongresse ist, zeigte sich auch im vergangenen Jahr auf dem Kongreß in Paris. Dort wurde — es kann hier nur ein Beispiel herausgegriffen werden — unter anderem das französisch-sowjetische Gemeinschaftsprojekt vorgestellt, das sich mit der vergleichenden Hochgebirgsforschung in den Alpen und im Großen Kaukasus befaßt. Dazu sind in den vergangenen Jahren bereits mehrfach zusammenfassende Publikationen erschienen (vgl. z. B. Le Caucase, Revue de Géographie Alpine 69, 1981; Al'py — Kavkaz, Moskva 1980). So reichhaltig die Ergebnisse sind, die sich in diesen Sammelveröffentlichungen wie in einer großen Zahl von Einzelarbeiten sowjetischer und französischer Geographen zu Fragen des Hochgebirges wiederfinden lassen, so enttäuschend war leider die internationale Präsentation des Forschungsprojektes. Sicher lag dies nicht an den Persönlichkeiten der Projektleiter, des Akademikers I. P. Gerasimov und des französischen Gelehrten Jean Dresch. Aber es wurde deutlich, daß auch internationale Forschungsprojekte nicht über die zeitlich immer zu knapp bemessene Präsentation auf einem Kongreß, sondern durch die

Veröffentlichung publik gemacht werden müssen, so daß wir wieder auf die Fragen der Publikations- und Verteilungspraxis verwiesen werden.

4. Eine Anaylse der führenden geographischen Zeitschriften der Bundesrepublik Deutschland

Um die Rezeption sowjetischer geographischer Erkenntnisse näher zu erfassen, soll eine Analyse vorgestellt werden, die sich mit einigen führenden Fachzeitschriften in der Bundesrepublik Deutschland befaßt. Ausgewählt wurden die Jahrgänge 1977 bis 1984 von
− Die Erde
− Erdkunde. Archiv für wissenschaftliche Geographie
− Geographische Zeitschrift
− GeoJournal
− Geographische Rundschau

Jede dieser Zeitschriften hat ihr eigenes Gesicht: Die „Geographische Rundschau" spricht vor allem die Schulgeographen an, die „Erde" ist das Organ der bedeutendsten deutschen Geographischen Gesellschaft, jener zu Berlin, die „Geographische Zeitschrift" hat sich lange Zeit vornehmlich um die theoretische Diskussion in der Geographie bemüht, während die „Erdkunde" das Hauptgewicht auf die Darstellung konkreter Forschungsergebnisse legt. „GeoJournal" schließlich ist eine internationale Zeitschrift, in deren Herausgeberkomitee sich auch Wissenschaftler aus den sozialistischen Staaten befinden.

Nach der Durchsicht dieser Zeitschriften (vgl. Abb. 1−5) zeigt sich:

(1) Die Zahl von Originalarbeiten sowjetischer Autoren ist außerordentlich gering. Die wichtigste Ausnahme stellt das Ergänzungsheft 1 von GeoJournal (1980) dar, das bevölkerungsgeographischen Fragen der Sowjetunion gewidmet ist und sowjetische Arbeiten enthält. Zu den wenigen Ausnahmen, die hervorgehoben zu werden verdienen, gehören auch die sowjetischen Vorschläge zur Behandlung der UdSSR im Geographieunterricht in der Bundesrepublik Deutschland (*W. Maksakowski* u. *W. Rom* in Praxis Geographie 11, 1981).

(2) Gering ist auch die Zahl der Zitation sowjetischer Autoren durch nicht-sowjetische Fachkollegen in allgemein- und regionalgeographischen Artikeln. Dabei werden häufiger Übersetzungen (v. a. in englischer Sprache) als die russischen Originalarbeiten zitiert − ein deutlicher Hinweis auf die Sprachbarriere.

(3) Sehr selten erscheinen sowjetische Arbeiten im Besprechungsteil der Zeitschriften. Es ist zu fragen, ob die sowjetischen Verlage, die geographische Fachliteratur veröffentlichen (Nauka, Mysl', Prosveščenie), Besprechungsexemplare an diese Zeitschriften schicken (wie es im Westen üblich ist), um auf diese Weise ein internationales Forum zu erreichen. Hier scheint mir ein wichtiges Potential für die Rezeption zu liegen, das bisher zu wenig genutzt wird.

(4) Soweit in den genannten Zeitschriften Artikel westdeutscher Geographen zu geographischen Fragen der Sowjetunion veröffentlicht werden, ist eine zu geringe Beachtung der sowjetischen Forschung wohl nicht zu beklagen. Das Zitieren sowjetischer Arbeiten unterbleibt nur dann, wenn die westliche Publikation einen Leserkreis anspricht, bei dem mit großer Wahrscheinlichkeit nicht mit russischen Sprachkenntnissen gerechnet werden darf, wenn von seiten des Verlages und der Herausgeber der Platz für Zitationen beschränkt wird oder wenn es zu zitierende deutschsprachige Werke gibt, aus deren umfangreichen bibliographischen Angaben die sowjetischen Originalarbeiten leicht zu erschließen sind.

5. Mögliche Ursachen für Rezeptionshindernisse

Fragt man nach den Ursachen, die sich einer umfassenden Rezeption über die Staatsgrenzen hinweg entgegensetzen, so wird man auf ganz unterschiedliche Problemkreise verweisen:
- Eine entscheidende Rolle spielen die Standards: Jede nationale Schule von Geographen entwickelt einen oder mehrere Standards, die den inneren Aufbau von Publikationen, die äußere Präsentation und vor allem die Ausstattung mit ergänzenden Materialien betreffen. Erreichen außernationale Arbeiten diese Standards nicht, so bleiben sie unberücksichtigt. Bei den Publikationen internationaler Kongresse spielt dies eine untergeordnete Rolle, denn einerseits pendeln sich die Standards auf niedrigem Niveau ein, andererseits sind die Restriktionen der Herausgeber hinsichtlich Umfang und Ausstattung meist so groß, daß ein höheres Niveau nicht eingehalten werden kann. Notwendigerweise geraten auch viele ideenreiche Kongreßpublikationen dadurch zum kurzen wissenschaftlichen Essay.
- Die nationale Informationspolitik kann sich auf die Berücksichtigung wissenschaftlicher Arbeiten im internationalen Feld auswirken. Zu den wichtigsten Informationsträgern des Geographen gehören großmaßstäbliche Karten. Wenn — wie es in der Bundesrepublik Deutschland der Fall ist — das exemplarische Arbeiten mit großmaßstäblichen Karten, mit Detailkartierungen und mit aufwendigen quantitativen Angaben zu den nationalen Standards gehört, werden Publikationen eines Staates, dessen Informationspolitik die Veröffentlichung gerade solcher Karten äußerst restriktiv behandelt, leicht ins Hintertreffen geraten.
- Man mag mancher geographischen Publikation vorwerfen, sie würde die kartographische Ausgestaltung um ihrer selbst willen und ohne inhaltliche Notwendigkeit vornehmen. Meist trifft eine solcher Vorwurf jedoch nicht die Sache. Vielmehr ist die exakte kartographische Erfassung eine der grundlegenden geographischen Arbeitstechniken, wie auch moderne Verfahren wie etwa die digitale Satellitenbildauswertung zeigen. Dies wird auch in der Sowjetunion durchaus anerkannt, und für die eben genannte Satellitenbildauswertung bietet der in Zusammenarbeit der Geographischen Insti-

tute der Akademie der Wissenschaften der DDR und der Sowjetunion entstandene Atlas (Atlas zur Interpretation aerokosmischer Multispektralaufnahmen ..., 1982) den besten Beweis. Da zu den grundlegenden theoretischen Forderungen an wissenschaftliches Arbeiten die Forderung nach Nachvollziehbarkeit, nach Intersubjektivität gehört und die Karte gerade derjenige Informationsträger ist, der diese Intersubjektivität am ehesten erlaubt, hat eine restriktive Informationspolitik zugleich wissenschaftsmethodologische Implikationen.
- In engem Zusammenhang damit steht der Bezug zwischen Originalforschung und abstrahierender Theoriebildung. Als Grundkonzept der metageographischen Theoriebildung hat sich die Forderung nach einer Kombination von theoretischer Ableitung und empirischer Überprüfung durchgesetzt. Dies wird auch in der Sowjetunion anerkannt, wie die große Zahl an publizierten theoretischen Modellen sowohl zur Physischen wie zur Kulturgeographie zeigt. Wenn aber die Publikationspraxis auf Abbreviation abzielt und die kartographische Informationspraxis restriktiv eingreift, dann wird auch der notwendige Verbund zwischen Theorie und Empirie gestört. Schon die fehlende Ergänzung theoretischer Ableitungen durch eine empirische Überprüfung anhand von Geländeerhebungen, Befragungen, Laborarbeiten usw. beeinträchtigt den wissenschaftlichen Wert einer Veröffentlichung (vgl. z. B. Applied Questions ..., 1976).
- Schließlich muß an die Forderung nach Öffentlichkeit, in unserem Zusammenhang: Internationalität von Forschung und Erkenntnisvermittlung, erinnert werden. Hier läßt sich die Hypothese aufstellen, daß jede Restriktion bei der Verbreitung und Verteilung wissenschaftlicher Schriften die Rezeption verhindert.

Neben diesen objektiven Ursachen, die eine Rezeption sowjetischer Arbeiten zur Geographie erschweren, gibt es sicher auch eine Reihe subjektiver Momente, die wenigstens kurz angeführt seien. Sie sind schwerer im einzelnen zu überprüfen und nachzuweisen.
- Antipathien sind eine der unerfreulichsten Erscheinungen, doch ist damit zu rechnen, daß leider auch in der geographischen Fachwelt derartige Emotionen den Zugang erschweren.
- Mißtrauen gegenüber vorgelegten Forschungsergebnissen stellt sich wohl am ehesten ein, wenn die Intersubjektivität (d. h. die Möglichkeit, den Forschungsvorgang nachzuvollziehen, um die Ergebnisse zu überprüfen) nicht gegeben ist. Textliche Verkürzungen, graphische Mängel, vor allem das Fehlen von Detailkarten bestärken wohl bei manchem Leser die Unsicherheit über die Richtigkeit des Gelesenen.
- Überheblichkeit ist bedauerlicherweise ein menschliches Fehlverhalten, das auch vielen Wissenschaftlern nicht fremd ist. Die lange Zeit betriebene und bis heute nicht vollständig aufgegebene Isolierung nationaler Wissenschaft trägt nicht dazu bei, die Rezeption zu verstärken. Bester Gegenbeweis ist die Wirkung internationaler Kongresse, die jeweils eine verstärkte Beachtung sowjetischer Forschungen nach sich zog.

In der kritischen Literatur westlicher Geographen ist bisweilen von „Zitierkartellen" die Rede, die darin bestehen, daß nur Arbeiten eines eng beschränkten Autorenkreises immer wieder zitiert werden, andersartige Meinungen zum gleichen Thema jedoch nicht.

Man muß etwas Ähnliches wohl auch auf internationaler Ebene annehmen, wo „nationale Zitierkartelle" bestehen. Daß die Sowjetunion dies auch nicht ganz vermeiden kann, zeigt ein Blick in die Referatezeitschrift „Referativnyj Žurnal, Geografija SSSR", die die außerhalb der UdSSR erschienenen Arbeiten zur Geographie der Sowjetunion unvollständig erfaßt und seit geraumer Zeit kaum noch nichtsowjetische Autoren aufführt. Auch wird nur selten in den sowjetischen Zeitschriften auf nichtsowjetische Arbeiten Bezug genommen. Inwieweit westliche Arbeiten über die Sowjetunion in sowjetischen geographischen Zeitschriften rezensiert werden, ist mir nicht bekannt — bisher bin ich noch nie auf eine solche Rezension gestoßen.

6. Zusammenfassung

Es kann bestimmt nicht die Rede davon sein, daß die sowjetische geographische Forschung in der Bundesrepublik Deutschland mißachtet würde; sie erfährt allerdings bisher ihre Würdigung vorzugsweise als regionalgeographische, weniger als allgemein-geographische Fachliteratur. Die Ursachen sind in einem Geflecht gegenseitiger Wirkungskomplexe zu suchen, deren Hauptfaktoren die relative sprachliche Isolation, die andersartige Distribution, die restriktive Information, das abweichende Maßstabsdenken und die damit veränderten Standards darstellen. Subjektive Hemmnisse treten hinzu, in der Wirtschafts- und Sozialgeographie wesentlich deutlicher als in der Physischen Geographie, doch beruht dies wiederum auf der Informationspolitik. Eine Öffnung nicht nur auf internationalen Kongressen, sondern auch im bürokratiefernen persönlichen Austausch, eine dezentralisierte Verteilungspraxis für Veröffentlichungen und eine wechselseitige Beachtung von Forschungsansätzen und -ergebnissen könnten Abhilfe bei diesem beklagenswerten Defizit schaffen.

Postscriptum Juli 1987

Die 1985 vorgelegte Analyse, die sich insbesondere auf die Auswertung von Zeitschriften der Jahrgänge 1977 bis 1984 stützte, ist zwar nicht fortgeführt worden, doch läßt ein kursorischer Durchblick der Folgebände der zitierten Zeitschriften vermuten, daß die damals vorgetragenen Schlußfolgerungen auch heute noch gültig sind. Neuerungen im sowjetischen Informations- und Verlagssystem erlauben die Annahme, daß der Fluß wissenschaftlicher Information aus der Sowjetunion in die Bundesrepublik Deutschland zunimmt. Es wäre zu hoffen, daß mit einer Intensivierung des Wissenschafteraustausches, der Partnerschaft zwischen Hochschulen beider Staaten und der Vertiefung der Zusammenarbeit in internationalen Vereinigungen diese Entwicklung gefördert wird. Zugangsbeschränkungen, unterschiedliche Auffassungen über Paradigmen und Standards sowie Sprachbarrieren bleiben aber auch weiterhin als Erschwernisse bestehen. Was die Sprache betrifft, so haben englische Übersetzungen sowjetischer Veröffentlichungen die größte Chance, rezipiert zu werden; es sei in diesem Zusammenhang auch nicht verkannt, daß die Rezeption der deutschsprachigen oder der französischen Fachliteratur auf internationaler Ebene genauso zu wünschen übrig läßt.

Literatur

Al'py — Kavkaz. Sovremennye problemy konstruktivnoj geografii gornych stran. Naučnye itogi franko-sovetskich polevych simpoziumov v 1974 i 1976 gg. Moskva 1980.

Applied Questions of Using Optimization Models for Territorial-Production Complexes. Ed. *M. K. Bandman*. Novosibirsk 1976.

Atlas zur Interpretation aerokosmischer Multispektralaufnahmen. Methodik und Ergebnisse. Berlin(0), Moskva 1982.

Le Caucase. Choix d'articles publiés à l'occasion du premier Symposium Franco-Soviétique Alpes-Caucase. = Revue de Géographie Alpine 69, No. 2 (Spécial Caucase).

Geografija rekreacionnych sistem SSSR. Moskva 1980.

Ģeogrāfijas attīstība Latvijas PSR. Razvitie geografii v Latvijskoj SSR. Development of Geography in the Latvian SSR. 1945—1975. Riga 1976.

Géographie: Coopération Internationale. Expérience d'étude commune de grands problèmes de géographie à l'occasion du XXIVe Congrès International de Géographie (Tokyo, septembre 1980). Moscou 1980.

Maksakowski, W., Rom, W.: Das Thema „Sowjetunion". Sowjetische Vorschläge für den Geographieunterricht an Schulen der Bundesrepublik Deutschland. — In: Praxix Geographie 11, 1981, H. 3, S. 86—91.

Recreational Geography of the USSR. Ed. by *V. S. Preobrazhensky* and *V. M. Krivosheyev.* Moscow 1982.

Reports of the Institute of Geography of Siberia and the Far East. Special (51) Issue for the XXIII International Geographical Congress. Irkutsk 1976.

Sovetskaja Geografija: Sbornik naučnych trudov k XXV Meždunarodnomu geografičeskomu kongressu. Leningrad 1984.

Stadelbauer, J.: Regionalforschung über sozialistische Länder. Wege, Möglichkeiten und Grenzen — Eine Bestandsaufnahme westlicher, meist deutschsprachiger Untersuchungen aus den 70er Jahren. Darmstadt 1984 = Erträge der Forschung, Band 211.

Study and Control of Anthropogenic Transformation of Natural Ecosystems. Proceedings of the Third Scientific Symposium of the IGU Commission on Environmental Problems, 1979. Moscow 1980.

Zeitschriften

Die Erde. Zeitschrift der Gesellschaft für Erdkunde zu Berlin. Berlin: Bd. 108, 1977 — 115, 1984.
Erdkunde. Archiv für wissenschaftliche Geographie. Bonn: Bd. 31, 1977 — 38, 1984.
Geographische Rundschau. Braunschweig: Bd. 29, 1977 — 36, 1984.
Geographische Zeitschrift. Wiesbaden, später Stuttgart: Bd. 65, 1977 — 72, 1984.
GeoJournal. International Journal for Physical, Biological and Human Geosciences and their Application in Environmental Planning and Ecology. Wiesbaden: Bd. 1, 1977— 8, 1984.
Referativnyj žurnal. Geografija SSSR. Moskva. 1977 — 1984.
Soviet Geography: Review and Translation. New York 18, 1977 — 25, 1984.

Legende für Abbildung 1 - 5

*   Artikel von sowjetischen Autoren und/oder über die Sowjetunion

\+   Zitation sowjetischer Fachliteratur in Form von Besprechung oder bibliographischem Hinweis unabhängig von einem Artikel über die Sowjetunion

(6)   Zahl der Zitationen sowjetischer Arbeiten in Artikeln sowjetischer Autoren und /oder Artikeln über die Sowjetunion

    Zuordnung von einzelnen Artikeln und Zitationen

wissenschaftliche Zeitschrift: **DIE ERDE**, Zeitschrift der Gesellschaft für Erdkunde zu Berlin, Berlin

Jahr	Aufsätze sowjetischer Autoren	Artikel über die UdSSR mit Literaturangaben	Artikel über die UdSSR ohne Literaturangaben	Rezensionen sowjetische Bücher russische Sprache	Rezensionen sowjetische Bücher nichtruss. Sprache	Rezensionen Bücher über die UdSSR	Zitationen sowjetischer Bücher/Autoren in russischer Sprache	Zitationen sowjetischer Bücher/Autoren in anderen Spr., im Ausland erschienen
1977		*					(8)	
1978		*				++	+++++ +++++ (36) +++++ +++++	+++++ +++++ (7) +++++
1979					+	++++		
1980						+++		
1981			+			++		+
1982						+		
1983								
1984							+++ +++ +++ +++	++

261

wissenschaftliche Zeitschrift: **ERDKUNDE**, Archiv für wissenschaftliche Geographie, Bonn

Jahr	Aufsätze sowjetischer Autoren	Artikel über die UdSSR mit / ohne Literaturangaben	Rezensionen sowjetische Bücher russische Sprache	Rezensionen sowjetische Bücher nichtruss. Sprache	Rezensionen Bücher über die UdSSR	Zitationen sowjetischer Bücher / Autoren in russischer Sprache	Zitationen sowjetischer Bücher / Autoren in anderen Spr., im Ausland erschienen
1977						++	++++
1978				+		+	+++
1979						++	+++++ ++
1980		*⌐			+	+ (22) ⌐	+ (3) ⌐
1981		*⌐		++	++	+ (13) ⌐	+ (1) ⌐
1982					+++	+	
1983		*⌐			+	+ (35) ⌐	+ (5) ⌐
1984					+++		+

wissenschaftliche Zeitschrift: **GEOGRAPHISCHE RUNDSCHAU**, Braunschweig

Jahr	Aufsätze sowjetischer Autoren	Artikel über die UdSSR		Rezensionen			Zitationen sowjetischer Bücher / Autoren		
		mit Literaturangaben	ohne Literaturangaben	sowjetische Bücher russische Sprache	sowjetische Bücher nichtruss. Sprache	Bücher über die UdSSR	in russischer Sprache		in anderen Spr., im Ausland erschienen
1977		*	+				+ (19)		++ (9)
1978		*	+			+++++ +++++	+ (24)		+ (1) (8)
1979			+			+			+++++
1980		***				+++++ ++	(11) (12) (1)		(3) (2) (3)
1981		*				++	(8)		
1982		*	+			++++	(1)		+ (2)
1983		****	+			+++++ ++	(3) (9) (15)		++ (4) (4)
1984			+			++++	+		

263

wissenschaftliche Zeitschrift:	GEOGRAPHISCHE ZEITSCHRIFT, Wiesbaden, Stuttgart					
			Rezensionen		Zitationen sowjetischer Bücher / Autoren	
Jahr	Aufsätze sowjetischer Autoren	Artikel über die UdSSR mit / ohne Literaturangaben	sowjetische Bücher russische Sprache	Bücher nichtruss. Sprache	Bücher über die UdSSR	in russischer Sprache / in anderen Spr., im Ausland erschienen
1977						
1978						
1979		*		+	+	+ (38) / + (1)
1980						
1981						
1982					+	+++ / +
1983		*				(14) / (6)
1984						

wissenschaftliche Zeitschrift:	**GEOJOURNAL**, International Journal for Physical, Biological and Human Geosciences and their Allplication in Environmental Planning and Ecology. Bis Bd. 7, No. 4 Wiesbaden, dann Dordrecht. Boston.					
			Rezensionen		Zitationen sowjetischer Bücher / Autoren	
Jahr	Aufsätze sowjetischer Autoren	Artikel über die UdSSR	sowjetische Bücher	Bücher über die UdSSR	in russischer Sprache	in anderen Spr., im Ausland erschienen
		mit ohne Literaturangaben	russische nichtruss. Sprache Sprache			
1977					+++++ +++++	++++
1978		+		+		+
1979	*		+	++	+++++ +++++ (8)	+++++ +++++
1980	****** *	*			+++ (1) (2) (5) +++ (7) (2) (13) (5) +++ (6) + (1)	++++ (1) +++
1981	*		+	+	+++	+++
1982			++			+
1983	**	*			+++ (15) (10) (3I) +++ +++	+++ ++ (1) (5)
1984					+++++	+++++

Vladimir Sergeevič Preobraženskij

Die Entwicklung eines konstruktiven Ansatzes in der Geographie (1985)

Es ist bekannt, daß ein mächtiger Hebel der Integration äußerst verschiedenartiger Systeme geographischer Wissenschaften die interdisziplinäre Betrachtungsweise ist, die man als systematischen, geschichtlichen und vergleichenden Ansatz bezeichnen darf. Einen besonderen Stellenwert in dieser Reihe nimmt der konstruktive Ansatz ein.

Sollte man den Versuch wagen, die Substanz dieser Betrachtungsweise zu charakterisieren, dann fällt auf, daß ihr Kern die Bestrebung beinhaltet, nicht nur die Mechanismen der Entwicklungen der geographischen Erdhülle zu erklären oder sie zu antizipieren, sondern sich auch aktiv an den schöpferischen, gesellschaftlichen Aktivitäten zu beteiligen und Verantwortung für ein funktionierendes System „Natur—Mensch" zu übernehmen.

Es sei hier erwähnt, daß die Angewandte Geographie des 19. und der ersten Hälfte des 20. Jahrhunderts als Ergänzung der vergleichsweise unkomplizierten technologischen und ökonomischen Aufgaben einzelner Wirtschaftszweige verstanden wurde. Solche Aufgaben waren z. B. die Bodenbewertung, geomorphologische Erkundungen bei der Projektierung von Tiefbauten, die Versorgung von Planungsstellen mit regionaler Information. Die Lösung dieser Aufgaben konnte nur aufgrund bestimmter Gesetzmäßigkeiten erfolgen, die von Spezialzweigen der Geographie bearbeitet wurden, wie z. B. die Landschaftskunde, die Hydrologie, die Geomorphologie und ihre angewandten Zweige, die Klimatologie und die Meliorationskunde.

Die konstruktive Betrachtungsweise, die sich unbestreitbar auf die Errungenschaften der Angewandten Geographie stützt, war nicht von ungefähr zu einer Zeit formuliert worden, als sich die Sonderaufgaben zu allgemeingeographischen Problemen zu entwickeln begannen. Solche Probleme entstehen durch Aktivitäten vieler verschiedener Wirtschaftszweige. Als Folge tritt die Veränderung einer Vielzahl von Naturkomponenten auf. Die Veränderungen erfassen ausgedehnte, ökonomische Regionen und erlangen nicht selten einen globalen Charakter. Ihre Aktualität wird auch dadurch unterstrichen, daß sie sich nicht auf den Technologie- und Wirtschaftsbereich beschränken, sondern die Sozialsphäre und den Gesundheitsbereich der Bevölkerung einbeziehen. Ein charakteristischer Zug ist auch die Breite der Aufgabenstellung: von der Bedarfsanalyse über die Analyse möglicher Lösungswege (unter Berücksichtigung von Ressourcen und Auswirkungen für den menschlichen Lebensraum) zu konstruktiven Vorschlägen. Hierin zeigt sich der Unterschied zur Angewandten Geographie, die die Untersuchung der Bedürfnisse von territorialer Bedeutung und Aufgaben im wissenschaftlich-technischen Bereich umfaßt. Diese Teilgebiete werden meist nicht in die geographischen Forschungsarbeiten einbezogen.

Die konstruktive Betrachtungsweise beinhaltet auch Elemente des ökologischen Ansatzes. Dieser Ansatz zielt darauf ab, eine optimale menschengerechte Umweltgestaltung zu erreichen. Daher steigt das Bedürfnis nach neuen Kenntnissen, die vor allem den Bereich der Wechselwirkung von Gesellschaft und Natur betreffen.

Die Forschungen der konstruktiven Geographie vereinigen immer Elemente von Grundlagen- und angewandter Forschung. Die Frage wird nicht dahingehend gestellt, daß die Wissenschaft der Praxis zu dienen hat, sondern sie wird als Teilhaberin in der Partnerrolle der Technik behandelt, um ihr die Möglichkeit einzuräumen, die Zukunft mitzugestalten. In dieser Erscheinung lassen sich Bestrebungen erkennen, das scholastische Theoretisieren und eine engstirnige Praxis zu überwinden.

Mit den genannten Bedingungen sind drei substanzielle Besonderheiten dieser Untersuchungen verbunden.

1. Bedeutsam ist der Stellenwert der Voraussagen, d. h. einer besonderen Prognose, der sogenannten „vorauseilenden Widerspiegelung" der Wirklichkeit. Die künftige Realität tritt in Projektion als besonderer Gegenstand auf.

2. Die Erforschung sozialer Tätigkeiten, die nicht nur als undefinierbar mächtiger aber trotzdem äußerlicher Faktor, sondern als eine Aktivität eines Subsystems bewußt wird, welches als unverrückbarer Teil der Noosphäre auftritt. Mit solch einer Fragestellung ist die Einbeziehung der Zustände der natürlichen und technischen Systeme und Prozesse sowie die Nutzung der Gesetzmäßigkeiten, die die aktiven sozialen Faktoren in der Gestaltung von neuen Situationen bestimmen, in eine Analyse verbunden.

3. Die Aufgaben konstruktiver Geographie sind nicht durch getrennte Aufarbeitung in der physischen Geographie oder der Sozialgeographie lösbar, auch nicht durch die Schaffung einer neuen Teildisziplin.

Das alles regt die geographischen Wissenschaften an, Modelle und Vorstellungen für territoriale Systeme („Natur—Wirtschaft", „Natur—Technik", „Natur—Bevölkerung") zu konzipieren.

Hieraus ergeben sich Wechselbeziehungen zwischen den Bereichen der Geographie, die längere Zeit isoliert voneinander arbeiteten wie die physische Geographie und die Wirtschafts- und Sozialgeographie. Die Festigung dieser Einheit vollzieht sich auf der Basis der allgemeinen Aktivitäten bei Problemlösungen, die eine wichtige sozialökonomische Bedeutung haben.

All diese wichtigen Züge der konstruktiven Richtung in der Geographie zeugen von ihrer Vielfalt. Es ist nur natürlich, daß der konstruktive Ansatz nicht auf leerem Terrain entstehen konnte.

Die ideologischen Quellen des konstruktiven Ansatzes in der sowjetischen Geographie gründen in der marxistisch-leninistischen Methodologie; in ihrer Formierung ist die Rolle von Lenins „Planentwurf für wissenschaftlich-technische Tätigkeiten", der Perspektivplanung für den Aufbau des GOELRO, äußerst groß. Die naturwissenschaftsgeschichtlichen Voraussetzungen dieses Ansatzes wurden in den Arbeiten einer Reihe von Klassikern der russischen Geographie gegründet: Wojeikow, Krasnow, Wernadskij. Im Laufe seiner Herausbildung wurden in hohem Maße die Erfahrungen der vorangegangenen, angewandten Ausarbeitungen synthetisiert.

Zugleich war die Formierung des konstruktiven Ansatzes in der Geographie der 60er–80er Jahre durch eine neue Etappe der gesellschaftlichen Entwicklung in unserem Lande, durch den allgemeinen Stand des wissenschaftlichtechnischen Fortschrittes und durch die Entstehung einer besonderen Gruppe von Problemen, allgemeinwissenschaftlichen und globalen, bedingt. Insgesamt darf man die Herausbildung des konstruktiven Ansatzes als spezifische Widerspiegelung der Bedürfnisse betrachten, die der Wissenschaft aus der Situation eines Übergangs von der Biosphäre zur Noosphäre erwachsen.

Die Herausbildung der konstruktiven Betrachtungsweise erforderte eine Veränderung der psychologischen Einstellung wissenschaftlicher Arbeitsgemeinschaften. Vor allem erforderte sie Kenntnisse, um die professionell-fachlichen Trennungen zu überwinden, ebenso ein ernstes Bemühen um technisches Wissen, ohne das eine Zusammenarbeit mit den Ingenieuren unmöglich wäre. Das führte zum Adressatenwechsel bei geographischen Ausarbeitungen, vom Niveau einzelner Betriebe auf das Niveau der Verwaltungsorgane, vor allem der übergeordneten Verwaltungen.

Typen von Aufgaben der konstruktiven Geographie

Es gibt drei Grundtypen des konstruktiven Ansatzes: den allgemeinen, den typologischen und den regionalen.

Allgemeine Aufgaben der konstruktiven Geographie

1. Erkundung, Inventarisierung und Bewertung von Ressourcen und den Voraussetzungen ihrer Nutzung;
2. Prognostizierung;
3. die Ausarbeitung von normativen Unterlagen;
4. Teilnahme an der Vervollkommnung der Steuerung von räumlichen Systemen;
5. der geosystemare Kontrollprozeß, d. h. die rückgekoppelte Kontrolle der Kette: anthropogene Einwirkung → Veränderung der Natur → Auswirkungen auf die Wirtschaft und die Gesundheit des Menschen;
6. Begutachtung von Plänen und Projekten.

Ein spezifisch geographischer Prozeß ist die Rayonierung, die von der Inventarisierung der Naturschätze über die räumlich differenzierende Normengebung bis zur Realisierung von Vorschlägen führt.

Im Laufe der realen konstruktiv-geographischen Problemlösung hat sich ein bestimmter Forschungsablauf herausgebildet:

1. Das Erstellen von Einzelaufgaben, zu deren Lösung die Geographie beitragen könnte. Dies sind häufig Aufträge der Ministerien und Behörden oder auch im wissenschaftlichen Arbeitsprozeß auftretende Probleme.
2. Eine Zusammenstellung von Erfahrungen, die bei der Lösung dieser Aufga-

ben in einzelnen Regionen auf der Grundlage früherer, ausgereifter Modelle und Methoden gemacht wurden. Die Ergebnisse finden sich in wissenschaftlichen Rechenschaftsberichten praxisbezogener Organisationen und in wissenschaftlichen Monographien.
3. Die methodologische Erfassung dieser Erfahrungen führt zu neuen (oder vervollkommneten) Konzeptionen. Ein Beispiel hierfür ist die Ausarbeitung von Ressourcenzyklen, natürlich-technischer Geosysteme und territorialer Erholungssysteme.
4. Die Ausarbeitung von Empfehlungen für die praktische Anwendung (Arbeitsweisen, Vorschläge usw.). Beispiele:
    a) methodische Vorschläge für die wirtschaftliche und außerwirtschaftliche Bewertung der Einwirkungen des Menschen auf die Natur (RGW).
    b) Anleitung zur Erstellung regionaler, komplexer Entwicklungssysteme für den Kampf gegen die Desertifikation (Hilfsmittel für die Organisationen der Entwicklungsländer, die sich mit Projektanfertigungen und Planentwürfen befassen) unter Beteiligung des Geographischen Instituts der Akademie der Wissenschaften im Rahmen der UNEP.
5. Ausarbeitung von normgebenden Unterlagen (bis zu staatlich festgelegten Standards). Beispiel: die derzeitige Ausarbeitung von Standards über „Grundlegende Leitsätze im Bereich des Umweltschutzes".
6. Ausarbeitung von Lehrmitteln für die Entscheidungsträger, die Projektleiter, die Wirtschaftsfachleute, die Verwaltungsleiter.

Mit der einen oder anderen Aktivität sieht sich schließlich jede beliebige Geowissenschaft konfrontiert. Aber der geographischen Wissenschaft fiel es zu, sich zugleich mit vielen der genannten Aktivitäten in hohem Maße zu befassen.

Die geographische Wissenschaft hat desweiteren die Verpflichtung übernommen, die geographische Realität als ein kompliziertes System natürlicher, sozial-ökonomischer Prozesse und Erscheinungen zu betrachten. Das ist eine Zielstellung, die vorläufig noch nicht als realisiert betrachtet werden kann, die sich aber auf die einzigartige Struktur der geographischen Wissenschaften stützt, nämlich auf ihre Verknüpfung zweier Untersysteme, des naturkundlichen und des gesellschaftskundlichen Systems. Diese Zielstellung dient der gemeinsamen Aufgabenlösung. Solch eine Struktur ist von niemandem erdacht oder konstruiert worden, sondern sie ist im Laufe des letzten Jahrhunderts geschichtlich gewachsen. Sie bildet ein besonderes Integrationspotential der geographischen Wissenschaft, das die Festigung der Wechselwirkung zwischen den naturkundlichen, technischen und sozialkundlichen Wissenschaften erleichtert.

Typologische Aufgaben der konstruktiven Geographie

Diese Aufgaben sind mit der Projektierung, Planerstellung und mit der Gestaltung räumlicher Systeme von bestimmter sozio-ökonomischer Zielrichtung (landwirtschaftlicher, industrieller, siedlungsrelevanter und erholungsorientierter) verknüpft.

Das bekannteste Beispiel einer theoretischen Lösung analoger Aufgaben ist die Ausarbeitung der Idee des territorialen Produktionskomplexes (TPK) durch N. N. Kolossowskij in den 30er Jahren. Heute ist diese Idee ein fester Bestandteil der Planungspraxis in der räumlichen Wirtschaftsorganisation.

Im letzten Jahrzehnt wurden, bedingt durch die gewachsene Beachtung des sozialen Problembereiches und der Gesundheitsprobleme des Menschen, die Geographen zur Planung von Erholungsregionen herangezogen. Das von den Geographen erarbeitete Modell von räumlichen Erholungssystemen ist schon in die Praxis umgesetzt worden. So diente es als Ausgangskonzeption bei der Ausarbeitung von Entwicklungsprojekten für die Krim wie für die Ukraine.

Bei der Konzeption von natürlich-technischen Geosystemen wird die Idee von der Wechselwirkung zwischen den technischen Anlagen und den naturgegebenen Komplexen vertreten, die Idee, daß man von der Strategie „des Eindringens von Ingenieurbauten in die Natur" zur Strategie einer Projektierung natürlich-technischer Systeme als ganzheitlichen Gebilden (mit Berücksichtigung der Entwicklungsgesetzmäßigkeiten von Natur und Technik) übergehen müsse. Diese Strategie verpflichtet uns, eine Prognose zu erstellen, den optimalen Entwicklungsstand der technischen Anlagen sowie die Zukunftsaussichten der Natur einzuschätzen und abzuwägen. Die Wechselwirkung wird durch Gesetzmäßigkeiten, durch spontane Entwicklung und das System einseitiger und gegenseitiger Beziehungen zwischen der Natur und einer Anlage oder einem Anlagekomplex bestimmt.

Die regionalen Aufgaben der konstruktiven Geographie

Nach ihrer Dimension unterscheidet man globale, regionale und lokale Probleme. Eine besondere und komplizierte Gruppe sind die regionalen Probleme der konstruktiven Geographie, auf die sich heute die Aufmerksamkeit der Geographen konzentriert. Ihre Besonderheit ist die Einmaligkeit der Problemsituation, die durch kompliziertestes Zusammenwirken von Wirtschaftszweigen, von Siedlungssystemen, von natur- und humanökologischen Situationen innerhalb einer Region bedingt sind. Die Anzahl dieser Fragestellungen ist groß.

Bislang befaßten sich viele Projekte mit neu zu erschließenden Räumen, in denen die Standortwahl für den Bergbau und für rohstoffverarbeitende Zweige wie auch die Gründung neuer Siedlungen bevorstand.

Ausschlaggebend sind hier die Fragen der Ressourcen (ihre Bewertung und rationelle Nutzung), die Lösung von Fragen zur Überwindung ungünstiger Naturbedingungen, der Schutz erneuerbarer Ressourcen, aber auch die sehr aktuell gewordenen Fragen sozialökologischer Dimension.

Im letzten Jahrzehnt jedoch haben sich die Probleme in folgenden Bereichen verschärft: in der Erschließung dünnbesiedelter Regionen wie auch bei der Entwicklung der räumlichen Organisation der Wirtschaft und bei der Verbesserung der Lebensbedingungen für die Bevölkerung in den altbesiedelten Gebieten (in den zentralen Regionen des europäischen Teils der UdSSR, in Kaukasien, in der Ukraine, in der Moldau, im Baltikum). Hier stellt sich nicht mehr die Frage der Urbarmachung von wirtschaftlichem Neuland, sondern die der Umgestaltung einer über Jahrzehnte sich entwickelnden, komplizierten, weit verzweigten Wirtschaftsstruktur. Hier ist die Wissenschaft gezwungen, klare und neue Positionen zu beziehen, die allzu oft nicht mit den überkommenen Positionen einzelner Wirtschaftszweige übereinstimmen. Die Prognose und nicht die Bewertung der Ressourcen und der äußeren Bedingungen wird zu einem führenden Bestandteil der ganzen Tätigkeit. Hier stellt sich mit besonderer Schärfe die Frage sozialer Aspekte der Ökologie des Menschen und des Kampfes gegen die Umweltverschmutzung.

Die Forschungen der konstruktiven Geographie und die grundlegenden Probleme der Geographie

Das letzte Jahrzehnt ist durch eine stetige Tendenz zur Theoretisierung in der Geographie gekennzeichnet. Es scheint, daß diese beiden Prozesse, die theoretische und die konstruktive Entwicklung der Geographie, in Wechselbeziehung zueinander stehen. Die Forschungen der konstruktiven Geographie stimulieren die Hervorhebung und Beschleunigung der Erforschung einer Reihe grundlegender Probleme der geographischen Wissenschaft.

Äußerst kompliziert und widersprüchlich sind folgende Probleme:
1. Das Erkennen von Gesetzmäßigkeiten der Wechselbeziehungen zwischen Gesellschaft und Natur im Rahmen der wissenschaftlich-technischen Revolution.
2. Das Erkennen von Gesetzmäßigkeiten einer modernen räumlichen Organisation der Geosphäre, in der schon jetzt Elemente von Biosphäre und Noosphäre miteinander verknüpft sind. Wir wissen viel über die Gesetzmäßigkeiten der räumlichen Differenzierung von Natur und Gesellschaft, aber bis heute sind die theoretischen und insbesondere die methodischen Grundlagen für die Erklärung der Gesetzmäßigkeiten nicht nur der Differenzierung, sondern auch der Organisation dieser korrelativen Erscheinungen nicht erarbeitet worden.

Hier sind besonders zu entwickeln:
a) die Hypothese über die Zyklen der Naturschätze im Rahmen der Lehre über materiell-energetische Zyklen als besondere Form der Verbindung zwischen der Natur und Gesellschaft, als Grundlage für eine ausgeglichene Berechnung von Umweltveränderungen und Ressourcennutzung;
b) die Vorstellung über die weitverzweigten Beziehungen zwischen der Natur und der Gesellschaft; als spezifische Form dieses Zusammenspiels ist heute eine besonders stringente Linie zu beobachten: Einwirkung auf die Natur → Veränderung der Natur → Folgen für die Wirtschaft und für die Gesundheit der Bevölkerung. Diese Linie bestimmt die Lösungsstrategie vieler Naturschutzaufgaben.

3. Die Lösung einer Reihe von Aufgaben zur Verbesserung der Steuerung räumlich integrierter, natürlich-technischer und sozial-ökonomischer Systeme. Ihre Lösung erfordert folgende Fragestellungen:
   a) die Wechselbeziehungen zwischen der Selbststeuerung, die für Naturkomplexe charakteristisch ist, und der Steuerung, die die sozialen Prozesse einer modernen Landschaft mitbestimmt;
   b) die Wechselbeziehungen zwischen dem Beständigen und dem Veränderlichen während der Projektierung natürlich-technischer und natürlich-ökonomischer Systeme, insofern die Gesellschaft bei ihrem Handeln in nahezu gleichem Maße an der Nutzung beider Eigenschaften interessiert ist.

   Man darf unterstreichen, daß in diesem Zusammenhang die naturkundliche Geographie seit einem Jahrzehnt ihre Aufmerksamkeit auf die Erforschung von Naturveränderungen unterschiedlichen Ausmaßes richtet, so auf die Veränderungen unter dem Einfluß gesellschaftlicher Tätigkeit. Die Forschung hat nicht nur die evolutionären Prozesse (besonders groß sind die Erfolge in der Erforschung von Klimaveränderungen im Känozoikum), die dynamischen Veränderungen (mehrjährige Zyklen und Rhythmen) und die Veränderungen von Naturkomplexen im Laufe der letzten Jahrzehnte (den Mechanismus ihrer Umformung in quasinatürlich-anthropogene Landschaften) erfaßt, sondern auch die Veränderungen in den Jahreszyklen, wobei die Resultate der Forschungsstationen und die Forschungen auf der Grundlage von Satellitenaufnahmen wichtig sind.

   Besonders wichtig ist heute die Erforschung der Evolution und Tendenz der sozio-ökonomischen Funktionen natürlicher und anthropogener Geosysteme. Dies ist eine äußerst wichtige Grundlage, um für altbesiedelte, multifunktionale Regionen intensive Formen der Naturnutzung zu planen.

   Der ganze Zyklus von Untersuchungen zur Evolution, zur Dynamik und zur Funktionsweise geographischer Objekte — von Untersuchungen, ohne die das Problem von Prognoseerstellungen nicht gelöst werden kann, erfordert eine Systematisierung der geographischen Wissenschaft mit physikalischen und chemischen Methoden, mit Methoden mathematischer Modelle und mit Verfahren der Informatik.

4. Die Lösung einer Reihe von Aufgaben, die mit der Steuerung regionaler, sozio-ökonomischer Systeme verknüpft ist, erfordert eine erhebliche Vertiefung der Kenntnisse über den Mechanismus der Anpassung verschiedener Bevölkerungsgruppen an die natürlichen und sozio-ökonomischen Bedingungen der Regionen, in denen Arbeitskräfte erforderlich sind. Hier ist ein Feld der gemeinsamen Betätigung von Geographie und Humanökologie.

Die Beispiele zeigten ein weites Forschungsfeld allgemeingeographischer Problematik. Dies hervorzuheben ist deshalb wichtig, weil bislang allgemeingeographische, fundamentale Probleme häufig von physischen und ökonomischen Fragestellungen überlagert waren, deren Verbindung aber mit dem konstruktiven Ansatz geleistet wird.

Die Reflexion des konstruktiven Ansatzes in der Schule

Es ist nur natürlich, daß sich das Entstehen neuer Zielsetzungen auch in der Schulgeographie niederschlägt. Eine Reflexion des konstruktiven Ansatzes ist in den erneuerten Geographie-Lehrplänen der Kurse „Geographie der UdSSR" (8.—9. Klasse) und in der „Sozial- und Wirtschaftsgeographie unserer Welt" (10. Klasse) zu finden. In diesen Lehrplänen wird die Frage aufgeworfen, wie man den Schülern die modernen, ökologischen Probleme der Menschheit und die Probleme der eigenen Region vermitteln kann. Daneben sollen Fertigkeiten eines konstruktiv-geographischen Denkens und eines geoökologischen Verhaltens vermittelt werden. Die „Grundlagen einer konstruktiven Geographie" gibt es auch als fakultativen Lehrgang. 1985 kam ein Handbuch für Lehrer mit einer Auflage von 95 000 Exemplaren heraus, das von einer Expertengruppe für die Grundlagen der konstruktiven Geographie erarbeitet wurde (unter Redaktion des Akademiemitgliedes I. P. Gerassimow und des Verfassers des voranstehenden Beitrags).

im Interesse von Planerstellung, Projektierung und Verwaltung

Die Arbeitsabschnitte und ihre Zielrichtung	Untersuchungsmethoden und die Form der wissenschaftlich-technischen Erarbeitung	Ergebnisse der Untersuchungen und Ausarbeitungen	Beispiele
I. Vorphase der Planerstellung und Projektierung			
a) theoretische Untersuchungen	Erschließung von Gesetzmäßigkeiten und Ausarbeitung einer Konzeption der räumlichen Organisation von Gesellschaft und Natur	Formulierung von Gesetzmäßigkeiten u. Konzeptionen; grundsätzliche Modelle; Vorschläge zur Vervollkommnung der Gesetzgebung	Wiedergegeben in den Monographien der Reihe „Probleme der konstruktiven Geographie"; „Natur, Technik, geotechnische Systeme"; „Rationale Nutzung der Naturschätze und die Zyklen von Ressourcen"; „Theoretische Grundlagen der Geographie des Erholungsverhaltens"
b) methodische Untersuchungen	Ausarbeitung von Methoden der Inventarisierung und Bewertung von Ressourcen, Bedingungen und Folgen wirtschaftlicher Tätigkeit; geographische Prognostizierung, Rayonierung, geosystemare Überwachung	Methodische Hinweise und Vorschläge; Normen und Regeln für Projektierung; Standards	Methodische Empfehlungen für die ökonomische und nichtökonomische Bewertung von Einwirkungen der menschlichen Tätigkeit auf die Umwelt (RGW). Anleitung zur Erstellung regionaler Schemata komplexer Tätigkeit im Kampf gegen die Desertifikation; staatliche Standards zu „Umweltschutz, Landschaft, Terminologie und Bestimmungen"
c) konkrete regionale Forschung	Nachforschung, Inventarisierung und Bewertung der Ressourcen; Rayonierung; Prognostizierung	Beschreibung der Geosysteme; Erstellung von Katastern; Bestandsaufnahmen, Karten und Atlanten; regionale Modelle zur Nutzung der Natur; Prognosen	Atlas der Naturbedingungen und der natürlichen Ressourcen; Atlas der Schnee- und Eisvorkommen der Welt; Katalog der Gletscher der UdSSR; Erholungsmodelle für die Region Moskau; Prognose über reproduzierbare Ressourcen

Die Forschungen der konstruktiven Geographie im Interesse von Planerstellung, Projektierung und Verwaltung

Die Arbeitsabschnitte und ihre Zielrichtung	Untersuchungsmethoden und die Form der wissenschaftlich-technischen Erarbeitung	Ergebnisse der Untersuchungen und Ausarbeitungen	Beispiele
II. Projekte und Planungen			
a) Planung und Projektierung i. e. S.	Aufstellung regionaler Entwicklungskonzepte; Vorschläge zur räumlichen Organisation	Konzeption von raumbezogenen Abschnitten der Volkswirtschaftsplanung, Regionalplanung, städtische Flächennutzungsplanung, technisch-ökonomische Begründung	Mitarbeit am Leitplan für das Siedlungssystem auf dem Territorium der UdSSR; Konzept der Entwicklung und Standortverteilung von Kurorten, Erholungs- und Fremdenverkehrsorten in der UdSSR; Komplexprogramm des technisch-wissenschaftlichen Fortschritts
b) Genehmigung (Gutachten)	Geographische Begutachtung von Planungs- u. Projektunterlagen, ihre technisch-ökonomische Fundierung	Unterlagen (Gutachten) über die Qualität von Planungen und Projekten	Mitarbeit in einer Kommission des Gosplan der UdSSR
III. Operative Steuerung und Verbesserung von Projekten	Kontrolle der Verwirklichung von Planungen und Projekten sowie der Erhaltung von Geosystemen; Korrektur von Projekten bei ihrer Verwirklichung; Ausarbeitung von Aufgaben für neue Projekte	Vorschläge zur Schaffung regionaler Kontrollsysteme: Information über die Geosysteme, Empfehlungen zur Verbesserung ihrer Steuerung, Aufgabenformulierung	

Jörg Stadelbauer

Zur Behandlung wirtschafts- und sozialwissenschaftlicher Probleme in der heutigen Geographie (1984)

1. Vorbemerkungen

Es mag befremden, wenn am Beginn des Referates über einen umfassenden Teilzweig einer wissenschaftlichen Disziplin die negative Feststellung steht, daß es in der heutigen Fachliteratur und in den an wissenschaftlichen Hochschulen vertretenen Lehrmeinungen keine einhellige Auffassung über Gegenstand, Methoden und Ziele der Wirtschafts- und Sozialgeographie, nicht einmal der gesamten Geographie gibt. Daß aber viele Gedanken über die Disziplin wie auch ihre Teilgebiete vertreten werden, macht die Aufgabe eines knappen Abrisses gleichermaßen schwierig (wenn nicht unmöglich) und reizvoll.

Nur nebenbei: Auch das geographische Lehrgebäude in den sozialistischen Staaten ist nicht unabänderlich festgefügt – es wäre auch schlecht so, denn wissenschaftliche Erkenntnis ist nicht nur ein ständig sich wiederholender und ein wiederholbarer Vorgang intersubjektiver Kommunikation, sondern auch ein kultureller Prozeß, der dem kulturellen Wandel unterliegt. So ist der Begriff *„Sozialgeographie"* in der Sowjetunion offensichtlich 1976 im Rahmen der Rezeption nichtsowjetischer Forschungsansätze während des XXIII. Internationalen Geographenkongresses aufgegriffen worden und neben den überkommenen Begriff *„Ökonomische Geographie"* getreten, zum Teil unter diesen subsumiert worden.

Dieser Hinweis verdeutlicht, daß ein großer Teil der Arbeitsenergie, die von Wirtschafts- und Sozialgeographen aufgebracht wird, terminologischen und theoretischen Überlegungen gilt, die über die Teildisziplin hinaus das Gesamtfach berühren. In der deutschen Geographie hat *D. Bartels* (1968) eine umfassende Rezeption der schwedischen, britischen und angloamerikanischen Fachliteratur initiiert und damit zugleich eine Phase des Nachdenkens über wissenschaftstheoretische Grundlagen eingeleitet. Vorher schon hatte die sowjetische Diskussion über die Thesen von *Vsevolod A. Anučin* dort die Frage nach Einheit des Faches oder künstlicher Zusammenfügung zweier von den Forschungsperspektiven unvereinbarer Ansätze aufgeworfen.

Die Frage nach den Inhalten der Wirtschafts- und Sozialgeographie berührt also metatheoretische Probleme, die hier nicht zur Diskussion stehen sollen. Die Kontroversen, die sich aus einigen Äußerungen zur Sozialgeographie speziell und zur Geographie allgemein ablesen lassen (vgl. z. B. *D. Bartels* 1970, *H. Nickel* 1971, *E. Thomale* 1972, 1978, *G. Hard* 1973, *P. Weichhart* 1975, *J. Maier* et al. 1977, *E. Wirth* 1977, 1979, 1984; *U. Eisel* 1980), sind nicht endgültig ausgefochten, doch scheint es an der Front, an der man sich gegenseitig mit dem Vorwurf der Unwissenschaftlichkeit bekämpft, etwas ruhiger geworden zu sein, nachdem einerseits die „Traditionalisten", wie sie vereinfacht genannt seien, moderne Methoden und Arbeitstechniken zu akzeptieren, die neuen „Protagonisten" den Gegner in seinem wissenschaftssozialen Umfeld ernstzunehmen gelernt haben. Die Bedeutung der Theoriebildung ist für das Fach ebenso anerkannt wie die ständige Notwendigkeit der empirischen Überprüfung, die Suche nach den allgemeinen Gesetzmäßigkeiten ebenso wie die Informationsaufgabe des Faches (vgl. *H. Leser* 1980).

Aufgabe des folgenden Referates soll es sein, aus der Vielzahl von neueren Untersuchungen zur Wirtschafts- und Sozialgeographie einige Forschungsschwerpunkte, Kernthemen und Leitfragen herauszuarbeiten und diese sowohl im Hinblick auf die regionale Geographie Deutschlands als auch vor dem Hintergrund schuldidaktischer Umsetzung zu interpretieren (vgl. als inhaltlich ausgewogenste Darstellung *P. Haggett* 1983, zu methodischen Fragen *E.W. Schamp* 1983, *R. Hantschel* 1984). Die Auswahl der interpretierten Arbeiten strebt keinerlei Vollständigkeit an, sondern hat eher eine illustrierende Bedeutung als Beleg für die Behandlung einzelner Themenbereiche. Das Schwergewicht liegt dabei auf den westlichen Industriestaaten, insbesondere der Bundesrepublik Deutschland, und auf den Entwicklungsländern sowie auf Untersuchungen von methodologischer oder theoretischer Prägnanz. Auf Untersuchungen, die sich mit der Sowjetunion oder überhaupt den sozialistischen Staaten befassen, wurde weitgehend verzichtet, da sie im Mittelpunkt des im vergangenen Jahr vorgetragenen Referates standen (vgl. auch den Forschungs- und Literaturbericht von *J. Stadelbauer* 1984).

2. Wirtschafts- und Sozialgeographie als Wissenschaft

Ohne näher auf wissenschaftstheoretische Diskussionen einzugehen, und unter der in diesem Kreis unbestrittenen Annahme, daß die Geographie eine Wissenschaft ist, läßt sich eine mehrfache Zuordnung der wirtschafts- und sozialwissenschaftlichen Teildisziplin zu Wissenschaftsklassen vornehmen.

(a) Wirtschafts- und Sozialgeographie ist eine *Sach- und Strukturwissenschaft* mit morphologischem Forschungsansatz. Zu den Forschungsgegenständen gehören Erscheinungsformen der Gesellschaftsstruktur und des Wirtschaftslebens in ihrer räumlichen Verteilung und Anordnung sowie in ihrer jeweiligen Ausprägung. Die durch Kartierung erfaßten Objekte an ihrem Standort, in ihrer Verbreitung gehören ebenso hierzu wie Grundkenntnisse über das Funktionieren beispielsweise eines betrieblichen Produktionszusammenhanges, einer sozialen Reaktionsweise oder des Wachstums von Kulturpflanzen.

(b) Bei dem letztgenannten Beispiel wird man auf Einflüsse aus der nichtgesellschaftlichen Biosphäre verwiesen. Seit der berühmten „Anthropogeographie" von *Friedrich Ratzel* (1882/91) hat die Geographie nie aufgehört, *Beziehungswissenschaft* zu sein, die kausale Zusammenhänge im Bezugsgeflecht von Natur, Gesellschaft und Mensch aufdecken will — dies ein Aspekt, der in der

Sowjetunion beispielsweise in den Arbeiten des frühverstorbenen *Aleksej Minc* (1972) hervorgehoben wurde und der das Forschungsprofil des Geographischen Instituts der Akademie der Wissenschaften der UdSSR bestimmt, der aber bei humanökologisch orientierten Arbeiten der westlichen Geographie auch nie fehlt.

(c) Unter dem Einfluß von Sozialwissenschaften und Psychologie hat sich ein wichtiger Seitenzweig der Sozial- und Wirtschaftsgeographie in den vergangenen Jahren zur *Verhaltenswissenschaft* entwickelt, die nach dem Verhalten im Raum, nach raumbezogenen Entscheidungen und nach der Rückwirkung des Raumes auf Verhaltensweisen fragt. Die Suche nach Vorgängen und Prozessen im gesellschaftlich und wirtschaftlich geprägten Raum hat diesen Wissenschaftsansatz besonders gefördert.

(d) Die Erkenntnisse der Beziehungswissenschaft und der Verhaltenswissenschaft schließlich waren wesentliche Voraussetzungen für die Entwicklung einer als *Systemwissenschaft* vertieften Wirtschafts- und Sozialgeographie. Bei ihr steht die Analyse von vernetzten Systemen, ihren Elementen und Relationen sowie den jeweiligen Attributen im Vordergrund. Die holistische Landschaftsforschung kann als Vorläufer, die moderne Landschaftsökologie *(H. Leser* 1976) als weitestentwickelter Zweig angesehen werden, aber mit der Entwicklung moderner mathematisch-statistischer Analyseverfahren greift auch die Wirtschafts- und Sozialgeographie auf den systemanalytischen Ansatz zurück.

Werden schon bei der Nebeneinanderstellung dieser grundlegenden Ansätze und Zuordnungen Überschneidungen deutlich, die sich ergeben, weil kein Wissenschaftler eindimensionalen Denkstrukturen folgt, so ist eine systematische Trennung von konkreten Forschungsfeldern noch schwerer möglich. Es gehört zu den Charakteristika der modernen Wirtschafts- und Sozialgeographie, daß sie sich nicht einfach bestimmten „*Schubläden*" einer „Wissenschaftskommode" zuordnen oder in solche aufgliedern läßt, sondern daß sich die Forschungsfelder überlagern, mit jenen von Nachbardisziplinen verzahnen. Wenn in der Wissenschaftstheorie von Paradigmen und − in bezug auf die Wissenschaftsentwicklung als einem Teil des sozialen Wandels − von Paradigmenwechsel gesprochen wird, so ist daran zu denken, daß nach der Ansicht von *H. Hambloch* (1983:38) die Wirtschafts- und Sozialgeographie oder die Kulturgeographie überhaupt eben erst dabei ist, ein eigenständiges Paradigma mit Leitfunktion für Forschungstheorie und -praxis zu entwickeln.

3. Forschungsfelder der modernen Wirtschafts- und Sozialgeographie

3.1 Der ökologische Ansatz und die Mensch-Umwelt-Problematik

Im Sinne einer beziehungs- und systemwissenschaftlichen Analyse verknüpft der ökologische Ansatz physio- und anthropogeographische Betrachtungsweisen. Der Mensch gilt als Teil der Natur, wird in seiner Bedingtheit aber auch mit seinen Rückwirkungen auf sie untersucht. Bevölkerungswachstum, Begrenztheit der Ressourcen, Bedrohung und Schutz der quasi-natürlichen Umwelt und damit letztlich alle mit dem Tragfähigkeitsproblem verbundenen Fragen sind in zahlreichen Arbeiten behandelt worden (vgl. Abb.1). Erst jüngst

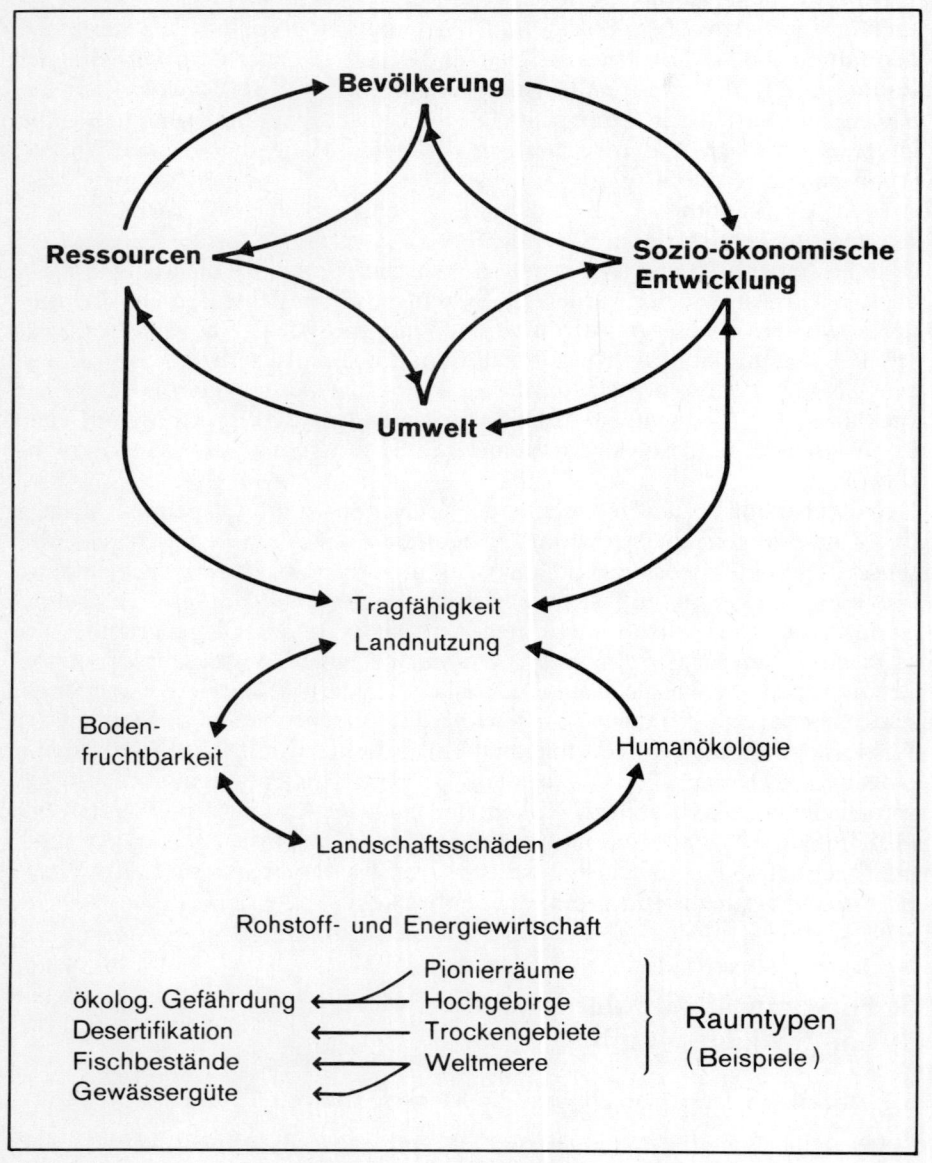

Abb. 1

hat *W. Manshard* (1984) auf den Systemzusammenhang zwischen Bevölkerung, Ressourcen, Umwelt und sozioökonomischer Entwicklung verwiesen und damit an frühere Plädoyers für ein umweltorientiertes Ressourcenmanagement angeknüpft (vgl. *W. Manshard* 1978, 1982, *K. Ruddle* u. *W. Manshard* 1981; allgemein zur Ressourcenproblematik *I. G. Simmons* 1980). Eine didaktische Aufbereitung dieses Problemkreises legte mit einer Fülle an Fallstudien *E. Ehlers* (1984) vor. Einen wesentlichen Impuls hatte vor zwölf Jahren der pessimistische Bericht des Club of Rome (*D. Meadows* u. a. 1972) über die Zukunftsperspektiven der Menschheit bei anhaltendem Bevölkerungswachstum, zunehmendem Raubbau an den Ressourcen und damit zugleich verbundener Verschlechterung der Umweltbedingungen gegeben, dem 1980 der ebenfalls bereits zum Klassiker gewordene Bericht an den US-amerikanischen Präsidenten „Global 2000" folgte.

Ein wesentlicher Mangel dieser Weltmodelle oder auf großräumigem Datenmaterial entwickelten Prognosen besteht in der zu geringen regionalen Differenzierung. Hier setzt die konkrete Forschungsarbeit des Geographen an, die sich in einer unüberschaubaren Flut von Studien zu einzelnen Ressourcenkomplexen, zur Bestimmung des natürlichen Potentials erschlossener und unerschlossener Räume, zur Umweltdiskussion und anderen Fragen der Humanökologie zeigt. Es versteht sich von selbst, daß die internationale Zusammenarbeit in der IGU und ihren Kommissionen und Arbeitsgruppen oder die von UNESCO (z. B. mit den MaB-Projekten) und UNU ausgehenden Aktivitäten organisatorischen Rückhalt verliehen haben (vgl. *W. Manshard* 1979 zur UNU); es muß aber auch daran erinnert werden, daß die Geographen eines so kleinen Landes, wie es die Bundesrepublik Deutschland im Vergleich zur Sowjetunion ist, eine jahrzehntelange Tradition der Feldforschung in aller Welt kennen.

Dennoch haben sich gewisse thematische und räumliche Schwerpunkte herausgeschält, wobei Entwicklungsländerstudien im Vordergrund stehen. Während Arbeiten von *W. Weischet* (1977, 1978, 1978a, 1981) zur Frage der Bodenfruchtbarkeit in den Tropen allein aufgrund naturwissenschaftlicher Ableitung zu einem wenig günstigen Ergebnis kommen, bemühen sich andere Autoren, soziale, politische und wirtschaftliche Komponenten bei der Erklärung der sich öffnenden Schere zwischen Bevölkerungswachstum und Ernährung in einzelnen Entwicklungsländern mitzuberücksichtigen (*U. Scholz* 1984 für Südostasien; vgl. auch *H. Wilhelmy* 1975 im Hinblick auf die Reiskultur). Die verletzlichen Ökosysteme des immerfeuchten innertropischen Regenwaldes sind vor allem am Beispiel von Brasilien sowohl in ihrem biologischen Raumgefüge (*H. Sioli* 1973) wie in ihrer vermeintlichen Inwertsetzung durch junge Erschließungsmaßnahmen analysiert worden (*G. Kohlhepp* 1977, 1978). Gerade an den Arbeiten zu Lateinamerika wird deutlich, daß die Humanökologie natürliche Faktoren und gesellschaftliche Bedingungen zu studieren hat, wie auch Arbeiten zum Problem der Tragfähigkeit (am Beispiel von Venezuela: *C. Borcherdt* u. *H. Mahnke* 1973), zu herkömmlichen Agrarstrukturen (*B. Mohr* 1978) oder zur Agrarkolonisation und Agrarreform (*F. Monheim* 1981; *W.*

Schoop 1970) zeigen. Im tropischen Afrika sind ähnliche Untersuchungen im Zusammenhang mit dem Afrika-Kartenwerk durchgeführt worden (*K. Grenzebach* 1978), oder sie greifen die Frage nach Landnutzungsformen und ihren ökologischen Grundlagen (*J. Schultz* 1976; *R. Jätzold* 1984) auf. Wenn auch die Arbeit des Wirtschaftsgeographen meist klassifizierend-systematisch ist, so finden sich doch auch Warnungen vor Landschaftsschäden (*R. Mäckel* u. *D. Walther* 1982 als Teil eines komplexen Forschungsobjektes über die ökologischen Rahmenbedingungen und Formen der Viehhaltung in Nordkenya) oder Empfehlungen für die Landesentwicklung (*W.D. Sick* 1979 zu Madagaskar).

Ernst und Verantwortungsgefühl der geographischen Forschung gerade in Entwicklungsländern sollte man nicht in Zweifel ziehen, wie bspw. auch Studien zur Energiewirtschaft (*W. Manshard* 1982a, zu Südostasien *F. Corvinus* 1984) zeigen. Das Problem der Brennholzversorgung in der Dritten Welt (L'Energie dans les Communautés Rurales . . ., 1981) wurde gerade an Beispielen aus Afrika und aus den asiatischen Gebirgsländern behandelt. Der Teufelskreis von Bevölkerungswachstum, Armut, Brennholzversorgung, dadurch ausgelösten Landschaftsschäden, Verringerung der Bodenressourcen und weiterer Verarmung ist bedrückend und verlangt nach ökologisch sinnvollen, ökonomisch durchführbaren und sozial annehmbaren Lösungen.

In den Hochgebirgen Asiens haben vor allem *H. Uhlig* (1973, 1980, 1981 u. a.) und *W. Haffner* (1979 für Nepal) die aus der Landschaftsanalyse übertragene dreidimensionale Raumdifferenzierung mit der Anpassung von Sozial- und Wirtschaftsformen an extreme Naturbedingungen und immer noch wachsenden Bevölkerungsdruck herausgearbeitet; das internationale Forschungsprogramm über „Highland-Lowland Interactive Systems" (*J. D. Ives* 1980) knüpft teilweise daran an.

Am Polarraum der Ökumene wird die Verzahnung von ökologischen und ökonomischen Aspekten besonders deutlich. Das Oszillieren der agrarwirtschaftlichen Pionierfront im subarktischen Raum ist eine wechselhafte Auseinandersetzung mit den rauhen Naturbedingungen, aber auch mit der wirtschaftlichen Konkurrenz, die von günstigeren Wirtschaftsstandorten ausgeht. Ein Potential für Lebens- und Wirtschaftsräume ist zweifellos vorhanden, doch führt die aktuelle Intensivierung von Bodennutzungen eher dazu, daß diese Pionierfront wieder zurückgenommen wird, wie *E. Ehlers* (1967, 1973, 1982) für Alaska, Canada und Finnland zeigen konnte; auch in der Sowjetunion ist die flächenhafte Ausweitung des Anbaus nach Norden problematisch (*P. Rostankowski* 1981).

An der Trockengrenze sind die Sahel-Problematik (*H.K. Barth* 1977, *H. Mensching* u. *F. Ibrahim* 1976), der Nomadismus (*F. Scholz,* Hg., 1981; *F. Scholz* u. *J. Janzen,* Hg., 1982 mit weiteren Hinweisen) und Neulandaktionen (*N. Wein* 1980, *J. Stadelbauer* 1984a) behandelt worden. Die weltweit um sich greifende Desertifikation, die heute zu den brennendsten Fragen gehört, verlangt ebenso wie die Analyse innertropischer Räume einen humanökologischen Ansatz.

Schließlich sind auch Untersuchungen über das Potential der Weltmeere und seine Nutzung (vgl. *D. Uthoff* 1978) anzuführen; die Seerechtskonferenzen mit ihren Diskussionen über Fangrechte, hoheitsrechtliche Abgrenzungen oder die Walfangproblematik berühren eng die Tragfähigkeitsfrage.

In den Industrieländern sind Fragen der Umweltbelastung, von Nutzungsfestschreibungen („Landschaftsverbrauch") und von Nutzungskonkurrenzen aufgeworfen worden. Kein Land ist heute frei von Umweltschäden, wenn auch die öffentliche Diskussion ein recht unterschiedliches Ausmaß hat. Die Geographie darf sich nicht anmaßen, allein und abschließend über Umweltprobleme zu urteilen, aber sie darf sich auch den aktuellen Fragen nicht entziehen. Vom Ansatz her einfache, von der Durchführung eher komplizierte Bestandsaufnahmen der Bodennutzung und ihres Wandels (*E. Buchhofer,* Hg., 1982) haben auf gesellschaftliche und wirtschaftliche Hintergründe des „Landverbrauchs" (*C. Borcherdt* 1982; vgl. auch *L. Finke* u. *S. Panteleit* 1981 zum Ruhrgebiet) verwiesen — eine vielleicht noch harmlose Schädigung im Vergleich zu Waldsterben, Gewässer- und Luftverschmutzung oder der Anreicherung toxischer Stoffe in Boden und Lebewesen. Die Aufgabe des Geographen kann hier nicht umfassend sein, aber zu seinen Tätigkeitsfeldern gehört zweifellos ein Teil der Bestandsaufnahme (z. T. mit neuen Erfassungsmethoden der digitalen Satellitenbildauswertung), ein Teil der Netzwerkanalyse im Verursachungsgeflecht und ein bedeutender Teil der Informationsweitergabe in Schule, Hochschule und Öffentlichkeit.

So kommt der Blick auf dieses erste bedeutende Forschungsfeld von Sozial- und Wirtschaftsgeographen vor allem zu zwei Ergebnissen:
— In diesem Feld ist ein Zusammenwirken von physiogeographischer und wirtschafts- und sozialgeographischer Forschung unabdingbar; die Tragfähigkeitsfrage als Aspekt der Mensch-Umwelt-Problematik ist ein gesamtgeographisches Paradigma.
— Ebenso untrennbar miteinander verbunden sind Forschungsaufgabe und Aufklärungspflicht des Geographen.

3.2 Der Wahrnehmungs- und der Verhaltensansatz

Es gehört zu den Charakteristika der Behandlung von Umweltfragen in der Geographie und speziell in der Wirtschafts- und Sozialgeographie, daß — wie bei anderen Problemen auch — zunächst eine Sensibilisierung vorhanden sein mußte, ehe Forschungsarbeiten einsetzten, in diesem Fall eine Sensibilisierung sowohl der Öffentlichkeit wie des wissenschaftlichen Bereiches. Diese Sensibilisierung beruht auf der Wahrnehmung räumlicher Gegebenheiten; sie zieht Bewertungen nach sich und führt zu einem raumbezogenen Verhalten. Daher sollen hier der Wahrnehmungs- und der Verhaltensansatz nicht voneinander getrennt werden, da sie beide im Sinne von actio und reactio raumbezogene Vorgänge im psychischen und physischen Lebensbereich des Menschen darstellen. Während der ökologische Ansatz noch das Verhältnis Natur — Gesellschaft hervorgehoben hatte, berufen sich der Wahrnehmungs- und der Verhaltensansatz auf das menschliche Individuum, wenn auch versucht wird, individuelle Vorgänge von Sinneswahrnehmung und geistiger Verarbeitung auf höhere Aggregate klassifikatorisch zurückzuführen (vgl. Abb. 2).

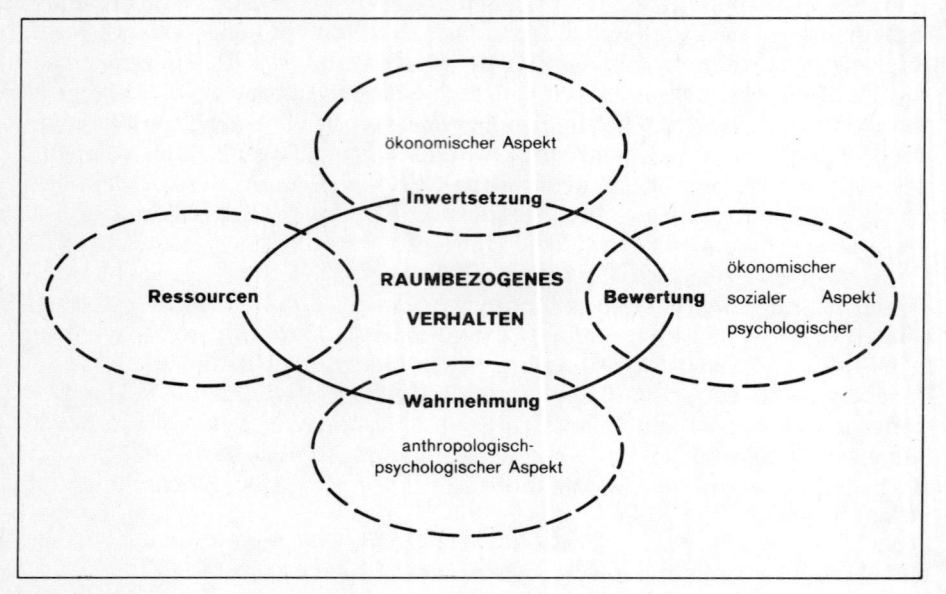

Abb. 2

Der genannte Ansatz beruht im wesentlichen auf einer Rezeption der anglosächsischen behavioural geography (zusammenfassend *U. R. Cox* 1972, *J. R. Gold* 1980, ferner Espaces vécus et civilisations, 1982; zur deutschen Rezeption vgl. z. B. *E. Thomale* 1974, *R. Wiessner* 1978, *E. Wirth* 1981a). Studien zum Image von Siedlungen und Funktionsstandorten (*H. Monheim* 1973) und zu wirtschaftlichen Entscheidungsprozessen abseits des Idealbildes eines homo oeconomicus (*M.E. Eliot Hurst* 1974, *J. Dahlke* 1976; *E. Schamp* 1978) stehen neben der Erstellung von „geistigen Karten" (mental maps; der englischsprachige Ausdruck hat sich als Terminus eingebürgert; zuerst bei *K. Lynch* 1960, vgl. *P. Gould & R. White* 1974) am Anfang der Entwicklung. Untersuchungen zum Wohn- und Versorgungsverhalten (*G. Meyer* 1977, 1978; *H. Popp* 1976, 1979), zum Wählerverhalten (*K. Ganser* 1966 in einer heute nicht mehr methodologisch einwandfreien Art; vgl. ders. 1980) und zum Innovationsverhalten (*J. Wolpert* 1970; *H. Popp* 1983) sind einige aktuelle Strömungen.

Hinter dieser Entwicklung stehen vier wichtige Implikationen:
(a) die Diskussion über den Gruppenbegriff in Geographie und Soziologie;
(b) die Analyse kultureller Rahmenbedingungen bei der sozial- und wirtschaftsgeographischen Forschung;

(c) das Konzept der Daseinsgrundfunktionen in der deutschen Sozialgeographie, speziell in der sog. Münchner Schule;
(d) die Prozeßforschung bei der Untersuchung von Segregation und Diffusion.

Zu (a): Die deutschen Sozialgeographen haben bis heute Schwierigkeiten, den soziologischen Gruppenbegriff zu übernehmen (*H. Hahn* 1957, *E. Otremba* 1962; *R. König* 1969; *J. Maier et al.* 1977: 45 ff.). Zwar wurde von einer Reihe von Sozialgeographen dieser Gruppengedanke besonders hochgespielt (unter der sprachlich fehlerhaften Form „sozialgeographischen Verhaltens" z. B. bei *W. Hartke* 1959; vgl. auch die Untersuchungen zur „gruppenspezifischen Aktionsreichweite"; dazu *K. Ruppert* 1963), doch ist erst mit der partiellen Übernahme des soziologischen Gruppenbegriffes durch *D. Klingbeil* (1978) ein gewisser Durchbruch erfolgt, nachdem schon *H. Dürr* (1972) eine Präzisierung versucht hatte. Mit der Übernahme des zeit-geographischen Ansatzes (*T. Kaster* u. *D. A. Lammers* 1979; *D. Klingbeil* 1980) wurde es möglich, relativ homogene, aber meist durch Merkmale bestimmte Gruppen verbal zu Verhaltensgruppen umzuinterpretieren, doch blieb diese Richtung ein Seitenzweig der modernen Sozialgeographie (vgl. Abb. 3).

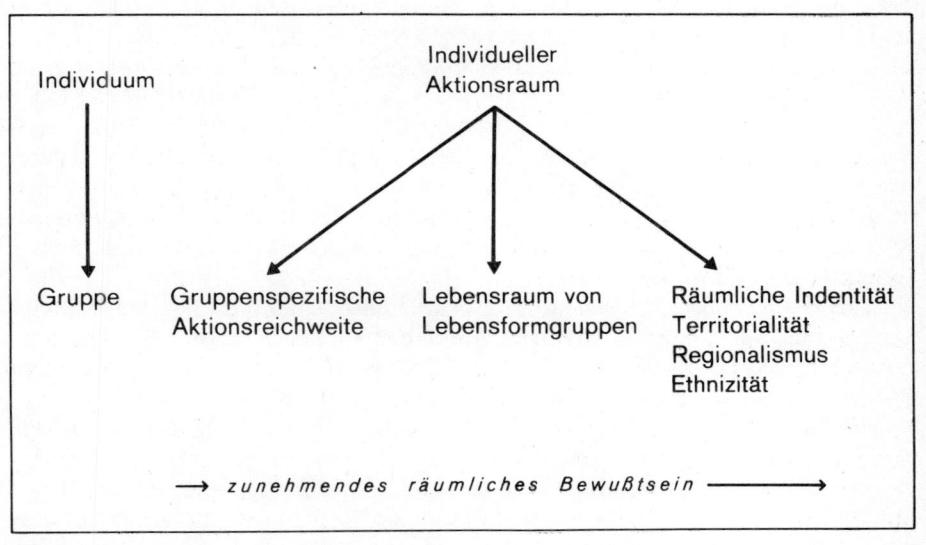

Abb. 3

Zu (b): Auf einer wesentlich breiteren Basis steht die Verbindung von Gruppenbegriff und kulturökologischen Überlegungen, wie sie auf die grundlegenden Arbeiten von *H. Bobek* (1950, 1959) und dessen Begriff der „Lebensformgruppe" zurückgeht (vgl. Abb. 4). Hier bot sich auch ein enger Kontakt sozial- und wirtschaftsgeographischer Ansätze innerhalb eines durchaus traditionalistischen Geographieverständnisses an. Ältere Musterbeispiele für diesen Ansatz sind die Untersuchung der Mormonen durch *H. Lautensach* (1953), der

```
Individuum          Gruppe      Lebensformgruppe   Gesellschaft      Kultur      | Sozialkategorie/
                                                                                  | Raumkategorie
    ↓         ↓           ↓              ↓              ↓          ↓             |
raumbezogenes  Entscheidungs-  "gruppenspezifische  (Lebensraum)  Bewertungs-  (Kulturerdteil)  | Forschungs-
Verhalten      verhalten       Aktionsreichweite"                vorgänge                       | gegenstand/
                                                    Anpassung                                    | Paradigma
                                                    Nutzungskonkurrenz          Tragfähigkeit   |

   →    zunehmende Quantität   /   Komplexität   /   größeres Territorium   →
```

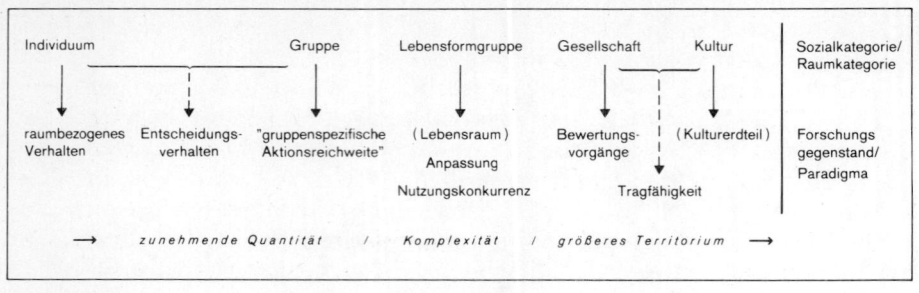

Abb. 4

ceylonesischen Fischer durch *F. Bartz* (1959), von Bauern und Hirten in den südostasiatischen Hochgebirgen (*H. Uhlig* 1962). Der Ansatz wurde sowohl auf industrielle Lebensformen ausgeweitet (vgl. z. B. *I. Vogel* 1959, *H. Buchholz* 1970), historisch vertieft (*G. Heinritz* 1971, *E. Wirth* 1965) und auch auf die Sozialstruktur in den Entwicklungsländern übertragen, von wo — mit der Differenzierung der orientalischen Sozialstruktur in die Lebensformgruppen Städter, Bauer und Nomade — dieser Gedanke seinen Ausgang genommen hatte. Die Vielzahl jüngerer Analysen zum Nomadismus und zum kulturellen Wandel der Nomaden sowie zum orientalischen Sozial- und Wirtschaftsgefüge gehören in diesen Zusammenhang (*F. Scholz* 1974; *F. Scholz* u. *J. Janzen*, Hg., 1982; vgl. *W. Hütteroth* 1973; *C. Jentsch* 1973, *E. Ehlers* 1976, *G. Meyer* 1984 u. a.), wie auch die theoretischen Überlegungen von *E. Wirth* (1981) zur Berücksichtigung des raumbezogenen Verhaltens bei der Untersuchung von geographisch relevanten Gruppen durch empirische Forschungen im Orient gestützt werden. *Wirth* (1977:177 f.) hat eine umfangreiche Liste einschlägiger Arbeiten zusammengestellt, in denen Gruppenbegriff und kulturelle Rahmenbedingungen verknüpft werden.

Auch die Arbeiten zur Gastarbeiterproblematik sind in diesen Zusammenhang einzuordnen, wobei der Bogen von der Phänomenanalyse (*H. Schrettenbrunner* 1971) zu den Rückwanderungsfragen (*G. Mertins* 1983; Literaturübersicht bei *J. Leib* 1983), von den Gastarbeitern in Mitteleuropa zu wirtschaftlichen Boomgebieten und dortigen Gastarbeiterproblemen (*G. Schweizer* 1980 zu Saudi-Arabien) reichen.

Zu (c): Einen eigenständigen Versuch, eine tragfähige Neukonzeption der Sozialgeographie zu entwickeln, unternahm die Münchner Gruppe, die sich zunächst aus Schülern von *W. Hartke* zusammensetzte und in der mittlerweile eine „Enkel"- und „Urenkel"-Generation tätig ist. Diese Konzeption beruht auf dem Konzept der Daseinsgrundfunktionen, wie es aus dem Städtebau (Charta von Athen) übernommen und für die Raumordnung umformuliert worden war (vgl. *D. Partzsch* 1970). *K. Ruppert, F. Schaffer, J. Maier* und andere eng mit der Münchner Sozialgeographie verbundene Wissenschaftler haben einen theoretischen Raum abgesteckt (*K. Ruppert* u. *F. Schaffer* 1969) und auf dieser Basis das bislang einzige Lehrbuch der Sozialgeographie in deutscher Sprache (*J. Maier* et al. 1977) aufgebaut (vgl. Abb. 5). Die Kritik an diesem Buch und der

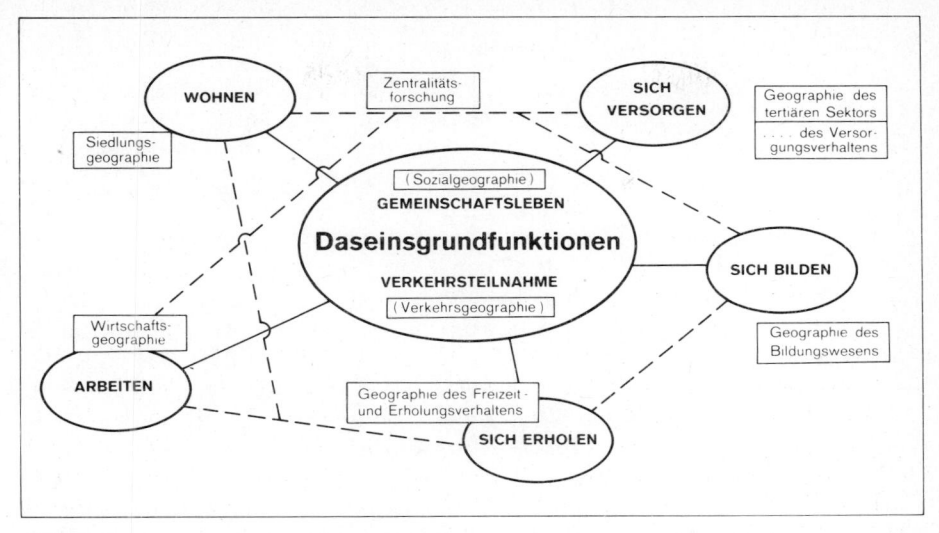

Abb. 5

Münchner Sozialgeographie (aus ganz unterschiedlicher Richtung bei *E. Wirth* 1977, *G. Leng* 1973) zeigt freilich, daß dieses Konzept sicher nicht für die gesamte Sozialgeographie tragfähig ist. Auf der anderen Seite muß anerkannt werden, daß es der Vorstellungswelt der Schüler entsprach und daher zugleich ein Jahrzehnt Schulgeographie entscheidend mitgestaltet hat.

Von dem ursprünglich die Daseinsgrundfunktionen Wohnen, Arbeiten, Sich-versorgen, Sich-erholen, Sich-bilden, In-der-Gemeinschaft-leben und Am-Verkehr-teilnehmen umfassenden Ansatz (vgl. auch *J. Maier* 1983) sind schließlich Teilbereiche der Sozial- und Wirtschaftsgeographie befruchtet worden, die Vertiefung erfuhren und zu anerkannten Forschungsrichtungen wurden. Dies gilt insbesondere für die Geographie des Freizeit- und Erholungsverhaltens (vgl. den aktuellen Forschungsüberblick von *K. Kulinat* u. *A. Steinecke* 1984), für die Geographie des Bildungswesens (zuerst *R. Geipel* 1968, mit umfassenden empirischen Belegen *P. Meusburger* 1976, 1980) sowie eine Geographie des Versorgungsverhaltens, die zugleich ökonomische Theorien des tertiären Sektors aufgegriffen hat (vgl. z. B. *G. Heinritz* 1979, *J. Güssefeldt* 1980).

Die Wurzeln für diesen Teilbereich der Sozialgeographie lassen sich teilweise noch weiter zurückverfolgen. Die von *W. Hartke* und *K. Ruppert* initiierte „Indikatorenmethode" (auf kritische Einwände dagegen sei hier nicht eingegangen) greift, da sie sichtbare und meßbare Erscheinungen hervorheben will, durchaus auf den morphologischen Ansatz der Kulturgeographie zurück (wiewohl die Initiatoren dies wohl weniger gerne hören würden). Es geht um die kleinräumige Erfassung von Tatbeständen, hinter deren Existenz und Entwicklung sich sozioökonomische Abläufe verbergen, die in diesen Effekten sichtbar werden. Musterbeispiele sind die Untersuchungen zur Sozialbrache, die als physiognomischer Ausdruck veränderter Beschäftigungs- und Sozialverhältnisse gedeutet wird (vgl. *W. Hartke* 1956).

Zu (d): Die Sozialbrache wurde nicht untersucht, um Raummuster zu erfassen (obwohl die kartographische Darstellung eine anerkannte Teilleistung solcher Untersuchungen ist), sondern um die hinter den „patterns" stehenden Prozesse zu ergründen. In zwei eng miteinander zusammenhängenden Teilbereichen der Wirtschafts- und Sozialgeographie spielt dieser Aspekt eine große Rolle in der Innovations- und Segregationsforschung. Die Innovationsforschung (vgl. *H.-W. Windhorst* 1983) analysiert Neuerungen wirtschaftlicher, technischer und sozialer Art und die dahinterstehenden Ausbreitungs- (Diffusions-)vorgänge, um an der Registrierung eines zeitlichen Ablaufs sowohl die Allgemeingültigkeit ökonomischer Gesetze (etwa hinsichtlich der Sättigung oder des abnehmenden Ertragszuwachses) wie das psychologisch bedingte Verhalten von Initiatoren und Adoptoren zu erfassen. Für die deutsche Agrar- und Sozialgeographie war, aufbauend auf Arbeiten von *T. Hägerstrand* (1952, 1967), die Untersuchung von *C. Borcherdt* (1961) zur Agrarentwicklung in Bayern bahnbrechend, in der die Allgemeingültigkeit und Untergliederung zeitlicher Abläufe abgeleitet werden konnte. *E. Giese* (1978a) hat die Ausbreitung des Gastarbeitertums in der Bundesrepublik Deutschland und — zusammen mit *J. Nipper* (1984) — die Diffusion neuer Technologien in der Regionalpolitik zum Gegenstand von Innovationsstudien gemacht und dabei zugleich das innovatorische Verhalten verschiedener Sozial- und Wirtschaftsgruppen analysiert.

Die Segregationsstudien, die vor allem auf die soziale Differenzierung städtischer Siedlungen abheben, fragen nach kleinräumigen Bewegungen, hinter denen aber ebenfalls Raumwahrnehmung, Wohnstandortbewertung und raumbezogenes Verhalten stehen, so daß eine Erwähnung in diesem Zusammenhang sinnvoll ist. Die meisten theoretischen Arbeiten stammen aus Nordamerika, wo u. a. Studien zur Ghettobildung initiierend wirkten, aber die Stadtforschung hat diesen Aspekt aufgegriffen und über die rein soziologische Analyse hinaus auch auf die innerstädtischen Flächennutzungskonkurrenzen und Verdrängungsprozesse ausgeweitet (vgl. *J. Friedrichs* 1977:216 ff.; *H. Carter* 1980:229 ff.). Am Beispiel Hawaiis wurden diese Überlegungen auf den historischen Ablauf von Einwanderungsquellen ethnischer Gruppen, Wirtschaftsentwicklung und Kulturlandschaftsgestaltung übertragen (*W. Kreisel* 1984). Damit wird eine Verbindung zu der Sozialökologie (auch: factorial ecology) hergestellt, die Gesichtspunkte der beziehungswissenschaftlichen Geographie ebenso wie die Systemanalyse aufgreift.

Hinter allen wahrnehmungs- und verhaltensorientierten Studien steht letztlich die Auffassung von der Territorialität des Menschen als einer anthropologisch vorgegebenen Rahmenbedingung (*H. Hambloch* 1983:116 ff.; vgl. zusammenfassend *J.R. Gold* 1982; *D.B. Knight* 1982; *T. Malmberg* 1980; *R.D. Sack* 1983). Die Gefahr, daß Territorialität mit Nationalismus verwechselt oder mit emotionalen Bewertungen überfrachtet wird, hat wohl bislang eine umfassendere Rezeption in Westeuropa verhindert. Andererseits beruht die soziale

Komponente des Regionalismusproblems (das vor allem an Beispielen aus Frankreich oder Spanien studiert werden kann und im kleinerräumigen Rahmen auch auf Deutschland anwendbar ist) offensichtlich auf territorialem Verhalten, das zusätzlich kulturelle und historische Entwicklungsmomente einer Region einbezieht. Damit wird auch von der Territorialität her nochmals auf den kulturhistorischen Ansatz verwiesen. Im Kontakt mit ethnologischen Studien hängen Territorialität und Ethnizität eng zusammen (vgl. *A. Hecht* et al., 1983). Die auf Canada bezogenen Untersuchungen zu Integration und Desintegration traditioneller Gesellschaften dürfen nicht über ähnliche Problemstellungen in anderen Erdteilen hinwegtäuschen; auch für die Sowjetunion mag sich hier ein Fragenkomplex ergeben, solange man nicht die a-priori-Setzung von der integrierten Einheitlichkeit der sowjetischen Gesellschaft aufrechterhält.

3.3 Der standorttheoretische Ansatz

Im Zusammenhang mit der Ressourcenproblematik mußte die Frage nach der Allokation der Ressourcennutzung aufgeworfen werden; ‚Nutzungsverdrängungen' hatten eine allgemeine Landnutzungstheorie gefordert; ‚raumbezogenes Verhalten' fragte zugleich nach den Funktionsstandorten, die Analyse von Lebensformgruppen nach den Mustern ihres Raumbezuges. Mehr noch als die Sozialgeographie hat die Wirtschaftsgeographie die Standortfrage hervorgehoben (*L. Schätzl* 1978).

Dieser chorologische Ansatz gilt zunächst für die drei Wirtschaftssektoren im einzelnen, dann aber auch für den gesamten Wirtschaftsraum. Die Geographie hat die theoretischen Überlegungen nicht allein geliefert, sondern wesentliche Bausteine dazu von den Nachbarwissenschaften, v. a. in jüngerer Zeit von der regional science übernommen. Auch dies hat seine Entsprechung in der Sowjetunion, wo die theoretischen Konstrukte der Novosibirsker Arbeitsgruppe um *A. G. Aganbegjan* und *M. K. Bandman* zwischen regional science und Wirtschaftsgeographie einzugruppieren sind.

Die älteste Tradition hat die Anwendung des agrarwirtschaftlichen Modells von *J. H. v. Thünen* (vgl. *L. Waibel* 1933), das mittlerweile zu einer allgemeinen Landnutzungstheorie (*W. Alonso* 1964, vgl. *E. Giese* 1978) umformuliert wurde und die Distanzabhängigkeit von Bodennutzungen und ihrer wirtschaftlichen Bewertung nachweist. Die verspätete Übernahme dieses und anderer Modelle in der Wirtschafts- und Sozialgeographie war durch ein Theoriedefizit unseres Faches bedingt, das im deutschsprachigen Raum erst seit den Arbeiten von *D. Bartels* (1968, 1970) gemildert werden konnte.

Die industriegeographischen Standortmodelle, die auf der Grundannahme der Transportkostenminimierung beruhen (*D. M. Smith* 1971, *L. Schätzl* 1978:31 ff.), sind schwerer zu übertragen, da sich mittlerweile erwiesen hat, daß eine einfache Distanzabhängigkeit, die sich in Transportkostenaufwand ausdrückt, für die Industrieallokation nicht besteht, sondern daß unternehmerische Entscheidung, infrastrukturelle Vorleistungen, betriebliche Organisation und Persistenzfaktoren die „*klassischen*" Orientierungen bestimmen (vgl. *K. Hottes*, Hg., 1976; *W. Mikus* 1978). Die Erfassung von Verteilungsmustern, industriellen Verbundsystemen und Lieferströmen spielt daher heute eine größere Rolle als die Suche nach einem allgemeingültigen theoretischen Modell (vgl. auch *W. Mikus* u. a. 1979).

Für den tertiären Sektor sind vor allem drei Teilrichtungen anzuführen. Klassische Bedeutung hat die Verkehrsgeographie, die mit der Anwendung graphentheoretischer Überlegungen (*F. Vetter* 1970, 1970a) eine mathematisch-statistische Komponente erhalten hat, ohne ihre überkommenen Analysegegenstände (Verkehrsarten, Verkehrswegeführung, Verkehrsströme) zu verlieren (*G. Voppel* 1980; *P. Schliephake* 1983). Die Zentralitätsforschung, die von *Christallers* Modell der zentralen Orte herkommt und damit zwischen Wirtschafts- und Stadtgeographie steht (vgl. die theoretischen Ableitungen von *J. Güssefeldt* 1983 zum Zusammenhang zwischen Stadtstruktur- und Stadtsystemmodellen), verknüpft sich eng mit der verhaltensorientierten Geographie von Versorgung und Konsum, überwiegend bezogen auf den Einzelhandel (*G. Heinritz* 1979; *J. Güssefeldt* 1980). Jüngerer Entstehung ist ein Seitenzweig, der sich der Untersuchung von Bürostandorten widmet (*H. Heineberg* u. *G. Heinritz* 1983), diese aber auch überwiegend in ihrer Lageabhängigkeit (Bezug zur Landnutzungstheorie), zur Tertiärisierung des Wirtschaftslebens (Bezug zu den Standorttheorien der Wirtschaftsgeographie) und zum Allokationsvorgang (Bezug zu den Forschungsfeldern von Raumwahrnehmung und raumbezogener Entscheidung) sieht.

Zum Aspekt von Lagebeziehungen, Distanzen und Netzverflechtungen tritt jener der Distanzüberbrückung. Hier ist vor allem auf die große Zahl von sozialgeographischen Arbeiten der Mobilitäts- und Migrationsforschung zu verweisen (*P. Weber* 1982; vgl. *H. Böhm* u. a. 1975, *W. F. Killisch* 1979). Während für die Entwicklungsländer die gegenseitige Aufrechnung von push- und pull-Faktoren und im Zusammenhang damit die Folgen der vermeintlichen besseren städtischen Lebensbedingungen im Vordergrund stehen (vgl. *H. Elsenhans*, Hg., 1978), haben Mobilitätsstudien in industrialisierten Staaten einen Schwerpunkt auf die wirtschaftlichen Hintergründe (Gastarbeiter: s. o.; Grenzgänger: *B. Mohr* 1982) oder die Wanderungsmotive (*H. P. Gatzweiler* 1975) gelegt.

Sowohl bei den standorttheoretischen Überlegungen wie bei der Mobilitätsforschung tritt der Gesichtspunkt regionaler Disparitäten (nach „östlichem" Sprachgebrauch: territorialer Disproportionen) in den Vordergrund (*D. Bartels* 1978). Die Gegenüberstellung von Ballungsgebieten oder Verdichtungsräumen einerseits (mit industrie-geographischer Fragestellung: *R. Grotz* 1971; *W. Gaebe* 1981) und strukturschwachen Peripherräumen (vgl. *W. Taubmann* 1979) andererseits, aber auch die Wahrnehmung struktureller Diskrepanzen innerhalb von Siedlungen und daraus erwachsenden Konflikten, global schließlich der Nord-Süd-Gegensatz zwischen hochindustrialisierten und unterentwickelten Ländern läßt den Zweig der „Wohlfahrtsgeographie" (welfare geography) in die Nähe der sozialwissenschaftlichen Friedens- und Konfliktforschung rücken. Theoretische Diskussionen innerhalb der Sozialwissenschaften, v. a. der immer wieder aufflammende Werturteilsstreit, haben zu unterschiedlichen Positionen innerhalb der Wirtschafts- und Sozialgeographie geführt: Vertretern einer wertfreien, meist zunächst deskriptiv erfassenden und von allgemeinen Theorien begründenden Wissenschaft stehen die Vertreter der „radical geography" (*R. Peet;* Zeitschrift Antipode...16, 1984...) gegenüber, die aus der Erfassung von Diskrepanzen die Rechtfertigung zu veränderndem Handeln auch dem Wissenschaftler einräumen, ja ihm sogar verpflichtend vorschreiben wollen.

Eine andere Entwicklungs- und Gedankenlinie führt von der Darstellung und Erklärung räumlicher Ungleichgewichte zur angewandten Forschung innerhalb der Raumordnung (*K.-A. Boesler* 1982; *R. J. Fuchs & D. J. Demko* 1979; *G. L. Clark* 1980). Dabei wird zunächst den Behörden (als wichtigstem Arbeitgeber im tertiären Sektor) auch eine ausgleichende Funktion zugeordnet, die sich in raumwirksamen Staatsleistungen (*K.-A. Boesler* 1969; vgl. ders. 1983; *U. Ante* 1981) zu äußern hat. Von hierher erschließt sich auch der gesamte Bereich der Raumordnung als mögliches Tätigkeitsfeld des Geographen, der wissenschaftliche Erkenntnisse in politische Praxis zum Nutzen der Gesellschaft umsetzen will.

Von den Wirtschaftswissenschaften beeinflußt sind schließlich die Ansätze zu einer geographischen Deutung von regionalen Wachstums- und Entwicklungstheorien (Geographische Beiträge..., 1979, *L. Schätzl* 1983) oder die Analyse ökonomischer Kennziffern, die in Zeitreihenuntersuchungen ebenfalls Auskunft über Abbau oder Fortbestand regionaler Disparitäten geben können (vgl. zur UdSSR *H. Klüter* 1983).

3.4 Ansätze einer Differenzierung im raum-zeitlichen Kontinuum: Regionalisierung und Typisierung

Während bei der Diskussion der bisherigen Ansätze in der Wirtschafts- und Sozialgeographie der thematisch-sachliche Aspekt im Vordergrund stand, ist nunmehr auch auf Untersuchungen zu verweisen, die innerhalb der Grunddimensionen von Raum und Zeit zu differenzieren versuchen.

Während die Analyse von Wirtschaftsräumen in struktureller und funktionaler Hinsicht seit frühen Arbeiten von *Theodor Kraus* und seit der lehrbuchhaften Aufbereitung durch *Erich Otremba* zum unverzichtbaren Gegenstand der Wirtschaftsgeographie gehört, für den auch ein umfangreiches Instrumentarium zur Verfügung steht (*E. Schamp* 1972; *H.-G. Wagner* 1981:21 ff. et psm.), tut sich die Sozialgeographie schwer mit einer typisierenden Raumgliederung: Weder die Ausgliederung von Räumen „gleichen sozialgeographischen Verhaltens" (*W. Hartke* 1959) noch Versuche, von „sozialen Räumen" zu sprechen (*E. Otremba* 1969) waren tragfähig. Allerdings darf nicht übersehen werden, daß großräumige Aggregate wie die „Kulturerdteile" von *A. Kolb* (1962) leichter zu handhaben sind, da man wegen der Heterogenität der zusammengefaßten Räume eine gewisse Unschärfe akzeptieren wird.

Solchen Entwürfen, deren Rechtfertigung auch für ein geistesgeschichtlich vertieftes Verständnis der aktuellen Weltprobleme nicht in Frage steht, stehen die auf mathematisch-statistischen Grundlagen erarbeiteten Raumgliederungen gegenüber, deren Zahl mit der Entwicklung elektronischer Datenverarbeitungsmethoden wuchs (vgl. *P. Sedlacek*, Hg., 1978; *E. Giese* 1980). Ihr Ziel ist nicht, eine allgemeingültige Typologie zu entwickeln, sondern übertragbare Methoden der Raumgliederung zu entwickeln oder der Raumordnung ein distantiell gruppierendes Instrument an die Hand zu geben. Insofern besteht eine enge Verwandtschaft zu entsprechenden sowjetischen Typisierungs-, Regionalisierungs- und auch Raumgliederungsansätzen.

Eine andere Dimension wird mit historisch-geographischen Fragestellungen angesprochen, die in der Wirtschafts- und Sozialgeographie zwar noch nicht das Gewicht erlangt haben, das ihnen in der Siedlungsforschung zukommt, deren Bedeutung jedoch wächst. Die Analyse des Werdens der deutschen Agrarlandschaft, die *M. Born* (1974) im Anschluß an zahlreiche Vorarbeiten aus der Siedlungsgeographie und aus der Wirtschaftsgeschichte vorgelegt hat, gehört ebenso in diesen Zusammenhang wie historisch-demographische Arbeiten (*H.-D. Laux* 1982) oder Studien zur Industrialisierung.

Mit dem Begriffspaar ‚Persistenz' und ‚Wandel' operiert die Wirtschafts- und Sozialgeographie in gleicher Weise wie die Siedlungsforschung.

3.5 Wirtschafts- und sozialgeographische Themen in der länderkundlichen Fachliteratur

Nicht im einzelnen eingegangen werden soll auf die Länderkunde. Einerseits hat das Aufkommen der modernen Wirtschafts- und Sozialgeographie, wie sie von *D. Bartels* (1968, 1970) begründet wurde, zum Verdikt der Länderkunde auf dem Kieler Geographentag (Bestandsaufnahme zur Situation . . ., 1970) wesentlich beigetragen, so daß auch später der Sinn von Länderkunde nur in der Informationsübertragung, nicht jedoch in der Wissenschaftlichkeit gesehen wurde (*D. Bartels* 1971), andererseits hat die neue Ausrichtung der allgemeinen Anthropogeographie auf die sozial- und wirtschaftswissenschaftliche Perspektive die länderkundliche Arbeit wesentlich bereichert, wie nicht nur die damals schon in Arbeit befindlichen „Wissenschaftlichen Länderkunden" (vgl. z. B. *E. Wirth* 1971, *H. Mensching* 1968 (^{3}1979), *W.-D. Sick* 1979, *W. Hütteroth* 1982 u. a.) zeigen, sondern wie auch aus dem Boom länderkundlicher Veröffentlichungen der 70er und 80er Jahre hervorgeht (Fischer-Länderkunde; Länderprofile). Länderkunde kommt ohne wirtschafts- und sozialgeographische Aspekte nicht aus, und zugleich sichert die weltweite länderkundliche Arbeit der Geographen, daß regionale Wirtschafts- und Sozialgeographie betrieben wird. Es ist müßig, Einzelarbeiten aufzuführen; auch ein großer Teil der bereits für die verschiedenen Ansätze aufgeführten Untersuchungen hat zugleich eine regionale Komponente.

4. Zusammenfassende Thesen

Eine knappe Zusammenfassung kommt zu den folgenden Ergebnissen:
1. Die Wirtschafts- und Sozialgeographie bildet einen Bestandteil des Faches, wobei allerdings die Auffassungen über Integriertheit im Gesamtfach oder Eigenständigkeit kontrovers diskutiert werden.
2. Feldforschung und theoretische Konzepte, die einer nachträglichen empirischen Überprüfung bedürfen, ergänzen sich. Manche Überlegungen erreichen freilich nur das Niveau von Pseudotheorien, doch ist nicht gerechtfertigt, deshalb die Vielzahl verschiedener Auffassungen als nicht-geographisch abzutun.
3. Ergänzend nebeneinander stehen Untersuchungen in der Bundesrepublik Deutschland und im Ausland; der Rahmen wirtschafts- und sozialgeographischer Forschung durch Wissenschaftler aus der Bundesrepublik Deutschland ist weltweit abgesteckt, und nur äußere Restriktionen, nicht forscherische Langeweile verhindern eine noch weitere Verdichtung des Forschungsnetzes.
4. Durchweg bestehen enge Verbindungen zu Nachbardisziplinen, d. h. vor allem zu den anderen Sozial- und Wirtschaftswissenschaften, zu den Geschichtswissenschaften, aber auch zu den raumbezogenen Naturwissenschaften. Die Geographie hat ihre Mittlerstellung nicht aufgegeben.
5. Quantitative Arbeitstechniken haben den methodischen Ansatz und die Theoriebildung gefördert.
6. Die Wirtschafts- und Sozialgeographie ist anwendungsbezogen; ihre Ergebnisse werden nicht nur im Bildungswesen über Schule, Hochschule und öffentliche Veranstaltungen weitergegeben, sondern sie haben auch über die Raumordnung Gesellschaftsrelevanz erlangt.
7. Den vermutlich größten Einfluß auf die Schulgeographie hatte das sozialgeographische Konzept der Daseinsgrundfunktionen, dessen „Blütezeit" in die 70er Jahre zu datieren ist. Heute ist nicht nur die Schulgeographie im Umbruch, sondern auch die Forschungsansätze haben sich gewandelt.
8. Bestimmend ist die große Vielfalt geblieben. Man mag sie als das Fehlen eines einheitlichen Leitgedankens interpretieren, doch scheint die dahinterstehende Meinungs- und Forschungsvielfalt entscheidender zu sein, die eine Entsprechung im gesellschaftlichen Pluralismus hat. Wissenschaft ist nicht nur eine gesellschaftliche Äußerung, sie ist auch Abbild einer Gesellschaft.
9. Will die Schulgeographie den wissenschaftlichen Ansprüchen von Wirtschafts- und Sozialgeographie gerecht werden, dann kann sie nur — über einen topographischen Überblick hinaus — selektiv und exemplarisch arbeiten. Dies gilt sowohl für die verschiedenen Problemansätze und Sachthemen wie für die räumliche Dimension, die die Größenordnungen Individuum, Siedlung, Staatsgebilde und Großraum zu berücksichtigen hat. Hierin liegt sowohl eine Gefahr wie eine Chance, die Gefahr innerfachlicher Aufsplitterung und schulpraktischer Inkohärenz, aber auch die Chance von motivierender Aktualität und lebensnaher Problemorientierung.

Literatur

Hinweis: Das folgende Literaturverzeichnis nennt nur die im Referat zitierten Werke. Die Liste beansprucht daher keinerlei Vollständigkeit — weder im Hinblick auf das deutsche Schrifttum zur Wirtschafts- und Sozialgeographie noch in bezug auf „grundlegende" Werke. Es wird aber versucht, gerade bei den neueren Forschungsrichtungen Literaturberichte und Arbeiten mit umfangreichen Schrifttumverzeichnissen zu berücksichtigen.

Alonso, W. (1964): Location and Land Use: Toward a General Theory of Land Rent. Cambridge, Mass.
Ante, U. (1981): Politische Geographie, Braunschweig (= Das geographische Seminar).
Bartels, D. (1968): Zur wissenschaftstheoretischen Grundlegung einer Geographie des Menschen. Wiesbaden (= Geographische Zeitschrift, Beihefte. Erdkundliches Wissen, 19).
Bartels, D. (1970): Einleitung — In: *Bartels, D.*, Hg. (1970): Wirtschafts- und Sozialgeographie. Köln 13—45.
Bartels, D., Hg. (1970): Wirtschafts- und Sozialgeographie. Köln (= Neue wissenschaftliche Bibliothek, 35).
Bartels, D. (1978): Raumwissenschaftliche Aspekte sozialer Disparitäten. — In: Mitteilungen der Österreichischen Geographischen Gesellschaft 120, S. 227—242.
Bartels, D. (1981): Länderkunde und Hochschulforschung. — In: *Bähr, J., R. Stewig*, Hg. (1981): Beiträge zur Theorie und Methode der Länderkunde. Kiel (= Kieler Geographische Schriften, 52), S. 43—56.
Barth, H.K. (1977): Der Geokomplex Sahel. Untersuchungen zur Landschaftsökologie im Sahel Malis als Grundlage agrar- und weidelandwirtschaftlicher Entwicklungsplanung. Tübingen (= Tübinger Geographische Studien, 71, Sonderband 12).
Bartz, F. (1959): Fischer auf Ceylon. Ein Beitrag zur Wirtschafts- und Bevölkerungsgeographie des indischen Subkontinents. Bonn (= Bonner Geographische Abhandlungen, 27).
Bestandsaufnahme zur Situation der deutschen Schul und Hochschulgeographie. — In: Deutscher Geographentag Kiel 1969. Tagungsbericht und wissenschaftliche Abhandlungen. Wiesbaden, S. 191—207.
Bobek, H. (1950): Soziale Raumbildungen am Beispiel des Vorderen Orients. — In: Deutscher Geographentag München 1948. Landshut, S. 193—207.
Bobek, H. (1959): Die Hauptstufen der Gesellschafts- und Wirtschaftsentfaltung in geographischer Sicht. — In: Die Erde 90, S. 259—298.
Böhm, H., Kemper, F.-H., Kuls, W. (1975): Studien über Wanderungsvorgänge im innerstädtischen Bereich am Beispiel von Bonn. Bonn (= Arbeiten zur Rheinischen Landeskunde, 39).
Boesler, K.-A. (1969): Kulturlandschaftswandel durch raumwirksame Staatstätigkeit. Berlin 1969 (= Abhandlungen des 1. Geographischen Instituts der Freien Universität Berlin, 12).

Boesler, K.-A. (1982): Raumordnung. Darmstadt (= Erträge der Forschung, 165).
Boesler, K.-A. (1983): Politische Geographie. Stuttgart (= Teubner Studienbücher der Geographie).
Borcherdt, C. (1961): Die Innovation als agrargeographische Regelerscheinung. − In: Arbeiten aus dem Geographischen Institut der Universität des Saarlandes, 6, S. 13−50.
Borcherdt, C. (1982): Probleme der Erfassung und Bewertung des „Landverbrauchs". Mit Beispielen aus dem Mittleren Neckarraum. Zwischenbericht zu einem Forschungsvorhaben. 2. Aufl. Stuttgart (= Geographisches Institut, Universität Stuttgart. Materialien).
Borcherdt, C., Mahnke, H.-P. (1973): Das Problem der agraren Tragfähigkeit, mit Beispielen aus Venezuela. − In: *Meckelein, W., Borcherdt, C.*, Hg. (1973): Geographische Untersuchungen in Venezuela. Stuttgart (= Stuttgarter Geographische Studien, 85), S. 1−93.
Born, M. (1974): Die Entwicklung der deutschen Agrarlandschaft. Darmstadt (= Erträge der Forschung, 29).
Buchhofer, E., Hg. (1982): Flächennutzungsveränderungen in Mitteleuropa. Marburg (= Marburger Geographische Schriften, 88).
Buchholz, H.J. (1970): Formen städtischen Lebens im Ruhrgebiet, untersucht an sechs geographischen Beispielen. Paderborn (= Bochumer Geographische Arbeiten, 8).
Carter, H. (1980): Einführung in die Stadtgeographie. Übersetzung und herausgegeben von *F. Vetter.* Berlin, Stuttgart.
Clark, G. L. (1980): Capitalism and Regional Inequality. In: Annals of the Assocation of American Geographers 70, S. 226−237.
Corvinus, F. (1984): Probleme der Energieversorgung eines tropischen Entwicklungslandes − Das Beispiel Malaysia. Hannover (= Jahrbuch der Geographischen Gesellschaft zu Hannover 1984).
Cox, K. R. (1972): Man, Location, and Behavior. An Introduction to Human Geography. New York etc.
Dahlke, J. (1976): Das Wirken sozialer Gruppen am Beispiel der Erschließung des westaustralischen Wirtschaftsraumes. − In: Geographica Helvetica 31, S. 179−190.
Dürr, H. (1972): Untersuchungen zum Problem der sozialgeographischen Gruppe: Der aktionsräumliche Aspekt. − In: Bevölkerungs- und Sozialgeographie. Deutscher Geographentag in Erlangen 1971, Ergebnisse der Arbeitssitzung 3. Kallmünz (= Münchner Studien zur Sozial- und Wirtschaftsgeographie, 8) S. 71−81.
Ehlers, E. (1967): Das boreale Waldland in Finnland und Kanada als Siedlungs- und Wirtschaftsraum. − In: Geographische Zeitschrift 55, S. 279−322.
Ehlers, E. (1973): Agrarkolonisation und Agrarlandschaft in Alaska. Probleme und Entwicklungstendenzen der Landwirtschaft in hohen Breiten. − In: Geographische Zeitschrift 61, S. 195−219.

Ehlers, E. (1976): Bauern — Hirten — Bergnomaden am Alvand Kuh/Westiran. Junge Wandlungen bäuerlich-nomadischer Wirtschaft- und Sozialstruktur in iranischen Hochgebirgen. — In: 40. Deutscher Geographentag Innsbruck 1975. Tagungsbericht und wissenschaftliche Abhandlungen. Wiesbaden. S. 775—794.

Ehlers, E. (1982): Bevölkerungswachstum, Nahrungsspielraum und Siedlungsgrenzen der Erde — Aspekte einer vergleichenden Anthropogeographie. — In: Beiträge zur Hochgebirgsforschung und zur Allgemeinen Geographie. Festschrift für H. Uhlig, Bd. 2 Wiesbaden (Geographische Zeitschrift, Beihefte. Erdkundliches Wissen), S. 75—89.

Ehlers, E. (1984): Bevölkerungswachstum — Nahrungsspielraum — Siedlungsgrenzen der Erde. Frankfurt a. M. (= Studienbücher Geographie).

Eisel, U. (1980): Die Entwicklung der Anthropogeographie von einer Raumwissenschaft zur Gesellschaftswissenschaft. Kassel (= Urbs et Regio, 17).

Eliot Hurst, M.E. (1974): A Geography of Economic Behavior. An Introduction. London.

Elsenhans, H., Hg. (1978): Migration und Wirtschaftsentwicklung, Frankfurt a. M.

L'Energie dans les communautés rurales des pays du Tiers Monde. Colloque International . . ., 1980. (1981). Bordeaux (= Travaux et documents de géographie tropicale, no. 43).

Espaces vécus et civilisations. (1982). Paris (= Mémoires et documents de géographie).

Finke, L., Panteleit, S. (1981): Flächennutzungskonflikte im Ruhrgebiet. — In: Geographische Rundschau 33, S. 422—430.

Friedrichs, J. (1977): Stadtanalyse. Soziale und räumliche Organisation der Gesellschaft. Reinbek (= rororo Studium, 104).

Fuchs, R. J., Demko, G. J. (1979): Geographic inequality under socialism. — In: Annals of the Assocation of American Geographers, 69, S. 304—318.

Gaebe, W. (1981): Zur Bedeutung von Agglomerationswirkungen für industrielle Standortentscheidungen. Mannheim (= Mannheimer Geographische Arbeiten, 13).

Ganser, K. (1966): Sozialgeographische Gliederung der Stadt München aufgrund der Verhaltensweisen der Bevölkerung bei politischen Wahlen. Kallmünz (= Münchner Geographische Hefte, 28).

Ganser, K. (1980): Was sollte „Wahlgeographie" leisten. — In: Geographische Rundschau 32, S. 404—412.

Gatzweiler, H. P. (1975): Zur Selektivität interregionaler Wanderungen. Bonn (= Forschungen zur Raumentwicklung, 1.)

Geipel, R. (1968): Der Standort der Geographie des Bildungswesens innerhalb der Sozialgeographie. — In: Zum Standort der Sozialgeographie. Kallmünz 1968 (= Münchner Studien zur Sozial- und Wirtschaftsgeographie, 4), S. 155—161.

Geographische Beiträge zur Entwicklungsländer-Forschung. Herausgegeben von *K.-H. Hottes* unter Mitwirkung von *J. Blenck* und *F. Scholz*. Bonn 1979 (= DGFK-Hefte Friedens- und Konfliktforschung, 12).

Giese, E. (1978): Weiterentwicklung und Operationalisierung der Standort- und Landnutzungstheorie von Alonso für städtische Unternehmen. — In: *Bahrenberg, G., W. Taubmann,* Hg. (1978): Quantitative Modelle in der Geographie und Raumplanung. Bremen (= Bremer Beiträge zur Geographie und Raumplanung, 1), S. 63—79.

Giese, E. (1978a): Räumliche Diffusion ausländischer Arbeitnehmer in der Bundesrepublik Deutschland 1960—1976. — In: Die Erde 109, S. 92—110.

Giese, E. (1980): Entwicklung und Forschungsstand der „Quantitativen Geographie" im deutschsprachigen Bereich. — In: Geographische Zeitschrift 68, S. 256—283.

Giese, E., Nipper, J. (1984): Die Bedeutung von Innovation und Diffusion neuer Technologien für die Regionalpolitik. — In: Erdkunde 38, S. 202—215.

Global 2000. Der Bericht an den Präsidenten (1980). Aus dem Amerikanischen. Hg. d. dt. Übersetzung *R. Kaiser*. Frankfurt a. M.

Gold, J. R. (1980): An Introduction to Behavioural Geography. Oxford.

Gold, J. R. (1982): Territoriality and Human Spatial Behaviour. — In: Progress in Human Geography 6, S. 44—67.

Gould, P., White, R. (1974): Mental Maps. Harmondsworth.

Grenzebach, K. (1978): Potentielle agrarische Entwicklungs- und Erschließungsräume Südnigerias und Westkameruns. — In: 41. Deutscher Geographentag Mainz 1977. Tagungsbericht und wissenschaftliche Abhandlungen. Wiesbaden, S. 311—328.

Grotz, R. (1971): Entwicklung, Struktur und Dynamik der Industrie im Wirtschaftsraum Stuttgart — eine industriegeographische Untersuchung. Stuttgart (= Stuttgarter Geographische Studien, 82).

Grotz, R. (1982): Industrialisierung und Stadtentwicklung im ländlichen Südost-Australien. Stuttgart (= Stuttgarter Geograph. Studien, 98).

Güssefeldt, J. (1980): Konsumentenverhalten und die Verteilung zentraler Orte.— In: Geographische Zeitschrift 68, S. 33—53.

Güssefeldt, J. (1983): Die gegenseitige Abhängigkeit innerurbaner Strukturmuster und Rollen der Städte im nationalen Städtesystem. Das Beispiel der sozialräumlichen Organisation innerhalb irischer Städte. Freiburg i. Br. (= Freiburger Geographische Hefte, 22).

Hägerstrand, T. (1952): The propagation of innovation waves. Lund (= Lund Studies in Geography, B 4).

Hägerstrand, T. (1967): Innovation diffusion as a spatial process. Chicago.

Haffner, W. (1979): Nepal Himalaya. Untersuchungen zum vertikalen Landschaftsaufbau Zentral- und Ostnepals. Wiesbaden (= Erdwissenschaftliche Forschung, 12).

Haggett, P. (1983): Geographie. Eine moderne Synthese. Nach der dritten, revidierten Originalausgabe aus dem Englischen übersetzt und mit Adaptionen versehen von *R. Hartmann* u. a. New York.

Hahn, H. (1957): Sozialgruppen als Forschungsgegenstand der Geographie. Gedanken zur Systematik der Anthropogeographie. — In: Erdkunde 11, S. 35—41.
Hambloch, H. (1983): Kulturgeographische Elemente im Ökosystem Mensch — Erde. Eine Einführung unter anthropologischen Aspekten. Darmstadt (= Die Geographie).
Hantschel, R., (1984): Neuere Ansätze in der Anthropogeographie. — In: Geographica Helvetica 39, S. 137—143.
Hantschel, R., Tharun, E. (1980): Anthropogeographische Arbeitsweisen. Braunschweig (= Das Geographische Seminar).
Hard, G. (1973): Die Geographie. Eine wissenschaftstheoretische Einführung. Berlin (= Sammlung Göschen, 9001).
Hartke, W. (1956): Die Sozialbrache als Phänomen der geographischen Differenzierung der Landschaft. — In: Erdkunde 10, S. 257—269.
Hartke, W. (1959): Gedanken zur Bestimmung von Räumen gleichen sozialgeographischen Verhaltens. — In: Erdkunde 13, S. 426—436.
Hecht, A., Sharpe, R. G., Wong, A. C. Y (1983): Ethnicity and Well-Being in Central Canada. Marburg (= Marburger Geographische Schriften, 92).
Heineberg, H., Heinritz, G. (1983): Konzepte und Defizite der empirischen Bürostandortforschung in der Geographie. — In: Beiträge zur empirischen Bürostandortforschung. Kallmünz (= Münchner Geographische Hefte, 50), S. 9—28.
Heinritz, G. (1971): Die ‚Baiersdorfer' Krenhausierer. Eine sozialgeographische Untersuchung. Erlangen 1971 (= Erlanger Geographische Arbeiten, 29).
Heinritz, G. (1979): Zentralität und zentrale Orte. Stuttgart (= Teubner Studienbücher der Geographie).
Hüttermann, A. (1978): Industrieparks in Irland. Wiesbaden 1978 (= Wissenschaftliche Paperbacks Geographie).
Hütteroth, W. (1973): Zum Kenntnisstand über Verbreitung und Typen von Bergnomadismus und Halbnomadismus in den Gebirgs- und Plateaulandschaften Südwestasiens. — In: *Rathjens, C., C. Troll, H. Uhlig, Hg.* (1973): Vergleichende Kulturgeographie der Hochgebirge des südlichen Asien. Wiesbaden (= Erdwissenschaftliche Forschung, 5), S. 146—156.
Hütteroth, W. (1982): Türkei. Darmstadt (= Wissenschaftliche Länderkunden, 21).
Hottes, K., Hg. (1976): Industriegeographie. Darmstadt (= Wege der Forschung, 329).
Ives, J.D. (1980): Highland- Lowland interactive systems in the humid tropics and subtropics: The need for a conceptual basis for an applied research programme. — In: Conservation and Development in Northern Thailand. Proceedings ... Tokyo 1980 (UNUP 77), S. 3—8.

Jätzold, R. (1984): Das System der agroökologischen Zonen der Tropen als angewandte Klimageographie mit einem Beispiel aus Kenia. — In: 44. Deutscher Geographentag Münster 1983. Tagungsbericht und wissenschaftliche Abhandlungen. Stuttgart, S. 85—93.

Jentsch, C. (1973): Das Nomadentum in Afghanistan. Eine geographische Untersuchung zu Lebens- und Wirtschaftsformen im asiatischen Trockengebiet. Meisenheim a.G. (= Afghanische Studien, 9).

Kaster, T., Lammers, D. A. (1979): Ausgewählte Materialien zur Zeitgeographie. Karlsruhe (= Karlsruher Manuskripte zur Mathematischen und Theoretischen Wirtschafts- und Sozialgeographie, 35).

Killisch, W. F. (1979): Räumliche Mobilität. Grundlegung einer allgemeinen Theorie der räumlichen Mobilität und Analyse des Mobilitätsverhaltens der Bevölkerung in den Kieler Sanierungsgebieten. Kiel (= Kieler Geographische Schriften, 49).

Klingbeil, D. (1980): Aktionsräume im Verdichtungsraum. Zeitpotentiale und ihre räumliche Nutzung. Kallmünz (= Münchner Geographische Hefte, 41).

Klingbeil, D. (1980): Zeit als Prozeß und Ressource in der sozialwissenschaftlichen Humangeographie. — In: Geographische Zeitschrift 68, S. 1—32.

Klüter, H. (1983): Zur regionalen Verteilung der Bruttoanlageinvestitionen in der Sowjetunion. — In: Geographische Zeitschrift 71, S. 2—28.

Knight, D. B. (1982): Identity and Territory: Geographical Perspectives on Nationalism and Regionalism. — In: Annals of the Association of American Geographers 72, S. 514—531.

König, R. (1969): Soziale Gruppen. — In: Geographische Rundschau 21, S. 2—10.

Kohlhepp, G. (1977): Zum Problem von Interessenkonflikten bei der Neulanderschließung in Ländern der Dritten Welt. Am Beispiel des brasilianischen Amazonasgebietes. — In: Die Geographie und ihre Didaktik zwischen Umbruch und Konsolidierung. Festschrift für *K. E. Fick*. (1977). Frankfurt a. M. (Frankf. Beitr. z. Did. d. Geogr., 1), S. 15—31.

Kohlhepp, G. (1978): Wirtschafts- und sozialgeographische Aspekte des brasilianischen Entwicklungsmodells und dessen Eingliederung in die Weltwirtschaftsordnung. — In: Die Erde 109, S. 353—375.

Kolb, A. (1962): Die Geographie und die Kulturerdteile. — In: Hermann von Wissmann-Festschrift (1962). Tübingen, S. 42—49.

Kreisel, W. (1984): Die ethnischen Gruppen der Hawaii-Inseln. Ihre Entwicklung und Bedeutung für Wirtschaftsstruktur und Kulturlandschaft. Wiesbaden (Geographische Zeitschrift, Beihefte. Erdkundliches Wissen, 68).

Kulinat, K., Steinecke, A. (1984): Geographie des Freizeit- und Fremdenverkehrs. Darmstadt (= Erträge der Forschung, 212).

Lautensach, H. (1953): Das Mormonenland als Beispiel eines sozialgeographischen Raumes. Bonn (= Bonner Geographische Abhandlungen, 11).

Laux, H.-D. (1982): Forschungsschwerpunkte und Zukunftsaufgaben der Historischen Geographie: Bevölkerung. — In: Erdkunde 36, S. 103—109.

Leib, J. (1983): Auswirkungen der Gastarbeiterrückwanderung auf die Mittelmeerländer. Eine annotierte Auswahlbibliographie. − In: Geographische Rundschau 35, S. 73.
Leib, J. (1984): Typen der mediterranen Arbeitsemigration. − In: 44. Deutscher Geographentag Münster 1983. Tagungsbericht und wissenschaftliche Abhandlungen. Stuttgart, S. 175−184.
Leidlmair, A. (1965): Umbruch und Bedeutungswandel im nomadischen Lebensraum des Orients. − In: Geographische Zeitschrift 53, S.81−100.
Leng, G. (1973): Zur „Münchner" Konzeption der Sozialgeographie. − In: Geographische Zeitschrift 61, S. 121−134.
Leser, H. (1976): Landschaftsökologie. Stuttgart (= Uni-Taschenbücher, 521).
Leser, H. (1980): Geographie. Braunschweig (= Das Geographische Seminar).
Lynch, K. (1960): The Image of the City. Cambridge.
Mäckel, R., Walther, D. (1982): Geoökologische Studien zur Erfassung von Landschaftsschäden in den Trockengebieten Nordkenias. − In: Fortschritte landschaftsökologischer und klimatologischer Forschungen in den Tropen. Freiburg i. Br. (= Freiburger Geographische Hefte, 18), S. 133−150.
Maier, J. (1983): Einführung in die Sozialgeographie. − In: Sozial- und Wirtschaftsgeographie 2. München (Harms Handbuch der Geographie), S. 11−38.
Maier, J., Paesler, R., Ruppert, K., Schaffer, F. (1977): Sozialgeographie. Braunschweig (= Das Geographische Seminar).
Malmberg, T. (1980): Human territoriality. Survey of behavioural territories in man with preliminary analysis and discussion of meaning. The Hague, Paris (= New Babylon, Studies in the Social Sciences, 33).
Manshard, W. (1978): Bevölkerungswachstum und Ernährungsspielraum. Gedanken zur Entwicklungspolitik und Agrarforschung der Tropen. − In: Geographische Rundschau 30, S. 42−47.
Manshard, W. (1979): Programme on the Use and Management of Natural Resources 1977/78. − In: GeoJournal 3.1, S. 105−108.
Manshard, W. (1982): Ressourcen, Umwelt und Entwicklung. Paderborn (= Fragenkreise).
Manshard, W. (1982a): Probleme der Energieversorgung im ländlichen Raum tropischer Entwicklungsländer. − In: Fortschritte landschaftsökologischer und klimatologischer Forschungen in den Tropen. Freiburg i. Br. (= Freiburger Geographische Hefte, 18), S. 11−25.
Manshard, W. (1984): Bevölkerung, Ressourcen, Umwelt und Entwicklung. − In: Geographische Rundschau 36, S. 538−543.
Meadows, D., Meadows, D., Zahn, E., Milling, P. (1972): Die Grenzen des Wachstums. Bericht des Club of Rome zur Lage der Menschheit. Stuttgart.
Mensching, H. (1968): Tunesien. Eine geographische Landeskunde. Darmstadt (= Wissenschaftliche Länderkunden, 1).
Mensching, H., Ibrahim, F. (1976): Das Problem der Desertification. Ein Beitrag zur Arbeit der IGU-Commission „Desertification in and around arid lands". − In: Geographische Zeitschrift 64, S. 81−93.

Mertins, G. (1983): Zwischen Integration und Remigration. Die Gastarbeiterpolitik der Bundesrepublik nach 1973 und deren Rahmenbedingungen. In: Geographische Rundschau 35, S. 46–53.

Meusburger, P. (1976): Entwicklung, Stellung und Aufgaben einer Geographie des Bildungswesens. Eine Zwischenbilanz. – In: Mitteilungen der Österreichischen Geographischen Gesellschaft 118, S. 9–54.

Meusburger, P. (1980): Beiträge zur Geographie des Bildungs- und Qualifikationswesens. Regionale und soziale Unterschiede des Ausbildungsniveaus der österreichischen Bevölkerung. Innsbruck (= Innsbrucker Geographische Studien, 7.)

Meyer, G. (1977): Distance perception of consumers in shopping streets. – In: Tijdschrift voor economische en sociale geografie 67, S. 355–361.

Meyer, G. (1978): Junge Wandlungen im Erlanger Geschäftsviertel. Ein Beitrag zur sozialgeographischen Stadtforschung unter besonderer Berücksichtigung des Einkaufsverhaltens der Erlanger Bevölkerung. Erlangen (= Erlanger Geographische Arbeiten, 39).

Meyer, G. (1984): Ländliche Lebens- und Wirtschaftsformen Syriens im Wandel. Sozialgeographische Studien zur Entwicklung im bäuerlichen und nomadischen Lebensraum. Erlangen (= Erlanger Geographische Arbeiten, Sonderband 16).

Mikus, W. (1978): Industriegeographie. Themen der allgemeinen Industrieraumlehre. Darmstadt (= Erträge der Forschung, 104).

Mikus, W., unter Mitarbeit von *G. Kost, G. Lamche u. H. Musall* (1979): Industrielle Verbundsysteme. Studien zur räumlichen Organisation der Industrie am Beispiel von Mehrwerksunternehmen in Südwestdeutschland, der Schweiz und Oberitalien. Heidelberg (= Heidelberger Geographische Arbeiten, 57).

Minc, A. A. (1972): Ėkonomičeskaja ocenka estestvennych resursov (Naučno-metodičeskie problemy učeta geografičeskich različij v ėffektivnosti ispol'zovanija). Moskva.

Mohr, B. (1978): Bodennutzung, Ernährungsprobleme und Bevölkerungsdruck in Minifundienregionen der Ostkordillere Kolumbiens. – In: 41. Deutscher Geographentag Mainz 1977. Tagungsbericht und wissenschaftliche Abhandlungen. Wiesbaden, S. 299–310.

Mohr, B. (1982): Elsässische Grenzgänger in der Region Südlicher Oberrhein. s. l. (Freiburg i. Br.).

Monheim, F. (1981): Die Entwicklung der peruanischen Agrarreform 1969–1979 und ihre Durchführung im Department Puno. Wiesbaden (= Geographische Zeitschrift, Beihefte. Erdkundliches Wissen, 55).

Monheim, H. (1972, 2. Aufl. 1973): Zur Attraktivität deutscher Städte. Einflüsse von Ortspräferenzen auf die Standortwahl von Bürobetrieben. München (= WGI-Berichte zur Regionalforschung, 8).

Nickel, H.J. (1971): Sozialgeographie oder Wie man die Neuerfindung der Soziologie vermeidet. Eine Literaturliste und ein Kommentar. – In: Freiburger Geographische Mitteilungen 1971/2, S. 25–70.

Otremba, E. (1962): Die Gestaltungskraft der Gruppe und der Persönlichkeit in der Kulturlandschaft. — In: Deutscher Geographentag Köln 1961. Tagungsbericht und wissenschaftliche Abhandlungen. Wiesbaden, S. 166—189.

Otremba, E. (1969): Soziale Räume. — In: Geographische Rundschau 21, S. 10—14.

Partzsch, D. (1970): Daseinsgrundfunktion. — In: Handwörterbuch der Raumforschung und Raumordnung. 2. Aufl. Band 1. Hannover, Sp. 424—430.

Popp, H. (1976): Signalement. The Residential Location Decision Process: Some Theoretical and Empirical Considerations. — In: Tijdschrift voor Economische en Sociale Geografie 67, S. 300—306.

Popp, H. (1979): Zur Bedeutung des Koppelungsverhaltens bei Einkäufen in Verbrauchermärkten — aktionsräumliche Aspekte. — In: Geographische Zeitschrift 67, S. 301—313.

Popp, H. (1983): Moderne Bewässerungslandwirtschaft in Marokko. Staatliche und individuelle Entscheidungen in sozialgeographischer Sicht. Erlangen (= Erlanger Geographische Arbeiten, Sonderband 15).

Ratzel, F. (1882/91): Anthropogeographie oder Grundzüge der Anwendung der Erdkunde auf die Geschichte, Band 1—2. Stuttgart.

Rostankowski, P.: Getreideerzeugung nördlich 60° N. — In: Geographische Rundschau 33, S. 147—152.

Ruddle, K., Manshard, W. (1981): Renewable Natural Resources and the Environment. Pressing Problems in the Developing World. Dublin 1981 (= UNU. Natural Resources and The Environment Series, 2).

Ruppert, K. (1968): Die gruppentypische Reaktionsweite — Gedanken zu einer sozialgeographischen Arbeitshypothese. — In: Zum Standort der Sozialgeographie. Kallmünz (= Münchner Studien zur Sozial- und Wirtschaftsgeographie, 4), S. 171—176.

Ruppert, K., Hg. (1973): Agrargeographie. Darmstadt (= Wege der Forschung, 171).

Ruppert, K., Schaffer, F. (1969): Zur Konzeption der Sozialgeographie. — In: Geographische Rundschau 21, S. 205—214.

Sack, R. D. (1983): Human Territoriality: A Theory. — In: Annals of the Association of American Geographers 73, S. 55—74.

Schätzl, L. (1978): Wirtschaftsgeographie 1. Theorie. Paderborn 1978 (= Uni-Taschenbücher, 782).

Schätzl, L. (1981): Wirtschaftsgeographie 2. Empirie. Paderborn (= Uni-Taschenbücher, 1052).

Schätzl, L. (1983): Regionale Wachstums- und Entwicklungstheorien. — In: Geographische Rundschau 35, S. 322—327.

Schamp, E. W. (1972): Das Instrumentarium zur Beobachtung von wirtschaftlichen Funktionsräumen. Wiesbaden (= Kölner Forschungen zur Wirtschafts- und Sozialgeographie, 16).

Schamp, E. W. (1978): Unternehmensinterne Entscheidungsprozesse. Zur Standortwahl in Übersee am Beispiel eines deutschen chemischen Unternehmens. — In Geographische Zeitschrift 66, S. 38—60.

Schamp, E. W. (1983): Grundansätze der zeitgenössischen Wirtschaftsgeographie. — In: Geographische Rundschau 35, S. 74—80.

Schliephake, K. (1983): Verkehrsgeographie. — In: Sozial- und Wirtschaftsgeographie 2. München (Harms Handbuch der Geographie), S. 39—156.

Scholz, F. (1974): Belutschistan (Pakistan). Eine sozialgeographische Studie des Wandels in einem Nomadenland seit Beginn der Kolonialzeit. Göttingen (= Göttinger Geographische Abhandlungen, 63).

Scholz, F., Hg. (1981): Beduinen im Zeichen des Erdöls. Studien zur Entwicklung im beduinischen Lebensraum Südost-Arabiens. Mit Beiträgen von *H. Asche, J. Janzen, F. Scholz u. W. Zimmermann.* Wiesbaden (= Beihefte zum Tübinger Atlas des Vorderen Orients, Reihe B (Geisteswissenschaften, Nr. 45).

Scholz, F., Janzen, J., Hg. (1982): Nomadismus — ein Entwicklungsproblem? Berlin (= Abhandlungen des Geographischen Instituts — Anthropogeographie, 33).

Scholz, U. (1984): Ist die Agrarproduktion der Tropen ökologisch benachteiligt? Überlegungen am Beispiel der dauerfeuchten Tropen Asiens. In: Geographische Rundschau 36, S. 360—366.

Schoop, W. (1970): Vergleichende Untersuchungen zur Agrarkolonisation der Hochlandindianer am Andenabfall und im Tiefland Ostboliviens. Wiesbaden (= Aachener Geographische Arbeiten, 4).

Schrettenbrunner, H. (1971): Gastarbeiter, ein europäisches Problem aus der Sicht der Herkunftsländer und der Bundesrepublik Deutschland. Frankfurt a. M. (= Studienbücher Geographie).

Schultz, J. (1976): Land Use in Zambia. Part 1—2. München (= Afrika-Studien, 95).

Schweizer, G. (1980): Gastarbeiter in Saudi-Arabien. — In: Festschrift H. Blume. Tübingen (= Tübinger Geographische Studien, 80), S. 353—365.

Sedlacek, P., Hg. (1978): Regionalisierungsverfahren. Darmstadt (= Wege der Forschung, 195).

Sedlacek, P., Hg. (1982): Kultur-/Sozialgeographie. Beiträge zu ihrer wissenschaftstheoretischen Grundlegung. Paderborn usw. (= Uni-Taschenbücher, 1053).

Sick, W.-D. (1979): Madagaskar. Tropisches Entwicklungsland zwischen den Kontinenten. Darmstadt (= Wissenschaftliche Länderkunden, 16).

Sick, W.-D. (1983): Agrargeographie. Braunschweig (= Das Geographische Seminar).

Simmons, I. G. (1980; [1]1974): The Ecology of Natural Resources. London.

Sioli, H. (1973): Recent human activities in the Brazilian Amazon region and their ecological effects. — In: Tropical Forest Ecosystems in Africa and South America, S. 321—333.

Smith, D. M. (1971): Industrial location. An economic geographical analysis. New York etc.
Stadelbauer, J. (1984): Regionalforschung über sozialistische Länder. Wege, Möglichkeiten und Grenzen — eine Bestandsaufnahme westlicher, meist deutschsprachiger Untersuchungen aus den 70er Jahren. Darmstadt (= Erträge der Forschung, 211).
Stadelbauer, J. (1984a): Die Entwicklung der Agrarwirtschaft in der Mongolischen Volksrepublik während der 70er Jahre — Ein Beitrag zur Adoption des sowjetischen Vorbildes regionaler Agrarstrukturförderung. — In: Die Erde 115, S. 235—260.
Storkebaum, W., Hg. (1969): Sozialgeographie. Darmstadt (= Wege der Forschung, 59).
Taubmann, W. (1979): Zur Abgrenzung von sogenannten Problemgebieten — Bemerkungen zu Indikatoren und Verfahrensweisen. Karlsruhe (= Karlsruher Manuskripte zur Mathematischen und Theoretischen Wirtschafts- und Sozialgeographie, 32).
Thomale, E. (1972): Sozialgeographie. Eine disziplingeschichtliche Untersuchung zur Entwicklung der Anthropogeographie. Marburg (= Marburger Geographische Schriften, 53).
Thomale, E. (1974): Geographische Verhaltensforschung. — In: Studenten in Marburg (1974). Marburg (= Marburger Geographische Schriften, 61), S. 9—30.
Thomale, E. (1978): Entwicklung und Stagnation in der Sozialgeographie. — In: Die Erde 109, S. 81—91.
Uhlig, H. (1962): Typen der Bergbauern und Wanderhirten in Kaschmir und Jaunsar-Bawar. — In: Deutscher Geographentag Köln 1961. Tagungsbericht und wissenschaftliche Abhandlungen. Wiesbaden, S. 211—225.
Uhlig, H. (1973): Der Reisbau im Himalaya. — In: *C. Rathjens, C. Troll, H. Uhlig,* Hg. (1973): Vergleichende Kulturgeographie der Hochgebirge des südlichen Asien. Wiesbaden (= Erdwissenschaftliche Forschung, 5), S. 77—104.
Uhlig, H. (1980): Problems of Land Use and Recent Settlement in Thailands Highland-Lowland Transition Zone. — In: Conservation and Development in Northern Thailand. Proceedings ... Tokyo (= UNUP 77), S. 33—42.
Uhlig, H. (1981): Geo-ecological differentiation of high-altitude cultivation in the Himalayan-Tibetan system and South East Asien. — In: Geological and Ecological Studies of Qinghai-Xizang Plateau. Vol. 2. Beijing, S. 2051 bis 2059.
Uthoff, D. (1978): Endogene und exogene Hemmnisse in der Nutzung des Ernährungspotentials der Meere. — In: 41. Deutscher Geographentag Mainz 1977. Tagungsbericht und wissenschaftliche Abhandlungen. Wiesbaden, S. 347—361.
Vetter, F. (1970): Netztheoretische Studien zum niedersächsischen Eisenbahnnetz. Ein Beitrag zur angewandten Verkehrsgeographie. Berlin (= Abhandlungen des 1. Geographischen Instituts der Freien Universität Berlin, 15).

Vetter, F. (1970a): Zum Wert von Netzmodellen in der Verkehrsgeographie. — In: Aktuelle Probleme geographischer Forschung. Festschrift für J. H. Schultze. Berlin 1970 (= Abhandlungen des 1. Geographischen Instituts der Freien Universität Berlin, 13), S. 539—546.
Vogel, I. (1959): Steinkohlenbergmann — Braunkohlenarbeiter. Eine sozialgeographische Studie. — In: Berichte zur deutschen Landeskunde 23, S. 215—223.
Voppel, G. (1980): Verkehrsgeographie. Darmstadt (= Erträge der Forschung, 135).
Wagner, H.-G. (1981): Wirtschaftsgeographie. Braunschweig (= Das Geographisches Seminar).
Waibel, L. (1933): Probleme der Landwirtschaftsgeographie. Breslau (= Wirtschaftsgeographische Abhandlungen, 1).
Weber, P. (1982): Geographische Mobilitätsforschung. Darmstadt (= Erträge der Forschung, 179).
Weichhart, P. (1975): Geographie im Umbruch. Ein methodologischer Beitrag zur Neukonzeption der komplexen Geographie. Wien.
Wein, N. (1980): Fünfundzwanzig Jahre Neuland. — In: Geographische Rundschau 32, S. 32—38.
Weischet, W. (1977): Die ökologische Benachteiligung der Tropen. Stuttgart (^{2}1980).
Weischet, W. (1978): Das ökologische Handicap der Tropen in der Wirtschafts- und Kulturentwicklung. — In: 41. Deutscher Geographentag Mainz 1977. Tagungsbericht und wissenschaftliche Abhandlungen. Wiesbaden S. 25—41.
Weischet, W. (1978a): Die Grundlagen des ernährungswirtschaftlichen Hauptgegensatzes auf der Erde. — In: 41. Deutscher Geographentag Mainz 1977. Tagungsbericht und wissenschaftliche Abhandlungen. Wiesbaden, S. 255—287.
Weischet, W. (1981): Ackerland aus Tropenwald — eine verhängnisvolle Illusion. — In: Holz aktuell 1981, H. 3, S. 15—33.
Wiessner, R. (1978): Verhaltensorientierte Geographie. Die angelsächsische behavioral geography und ihre sozialgeographischen Ansätze. — In: Geographische Rundschau 30, S. 420—426.
Wilhelmy, H. (1975): Reisanbau und Nahrungsspielraum in Südostasien. Kiel (= Geocolleg).
Windhorst, H.-W. (1983): Geographische Innovations- und Diffusionsforschung. Darmstadt (= Erträge der Forschung, 189).
Wirth, E. (1965): Zur Sozialgeographie der Religionsgemeinschaften im Orient. — In: Erdkunde 19, S. 265—284.
Wirth, E., Hg. (1969): Wirtschaftsgeographie. Darmstadt (= Wege der Forschung, 219).
Wirth, E. (1971): Syrien. Eine geographische Landeskunde. Darmstadt (= Wissenschaftliche Länderkunden, Bd. 4/5).

Wirth, E. (1977): Die deutsche Sozialgeographie in ihrer theoretischen Konzeption und in ihrem Verhältnis zu Soziologie und Geographie des Menschen. Zu dem Buch „Sozialgeographie" von J. Maier, R. Paesler, K. Ruppert und F. Schaffer (Braunschweig 1977). — In: Geographische Zeitschrift 65, S. 161—187.

Wirth, E. (1978): Zur wissenschaftstheoretischen Problematik der Länderkunde. — In: Geographische Zeitschrift 66, S. 241—261.

Wirth, E. (1979): Theoretische Geographie. Grundzüge einer theoretischen Kulturgeographie. Stuttgart (= Teubner Studienbücher Geographie).

Wirth, E. (1981): Kulturelle Tradition, Sozialstruktur und Wirtschaftsgeist als entwicklungshemmende Faktoren in der Dritten Welt. — In: *Meyer, G.*, Hg. (1981): Geographische Aspekte der Entwicklungsländerproblematik. Rheinfelden, S. 25—27.

Wirth, E. (1981a): Kritische Anmerkungen zu den wahrnehmungszentrierten Forschungsansätzen in der Geographie. Umweltpsychologisch fundierter „behavioural approach" oder Sozialgeographie auf der Basis moderner Handlungstheorien. — In: Geographische Zeitschrift 69, S. 161—198.

Wirth, E. (1984): Geographie als moderne theorieorientierte Sozialwissenschaft? — In: Erdkunde 38, S. 73—79.

Wolpert, J. (1970): Eine räumliche Analyse des Entscheidungsverhaltens in der mittelschwedischen Landwirtschaft. — In: *Bartels, D.*, Hg. (1970), S. 380—387.

Walter Sperling

Dimensionen räumlicher Erfahrung
Ein Beitrag zum Prinzip des Maßstabswechsels (1986)

Der geographische Schulatlas ist ein Weltatlas für die Jugend und zum Schulgebrauch, heute meist ein thematischer Atlas, dessen Themen so ausgewählt, strukturiert und gestaltet werden, daß der Inhalt des Atlas den allgemeinen Zielen des Bildungssystems, den Vorgaben der Lehrpläne und dem Fassungsvermögen der Schüler gerecht wird. Ein Blick in die Geschichte der Schulgeographie zeigt, daß die Atlasmacher zu allen Zeiten in der Lage waren, neue Themen zu erschließen, kartographisch und didaktisch umzusetzen und damit auch der Lehrplanentwicklung Impulse zu geben. Lehrplanentwicklung und Atlasgestaltung stehen in einem Wechselverhältnis, das stets die Fortschritte der Schulkartographie und damit auch der geographischen Erziehung in entscheidender Weise bestimmt hat.

Der geographische Raum, vieldeutig auch „Landschaft" genannt, tritt uns entgegen als Areal (area), als Region (regio), als Gebiet (territorium), als Schauplatz (theatrum) und als Bezugsraum der Selbstverwirklichung (patria). Raum wird erfahren durch den unmittelbaren Umgang, durch die geordnete Darbietung im pädagogischen Akt und durch eine Vielfalt von Unterrichtsmitteln, die Vorstellungen von Entfernung, Lage, Größe, Gestalt, dinglicher Erfüllung und Mannigfaltigkeit der Erdräume vermitteln. Bei der Gewinnung und Konkretisierung von Vorstellungen über einen Raum wirken die sinnliche Wahrnehmung, die Reflexion und die Anschauung (im Sinne Pestalozzis als „Einbildungskraft") zusammen. Schon im frühen Kindesalter und im Kreis der familiären, vertrauten Umgebung entstehen beim Heranwachsenden die ersten Wahrnehmungen, Eindrücke und Erfahrungen vom Räumen, jedenfalls von dem Raum, der in der deutschen Sprache die bedeutungsschwere Bezeichnung „Heimat" trägt. Hier wird die menschliche Territorialität im Umgang, also in der unreflektierten Begegnung erlebt. Die Schulgeographie hingegen vermittelt das administrativ verordnete Weltbild gesellschaftlicher Instanzen, die dafür Lehrpläne oder Curricula entworfen haben. Diese zweckrational geordnete geographische Welt ist gegliedert nach Ländern, Landschaften, Territorien oder auch nach den Grundfunktionen des menschlichen Daseins. Die komplexe Welt als Ganzes schließlich wird uns vermittelt durch Informationsträger und Medien, von denen unsere Schulweisheit nur träumen kann.

Carl Ritter (1779–1859) verstand seine Wissenschaft stets als eine pädagogische Aufgabe; unter dem Einfluß von Johann Heinrich Pestalozzi, dem er mehrfach begegnet war, sah er die Erde als das Wohn- und Erziehungshaus der Menschheit an. Es verwundert nicht, daß er lebhaft zu allen methodischen Fragen des geographischen Unterrichts Stellung nahm. Er gab selbst Kartenwerke heraus, für die er entsprechende Texte schrieb. 1810 rezensierte er den im Jahr zuvor im Gothaer Verlagshaus Justus Perthes erschienenen „Handatlas über alle bekannten Teile des Erdbodens" von Johann Heinrich Gottlieb Heusinger, den er mit erheblicher Kritik bedachte. Da heißt es: „Der Maßstab also, nach dem der geographische Unterricht sich richten müsse, ist nun, ganz klar, nicht im Wesen der Wissenschaft selbst begründet, sondern muß aus außerwesentlich liegenden Zufälligkeiten abgenommen werden" (Ritter 1810/1959, S. 85). Mit Maßstab ist hier keine mathematische Größe gemeint, sondern eine Betrachtungsdimension, die den anzuwendenden Begriffen, Typen und der Einbildungskraft, also dem Anschauungsvermögen der Schüler, angemessen ist. Noch deutlicher wurde Ritter 1828 in seinem Akademievortrag über Veranschaulichungsmittel räumlicher Verhältnisse bei geographischen Darstellungen durch Wort und Zahl: „Eine dritte Aufgabe würde es nach solcher wissenschaftlicher Vorarbeit sein, hierdurch einmal der Form und Einrichtung eines Elementar-Schul-Atlasses seine verbesserte Gestalt zu geben, und dabei den wesentlichen Unterschied von Generalkarten oder der Abstraction, wo das Bild des kleinen Maaßstaabes wegen nothwendig in das Zeichen eines Abbildes verwandelt werden muß, von der Spezialcarte oder dem wirklich verkleinerten Abbilde, den Bezeichnungs- und Darstellungsarten nach festzustellen, wodurch dem elementaren Schulunterrichte in der Geographie eine neue Bahn eröffnet werden könnte, indem er aus der Beschreibung sich zur, das reiche Material ordnenden, Verhältnislehre erhöbe und zur Construction führte" (Ritter 1852, S. 50f.). Ritter sah hier ganz klar die Spannung zwischen Konkretion und Abstraktion, die besondere Stellung des Details in bezug auf die große Weltansicht. Was Ritter letztlich vorschwebte, war ein thematischer Typenatlas mit „Charaktercharten" im Sinne seiner allgemeinen, vergleichenden Erdkunde (*Plewe* 1959, S. 108).

Auch *Albrecht Penck* (1858–1945) beherzigte diese Erkenntnis aus der Sicht der Geomorphologie, wenn er mit aller Deutlichkeit darauf hingewiesen hat, daß jede geographisch relevante Betrachtung „maßstabsbezogen" durchgeführt werden muß. Eine Düne, eine Schichtstufe oder ein Faltengebirgssystem könne nicht ohne einen Verlust an Anschaulichkeit und Begrifflichkeit in eine andere als die ihr angemessene Dimension übertragen werden. Das trifft übrigens mehr oder weniger auf alle den Geographen interessierenden Themenbereiche zu. Standort, Region oder Zone unterscheiden sich nicht nur durch die Konkretheit und Dichtigkeit der gebotenen Informationen, sondern auch durch den Begriffsapparat und die Zeichensprache, die jeweils anzuwenden ist. Schon ein kurzer Blick in ein terminologisches Wörterbuch der Geographie zeigt, daß vielen der genannten Termini eine Maßstabsdimension eigen ist, die nicht geändert werden kann, ohne daß auch der Begriff in die Ebene eines qualitativ anderen Allgemein- oder Spezialbegriffs transponiert werden muß.

Ernst Neef (1908–1984) hat im Rahmen der von ihm vertretenen Maßstabslehre drei Maßstabsdimensionen formuliert: die topologische, die chorologische und die geosphäre Dimension, denen der mikrogeographische, der mesogeographische und der megageographische Maßstab entsprechen. Im geographischen Kontinuum sind die Übergänge zwar fließend und erlauben den Einschub weiterer Zwischenstufen, wie beispielsweise die von *Günter Haase* erkannte „regionische" Stufe, doch gibt es auch deutliche „Sprünge", wo die Quantitäten in neue Qualitäten umschlagen. Die topologische oder mikrogeographische Betrachtungsweise ist nicht nur der Heimatkunde oder den „local studies" angemessen, vielmehr ist sie wegen ihrer Konkretheit in jeder Distanz zum Betrachter anwendbar, weil sie die beste Vorstellung von der dinglichen Erfüllung von Arealen vermittelt. Auf der anderen Seite steht die geosphärische planetarische oder megageographische Betrachtungsweise der Erdoberfläche als Ganzes. Der hohe Generalisierungs- und Abstraktionsgrad dieser Dimension bewirkt, daß mehr als nur die Summe der generalisierten Quantitäten der mittleren und unteren Ebenen zur Darstellung kommt. Am schwierigsten zu klassifizieren ist jedoch die mittlere, die chorologische oder mesogeographische Dimension, denn ihr Spielraum ist sehr breit, und die Mannigfaltigkeit der Erscheinungen widerstrebt der eindeutigen Klassifizierung, so daß viele Begriffe vage bleiben müssen. Diese „regionalgeographische Mitte" 1ar in der Disziplingeschichte der Geographie und nicht zuletzt auch der Schulgeographie der Länderkunde eigen und wurde demnach als die eigentlich geographische Dimension eingeschätzt. Die Krise der Länderkunde, die in den vergangenen Jahren häufig beschworen wurde, hat nicht zuletzt ihre Ursache in der einseitigen Bezugnahme auf Räume in der chorologischen Dimension. Die anhaltende Kritik hat jedoch neuerdings zu einem neuen Bewußtsein des chorologischen Ansatzes geführt und läßt hoffen, daß die Regionalgeographie den ihr gebührenden Stellenwert bald wieder behaupten kann.

Die Dimensionalität ist also, wie *Ernst Neef* in seinem postum erschienenen Aufsatz resümiert, ein geographisches Prinzip, das besagt, „daß in der Abhängigkeit vom Maßstab jede Dimension geographischer Betrachtung nur bestimmte konkrete geographische Inhalte vermittelt, andere jedoch nicht ausreichend oder gar nicht erkennen läßt" (*Neef* 1985, S. 142). Die Frage nach dem angemessenen Maßstab ist so zu einer „Philosophie der Geographie" geworden. Dafür wurde die sogenannte G-Skala entwickelt, die von 10^3 cm bis 4,01 x 10^9 cm reicht, also vom Maßstab 1 : 1000 bis zur Weltkarte im Taschenbuchformat, vom Standort bis zur Ökumene.

Die Maßstabs- und Dimensionenlehre hat damit nicht nur für die geographische Landschaftslehre der Physischen Geographie und Geologie große Bedeutung gewonnen, sondern auch für die Theorie der Wirtschafts- und Sozialgeographie und nicht zuletzt auch für die theoretische Grundlegung der Didaktik der Geographie und der Methodik des geographischen Unterrichts. Die praktische Schulgeographie hat den Maßstabswechsel schon früh als methodisches Stimulans erkannt, denn der Raum wird vom heranwachsenden Schüler in vielerlei Form erfahren — als Umgebung, als Fernraum und als „die weite Welt", in der die Kugelgestalt der Erde erkannt wird. Im modernem Geographieunterricht in Ost und West hat das Prinzip der gleichmäßigen Abdeckung des geographischen Kontinuums im Sinne der konzentrischen Kreise aufgegeben oder zumindest relativiert, dagegen aber das Prinzip der Thematisierung, der Akzentuierung und damit des Maßstabswechsels zum didaktischen Grundsatz erhoben. In den curricularen Vorgaben der Lehrpläne in den Ländern der Bundesrepublik Deutschland, aber auch anderer Staaten bemerken wir, daß neben die chorologische, also die „länderkundliche" Dimension, gleichberechtigt zwei weitere Dimensionen getreten sind: das thematische Fallbeispiel im großen Maßstab und die globale oder planetarische Dimension als Überblick und Zusammenschau im kleinen Maßstab. Die Anwendung des Maßstabswechsels beruht auf allgemeinpädagogischen und didaktischen Einsichten, daß der Wechsel von Schwerpunkt und Überblick dem Unterricht lebhafte und gewinnbringende Impulse zu verleihen vermag. Das heißt: Territoriale Einheiten verschiedener Größe, Ausdehnung und Ausstattung wechseln einander ab, wobei sich Konkretisierung und Generalisierung wechselseitig ergänzen. In den Geographielehrplänen der DDR ist das Prinzip des Maßstabswechsels besonders überzeugend bei der Behandlung der Sowjetunion in Klasse 7 herausgearbeitet worden.

Unsere Experimente mit kindlichen „Phantasielandkarten" und Phantasiegloben, die im Rahmen der geographiedidaktischen Forschungen der Universität Trier durchgeführt worden sind, bestätigen die Vermutung, daß auch Kinder in Maßstabskategorien denken, die eine qualitative Stufung aufweisen: Örtlichkeiten, Räume und die Welt werden deutlich voneinander abgesetzt, unabhängig vom Alter und der Klassenstufe der Schüler. Das fehlende Bewußtsein des geographischen Kontinuums wird in vielen der Kinderbilder durch Inseldarstellungen überspielt.

Das ist auch das Maßstabsspektrum, das die Schulkartographie heute anzubieten hat. Die traditionellen, länderkundlichen Schulatlanten boten überwiegend chorographische Karten an, deren Maßstäbe mit zunehmender Distanz abfielen, also Karten von Mitteleuropa, von den europäischen Ländern und von den Kontinenten, meist ergänzt durch Nebenkarten typischer Landschaftsausschnitte in einem größeren Maßstab sowie durch eine Gruppe thematischer Karten. Die neuen Schulatlanten, die im geographischen Unterricht an den Schulen der Bundesrepublik Deutschland jetzt eingeführt sind, zeigen ein deutliches Überwiegen thematischer Karten in wechselnden Maßstäben, angefangen von sehr speziellen „Fallbeispielen" bis zu dem Versuch, globale Probleme in breitester Fächerung zu thematisieren. Als Beispiel möge das Thema „Vulkanismus und Tektonik" genannt werden. In der traditionellen Schulgeographie wurde der Vulkanismus im länderkundlichen Kontinuum erwähnt und beschrieben; gelegentlich erschienen auch schon einzelne, besonders bekannte Vulkanberge wie etwa der Vesuv in Nebenkarten. Der moderne Geographieunterricht ist durch das Spiralcurriculum und den Maßstabswechsel in die Lage gesetzt, vom Fallbeispiel bis zu globalen Erklärungszusammenhängen vorzustoßen und durch Verknüpfung und Systematisierung komplexe Einsichten zu erzielen. So finden wir beispielsweise im 1982 erschienenen „Alexander Weltatlas — Neue Gesamtausgabe" folgendes Angebot: „Tektonischer Bau und Großgliederung der Erde" 1 : 120 000 000, „Erdbeben und Vulkanismus, Plattentektonik" 1 : 120 000 000, „Tektonischer Bau Eropas" 1 : 30 000 000, „Vesuv" 1 : 150 000, „Tektonik und Geologie der Alpen" 1 : 5 000 000, „Geologie Deutschlands" 1 : 3 000 000 sowie zahlreiche andere Karten, die eine Einordnung dieses Themas ermöglichen. Die anderen gebräuchlichen

Schulatlanten wie etwa der „Diercke Weltatlas – Neubearbeitung", „List Großer Weltatlas", „Seydlitz Weltatlas" und weitere stehen diesem Angebot nicht nach.

In der Wirtschafts- und Sozialgeographie ist die Maßstabsfrage noch nicht in der Weise angesprochen worden wie in der physisch-geographischen Landschaftsforschung und Geoökologie. Standort, Territorium und Welt sind hier solche Raumkategorien, nach denen die Geographie der Bevölkerung, der Siedlungen, der Produktion, der Verteilung und Kommunikation maßstabsgerecht thematisiert werden kann. Analyse des Fallbeispiels, Interpretation des chorischen Ausschnittes und Synthese im globalen Zusammenspiel ergänzen sich nicht nur wechselseitig, sondern kommen ohneeinander gar nicht aus. Auch Verwaltungskarten und politische Karten zeigen eine Hierarchie der Territorien, angefangen von der politischen Gemeinde über den Bezirk und Staat bis hinauf zu Staatengemeinschaften und Weltsystemen. In der Politischen Geographie werden „local conflicts", „regional conflicts" und „global conflicts" betrachtet, deren Entstehung und Folgen sich nicht nur quantitativ, sondern vor allem qualitativ unterschieden.

Der Referent zeigt Diapositive von Karten und Kartenausschnitten aus Schulatlanten, besonders aus dem neuen „Seydlitz Weltatlas". Siedlungsgeographie: Wohnplätze, Siedlungsgrundrisse, Stadtgrundrisse, Siedlungsnetze, Systeme zentraler Orte, Stadtlandschaften, die Verstädterung der Welt. Bevölkerungs- und Sozialgeographie: Flächenwachstum von Siedlungen, Bevölkerungsverdichtungen, Wohnstandorte von Gastarbeitern in einer Stadt, Verteilung der Gastarbeiter in der Bundesrepublik Deutschland, Handels- und Verkehrssprachen der Welt, Alphabetisierung, Lebensstandard und Armut in der Welt. Agrargeographie: Beispiele für Bodennutzung, Getreidewirtschaft, Grünlandwirtschaft, Weinbau, Intensivkulturen, Bewässerungswirtschaft, Wanderfeldbau, Plantagenwirtschaft, agrargeographische Karten im Ländermaßstab, globale Agrarproduktion. Industriegeographie: einzelne Industriestandorte und ihre spezifische Flächenbeanspruchung, Standortgruppen der Industrie, Industrielandschaften, Industrieproduktionen auf der Ebene der Staaten, globale Industrieproduktion. Umweltprobleme: Luftverschmutzung und Lärmbelastung in einzelnen Städten, Gewässerverschmutzung und Waldbeschädigung im Ländermaßstab, Umweltprobleme auf globaler Ebene.

Die zahlreichen, gutgelungenen Fallbeispiele können nicht darüber hinwegtäuschen, daß in der mittleren Maßstabsdimension einige Darstellungsprobleme noch nicht gelöst sind. Die größten Schwierigkeiten bestehen bei der Thematisierung globaler Sachverhalte und Probleme, nicht nur wegen der schwierigen Datenlage, sondern auch im Hinblick auf eine angemessene Generalisierung. Der Wunsch, über eine größere Zahl thematischer Globen zu verfügen, dürfte aus verschiedenen Gründen noch nicht realisierbar sein.

Eine Betrachtung zu den Dimensionen geographischer Erfahrung und Wahrnehmung am Beispiel von Schulatlanten sollte nicht abschließen ohne einen Blick auf die Dimensionalität geographischer Namen. Immer wieder ist geklagt worden über den Schwund der Beherrschung des „topographischen Grundwissens". Es wurden Listen des topographischen Merkstoffes erstellt, denen jedoch die logische Begründung und die Überzeugungskraft fehlt. Das Register eines Schulatlasses enthält, je nach dessen Umfang, 10 000 bis 30 000 Individualbegriffe, ein großer Weltatlas enthält in der Regel weit über 100 000

Nachweise; die Zahl der place names auf der Erde geht in die Billionen und vergrößert sich täglich und stündlich. Viele Namen existieren dazu in mehreren Sprachen, die Regeln für die angemessene Wiedergabe sind umstritten. Unser Gedächtnis kann aber nur eine begrenzte Menge von Namen speichern, je nach Situation dürfte der gleiche Mensch ganz andere Namen parat haben.

Listen des topographischen und raumkundlichen Merkstoffes zeigen in der Tat mit zunehmender Distanz eine Ausdünnung, die keineswegs einer Generalisierung gleichkommt, sondern auch Qualitätssprünge zeigt. Fallbeispiele lassen den Schüler ahnen, daß es auch in der fernen Welt viele Namen geben muß, auch wenn sie in der kleinmaßstäbigen Übersichtskarte nicht aufscheinen. Brasilien beispielsweise ist größer als Frankreich und hat mehr Einwohner, doch im Schulatlas wird es in kleinerem Maßstab und auch auf einem kleineren Ausschnitt abgebildet, der den Vergleich verbietet. Ein Atlasregister wiederholt diese Verzerrung, denn es wird nichts darüber ausgesagt, welche Qualität, welchen Gültigkeitsbereich und welches Gewicht die in der Liste gleichförmig wiedergegebenen Namen beinhalten. Erst im geographischen Kontinuum des Erdraums, dessen Teile in einem gesamtirdischen Zusammenhang stehen, gewinnt der Orts- oder Raumname die ihm zustehende Bedeutung. Wir sollten deshalb sorgfältiger zwischen topographischen, chorographischen und geographischen Namen unterscheiden, denn nur so gewinnt der ausgewählte Merkstoff Bedeutung für die geographische Bildung und Erziehung.

Die landschaftliche Ordnung unterliegt Gesetzmäßigkeiten, die auf den Ebenen maßstabsgebundener Betrachtung qualitativ unterschiedlich ausgeprägt sind. Das Ganze ist nicht die generalisierte Summe seiner Teile, der Teilraum nicht das verkleinerte Abbild des Ganzen. In der vergleichenden Erdkunde müssen Dimensionen und Schichten in ihrer Eigengesetzlichkeit jeweils maßstabsbezogen betrachtet werden. Nicht das chorographische Nebeneinander von Land und Land, sondern das zoomartige Ineinander unterschiedlich dimensionierter und damit auch thematisierter Erdausschnitte macht die Zielstellung einer modernen Regionalgeographie aus, die ein geographisches Curriculum und damit auch der Schulatlas zu repräsentieren hat.

Literatur

Bartels, D.: Ausgangsbegriffe chorischer Analytik. − In: Geographie und Schule 3, 1981, H. 11, S. 1−10.
Behrmann, W.: Die Bedeutung von *Albrecht Penck* für die Kartographie. − Leipzig 1938 (= Blätter der Deutschen Kartographischen Gesellschaft. 2).
Birkenhauer, J.: Überlegungen zum Aufbau eines räumlichen Kontinuums in der Sekundarstufe I. − In: Curriculumkonzepte in der Geographie, hrsg. von *H. Hendinger* und *H. Schrand,* Köln 1981, S. 55−72.
Birkenhauer, J./Sperling, W. u. a.: Länderkunde − Regionale Geographie. − München 1980 (= Harms Pädagogische Reihe).
Boeke, K.: Zoom − in vierzig Schritten durch den Kosmos. − Hamburg 1982.

Bollmann, J.: Aspekte kartographischer Zeichenwahrnehmung. Eine empirische Untersuchung. Bad Godesberg, Berlin 1981.
Breetz, E.: Gestaltungsprobleme ökonomisch-geographischer Atlas- und Wandkarten für den Geographieunterricht. — In: Wissenschaftliche Zeitschrift der Pädagogischen Hochschule Potsdam 22, 1978, H. 2, S. 371—390.
Förster, H.: Das Vermitteln und Aneignen topographischen Wissens. Ein Beitrag zum Erdkundeunterricht unserer sozialistischen Schule. — Berlin 1963 (= Methodische Beiträge zum Unterricht im Fach Erdkunde).
Fuchs G.: Das Topographische Problem im heutigen Geographieunterricht als Folge des fachdidaktischen „Maßstabswechsels". Aspekte und Vorschläge. — In: Studia geographica, hrsg. von *W. Eriksen* (= Colloquium Geographicum. 16). Bonn 1983, S. 377—392.
Grotelüschen, W.: Die Stufen des Heimatkunde- und Erdkundeunterrichts in der Volksschule. — In: Die Deutsche Schule 57, 1965, S. 366—370.
Haggett, P.: Geographie. Eine moderne Synthese. — New York 1983 (= UTB-Große Reihe).
Haubrich, H.: Das erdräumliche Kontinuum — eine ideologische Weltperspektive des Geographieunterrichts? — In: Geographie und Schule 6, 1984, H. 31, S. 10—17.
Hüttermann, A.: Die Karte als geographischer Informationsträger. — In: Geographie und Schule 1, 1979, H. 2, S. 4—13.
Kirchberg, G.: Topographie als Gegenstand und Ziel des geographischen Unterrichts. — In: Praxis Geographie 10, 1980, S. 322—329.
Köck, H.: Konzepte zum Aufbau des erdräumlichen Kontinuums. — In: Geographie und Schule 6, 1984, H. 31, S. 24—29.
Neef, E.: Dimensionen geographischer Betrachtung. — In: Forschungen und Betrachtungen 37, 1963, S. 361—363.
Neef, E.: Die theoretischen Grundlagen der Landschaftslehre. — Gotha, Leipzig, 1967.
Neef, E.: Der Ensemble-Charakter der Landschaft. — In: Wissenschaftliche Mitteilungen, Institut für Geographie und Geoökologie AdW der DDR 11, 1984, S. 155—160.
Plewe, E.: Carl Ritter. Hinweise und Versuche zu einer Deutung seiner Entwicklung. — In: Die Erde 90, 1959, S. 98—166.
Rennau, G.: Register von Karten und Atlanten. — Gotha, Leipzig, 1976.
Schlimme, W.: Topographisches Wissen und Können im Geographieunterricht. — Berlin 1983.
Ritter, C.: Einige Bemerkungen bey Betrachtung des Handatlas über alle bekannten Länder des Erdbodens. Hrsg. von Herrn Prof. *Heusinger* im Herbst 1809 (mit einem Vorwort von *Ernst Plewe*). — In: Erdkunde 13, 1959, S. 83—88.
Ritter, C.: Bemerkungen über Veranschaulichungsmittel räumlicher Verhältnisse bei graphischen Darstellungen durch Form und Zahl (vorgetragen am 17. Januar 1828). — In: Einleitung zur Begründung einer mehr wissenschaftlichen Behandlung der Erdkunde. — Berlin 1852, S. 129—151.

Sperling, W.: Typenbildung und Typendarstellung der Schulkartographie. — In: Untersuchungen zur thematischen Kartographie, Teil 3 (= Veröffentlichungen der Akademie für Raumforschung und Landesplanung, Forschungs- und Sitzungsberichte 64) Hannover 1973, S. 179—194.

Sperling, W.: Kindliche Phantasiegloben. — In: Der Globusfreund 25/27, 1977/1979, S. 291—296.

Sperling, W.: Kartographische Didaktik und Kommunikation. — In: Kartographische Nachrichten 32, 1982, S. 5—15.

Sperling, W.: Dimensionen räumlicher Erfahrung — Gedanken zum Seydlitz Weltatlas. — Seydlitz Weltatlas Handbuch, hrsg. von *H. M. Cloß*, Berlin 1985, S. 11—34.

Thauer, W.: Atlasredaktion im Zusammenspiel von Kartographie, Geographie und Regionalstatistik. — In: Internationales Jahrbuch für Kartographie, 20, 1980, S. 180—204.

Georgij Michailovič Lappo

Veränderungen und Perspektiven der räumlichen Struktur der sowjetischen Volkswirtschaft (1985)

Die Verwirklichung der Beschlüsse des XXVII. Parteitages der KPdSU wird dazu beitragen, die räumliche Struktur der sowjetischen Volkswirtschaft zu verbessern. Dies dient als wichtiges Mittel zur Intensivierung der Produktion, zur Steigerung der Arbeitsproduktivität auf der Basis rationalisierter Verflechtungen und zur Nutzung des Potentials komplexer werdender Zentren. In diesem Vortrag wird der Versuch unternommen, die wichtigsten Aspekte der Umgestaltung der Raumordnungsstruktur in der Sowjetunion darzustellen, die bis zum Ende dieses Jahrhunderts verwirklicht werden soll. Nach den zum 27. Parteitag veröffentlichten „Hauptrichtlinien der wirtschaftlichen und sozialen Entwicklung der UdSSR in den Jahren 1968—1990 und bis zum Jahre 2000" soll dieses Bild ergänzt und konkretisiert werden.

Man kann behaupten, daß sich die räumliche Struktur der sowjetischen Volkswirtschaft durch Stabilität in der Dynamik auszeichnet; die Grundlinien ihrer Entwicklung liegen fest, obwohl ihre definitive Herausbildung besonders im asiatischen Teil des Landes noch nicht abgeschlossen ist. Die Ziele der wirtschaftlichen und sozialen Entwicklung des Landes sind festgelegt und bleiben unverändert. Im Einklang mit diesen Zielen werden langfristige volkswirtschaftliche Programme erarbeitet und verwirklicht. Gleichzeitig unterliegen die Rahmenbedingungen in jeder historischen Etappe Veränderungen. Es werden technische und wirtschaftliche Möglichkeiten der Raumordnung besser. Die Bevölkerung und die Wirtschaft fordern immer neue Ressourcen. Es verändert sich die demographische und ökologische Situation. All dies spiegelt sich in der räumlichen Entwicklung der Wirtschaft, in der Herausbildung von Siedlungssystemen wider.

Es sei darauf hingewiesen, daß mit der Veränderung der ökologischen und demographischen Situation die Raumdisparitäten schärfer werden. So betrugen die Unterschiede der natürlichen Zuwachsraten zwischen den Sowjetrepubliken im Jahre 1960 1:5,9 und im Jahre 1983 1:8,2 (nach Narodnoe chozjajstvo SSSR v 1983 g., Moskva 1984). Neue Ballungsräume entstehen als Folge der Errichtung großer Industriekomplexe, der Erschließung neuer Rohstoffquellen und der Entstehung von Infrastruktursystemen. Es entstehen neue Schwerpunkte in der räumlichen Entwicklung und neue Ordnungsprinzipien.

Eine der wichtigsten Besonderheiten der sowjetischen Raumordnungsstruktur besteht darin, daß wir über längst erschlossene Gebiete verfügen, ebenso aber auch über große, noch nicht nutzbar gemachte Räume. Die Entwicklung beider Teile ist aufs engste verflochten. Differenzen bestehen nicht nur im unterschiedlichen Stadium der wirtschaftlichen Entwicklung, sondern auch in den Gesamtbedingungen der Einbeziehung und der Erschließung der vorhandenen Ressourcen. Sie sind so bedeutend, daß in den zu erschließenden Regionen spezifische Verfahren der technischen Bewältigung, aber ebenso eine spezifische Organisation von Wirtschaft und Siedlungsweise erforderlich sind. Das Gesamtergebnis hängt in hohem Maße davon ab, inwieweit diese regionalen Besonderheiten berücksichtigt werden. Extremverhältnisse müssen besonders berücksichtigt werden.

Die neu zu erschließenden Räume der UdSSR liegen hauptsächlich in der Zone der Nordgebiete und in den Trockengebieten. Die Erschließung neuer Bereiche in den *nördlichen Gebieten* wurde schon in den ersten Jahren der Sowjetmacht begonnen. Das war ein sehr mühevoller und aufwendiger Prozeß, brachte aber große Erfolge mit sich. Die sowjetische Erfahrung im Schaffen industrieller Schwerpunkte, großer Städte, Hochleistungsrohrleitungen unter extremen Naturverhältnissen, weit ab von den wirtschaftlichen Zentren und Transportwegen, hat weltweite Bedeutung.

Die Nordwärtsverlagerung der Produktivkräfte ist geographisch völlig logisch; sie ist ein markantes Merkmal der Standortentwicklung und -verteilung. Überzeugend wirken Beispiele wie Murmansk (die größte Stadt der Welt hinter dem Polarkreis), die Kohlebecken an der Petschora, die Industriestadt Norilsk, die Standorte der Diamantenförderung in Westjakutien, der Bergbau an der Kolyma und auf der Tschuktschenhalbinsel, Petropawlowsk auf Kamtschatka.

Die 60er Jahre leiteten eine neue Etappe in der Erschließung des Nordens ein. Das Neue daran war die Nutzbarmachung und die Gewinnung großer Rohstoffmengen. Das erforderte eine leistungsfähige Erschließungsbasis: die entsprechende Transportverbindung, das Heranziehen großer Arbeitskraftkontingente. Es war eine mehrfache Vergrößerung des Kapitalaufwands und Schaffung von Produktionsfonds erforderlich.

Beispielhaft sind hier die Standorte der Erdöl- und Erdgasförderung im Norden des Ob-Gebietes, die in den letzten zwei Jahrzehnten geschaffen worden sind und jetzt zu den größten der Welt gehören. In der ersten Hälfte der 80er Jahre wurde in Westsibirien mehr Erdöl gewonnen als in den USA, die der größte Produzent unter den kapitalistischen Ländern sind. Etwa zwei Drittel des Erdöls und 50 % des in der Sowjetunion geförderten Erdgases kamen aus Westsibirien.[1]

Im asiatischen Norden entsteht eine neue Verkehrsinfrastruktur. In den neu zu erschließenden Gebieten wurden Bahnverbindungen angelegt: Tjumen—Tobolsk—Surgut, Surgut—Urengoi, BAM, die kleine BAM und andere. Vom Ende der 70er Jahre an wurde die westliche Strecke des nördlichen Seeweges dank der Atom-Eisbrecher „Lenin", „Sibir", „Arktika" das ganze Jahr über befahrbar. In der Zukunft wird das für die gesamte Nordostpassage gelten.

Es gibt nicht nur einzelne Pionier-Bahnlinien zu den Bergbauschwerpunkten (wie die Petschora-Bahn, die Strecke Surgut—Urengoi u. a.), sondern auch lange, transkontinentale Hauptbahnen, so wie die Nordsib (die BAM ist die Oststrecke davon). Dies wird nicht nur zur Verbesserung der Infrastruktur im

---

[1] *A. Aganbegjan, Z. Ibragimova:* Sibir' ne po naslyške (Sibirien — nicht vom Hörensagen). 2. Aufl., Moskva 1984, S. 46.

Norden des Landes, sondern auch zur Vervollkommnung des gesamten Verkehrsnetzes der Sowjetunion entscheidend beitragen. Die Transportentfernungen auf den Nord-Bahnen sind wesentlich geringer als auf der Transsib.

Der Bau von Bahnstrecken wird nordwärts fortgesetzt. Die Bahn Urengoi—Jamburg wird bereits angelegt, geplant ist die Bahn Berkakit—Tommot—Jakutsk, die in ferner Zukunft, wie es scheint, bis Magadan geführt wird. Die Bahn entlang des Jenissei wird als notwendig empfunden.

Nach den Naturverhältnissen, dem Charakter der Erschließung, nach den Funktionsbedingungen von räumlichen Produktionssystemen unterscheidet man den Hohen Norden und den Nahen Norden[2]. Im Hohen Norden ist der Extremcharakter der Naturverhältnisse besonders ausgeprägt, deswegen wird dort die Besiedlung und die räumliche Produktionsorganisation an einzelnen Punkten erhalten bleiben. Besondere Bedeutung kommt der Schichtmethode beim Abbau von Bodenschätzen zu, ebenso dem Einsatz von automatisierten Systemen und arbeitserleichternden Technologien. Unter schwierigen Bedingungen wird auf der Halbinsel Jamal neben dem Jamburger Erdgasbecken eine neue Stadt gebaut. Das war der Grund für eine scharfe Diskussion: Wie soll eine Stadt im Norden und die Struktur des dort sich herausbildenden Territorialen Produktionskomplexes (TPK) aussehen?

Es sei auch darauf hingewiesen, daß die Erschließung des Meeresbodens im Schelfbereich in der nächsten Zukunft erfolgen wird. Im Sommer 1987 begann die Erdölförderung bei der Insel Kolgujew („Prawda" 15. 8. 1987). Jede neue Stadt im Norden wird nicht nur zum Stützpunkt für die Erschließung der Ressourcen des Nahraums, sondern trägt zur Entwicklung des gesamten Hohen Nordens bei.

Dank der Gebiete des Nahen Nordens vergrößert sich der wirtschaftlich aktive Raum in der UdSSR, der zur Zeit etwa die Hälfte der Gesamtfläche ausmacht. Die Erschließung des Nahen Nordens erfolgt auf der Basis einer Diffusion von wirtschaftlichen Prozessen aus den naheliegenden entwickelten Nachbarräumen, während die Erschließung des Hohen Nordens dem Absprung von Fallschirmjägern vergleichbar ist, wenn in einem recht entlegenen Gebiet, fernab der Basis, isolierte räumliche Produktionssysteme aufgebaut werden.

Im Hohen Norden werden große lokale Territoriale Produktionskomplexe eingerichtet, auch auf der Grundlage von leistungsfähigen Wasserkraftwerken der Angara-Jenissei-Kaskade. Es wird bereits das Bogutschanker Wasserkraftwerk an der Angara errichtet. In Aussicht stehen das Nishne-Angarsker, Osinowskaja und Turuchansker Wasserkraftwerk am Jenissei. Gleichzeitig beginnt die Erschließung der Blei-Zink-Vorkommen von Gorev. Der Mittel-Ob-Raum, der Angara-Jenissei-Raum und die BAM-Region sind Regionen des Nahen Nordens, die besonders aktiv entwickelt werden sollen.

Die Bedeutung des zu erschließenden Nord-Raumes besteht nicht nur darin, daß in diesem Rahmen neue Elemente der Raumordnungsstruktur entstehen,

---

[2] *S. V. Slavin:* Osvoenie Severa Sovetskogo Sojuza (Die Erschließung der Nordgebiete der Sowjetunion). Moskva 1982.

sondern auch darin, daß in alten entwickelten Regionen, die als Bereitstellungsräume gelten, signifikante Änderungen in der Untergliederung und in der Raumordnung vor sich gehen. In enger Verflechtung werden sich z. B. der KATEK-Raum und der TPK von Nishne-Angarsk entwickeln. Das verlangt die weitere Entwicklung von Verkehrssystemen, die Bereitstellungsräume und neue Ressourcenräume miteinander verbinden.

In den *südlichen Erschließungsräumen* (Trockengebiete) werden jetzt und in Zukunft angelaufene Prozesse der Raumentwicklung fortgesetzt. Es seien zwei Beispiele genannt: In Mittel- und West-Kasachstan und in den Wüstengebieten Mittelasiens sollen Bergbauschwerpunkte zur Förderung von Eisenerz, Kupfererz, Apatit und Schwefel entstehen, daneben soll bewässerter Ackerbau mit leistungsstarken Bewässerungsanlagen in den Steppen Mittelasiens (Karschi- und Dshisak-Steppen) betrieben werden.

In Zukunft werden sich zwei schon jetzt aktuelle Probleme verschärfen, die Wasserversorgung und das demographische Problem. Die eigenen Wasservorräte Mittelasiens werden schon Anfang der 90er Jahre völlig erschöpft sein. Die Wasser-Zuführung aus den Nord-Flüssen wird wirtschaftlich unumgänglich werden. Zur Zeit werden in Mittelasien 6,6 Mio. ha bewässert. Die zu bewässernden Landgebiete sollen um das Zehnfache vergrößert werden. Die Wasserüberleitung aus den Flüssen der Nordgebiete verhilft dazu, die Grenzen des bewässerten Ackerbaus in den mittelasiatischen Republiken zu verschieben und die schnell wachsende Bevölkerung erwerbsfähig zu machen. Das Wasser ermöglicht es, die Räume mit ungünstigen Lebensbedingungen positiv zu verändern.

Einigen Berechnungen zufolge wird etwa die Hälfte des Bevölkerungszuwachses in der Sowjetunion Ende dieses Jahrhunderts in den mittelasiatischen Republiken erfolgen (mit einem Anteil von 12 % machen sie z. Z. 30 % des Zuwachses aus). Die Migrationsrate der einheimischen Bevölkerung in Mittelasien ist nicht hoch. Die Abwanderung aus ländlichen Räumen in die Städte ist unbedeutend, die Städte empfinden die Zuwanderungen als positiv, da sie hierdurch ihren steigenden Bedarf an Arbeitskräften abdecken können. Die Abwanderung ist in Mittelasien ganz gering. Es wird damit gerechnet, daß die Fachkräfteausbildung bei der ländlichen Jugend dieser Region die Migrationsbewegungen der einheimischen Bevölkerung steigern wird.

Der Hauptteil des Zuwachses liegt jedoch in dem jeweiligen Herkunftsort. Das macht arbeitsintensive Produktionskapazitäten erforderlich, die den Zuwachs von Arbeitskräften aufnehmen können. Die Aufnahmekapazität der vorhandenen großen Oasen ist z. Z. praktisch erschöpft. Die Bevölkerungsdichte im Fergana-Becken beträgt fast 400 E/km^2 (Andishaner Gebiet). Am liebsten würde die mittelasiatische Bevölkerung wahrscheinlich in die neuerschlossenen Gebiete Kasachstans umsiedeln, wo die Lebensverhältnisse den ihren ähnlich sind.

Als zukunftsträchtig wird der Erdöl- und Erdgasförderungsraum der Kaspischen Senke an der Grenze von Kasachstan und der RSFSR angesehen (Gaskondensate der Astrachaner und Karačaganak-Vorkommen, Erdöl von der

Tengis-Senke). Die Lebensbedingungen sind in diesem Raum nicht sehr günstig, sie haben jedoch Vorteile im Vergleich zu denen des Hohen Nordens. Dieser Raum liegt näher an den alten bewohnten, wirtschaftlich führenden Gebieten und ist an die Hauptbahnen angeschlossen. Die Verbindung mit dem Zentrum wird mit der Vollendung der Bahn Alexandrow Gai—Makat noch verbessert.

Die *älter erschlossenen Räume des europäischen Teils der UdSSR* verfügen über ein bedeutendes volkswirtschaftliches Potential, dessen Nutzung eine wichtige Aufgabe im Rahmen der allgemeinen Produktionsintensivierung ist. Den alten erschlossenen Räumen steht eine Entwicklung bevor, die großen Kräfteeinsatz erfordert: die Umstrukturierung und Verbesserung der Zweigstruktur der Wirtschaft zur Steigerung des Lebensstandards sowie die Vervollkommnung der wirtschaftlichen Raumsysteme.

Eines der größten Probleme der wirtschaftlichen Raumstruktur in den alten Regionen ist die Ordnung der Ballungsräume und der komplizierten Siedlungssysteme und räumlichen Wirtschaftsorganisation. Im kommenden Jahrzehnt erwartet man eine weitere Konzentration in den alten Ballungsgebieten. Zur Zeit vollzieht sich das größte Wachstum in den zentralen Orten größerer Gebiete, Ende des Jahrhunderts soll dies durch eine Ballungsraum-Peripherieentwicklung ersetzt werden. Zentrale Orte werden nicht nur aktiv ihre engere Umgebung ausbauen (Ballungsrandzonen mit einem Kranz von Trabantenstädten), sondern auch energisch die wirtschaftliche und soziale Entwicklung von weiteren Räumen aktivieren. Die sich jetzt vollziehende Phase der Schaffung von Filialen einzelner Betriebe und Dienststellen in kleinen und mittleren Städten und in ländlichen Wohnorten ist eine der wirkungsvollen Methoden der Peripherieaktivierung.

In den Ballungsgebieten selbst werden die Teilsysteme besser verteilt, die Infrastruktur wird verbessert, Freizeiteinrichtungen werden ausgebaut und die ökologischen Verhältnisse werden verbessert. Die Fahrzeiten von und zur Arbeit werden verringert, die Freizeitmöglichkeiten werden größer.

Die Agglomerationen und ihre umliegenden Gebiete werden sozusagen spezialisiert, d. h. die ganze Vielfalt des Wirtschaftsraumes wird auf eine Hauptentwicklungsrichtung orientiert, auf hauptstädtische oder verkehrsorientierte Industrie-Reviere, auf Freizeit- und Erholungsgebiete. Die am stärksten zentralisierten hauptstädtischen Regionen werden auch weiter soziale, kulturelle und administrative Funktionen ausüben, ebenso werden sie zur Beschleunigung des wissenschaftlich-technischen Fortschritts beitragen und Wissenschaft und Forschungswesen, Versuchs- und Musterproduktion weiterentwickeln.

Die schwierige Aufgabe der *Hafenstandorte* liegt in der wirksamen Nutzung von wertvollen Küstenbereichen, um die viele nicht immer miteinander vereinbare Nutzungen konkurrieren. Ihre Schwerpunkte sollen die räumliche Entwicklung entlang der Küste mit dem Binnenland entwickeln.

Wichtige Aufgaben stellen sich den *Freizeit- und Erholungsgebieten*. Durch die Vervollkommnung von Funktion und Raumverteilung (Binnenlandentwicklung, Ausdehnung von Erholungseinrichtungen auf künstlichen Meeresinseln, parallele Anordnung von Hauptzonen mit Erholungs- und Kurfunktionen im Küstenbereich) sollen diese Kapazitäten gesteigert werden.[3]

Ein wichtiger Wandel in der Raumordnungsstruktur der alten Gebiete im europäischen Teil der UdSSR wird die Erschließung von „Erholungsneuland" und die Schaffung neuer aufnahmestarker Gebiete des Massentourismus in Unionsdimensionen sein, und zwar in den Gebirgsregionen des Großen Kaukasus sowie an der Küste des Kaspischen Meeres, in Dagestan und in Aserbaidschan. „Es wird beabsichtigt, daß diese Region in Zukunft zur Hauptalternative der Schwarzmeer-, Krim- und Kaukasusküste wird, eventuell auch zum konkurrierenden Angebot für die Bevölkerung der Wolga-, Ural- und Mittelasiengebiete." (Geografija rekreacionnych sistem SSSR, Moskva, 1980, S. 89).

Ein weiterer wichtiger Wandel in der wirtschaftlichen Raumordnungsstruktur des europäischen Teils der UdSSR ist die Bildung der *Zone der unmittelbaren wirtschaftlichen Integration* im westlichen Raum des Landes. Einschließlich der früher wirtschaftlich rückständigen Gebiete des europäischen Teils (Westukraine, Westen Weißrußlands, Litauen, Moldau) entwickelt sich diese Zone in raschem Tempo. Dazu werden die Vorteile des unmittelbaren Kontaktes mit dem sozialistischen Ausland, die Zugänge zu Ostsee und Schwarzen Meer sowie die Vorteile der Transit- und wirtschaftsgeographischen Lage genutzt.

Gegenwärtig verzeichnet man hier eine starke Verstädterung. Auf der Grundlage der Verwendung von Transitrohstoffen (Novopolozk, Mosyr), der Küstenlage (Masheikai), der eigenen Bodenschätze (Novovolynsk, Daschava, Soligorsk, Kochtla-Jarve) sind neue Industriegebiete entstanden. Besonders schnell entwickelten sich die Hauptstädte, vor allem Minsk, das im zweiten Weltkrieg besonders stark gelitten hat. Die Werke in Lvov, Minsk und Novovolynsk u. a. haben direkte Beziehungen zu verwandten Industriebetrieben in sozialistischen Nachbarstaaten.

Im Rahmen der Integrationszone unterscheidet man vier verschieden orientierte Subzonen, die weiter entwickelt werden sollen: a) die Ostsee-Küstenzone, b) die zentrale Zone im Bereich der Zusammenarbeit der UdSSR mit den Ländern des RGW, c) die Süd-West-Zone (Westukraine und Moldau) — diese Mehrkontaktzone grenzt an die VR Polen, ČSSR, Ungarische VR, Rumänische VR, d) die Schwarzmeerzone. Mit der Entwicklung der internationalen Zusammenarbeit und der wirtschaftlichen und kulturellen Kontakte mit dem Ausland wird die Zone der unmittelbaren Integration die Vorteile ihrer wirtschaftsgeographischen Lage weiter ausnutzen.

Weiter östlich liegt die Achse der maximalen Konzentration von Produktion und Bevölkerung, zu deren weiteren Entwicklung ebenfalls die wirtschaftliche Integration verhelfen wird. Besonders stark betrifft das den Moskauer Raum, die Kursker Magnetanomalie, den Donez-Dnjepr-Raum. In den beiden letztge-

---

[3] *V. S. Preobraženskij et al:* Evoljucija i tendencija ispol'zovanija rekreacionnych resursov Kryma. — In: Sovremennoe sostojanie i puti optimal'nogo ispol'zovanija kurortnych i rekreacionnych resursov Kryma. Kiev 1984.

nannten sollen die Eisenerzförderung und Metallproduktion gesteigert werden. Deswegen wird das Anlegen neuer direkter Verkehrsstraßen aus dem Kursker Revier und Donbass westwärts als zweckmäßig betrachtet.

Schlußfolgerungen

1. Eine Produktionsintensivierung wird eine Veränderung der Zweigstruktur sowie die Verbesserung der Raumstruktur der Wirtschaft mit sich bringen. Sie erfolgt auf allen Ebenen: im ganzen Land, in den Regionen und den kleineren Gebieten.

2. Die Konzentration der Produktion, des Dienstleistungsbereichs und der Bevölkerung in den alten Gebieten wird eine Verbesserung der Raumordnung nach sich ziehen, die von der Bildung neuer Ballungszentren begleitet wird.

3. In der Territorialentwicklung der Wirtschaft bilden sich immer deutlicher Räume mit ähnlichen Verhältnissen und Entwicklungsrichtungen heraus, mit mehr oder weniger übereinstimmender Raumgliederung und Siedlungsstruktur. Die Entstehung solcher Räume wird nicht nur durch die Unterschiede der Naturbedingungen, sondern auch durch wirtschaftliche und demographische Faktoren bestimmt (Nichtschwarzerde-Zone der RSFSR, die Zone der wirtschaftlichen Integration, die Zone des demographischen „Überschusses" usw.). Dieser Umstand fördert die geographische Zonenforschung.

4. Als Ballungsgebiete werden sich Schwerpunkte und Zonen auszeichnen, die wirtschaftliches und räumliches Zusammenwirken gewährleisten, von Groß- und Oberzentren und vor allem von Hauptstädten und Hafenstandorten, Grenzgebieten, besonders Küstenräumen, von Kontaktzonen der Berg- und Flachlandgebiete, von Randgebieten der zu erschließenden Räume und der Räume mit ungünstigen Lebensbedingungen.

5. Im Rahmen der wirtschaftlich aktiven Räume werden sich besonders stark die an den Bahnen liegenden Gebiete entwickeln — die Regionen von BAM, Transsib, Südsib, Mittelsib u. a. und flußorientierte Gebiete an Dnjepr, Wolga, Kama, Ob, Irtysch, Jenissei, Angara, Amur (Entwicklungsachsen-Prinzip).

6. Die kontinentale Raumstruktur der sowjetischen Volkswirtschaft wird bis zum Ende des Jahrtausends keinen durchgreifenden Wandel erfahren, aber bei günstigen internationalen Verhältnissen wird der Schwerpunkt der wirtschaftlichen Entwicklung sich zu grenznahen Räumen hin verschieben.

7. Die Entwicklung der Raumordnungsstruktur wird die Bedeutung der ökologischen Probleme und damit die ökologischen Standortfaktoren weiter verschärfen. Die Notwendigkeit der Beachtung ökologischer Regeln wird unvermeidbar.

8. Erhöhte Bedeutung erlangen die Räume, die in höchstem Maß soziale Funktionen von unionsweiter Bedeutung erfüllen: Hauptstädte und ihre Um-

gebung, die wichtigsten Erholungsräume. Ihre Entwicklung wird womöglich zusätzliche Verkehrsverbindungen erfordern.

9. Die Wechselbeziehungen zwischen Stadt und Land werden enger. Die Konzentration von Landbevölkerung und landwirtschaftlicher Produktion in den Pendlereinzugsbereichen der großen Zentren wird verstärkt. In den Räumen, in denen die vorhandenen ländlichen Siedlungen den Forderungen der modernen Raumordnung nicht entspricht, wird eine Siedlungsveränderung vorgenommen (das Einzelhofnetz in den Ostseerepubliken wird z. B. durch größere Ansiedlungen ersetzt).

10. In der Raumordnungsstruktur erhält das sog. „Raumstützgerüst" Bedeutung. Es wird durch neue Schwerpunkte gebildet, die auf der Grundlage der neuerschlossenen Räume als Folge der wirtschaftlichen Integration der sozialistischen Länder entstanden sind. In den wirtschaftlich aktiven Regionen zeigt sich ein „Verschiebungseffekt" aufgrund der Verdichtung von Schwerpunkten. In den Agglomerationen wird die Bedeutung der Randgebiete steigen. In den Räumen mit den besten Konzentrationsvoraussetzungen entstehen komplexe Verstädterungsgebiete als Folge des Zusammenwachsens von Nachbaragglomerationen. Die Schaffung von neuen Bahnen, darunter auch Breitenbahnen im östlichen Teil des Landes, hilft der wirtschaftlichen Konzentration des Landes und macht die Raumordnungsstruktur wirkungsvoller.

Jörg Stadelbauer

Umweltforschung und geographische Wissenschaft in der Bundesrepublik Deutschland (1986)

1. Einleitung

Die Geographie wird heute in der Bundesrepublik Deutschland gerne als eine Umweltwissenschaft angesehen. Sie ist nicht *die* Umweltwissenschaft schlechthin, aber sie ist *eine* Umweltwissenschaft unter anderen. Weil unsere Umwelt wesentlich durch physikalische, chemische und biologische Abläufe bestimmt wird, nehmen die Naturwissenschaften einen vorderen Rang unter den Umweltwissenschaften ein. Die Tatsache, daß die Umwelt durch technische Eingriffe manipuliert werden kann (und dies durchaus auch im positiven Sinn), bestimmt die Bedeutung der Technologie, speziell der Umwelttechnologie. Daß Umwelt erst aus der Wechselwirkung zwischen Gesellschaft und räumlichem Kontext entsteht, macht den Stellenwert der Sozialwissenschaften aus. Weil Umwelt schließlich immer eine räumliche Komponente hat, läßt sich die Stellung der Geographie unter den Umweltwissenschaften leicht begründen.

„Umwelt" ist weniger ein traditionelles Forschungsfeld etablierter Wissenschaften als ein Problemfeld im Überschneidungsbereich unterschiedlicher Disziplinen. Ihren aktuellen Stellenwert hat die Umweltforschung erst durch die gesellschaftliche Entwicklung im 20. Jahrhundert erhalten, und dies unabhängig von politischen Systemen. Wie die Geographie, die einen großen Teil ihrer methodischen Ansätze aus Nachbardisziplinen entlehnt hat, durch die Weiterentwicklung der Ansätze aber auch diese Disziplinen befruchtete, ist die Umweltforschung auch ein methodischer Ansatz, der die Forschungsaktivitäten interdisziplinär organisiert.

Im Folgenden soll es nicht um die Vielzahl außerhalb der Geographie durchgeführter, aber in unserer Disziplin beachteter Arbeiten (etwa zur Landespflege, zum Naturschutz oder zur Umwelttechnik) gehen, auch nicht um die Mitwirkung von Geographen an internationalen Forschungsprojekten und Organisationen (wie z. B. UNESCO, UNEP), sondern um eine knappe Bestandsaufnahme aktueller, umweltbezogener Arbeiten, die in der geographischen Fachliteratur der Bundesrepublik Deutschland erschienen sind. Als besonders repräsentativ für die Themenstellung und Aufarbeitung werden dabei Berichte auf den zurückliegenden Geographentagen (bes. Mannheim 1981 und Münster 1983; Berlin 1985) und in der führenden schulgeographischen Zeitschrift „Geographische Rundschau" angesehen. Damit kann wohl die Vielfalt von Ansätzen und Fragestellungen, jedoch bestimmt nicht die Fülle an Ergebnissen und Aussagen erfaßt werden, die von Geographen der Bundesrepublik bisher zur Umweltproblematik gemacht wurden.

2. Wissenschaftshistorische Hintergründe geographischer Umweltforschung in Deutschland

Fragt man nach der Entstehung einer geographischen Umweltforschung, so wird man für die letzten hundert Jahre vor allem drei Ansätze nennen müssen:

(1) In der geographischen Tradition steht der beziehungswissenschaftliche Aspekt, der vor allem auf *Friedrich Ratzel* zurückgeht. *Ratzel* faßte bekanntlich die Geographie als einen Erklärungsansatz (unter anderen) für historische Prozesse auf, wie er in seiner „Anthropogeographie" dargelegt hat. Es wäre verfehlt, hierin einen strikten Geodeterminismus sehen zu wollen, wie es in der Weiterentwicklung der Ideen Ratzels bisweilen geschehen ist. Aber es wird seither anerkannt, daß die Geographie den räumlichen Rahmen für historische Entwicklungen und sozioökonomische Prozesse untersucht. Daraus ist eine heftige Diskussion über die Stellung der Geographie zwischen Natur- und Geisteswissenschaften erwachsen, die bekanntlich auch in der Sowjetunion die moderne Entwicklung der geographischen Wissenschaften stark beeinflußt hat.

Ebenfalls auf geographie-immanenten Traditionen beruht der geoökologische Ansatz. Zu den Vorreitern gehören zweifellos *C. Troll* mit einigen zu Beginn der 40er Jahre entstandenen Detailstudien (vgl. *C. Troll* 1966, 1966a) und *E. Neef* (1967) mit seinen methodologischen Überlegungen, die eine wesentliche Basis für die „Leipziger Schule" der Landschaftsforschung waren. Von dort führen disziplingeschichtliche Entwicklungslinien sowohl zur sowjetischen Landschaftskunde (landšaftovedenie) wie zur aktuellen Geoökologie des deutschen Sprachraumes (*H. Leser* 1978, *Th. Mosimann* 1984), wo naturhaushaltliche Energieflüsse auf systemtheoretischem Hintergrund analysiert, in den Folgerungen aber auch mit sozioökonomischen Rahmenbedingungen verknüpft werden, um in der Anwendung planungsrelevante Aussagen machen zu können.

(2) Eine zweite Wurzel ergibt sich aus der Tatsache, daß mit Umwelt nicht der Naturraum an sich, sondern das jeweils durch gesellschaftliche Aktivitäten bewertete (zum Teil auch denaturierte) Systemgefüge der (quasi) natürlichen Komponenten des gesamten Landschaftszusammenhanges bezeichnet wird. Umweltforschung ist also auch Sozialwissenschaft. Die Entwicklung der Sozialwissenschaften ist in den sechziger Jahren durch den Werturteilsstreit mitbestimmt worden. Der Auffassung, daß Wissenschaft „objektiv" zu sein und sich aller Bewertung zu enthalten habe, wurde die These entgegengesetzt, daß Wissenschaft als Teilmenge gesellschaftlicher Aktivität je und je in gesellschaftliche Prozesse eingebunden sei und sich schon deshalb nicht von Werturteilen befreien könne; besonders nach 1968 erwuchs daraus sogar die Forderung, daß Wissenschaft eine dienende Funktion in der Gesellschaftsordnung einzunehmen habe, daß Forschung gesellschaftsrelevant sein müsse. Diskussionen über die Folgen der Entdeckung der Atomspaltung, über Möglichkeiten und Grenzen der Gentechnologie aber auch über wissenschaftliche und politische Implikationen der strategischen Verteidigungsinitiative (SDI) verweisen auf diese Problematik. Die Folge des Werturteilsstreites war jedenfalls eine erhöhte Sensibi-

lisierung der Wissenschaft für gesellschaftliche Probleme, damit eine verstärkte Perzeption, die sich in der Geographie auf eine Wahrnehmung der Umwelt für gesellschaftliche Vorgänge orientierte.

(3) Im Hinblick auf die wissenschaftliche Entwicklung im Ausland, vor allem in Nordamerika, ist in der jüngsten Vergangenheit der Bereich von Natur- und Technikwissenschaften besonders gefördert worden. Was in der Sowjetunion als „wissenschaftlich-technische Revolution", später etwas abgeschwächt als „wissenschaftlich-technischer Fortschritt" bezeichnet wird und was sich in der Geographie in einer verstärkten Rezeption mathematisch-quantitativer Methoden niederschlägt, blieb auch für den geographischen Umweltansatz nicht ohne Folgen. Dabei wurde die Umweltforschung zunächst von den Biowissenschaften (in denen das Ökologie-Konzept anfangs entwickelt worden war) getragen, dann aber auch stark technologisch beeinflußt. Der Vorteil der geographischen vor der biologischen Ökologieforschung liegt wohl im engeren Anwendungsbezug. Zwar führt eines der neuesten Lehrbücher zur Ökologie (*R. Schubert*, Hrsg., 1984) einige Anwendungsbereiche (Landwirtschaft, Fischerei, aber auch die Raumordnung [Territorialplanung]) an, doch wird der Wechselwirkung zwischen Mensch und Umwelt wenig Rechnung getragen. Umweltplaner, Stadtplaner, Verkehrsplaner usw. bezeichnen ihre Analysen häufig auch als ökologische Studien, haben sich jedoch weit von dem geoökologischen Ansatz entfernt. Das internationale UNESCO-Programm „Man and Biosphere" (MaB) geht von den gesellschaftlichen Raumansprüchen aus und bemüht sich um eine vertiefte Analyse der Wechselwirkung zwischen Mensch und Umwelt. Dazu kam eine politische Komponente, die sich in einer breiten institutionalisierten Basis für Umweltfragen äußert und in normative Akte genauso wie in gesellschaftliche Gruppierungen außerhalb der Wissenschaft hineinreicht. Als Politik, als Aufforderung zum Handeln, wird der technologischen Entwicklung das idealisierte Weltbild einer Harmonie zwischen Mensch und Umwelt entgegengestellt.

Als Ergebnis läßt sich die geographische Umweltforschung analog zu der Dreigliederung, die *L. Schätzl* (1978/1986) für die Wirtschaftsgeographie vorgenommen hat, in die Bereiche Theorie, Empirie und Politik unterteilen. Als vierter Bereich müßte noch die Technik angesprochen werden, so daß sich auf einer Metaebene das Wirkungsgefüge der Umweltwissenschaft als Tetraeder darstellen läßt (Abb. 1). Während der theoretische Bereich geographischer Umweltforschung außerhalb der Geoökologie (theoriebezogene Arbeiten aus der Schule von *H. Leser*) wenig entwickelt ist, hat die Empirie zahlreiche Detailstudien vorgelegt, die auch das politische Handeln beeinflußten.

Untersuchungsdimension: Raum

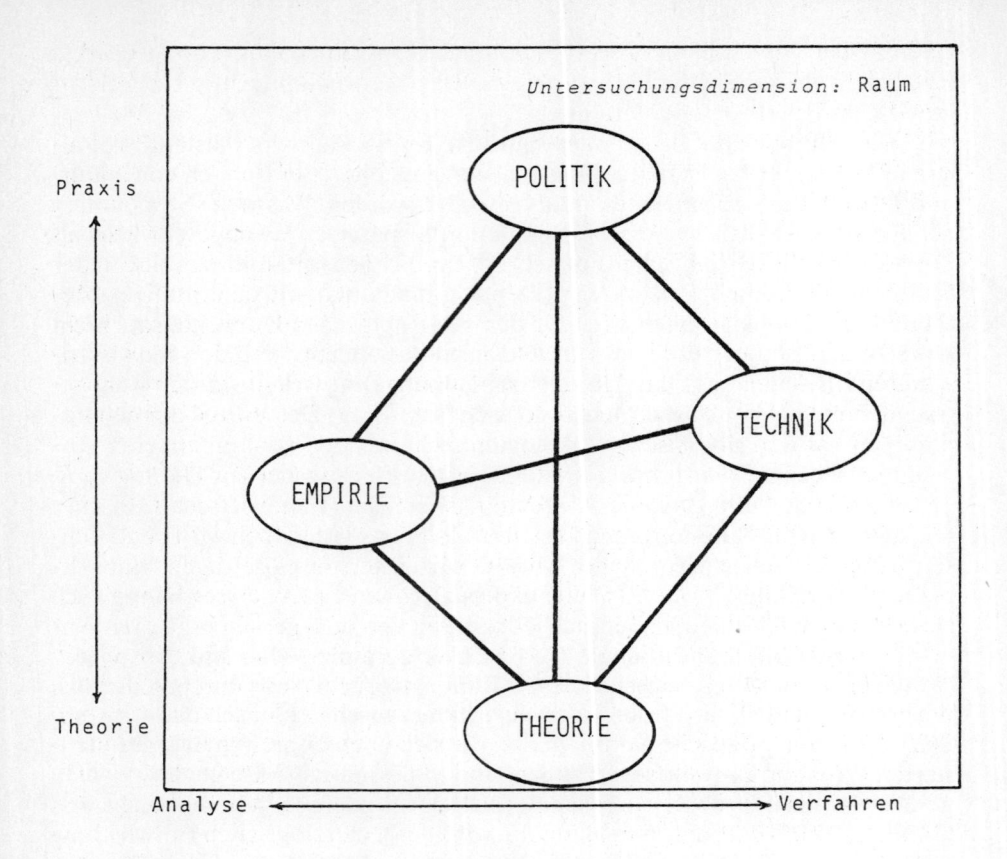

Praxis ↑↓ Theorie

Analyse ←——→ Verfahren

POLITIK — TECHNIK — EMPIRIE — THEORIE

3. Organisation und Themen der Umweltforschung in der Geographie

Die Folgen der wissenschaftssoziologisch faßbaren Einflüsse bestehen einerseits in einer klaren Formulierung umweltbezogener Forschungs- und Untersuchungsansätze, zum anderen in einer Entwicklung neuer Studiengänge, die teilweise aus der traditionellen Geographie erwachsen sind.

„Geographie" wird dabei vor allem als etablierte Hochschuldisziplin verstanden, deren Forschungsergebnisse ihren Niederschlag in Fachpublikationen finden. Ihre Zahl ist mittlerweile fast unüberschaubar; als repräsentative Teilmenge wurde für die Zwecke des folgenden Referates die Veröffentlichung von Artikeln in der „Geographischen Rundschau" und in den Tagungsbänden der jüngsten Geographentage angesehen.

Zunächst kurz zu den *Studiengängen* (vgl. dazu Der Diplomstudiengang..., 1985):

Die Inhalte zahlreicher Diplomstudiengänge an Geographischen Instituten der Bundesrepublik Deutschland sind deutlich umweltbezogen. Dies gilt für die naturwissenschaftlich orientierte Geoökologie (als eigenständiger Diplomstudiengang an der Universität von Bayreuth, als Aufbaustudiengang an der Universität Essen, als physisch-geographischer Schwerpunkt innerhalb der Ausbildung zum Diplomgeographen in Berlin, Bochum, Braunschweig, Göttingen, Hamburg, Kiel, Köln, Mainz, Marburg, Münster, Regensburg, Tübingen und Würzburg) und für eine unmittelbare Schwerpunktbildung in der Umweltforschung (Köln) ebenso wie für die eher planungsbezogenen sozialwirtschaftlichen Diplomstudiengänge (z. B. an den Universitäten Augsburg, Bayreuth, Berlin, Bochum, Gießen, Hannover, Mainz, Marburg, Tübingen und Würzburg) oder für die Studiengänge, die die Angewandte Physische Geographie, die Stadtklimatologie und die Hydrologie (hier v. a. Freiburg und Trier) betonen. Der Umweltaspekt läßt sich bis in den sozialökologischen Ansatz der Stadtforschung oder in die Planungspraxis bei der Vorbereitung regionaler Entwicklungspläne verfolgen.

Die den Studiengängen zugrundeliegenden *Theorieansätze* beschränken sich bisher auf wenige Hypothesen, soweit nicht im Gefolge der Landschaftslehre das gesamte Gedankengebäude der Physischen Geographie auf die Geoökologie übertragen wird. Aber nach dem Gesagten steht die geographische Umweltforschung ja vor dem Problem, die Natur- und Soziosphäre miteinander verknüpfen zu müssen.

Die heute verbal generell vertretene, theoretisch aber noch wenig abgesicherte und in der Empirie kaum verifizierte Grundhypothese besagt, daß eine Ökologisch angepaßte Nutzung jeglicher Ressource auf Dauer zugleich die ökonomisch am ehesten vertretbare Nutzung sei. Die umweltbezogene Ökonomie muß die Existenz freier Güter negieren und statt dessen den unmittelbaren Zusammenhang zwischen der sozioökonomischen Entwicklung und der Lösung von Umweltfragen postulieren.

Die *Empirie* der geographischen Umweltforschung erschließt sich durch einen Blick auf Forschungsansätze und fachliche Inhalte: Die Geographie kennt eine große Reihe umweltbezogener Themen, die zum Teil schon seit längerer Zeit behandelt werden. Sie können meist entweder der Angewandten Physischen Geographie oder einer ressourcenorientierten Wirtschafts- und Sozialgeographie zugeordnet werden.

Die folgende Aufzählung beansprucht keinerlei Vollständigkeit, sondern will Beispiele nennen. Solche Beispiele sind:
— die Erfassung des Naturraumpotentials (*H. Leser* 1982);
— Bodenerosion (*G. Richter* 1965);
— Probleme der Desertifikation (zuletzt *D. Klaus* 1986);
— Analyse von Landschaftsschäden (*R. Mäckel* u. *D. Walther* 1982 und 1982a);
— Stadtklimatologie (*W. Weischet* und Mitarbeiter);
— Agrarmeteorologie;
— Untersuchungen zum Wasserhaushalt und -chemismus (*R. Keller*);
— geomorphologische, vegetationskundliche und bodengeographische Untersuchungen zum Nutzungspotential usw. (*P. Müller* 1977).

Aus der Wirtschafts- und Sozialgeographie:
- Flächennutzungskonflikte, die sich aus konkurrierenden Raumnutzungsansprüchen ergeben (zum Ruhrgebiet: *L. Finke* u. *S. Panteleit* 1981);
- Fragen des Landverbrauchs (*C. Borcherdt* u. *S. Kuballa* 1985);
- Analysen der Tragfähigkeit (bereits von *A. Penck* 1925 als ein Grundproblem bezeichnet, mit dem sich die Geographie auseinanderzusetzen habe; vgl. z. B. *Ch. Borcherdt* u. *H.-P. Mahnke* 1973);
- der Zusammenhang zwischen Ressourcen, Bevölkerungswachstum und sozioökonomischer Entwicklung (*W. Manshard* 1984);
- speziell die Energieproblematik, die seit der ersten Energiekrise der 70er Jahre (1973) diskutiert wird (*W. Manshard* 1983; Aufbereitung für die Schule bei *D. Richter* 1986);
- Fragen von Naturschutz und Freizeitverhalten;
- Probleme der städtischen und industrieräumlichen Umwelt mit Fragen der Lufthygiene usw.

Dazu kommen arbeitstechnische Ansätze, die in der Geographie besonders intensiv entwickelt und dann auch an die Nachbardisziplinen weitergegeben wurden:
- Kartierung von umweltrelevanten Erscheinungen (bis hin zu Waldschadens- und Altlastenerhebungen);
- Fernerkundungsmethoden (von der Luftbildanalyse bis zur digitalen Auswertung von Satellitendaten; *H. Gossmann, M. Lehner* u. *P. Stock* 1981, *H. Gossmann* 1984);
- Befragungsmethoden usw.

Auch ein intellektuelles Potential der „klassischen" Geographie kann für die Umweltproblematik nutzbar gemacht werden: Im Gegensatz zu geradlinigen Ableitungen in vielen Naturwissenschaften spielt im geographischen Begründungssatz die Kombination verschiedener Faktoren und ihrer gegenseitigen Verflechtungen eine dominante Rolle. Was von *F. Vester* als „vernetztes Denken" bezeichnet wurde, ist in der Geographie bei der Analyse von räumlichen Systemzusammenhängen oder bei der Detailuntersuchung von Energieflüssen innerhalb einzelner Systemkompartimente von großem Nutzen.

Es kann kein Zweifel bestehen, daß die aktuelle Umweltforschung in der Geographie auch auf eine gesellschaftliche Krise antwortet. Diese stellt einige Modernisierungsbestrebungen, die seit der ersten industriellen Revolution hervorgetreten sind, in Frage. Die wenig ermutigende These, daß der Mensch ein Störfaktor im Ökosystem sei (*H. Hambloch* 1986), hat hier ihren Platz.

Während diese lange Auflistung die Vielfalt geographischer Arbeiten zu Umweltproblemen dokumentiert, dürfen wir uns nicht einbilden, genauso aktiv in den Bereichen der *Politik* hineinwirken zu können. Die von *L. Finke* (1980) aufgezählten Gesetze (Benzinbleigesetz v. 5. 8. 1971; Bundesimmissionsschutzgesetz v. 15. 5. 1974; Waschmittelgesetz v. 20. 8. 1975; Abfallbeseitigungsgesetz v. 10. 6. 1972 (novelliert 1986); Wasserhaushaltsgesetz v. 27. 7. 1957 i. d. Fassung von 1976; Umweltstatistikgesetz v. 15. 8. 1974), die Einrichtung eines Umweltbundesamtes in Berlin (22. 7. 1974) und die Einführung von

Umweltverträglichkeitsprüfungen (20. 12. 1974) dokumentieren zwar die politische Aktivität, sind jedoch ohne unmittelbares Zutun von Geographen entstanden. Allerdings waren die geographischen Untersuchungen wohl nicht ohne mittelbaren Einfluß auf die politischen Entscheidungen.

4. Umweltfragen in grundlegenden Ansätzen der modernen Geographie

Um die theoretischen Überlegungen etwas zu verdeutlichen, seien im Folgenden einige grundlegende Ansätze der modernen Geographie kurz auf ihren Bezug zu umweltrelevanten Themen beleuchtet, die jeweils mit einem konkreten Untersuchungsbeispiel dokumentiert werden sollen.

Der *ökologische Ansatz* setzt in der umweltorientierten Geographie die Arbeitsmethoden der Geoökologie ein, wählt sich aber die Analyse anthropogener Einflüsse, die als „Störfaktoren" im Ökosystem betrachtet werden, als Forschungsobjekt. So hat z. B. der aus der Schule von *H. Leser* stammende Basler Geoökologe *Th. Mosimann* (1986) die Umweltbelastung, die durch den Skitourismus in den Alpen entstanden ist, als Störung von Gebirgsökosystemen mit analogen Methoden untersucht, mit denen er — im Rahmen des MaB-Projektes 6 — pedologische, vegetationsgeographische, klimatologische und geomorphologische Aufnahmen in den zentralen Schweizer Alpen durchführte. Die abgeleiteten Ergebnisse zielen nicht auf ein Verbot des Skitourismus ab, sondern sind in die Rahmenbedingungen einer Gesellschaftsentwicklung eingebunden, in der die Nachfrage nach Freizeitangeboten noch wächst. Daher werden von *Mosimann* quantitative Angaben zur Beanspruchbarkeit des Hochgebirgsraumes durch den Skitourismus und Empfehlungen für eine Begründung der Skipisten gemacht. Ziel ist die Verträglichkeit der gesellschaftlichen Belastung mit den Stabilitätsansprüchen des Ökosystems.

Hinter diesem Typ von Studien stehen allgemeine theoretische Überlegungen, die vom Widerstreit zwischen Ökologie und Ökonomie ausgehen und ein lange Zeit gültiges Übergewicht ökonomischer Forderungen feststellen, aber zum Ergebnis kommen, daß letztlich — die schwer kalkulierbaren sozialen Folgekosten berücksichtigend — eine ökologisch angepaßte Nutzung auch die wirtschaftlichste Nutzung ist (vgl. z. B. *H. Gossmann* 1982).

Ein *standorttheoretischer Ansatz* liegt vor allem den planerischen Umsetzungen geographischer Umweltforschung zugrunde. Unter Rückbezug auf die geoökologischen Rahmenbedingungen untersucht z. B. *H. Asmuss* (1986) die Frage, welche Vor- und Nachteile mit der Planung (und möglichen Realisierung) eines neuen Industriehafens bei Emden im äußersten Nordwesten der Bundesrepublik Deutschland verbunden wären. Ein solches Projekt erscheint wirtschaftlich vertretbar und sozial wünschenswert, weil die Region unter einer vergleichsweise hohen Arbeitslosigkeit leidet und mit einer solchen Großinvestition einen wichtigen wirtschaftlichen Impuls erfahren könnte. Auf der anderen Seite stehen bereits existente Umweltbelastungen (Luftbelastung durch die Erdgasaufbereitung mit SO_2-Emissionen, Bodenbelastung im Schlick des Dollart durch die Verklappung von Quecksilber- und Hexachlorbenzol-belasteten Abwässern der chemischen Industrie; Wasserbelastung v. a. durch organische Abwässer der Strohpappe- und Kartoffelindustrie auf der niederländischen Seite). Verluste bei den Vogelbeständen und Baumschäden sind bereits erkennbare Beeinträchtigungen. Diese Belastungen erlauben nach Ansicht von *Asmuss* keine weitere Verstärkung durch zusätzliche Industrieansiedlungen und machen den Bau eines neuen Hafens sehr fragwürdig.

Wieder steht der Ökologie-Ökonomie-Streit hinter dieser Studie, doch hebt der Autor vor allem auf eine umweltgerechte Analyse des vorgesehenen Standortes ab. Die Mitwirkung bei Umweltverträglichkeitsprüfungen von Wirtschaftsstandorten könnten also ein wichtiges Aufgabengebiet der geographischen Umweltforschung werden. In der neueren Entwicklung der deutschen Sozialgeographie hat sich eine Hinwendung zu einem *handlungstheoretischen Ansatz* ergeben, der den prozessualen, wahrnehmungsbezogenen und aktionsräumlichen Ansatz ablösen könnte (*P. Weichhart* 1986). Dieser Ansatz geht davon aus, daß erkenntnisbezogenes Handeln auch die räumliche Komponente der gesellschaftlichen Aktivität bestimme. Der Erkenntnisbezug fordert eine Entscheidungsanalyse, die den rechtlichen Rahmen des Handelns zu berücksichtigen hat. Man wird dann auch feststellen können, daß die politischen Einflußgrößen sich oft außerhalb der Rationalität befinden, so daß sich möglicherweise eine Diskrepanz zwischen Recht und Realität ergeben kann. Es wird nicht verkannt, daß vor dem raumbezogenen Handeln die Wahrnehmung räumlicher Gegebenheiten steht, aber es wird auch betont, daß aus dieser Wahrnehmung raumbezogene Tätigkeiten erwachsen.

Der Blick auf diese drei Forschungsansätze macht Defizite sichtbar, die beim „normal" ausgebildeten Geographen eine vertiefte Umweltforschung erschweren: Häufig fehlt die Einsicht in physikalische Rahmenbedingungen oder chemische, speziell auch biochemische Abläufe. Daraus die Forderung nach einer verstärkten naturwissenschaftlichen Ausbildung auf Kosten der sozial- und geisteswissenschaftlichen Seite ableiten zu sollen, wäre allerdings verfehlt, da der Umweltbezug immer auch die psychologischen Momente des menschlichen Handelns, den wirtschaftlichen und gesellschaftlichen Rahmen und kulturelle Einbindungen zu berücksichtigen hat. Dies wird auch von Vertretern der Physischen Geographie anerkannt, die – wie etwa *D. Barsch* und *G. Richter* auf dem Mannheimer Geographentag 1981 – beklagen, daß die allgemeine Umweltdiskussion zu wenig die geographischen Forschungsergebnisse rezipiere.

5. Einige Forschungsthemen

5.1 Geomorphologie

Ein Musterbeispiel für die Anwendung geographischer Forschung auf Umweltfragen sind die Studien zur Desertifikation, die in den vergangenen Jahren vorgelegt wurden (vgl. z. B. *H. Mensching* und *F. Ibrahim* 1976, *D. Klaus* 1986

u. a.). Diese Arbeiten beschränken sich nicht auf eine Darstellung der Tatsache, daß wüstenartige Vegetationsverarmung und äolische Reliefformung in den Trockengebieten der Erde sich ausbreiten, sondern analysieren die Zusammenhänge mit gesellschaftlichen, politischen und wirtschaftlichen Entwicklungen in den betroffenen Staaten. „Desertifikation" wird als anthropogener Vorgang aufgefaßt, hinter dem die Aufstockung von Viehherden und anschließende Überweidung, die nicht angepaßte Bodennutzung, Verluste an kulturellen Traditionen durch vermeintliche Modernisierung und ähnliche Erscheinungen des sozialen Wandels stehen. Die von *D. Klaus* (1986, S. 577) vorgelegte neueste Definition betrachtet die Desertifikation als eine „oft irreversible Reduktion des ökologischen Potentials arider und semiarider Räume als Folge unangepaßter Eingriffe des Menschen in den Naturhaushalt" und vertritt damit die Idealvorstellung von einem ökologischen Gleichgewicht, das sich selbst nach Dürreperioden wieder einstelle, solange der Mensch auf einen unangemessenen Einfluß verzichte. Die Detailanalyse erfaßt die auslösenden Faktoren (also auch den Verlust von früher erlernten Fertigkeiten, mit den Naturunbilden sich auseinanderzusetzen, oder übertriebene Maßnahmen der Entwicklungshilfe; Eingriffe in biologisch-ökologische Kreisläufe, wirtschaftliche Ausrichtungen auf einen Anbau für den Export oder die übermäßige Brennholzentnahme), untersucht die Folgen, die sich bei der Überlagerung mit exzeptionellen Witterungserscheinungen ergeben, und die Rückwirkungen auf raumbezogene und raumwirksame Vorgänge (bis hin zur Landflucht und Metropolisierung der Bevölkerung). Daraus lassen sich Forderungen z. B. an die Agrarpolitik der betreffenden Staaten ableiten. Die Umweltforschung stellt sich hier in den Dienst der Entwicklungshilfe; eher als rein naturwissenschaftliche Ableitungen oder als technologische Problemlösungen wird sie dabei versuchen, die soziokulturellen Rahmenbedingungen der entsprechenden Region zu berücksichtigen.

5.2 Klimageographie

Zu den am heftigsten diskutierten, anwendungsbezogenen klimatologischen Fragen der Gegenwart gehört das Problem, ob aus der energiewirtschaftlichen Entwicklung mit der Verbrennung von Holz und fossilen Brennstoffen bei einer rasch wachsenden Weltbevölkerung eine so hohe CO_2-Zunahme resultiere, daß eine weltweite Erwärmung der Atmosphäre zum Abschmelzen eines Teils der polaren Eiskalotten führe. Die Folgerungen, die z. B. *W. Bach* (1984, S. 94 ff.; vgl. *H. Flohn* 1983) aus der Analyse zieht, laufen auf die Forderung nach einer risikoärmeren Energiepolitik zur Vermeidung weiterer Aufheizung und nach einer Landnutzungspolitik hinaus, die sich gegen flächenhafte Abholzungen richtet (vgl. dazu *W. Weischet* 1984 mit Bezug auf den immergrünen tropischen Regenwald).

Auch geländeklimatologische, speziell stadtklimatologische Untersuchungen, die von *W. Weischet* und seinen Mitarbeitern in Freiburg durchgeführt wurden (*W. Weischet, W. Nübler, H. Gossmann, A. Gehrke, W. Endlicher, E. Parlow*), gehen von der Erfassung der Gunst- und Ungunsterscheinungen im prozessualen Witterungsgeschehen aus und versuchen, daraus Folgerungen für die Flächennutzungsplanung zu ziehen. So sind der lokale Luftaustausch, die selektive Aufheizung kleiner Flächen (etwa einzelner Baukörper) und die Schwüle als Beeinträchtigung des menschlichen Wohlbefindens wichtige Einzelobjekte der Untersuchungen. Zwar sind z. B. lokale Windsysteme seit langem bekannt, aber es wurden neue Arbeitstechniken zu ihrer Registrierung und zur geophysikalischen Ableitung von Folgeerscheinungen entwickelt. Wiederum können die Ergebnisse anwendungsbezogen interpretiert werden, sei es in einer landwirtschaftlichen Anbauoptimierung etwa bei Sonderkulturen oder in der Stadt- und Siedlungsplanung, wenn die Forderung nach Freiflächen erhoben wird. Auch die industrielle Standortplanung hat den Zusammenhang zwischen Emissionen und lufthygienischen Forderungen zu beachten.

Diese Ansätze sind konzeptionell sicher nicht neu; entscheidend sind die Meß- und Auswertungsmethoden, die anwendungsbezogen entwickelt worden sind und die darauf ausgelegt werden, durch eine digitale Erfassung von Meßparametern und durch eine digitale Auswertung in der Übereinanderlagerung verschiedener Geländemodelle eine weitgehende Automatisierung zu erzielen, die die flächendeckende Übertragung auf alle Gebiete und Bereiche der Planungspraxis ermöglicht. Gerade die Beispiele aus der angewandten Klimatologie zeigen die Bedeutung von „high technology" in der umweltbezogenen Geographie.

5.3 Hydrologie und geographische Gewässerforschung

Eine umfassende Bestandsaufnahme der hydrologischen Verhältnisse in der Bundesrepublik Deutschland wurde von *R. Keller* und Mitarbeitern im Hydrologischen Atlas der Bundesrepublik Deutschland vorgelegt. Hier werden erstmals auch Schädigungen der Gewässergüte flächendeckend dargestellt (Karte 52). Solche Bestandsaufnahmen wurden zu wichtigen Entscheidungshilfen der Umweltpolitik.

Als Beispielstudie sei die Untersuchung von *M. Krieter* und *N. Maqsud* (1977) zum Mainzer Raum genannt. Dort wird vor allem der Einfluß der Landwirtschaft (Überdüngung mit Abgabe von Nitraten an das Quellwasser und Phosphaten an den Boden) auf die Trinkwasserversorgung sowie die Schwermetallkontamination im Umkreis einiger Industrieanlagen aufgezeigt. Eine analoge Untersuchung des Weser-Werra-Gebietes, die für die Schule aufbereitet worden ist (*W. Wroz* 1980), zeigt die Gefährdungen auf, die von der Kalisalzgewinnung beiderseits der Grenze zwischen Bundesrepublik und DDR ausgehen, und fordert umweltfreundliche Produktionsverfahren.

Es kann kein Zweifel bestehen, daß auch die aktuelle Belastung des Rheins nach der Brandkatastrophe in einem Großbetrieb der Basler chemisch-pharmazeutischen Industrie (Nov. 1986) entsprechende Untersuchungen nach sich ziehen wird.

5.4 Vegetationsgeographie und Naturschutz

Über die traditionelle Erfassung von Vegetationsformationen und Ökotopen hinaus hat die Vegetationsgeographie als Umweltwissenschaft eine Bioindikatorenmethode entwickelt, die darauf abzielt, aus dem „Informationsgehalt lebender Systeme" (*N. Stein* 1983) Hinweise auf mögliche Schädigungen der Umwelt oder überhaupt auf Umweltprozesse zu gewinnen. Schon seit langem hat, wenn auch neuerdings umstritten, die Flechtenkartierung in Stadtzentren eine große Bedeutung, können doch Flechten Indikatoren für die Luftqualität, speziell für die Belastung der Luft durch Emissionen, sein (*R. Rabe* 1983). Auch Schwermetallkontaminationen sind auf diese Weise feststellbar (*G. Wagner* 1983). Die aktuellen Diskussionen über eine Ausweitung des Naturschutzes haben der Vegetationsgeographie ebenso einen gewissen Aufschwung gegeben, wie sie die enge Beziehung zu gesellschaftlichen Problemen gezeigt haben. Denn es hat sich herausgestellt, daß die Festlegung eines neuen Naturschutzgebietes häufig genug dazu führt, daß dieser kleine Raum verstärkt in das Naherholungs- und Freizeitverhalten der Bevölkerung einbezogen und dadurch auf andere Weise belastet wird.

Auch für Studien in der Dritten Welt bestehen vegetationsgeographische Ansätze. Die Arbeiten einer internationalen Forschungsgruppe in Nordkenia sind Fragen der Vegetationsschädigung durch Überweidung nachgegangen (*R. Mäckel* u. *D. Walther* 1982, 1982a) und haben — analog zu den Desertifikationsstudien — Zusammenhänge zwischen Vegetation, Landnutzung, Bodenschädigung und sozialen Prozessen verfolgt.

5.5 Flächennutzung und Flächennutzungsveränderung

Die Fläche als zweidimensionale Teilmenge des Raumes ist sicher ein Hauptobjekt der Geographie überhaupt, doch ist mit Hilfe der offiziellen Statistik die Nutzung der Fläche zu verschiedenen Zeitpunkten nur schwer zu erfassen, da die Erhebungskategorien der offiziellen Statistik sich von den funktionsbezogenen Ansprüchen der Geographie deutlich unterscheiden. Da die Fläche als Boden zu den wichtigsten Ressourcen gehört und da der Wandel der Nutzung (auch durch Auflassung früherer Nutzungen, durch Neunutzungen oder durch Mehrfachnutzungen) Aussagen über umweltbezogenes Handeln macht, gehören Flächennutzungserhebungen zu den Untersuchungsgegenständen der Geographie. Hier ist eine erste vergleichende Bestandsaufnahme für einige Staaten Mitteleuropas zu nennen (*E. Buchhofer*, Hrsg., 1982).

Die dichte Besiedlung Mitteleuropas, die Konkurrenz verschiedenartiger Nutzungen, die zunehmende Knappheit der Ressource und ihre bisweilen mißachtete Funktion als ökologisches Ausgleichspotential haben Warnungen vor einem zunehmenden Landverbrauch durch dauerhafte Nutzungen ohne ökologische Gunstwirkung (Überbauung, „Versiegelung des Bodens") laut werden lassen und zu Untersuchungen über den Landverbrauch geführt (vgl. z. B. mit Bezug auf Südwestdeutschland *Ch. Borcherdt* u. *St. Kuballa* 1985).

5.6 Agrargeographische Studien zur Landnutzung

An diese oder noch stärker vegetationskundlich-physiogeographisch orientierten Arbeiten knüpfen agrargeographische Untersuchungen an, die von der Schädigung der Landschaft durch moderne, intensive Landbewirtschaftungsmethoden ausgehen (*W. Stichmann* 1986) und sich dem biologischen Landbau widmen (*W. D. Sick* 1985). Die aktuellen Ausbreitungsvorgänge neuer Landbewirtschaftungsmethoden werden mit den klassischen Diffusionsmodellen erfaßt, aber als soziale Aktivitäten auch auf ihre Motivation und auf räumliche Rückwirkungen untersucht.

Die zunächst oft erfassenden und beschreibenden Darstellungen finden ihren Wert in der weiteren Verbreitung von Kenntnissen über das Phänomen, in der Vorbereitung planungsbezogener Entscheidungen und verlangen eine enge Zusammenarbeit mit den zuständigen Behörden.

5.7 Ressourcen und nachhaltige Nutzung

Während bei den Arbeiten zum Landverbrauch und zur Agrarwirtschaft vor allem auf die Ressource „Boden" abgehoben wird, ist der wirtschaftsgeographische Ressourcenansatz viel weiter gefaßt. Für alle natürlichen Ressourcen wird die Forderung nach einer möglichst nachhaltigen Nutzung erhoben, die nur bei den fossilen Brennstoffen nicht zu erfüllen ist. Aber das biotische Potential der Wälder (in den borealen Waldländern ebenso wie in den Tropen oder als Höhenstufe der Gebirge) bietet ein gutes Beispiel für den vielfach sorglosen Umgang der Menschen mit seiner Umwelt. Untersuchungen zum Zusammenhang mit Bevölkerungsentwicklung und wirtschaftlichem Entwicklungsstand setzen hier an (*W. Manshard* 1984a), nachdem im Rahmen der United Nations University Tokyo (UNU) bereits ein ganzes Netz von ressourcen- und umweltbezogenen Forschungsstätten vorzugsweise in Ländern der Dritten Welt aufgebaut worden war.

6. Untersuchungen in verschiedenen Weltregionen

Es gehört zu den traditionellen Kennzeichen der deutschen Geographie, daß ihre Arbeiten sich nicht auf das Inland beschränken, sondern auch nach Übersee reichen und dort vor allem in Entwicklungsländerstudien einmünden. Der ressourcenorientierte Ansatz (*W. Manshard* 1984) zeigt eine enge Verknüpfung von Studien, die sich auf die entwickelten Industrieländer und solchen, die sich auf die Entwicklungsländer konzentrieren. Während in den Industrieländern vor allem die Auswirkungen der technisierten Umwelt, bisweilen auch eine gewisse Denaturierung von Mensch und Gesellschaft sowie eine denkbare Rückkehr zu naturnäheren Verhaltensdispositionen behandelt werden, hat man für die Entwicklungsländer Möglichkeiten diskutiert, von vornherein Schädigungen zu vermeiden. Allerdings müssen die umweltbezogenen Arbeiten in der Dritten Welt häufiger feststellen, daß Schutzmaßnahmen vernachlässigt werden – oft einfach deshalb, weil technisches Know-how und Geldmittel dafür fehlen; die Folgen einer solchen kurzsichtigen Ökonomie lassen nachhaltige Schäden befürchten.

Im ländlichen Raum haben in den Entwicklungsländern geomedizinische Untersuchungen auch einen deutlichen Umweltbezug (*H. J. Jusatz* 1979). Die Ausbreitung von subtropisch-tropischen Krankheiten wie Malaria oder Bilharziose in jungen Bewässerungsgebieten gehört zu den negativen Folgeerscheinungen agrarstruktureller Verbesserungsbemühungen (vgl. z. B. *U. Schweinfurth* 1982 zu Sri Lanka). Auch die Gefährdung von Gebieten mit Monokulturen durch verstärktes Auftreten von Schädlingen ist als Umweltfaktor erkannt worden.

Westliche Untersuchungen zu Umweltproblemen in den sozialistischen Staaten müssen sich auf Bestandsaufnahmen beschränken, da der Einsatz der erforderlichen, kleinräumigen Meßmethoden an den Restriktionen scheitert, denen die Geländearbeit in den sozialistischen Staaten meist unterworfen ist. Aber auch die kritische Durchsicht der Sekundärliteratur (selbst der in westlichen Sprachen erschienenen Arbeiten zu Umweltfragen: vgl. *P. Hallmann* 1982) zeigt die Bedeutung von Umweltfragen.

Man braucht nicht nur an Černobyl und die denkbaren Folgen dieser Umweltkatastrophe zu denken, die aus verständlichen Gründen im Westen neben dem Mitgefühl mit der betroffenen Bevölkerung auch Sorge vor vergleichbaren Unglücksfällen hervorgerufen hat, sondern kann genauso die Schädigung von Gewässern, die Beeinträchtigung der Vegetation, die verzögerte Rekultivierung oder industrielle Emissionen anführen. Es scheint ja gerade ein Kennzeichen der Industrialisierung zu sein, daß dieser technische und wirtschaftliche Fortschritt mit hohen sozialen Folgekosten im Umweltbereich erkauft werden mußte.

7. Popularisierung und Folgerungen für die Schule

Über die wissenschaftliche Beschäftigung mit Umweltproblemen hinaus gehört das Umweltbewußtsein heute auch zu den gesellschaftlichen Triebkräften. Der hohe Stellenwert des Umweltdenkens schläg sich in einer Vielzahl populärer Aufbereitungen nieder, die sicher einen hohen Informationswert haben und zur weiteren Verbreitung von Kenntnissen beitragen können. Schaut man jedoch die aus einer Verhaltenskritik erwachsenen Arbeiten und Bestandsaufnahmen zur Bundesrepublik Deutschland (*J. Bölsche*, Hrsg., 1983; *E. R. Koch* u. *F. Vahrenholtz* 1983) durch, so vermißt man eine intensivere Beteiligung von Geographen. Es gehört vielleicht zu den Eigenheiten unseres Faches, nicht so spektakulär aufzutreten, daß Schlagzeilen in Zeitungen daraus werden ...

Dennoch kommt der Geographie vor allem im Schulbereich eine wichtige Aufgabe bei Umweltfragen zu. Generell muß festgestellt werden, daß die Geographie in den Staaten unterschiedlicher Gesellschaftssysteme wohl gleichermaßen die Erziehung zu erhöhtem Umweltbewußtsein zu ihren Hauptaufgaben gemacht hat. Aber das Bewußtsein reicht nicht aus, soweit es nicht in aktives Handeln umgesetzt wird. Und es reicht auch nicht aus, wenn Schulklassen an „Umwelttagen" Kleinmüll in Parkanlagen und Wäldern sammeln, während gleichzeitig industrielle Großbetriebe sich über Rechtsnormen hinwegsetzen oder sie falsch auslegen. Leider sind wir noch sehr weit von einer gesamtgesellschaftlichen Bewußtheit für die Umweltproblematik entfernt, und auch die Popularisierung einer Vielzahl von Forschungsergebnissen reicht dazu nicht aus.

8. Fazit

Die Ergebnisse der Bestandsaufnahme für die Bundesrepublik Deutschland lassen sich thesenhaft zusammenfassen:

(1) Es gibt eine weitreichende Erfassung von Umweltfaktoren im Mesomaßstab, und die Geographie hat in all ihren Teildisziplinen einen regen Anteil an der Entwicklung dieses Instrumentariums gehabt.

(2) Dennoch ist die Analyse im Mikromaßstab bei allen Geofaktoren noch entwicklungsfähig. Die kleinräumige Kartierung und Messung ist heute der entscheidende arbeitsmethodische Standard, der in Verknüpfung mit naturwissenschaftlichen Gesetzmäßigkeiten und sozialen Entwicklungen zur Hypothesenbildung in einer umweltbezogenen Geographie führen muß.

(3) Der Umweltbezug der Geographie schafft neue Verknüpfungen zwischen der Physischen und der Kulturgeographie und sollte dazu beitragen, die Einheit des Faches (bei aller innerdisziplinären Spezialisierung) zu stärken.

(4) Die Weiterentwicklung von Wechselwirkungen zwischen der Geographie und den anderen Umweltwissenschaften ist dann unproblematisch, wenn man die Inhalte der Geographie als Wissenschaft nicht doktrinär sieht und sich beispielsweise nicht auf innergeographische Zitierkartelle beschränkt. Wenn die Geographie zur Rezeption von außen bereit ist, kann sie auch zum Gesprächspartner nichtgeographischer Fachleute werden.

(5) Eine Umsetzung von Forschungsergebnissen in die Realität wird häufig durch gegenläufiges Handeln im Bereich von Politik, Individualentscheidung und Wirtschaftlichkeitserwägungen erschwert.

(6) Im Gegensatz zu vielen populärwissenschaftlichen Arbeiten und Sammelbänden ist den geographischen Studien sicher eine besondere Sorgfalt bei der Messung und Interpretation zu eigen. Allerdings darf man auch nicht überheblich werden: In der weiteren Verfeinerung der Methoden werden andere Fachdisziplinen vielleicht immer einen Schritt weiter sein, doch sollte die Geographie jeweils von neuem ihre Fähigkeit einsetzen, kombinatorisches Denken zu fördern.

Auch die Feststellung einer Diskrepanz zwischen Einsicht und Realisierung sollte nicht desillusionieren, sondern eher Anlaß sein, noch bessere Argumente zu suchen.

Literaturverzeichnis

Asmuss, H. (1986): Dollart in Gefahr. Umweltgefährdungen im Emsmündungsgebiet. – In: Geographische Rundschau 38, 1986, S. 322–328.

Bach, W. (1984): Trends und Vorsorgemaßnahmen. – In: 44. Deutscher Geographentag Münster 1983. Tagungsbericht und wissenschaftliche Abhandlungen, Stuttgart 1984, S. 94–102.

Barsch, D., Richter, G. (1983): Einführung in die Fachsitzung „Naturraumpotential und geomorphologische Kartierung". – In: 43. Deutscher Geographentag Mannheim 1981, Tagungsbericht und wissenschaftliche Abhandlungen. Wiesbaden 1983, S. 140–141.

Blümel, W. D. (1986): Waldbodenversauerung. Gefährdung eines ökologischen Puffers und Reglers. – In: Geographische Rundschau 38, 1986, S. 312–320.

Borcherdt, Ch., Mahnke, H.-P. (1973): Das Problem der agraren Tragfähigkeit, mit Beispielen aus Venezuela. – In: Stuttgarter Geographische Studien, Stuttgart 1973, S. 1–93.

Borcherdt, Ch., Kuballa, St. (1985): Der „Landverbrauch" – seine Erfassung und Bewertung, dargestellt an einem Beispiel aus dem Nordwesten des Stuttgarter Verdichtungsraumes. Stuttgart = Stuttgarter Geographische Studien, 104.

Buchhofer, E., Hrsg. (1982): Flächennutzungsveränderungen in Mitteleuropa. Marburg = Marburger Geographische Schriften, H. 88.

Bölsche, J., Hrsg. (1983): Die deutsche Landschaft stirbt. Zerschnitten – Zersiedelt – Zerstört. Reinbek.

Der Diplomstudiengang Geographie – Daten und Probleme. Bochum 1985. = Material zum Beruf des Geographen, Bd. 8.

Endlicher, W. (1980): Lokale Klimaveränderungen durch Flurbereinigung. Das Beispiel Kaiserstuhl. – In: Erdkunde 34, 1980, S. 175–190.

Finke, L. (1980): Ökologie und Umweltprobleme. – In: Geographische Rundschau 32, 1980, S. 188–194.

Finke, L., Panteleit, S. (1981): Flächennutzungskonflikte im Ruhrgebiet. – In: Geographische Rundschau 33, 1981, S. 422–430.

Flohn, H. (1983): Das CO_2-Klima-Problem. Stand und Aufgaben (Ende 1982). In: Geographische Rundschau 35, 1983, S. 238–247.

Gossmann, H. (1982): Die Ökologie und das ökonomische Prinzip – ein Gegensatz? – In: Fortschritte landschaftsökologischer und klimatologischer Forschungen in den Tropen. Beiträge zum Symposium ... Freiburg i. Br. 1982 (= Freiburger Geographische Hefte, 18), S. 101–109.

Gossmann, H. (1984): Satelliten-Thermalbilder. Ein neues Hilfsmittel für die Umweltforschung? Bonn = Fernerkundung in Raumordung und Städtebau, H. 16.

Gossmann, H., Lehner, M., Stock, P. (1981): Wärmekarten des Ruhrgebietes. Satelliten-Thermalbilder der Heat Capacity Mapping Mission (HCMM). – In: Geographische Rundschau 33, S. 556–562.

Hallmann, P. (1982): Umweltprobleme in der Sowjetunion und ihre Beurteilung der westlichen Fachliteratur. Unveröff. Zulassungsarbeit für das Staatsexamen, Institut für Kulturgeographie der Universität Freiburg i. Br.

Hambloch, H. (1986): Der Mensch als Störfaktor im Ökosystem. Opladen = (Rheinisch-Westfälische Akademie der Wissenschaften.) Vorträge, Geisteswissenschaften, 280.

Hydrologischer Atlas der Bundesrepublik Deutschland. Im Auftrag der Deutschen Forschungsgemeinschaft unter der Gesamtleitung von *R. Keller* herausgegeben von *U. de Haar* − Karten- und Erläuterungsband. Boppard 1978/79.

Jusatz, H. J. (Hrsg.) (1979): Geomedizin in Forschung und Lehre. Wiesbaden = Geograph. Zeitschrift, Beihefte, Erdkundl. Wissen, 51.

Kirchesch, U. (1986): Die großen Seen. Länderübergreifende Umweltprobleme und Umweltpolitik. − In: Geographische Rundschau 38, 1986, S. 329−336.

Klaus, D. (1986): Desertifikation im Sahel. Ökologische und sozialökonomische Konsequenzen. − In: Geographische Rundschau 38, S. 577−583.

Knauer, P. (1986): Ökosystemforschung und ökologische Planung. − In: Geographische Rundschau 38, 1986, S. 290−293.

Koch, E. R., Vahrenholtz, F. (1983): Die Lage der Nation. Umwelt-Atlas der Bundesrepublik. Daten, Analysen, Konsequenzen. 1. Aufl. Hamburg.

Krieter, M., Maqsud, N. (1977): Zur Belastung von Grund- und Oberflächengewässern im Mainzer Raum. − In: Geographische Rundschau 29, S. 157−162.

Leser, H. (1978): Landschaftsökologie. 2. Aufl. Stuttgart = Uni-TB 521.

Leser, H. (1982): Das natürliche Potential der Basler Region. − In: Geographische Rundschau 34, 1982, S. 206−217.

Manshard, W. (1983): Welternährung und Energiebedarf − ein globaler Ressourcen-Konflikt. − In: Freiburger Universitätsblätter 80, S. 11−20.

Manshard, W. (1984): Desertifikation, Ressourcen-Management und Entwicklungshilfe. − In: Paideuma 30, S. 9−19.

Manshard, W. (1984a): Bevölkerung, Ressourcen, Umwelt und Entwicklung, − In: Geographische Rundschau 36, S. 538−543.

Mensching, H., Ibrahim, F. (1976): Das Problem der Desertifikation. Ein Beitrag zur Arbeit der IGU-Commission „Dersertification in and around arid lands.". − In: Geographische Zeitschrift 64, 1976, S. 81−93.

Mosimann, Th. (1984): Methodische Grundprinzipien für die Untersuchung von Geoökosystemen in der topologischen Dimension. − Basel = Geomethodica, 9.

Mosimann, Th. (1986): Skitourismus und Umweltbelastung im Hochgebirge. − In: Geographische Rundschau 38, 1986, S. 303−311.

Mäckel, R., D. Walther (1982): Geoökologische Studien zur Erfassung von Landschaftsschäden in den Trockengebieten Nordkenias. − In: Fortschritte landschaftsökologischer und klimatologischer Forschungen in den Tropen.

Beiträge zum Symposium . . ., Freiburg i. Br. (= Freiburger Geographische Hefte, 18), S. 133—150.

Mäckel, R., Walther, D. (1982a): Die landschaftsökologische Bedeutung der Bergwälder für die Trockengebiete Nordkenias. — In: Die Erde 114, S. 211—235.

Müller, P. (1977): Biogeographie und Raumbewertung. Darmstadt.

Neef, E. (1967): Die theoretischen Grundlagen der Landschaftslehre. Gotha, Leipzig.

Penck, A. (1925): Das Hauptproblem der Physischen Anthropogeographie. — In: Zeitschrift für Geopolitik 2, 1925, S. 330—348.

Rabe, R. (1983): Zur Bioindikation von Luftverunreinigungen mittels Flechten — Methodische Probleme in einem mäßig belasteten Raum. — In: 43. Deutscher Geographentag Mannheim 1981, Tagungsbericht und wissenschaftliche Abhandlungen. Wiesbaden 1983, S. 221—222.

Ratzel, F. (1882/91): Anthropogeographie oder Grundzüge der Anwendung der Erdkunde auf die Geschichte. Stuttgart 1882; II. Teil. Die geographische Verbreitung des Menschen. Stuttgart 1891.

Richter, D. (1986): Energie und Umwelt. Braunschweig.

Richter, G. (Bearb.) (1965): Bodenerosion. Schäden und gefährdete Gebiete in der Bundesrepublik Deutschland. Gutachten im Auftrage des Bundesministeriums für Ernährung, Landwirtschaft und Forsten . . . Bad Godesberg = Forschungen z. dt. Landeskunde, 152.

Schubert, R., Hrsg. (1984): Lehrbuch der Ökologie. Jena.

Schweinfurth, U. (1982): Landschaftswandel und geomedizinische Folgen im Hochland der Insel Ceylon. — In: Die Erde 113, 1982, S. 151—161.

Schätzl, L. (1978/1981/1986): Wirtschaftsgeographie, 1: Theorie; 2: Empirie; 3: Politik. Paderborn usw. = UTB 782, 1052, 1383.

Sick, W. D. (1985): Der alternativ-biologische Landbau als agrargeographische Innovation am Beispiel des südlichen Oberrheingebietes. — In: Aspekte landeskundlicher Forschung, Festschrift f. *H. Grees.* Tübingen 1985 (Tübinger Geographische Studien, 90 = Sonderband 15), S. 255—266.

Stein, N. (1983): Der Informationsgehalt lebender Systeme für die Raumbewertung — Problemstellungen und Methoden. — In: 43. Deutscher Geographentag Mannheim, 1981, Tagungsbericht und wissenschaftliche Abhandlungen. Wiesbaden 1983, S. 217—221.

Stichmann, W. (1986): Naturschutz mit der Landwirtschaft. Eine Stellungnahme zur Entwicklung und Zukunft der Agrarlandschaften in Mitteleuropa. — In: Geographische Rundschau 38, 1986, S. 294—302.

Troll, C. (1966): Studien zur vergleichenden Geographie der Hochgebirge der Erde. — In: *Troll, C.* (1966): Ökologische Landschaftsforschung und vergleichende Hochgebirgsforschung, Wiesbaden 1966 (Erdkundliches Wissen, H. 11), S. 95—126 (erstmals erschienen 1941).

Troll, C. (1966a): Landschaftsökologie als geographisch-synoptische Naturbetrachtung. — In: *Troll, C.* (1966): Ökologische Landschaftsforschung und vergleichende Hochgebirgsforschung, Wiesbaden 1966 (Erdkundliches Wissen, H. 11), S. 1—13 (erstmals erschienen 1963).

Wagner, G. (1983): Großräumige Überwachung von Schwermetallimmissionen mit Hilfe standardisierter pflanzlicher Indikatoren. In: 43. Deutscher Geographentag Mannheim 1981, Tagungsbericht und wissenschaftliche Abhandlungen. Wiesbaden 1983, S. 223—226.

Weichhart, P. (1986): Das Erkenntnisobjekt der Sozialgeographie aus handlungstheoretischer Sicht. — In: Geographica Helvetica, 1986, S. 84—90.

Weischet, W. (1979): Problematisches über die städtische Wärmeinsel und die Notwendigkeit einer Baukörperklimatologie. — In: *Kreisel, W., Sick, W. D. Stadelbauer, J.,* Hrsg. (1979): Siedlungsgeographische Studien. Festschrift für G. Schwarz. Berlin, S. 407—423.

Weischet, W. (1984): Die klimatischen und ökologischen Bedingungen des Fortbestehens des immergrünen tropischen Regenwaldes. — In: Spixiana, Suppl. 10, 1984, S. 55—76.

Weischet, W., Nübler, W., Gehrke, A. (1977): Der Einfluß von Baukörperstrukturen auf das Stadtklima am Beispiel von Freiburg i. Br. — In: *Franke, E.,* Hrsg. (1977): Stadtklima: Ergebnisse und Aspekte für die Stadtplanung. Stuttgart.

Wroz, W. (1980): Werra und Weser — sterbende Flüsse. Zum Thema Umweltgefährdung und Umweltschutz für Abschlußklassen der Sekundarstufe I. — In: Geographische Rundschau 32, 1980, S. 350—360.

Postscriptum Juli 1987

Aus der Umweltdiskussion in der Öffentlichkeit und der Kombination verschiedener älterer und jüngerer geographischer Forschungsansätze hat die geographische Umweltforschung ein neues Paradigma für ihr Fach geschaffen: Der Lebensraum gesellschaftlicher Gruppen in Industrie- und Entwicklungsländern wird zunehmend als bedroht durch anthropogene Veränderungen natürlicher Funktionszusammenhänge oder Systeme verstanden. Die Erkenntnis dieser Bedrohungen, die teils aus unzureichendem Einblick in ökosystemare Zusammenhänge, teils aus der mangelhaften Bewältigung technologischer Herausforderungen resultieren, verleiht der neuen Blickrichtung in der Geographie eine Gesellschaftsrelevanz, aus der wiederum eine deutliche Anwendungsbezogenheit hervorgeht. Da mehrere Umweltkatastrophen in den vergangenen Jahren (Havarien von Öltankern, Waldsterben, Desertifikation und Hungersnöte, Gewässer- und Luftverschmutzung, unkontrollierter Austritt von Radioaktivität) die Dringlichkeit von Information und Grundlagenforschung deutlich gemacht haben, ist ein starkes Anschwellen der einschlägigen Fachliteratur zu beobachten. Die vorstehenden Ausführungen ließen sich also bereits nach wenigen Monaten durch weitere aktuelle Beispiele aus der Fachliteratur ergänzen. Darauf sei jedoch an dieser Stelle verzichtet, da sich zwar zahlreiche neue Details und Einzelerkenntnisse, aber keine grundlegend neuen Forschungsansätze zeigen würden.

V. Themenvorschläge

Vladimir Pavlovič Maksakovskij, Vitold Jakovlevič Rom

Sowjetische Vorschläge für den Geographieunterricht an Schulen der Bundesrepublik Deutschland
Das Thema „Sowjetunion"*

1. Einleitung

Da der Geographieunterricht an den Schulen der Bundesrepublik Deutschland und der Sowjetunion im wesentlichen auf verschiedene Weise verwirklicht wird, möchten wir den bundesdeutschen Leser zunächst über die Struktur der sowjetischen Schule und das Schulfach Geographie kurz informieren.

1.1 Die sowjetische Schule

In der Sowjetunion ist der Übergang zur allgemeinen Schulpflicht für die Jugend abgeschlossen worden. Das bedeutet, daß die Schule allen Kindern und Jugendlichen im Alter von 7 bis 16—17 Jahren einen kompletten Fachunterricht vermittelt. Die Schulzeit beträgt 10 Jahre. Im Schuljahr 1979—1980 besuchten insgesamt 52,9 Mio. Kinder und Jugendliche die Schule. Der grundlegende Schultyp ist die allgemeinbildende Schule (44,4 Mio. Schüler). Die anderen Schüler können nach dem Abschluß der 8. Klasse mit der Berufs- und Fachschulausbildung beginnen. So viel zur Schulbildung der UdSSR.

Das gesamte Volksbildungssystem der Sowjetunion ist einheitlich und zentralisiert. Es gelten (bis auf wenige Ausnahmen) einheitliche Lehrpläne, stabile[1] Schulbücher. In den sechziger Jahren wurden in den Lehrplänen aller Schulfächer Veränderungen durchgeführt, um im Zusammenhang mit heutigen Forderungen der wissenschaftlich-technischen Revolution Wissenschaftsgrundlagen in den Schulunterricht besser einbeziehen zu können. Gegenwärtig werden an Lehrplänen und Schulbüchern neue bedeutende Veränderungen vorgenommen, deren Ziel es ist, zur Liebe für die Arbeit zu erziehen, polytechnische Ausbildung zu fördern und die Schüler auf ihre zukünftige Berufstätigkeit besser vorzubereiten.

Gleichzeitig will man den Umfang des nebensächlichen, nur fachbezogenen Lehrstoffes zugunsten des Allgemeinwissens reduzieren. Das soll eine gründlichere Konzentration auf die Erschließung von grundlegenden Gesetzen der Entwicklung der Natur und Gesellschaft ermöglichen.

---

* Aus Praxis Geographie 11 (1981) H. 3
[1] D. h. inhaltlich über Jahre hinweg wenig oder gar nicht veränderte Lehrbücher.

Für die sowjetische Schule sind systematische Lehrfächerkurse typisch, die bestimmten Wissenschaften entsprechen (Literatur, Geschichte, Geographie, Physik, Mathematik, Biologie usw.).

Die im Westen verbreiteten integrierten Programme[2] verwendet man nicht, aber die „Kopplung" einzelner Lehrfächer wird durch ein weites Netz von sogenannten interfachlichen Verbindungen erreicht. Einige Schulfächer führen auch in Nachbarwissenschaften ein, die nicht durch entsprechende Fächer in der Schule vertreten sind. Z. B. weist Geographie Elemente von Geologie, Demographie, Ethnographie, Soziologie und besonders Elemente der Wirtschaftswissenschaften auf.

1.2 Der Geographieunterricht in der UdSSR

Die Struktur der Schulgeographie in der UdSSR unterscheidet sich wesentlich von der betreffenden Struktur in den meisten Ländern Europas, wo komplexe landeskundliche Kurse[3] dominieren. Entsprechend den zwei Grundrichtungen der geographischen Wissenschaft wird in der sowjetischen Schule traditionell getrennt physische und ökonomische Geographie unterrichtet. Landeskundliche Regionalkonzeptionen sind dabei keinesfalls auszuschließen, aber sie gehören nicht zur komplexen, integrierten Landeskunde, sondern zur physischen und ökonomischen Geographie. Wir sind danach bestrebt, daß beide Grundteile des Geographiekurses eng verbunden sind und einander beeinflussen. Das Hauptthema dieser Wechselwirkung läßt sich eindeutig aus der theoretischen und praktischen, angewandten Hauptaufgabe der geographischen Wissenschaft bestimmen; es ist das Problem „Gesellschaft und Natur".

In der Sowjetunion ist eine aufeinanderfolgende Stufenstruktur des Lehrfachs „Geographie" üblich, die von der 5. Klasse an fünf weitere Jahre gelernt wird; in der 4. Klasse haben die Schüler Naturkunde mit Geographieelementen. In der folgenden ersten Stufe unterrichtet man physische Geographie: in der 5. Klasse (11—12 J.) einen Anfangskurs, in der 6. Klasse (12—13 J.) Geographie der Kontinente, in der 7. Klasse (13—14 J.) physische Geographie der UdSSR.

In der zweiten Stufe unterrichtet man ökonomische Geographie: in der 8. Klasse (14—15 J.) die der Sowjetunion, in der 9. Klasse (15—16 J.) behandelt man ökonomische Geographie anderer Länder.

In den nächsten Jahren ist nicht mit Strukturänderungen des Lehrplans zu rechnen. Aber sowjetische Geographiewissenschaftler und Methodiker arbeiten schon lange auch an anderen Strukturvarianten, die eine Verstärkung komplexer Ansätze und die Einführung eines Fortgeschrittenen-Kursus der Allgemeinen Geographie vorsehen; ein solcher Kurs sollte die geographische Ausbildung der Schüler abschließen.

---

[2] D. h. Integration von Geographie, Geschichte, Politik usw. in einem Fach; man hat in den zwanziger Jahren in der SU damit sehr schlechte Erfahrungen gemacht.
[3] = Länderkunde, Regionale Geographie.

1.3 Die Sowjetunion im sowjetischen Geographieunterricht

Aus den oben aufgeführten Angaben ist es ersichtlich, daß zwei von fünf Schuljahren dem Erlernen der Geographie der UdSSR zufallen. Dabei bekommen die Schüler der 7. Klasse zuerst einen physisch-geographischen Überblick über die UdSSR, d. h. Charakteristik der geographischen Lage und der Grenzen, allgemeine Angaben über die Bevölkerung, politisch-administrative Struktur, geologischen Bau, Relief, Bodenschätze, Meere, Binnengewässer, Klima, Landschaftsgürtel. Im zweiten Teil des Kurses werden Naturbedingungen und Naturressourcen der acht Groß-Regionen des Landes charakterisiert. Es sind dies die Osteuropäische und Westsibirische Ebene, der Ural, der Ferne Osten usw.

Der Kurs der 8. Klasse besteht auch aus einem allgemeinen Überblick und einer Regionenübersicht. Der allgemeine Teil befaßt sich mit folgenden Charakteristiken: Volkswirtschaft als ein einheitlicher Komplex, Natur- und Arbeitskräfteressourcen des Landes, Entwicklung und Verteilung der Energiewirtschaft, der Hüttenindustrie, des Maschinenbaus, der Landwirtschaft, des Verkehrs usw. Der zweite Teil enthält eine Übersicht über die Unionsrepubliken und 18 Wirtschaftsgroßräume, in die das Land für die Staatsplanung eingeteilt worden ist.

Außerdem sind Elemente der physischen und ökonomischen Geographie der UdSSR auch im Unterricht in den drei anderen Klassen „anwesend". So gibt es vor allem im heimatkundlichen Lehrstoff der 5. Klasse viele Beispiele, die die Natur der UdSSR charakterisieren. Beim Thema Eurasien in der 6. Klasse sind selbstverständlich auch einige Naturcharakteristiken einzelner Gebiete der UdSSR vorhanden. Auch in der 9. Klasse werden die Stellung des Landes in der Weltwirtschaft sowie seine Wirtschaftsbeziehungen mit einzelnen Ländern bewertet. So ein großes Interesse für die Geographie des eigenen Landes ist ja verständlich. Man findet es in der Schulgeographie jedes Landes. Besonders wichtig und notwendig ist dieses Vorgehen im Falle der Sowjetunion mit ihrem großen Territorium, äußerst mannigfaltigen Natur- und Wirtschaftsverhältnissen, ethnischen und demographischen Prozessen, mit großer Vielfalt intra- und interregionaler Beziehungen.

2. Vorschläge für die Behandlung der Sowjetunion in der Bundesrepublik Deutschland

Wir müssen natürlich einsehen, daß im Ausland, darunter in der Bundesrepublik Deutschland, solch ein gründliches Vorgehen selbst bei einem so großen und wirtschaftlich so gut entwickelten Staat wie der Sowjetunion nicht möglich wäre. Aber wir wünschen, daß die Erfahrungen der Sowjetschule viele Anregungen und Hilfen für eine bessere geographische Ausbildung der Schüler der Bundesrepublik Deutschland geben mögen. Dies gilt um so mehr, weil die Fachliteratur des westlichen Auslandes kein ausreichendes Bild der geographischen Wirklichkeit der UdSSR gibt.

Bei ganz verschiedenen Lehrplänen in einzelnen Bundesländern würden wir in unseren nachfolgenden Vorschlägen zum Unterrichtsthema „Sowjetunion" an den Schulen der Bundesrepublik Deutschland empfehlen, einen allgemeinen geographischen Überblick unseres Landes in den 8.–9. Klassen und einen gründlicheren in den 11.–13. Klassen zu geben.

In den 8.–9. Klassen sollte man bei einer Gesamtstundenzahl von 16–24 für das Thema „Sowjetunion" den Lehrstoff systematisch aufgebaut vermitteln (nicht an einzelnen ausgewählten Beispielen). Wir würden folgende Gliederung empfehlen:

2.1 Größe und geographische Lage

In diesem Abschnitt wäre es zweckmäßig, auf die Größe des Territoriums hinzuweisen, das sich vom Atlantischen, bis zum Stillen Ozean erstreckt und elf Zeitzonen und zehn Naturzonen umfaßt. Eine geographische Besonderheit sind auch die längsten Staatsgrenzen (60 000 km), die größte Anzahl der Nachbarstaaten (12); die Flüsse fließen in 14 Neben- und Randmeere von drei Ozeanen: Das alles schafft günstige Voraussetzungen für die Entwicklung der außenwirtschaftlichen Beziehungen der UdSSR. Da aber das Land über weite arktische Gebiete verfügt, werden seine Außenkontakte zum Teil auch behindert.

2.2 Naturverhältnisse und Ressourcen

Der Reichtum an verschiedensten Naturverhältnissen und Ressourcen des Landes wird im wesentlichen von dem Ausmaß des Territoriums der UdSSR bedingt. Das gilt vor allem für die Bodenschätze. Bekanntlich ist die SU eines der an Energie, Erz- und Nichterzvorräten reichsten Länder der Welt. Das gilt weiter für Wasser-, Boden-, Pflanzenressourcen und andere Reserven. Sie haben alle höchst verschiedene Nutzungsmöglichkeiten, was ein differenziertes Herangehen an ihre rationelle Erschließung unter Berücksichtigung des Umweltschutzes erfordert, besonders dort, wo diese Ressourcen intensiv in Anspruch genommen werden. Selbstverständlich sollte in diesem Abschnitt eine diesbezügliche Differenzierung der Umwelt und der menschlichen Tätigkeit nur im allgemeinen gezeigt werden, da im nachfolgenden Teil eine Regionenübersicht kommt.

2.3 Bevölkerung, politisch-administrative Gliederung der UdSSR

Die UdSSR ist ein Nationalitätenstaat mit über 100 größeren und kleineren Völkern, die zu vier Sprachfamilien gehören: der indoeuropäischen, altaischen[4], uralischen[5], kaukasischen[6]. Auf die größeren Völker[7] sollte eingegangen werden (Russen — 137,4 Mio., Ukrainer — 42,3 Mio., Usbeken — 12,5 Mio., Belorussen — 9,5 Mio., Kasachen 6,6 Mio., usw.). Es ist auch deshalb wichtig, weil die politisch-administrative Gliederung der UdSSR nach dem nationalen Prinzip erfolgt: Die Grenzen der Unionsrepubliken (15), Autonomen Republiken (20), Autonomen Gebiete (Oblast) und Nationalen Kreise entsprechen fast überall den Siedlungsgebieten der Völker, deren Namen sie tragen.

Anfang 1980 zählte die Bevölkerung der UdSSR 264,5 Mio. Menschen, jährlich erhöht sich die Bevölkerungszahl um 2—2,5 Mio. Aber dieser Zuwachs kann den Arbeitskräftebedarf, besonders in der letzten Zeit, nicht decken. Darauf lassen sich sowohl der Charakter der demographischen Staatspolitik als auch die Intensivierungsaufgaben der Produktion zurückführen. Es ist auch zu berücksichtigen, daß die Prozesse der Bevölkerungsproduktion in verschiedenen Teilen des Landes nicht gleich verlaufen. Während in den mittelasiatischen Republiken die Zuwachsrate (natürlicher Zuwachs) hoch ist, weist der Raum des sowjetischen Baltikums und Mittelrußlands eine bedeutend kleinere Zuwachsrate auf. Die dargestellte demographische Situation ist bei der Planung und räumlichen Verteilung der Industrie zu berücksichtigen.

Es ist darauf hinzuweisen, daß die durchschnittliche Bevölkerungsdichte (etwa 12 E/km^2) kein ausreichendes Bild der Bevölkerungsverteilung gibt. Die sowjetischen Wissenschaftler sprechen von dem Hauptstreifen der Besiedlung, der einen großen europäischen Teil der SU umfaßt und dann sich in östlicher Richtung entlang der Transsibirischen Eisenbahn erstreckt; dabei wird der Streifen schmaler.

Der Anteil der städtischen Bevölkerung erhöht sich schnell, er betrug Anfang 1980 63 % aller Einwohner der SU. Es gibt im Land über 20 Millionenstädte, darunter Moskau (8,1), Leningrad (4,6), Kiew (2,2), Taschkent (1,8). In der Nähe von Großstädten kommt es zur Bildung von Trabantenstädten, deren Zahl hoch ist. Das einheitliche Siedlungssystem[8], an dem sowjetische Geographiewissenschaftler arbeiten, macht es möglich, an die praktische Lösung so eines schwierigen Problems heranzukommen, das Wachstum der Städte zu regeln (unter Berücksichtigung von Umweltproblemen).

Informationen über die Klassenstruktur der Bevölkerung der UdSSR können die Schüler der Bundesrepublik Deutschland auch interessieren. 1978 waren 84,9 % der Bevölkerung Arbeiter und Angestellte, 15,1 % Kolchosbauern. Während 1926 zu den Geistesarbeitern etwa 3 Mio. Menschen zählten, sind es jetzt etwa 40 Mio.

---

[4] Vorwiegend türkische Völker, z. B. Usbeken, Tataren.
[5] Vorwiegend finnisch-ugrische Völker, z. B. Esten, Karelier.
[6] Nur ein Teil der in Kaukasien lebenden Völker gehört hierzu, z. B. die Georgier (Grusinier).
[7] Vgl. Beitrag L. Bauer: „Grundbegriffe".
[8] = aufeinander abgestimmtes System von Siedlungen verschiedener Größe und Funktionen; s. u. a. GR 1978, S. 355/356.

2.4 Allgemeine Charakteristik der Wirtschaft

Sie sollte eine Vorstellung von dem Plancharakter der sozialistischen Wirtschaft der UdSSR geben, die einen einheitlichen volkswirtschaftlichen Komplex darstellt. Weitere Schwerpunkte sind: schnelles Entwicklungstempo, besonders in der Industrie, Strukturveränderungen im Zusammenhang mit Richtlinien der wissenschaftlich-technischen Revolution (WTR), Verschiebungen in der Industriestandortverteilung (vor allem nach Osten). Diese Entwicklung stützt sich auf wissenschaftlich begründete Prinzipien der Standortverteilung, darunter: Niveauausgleich bei der Entwicklung abgelegener Gebiete, komplexe Entwicklung der Wirtschaft, regionale Naturnutzung usw. Auf die Standortverteilung der UdSSR wirken sich in den letzten Jahren immer mehr Prozesse der sozialistischen ökonomischen Integration aus, z. B. Bildung internationaler Infrastruktur der RGW-Länder (5000 km lange Erdölleitung „Druschba", 2750 km lange Erdgasleitung „Sojus", Energieverbundsystem „Mir", gemeinsame Entwicklung der Atomenergiewirtschaft usw.).

2.5 Führende Industriezweige

Ausgehend von Möglichkeiten, Aufgaben und vor allem Umfangsschranken des Themas halten wir es nicht für nötig, die Schüler mit der Entwicklung und Verteilung von zahlreichen Industriezweigen, der Landwirtschaft und des Verkehrs der UdSSR vertraut zu machen. Zweckmäßiger wäre es, größere Komplexe zusammenhängender Branchen zu untersuchen: Brennstoffindustrie — Energieversorgung, Hüttenindustrie — Maschinenbau, Chemie, agrarindustrielle Komplexe u. a. m. Bei der Bewertung dieser Komplexe sollte man auf wichtige ökonomisch-geographische Probleme eingehen, die mit der ungleichmäßigen Verteilung von Rohstoffen, Energiequellen und Verbrauchsraum verbunden sind. Die Schüler sollten dabei „ein geographisches Bild" der materiellen Produktion in der UdSSR erhalten, d. h. eine Vorstellung von den wichtigsten Industrie- und Landwirtschaftsgebieten, Bergbauzonen, Verkehrswegen. Der nicht produzierende Bereich (mit 26 % aller Beschäftigten) braucht auch eine geographische Charakteristik, besonders der noch verhältnismäßig junge Forschungszweig einer Geographie der Touristik und der Wissenschaft.

Selbstverständlich ist die geographische Bewertung der Wirtschaftskomplexe von spezifischen Problemen des Naturschutzes und der Umgestaltung der Natur nicht zu trennen (Bodenentwässerung im belorussischen Polesje, Melioration in der Nichtschwarzerdezone Rußlands, Bewässerung in Mittelasien, Bodenrekultivierung im Donbass usw.).

2.6 Die Wirtschaftsregionengliederung

Dies ist eines der Hauptthemen der sowjetischen ökonomischen Geographie und hat eine große theoretische und praktische Bedeutung. Es handelt sich um Regionen von verschiedener Größe — von kleinen bis sehr großen, denen territoriale Produktionskomplexe zugrunde liegen. Jeder territoriale Produktionskomplex (TPK)[9] stellt eine wissenschaftlich begründete Produktionsverflechtung in einem bestimmten Raum dar, was einen großen wirtschaftlichen Nutzeffekt sichern muß. Im 10. Fünfjahresplan der UdSSR (1976–1980) wurden im östlichen Teil des Landes folgende TPK's geschaffen: Bratsk – Ust-Ilimsk, Westsibirien, Sajan, Südjakutien und andere. Im europäischen Teil baute man den TPK aus, dessen energetische Basis Eisenerz aus dem Kursker Raum (Kursker Magnetanomalie) und Erdgas aus dem Orenburger Raum bilden.

Wie bereits erwähnt, werden in der Sowjetschule alle großen Wirtschaftsregionen der UdSSR zum Lernen angeboten; für die Schulen der Bundesrepublik Deutschland würden wir eine Gliederung in drei Makroregionen oder ökonomische Zonen mit Hauptangaben nach Tab. 1 empfehlen.

In der relativ energiequellenarmen Westlichen Zone, die den Europäischen Teil der UdSSR, den Ural und Transkaukasien umfaßt, konzentrieren sich die wichtigsten Industriestandorte und Arbeitskräfteressourcen. Die Perspektivplanung sieht vor, daß sich die hier vorhandenen TPK's weiter entwickeln, dabei soll die energie- und wasserverbrauchende Produktion reduziert, dagegen die arbeitsintensive Produktion und Atomenergiewirtschaft ausgebaut werden.

In der Östlichen Zone (West- und Ostsibirien, der Ferne Osten) konzentrieren sich die wichtigsten Energieressourcen (Erdöl, Erdgas, Kohle, Wasser), große Waldflächen, Chemierohstoffe, Vorräte an Buntmetallerzen und seltenen Metallen. Ein Teil dieser Ressourcen befindet sich in Gebieten mit extremen Naturverhältnissen, aber dank einer hohen Konzentration und Qualität ist ihre Nutzung wirtschaftlich. Dafür wird die hier entstandene mächtige Transportinfrastruktur erweitert:

Rohrleitungssysteme, Eisenbahnlinien, darunter die 3200 km lange Baikal-Amur-Magistrale (BAM). Gerade in den TPK's dieser Zone entsteht die größte energie- und wasserverbrauchende Produktion.

In der Südöstlichen Zone (die Republiken Mittelasiens und Kasachstan) entwickelt sich traditionell Ackerbau mit Bewässerung und Weidewirtschaft; die wirtschaftliche Erschließung von Wüsten und Halbwüsten geht weiter, und es sind noch viele komplizierte Probleme der Wasserwirtschaft zu lösen, unter anderem durch Umleitung des Wasserabflusses. Die Basis für die TPK's dieser Zone bilden Mineral- und Wasserenergieressourcen.

Die nötigen Texte, Karten und Daten zu allen diesen Fragen enthält das Lehrbuch für die 8. Klasse der Sowjetschule „Ökonomische Geographie der UdSSR", das jährlich in einer Auflagenhöhe von 3,3 Mio. Exemplaren herausgegeben wird.

---

[9] Vgl. den Beitrag von *R. Pausch*.

Tab. 1: Ökonomische Zonen, Anteil an der UdSSR in %

	Westliche Zone	Östliche Zone	Südöstliche Zone
Fläche	25	57	18
Bevölkerung	73	11	16
Energieressourcen	9	85	6
Wasservorräte	25	70	5
Waldfläche	20	80	—
Industrieproduktion	83	12	5
Landwirtschaftsproduktion	76	8	16
Schienennetz	72	14	14

3. Vorschläge für die Behandlung der Sowjetunion in der Sekundarstufe II

Und nun zum Unterricht der Geographie der UdSSR in den 11.–13. Klassen. Hier empfehlen wir ein nicht streng systematisches, sondern ein vertieftes und möglichst komplexes Herangehen an einige allgemeine und regionale Probleme. Wir würden auf folgende hinweisen:

3.1 Die Stellung der UdSSR in der Weltwirtschaft; UdSSR und RGW-Länder

Auf den ersten Blick kann man das Thema vorwiegend ökonomisch-statistisch ansehen. Es muß tatsächlich über den Anteil des Landes an der Weltwirtschaft informieren, und zwar mit Daten: Bevölkerung: 6,4 %, Industrieproduktion: 20 %. Aber die Charakteristik der Außenhandelsbeziehungen der UdSSR macht auch eine geographische Auffassung des Themas möglich. Dies gilt vor allem für die wirtschaftliche Zusammenarbeit der SU mit den RGW-Ländern, auf die 1978 56 % des Außenhandelsumsatzes der UdSSR entfielen. Durch diese Zusammenarbeit entsteht eine große Integrationsregion mit bedeutender Infrastruktur und engen Kooperationsverbindungen, die die Westliche Zone der UdSSR und die europäischen RGW-Länder umfaßt. Der Anteil der entwickelten kapitalistischen Länder am Außenhandelsumsatz der SU betrug im gleichen Jahr 28 %. Es sei zu betonen, daß die Bundesrepublik Deutschland in dieser Gruppe den ersten Platz einnimmt. Dank der Zusammenarbeit mit den Ländern Westeuropas kam es zur Schaffung solcher großen Objekte wie der transeuropäischen Gasleitung, des Elektrohüttenkombinats in Oskol[10] usw.

---

[10] Zwischen Kursk und Woronesch.

3.2 Das Problem der Vertiefung territorialer Arbeitsteilung und Integration unter den Makroregionen der UdSSR

Es muß gesagt werden, daß sich in der SU in den dreißiger und vierziger Jahren eine stärkere territoriale Arbeitsteilung und Integration nur in kleineren Räumen vollzog. Innerregionaler Austausch dominierte, und innerregionale Verbindungen überwogen die interregionalen. Aber schon in dieser Periode bildeten sich große interregionale Komplexe, z. B. das Ural-Kusnezk-Kombinat, das Eisenerz aus dem Ural und Steinkohle aus dem Kusbass benutzte.

Typisch für die heutige Zeit und insbesondere für die Zukunft wird eine Vertiefung territorialer Arbeitsteilung. Es kommt zu intensiven Integrationsprozessen und Verflechtungen unter drei territorial höchst umfangreichen Makroregionen — gemeint sind die Westliche, Östliche und Südöstliche ökonomische Zone. Anhand der oben angeführten Tabelle könnte man den Schülern zeigen, daß die Westliche Zone bei 73 % der Bevölkerung, 83 % der industriellen und 76 % der landwirtschaftlichen Produktion des Landes, aber bei nur 9 % der Energie-, 20 % der Wald- und 25 % der Wasserressourcen sich — angesichts des gegenwärtigen riesigen Ausmaßes der Wirtschaft — in wechselseitigen Beziehungen mit der Östlichen Zone entwickeln muß, wo sich die meisten Brennstoff-, Energie-, Wasser-, Waldressourcen sowie Buntmetallerze konzentrieren. Die Verflechtungen der beiden Zonen mit der Südöstlichen Zone werden auch immer enger, da diese Zone bei ihren einmaligen günstigen Bedingungen für subtropischen Ackerbau (Baumwollanbau) nur über geringe Wasser- und Waldressourcen sowie Industrieausrüstungen verfügt.

Die sich vertiefende territoriale Arbeitsteilung unter den ökonomischen Zonen steht im Zusammenhang mit der Entwicklung eines leistungsfähigen Verkehrs- und Kommunikationssystems (Ost-West, Südost-West, Ost-Südost) und mit der Bewältigung vieler ökonomisch-geographischer komplexer Probleme. Wir würden deshalb empfehlen, diese Probleme als einzelne Themen zu betrachten und Grundrichtungen für die Lösung der Gesamtaufgabe zu zeigen — optimale wirtschaftliche Entwicklung des Landes durch eine vertiefte territoriale Arbeitsteilung und Integration unter gewaltigen Regionen der SU.

3.3 Das ökonomisch-geographische Hauptproblem der Energiewirtschaft der UdSSR

Hier sollte noch einmal betont werden, daß sich im Westen des Landes Energieverbraucher und im Osten die größten wirtschaftlichen Brennstoff- und Energieressourcen konzentrieren. Man müßte auch darauf hinweisen, daß im Zusammenhang mit der Erhöhung der Produktion, Verkehrsintensität und des Energiebedarfs der Bevölkerung das Defizit in der Brennstoff- und Energiebilanz in der Westlichen Zone ständig ansteigt. Hinzu kommt der wachsende Brennstoff- und Energieexport in die europäischen RGW-Länder und nach

Westeuropa über Rohrleitungen und Häfen am Schwarzen Meer (Noworossisk, Tuapse, Batumi) und an der Ostsee (Wentspils)[11].

Lösungswege des Problems:

a) Schaffung leistungsfähiger Brennstoff- und Energiekomplexe im Osten und Südosten: Kansk-Atschinsk[12], Westsibirien, Ekibastus[13], die den Westen mit großen Energiemengen beliefern werden und wo sich mit der Zeit die wichtigsten energieverbrauchenden Produktionszweige der UdSSR konzentrieren.

b) Schaffung neuer Transportsysteme für Energielieferungen in Ost-West-Richtung: leistungsfähigere Rohrleitungen für gekühltes und später verflüssigtes Gas, Transportsysteme für harte Brennstoffe, Entwicklung höchstleistungsfähiger Stromleitungen, Erweiterung des Schienennetzes (BAM usw.).

c) Vorrangige Entwicklung von Kernkraftenergetik im W, darunter große Atomkraftwerksysteme, Kraftwerke vom Typ „Schneller Brüter", Atomkesselanlagen für die Städte, Atomkomplexe.

3.4 Das ökonomisch-geographische Problem der Eisenhüttenindustrie der UdSSR

Das Problem ist zum Teil ähnlich dem Energieproblem zu betrachten; denn die größten (76%) erkundeten Eisenerzvorräte lagern im Westen (Kursker Magnetanomalie, Kriwoi Rog, Nordwesten, Ural) und die der Kokskohle im Osten, darunter über 60% in Sibirien (Kusnezk- und Südjakutisches Becken), wo sich auch die größten Erdgasressourcen konzentrieren. Im Zusammenhang damit entsteht nach dem Programm eine bestimmte „Metallurgieachse" von der Kursker Magnetanomalie im Westen bis zum Kusnezkbecken im Osten. Trotz einer über 4000 km langen Entfernung bilden große Vorräte, hoher Eisengehalt des Erzes und hohe Kohlequalität günstige Voraussetzungen für ihre komplexe Nutzung sowie für bedeutende Eisenerzlieferungen nach dem Osten und Kokskohlelieferungen nach dem Westen. Im Zentrum dieser „Achse" (im Ural) und im Osten (Kusbass) hat sich schon eine hochentwickelte Eisenhüttenindustrie herausgebildet. Im Westen der „Achse" vervollkommnet sich schnell ein TPK, der sich auf die Ressourcen der Kursker Magnetanomalie orientiert: Für die Gewinnung von hochwertigen Erzen werden hier riesige Tagebaue und in Zukunft Tiefgruben und Bergwerke geschaffen; zu bewältigen sind auch komplizierte Probleme der Wasserversorgung, Bodenrekultivierung, Nutzbarmachung von Abraumhalden. Neben den Eisen- und Stahlwerken in Nowolipezk[14] und Oskol[15] und Atomkraftwerken gibt es viele Bauvorhaben für andere Industriezweige. Eisenerzkonzentrat, Hütten- und Walzwerkprodukte werden auch zu Exportartikeln.

---

[11] Westlich Riga; deutsch: Windau.
[12] Östlich und westlich Krasnojarsk.
[13] In NO-Kasachstan.
[14] Nördlich Woronesch.
[15] Westlich Woronesch.

3.5 Probleme der wirtschaftlichen Nutzung des Nordens

Man sollte sich vor Augen halten, daß es in der SU neben der Gliederung in Wirtschaftsregionen von verschiedener Größe auch eine umfangreiche Breitenzone, den sog. Norden, gibt. Sie umfaßt einzelne Teile von Wirtschaftsgroßregionen und ökonomischen Zonen. Zur europäischen Nordzone gehören die Gebiete Murmansk und Archangelsk, die Karelische und die Komi-ASSR. Zur asiatischen Nordzone gehören fast $^2/_3$ der Östlichen Zone, einschließlich des BAM-Raumes und des nördlichen Teils der Insel Sachalin.

Die Nordzone umfaßt 50 % des Territoriums der SU und enthält über 60 % der Energieressourcen und chemischen Grundstoffe, die meisten Vorräte an Buntmetallen und die Hälfte der gesamten Waldfläche der UdSSR.

Die Schüler der Bundesrepublik Deutschland sollten sich vorstellen, daß das Aussondern der Nordzone nicht nur nach natürlichen, sondern auch nach ökonomischen Merkmalen erfolgt. Zu schwierigen, die Produktion verteuernden Naturverhältnissen kommen schwach entwickelte Transportwege und ungünstige Siedlungsstruktur hinzu. Die Nutzbarmachung neuer Gebiete an und für sich ist immer mit verstärktem Arbeitskräfteeinsatz für die benötigte Produktions- und Sozialinfrastruktur verbunden. Das bedingen die besonderen Züge der Nordzone — begrenzte Spezialisierung, lokaler („Oasen"-)Charakter der Produktion, wobei die Standorte abgegrenzt und weit voneinander liegen. Man unterscheidet den Nahen Norden, wo die Naturverhältnisse nicht so extrem sind und wo es schon ganzjährige Verkehrsverbindungen gibt, und den Hohen Norden mit extremen Verhältnissen und nicht ständig funktionierenden Transportwegen für Massengüter (Nördlicher Seeweg, Polarflugwesen). Im Zusammenhang damit entstehen im Nahen Norden leistungsfähige TPK's[16], und im Hohen, arktischen Norden dominieren nur einzelne, auf sich selbst angewiesene Standorte[17] mit besonders wertvollen und seltenen Ressourcen.

Darüber hinaus braucht die Natur des Nordens, besonders des Hohen Nordens, eine äußerste Schonung, was bestimmte Einschränkungen beim Bau von Industrieobjekten und Transportwegen erfordert.

Im allgemeinen wird im Norden arbeitskräfteschonende Politik mit Orientierung auf gut geschulte Fachkräfte durchgeführt; die technische Ausrüstung von Produktion und Verkehr braucht ständige Ergänzung mit Ersatz der installierten Maschinen und Aggregate durch Spezialanlagen in sogenannter „Nordausführung", die den Tiefsttemperaturen standhalten können. Das alles bestimmt die Nord-Süd-Beziehungen sowie die Notwendigkeit, in die Wirtschaftsregionen nicht nur nördliche, sondern auch ökonomisch entwickeltere, südliche Gebiete einzubeziehen, was eine beschleunigte und wirtschaftlichere Erschließung von Nordgebieten ermöglicht. Daher führen die Transportwege und erfolgt die Versorgung mit allem nötigen in Süd-Nord-Richtung. Im Rahmen der Nordprobleme können auch untergeordnete Probleme betrachtet werden, darunter

---

[16] Z. B. TPK Bratsk—Usk—Ilimsk.
[17] Z. B. Norilsk (s. Beitrag *L. Bauer*).

BAM-Probleme, Baikalprobleme, Probleme einer komplexen Ressourcenerschließung Westsibiriens. Während die BAM-Probleme[18] als nötige Verbindungsverstärkung „Osten-Westen", darunter auch mit Transitintensivierung („Containerbrücke" Westeuropa—Japan) sowie auch als Naturreichtümererschließung des BAM-Raumes (Kohle, Metalle, Asbest, Wald) zu behandeln wären, sollte man sich beim Baikalproblem hauptsächlich der ökologischen Aufgabe zuwenden.

3.6 Probleme der Naturraumgestaltung und Neuverteilung des Wasserabflusses zwischen verschiedenen Stromgebieten

Diese Probleme wären auch im Rahmen der Nord-Süd-Beziehungen einzuschätzen. Tatsächlich liegen die wesentlichsten Wasserüberschußressourcen im Norden, die Hauptverbraucher dagegen mit steigendem Wassermangel in südlichen Gebieten der SU. Diese Probleme haben zwei regionale Aspekte.

Erstens: eine Neuverteilung des Wasserabflusses in der sogenannten Zentralregion der SU. Diese zusätzliche Gliederung umfaßt die meridionale Zone Westsibirien, Kasachstan und Mittelasien. Man sieht vor, die Gewässer des Ob und seiner Nebenflüsse in wasserarme Südgebiete umzuleiten. Zweitens: eine eventuelle Gewässerumleitung der Nordflüsse im Europäischen Teil nach Mittelrußland (Moskau), ins Wolgabecken und weiter nach dem Süden.

3.7 Weitere mögliche Themen

Man könnte noch eine Reihe von interessanten und problemorientierten Themen anbieten, darunter die Bevölkerungsverteilung und demographische Probleme der UdSSR (darüber wurden oben [s. 2.3] schon kurz berichtet), Probleme der Umgestaltung der Nichtschwarzerdezone.

Diese Probleme sind mit der Intensivierung der landwirtschaftlichen Produktion in dieser Region des Europäischen Rußlands verbunden, die als Zone einer gesicherten Feuchtigkeit bezeichnet wird. Komplexprobleme betreffen Melioration, Rekonstruktion der Siedlungen und des Verkehrs, Bildung agrarindustrieller Komplexe. Im bestimmten Maß gilt das auch für das Problem des belorussischen Polesje (Umgestaltung von Sumpfböden im Pripjattal).

Einen anderen Problemkreis bilden regionale Probleme, die mit dem Naturschutz und der Umgestaltung von Meeren und Binnenseen und ihren anschließenden Regionen verbunden sind; dazu gehören Probleme der Kaspiseeregion (verursacht durch Wasserstandsrückgang und verbunden mit einen Programm zur Umgestaltung der Natur in der anschließenden Kaspiregion; der Wiederherstellung reicher Fischressourcen; komplexer Wirtschaftsentwicklung), Probleme der Asowmeerregion, Probleme des Sewansees[19].

---

[18] S. Beitrag von *J. Stadelbauer*.
[19] In Armenien.

So ein breites „Angebot" an problemorientierten Themen „zweiten Ranges" sollte dem Lehrer helfen, im Rahmen größerer Themen jenes Thema auszuwählen, das er besser beherrscht. Dies wären, in allgemeinen Zügen, unsere Vorschläge zum Unterrichtsthema „Sowjetunion" an den Schulen der Bundesrepublik Deutschland.

(Erläuterungen/Anmerkungen von *J. Barth*)

Joachim Barth, Jörg Stadelbauer, Wilfried Dege

Vorschläge für die Behandlung der Bundesrepublik Deutschland in sowjetischen Lehrbüchern (1985)

Die folgenden Ausführungen enthalten auf der Basis der sowjetischen Lehrbuchtexte und in Anlehnung an die sowjetische Themengliederung Vorschläge für die Behandlung der Bundesrepublik Deutschland in den Lehrbüchern „Ökonomische Geographie des Auslandes" (Ėkonomičeskaja geografija zarubežnych stran), Moskau 1982, zu den Abschnitten „Territorium und ökonomisch-geographische Lage" sowie „Bevölkerung" (S. 183–185). Diese Vorschläge zielen zwar auf eine bessere Erfassung und Darstellung der geographischen Realitäten der Bundesrepublik Deutschland ab und damit auf ein besseres Verständnis sowjetischer Schüler für unser Land; sie berücksichtigen aber auch die gesellschaftspolitischen und die didaktischen Rahmenbedingungen der sowjetischen Autoren. Die Reihenfolge der Vorschläge lehnt sich an den Aufbau im Lehrbuch an.

A) „(Zusammensetzung des) Territorium(s)" (S. 183)

Im amtlichen „Statistischen Jahrbuch 1984 für die Bundesrepublik Deutschland" werden auf S. 40 für die Fläche 248 687 qkm und für die Bevölkerung 61 307 000 Menschen angegeben, im Lehrbuch nur 248 000 qkm bzw. 59 Mio. Menschen. Der Unterschied ist offensichtlich dadurch bedingt, daß Berlin (West) nicht einbezogen ist, weil es nach sowjetischer Auffassung nicht zur Bundesrepubulik Deutschland gehört. Auch wenn man den besonderen politisch-administrativen Status von Berlin anerkennt, so sind doch die engen wirtschaftlichen, sozialen und kulturellen Bindungen von Berlin (West) an die Bundesrepublik Deutschland für den Geographieunterricht bedeutsame Realitäten, die nicht nur in deutschen, sondern auch in zahlreichen ausländischen offiziellen, wissenschaftlichen und geographie-didaktischen Publikationen berücksichtigt werden. Sowohl aus geographisch-wissenschaftlicher, als auch aus geographie-didaktischer Sicht wäre zumindest ein Hinweis auf diese Bindungen angebracht. Er könnte auf S. 183 in diesem Abschnitt oder auf S. 73 erfolgen.

Im übrigen könnte dieses Kapitel durch folgende Aussagen verbessert werden:
– die Bundesrepublik Deutschland ist laut Verfassung von 1949 ein demokratischer, föderativer, parlamentarischer und sozialer Rechtsstaat;
– sie besteht aus historisch gewachsenen (z. B. Bayern) und neu gebildeten Ländern (z. B. Nordrhein-Westfalen); (im Text werden nur „historische" Länder genannt; die Mehrzahl ist aber neu gebildet);

- die Bevölkerung ist völkisch/sprachlich weitgehend homogen; („weitgehend" schränkt etwas ein und berücksichtigt u. a. eine kleine dänische Minderheit in Schleswig-Holstein und vor allem die ca. 4,5 Mio. bei uns lebenden Gastarbeiter); konfessionell ist sie fast zu gleichen Teilen evangelisch bzw katholisch;
- die Länder haben (ähnlich wie in der UdSSR) ihre eigenen Parlamente, Regierungen und Zuständigkeiten in bestimmten Bereichen, z. B. in den Finanzen und in der Bildung; (die Aussage im Lehrbuch „faktisch gehört die ganze Macht dem Parlament und der Bundesregierung" läßt u. a. die Rolle mehrerer Institutionen der Bundesländer außer acht).

B) „Ökonomisch-geographische Lage" (S. 183/184)

Dieser Abschnitt ist zum großen Teil treffend verfaßt. Dies gilt auch für die „besonders engen... Beziehungen... zu den Nachbarländern, den Mitgliedern der EG" im 2. Absatz auf S. 184. Wenn nun der sowjetische Schüler über diese Formulierung hinaus eine annähernd zutreffende Vorstellung von den Auswirkungen dieser Beziehungen erhalten soll, dann wären einige konkrete Zahlen etwa aus den Zeiten um 1960 und 1980 (zum Vergleich), die die Entwicklung in allen EG-Ländern charakterisieren, didaktisch hilfreich, z. B. Bruttosozialprodukt pro Einwohner, Industriearbeiterlöhne, Durchschnittseinkommen landwirtschaftlicher Betriebe, eventuell im Vergleich mit RGW-Ländern; sie würden zeigen, daß die Entwicklung insgesamt durchaus zum gegenseitigen Nutzen der EG-Länder verlaufen ist (was ja auch die SU bei internationalen Wirtschaftsbeziehungen als ein Ziel herausstellt).

C) „Politisch-geographische Lage" (S. 184)

Die Einbeziehung der politisch-geographischen Lage in eine Darstellung der Bundesrepublik Deutschland scheint aus sachlichen und didaktischen Gründen durchaus vertretbar (auch wenn dieser Aspekt in deutschen Geographie-Lehrbüchern — wohl vornehmlich wegen der Erinnerungen an die frühere „Geopolitik" — recht zurückhaltend aufgegriffen wird). Wenn Aussagen hierzu einem besseren Verständnis dienlich sein sollen, dann würden inhaltlich folgende Tatsachen im Geographieunterricht zu berücksichtigen sein:
- das deutsche Volk ist als Folge des 2. Weltkrieges und der Nachkriegspolitik geteilt und lebt in zwei Staaten;
- daraus ergeben sich erhebliche Nachteile, besonders für die Räume in den Grenzgebieten, weil ehemalige menschliche und wirtschaftliche Beziehungen vermindert oder ganz unterbrochen sind;
- unser Staat bemüht sich u. a. durch finanzielle Hilfen, Wirtschaftsförderung, Verbesserung der Infrastruktur die nachteiligen Folgen der Teilung für diese Gebiete zu mildern;

- als Folge des 2. Weltkrieges und der Nachkriegsentwicklung ist das Territorium der Bundesrepublik Deutschland (wie das der DDR) aus einer zentralen Lage in Mitteleuropa zum Grenzraum zweier politischer Blöcke geworden, mit erheblichen politischen Gefahren und wirtschaftlichen Nachteilen;
- wegen dieser neuen Lage sind das deutsche Volk und die Regierung der Bundesrepublik Deutschland (wie sicher auch die der DDR) an der Erhaltung des Friedens in besonderem Maße interessiert und darin engagiert;
- dies zeigt sich z. B. darin, daß die Bundesregierung ausdrücklich auf jegliche Revision der Grenzen mit militärischen Mitteln verzichtet hat, obwohl Deutschland immerhin ca. $^1/_4$ seines Territoriums (die Gebiete östlich der Oder und Neiße) verloren hat, in dem rund 10 Mio. Deutsche lebten.

D) „Bevölkerung" (S. 184/185)

Bevölkerungsentwicklung

Alterspyramide — Ursachen der ungleichmäßigen Altersstruktur: natürliche Bevölkerungsbewegung, historisch-politische Faktoren, Migrationen — Vergleich mit der SU (z. B. Parallelen durch hohe Kriegsverluste);

Bevölkerungsverteilung:

mittlere Bevölkerungsdichte — Karte der Bevölkerungsdichte — Verdichtungsräume/Ballungsräume/Agglomerationen — Zentrale Orte — Verstädterung — Anteil der Stadt- und der Landbevölkerung.

Gesellschaftsstruktur:

Wirtschaftsbereiche (Erwerbstätige im primären, sekundären, tertiären Sektor) — wachsende Bedeutung des tertiären Sektors — Berufs-/Erwerbs-/Beschäftigungsstruktur — soziale Schichten — vertikale Mobilität (Aufstieg innerhalb von 2—3 Generationen; vgl. parallele Vorgänge in der SU) — Einkommen, Sozialleistungen, Vermögen, Lebensstandard — Mittelstandsgesellschaft — Gastarbeiter.

Anmerkungen:

1. Angesichts des sehr hohen Anteils der Stadtbevölkerung würde die Stadtgeographie einen eigenen Abschnitt verdienen, mit Aussagen u. a. über Entwicklung, Physiognomie, Struktur, Funktion, Stadtplanung und Raumordnung. Geht man von dem gegebenen Aufbau des Lehrbuchs aus, so könnten diese Bereiche wohl am ehesten im Abschnitt „Ökonomisch-geographische Gliederungen" (S. 191/192) behandelt werden.

2. Weltweit stehen ökologische Probleme im engen Zusammenhang mit der Wirtschaftsentwicklung. Die gesetzlichen Bestimmungen und aktiven Maßnahmen zur Verringerung dieser Probleme sind in der Bundesrepublik Deutschland besonders umfangreich, so daß Luft- und Wasserverschmutzung selbst im Ruhrgebiet und im Rhein nicht das Ausmaß wie in einigen Industriegebieten und Flüssen der DDR und anderer sozialistischer Länder erreichen.

3. Jede Karte der Bevölkerungsdichte hat es mit dem schwierigen Problem der Generalisierung zu tun. Bei einer Überarbeitung der Karte der Bevölkerungsdichte (S. 185) sollten auf der Grundlage neuer deutscher Karten berücksichtigt werden: weitere Verdichtungsräume mit über 200 Einwohnern pro qkm um München, Augsburg, Nürnberg, Kassel, Kiel sowie fast das gesamte Rheintal; unter 50 E./qkm hat nur ein einziger Landkreis: Lüchow-Dannenberg im Nordosten von Niedersachsen; daneben gibt es etwas größere zusammenhängende Gebiete mit unter 50 E./qkm nur in Gebirgsräumen. Wegen des kleinen Kartenmaßstabs und aus didaktischen Gründen brauchen weitere kleinräumliche Gebiete mit Werten über 200 bzw. unter 50 E./qkm nicht dargestellt zu werden.

4. Sofern der Platz (und die Zeit) reicht, wäre als weiterer (4.) Themenbereich noch der der Binnenwanderungen darzustellen: vom Land zur Stadt (vgl. SU), von der Innenstadt in die Stadtrandbereiche, Räume mit hohem Wanderungsgewinn (z. B. München, Stuttgart), mobile Gesellschaft (Motive der Wanderung, Personenkreise, Folgen für Herkunfts- und Zielgebiete).

5. Der gesellschaftlich und geographisch wichtige Bereich der Naherholung und des Fremdenverkehrs sollte im Abschnitt „Verkehr" (S. 190/191) behandelt werden.

Einige konkrete Zahlen zur exakten Information über die soziale Lage der Bevölkerung in der Bundesrepublik Deutschland (meistens gerundete Werte). Quellen: Statistisches Jahrbuch der Bundesrepublik Deutschland (Ausgaben 1984 und 1985) sowie Angaben des Deutschen Instituts für Wirtschaftsforschung (Berlin/West 1985).

1. Durchschnittliche Bruttoverdienste (pro Person 1983)
1.1 der (männlichen und weiblichen) Industriearbeiter pro Woche: 627 DM, d.h. im Monat ca. 2700 DM
1.2 der (männlichen und weiblichen) Angestellten in Industrie und Handel: 3300 DM im Monat
1.3 der (männlichen und weiblichen) Beamten: 3600 DM im Monat
d.h. Durchschnittsverdienst der großen Masse unserer Bevölkerung: über 3000 DM im Monat; hinzu kommen noch die Sozialbeiträge der Arbeitgeber, die im Durchschnitt etwa 17% der Bruttolöhne und -gehälter ausmachen.

2. Durchschnittliches Arbeitslosengeld (pro Person/Empfänger):
1983/84: 1400 DM im Monat

3. Durchschnittliche Arbeitslosenhilfe (pro Person/Empfänger)
1983/84: 1200 DM im Monat
Hinzu kommen bei den Empfängern von Arbeitslosengeld und vor allem von Arbeitslosenhilfe weitere staatliche und private Unterstützungen (die statistisch nicht erfaßt sind).

4. Verfügbares Netto-Einkommen der Haushalte (pro Monat 1983)
(aus Erwerb/Verdienst, Sozialleistungen z. B. Kindergeld, Vermögen z. B. Zinsen aus Spargurhaben und anderen Quellen)
4.1 Durchschnittliches monatliches Netto-Einkommen aller Haushalte: 3400 DM
4.2 Etwa ¼ der Haushalte (27 %) hat ein monatliches Nettoeinkommen von unter 2000 DM (davon über 20 % zwischen 1000 und 2000 DM), fast die Hälfte (47 %) zwischen 2000 und 4000 DM, ¼ über 4000 DM (davon 17 % zwischen 4000 und 6000 DM)
4.3 Das durchschnittliche verfügbare Netto-Einkommen der Haushalte von Rentnern beträgt 2200 DM, von Versorgungsempfängern des öffentlichen Dienstes 3100 DM, von Arbeitern 3000 DM, von Angestellten 3900 DM, von Beamten 4300 DM, von Selbständigen in der Landwirtschaft 3600 DM, außerhalb der Landwirtschaft 9800 DM.

5. Vermögen (1983)
5.1 Fast die Hälfte aller Haushalte (46 %) hat Haus- und Grundbesitz
5.2 Das (statistisch erfaßte) durchschnittliche Brutto-Geldvermögen aller Haushalte beträgt rund 23 000 DM, das Netto-Geldvermögen rund 21 000 DM (darunter: Arbeiter: 16 000, Angestellte 22 000, Beamte 26 000, Arbeitslose ca. 10 000, Landwirte 32 000, übrige Selbständige 44 000)
5.3 Aktien haben einen Anteil am Brutto-Geldvermögen von 3,2 % (Nominalwerte) bzw. 6,9 % (Tageskurse); davon sind im Besitz privater Haushalte nur 1,9 bzw. 4,2 %; Aktien haben also nur einen sehr kleinen Anteil am Vermögen bzw. Einkommen.

6. Reale Transfers
Nicht berücksichtigt in vorstehenden Angaben sind die hohen „realen Transfers" des Staates, die dieser unentgeltlich zur Verfügung stellt (1983 rund 200 Milliarden DM), z. B. im Gesundheitswesen für Krankenhäuser, im Bildungswesen für Schulen und Hochschulen, im Bereich der sozialen Sicherung für Altenheime, im Kulturbereich für Theater und Sporteinrichtungen.

Joachim Barth

Die Landwirtschaft der Bundesrepublik Deutschland

a) Natürliche Voraussetzungen
   (in weitgehender Anlehnung an den derzeitigen Lehrbuchtext)
- Bedingungen des gemäßigten Klimas mit ausreichender Wärme- und Feuchtigkeitsversorgung, wobei zeitweilige Trockenperioden durch Beregnungsanlagen überbrückt werden können: die besondere Klimagunst von Beckenlandschaften und Talgebieten erlaubt Sonderkulturen wie den Weinbau.
- Die Bodenqualität ist über den Lößanwehungen am Nordsaum der Mittelgebirge und in den Muschelkalkgebieten Süddeutschlands am besten (Börden- und Gäulandschaften). Die relative Bodenungunst in Mittelgebirgslagen (z. T. podsolierte Böden) zwingt die Landwirte zur Betriebsaufgabe, da sie nicht mehr konkurrenzfähig sind.
- Über die wirtschaftliche Funktion hinaus hat die Landwirtschaft heute eine wichtige ökologische Aufgabe bei der Erhaltung naturnaher Lebensräume. Daher unterstützt der Staat gerade in ungünstiger ausgestatteten Mittelgebirgsregionen die Fortführung von Agrarbetrieben.

b) Agrarstrukturelle Voraussetzungen

Für die Bundesrepublik Deutschland ist der mittelgroße Familienbetrieb charakteristisch. In der Entwicklung der zurückliegenden 25 Jahre zeigt sich, daß die Zahl der nicht wirtschaftsfähigen Kleinbetriebe mit 2 bis 5 ha am stärksten abgenommen hat, die Zahl der leistungsfähigen Mittelbetriebe mit 20 bis 50 ha dagegen gewachsen ist. Die umfassende Mechanisierung erlaubt es, solche Betriebe als Familienbetriebe zu führen. Kleinere Betriebe sind noch bei arbeitsintensiven und besonders einträglichen Produktionszweigen ökonomisch. Betriebe mit größeren Betriebsgrößen finden sich bei reiner Viehhaltung mit Weidewirtschaft sowie in den bäuerlichen Großbetrieben mit familienfremden Arbeitskräften. Sie bestehen teilweise in der Tradition älterer Großbetriebe mit Lohnarbeit (obwohl Lohnarbeit in der Landwirtschaft gerade wegen der hohen Lohnkosten vermieden wird) oder in der Tradition staatlicher Güter, die agrarwirtschaftliche Versuchs- und Neuerungsaufgaben haben.

Kleinbetriebe sind vor allem dort entstanden, wo die jahrhundertealten Erbsitten die Realteilung vorsahen, d. h. eine gleichmäßge Aufteilung des Hofes (Betriebes) unter alle Kinder. Bei gleichzeitig praktizierter Dreifelderwirtschaft mit einer Aufgliederung der Flur in zahlreiche Gewanne entstand bis in 20. Jh. hinein eine stark zersplitterte Flur mit Betrieben, bei denen sich eine Mechanisierung kaum lohnte. Die Agrarpolitik der Bundesrepublik Deutschland zielt seit den 50er Jahren darauf ab, bereits früher begonnene Strukturverbesserungen zu planen, finanziell durchzuführen und weiter zu propagieren, um die Leistungsfähigkeit der Betriebe zu sichern. Die wichtigsten Maßnahmen sind die Flurbereinigung und die Neuanlage von funktionsgerechten Höfen. Während anfangs diese Höfe abseits der gewachsenen Dörfer inmitten der Flur entstanden (sog. Aussiedlerhöfe), werden sie heute im Bereich der Dörfer oder an ihrem angelegt. Zugleich wird durch planerische Maßnahmen darauf geachtet, daß der dörfliche Charakter der ländlichen Siedlungen erhalten bleibt oder wiederhergestellt wird.

Dieser geplante und staatlich unterstützte Strukturwandel sollte exemplarisch dargestellt werden. Von den Landwirtschaftsministerien der Bundesrepublik und ihren Ländern werden regelmäßig Berichte über die Agrarstrukturverbesserungen und über Flurbereinigungsmaßnahmen herausgegeben; zahlreiche Beispiele sind in den Schulbüchern und Schulatlanten der Bundesrepublik Deutschland, ferner in Veröffentlichungen in geographischen Zeitschriften dargestellt. Als Hauptaspekte sind anhand eines Beispiels herauszuarbeiten:
— Bevölkerungsveränderungen im ländlichen Raum mit starker Abnahme der landwirtschaftlich tätigen Bevölkerung zugunsten einer meist in benachbarte Stadtregionen pendelnden Wohnbevölkerung;
— dadurch erwachsende neue Aufgaben des „Dorfes";
— die Attraktivität nichtlandwirtschaftlicher Beschäftigung während der wirtschaftlichen Aufbauphase;
— die Persistenz der Eigentumsrechte und das damit entstehende Phänomen der „Sozialbrache";
— die mit dem Wachstum von suburbanen Gebieten zunehmende Bodenmobilität auf dem Land;
— die Maßnahmen der Flurbereinigung, die für eine geringer werdende Zahl von Landwirten zusammenhängende und leichter mit Maschinen zu bewirtschaftende Flächen schaffen sollte;
— die begleitenden Maßnahmen der Flurbereinigung bei der Anlage fester Wirtschaftswege und bei wasserwirtschaftlichen Verbesserungen;
— die Anhebung des Lebensstandards auf dem Lande;
— die Entstehung neuer Höfe, deren Inhaber in der Regel ausgebildete Landwirte sind, die sich im Rahmen eines dichten Beratungsnetzes spezialisieren und an den Markt anpassen;
— die Einbeziehung von Ansprüchen der städtischen Industriegesellschaft an den ländlichen Raum (Erholungsaufgaben, ökologischer Ausgleich) in die Planung.

Auch die Entwicklung der Betriebsgrößen und der Betriebszahlen läßt sich in Form eines Schaubildes verdeutlichen — für die Bundesrepublik Deutschland ebenso wie für einen Teilraum (Zahlenmaterial in den statistischen Jahrbüchern).

c) *Regionale Differenzierung*

Während der bisherige Text des Lehrbuches in einer sehr knappen Übersicht Tierhaltung und Pflanzenbau mit wenigen regionalen Hinweisen aufführt, sollte eine die Übersichtskarte ergänzende Darstellung wiederum stärker von Regionalbeispielen ausgehen, die nach den folgenden Kriterien auszusuchen sind:

- vorherrschende Betriebsgröße (Groß-, Kleinbetriebe);
- vorherrschende Produktionsziele (nach Bodennutzungssystemen und Tierhaltungssystemen könnten Beispiele aus der hochspezialisierten Tierhaltung Nordwestdeutschlands, aus den intensiv ackerbaulich genutzten Bördengebieten, aus dem weidewirtschaftlich geprägten Alpenvorland, aus den Sonderkulturgebieten am Rhein und aus den Problemgebieten der Mittelgebirge gewählt werden);
- Bezug zu den Absatzmärkten;
- historische Traditionen und agrartechnische Innovationen (etwa die Ausbreitung des Maisanbaus nach dem Zweiten Weltkrieg);
- Ausmaß von gesellschaftlichen und ökologischen Sonderfunktionen.

d) Integration der Agrarwirtschaft der Bundesrepublik in der Europäischen Gemeinschaft

Abzuheben ist vor allem auf die politischen Bemühungen, einen internationalen Ausgleich der Interessen in Westeuropa zu erzielen. Es ist leicht verständlich, daß dies nicht ohne Kompromisse möglich ist, doch verfolgt die Agrarpolitik der Bundesrepublik Deutschland innerhalb der EG das Ziel, die deutschen Landwirte vor zu starker Konkurrenz von außen zu schützen. Indirekt dienen die Subventionen also der Erhaltung der Landwirtschaft, des ländlichen Raumes und seiner Sozialaufgaben.

Auch dieses Thema könnte exemplarisch behandelt werden, z. B. anhand des Weinbaus: Zwar bestehen innerhalb der EG außerordentlich große Weinbaugebiete mit bedeutenden Produktionsüberschüssen, doch wird durch die Zonierung versucht, die Qualitätsanforderungen an die natürlichen Bedingungen anzupassen.

e) Selbstversorgung und Agrarhandel

Es gehört nicht zu den vorrangigen Zielen der Wirtschaftspolitik der Bundesrepublik Deutschland, eine Autarkie in der Versorgung mit Agrarprodukten zu erreichen; dies verbietet sich schon wegen der nicht allzu vielfältigen Naturausstattung, die viele Produktionsrichtungen unmöglich (subtropische und tropische Kulturen) oder unrentabel (Getreideanbau der hohen Breiten) erscheinen läßt. Die hohe Leistungsfähigkeit anderer Wirtschaftszweige ermöglicht ohne weiteres einen umfangreichen Import von Agrarprodukten aus anderen Staaten. Zwischen 1950 und 1983 hat sich der Anteil der Ernährungswirtschaft an den Importen von 44,1 % auf 12,9 % verringert, während der Exportanteil von 2,3 % auf 5,5 % stieg. Die Bundesrepublik ist also auch ein wichtiger Agrarexporteur. Bei hochwertigen Agrargütern wie Weichweizen, Zucker, Rindfleisch, Butter und Milchpulver werden deutliche Überschüsse über den Eigenbedarf hinaus erzielt.

Außenhandel

Die Bundesrepublik Deutschland ist nach den Vereinigten Staaten von Amerika der Staat mit dem zweitgrößten Gesamtumsatz von Waren im internationalen Handel. Einerseits ist die Bundesrepublik damit wirtschaftlich vom Weltmarkt abhängig, andererseits haben die günstigen Austauschbedingungen wesentlich zum raschen Wirtschaftswachstum beigetragen. Besonders günstig ist das sehr hohe technologische Niveau, das über ein diversifiziertes Industriegüterangebot die Marktchancen beeinflußt. Die Handelsbilanz ist positiv: 1983 standen einer Einfuhr im Wert von 390 Milliarden DM Ausfuhren für 432 Milliarden DM gegenüber. Fast die Hälfte der Importe und Exporte verbindet die Bundesrepublik Deutschland mit ihren Partnerländern innerhalb der Europäischen Gemeinschaft, innerhalb deren die regionale Arbeitsteilung und Handelsintegration ständig verstärkt wird. Außerhalb der EG sind die USA, einige Schwellenländer der Dritten Welt und Kanada weitere wichtige Partner. Der Handel mit der UdSSR ist nach Abschluß von bilateralen Wirtschaftsverträgen (1973) gestiegen und erreichte 1983 bereits 2,8 % des gesamten Außenhandelsvolumens und etwa die Hälfte des Handels der Bundesrepublik mit den sozialistischen Staaten. Eine Sonderstellung nimmt der Handel zwischen den beiden deutschen Staaten ein. Der Anteil von Rohstoffen an den Importen ist auf ein Siebtel des gesamten Importwarenwertes gesunken; indem die Bundesrepublik vorwiegend Industriegüter einführt, vermeidet sie einseitige Abhängigkeiten von Staaten oder Gütermärkten und fördert statt dessen die weltweite Handelsintegration. Die wichtigsten Exportgüter sind hochwertige Industriewaren.

Jörg Stadelbauer

Literatur

Sick, W. D.: Agrargeographie, Das Geographische Seminar, Westermann, Braunschweig 1983.
Nebel, J., Pletsch, A. (Hrsg.): Der ländliche Raum in der Bundesrepublik Deutschland, Studien zur internationalen Schulbuchforschung, Bd. 41, Braunschweig 1987.

Das Ruhrgebiet — eine Industrieregion im Wandel

Seit Jahren beherrschen Negativmeldungen die Berichterstattung über das Revier in den Medien. Ein bekanntes deutsches Magazin stellte 1979 lapidar fest: „Dem Herz der Republik droht der Infarkt" und wollte damit ausdrücken, daß das Ruhrgebiet ein ‚sterbender' Wirtschaftsraum sei. Eine solche Berichterstattung zeichnet ein Schwarz-Weiß-Bild des Ruhrgebiets. Man kann diesem Raum aber nur gerecht werden, wenn man ihn so farbig und nuancenreich darstellt, wie er in der Realität ist.

Sicher kann und darf nicht verschwiegen werden, daß das Ruhrgebiet seit nunmehr fast 30 Jahren mit wirtschaftlichen Problemen zu kämpfen hat. Viele Indikatoren weisen darauf hin, daß die für die klassischen Montanreviere typischen Struktur- und Wachstumsprobleme auch unseren Raum treffen. Zu nennen sind vor allem:
- die hohe und stabile Arbeitslosigkeit,
- der anhaltende Abbau von Arbeitsplätzen, vor allem in der Montanindustrie
- die Bevölkerungsverluste und
- die gravierenden Finanzprobleme der Ruhrgebietskommunen.

In den objektiv bestehenden Problemen die Vorboten eines wirtschaftlichen Niedergangs des Ruhrgebiets zu sehen, ist aber nicht nur falsch, sondern vor allem ungerecht und gefährlich. Falsch insofern, als das Ruhrgebiet während der letzten Jahre der konjunkturellen Erholung bewiesen hat, daß es nach wie vor in der Lage ist, am allgemeinen Wirtschaftsaufschwung in der Bundesrepublik teilzuhaben. Trotz ihrer strukturellen Schwächen erweist sich die Ruhrwirtschaft als durchaus robust. Ungerecht deshalb, weil vergessen wird, daß die Strukturschwäche des Reviers letztlich auch eine Folge der Leistungen ist, die dieser Raum für den Wiederaufbau der Wirtschaft der Bundesrepublik nach dem Krieg erbracht hat. Ungerecht auch deshalb, weil schlicht übersehen wird, welche enormen Anstrengungen und auch Erfolge alle an der Umstrukturierung des Ruhrgebietes beteiligten gesellschaftlichen Gruppen vorweisen können. Gefährlich wird eine solche tendenziöse Berichterstattung dadurch, daß das ohnehin bestehende und schwer auszuräumende Negativimage des Ruhrgebiets als einer rußgeschwärzten Industrielandschaft mit geringem Wohn- und Freizeitwert durch das Negativimage eines „sterbenden" Wirtschaftsraums angereichert wird. Genau so, wie man ein Wirtschaftsunternehmen in den Konkurs hineinreden kann, kann der wirtschaftliche Niedergang einer Region durch eine permanente Wiederholung von Negativklischees herbeigeredet werden.

Der Versuch einer vorurteilslosen Darstellung des Ruhrgebiets darf nicht statisch erfolgen, sondern muß die Entwicklungen der vergangenen 30 Jahre berücksichtigen. Daher werde ich von einer kurzen Skizze des Ruhrgebiets zum Ende der 50er Jahre ausgehen und versuchen, die Entwicklung bis heute darzustellen. Da die Wandlungsprozesse unmittelbar von der Schrumpfung der Montansektoren ausgelöst wurden, werde ich die Entwicklung dieser Industriebranchen meiner Darstellung zugrunde legen. Die politischen Planungen mit ihren Zielsetzungen und Erfolgen werden in direktem Zusammenhang mit der Bergbaukrise und der Stahlkrise erläutert.

Die entscheidende Voraussetzung für den Wiederaufbau der westdeutschen Wirtschaft nach dem Zusammenbruch von 1945 wurde in der Ankurbelung der Grundstoffindustrien Kohle und Stahl gesehen. Daher konzentrierten sich die wirtschaftlichen Anstrengungen in der frühen Nachkriegszeit auf das Ruhrgebiet. Dank massiver staatlicher Unterstützung konnte der Ruhrbergbau Mitte der 50er Jahre den Förderungshöchststand von 1939 fast wieder erreichen. In der eisenschaffenden Industrie wird der Produktionshöchststand der Vorkriegszeit seit 1955 deutlich übertroffen. Das Ruhrgebiet erlangte so bis Mitte der 50er Jahre eine wirtschaftliche Prosperität, die deutlich über der aller anderen Regionen in der Bundesrepublik lag. Allerdings wurde durch diese wirtschaftspolitische Weichenstellung das Ruhrgebiet in seiner traditionellen, von Kohle und Stahl abhängigen Wirtschaftsstruktur wiederhergestellt. Etwa jeder zweite Arbeitnehmer war unmittelbar oder mittelbar von der Montanindustrie abhängig. Hierin ist eine wesentliche Ursache für die Strukturkrisen zu sehen, die die Entwicklung der Ruhrwirtschaft seit nunmehr 30 Jahren belasten. Die öffentlichen Mittel, durch die der Wiederaufbau der Grundstoffindustrien vor allem finanziert wurde, standen für eine zukunftsorientierte Strukturpolitik nicht mehr zur Verfügung. Während in anderen Regionen der Bundesrepublik wachstumsorientierte Industriestrukturen geschaffen werden konnten, bestand im Ruhrgebiet durch die notwendige Förderung von Kohle und Stahl keine Chance zur Modernisierung der Wirtschaftsstruktur. Bereits in den 50er Jahren war daher eine Abkopplung der Ruhrwirtschaft vom allgemeinen Wirtschaftsaufschwung in der Bundesrepublik vorprogrammiert.

Bis Mitte der 50er Jahre hatte die Steinkohle eine fast monopolartige Stellung als Energieträger und war zugleich wichtiger Rohstoff für die Kohlechemie. Die Kohle war damit zwar nicht der Motor, wohl aber der Treibstoff für den wirtschaftlichen Aufschwung in der Bundesrepublik.

Die nach 1957 eintretenden Absatzschwierigkeiten leiteten die Bergbaukrise ein, im Verlauf derer die Zahl der Schachtanlagen von 141 auf 24 und die Beschäftigtenzahl von 400 000 auf rd. 123 400 sank.

Ausschlaggebend für die Strukturkrise im Bergbau waren vor allem drei Gründe:
— Die Substitution der Steinkohle durch andere Energieträger, vor allem das Öl. Dadurch sank zwischen 1955 und 1986 der Anteil der Steinkohle am Primärenergieverbrauch der Bundesrepublik von 70 % auf 20 %.
— Die Erschließung neuer, kostengünstigerer Kohlelagerstätten in vielen Teilen der Erde sowie die Verbilligung der Transportkosten durch größere Schiffseinheiten verdrängten die Ruhrkohle von einem Teil ihrer traditionellen Märkte.
— Schließlich führten technische Entwicklungen zu einer sparsameren Verwendung von Energierohstoffen.

Angesichts der Absatzschwierigkeiten sank die Kohleförderung im Revier von 123,2 Mio. t in 1957 auf 63 Mio. t in 1986. Die Anpassung an den schmaler werdenden Markt war nur möglich durch Rationalisierungen, Mechanisierung und Unternehmenskonzentration.

Im Zuge der Rationalisierungen wurden die Zechen, deren Lagerstätten nicht mechanisiert abgebaut werden konnten, stillgelegt, sowie die Anzahl der Abbaustellen unter Tage 1950 auf 141 reduziert. Von den Stillegungen wurden insbesondere die Hellwegzone und die südliche Emscherzone betroffen. Die Rationalisierungen waren nur möglich durch eine inzwischen vollständige Mechanisierung, sowohl beim Abbau selbst wie auch beim Strebausbau, beim Streckenvortrieb und beim Transport unter Tage. Die Folge von Rationalisierung und Mechanisierung ist ein erheblicher Anstieg der Arbeitsproduktivität. Mit einer Stundenleistung von 531 kg/Mann liegt der deutsche Steinkohlenbergbau an der Spitze der westeuropäischen Kohlenproduzenten. Trotz dieser Erfolge ist es dem Ruhrbergbau jedoch nicht gelungen, auf der Kostenseite den Anschluß an das Weltmarktpreisniveau zu gewinnen. Ausschlaggebend dafür sind nicht nur die hohen Förderkosten in der Bundesrepublik, sondern vor allem auch die Entwicklung des Dollarkurses.

Eine wesentliche Etappe auf dem Weg zur Konsolidierung des Ruhrbergbaus war der 1969 vorgenommene Zusammenschluß von 24 der 26 Zechengesellschaften zu einer Einheitsgesellschaft, der Ruhrkohle AG (RAG). Die zur Sicherung der nationalen Energiereserven mit erheblichen staatlichen Subventionen unterstützte RAG erfaßt rd. 95 % der Förderung des Ruhrbergbaus. Die straffe Lenkung und klare räumliche Gliederung in drei betriebsführende Tochtergesellschaften ermöglichen zum ersten Mal in der Geschichte des Ruhrbergbaus eine einheitliche Abbauplanung der „Gesamtlagerstätte Ruhr". Ziel ist es, durch eine höchstmögliche Rentabilität und Wettbewerbsfähigkeit die Existenz des bedeutendsten inländischen Energieträgers sowie der Arbeitsplätze zu sichern. Dies erfordert gewaltige Investitionen zur Erschließung neuer Grubenfelder am westlichen und nördlichen Saum des Ruhrgebietes, also dort, wo geologisch und tektonisch die günstigsten Abbauvoraussetzungen gegeben sind. Dabei wird heute die Konzeption der Anschlußbergwerke verfolgt. Das bedeutet, daß an den Wachstumsspitzen des Bergbaus neue Schächte niedergebracht werden, die lediglich der Personen- und Materialförderung dienen. Die Kohle selbst wird unter Tage zu den älteren Zechen transportiert, so daß die flächenbeanspruchenden Anlagen zur Kohlenaufbereitung und -lagerung an den alten Standorten weiterhin genutzt werden können.

Parallel zum Rückgang der Kohlenförderung vollzog sich ein grundlegender Wandel in der Absatzstruktur. 1960 wurden 30,4 % der Gesamtförderung an die eisenschaffende Industrie, 16,6 % an die Stromerzeugung und 53 % an sonstige Abnehmer geliefert. 1985 konzentrierten sich rund 84 % des Gesamtabsatzes auf zwei Abnehmergruppen: für die eisenschaffende Industrie und für die Stromerzeugung. Dies kommt nicht von ungefähr. Durch den Kokskohlenvertrag von 1968 und den 1974 eingeführten Kohlepfennig werden die Kosten der deutschen Steinkohle beim Einsatz in der eisenschaffenden Industrie und in der Elektrizitätswirtschaft auf das Weltmarktniveau heruntersubventioniert. Allein seit 1980 erhielt der deutsche Steinkohlenbergbau Subventionen in Höhe von 9,3 Mrd. DM aus der Kokskohlenbeihilfe und 15 Mrd. DM aus dem Kohlepfennig. Angesichts der zu erwartenden weiteren Verringerung der Roheisenerzeugung wird die Bedeutung des Kohle-Strom-Verbunds für den Ruhrkohlenbergbau weiter wachsen. So soll nach einer 1980 abgeschlossenen Rahmenvereinbarung der Absatz der deutschen Steinkohle an inländische Kraftwerke bis 1995 stufenweise auf 45—50 Mio t angehoben werden.

Gleichzeitig intensiviert die Kohleforschung ihre Bemühungen, die Verwendungsmöglichkeiten der Kohle zu verbessern bzw. ihr neue Verwendungsbereiche zu erschließen. Im Mittelpunkt stehen die Wirbelschichtfeuerung bei der Stromerzeugung, die Kohlevergasung und die Kohlehydrierung. All diese Verfahren haben inzwischen das Stadium großtechnischer Versuche in Pilotanlagen erreicht. Langfristig zielen diese Forschungsanstrengungen darauf ab, den Absatz der Kohle auch in Zukunft zu sichern und zugleich die starke Abhängigkeit von importierten Energieträgern zu vermindern. Zugleich hat die im Ruhrgebiet beheimatete Kohleforschung mit diesen Anlagen ihre Leistungsfähigkeit bei der Entwicklung zukunftsträchtiger Kohletechnologien unter Beweis gestellt. Die kommerzielle Verwertung der Kohleveredelungstechnologien scheiterte bislang jedoch an dem zu hohen Preisniveau der deutschen Steinkohle und dem inzwischen wieder gesunkenen Preis des konkurrierenden Energierohstoffs, dem Erdöl. So muß die Einsatzkohle für die Ende 1986 in Betrieb genommene erste Großanlage zur Kohlevergasung in Oberhausen mit 60 DM/t subventioniert werden, um konkurrenzfähig arbeiten zu können. Die wirtschaftliche Bedeutung dieser Anlagen liegt im augenblicklichen Zeitpunkt vor allem in ihrer Funktion als Referenzanlagen zur Förderung des Exports in kostengünstigere Kohlenförderländer.

Die Zechenstillegungen nach 1957 und der damit verbundene Verlust von 270 000 Arbeitsplätzen allein im Bergbau stellten die betroffenen Gemeinden vor enorme beschäftigungspolitische Probleme. In den Hellwegstädten gelang der notwendige Umstrukturierungsprozeß noch vergleichsweise gut. Ihre gemessen am Revierdurchschnitt gut entwickelte städtische Infrastruktur sowie ihre breitere wirtschaftliche Basis boten günstigere Voraussetzungen für die Neuansiedlung von Industriebetrieben und die Ausweitung des Dienstleistungssektors. Hinzu kam, daß während der 60er Jahre bei einer allgemein guten wirtschaftlichen Konjunktur ein ausreichendes Neuansiedlungspotential vorhanden war. In den Emscherstädten waren dagegen die Voraussetzungen durch die einseitige Abhängigkeit vom Bergbau sowie die unzureichend entwickelte Infrastruktur weit ungünstiger. Die unterschiedlichen Erfolge bei den Umstrukturierungsbemühungen begründen das heute bestehende Gefälle in der wirtschaftlichen Leistungskraft zwischen den Hellwegstädten und den Emscherstädten.

Ein Beispiel für eine gelungene Umstrukturierung stellt die Stadt Bochum dar. Noch 1957 war der Bergbau in Bochum der dominante Wirtschaftssektor. Die 13 Schachtanlagen stellten rd. 30 % aller Arbeitsplätze. Nachdem 1973 die letzte Bochumer Zeche stillgelegt worden war, hatten rd. 55 000 Bergleute und weitere 10 000 Beschäftigte bei den Bergbauzulieferern ihren Arbeitsplatz verloren. Damit war die Existenzgrundlage von etwa 200 000 Menschen vernichtet. Durch eine aktive Wirtschaftsförderungspolitik gelang es, zwischen 1960 und 1975 rd. 70 000 neue Arbeitsplätze zu schaffen. Den spektakulärsten Ansiedlungserfolg im Ruhrgebiet überhaupt erzielte die Stadt mit dem Zweigwerk des Automobilherstellers Opel, das heute mit rd. 18 500 Beschäftigten der größte Arbeitgeber in Bochum ist. Die Neuansiedlung eines Zweigwerkes der Fa. Graetz, in dem mit 2600 Mitarbeitern, davon 70 % Frauen, Fernsehgeräte und Videorecorder hergestellt werden, wurde vor allem wegen der Schaffung von Frauenarbeitsplätzen begrüßt, an denen es im schwerindustriell geprägten Raum traditionell mangelte. Ansiedlungserfolge beschränkten sich nicht nur auf den industriellen Sektor, sondern umfaßten auch Dienstleistungseinrichtungen. Die Gründung der ersten Revieruniversität, der Ruhr-Universität Bochum, schuf nicht nur rd. 6500 qualifizierte Arbeitsplätze, mit denen die Universität heute nach Opel und Krupp der drittgrößte Arbeitgeber in Bochum ist. Zugleich änderte die Universität mit ihren rd. 30 000 Studenten die soziale Struktur der einstigen Industriegroßstadt und löst mit ihren revierbezogenen Forschungsaktivitäten wichtige Impulse auf die industrielle Forschung und Entwicklung der Ruhrwirtschaft aus.

Die Umstrukturierungsbemühungen im Ruhrgebiet wurden flankiert von Förderungsmaßnahmen der Landesregierung. Unter dem Druck der Revierkommunen, der Ruhrwirtschaft und der Gewerkschaften legte die Landesregierung 1968 das *Entwicklungsprogramm Ruhr* vor. Dieses Programm sollte als mittelfristiger Handlungsrahmen die Maßnahmen des Bundes, des Landes und der Kommunen zur Verbesserung der Infrastruktur und der Lebensbedingungen im Ruhrgebiet räumlich und zeitlich koordinieren. Neben Maßnahmen zur sozialen Abfederung der Bergbaukrise umfaßte das Entwicklungsprogramm vor allem folgende Ziele:
— Schaffung neuer industrieller Arbeitsplätze durch betriebliche Investitionsbeihilfen und durch die Bereitstellung von Industrieflächen;
— Ausbau des innerregionalen Schnellstraßennetzes sowie Aufbau eines regionalen Schnellbahnsystems;
— Ausbau von Schulen und Hochschulen;
— Maßnahmen zur Reinhaltung von Wasser und Luft;
— Schaffung regionaler Freizeiteinrichtungen;
— Maßnahmen zur Pflege der Stadtlandschaft.

Mißt man die Ergebnisse an den Programmzielen, so ist in einigen Bereichen eine wesentliche Verbesserung der infrastrukturellen Rahmenbedingungen erreicht worden, so durch den Aufbau der fünf Revieruniversitäten, das flächendeckende Autobahnnetz, die Freizeitparks. Andere Ziele wurden nur unzureichend oder zeitlich stark verzögert verwirklicht, so der Ausbau des Schnell- und Stadtbahnnetzes. Das eigentliche Ziel der infrastrukturellen Flankierungsmaßnahmen, die Umstrukturierung der Ruhrwirtschaft, konnte nur ansatzweise und in einem lokal sehr unterschiedlichen Ausmaß erreicht werden. Durch eine

Vielzahl von industriellen Neugründungen ist die Industriestruktur des Ruhrgebiets zwar deutlich diversifiziert worden. So nahm der Beschäftigtenanteil von Kohle und Stahl am Gesamt der Industriebeschäftigten zwischen 1961 und 1970 von 52 % auf 39 % ab, während die verarbeitende Industrie ihren Beschäftigtenanteil von 41 % auf 51 % steigern konnte. Insbesondere die elektrotechnische Industrie wurde stark ausgebaut. Die Verschiebung der Beschäftigtenanteile ist jedoch nicht in erster Linie auf einen absoluten Zuwachs der Beschäftigten in der verarbeitenden Industrie zurückzuführen, sondern vor allem auf den Rückgang der Gesamtzahl der Industriebeschäftigten um 215 000 oder fast 20 %. Große absolute Beschäftigtengewinne erzielten demgegenüber die Dienstleistungen, hinsichtlich derer das Ruhrgebiet gegenüber dem Bundesdurchschnitt einen erheblichen Nachholbedarf besaß. Die räumliche Verteilung der Beschäftigtenentwicklung zeigt deutliche innerregionale Unterschiede. Entsprechend den Zielvorstellungen des Gebietsentwicklungsplanes von 1966 konzentrierte sich der Beschäftigtenzuwachs in der verarbeitenden Industrie auf die Saumkreise, während das Kerngebiet Verluste verzeichnen mußte. Ein großer Anteil des absoluten Zuwachses der Dienstleistungen, vor allem der gehobenen, kam den Oberzentren der Hellwegzone zugute. Demgegenüber mußten die Emscherstädte in fast allen Wirtschaftsbereichen überproportionale Beschäftigtenverluste hinnehmen. Der wirtschaftliche Strukturwandel wurde 1974/75 von der durch den Ölpreisschock ausgelösten weltweiten Rezession überrollt und kam so ins Stocken.

In der Stahlindustrie konnte nach einem zunächst sehr schwierigen Neubeginn 1955 mit 16,6 Mio. t Rohstahl der Vorkriegsstand übertroffen werden. Bis zum „Stahlboomjahr" 1974 stieg, getragen von einer gewaltigen weltweiten Nachfrage nach Stahl, die Produktion im Ruhrgebiet auf 32,4 Mio. t. Dieser Produktionsanstieg vollzog sich auf dem Hintergrund entscheidender Veränderungen und räumlicher Standortverschiebungen.

Die Orientierung auf überseeische Erzlagerstätten, die Reduktion der Frachtkosten durch immer größere Massengutfrachter sowie die Verminderung des spezifischen Verbrauchs von Koks im Hochofenprozeß haben viele Stahlunternehmen des Auslands dazu veranlaßt, neue integrierte Stahlwerke an der Küste zu errichten. Die Stahlunternehmen des Ruhrgebiets sind diesem Trend nur teilweise gefolgt. Dies hat vor allem drei Gründe. Zunächst geht von dem in den Werksanlagen im Ruhrgebiet investierten Anlagekapital eine erhebliche Standortpersistenz aus. Zum zweiten stellt der industrielle Ballungsraum Ruhrgebiet einen aufnahmefähigen Markt für Stahlerzeugnisse dar. Mit den Unternehmen des Maschinenbaus, des Anlagenbaus und des Stahlbaus sowie sonstigen Industriebranchen absorbiert die Ruhrwirtschaft selbst rund 80 % des inländischen Absatzes an Rohstahlerzeugnissen. Schließlich verfügen die Stahlunternehmen im westlichen Ruhrgebiet über eine Standortgunst, die der der Küstenstandorte vergleichbar ist. Diese basiert auf der Lage an der leistungsfähigsten Binnenwasserstraße Europas, dem Rhein, der eine direkte Verbindung herstellt zu dem wichtigsten Erzumschlagplatz an der Nordsee, dem Rotterdamer Hafen. Konsequenterweise konzentrieren sich 77 % der Roheisen- und

70 % der Rohstahlerzeugung des Ruhrgebiets auf den Duisburger Raum. Die im Revier nicht zu übertreffende Standortgunst der Rheinschiene hat die Stahlunternehmen in den übrigen Teilräumen des Ruhrgebiets dazu gezwungen, sich verstärkt der Weiterverarbeitung und Veredelung zuzuwenden.

Dem wachsenden internationalen Konkurrenzdruck mußten die Stahlunternehmen des Reviers jedoch durch eine Reihe kostensenkender Maßnahmen begegnen.

Die durch die Entflechtungsmaßnahmen nach 1945 entstandenen 14 selbständigen Eisen- und Stahlproduzenten des Ruhrgebiets schlossen sich im Laufe der 60er und 70er Jahre zu vier großen Stahlunternehmen zusammen: Hoesch (18 %), Mannesmann (15 %), Krupp (18 %) und Thyssen (49 %). Die Unternehmenszusammenschlüsse waren die Voraussetzung für eine Konzentration auf eine geringere Anzahl von leistungsfähigeren Standorten. So wurden allein seit 1960 neun Hochofenwerke stillgelegt, an deren Stelle neue Großhochöfen, vor allem an der verkehrsgünstigen Rheinschiene, traten.

Technische Innovationen, die eine kostengünstigere Produktion in größeren Anlagen bei vermindertem Personaleinsatz zum Ziele hatten, waren die zweite Maßnahme zur Sicherung der Konkurrenzfähigkeit. Die traditionellen Thomas- und Siemens-Martin-Verfahren wurden durch das Oxygen-Verfahren abgelöst, dem heute wirtschaftlichsten Verfahren der Rohstahlerzeugung. An der gesamten Rohstahlproduktion der Bundesrepublik ist der Oxygenstahl heute mit rund 82 % beteiligt. 18 % werden im Elektro-Verfahren hergestellt. Entscheidende Kostensenkungen konnten auch durch das Stranggußverfahren sowie im Walzwerkbereich durch kontinuierliche Warm- und Kaltbandstraßen erreicht werden. So ist die Stahlindustrie im Ruhrgebiet heute eine der technologisch fortschrittlichsten und leistungsfähigsten in Europa.

Die Angliederung von Unternehmensbereichen der Weiterverarbeitung und Dienstleistungen, als eine unternehmensinterne Diversifikation, haben die Stahlunternehmen von ihrer traditionell einseitigen Produktionsausrichtung gelöst und sie auf eine krisensicherere Basis gestellt. Dieser Prozeß ist bei Thyssen besonders weit vorangeschritten. Wurden 1972 noch 51 % der Konzernumsätze in den Unternehmensbereichen Stahl und Edelstahl erzielt, so sank ihr Anteil bis 1987 auf 25 %.

Nach dem „Stahlboom" von 1974 erfolgte 1975 ein jäher Produktionsrückgang um rund 25 %, der die bis heute anhaltende Stahlkrise einleitete. Ausschlaggebend dafür sind vor allem die folgenden Gründe:
- die weltweiten Überkapazitäten der Stahlindustrie bei einem gleichzeitig abnehmenden Wachstum des Weltrohstahlverbrauchs;
- die politisch bedingten Wettbewerbsverzerrungen durch die Subventionspraxis und die Dumpingpreis-Politik vieler Stahlerzeugerländer;
- die globalen Standortverschiebungen zugunsten kostengünstiger produzierender junger Stahlerzeugerländer.

Noch in der zweiten Hälfte der 70er Jahre versuchten die deutschen Stahlproduzenten der sinkenden Wettbewerbsfähigkeit durch immer größere und leistungsfähigere Anlagen bei gleichzeitiger Rationalisierung, also durch eine

Kostendegression, zu begegnen. Da diese Unternehmenspolitik zu einer völlig unrentablen Auslastung der Produktionsanlagen und damit zu hohen Verlusten führte, begann man Anfang der 80er Jahre, die Produktionskapazitäten an die veränderten Marktchancen anzupassen. Dafür liefert das 1980 von der Europäischen Gemeinschaft verfügte Quotensystem, das den einzelnen Unternehmen für bestimmte Produkte Produktionsquoten zuteilt, einen Orientierungsrahmen. Für die Massenstahlproduktion wird der Standort Ruhrgebiet langfristig nicht international wettbewerbsfähig sein. Daher versuchten die Stahlunternehmen im Revier mit gewaltigen Investitionsanstrengungen, ihre Produktionskapazitäten bei hochwertigen Stahlqualitäten und in der Stahlveredelung zu stärken.

Der Rückgang der Rohstahlproduktion von 32 auf 23 Mio. t innerhalb der letzten 10 Jahre sowie die anhaltenden Rationalisierungen der Produktionsprozesse führten zum Verlust von rund 50 000 Stahlarbeitsplätzen im Ruhrgebiet, der die schon kritische Arbeitsmarktsituation zunehmend verschärfte. Wie die Bergbaukrise so zwang auch die prekäre wirtschafts- und beschäftigungspolitische Situation des Reviers während der Stahlkrise die Landesregierung dazu, ein Sonderprogramm zur Förderung des Ruhrgebiets aufzustellen. Das 1979 verabschiedete *Aktionsprogramm Ruhr* sah ein ganzes Bündel von Förderungsmaßnahmen vor mit den Schwerpunkten:
— Industrie und Technologiepolitik,
— Bildungs- und Arbeitsmarktpolitik,
— erhaltende Stadterneuerung zur Verbesserung der Wohn- und Umweltqualität und
— Umweltschutz.

Hinter diesen Maßnahmenbündeln steht die Konzeption, daß eine Erneuerung der Ruhrwirtschaft nicht mehr, wie noch in den 60er Jahren, durch die spektakuläre Ansiedlung neuer Großbetriebe zu erreichen ist, sondern durch eine Verbesserung der Entwicklungsmöglichkeiten und durch eine Modernisierung der ansässigen Industrie.

Die industriepolitischen Maßnahmen verfolgen eine zweifache Zielsetzung. Zum einen soll die Wettbewerbs- und Leistungsfähigkeit der vorhandenen Industriekomplexe, vor allem Kohle, Stahl und Energiewirtschaft, durch die Förderung neuer Technologien erhalten bzw. wiederhergestellt werden. Trotz aller Umstrukturierungsbemühungen werden die traditionellen Industriebranchen auch in Zukunft einen hohen Stellenwert innerhalb der Ruhrwirtschaft einnehmen. Das zweite Ziel besteht darin, durch eine gezielte Innovations- und Technologieförderung den Bestand der mittleren und kleineren Unternehmen zu sichern und auszubauen. Ein Schwerpunkt dieser Förderung liegt im Bereich der Zukunftstechnologien wie die Mikroelektronik, die Informations- und Kommunikationstechnologien und die Umwelttechnologien, die bislang im Ruhrgebiet kaum vertreten waren. Die Chancen dieser Technologien werden im Ruhrgebiet vor allem in der Anwendung, wie z. B. im Maschinenbau, gesehen. Damit tragen sie dazu bei, auch die traditionellen Industriebranchen zu stärken, indem ihre internationale Wettbewerbsfähigkeit erhöht wird. Ein wesentlicher Bestandteil der Technologieförderung ist die Verbesserung der Kooperation der Unternehmen mit den Forschungsinstituten der Universitäten im Ruhrgebiet, die in diesem Feld bereits einen international hohen Standard erreicht haben. Hier gibt es vielversprechende Ansätze. 1985 wurde auf dem Gelände der Universität Dortmund ein Technologie-Zentrum mit 30 kleinen Hochtechnologieunternehmen gegründet, die in enger Zusammenarbeit mit Universitätsinstituten stehen. Siemens plant in Anlehnung an ein bestehendes Werk in Witten die Erweiterung eines Forschungszentrums für Kommunikationstechnik mit 400 hochqualifizierten Arbeitsplätzen. Standortentscheidend ist die Lage zwischen den Universitäten Dortmund und Bochum.

Ein zweiter Schwerpunkt des Aktionsprogramms liegt im Bereich der Stadterneuerung. Die Siedlungsentwicklung des Ruhrgebiets hatte zu einer intensiven Durchmischung der Flächennutzungen geführt, die die Wohnqualität vieler Stadtquartiere stark beeinträchtigt. Zur Erhöhung der Attraktivität dieses Raumes ist daher neben der Fortentwicklung der Wirtschaftsstruktur die Verbesserung der Lebensbedingungen für die Menschen dringend erforderlich. Dazu gehört, daß die Wohnungen, das Wohnumfeld und die wohnungsnahe Infrastruktur den Bedürfnissen der Bewohner angepaßt und die Umweltbelastungen abgebaut werden. Auch in dieser Hinsicht sind in den letzten Jahren im Ruhrgebiet wesentliche Erfolge erzielt worden. Durch Stadtkernsanierungen, vor allem in den Mittelzentren und den Stadtteilzentren, ist das wohnstandortnahe Versorgungsangebot wesentlich besser und attraktiver geworden. Die Sanierung von Wohnquartieren und Verkehrsberuhigungsmaßnahmen haben die Wohnqualität vieler innenstadtnaher Wohngebiete deutlich verbessert. Ein wichtiges und sehr erfolgreiches Instrument der Stadterneuerung ist der Grundstücksfonds Ruhr. Mit Hilfe dieser Mittel werden Industriebrachen aufgekauft und für eine Neuinwertsetzung aufbereitet. Die Gemeinden gelangen so in den Besitz der Flächen, die für die Stadterneuerung notwendig sind, sei es zur Ansiedlung von Betrieben, die an den bestehenden Standorten keine Erweiterungsmöglichkeiten besitzen oder deren Verlagerung aus städtebaulichen Gründen wünschenswert ist, sei es für die Schaffung innenstadtnaher Freizeit- und Erholungsflächen, sei es für die Erweiterung des Wohnungsangebotes. Zugleich vermindert die Neuinwertsetzung von Industriebrachen den Druck auf die noch bestehenden Freiflächen und trägt dazu bei, eine noch stärkere Zersiedlung des Ruhgebietes zu verhindern.

In einer zusammenfassenden Bewertung der Ruhrgebietsentwicklung der vergangenen 30 Jahre kann festgehalten werden, daß in diesem Raum große Erfolge im Hinblick auf eine Strukturverbesserung erzielt worden sind. Zu nennen sind insbesondere die Bereiche:
— Verkehrsinfrastruktur,
— Schul- und Hochschulwesen,
— Stadterneuerung und Wohnumfeldverbesserung,
— Freizeit und Erholung,
— Umweltschutz.

Das Ruhrgebiet von heute ist nicht mehr die rußgeschwärzte Industrielandschaft mit geringem Wohn- und Freizeitwert der 50er Jahre. Dennoch bleiben auch in diesen Bereichen, vor allem in der Stadterneuerung und im Umweltschutz, in Zukunft noch viele Aufgaben zu lösen, was angesichts der Größe des Raumes und der Dimension der anstehenden Probleme nicht verwundern kann.

Die wirtschaftliche Umstrukturierung ist demgegenüber noch nicht im wünschenswerten Umfang vorangeschritten. Zum einen wurden positive Ansätze immer wieder von konjunkturellen Rezessionsphasen überschattet. Zum anderen vollzieht sich der Abbau von Arbeitsplätzen in der von strukturellen Anpassungsproblemen bestimmten Montanindustrie nach wie vor schneller als die Schaffung von Ersatzarbeitsplätzen in modernen, wachstumsorientierten Industriebranchen. Dennoch ist es gelungen, die einstige Monostruktur von Kohle und Stahl aufzubrechen und die Ruhrwirtschaft stärker als jemals zuvor zu diversifizieren und zu modernisieren. Doch wäre es sicher vermessen anzunehmen, daß eine im Laufe von 150 Jahren der Wirtschaftsgeschichte geschaffene Industriestruktur innerhalb von 20 Jahren radikal umgewandelt werden könnte. Hier muß sicherlich in anderen zeitlichen Dimensionen gedacht und geplant werden. In einer mittelfristigen Perspektive wird daher die Entwicklung der Ruhrwirtschaft weiterhin von Kapazitätsanpassungen und arbeitsmarktpolitischen Problemen bestimmt bleiben. Doch darf die von der Presse immer wieder hervorgehobenen Arbeitslosigkeit von 14,5 % gegenüber 8,2 % im Bundesdurchschnitt nicht zu der irrigen Annahme verleiten, das Ruhrgebiet habe sich zum Armenhaus der Bundesrepublik entwickelt.

Vielmehr stellt sich das Ruhrgebiet heute dar als ein Raum mit einer hervorragenden Infrastruktur in den Bereichen Verkehr, Kultur, Bildung und Wissenschaft, Freizeit und Sport, als ein Raum voller Initiative und wirtschaftlicher Aktivitäten, als ein Raum mit einer industrieerfahrenen und qualifizierten Bevölkerung. Die Voraussetzungen sind damit gegeben, daß das Ruhrgebiet als erste der altindustrialisierten Regionen Europas den Übergang von einer traditionellen Montanregion zu einem modernen Industrie- und Dienstleistungszentrum vollziehen kann.

Wilfried Dege

VI. Programme, Teilnehmerlisten, Konferenzprotokolle

Programm
Erste deutsch-sowjetische Schulbuchkonferenz
Moskau, 10.–17. Oktober 1983

Montag, 10. Oktober
    Anreise

Dienstag, 11. Oktober

9.30–13.30 Uhr   Treffen in der APW (Akademie der pädagogischen Wissenschaften) der UdSSR mit M. P. Kaschin (Mitglied des Präsidiums der APW und korrespondierendes Akademiemitglied);
Gespräche mit den wissenschaftlichen Mitarbeitern des Georg-Eckert-Instituts über Inhalte und Methoden des Unterrichts der APW der UdSSR im Fachgebiet Geographie in der allgemeinbildenden Schule

V. P. Maksakovskij:
Wissenschaftliche Grundlagen des Inhalts und der Gestaltung des Geographieunterrichts in den Schulen der UdSSR

W. Sperling:
Wissenschaftliche Grundlagen des Inhalts und der Gestaltung des Geographieunterrichts in den Schulen der Bundesrepublik Deutschland

Meinungsaustausch

14.00–15.00 Uhr   Mittagessen

15.30–17.30 Uhr   *D. D. Sujew*, Leiter des Proswestschenije Verlages: Wissenschaftlich-pädagogische Prinzipien von Lehrbüchern in der UdSSR

18.00–19.00 Uhr   Abendessen

19.00–21.00 Uhr   Stadtrundfahrt

Mittwoch, 12. Oktober

9.30–13.30 Uhr	Treffen in der APW der UdSSR:
	V. P. Maksakovskij: Die Behandlung der UdSSR in westdeutschen Geographielehrbüchern
	S. B. Lavrov: Die sowjetische Literatur über die Geographie der Bundesrepublik Deutschland
	Meinungsaustausch
14.00–15.00 Uhr	Mittagessen
15.30–17.30 Uhr	Besuch der Geographischen Fakultät der Moskauer Lomonossow-Universität
18.00–19.00 Uhr	Abendessen
19.30–22.00 Uhr	Theaterbesuch

Donnerstag, 13. Oktober

9.30–13.30 Uhr	Treffen in der APW der UdSSR:
	J. Barth: Die Behandlung der Geographie der Bundesrepublik Deutschland in den Schulbüchern der UdSSR
	Meinungsaustausch
14.00–15.00 Uhr	Mittagessen
15.30 Uhr	Abreise der Delegation nach Kischinew, Hauptstadt der Moldauischen Sozialistischen Sowjetrepublik

Sonnabend, 15. Oktober

Rückkehr nach Moskau

Sonntag, 16. Oktober

9.30–13.30 Uhr	Besichtigung der Allunionsausstellung
14.00–15.00 Uhr	Mittagessen
15.00–18.00 Uhr	Freie Zeit
18.00–19.00 Uhr	Abendessen

Montag, 17. Oktober

9.30 Uhr	Abschlußtreffen in der APW der UdSSR Abreise

Dieses Programm wurde leicht verändert. So wurden noch folgende deutsche Vorträge ins Programm aufgenommen:

E. Hillers: Das Bildungssystem in der Bundesrepublik Deutschland
J. Stadelbauer: Geographische Literatur der Bundesrepublik Deutschland über die Sowjetunion

Deutsche Teilnehmer

Prof. Dr. Karl-Ernst Jeismann
Direktor des Georg-Eckert-Instituts für internationale Schulbuchforschung in Braunschweig
Professor für Neuere Geschichte und Didaktik der Geschichte an der Universität Münster

Prof. Dr. Joachim Barth
Professor für Didaktik der Geographie am Institut für Geographie der Technischen Universität Berlin
Corresponding Member International Geographical Union

Dr. Elfriede Hillers, M. A.
Georg-Eckert-Institut für internationale Schulbuchforschung in Braunschweig

Prof. Dr. Walter Sperling
Professor für Geographie und ihre Didaktik an der Universität Trier

Prof. Dr. Jörg Stadelbauer
Professor am Institut für Kulturgeographie der Universität Freiburg

Sowjetische Teilnehmer

Prof. Dr. Vladimir Pavlovič Maksakovskij
Korresp. Mitglied der Akademie der Pädagogischen Wissenschaften der UdSSR
Lehrstuhlleiter für Geographie der Staatlichen Pädagogischen Lenin-Hochschule Moskau

Prof. Dr. Sergej Borisovič Lavrov
Lehrstuhlleiter für Geographie der Staatlichen Pädagogischen Herzen-Hochschule Leningrad

Prof. Dr. Vladimir Sergeevič Preobraženskij
Stellv. Direktor des Instituts für Geographie der Akademie der Wissenschaften der UdSSR

Dr. Georgij Michailovič Lappo
Abteilungsleiter des Instituts für Geographie der AdW der UdSSR

Sergej Nikolaevič Rakowskij
Dozent der Staatlichen Pädagogischen Lenin-Hochschule Moskau

Vitol'd Jakovlevič Rom
Dozent der Staatlichen Pädagogischen Lenin-Hochschule Moskau

Ekaterina Michailovna Syčëva
Dozentin der Staatlichen Pädagogischen Lenin-Hochschule Moskau

Protokoll
über die Ergebnisse des Treffens der Spezialisten aus der UdSSR und aus der Bundesrepublik Deutschland zur Analyse des Inhalts der Geographielehrbücher.*

Vom 10.–17. Oktober 1983 fand in Moskau das erste Treffen der Spezialisten aus der UdSSR und aus der Bundesrepublik Deutschland über Geographielehrbücher statt.

Die Delegation aus der Bundesrepublik Deutschland wurde von Professor K.-E. Jeismann, dem Direktor des Georg-Eckert-Instituts für internationale Schulbuchforschung, Braunschweig, geleitet. Zu dieser Delegation gehörten Professor J. Barth, Professor W. Sperling, Professor J. Stadelbauer und die wissenschaftliche Mitarbeiterin Dr. E. Hillers, M. A.

Die Delegation der UdSSR wurde von dem korrespondierenden Mitglied der APW der UdSSR, dem Mitglied des Präsidiums der Akademie der pädagogischen Wissenschaften der UdSSR, M. P. Kašin, geleitet. Sein Stellvertreter war das korrespondierende Mitglied der APW, V. P. Maksakovskij. Zu dieser Delegation gehörten der stellvertretende Direktor des Instituts für Unterrichtsinhalte und -methoden der APW der UdSSR, J. W. Matrusov, S. B. Lavrov, Doktor der geographischen Wissenschaften, G. M. Lappo, Doktor der geographischen Wissenschaften, der Dozent S. N. Rakovskij, der Dozent V. Ja. Rom, die Dozentin E. M. Syčëva und A. K. Golovteev.

Zu den von beiden Seiten gehaltenen Vorträgen (Themen siehe Anhang) fand ein vorläufiger Meinungsaustausch statt.

Die Einladung seitens des Direktors des Georg-Eckert-Instituts, das nächste Treffen 1984 in der Bundesrepublik Deutschland durchzuführen, wurde angenommen. Voraussichtlich wird im Verlauf dieses Treffens der Meinungsaustausch zu den Lehrbuchtexten über die Bundesrepublik Deutschland und die UdSSR fortgesetzt. Dabei soll versucht werden, gemeinsame Vorschläge zu deren Vervollkommnung auszuarbeiten.

---

* Übersetzung aus dem Russischen

Im Laufe ihres Aufenthalts in der UdSSR hatten die Schulbuchexperten aus der Bundesrepublik Deutschland die Möglichkeit, in Moskau den Verlag „Prosveščenie" und die geographische Fakultät der Moskauer Staatsuniversität, in der Moldawischen SSR das Ministerium für Volksbildung, den Verlag „Lumina", das Institut für Lehrerfortbildung, das Forschungsinstitut für Pädagogik und eine Schule auf dem Lande zu besuchen.

Der Leiter der deutschen Delegation, Professor K.-E. Jeismann, wurde im Ministerium für Volksbildung der UdSSR empfangen.

Beide Seiten betonten mehrmals die große Bedeutung der gemeinsamen Arbeit zum Inhalt der Geographielehrbücher für die Erziehung der Jugend im Geiste des Friedens und der Zusammenarbeit zwischen den Völkern zur Erlangung einer besseren gegenseitigen Verständigung zwischen unseren Ländern.

Das Treffen, das im Geiste der gegenseitigen Verständigung und der sachlichen Zusammenarbeit verlief, gab beiden Seiten wertvolles Material für die Fortsetzung der Arbeit zur Analyse des Inhalts der Geographielehrbücher.

Die Delegation aus der Bundesrepublik Deutschland dankt der sowjetischen Seite für die ihr erwiesene herzliche Gastfreundschaft.

Moskau, den 17. Oktober 1983

Für die Seite der UdSSR
Mitglied des Präsidiums
der APW der UdSSR

Für die Delegation aus der
Bundesrepublik Deutschland

gez.
M. P. Kašin

gez.
Prof. Dr. K.-E. Jeismann

Anhang zum Protokoll

Sowjetische Vorträge:
V. P. Maksakovskij: Schulbildungssystem in der UdSSR und wissenschaftliche Grundlagen des Geographieunterrichts in der sowjetischen Schule
V. P. Maksakovskij: Die Darstellung der Geographie der UdSSR in den Lehrbüchern der Bundesrepublik Deutschland
S. B. Lavrov: Sowjetische geographische Literatur über die Bundesrepublik Deutschland

Deutsche Vorträge:
E. Hillers: Das Bildungssystem in der Bundesrepublik Deutschland
W. Sperling: Wissenschaftliche Grundlagen des Geographieunterrichts in der Bundesrepublik Deutschland
J. Barth: Darstellung der Geographie der Bundesrepublik Deutschland in den Schullehrbüchern der UdSSR
J. Stadelbauer: Geographische Literatur der Bundesrepublik Deutschland über die Sowjetunion

Programm
Zweite deutsch-sowjetische Schulbuchkonferenz
Braunschweig, 2.–9. Dezember 1984

Sonntag, 2. Dezember
    Anreise

Montag, 3. Dezember

9.00 Uhr	Eröffnung der Tagung
	Begrüßung der Gäste
9.30 Uhr	*J. Stadelbauer:* Zur Behandlung wirtschafts- und sozialwissenschaftlicher Probleme in der heutigen Geographie
13.00 Uhr	Mittagessen
15.00 Uhr	Sowjetisches Referat: Verbesserungsvorschläge in bezug auf die Darstellung der Sowjetunion in den Geographielehrbüchern der Bundesrepublik Deutschland
	R. Hahn: Verbesserungsvorschläge in Form von Themeneinheiten zu einigen ausgewählten, in den sowjetischen Lehrbüchern nicht angemessen dargestellten Themen
	Besprechung der von deutscher und sowjetischer Seite festgestellten Fehler in den Lehrbüchern
20.00 Uhr	Empfang der Stadt Braunschweig

Dienstag, 4. Dezember

vormittags	Teilnahme am Geographieunterricht in einer Braunschweiger Schule
13.00 Uhr	Mittagessen
15.00 Uhr	*W. Sperling:* Probleme der Länderkunde in der Schule am Beispiel der Behandlung Rußlands und der Sowjetunion früher und heute
	Sowjetisches Referat: Referat zu didaktischen und methodischen Fragen des Geographieunterrichts in der Sowjetunion

Mittwoch, 5. Dezember

9.00 Uhr Schlußkommuniqué
Zusammenfassung der Ergebnisse
Planung der weiteren Zusammenarbeit

13.00 Uhr Mittagessen

nachmittags Abfahrt
Exkursionsprogramm bis Samstag, 8. Dezember

Exkursionsprogramm

Der Ballungsraum Stuttgart, Wachstumsregion in Süddeutschland

Mittwoch, 5. Dezember

Anreise

Donnerstag, 6. Dezember

7.45 Uhr Automobilproduktion als Beispiel hochwertiger Verarbeitungsindustrie
Besichtigung eines Produktionsausschnittes der Daimler-Benz AG im Werk Sindelfingen

9.30 Uhr Stadtentwicklung Stuttgarts

11.00 Uhr Vom Handwerksbetrieb zum Großunternehmen – Beispiel Robert Bosch GmbH
Verwendung von Unternehmensgewinnen – Beispiel Stiftung der Robert Bosch GmbH

12.30 Uhr Mittagspause

14.00 Uhr Länderkompetenz im Bereich der Bildungspolitik – Beispiel: Verfahren und Inhalte des Erdkunde-Lehrplans, Ministerium für Kultus und Sport, Baden-Württemberg

16.30 Uhr Stuttgart und der Verdichtungsraum Mittlerer Neckar
Prof. Dr. W. Meckelein, Direktor des Geographischen Instituts der Universität Stuttgart

Freitag, 7. Dezember

8.00 Uhr Der Einfluß der Landesregierung auf die Wirtschaftsentwicklung von Baden-Württemberg,
Wirtschaftsministerium Baden-Württemberg

10.00 Uhr Empfang durch den Oberbürgermeister der Stadt Stuttgart

11.15 Uhr	Industrieentwicklung im Mittleren Neckarraum aus der Sicht der Industrie- und Handelskammer, IHK Mittlerer Neckar
12.45 Uhr	Mittagessen
14.00 Uhr	Industrieentwicklung aus der Sicht der Industriegewerkschaft Metall — die Rolle der Gewerkschaft in der Bundesrepublik Deutschland
15.30 Uhr	Die Stuttgarter City
19.00 Uhr	Abendessen

Samstag, 8. Dezember

9.00 Uhr	Exkursionsprofil durch die Kernstadt Stuttgart
11.00 Uhr	Exkursionsprofil durch die Umlandgemeinde Stadt Fellbach
13.00 Uhr	Mittagessen
15.00 Uhr	Dorfentwicklung im Naherholungsbereich Mittlere Schwäbische Alb, Gemeinde Westerheim

Sonntag, 9. Dezember
                   Abreise

Deutsche Teilnehmer

Prof. Dr. Ernst Hinrichs
Direktor des Georg-Eckert-Instituts für internationale Schulbuchforschung;
Institut für Geschichte an der Universität Oldenburg

Prof. Dr. Joachim Barth
Institut für Didaktik der Geographie am Institut für Geographie der Technischen Universität Berlin; Corresponding Member International Geographical Union

Prof. Dr. Roland Hahn
Geographisches Institut der Universität Stuttgart

Dr. Elfriede Hillers, M. A.
Georg-Eckert-Institut für internationale Schulbuchforschung

StDir. Dr. Helmut Kistler
Seminarleiter und Fachberater für die Seminarausbildung im Fach Geographie in Bayern;
Erasmus-Grasser-Gymnasium

StDir. Dr. Dieter Richter
Fachleiter für Erdkunde am Staatlichen Studienseminar 1, Hannover;
2. Vorsitzender des Verbandes Deutscher Schulgeographen

Prof. Dr. Walter Sperling
Institut für Geographie und ihre Didaktik an der Universität Trier

Prof. Dr. Jörg Stadelbauer
Institut für Kulturgeographie der Universität Freiburg

Dolmetscher:
Oswald Bratzel, Essen

Sowjetische Teilnehmer

Prof. Dr. Vladimir Pavlovič Maksakovskij
Korr. Mitglied der Akademie der Pädagogischen Wissenschaften der UdSSR; Lehrstuhlleiter für Geographie der Staatlichen Pädagogischen Lenin-Hochschule Moskau

Prof. Dr. Vladimir Sergeevič Preobraženskij
Stellv. Direktor des Instituts für Geographie der Akademie der Wissenschaften der UdSSR

Dr. Georgij Michailovič Lappo
Abteilungsleiter des Instituts für Geographie der Akademie der Wissenschaften der UdSSR

Sergej Nikolaevič Rakovskij
Dozent der Staatlichen Pädagogischen Lenin-Hochschule Moskau

Vitol'd Jakovlevič Rom
Dozent der Staatlichen pädagogischen Lenin-Hochschule Moskau

Boris Šekasjuk
Lehrer am Lehrstuhl für Fremdsprachen

Protokoll
über die Ergebnisse des Treffens der Experten aus der Bundesrepublik Deutschland und der UdSSR zur Analyse des Inhalts von Geographielehrbüchern.

Vom 2. Dezember bis 9. Dezember 1984 fand in Braunschweig/Stuttgart ein Treffen deutscher und sowjetischer Experten zur Analyse des Inhalts der Geographielehrbücher beider Länder statt.

Das Programm des Treffens wurde 1983 in Moskau vereinbart und später auf dem Korrespondenzweg im Detail abgestimmt. Beide Seiten informierten sich gegenseitig über das Hauptanliegen, nämlich die seit dem Moskauer Treffen geleistete Arbeit in bezug auf die Verbesserung der Darstellung beider Länder in den Schulbüchern des jeweils anderen Landes. Es wurde festgestellt, daß in beiden Ländern mit der Umsetzung der Vorschläge begonnen worden ist. Professor Rakovskij informierte über die vorgesehenen Korrekturen in seinem Beitrag zu dem Lehrbuch „Ökonomische Geographie des Auslandes", die in der nächsten Auflage (1986) vorgenommen werden.

Von seiten des Georg-Eckert-Instituts teilte Frau Dr. Hillers mit, daß die sowjetischen Vorschläge zu den zehn Reihen deutscher Geographielehrbücher an Autoren und Verlage weitergeleitet worden sind. Die Vorschläge werden nach Möglichkeit in den nächsten Auflagen berücksichtigt werden.

Beide Seiten setzten die Diskussion über Möglichkeiten und Wege der weiteren Verbesserung von Lehrbüchern fort. Referate zu dieser Frage hielten Professor Dr. R. Hahn und Dr. V. Rom. Beide Referate wurden mit großem Interesse aufgenommen und andiskutiert; die Diskussionen sollen fortgesetzt werden. Eine vertiefte Analyse der neuen Vorschläge wird im Verlauf der weiteren Arbeit erfolgen.

Professor Maksakovskij sprach über die didaktischen und methodischen Fragen des Geographieunterrichts in der UdSSR; er betonte dabei besonders die aktuellen Probleme der sowjetischen Didaktik und Methodik, die im Zusammenhang mit der Schulreform stehen.

Prof. Dr. Stadelbauer sprach über das Thema „Zur Behandlung wirtschafts- und sozialwissenschaftlicher Probleme in der heutigen Geographie". Prof. Dr. Sperling behandelte das Thema „Probleme der Länderkunde bis 1970 am Beispiel der Darstellung Rußlands, Sowjet-Rußlands und der Sowjetunion in Geographielehrbüchern". Von sowjetischer Seite sprachen zu diesem Problemkomplex Prof. Dr. Preobraženskij in dem Referat „Aktuelle Entwicklungstendenzen des wissenschaftlichen Ansatzes Konstruktive Geographie in der sowjetischen Geographie" und Dr. Lappo in dem Referat „Die Entwicklung sozialgeographischer Aspekte der Bevölkerungsgeographie in der UdSSR". Alle Referate wurden mit großem Interesse aufgenommen und insbesondere im Hinblick auf die Widerspiegelung der Fragestellungen in einigen Lehrbüchern eingehend diskutiert.

Die Arbeit der Kommission verlief in einer Atmosphäre gegenseitigen Verständnisses; sie war geprägt vom Bemühen um Lösungen zur Verbesserung der Schulbücher.

Beide Seiten stellen fest, daß angesichts der zahlreichen Fragestellungen die Arbeit der Kommission fortgesetzt werden soll.

Die Teilnehmer der Konferenz wurden vom Ersten Bürgermeister der Stadt Braunschweig empfangen.

Im Anschluß an die Sitzungen in Braunschweig unternehmen die Konferenzteilnehmer eine Studienfahrt nach Stuttgart, um sich mit den bevölkerungs- und wirtschaftsgeographischen Problemen der Region Mittlerer Neckar im besonderen und des Landes Baden-Württemberg im allgemeinen bekanntzumachen.

Beide Seiten stimmen darin überein, daß das nächste Treffen in der UdSSR stattfinden wird. Zeit und Ort werden später festgelegt. Das Programm wird von sowjetischer Seite vorbereitet und der deutschen Seite rechtzeitig mitgeteilt werden.

Die sowjetische Seite begrüßt den Vorschlag, die Konferenzmaterialien zu veröffentlichen.

Die sowjetische Seite dankt dem Georg-Eckert-Institut, vor allem dem Direktor des Instituts, Herrn Prof. Dr. Hinrichs, und Frau Dr. Hillers, für die ausgezeichnete Vorbereitung des Treffens, die wesentlich zum Erfolg der gemeinsamen Arbeit beigetragen habe.

5. Dezember 1984
Braunschweig

gez.
Prof. Dr. Ernst Hinrichs
Georg-Eckert-Institut für
internationale Schulbuch-
forschung

gez.
Prof. Dr. Vladimir P. Maksakovskij
Korr. Mitglied der Akademie der
Pädagogischen Wissenschaften
der UdSSR

Programm
Dritte deutsch-sowjetische Schulbuchkonferenz
Moskau, 9.–16. Oktober 1985

Mittwoch, 9. Oktober
        Ankunft und Unterbringung im Hotel

Donnerstag, 10. Oktober

9.30 Uhr   Eröffnung und Begrüßung durch den Vertreter des Ministeriums für Volksbildung der UdSSR

9.45–13.30 Uhr   *G. M. Lappo:*
Perspektivwandel der Raumordnungsstruktur der sowjetischen Volkswirtschaft

Diskussion

V. P. Maksakovskij:
Schulreform in der Sowjetunion und Veränderungen im Geographieunterricht

Diskussion

13.30–15.00 Uhr   Mittagspause

15.00–18.00 Uhr   *S. N. Rakovskij:*
Schulbuchvortrag

J. Barth:
Bemühungen unserer Geographie-Didaktik um eine Verbesserung der Darstellung der Sowjetunion im Geographieunterricht

E. Hillers:
Bemühungen des Georg-Eckert-Instituts um eine Verbesserung der Darstellung der Sowjetunion in den Geographielehrbüchern der Bundesrepublik Deutschland

D. Richter:
Vorstellung und Beschreibung neuer Geographielehrbücher, die seit 1980 erschienen sind unter besonderer Berücksichtigung ihrer Inhalte über die Sowjetunion

Freitag, 11. Oktober

9.30–13.30 Uhr   *V. J. Rom:*
Wirtschaftliche Bildung der Schüler im Geographieunterricht

> *W. Sperling:*
> Das Lernfeld „Wirtschaft" im Bildungssystem und im Geographieunterricht der Bundesrepublik Deutschland
>
> Diskussion

13.30—15.00 Uhr Mittagspause

15.00—18.00 Uhr *V. S. Preobraženskij:*
> Neue wissenschaftliche Konzeptionen der sowjetischen Geographie
>
> *J. Stadelbauer:*
> Die Rezeption sowjetischer wissenschaftlich-geographischer Forschungsansätze und Forschungsergebnisse in der deutschen Fachliteratur
>
> Erarbeitung des abschließenden Protokolls

Sonnabend, 12. Oktober
10.00—11.00 Uhr Unterzeichnung des Protokolls
19.05 Uhr Abflug nach Tbilissi

12.—15. Oktober
> Aufenthalt in Tbilissi
> Gespräche im Bildungsministerium Grusiniens
> Besuch einer Mittelschule
> Besuch des Palastes der Jungpioniere und des Geographischen Instituts der Akademie der Wissenschaften Grusiniens

Dienstag, 15. Oktober
> Rückkehr nach Moskau

Mittwoch, 16. Oktober
10.00—13.30 Uhr Stadtrundfahrt, Besichtigung des Kremls
19.15 Uhr Rückflug in die Bundesrepublik

Deutsche Teilnehmer

Prof. Dr. Ernst Hinrichs
Direktor des Georg-Eckert-Instituts für internationale Schulbuchforschung in Braunschweig;
Professor für Geschichte der frühen Neuzeit an der Universität Oldenburg

Prof. Dr. Joachim Barth
Professor für Didaktik der Geographie am Institut für Geographie der Technischen Universität Berlin;
Corresponding Member International Geographical Union

Dr. Elfriede Hillers, M. A.
Georg-Eckert-Institut für internationale Schulbuchforschung in Braunschweig

Studiendirektor Dr. Dieter Richter
Fachleiter für Erdkunde/Staatliches Studienseminar Hannover I; 2. Vorsitzender im Verband Deutscher Schulgeographen

Prof. Dr. Walter Sperling
Professor für Geographie und ihre Didaktik an der Universität Trier

Prof. Dr. Jörg Stadelbauer
Professor am Institut für Kulturgeographie der Universität Freiburg

Sowjetische Teilnehmer

Prof. Dr. Vladimir Pavlovič Maksakovskij
Korrespondierendes Mitglied der Akademie der Pädagogischen Wissenschaften der UdSSR;
Lehrstuhlleiter für Geographie an der Staatlichen Pädagogischen Lenin-Hochschule Moskau

Prof. Dr. Vladimir Sergeevič Preobraženskij
Stellv. Direktor des Instituts für Geographie der Akademie der Wissenschaften der UdSSR

Dr. Georgij Michailovič Lappo
Abteilungsleiter des Instituts für Geographie der Akademie der Wissenschaften der UdSSR

Sergej Nikolaevič Rakovskij
Dozent an der Staatlichen Pädagogischen Lenin-Hochschule Moskau

Vitol'd Jakovlevič, Rom
Dozent an der Staatlichen Pädagogischen Lenin-Hochschule Moskau

Protokoll
über die Ergebnisse des Treffens der Experten aus der Bundesrepublik Deutschland und der UdSSR zur Analyse der Geographielehrbücher*

Vom 9. bis 16. Oktober 1985 fand in Moskau das dritte Treffen der sowjetischen Experten und der Experten aus der Bundesrepublik Deutschland zur Analyse der Geographielehrbücher statt. Die Delegation aus der Bundesrepublik Deutschland wurde von Prof. Dr. E. Hinrichs, Direktor des Georg-Eckert-Instituts für internationale Schulbuchforschung, Braunschweig, geleitet. Mitglieder der Delegation waren Prof. Dr. J. Barth, Dr. E. Hillers, Dr. D. Richter, Prof. Dr. W. Sperling und Prof. Dr. J. Stadelbauer.

Die Delegation der UdSSR wurde vom korrespondierenden Mitglied der Akademie der Pädagogischen Wissenschaften der UdSSR, Prof. Dr. V. P. Maksakovskij, geleitet. Mitglieder der Delegation waren Prof. Dr. V. S. Preobraženskij, Prof. Dr. G. M. Lappo, Dozent S. N. Rakovskij, Dozent V. J. Rom.

An der Eröffnung des Treffens nahmen auch der stellvertretende Leiter der Abteilung für Internationale Beziehungen des Ministeriums für Volksbildung der UdSSR, A. J. Schirinski, und ein Vertreter der Botschaft der Bundesrepublik Deutschland in der UdSSR teil. Die Experten aus der Bundesrepublik Deutschland wurden von der Leitung des Ministeriums für Volksbildung der UdSSR empfangen.

Das von der sowjetischen Seite erarbeitete und mit dem Georg-Eckert-Institut abgestimmte Programm des Treffens enthielt zehn Referate.

Wie auch während der vorhergehenden Treffen, wurde den Fragen der Versachlichung der Geographielehrbücher beider Länder besondere Aufmerksamkeit geschenkt. Hierbei ging es in erster Linie um die Behandlung der Sowjetunion in den Geographielehrbüchern der Bundesrepublik Deutschland und um die Behandlung der Bundesrepublik Deutschland in den sowjetischen Geographielehrbüchern. Zu diesem Thema wurden Referate gehalten von Doz. S. N. Rakovskij, Prof. Dr. J. Barth, Dr. E. Hillers und Dr. D. Richter. Beide Seiten informierten einander über die Aktivitäten, die im Hinblick auf die Realisierung der Vorschläge der vorhergehenden Treffen unternommen worden sind. Beide Seiten stellten mit Genugtuung einen gewissen Fortschritt in dieser nützlichen und verantwortungsvollen Tätigkeit fest.

Wie auf den vorangegangenen Tagungen standen auf der Tagesordnung konkrete allgemeindidaktische und allgemeingeographische Fragen, die für beide Seiten von großem Interesse waren und die sich auf das Anliegen der Versachlichung der Geographielehrbücher beziehen. Den didaktisch-wissenschaftlichen Problemen des Geographieunterrichts in der Schule waren die Referate von Doz. V. J. Rom und Prof. Dr. W. Sperling sowie des korrespondierenden Mitglieds der Akademie der Pädagogischen Wissenschaften der UdSSR, Prof. Dr. V. P. Maksakovskij, gewidmet, der die Delegation aus der Bundesrepublik

---

* Übersetzung aus dem Russischen

Deutschland über die Veränderungen im Geographieunterricht in der UdSSR im Zusammenhang mit der Schulreform informierte. Mit Referaten zu theoretischen und angewandten Fragen der Geographiewissenschaft traten Dr. sc. G. M. Lappo, Prof. Dr. V. S. Preobraženskij und Prof. Dr. J. Stadelbauer auf. Alle o. g. Referate fanden großes Interesse bei den Teilnehmern.

Das Treffen verlief in einer Atmosphäre sachlicher Zusammenarbeit und gegenseitigen Verständnisses und war gekennzeichnet durch die gemeinsame Bemühung, den Geographieunterricht als den Unterricht in einem wichtigen wissenschaftlichen Fach der allgemeinen und politischen Bildung zu verbessern. Die sowjetische Seite unterstrich besonders die Rolle des Georg-Eckert-Institus für internationale Schulbuchforschung in Braunschweig bei der Organisation der Tätigkeit der Kommission aus der Bundesrepublik Deutschland und bei der praktischen Umsetzung der von der Kommission erarbeiteten Vorschläge.

Die Mitglieder beider Kommissionen nahmen an einer wissenschaftlichen Exkursion nach Tbilissi teil, die die Beurteilung von Natur, Bevölkerung und Wissenschaft eines der Gebiete der Sowjetunion zum Ziel hatte.

Beide Seiten stellten einmütig fest, daß die Tätigkeit der bilateralen Kommission zur Analyse der deutschen und sowjetischen Geographielehrbücher fortgesetzt werden müsse. Die nächste Beratung findet in der Bundesrepublik Deutschland statt. Zeit und Ort der Konferenz werden vom Georg-Eckert-Institut bestimmt und rechtzeitig mit der sowjetischen Seite vereinbart.

Während des vorläufigen Meinungsaustausches haben beide Seiten den Wunsch zum Ausdruck gebracht, beim vierten Treffen Informationen auszutauschen über den Verlauf der Arbeit zur Versachlichung der Geographielehrbücher sowie über Fragen der ökologischen Bildung und Erziehung der Schüler, über die Anwendung der Computertechnik und audio-visueller Medien im Geographieunterricht zu diskutieren.

Die sowjetische Seite wird dem Georg-Eckert-Institut die Gutachten über die Geographielehrbücher und die Atlasserie übergeben, die der sowjetischen Seite vor kurzem vom Georg-Eckert-Institut zugeleitet worden sind.

Moskau, den 12. Oktober 1985

gez.
Prof. Dr. V. Maksakovskij
korrespondierendes Mitglied
der Akademie der Pädagogischen
Wissenschaften der UdSSR

gez.
Prof. Dr. E. Hinrichs
Georg-Eckert-Institut
für internationale
Schulbuchforschung

Programm
Vierte deutsch-sowjetische Schulbuchkonferenz
Braunschweig, 24.–29. November 1986

Montag, 24. November
    Anreise

Dienstag, 25. November

9.00 Uhr	Eröffnung der Tagung, Begrüßung der Gäste
	G. M. Lappo, V. J. Rom, S. N. Rakovskij: Stellungnahme der sowjetischen Seite zu den neuesten deutschen Geographielehrbüchern
	J. Barth, J. Stadelbauer: Stellungnahme der deutschen Seite zum neuesten sowjetischen Schulbuch „Wirtschaftsgeographie der ausländischen Staaten", 9, 1984
11.00 Uhr	*V. P. Maksakovskij:* Die neue Konzeption der sowjetischen Schulgeographie
	D. Richter: Neue Entwicklungen im Geographielehrbuch und -unterricht in der Bundesrepublik Deutschland
13.00 Uhr	Gemeinsames Mittagessen
15.00 Uhr	*V. S. Preobraženskij:* Ökologische Bildung und Erziehung in der Sowjetunion
	J. Stadelbauer: Umweltforschung und geographische Wissenschaft in der Bundesrepublik Deutschland
	H. Kistler: Umwelterziehung an den deutschen Schulen unter besonderer Berücksichtigung der bayerischen Lehrpläne
	V. J. Rom: Computertechnik und audio-visuelle Medien im Geographieunterricht der Sowjetunion
	R. Roseeu: Computeranwendungen im Geographieunterricht in der Bundesrepublik Deutschland anhand von Beispielen
19.00 Uhr	Abendessen
20.00 Uhr	Theater/Konzert

Mittwoch, 26. November

8.15 Uhr	Abfahrt nach Hannover
9.15–11.30 Uhr	Besuch einer Schule und Teilnahme am Geographieunterricht Leitung: *Dr. D. Richter*
12.00–14.00 Uhr	Empfang durch den Niedersächsischen Kultusminister
14.00 Uhr	Rückfahrt nach Braunschweig
15.00 Uhr	*W. Sperling:* Dimensionen geographischer Betrachtung
19.00 Uhr	Abendessen

Donnerstag, 27. November

9.00 Uhr	Diskussion des Abschlußprotokolls
12.00 Uhr	Mittagessen
14.00 Uhr	Abreise ins Ruhrgebiet

Deutsche Teilnehmer

Prof. Dr. Ernst Hinrichs
Direktor des Georg-Eckert-Instituts für internationale Schulbuchforschung;
Institut für Geschichte an der Universität Oldenburg

Prof. Dr. Joachim Barth
Institut für Geographie der Technischen Universität Berlin; Corresponding Member International Geographical Union

Dr. Elfriede Hillers, M. A.
Georg-Eckert-Institut für internationale Schulbuchforschung

StDir. Dr. Helmut Kistler
Seminarleiter und Fachberater für die Seminarausbildung im Fach Geographie in Bayern;
Erasmus-Grasser-Gymnasium

StDir. Dr. Dieter Richter
Fachleiter für Erdkunde am Staatlichen Studienseminar 1, Hannover;
2. Vorsitzender des Verbandes Deutscher Schulgeographen

StDir. Robert Roseeu
Gröbenzell

Prof. Dr. Walter Sperling
Institut für Geographie und ihre Didaktik an der Universität Trier

Prof. Dr. Jörg Stadelbauer
Institut für Kulturgeographie der Universität Freiburg

Exkursion: Ruhrgebiet

Prof. Dr. Karl-Heinz Hottes
Geographisches Institut der Universität Bochum;
Mitleiter in der Forschungsabteilung für Raumforschung;
Geschäftsführender Direktor des Instituts für Entwicklungsforschung und Entwicklungspolitik;

Dr. Wilfried Dege
Universität Dortmund, Abteilung 16; Fach Geographie

Dolmetscher:
Oswald Bratzel, Essen

Sowjetische Teilnehmer

Prof. Dr. Vladimir Pavlovič Maksakovskij
Korrespondierendes Mitglied der Akademie der Pädagogischen Wissenschaften der UdSSR;
Lehrstuhlleiter für Geographie an der Staatlichen Pädagogischen Lenin-Hochschule Moskau

Prof. Dr. Vladimir Sergeevič Preobraženskij
Stellv. Direktor des Institut für Geographie der Akademie der Wissenschaften der UdSSR

Dr. Georgij Michailovič Lappo
Abteilungsleiter des Instituts für Geographie der Akademie der Wissenschaften der UdSSR

Sergej Nikolaevič Rakovskij
Dozent an der Staatlichen Pädagogischen Lenin-Hochschule Moskau

Vitol'd Jakovlevič Rom
Dozent an der Staatlichen Pädagogischen Lenin-Hochschule Moskau

Boris Šekasjuk
Lehrer am Lehrstuhl für Fremdsprachen

Protokoll
über die Ergebnisse des Treffens der Experten aus der UdSSR und der Bundesrepublik Deutschland zur Analyse der Geographie-Lehrbücher.

Gemäß der beiderseitigen Vereinbarung fand vom 24. bis 29. November 1986 in Braunschweig und in Bochum die 4. Sitzung der sowjetischen Experten und der Experten aus der Bundesrepublik Deutschland zur Analyse der Geographie-Lehrbücher statt. Die Delegation der UdSSR wurde vom korrespondierenden Mitglied der Akademie der Pädagogischen Wissenschaften der UdSSR, Prof. Dr. V. P. Maksakovskij, geleitet. Mitglieder der Delegation waren Prof. Dr. G. M. Lappo, Dozent Dr. S. N. Rakovskij, Dozent Dr. V. J. Rom. Die Delegation aus der Bundesrepublik Deutschland wurde von Prof. Dr. E. Hinrichts, Direktor des Georg-Eckert-Instituts für internationale Schulbuchforschung, Braunschweig, geleitet. Mitglieder der Delegation waren Prof. Dr. Barth, StDir. Dr. Kistler, Seminarlehrer und Fachberater für die Seminarausbildung im Fach Geographie in Bayern, StDir. Dr. Richter, Fachleiter für Erdkunde am Staatlichen Studienseminar 1, Hannover, StDir. Robert Roseeu, Prof. Dr. W. Sperling und Prof. Dr. J. Stadelbauer.

Das Programm des Treffens war 1985 in Moskau vereinbart und später auf dem Korrespondenzwege im Detail abgestimmt worden. Beide Seiten informierten sich gegenseitig über den Stand der Verbesserung der Darstellung beider Länder in den Schulbüchern des jeweils anderen Landes. Analysen von 5 Geographie-Lehrbüchern der Bundesrepublik Deutschland wurden von den Mitgliedern der Delegation der UdSSR Prof. Dr. Lappo, Dr. Rakovskij und Dr. Rom angefertigt und in deutschen Fassungen der Delegation der Bundesrepublik überreicht. Die Analyse des sowjetischen Lehrbuches „Die Wirtschaftsgeographie des Auslandes" wurde von den Mitgliedern der deutschen Delegation, Prof. Barth und Prof. Stadelbauer, vorgelegt. Beide Seiten haben sich gegenseitig über die Realisierung der früher abgegebenen Stellungnahmen zur Darstellung der Bundesrepublik Deutschland in den Lehrbüchern der Sowjetunion und zur Darstellung der Sowjetunion in den Lehrbüchern der Bundesrepublik Deutschland informiert. Sie waren der Meinung, daß diese Arbeit fortgesetzt werden soll.

Auf dem Treffen wurden daneben allgemeine didaktische und methodische Fragen zur Vervollkommnung von Lehrbüchern und Lehrplänen in beiden Staaten erörtert. Prof. Maksakovskij hielt ein Referat über das neue Konzept der sowjetischen Schulgeographie, aufgrund derer die sowjetischen Geographie-Lehrbücher neu gefaßt wurden. Der Wortlaut des Referats wurde der Delegation der Bundesrepublik in deutscher Fassung überreicht. Dr. Richter berichtete über die Entwicklung von Geographie-Lehrbüchern und Geographie-Ausbildung in der Bundesrepublik Deutschland.

In einem schriftlich vorliegenden Referat der erkrankten Frau Dr. Hillers (Das Deutschlandbild in ausländischen Geographie-Lehrbüchern im Vergleich) und in einem Vortrag von Prof. Sperling (Dimensionen geographischer Betrachtung) wurde auf allgemeine Erfahrungen von Geographen aus der Bundesrepublik Deutschland reflektiert.

Gemäß der Verabredung von Moskau 1985 wurden auf dem Treffen auch Fragen der „ökologischen Bildung" in der UdSSR und in der Bundesrepublik und das Problem der „Anwendung von Computer-Technik und audiovisuellen Medien im Geographie-Unterricht in beiden Staaten" behandelt. Zu diesem Thema sprachen Prof. Maksakovskij, Dr. Rom, Dr. Kistler, Prof. Stadelbauer und StDir. Roseeu.

Wie in den vergangenen Jahren auch, verlief das Treffen in einer Atmosphäre sachlicher Zusammenarbeit und gegenseitigen Verständnisses. Es war durch die gemeinsame Bemühung gekennzeichnet, den Geographie-Unterricht in beiden Staaten als den Unterricht in einem wichtigen wissenschaftlichen Fach der allgemeinen Bildung zu verbessern. Die Mitglieder beider Kommissionen nahmen an einer Fahrt in die niedersächsische Landeshauptstadt Hannover teil, wo zunächst eine kurze Stadtbesichtigung stattfand und dann am Kaiser-Wilhelm-Gymnasium der Unterricht in einer Geographiestunde beobachtet wurde, die von Herrn Dr. Richter gehalten wurde.

Im Anschluß an den Schulbesuch wurden beide Delegationen von der Niedersächsischen Landesregierung durch den Staatssekretär im Niedersächsischen Wirtschaftsministerium, Dr. Wien, empfangen.

An den letzten beiden Tagen des Sitzungsprogramms fand eine wissenschaftliche Studienreise ins Ruhrgebiet statt. Auf dem Programm standen umfassende Informationen zur Wirtschaftsgeographie und zum Strukturwandel dieses für die Wirtschaft der Bundesrepublik bedeutenden Gebietes. Die Studienreise wurde wissenschaftlich betreut von Prof. Dr. K. Hottes/Ruhr-Universität Bochum und Dr. W. Dege/Universität Dortmund. Beide Seiten stellten einmütig fest, daß die Tätigkeit der bilateralen Kommission zur Analyse der deutschen und sowjetischen Geographie-Lehrbücher fortgesetzt werden müsse. Die nächste Beratung findet in der Sowjetunion statt. Zeit und Ort der Konferenz werden von der sowjetischen Seite dem Georg-Eckert-Institut rechtzeitig mitgeteilt werden. Als voraussichtliche Themen für die Konferenz 1987 oder 1988 in der Sowjetunion wurden in Braunschweig genannt:

1. Informationen über die Lehrbücher
2. Fortsetzung des Gesprächs über Ökologie und Computer im Sinne von Kurzinformationen
3. Ausführliche Beratung über die Themen Ökonomie und Schulkartographie.

Braunschweig, 29. November 1986

gez.
Prof. Dr. Ernst Hinrichs
Georg-Eckert-Institut
für internat. Schulbuch-
forschung

gez.
Prof. Dr. W. P. Maksakovskij
Korr. Mitglied der
Akademie der Pädagogischen
Wissenschaften der UdSSR

Verzeichnis der Autoren

Deutsche Autoren

Prof. Dr. Joachim Barth
Professor für Didaktik der Geographie am Institut für Geographie der Technischen Universität Berlin; Corresponding Member International Geographical Union

Dr. Wilfried Dege
Lehrbeauftragter an der Universität Dortmund, Abteilung 16, Fach Geographie

Dr. Elfriede Hillers, M. A.
Georg-Eckert-Institut für internationale Schulbuchforschung

Prof. Dr. Ernst Hinrichs
Direktor des Georg-Eckert-Instituts für internationale Schulbuchforschung; Professor für neuere Geschichte und Didaktik der Geschichte an der Universität Oldenburg

StDir. Dr. Helmut Kistler
Seminarleiter und Fachberater für die Seminarausbildung im Fach Geographie in Bayern;
Erasmus-Grasser-Gymnasium

StDir. Dr. Dieter Richter
Fachleiter für Erdkunde / Staatliches Studienseminar 1, Hannover; 2. Vorsitzender im Verband Deutscher Schulgeographen

StDir. Robert Roseeu
2. Vorsitzender des Landesverbandes Bayern im Verband deutscher Schulgeographen; Gymnasium Gröbenzell

Prof. Dr. Walter Sperling
Professor für Geographie und ihre Didaktik an der Universität Trier

Prof. Dr. Jörg Stadelbauer
Professor für Geographie am Geographischen Institut der Universität Mainz

Sowjetische Autoren

Dr. Georgij Michailovič Lappo
Abteilungsleiter des Instituts für Geographie der Akademie der Wissenschaften der UdSSR

Prof. Dr. Sergej Borisovič Lavrov
Lehrstuhlleiter für Geographie der Staatlichen Pädagogischen Herzen-Hochschule Leningrad

Prof. Dr. Vladimir Pavlovič Maksakovskij
Korresp. Mitglied der Akademie der Pädagogischen Wissenschaften der UdSSR

Prof. Dr. Vladimir Sergeevič Preobraženskij
Stellv. Direktor des Instituts für Geographie der Akademie der Wissenschaften der UdSSR

Sergej Nikolaevič Rakovskij
Dozent der Staatlichen Pädagogischen Lenin-Hochschule Moskau

Vitol'd Jakovlevič Rom
Dozent der Staatlichen Pädagogischen Lenin-Hochschule Moskau

STUDIEN ZUR INTERNATIONALEN SCHULBUCHFORSCHUNG
Schriftenreihe des Georg-Eckert-Instituts

Im Rahmen der deutsch-französischen Schulbuchgespräche sind im Georg-Eckert-Institut zwei weitere geographische Schriftenreihenbände mit Schulbuchanalysen und -empfehlungen sowie fachwissenschaftlichen Beiträgen und Materialien zum ländlichen und städtischen Raum in Frankreich und in der Bundesrepublik Deutschland erschienen.

Band 41
Jürgen Nebel / Alfred Pletsch (Hrsg.)

Der Ländliche Raum in Frankreich und in der Bundesrepublik Deutschland

L'espace rural en France et en République fédérale d'Allemagne

1985

Band 50
Jürgen Klasen (†) / Jürgen Nebel / Alfred Pletsch (Hrsg.)

Der Städtische Raum in Frankreich und in der Bundesrepublik Deutschland

L'espace urbain en France et en République fédéral d'Allemagne

1987

Die beiden Bände können zum Preis von DM 31,– bzw. DM 35,– über den Buchhandel oder das Georg-Eckert-Institut, Celler Straße 3, 3300 Braunschweig, bezogen werden.

STUDIEN ZUR INTERNATIONALEN SCHULBUCHFORSCHUNG
SCHRIFTENREIHE DES GEORG-ECKERT-INSTITUTS
Band 54

Der Islam
in den Schulbüchern
der Bundesrepublik Deutschland

Gerhard Fischer

Analyse der
Geographiebücher
zum Thema Islam

STUDIEN ZUR INTERNATIONALEN SCHULBUCHFORSCHUNG
SCHRIFTENREIHE DES GEORG-ECKERT-INSTITUTS
Band 38

Elfriede Hillers

Afrika in europäischer Sicht

Eine vergleichende Untersuchung
zur Behandlung außereuropäischer Völker
und Kulturen am Beispiel Afrikas
in ausgewählten
europäischen Erdkundelehrbüchern